P9-APA-732

For Reference

Not to be taken from this room

DICCIONARIO DE RETÓRICA Y POÉTICA

INVESTIGACIÓN REALIZADA
EN EL
INSTITUTO DE INVESTIGACIONES FILOLÓGICAS
DE LA
UNIVERSIDAD NACIONAL AUTÓNOMA DE MÉXICO

HELENA BERISTÁIN

DICCIONARIO

DE RETÓRICA Y POÉTICA

OCTAVA EDICIÓN
TERCERA REIMPRESIÓN

EDITORIAL PORRÚA
AV. REPÚBLICA ARGENTINA 15
MÉXICO, 2001

WITHDRAWN
LORETTE WILMOT LIBRARY
NAZARETH COLLEGE

Primera edición, 1985

Copyright © 2001, por Helena Beristáin
Retama 165, 10900, México, D. F.

Esta edición y sus características son propiedad de la
EDITORIAL PORRÚA, S. A. de C. V.   4
Av. República Argentina 15 altos, Col. Centro, 06020, México, D. F.

Queda hecho el depósito que marca la ley

Derechos reservados

ISBN 970-07-0909-4

IMPRESO EN MÉXICO
PRINTED IN MEXICO

R
808.003
Ber

A Marcelo

PRÓLOGO A LA OCTAVA EDICIÓN
(PRIMERA AUMENTADA)

Para la octava edición se agregan muchas nociones que se habían quedado en el tintero por la necesidad de hacer un corte en algún momento, aunque la materia fuera casi inagotable. Otros conceptos se han ido revelando como necesarios para que el libro funcione como apoyo durante la docencia y la investigación; provienen de nuevas publicaciones. Manifiesto especialmente mi gratitud a Tatiana Bubnova por sus atinados consejos.

H. B.

PRIMERA EDICIÓN

Deseo expresar aquí la gratitud que debo al Instituto de Investigaciones Filológicas de la UNAM, por el apoyo intelectual, moral y material que, mediante la persona de su Director, el Dr. Rubén Bonifaz Nuño, me otorgó de mil maneras para la realización de este diccionario. Agradezco igualmente el amistoso auxilio que me prestaron varios entrañables amigos universitarios, muchos de ellos miembros del mismo Instituto, especialmente César González que criticó mis artículos de semiótica y de teoría de la información, me procuró bibliografía y me prestó diversos materiales; Luisa Puig, que revisó los de lingüística y me encaminó a enriquecer, desde novedosas perspectivas, algunos conceptos tradicionales; Patricia Villaseñor, que leyó los de retórica y me obsequió con inteligentes y útiles comentarios; Henrique González Casanova, mi maestra Conchita Caso, Bertha Aceves, Annunziata Rossi, Luis Sendoya, Cecilia Rojas, Fulvia Colombo, Ramón Arzápalo, Edelmira Ramírez Leyva y los profesores visitantes Cesare Segre, Peer Aage Brandt, Claude Gandelman, que me proporcionaron libros, artículos y revistas; Patricia Treviño que hizo para mí fichas sobre varios tratados; la señora Lilia Castorena que mecanografió limpia y rápidamente todo el libro; Eduardo Pérez Fernández, Secretario académico del Instituto, que me resolvió eficazmente todo problema administrativo. La valiosa colaboración de todas estas personas y las explicaciones y notas del curso que el Dr. Enrique Ballón Aguirre impartió en México en 1984, mejoraron en muchos aspectos este trabajo. Si a pesar de su ayuda queda algún error, desde luego lo reclamo como de mi exclusiva propiedad y responsabilidad.

SEGUNDA EDICIÓN

Para esta segunda edición se corrigen las erratas y se atienden —y agradecen— las observaciones críticas de la Dra. Marlene Rall, sobre todo en los conceptos de *referente* y *sentido*.

ADVERTENCIA

ADVERTENCIA

Este diccionario manual ha sido planeado como material de apoyo para la docencia en cursos y seminarios como los de literatura, teoría literaria, análisis de textos, análisis del discurso, corrientes literarias, redacción, etc., que se imparten en el bachillerato y en las escuelas de enseñanza superior. Contiene la gran mayoría de los términos más usuales de la retórica tradicional en lengua española, llegados a ella de distintas procedencias, principalmente de fuentes griegas, latinas y francesas, pero también de fuentes italianas, inglesas y alemanas, éstas sobre todo a través del gran tratado y el manual de Lausberg.

En cada término se ha procurado incorporar, al final, la descripción de la figura —su modo de operación— y el nivel de lengua a que corresponde— conforme al enfoque estructural aportado por la *Rhétorique Générale* del Grupo "M".

Contiene también la descripción de numerosos conceptos provenientes de diversas disciplinas como lingüística, semántica, semiótica, teoría de la comunicación, teoría literaria.

Estos conceptos no han sido elegidos con el propósito de desarrollar en el diccionario una sola teoría coherente, sino con el objeto de procurar al interesado las definiciones que requiera para el estudio del fenómeno literario, ya sea que dicho estudio esté presidido por un criterio o por otro. Los términos que corresponden a las mencionadas disciplinas proceden de corrientes teóricas distintas y no necesariamente compatibles entre sí. El criterio que ha prevalecido durante la elaboración de este manual ha sido, pues, operativo y didáctico, y diversos conjuntos de nociones establecen internos sistemas conceptuales, unos opuestos, otros que se traslapan entre sí o que se recubren totalmente.

Se ha procurado reunir en un sólo artículo tanto los términos que son sinónimos o cuasi-sinónimos, como aquellos que se interrelacionan por su diferencia u oposición formando en conjunto dichos pequeños sistemas conceptuales.

Dentro del paréntesis que sucede al término que inaugura cada entrada del diccionario, aparecen los conceptos que en ese mismso artículo son objeto de una descripción definitoria, generalmente con ejemplo. Este procedi-

advertencia

miento ha generado un nutrido sistema de referencias (véase), pero tiene la ventaja de evitar la proliferación de definiciones casi idénticas, acompañadas por los mismos o por similares ejemplos y desarrolladas en diferentes lugares como si no se tratara de términos equivalentes; tratamiento, éste, que reciben los conceptos retóricos en la mayoría de los diccionarios, y que hace que éstos sean innecesariamente farragosos y lamentablemente antipedagógicos, ya que la explicación paralela de términos sinónimos muchas veces no aclara, ni siquiera a través de los ejemplos, que se trata de nombres distintos de una misma figura o de sus variantes. Los términos definidos en un mismo artículo se asocian, pues, entre sí, ya sea porque se refieren a una misma noción o a sus variantes (metáfora o "translatio"), o bien porque se complementan dentro de un mismo campo semántico o porque se distinguen o se oponen (metáfora y metalepsis).

Los términos que aparecen con asterisco en el cuerpo del artículo, remiten a otro artículo en el que también figuran o que está destinado a ellos, en el cual quizá son el objeto de la descripción principal y no de una subsidiaria que forma parte de la explicación de otro término. Sólo se ponen en otro idioma los que suelen citarse así en español. Siguiendo el circuito marcado por los asteriscos, el lector puede abarcar la comprensión de un campo mayor donde un cierto número de nociones, al complementarse o contrastar entre sí, se procuran mutua afirmación, claridad y coherencia.

De ascendencia lizardiana es la convicción, profesada en México por muchos maestros, de que la actividad docente puede transformar a la sociedad. A pertrechar la diaria tarea del profesor, con instrumentos que aligeren su esfuerzo y multipliquen sus éxitos, está dedicado este diccionario cuyo proyecto corresponde a la idea de que, el material que apoya la enseñanza, eleva la calidad del aprendizaje al hacer pasar al estudiante de su condición pasiva de oyente de conferencias a su actividad participativa en un aula-laboratorio. La enseñanza moderna de la literatura, a partir del acercamiento al texto literario, visto éste como una unidad construida por las relaciones entre sus elementos, y visto también como un punto de intersección entre distintos códigos culturales, es casi imposible sin el auxilio de instrumentos de trabajo del tipo de este manual que, gracias al auspicio del Instituto de Investigaciones Filológicas de la UNAM, es hoy posible ofrecer a quienes enseñan y a quienes estudian.

H. B.

A

"AB OVO".

La relación de una *historia** comienza *"ab ovo"* cuando el *orden** —artístico— de la *intriga** coincide con el orden —cronológico— de la *fábula**. El de la intriga es arbitrario y es introducido por el sujeto de la *enunciación**; el de la fábula es el natural en que se darían necesariamente los sucesos si se dieran, en una sucesión lógica causa-efecto. V. "IN MEDIAS RES*".

ABISMADA, estructura (o construcción en abismo, "mise en abîme, narración primaria, narración de primer grado, narración secundaria, narración de segundo grado).

Desarrollo de una *acción** dentro de los límites de otra acción, es decir, de la *metadiégesis** (ofrecida por un narrador/personaje) dentro del marco de la *diégesis** o *narración primaria* o de *primer grado*. Esto ocurre cuando un *personaje** de la *historia** relatada toma a su cargo la *narración** de otra historia, ocurrida en otro espacio, en otro tiempo, y quizá con otros protagonistas, convirtiéndose así en un personaje *narrador** (*intradiegético**), de una *narración secundaria* o de *segundo grado* (V. METALEPSIS*). De este modo, los participantes del proceso de lo *enunciado** (la historia contada) actúan simultáneamente como participantes en un nuevo proceso de *enunciación** superponiéndose ambos planos y produciéndose un efecto semejante al del cuadro en que el pintor se pinta a sí mismo en trance de pintarse, viendo su imagen reflejada en un espejo; o al del escudo de armas que se reproduce íntegro en uno de sus propios paneles; o aí de la botella de vino que exhibe su propia fotografía sobre su etiqueta, y sobre la etiqueta de la botella de la fotografía, y así sucesivamente. La *Rhétorique générale* pone también el ejemplo de las *matrioshkas* rusas. En todo caso, se trata de un traslape de los niveles de la diégesis y la metadiégesis, mismo con el que muchos escritores, recientemente, se complacen en jugar, (como CORTAZAR, MONTERROSO y LEÑERO, por citar a tres que lo hacen con maestría).

La intención lúdica es el factor que renueva esta antiquísima figura (de *supresión/adición*, según el GRUPO "M") al ofrecer sorpresivamente la convergencia de la *intriga** diegética y la metadiegética, haciendo que se junten a veces en un espacio que el lector siente como el suyo propio, el de la cotidianidad extraliteraria. El cuento *Continuidad de los parques*, de CORTAZAR, es un magistral ejemplo.

En el *Relato especular*, Lucien DALLEMBACH pasa "exhaustiva revista histórica, sincrónica y técnica a este fenómeno artístico" que, aunque cuenta con un lejano antecedente en Jean Paul RICHTER (1763-1825), fue por primera vez analizado y

1

abismada

comentado por André GIDE en 1891 y 1893; y fue luego llamado por MAGNY, en francés, *"mise en abîme"*. En la línea de los escritores, procede de los simbolistas BAUDELAIRE, VALÉRY, RIMBAUD, y MALLARMÉ. DALLEMBACH lo vincula con el concepto de *reflectividad* tomado de KANT, de FICHTE y, sobre todo de SCHLEGEL.

Son muy numerosos los teóricos que se han ocupado ya de la estructura abismada, sus modalidades y sus estrategias, y no sólo en la literatura sino también en otras artes como pintura, escultura, arquitectura. Hay tres tipos de *"mise en abîme"*:

1) *De lo enunciado*: el *relato** dentro del relato, donde l *narrador/autor** crea a un *narrador/personaje** en quien delega la tarea de narrar otra *historia*, misma que quizá sea *inaugural* o *liminar* por lo cual constituya una *analepsis** o *retrospección* que puede cumplir una función *restauradora*, que acarrée los datos faltantes para completar la *intriga**; aunque también puede constituir *prolepsis** o *anticipación* para crear suspenso y falsas expectativas, (o bien *anaprolepsis** , en ambos sentidos). Generalmente tales historias resultan recíprocamente complementarias. Algunos le han llamado también *estructura abismada ficcional.*Los ejemplos abundan.

2) *De la enunciación*: cuando el relato interno da cuenta de la historia de dar cuenta de él; es decir, cuando la enunciación vehicula una historia que consiste en la aventura de narrar esa misma historia. *El libro vacío* de Josefina Vicens es un excelente ejemplo al alcance del lector mexicano; pero después de la *antinovela* francesa y bajo su influjo, también hay ya muchos otros ejemplos.

3) *Del código*; cuando el *texto** resultante ofrece el secreto, la receta, la idea de texto que rige su construcción; revela el principio generador de su invención, por lo cual es de naturaleza *metatextual*. Queda perfectamente ilustrada en el cuento de CORTÁZAR *"Teoría del cangrejo"*, que narra cómo un escritor abandona el lápiz o la máquina, o la tinta, etc., a cada paso, cuando irrumpen las solicitaciones, los requerimientos vitales que también exigen ser tareas cumplidas; y cómo la materia prima de esa vida interruptora es de inmediato convertida en *literatura**, quedando así el relato transformado en una *alegoría** de la vida del escritor, constituida por el vaivén entre vida y arte; entre el trabajo artístico y los demás trabajos;, interrelación que le procura, entre otras cosas, la materia vital que está en la esencia del arte.

Las tres estructuras abismadas pueden darse en un mismo texto, de manera simultánea. Además, hay estructuras abismadas no sólo en el relato narrado, sino también en el representado. Es la forma llamada *teatro dentro del teatro* en la que, dentro de la historia que se desarrolla en el escenario, se da a su vez otra representación en otro escenario, por ejemplo en *Hamlet*, de SHAKESPEARE. Pero también es estructura abismada teatral toda historia narrada por un actor durante la representación, como parte de la misma, en el escenario. Y también constituyen este tipo de estructuras los *apartes** y las actuaciones del *coro*, que introducen la enunciación en lo enunciado, pues aportan datos, noticias, comentarios, críticas, opiniones, todo ello relativo a la historia dramática pero al margen de ella.

También hay estructura abismada en la *lírica**, con muy diversos matices, incluyendo la simultaneidad de los tres tipos (de lo enunciado, de la enunciación y del código). Por ejemplo en el *Soneto de repente* de Lope de Vega, que describe la acción de escribir el soneto y da cuenta igualmente de cómo es un soneto.

2

El espejo es un elemento que participa en el logro de esta clase de estructuras. Hace cien años Gide se interesó por experimentar y teorizar sobre la narración que describe el acto de narrar a partir de observarse a sí mismo el narrador, mientras narra, en un espejo. El reflejo en otros ojos o en el agua cumple muchas veces el papel del espejo, y no sólo en la literatura sino en otras artes, principalmente pintura, escultura y arquitectura. El espejo puede ser plano, convexo, estar sesgado; puede ser agua que refracta. En la arquitectura y en la pintura pueden funcionar como espejo las leyes de la perspectiva. Es posible que produzcan el efecto de sentido del espejo los desdoblamientos, e inclusive las oscilaciones espacio/temporales de la mente sobre los goznes de la imaginación o de la memoria.

En suma, las *dilataciones semánticas* generadas por las *figuras retóricas**, por todo fenómeno de *connotación** y por las unidades *intertextuales*, también podrían ser vistas como variedades de la estructura abismada.

ABRUPCIÓN (it. "ex-abrupto").

Término creado por FONTANIER para nombrar una *figura** que él coloca dentro de su apartado de las figuras de la *elocución**, debido a que consiste en presentar las ideas de una manera especial con el objeto de hacerlas resaltar, suprimiendo los signos de transición que anuncian el paso entre diferentes momentos del discurso: de un personaje a otro, de una escena a una descripción, de una situación a otra o entre los distintos modos discursivos. Según este autor, tales figuras de la elocución pueden producirse por extensión, por deducción, por relación y por consonancia. La abrupción está entre las que se producen por relación ("liaison") y está descrita como semejante al *asindeton**. Consiste, pues, en hacer alternar, por ejemplo, los parlamentos de los distintos personajes en el *diálogo**, o a éste con la *narración**, sin introducirlos mediante expresiones explicativas aportadas por el *narrador**, de tal modo que se suceden sin transición, de manera brusca. El efecto es de *acercamiento* a la escena, puesto que se suprimen las mediaciones y el diálogo adquiere mayor viveza.

La abrupción siempre había sido utilizada discretamente pero, en el siglo xx, se ha usado con abundancia. Agustín YAÑEZ señala sólo con guiones las diferentes voces de un diálogo entre dos personajes, rememorado por la conciencia del narrador, e incrustado entre un *monólogo** de éste y un enunciado en *estilo indirecto libre**, mismos que se distinguen de las voces de quienes dialogan porque carecen de guiones:

> Antes de encenderse, el cirio pascual es la imagen de Cristo en el sepulcro; encendido, figura al Salvador iluminando al mundo con los resplandores de su resurrección, como la columna de fuego que iluminó la marcha... —"No leas, te hace daño." —"Déjenme solo, sálganse." No han querido contrariarlo nunca.

ACATALÉCTICO (y cataléctico, braquicataléctico, hipercataléctico, hipermétrico).

En la retórica latina y en la griega, *verso** completo al que no le falta ni pie, ni sílaba.

Se opone tanto a *cataléctico* (verso cortado o truncado al que le falta una parte del último pie), como a *braquicataléctico* (si le falta entero el último pie) y a *hipercataléctico* (que es *hipermétrico*, pues lleva una sílaba de más).

ACCIÓN.

Hecho, evento, *acto** realizado por un sujeto *agente**.

En semiótica narrativa, conjunto de los actos encadenados, manifiestos en los *nudos o acciones narrativas* (no ejecutadas sino descritas) que en los *relatos** se organizan sintagmáticamente conforme al programa de una *intriga** (o *argumento* preordenado) y que se presentan al lector o al espectador como un proceso que transforma y que proviene de una intención.

El desarrollo de la acción es paralelo a la distribución temática a través de divisiones convencionales como las *escenas** y los *actos** o *cuadros*, distribución que se da en apartados tales como exposición, *nudo**, *clímax** y *desenlace**. (V. ACTO* 2.)

ACCIÓN LINGÜÍSTICA. V. ACTO (I) y ACTO DE HABLA.

ACENTO. V. PROSODIA.

ACERTIJO.

Jerga* enigmática cuyo *código** y cuyas reglas se convienen, según la ocasión, para crear juegos lingüísticos de salón, semejantes a las adivinanzas. En un cuento Cortázar les dice *puzzles*, en inglés.

ACOTACIÓN (y didascalia).

Cada una de las notas que preceden a cada *escena** en las obras teatrales, y que contienen instrucciones, advertencias y explicaciones, casi siempre provenientes del dramaturgo, que no constituyen parlamentos que deban pronunciar los *actores**, sino que están encaminadas a señalar aspectos de la puesta en *escena**. Aportan indicaciones acerca de los movimientos de los *personajes**, del manejo de las luces y los sonidos y del aspecto y ubicación de los objetos en el escenario. Son una parte no esencial del *texto** pero, sumadas a éste, constituyen un *metatexto** porque contribuyen a predeterminar el trabajo de escenificación al sugerir detalles y matices del espacio, la época y la situación específica, mismos que se suman a la *significación** de la *historia** representada.

En el teatro griego se llamaban *didascalias* y solían contener una especie de introducción explicativa, así como la lista de los actores y sus correspondientes personajes.

ACRONÍA.

Ausencia de dimensión temporal observable durante el estudio de los hechos lingüísticos.

GREIMAS describe este término como opuesto por igual a *sincronía** y a *diacronía**, ya que señala "el carácter atemporal de las *estructuras** que son lógicosemánticas" pues carecen de *duración** a pesar de que en semiótica "todo es temporal" (por ejemplo el *acto de habla**). "Desde el punto de vista de la teoría semántica —dice el autor— las estructuras semióticas profundas son acrónicas, mientras que las estructuras discursivas —más superficiales— atraen la temporalización."

ACRÓNIMO (y sigla).

El acrónimo es el conjunto de las *siglas* (o letras iniciales con que se abrevian las *palabras**) cuando se pronuncian como una palabra: UNAM.

Las siglas pueden pronunciarse también como siglas (y no como acrónimo), en tal caso, lo que se dice es cada uno de los nombres de dichas letras iniciales: u, ene, a, eme.

ACRÓSTICO.

Composición poética cuyas letras iniciales de cada *verso** o de cada *hemistiquio**, o bien las finales, forman una *palabra** o *frase** si se leen verticalmente, de arriba hacia abajo, o de abajo hacia arriba. Hay acrósticos dobles, en los que el efecto se repite en las letras iniciales y en las medias o finales; o bien acrósticos cruzados, en los que se puede leer una expresión al sesgo, desde el ángulo superior izquierdo al inferior derecho, y a la inversa.

Los acrósticos estuvieron en boga en la Europa de la Edad Media y en la España de los Siglos de Oro, como un juego de ingenio. Hay un famoso acróstico al principio de *La Celestina*, cuyas iniciales de verso dan cuenta de que: *El bachiller Fernando de Rojas acabó la comedia de Calysto y Melybea y fue nascido en la Puebla de Montalbán.*

También se llama acróstico, por extensión, al nombre —nuevo o ya existente— compuesto con las iniciales de otros nombres.

Así, las letras de la palabra *pez*, en lengua griega (*Ichthys*) denominaban simbólicamente a Cristo entre los primeros cristianos, pues las letras eran las iniciales de las palabras I*esous* CH*ristos* TH*eu* Y*ios* S*oter* (**J**esu **C**risto **H**ijo de **D**ios **S**alvador).

ACTANCIAL categoría. V. ACTANTE y FUNCIÓN.

ACTANTE (y circunstante, agresor o villano, héroe, objeto, objeto/modal, objeto de valor, donador, destinador, destinatario, oponente, antagonista, ayudante, adyuvante, traidor, sujeto, antisujeto, sincretismo, papel, "rol", esfera de acción, sujeto de estado, sujeto operador, sujeto pragmático, sujeto cognoscitivo, transformación, actante sintáctico, categoría actancial, antihéroe).

Término tomado de Lucien TESNIÈRE y usado primeramente en la linguística donde, dentro de cierta concepción de la sintaxis, sirve para denominar al participante (persona, animal o cosa) en un acto, tanto si lo ejecuta como si sufre pasivamente sus consecuencias, considerando cada *oracion** como un minidrama en cuyo *proceso* aparecen *actores y circunstancias* representados por *actantes* (sustantivos) y *circunstantes* (adverbios). Actantes y circunstantes (sustantivos y adverbios) están subordinados a verbos.

Aplicado al análisis del *relato**, un actante es una amplia clase que agrupa en una sola *función** los diversos *papeles* de un mismo tipo: héroe, adversario, etc. El conjunto de los papeles actanciales es, para GREIMAS, "el paradigma de las posiciones sintácticas modales (querer, poder, deber, saber) que los actantes pueden asumir en el transcurso de la narración". Por lo que el actante, para este autor, es la unidad sintáctica de la gramática narrativa de superficie, y se descompone en papeles actanciales.

PROPP, pionero en el análisis de la *estructura** del *cuento** maravilloso, intuyó la noción de *personaje* o "*dramatis personae*" al identificar 31 funciones o papeles que luego agrupó en 7 esferas de acción que corresponden a 7 tipos de papeles o "*roles*". Cada papel actancial es un modelo organizado de comportamiento, cuyas manifestaciones son previsibles, y que está ligado a la posición, en la sociedad, del *personaje** que lo desempeña, es decir, que aparece investido por dicho papel. SOURIAU, por su parte, en sus investigaciones sobre el teatro, había llegado a conclusiones semejantes respecto a estas categorías, aunque reduciéndolas a 6. GREIMAS ha propuesto más tarde homologar las categorías actanciales a categorías lingüísticas (provenientes de la *gramatica** o de la teoría de la *comunicación**). La siguiente tabla comparativa presenta los resultados de los tres autores:

PROPP	SOURIAU	GREIMAS
1. Héroe	Fuerza temática orientada	Sujeto
2. Bien amado o deseado.	Representante del Bien deseado, del Valor orientante.	Objeto
3. Donador o Proveedor.	Árbitro atribuidor del Bien.	Destinador
4. Mandador	Obtenedor virtual del Bien. (Aquél para quien trabaja el Héroe).	Destinatario
5. Ayudante.	Auxilio, reduplicación de una de las fuerzas.	Adyuvante
6. Villano o agresor	Oponente	Oponente
7. Traidor o falso héroe		

GREIMAS propone atribuir las siguientes relaciones recíprocas a los actantes:

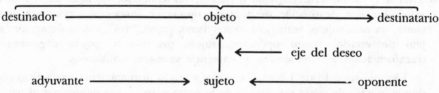

Es decir: el sujeto se vincula con el objeto a través del eje del deseo, pues el objeto lo es de su deseo. El donador o destinador se vincula con el destinatario a través del eje de la comunicación; el objeto lo es de su comunicación y los unifica. El adyuvante (auxiliante positivo) y el oponente (auxiliante negativo) son proyecciones de la voluntad del propio sujeto, se vinculan a él como dos fuerzas de signo opuesto que favorecen u obstaculizan, respectivamente, su voluntad, es decir, su deseo. El *agresor* o *villano* de PROPP, antecedente del *oponente*, combate intelectual o físicamente contra el héroe al que procura dañar. GREIMAS ha visto en él un *anti/donador* cuya función esencial consiste en *instaurar la carencia* mediante la cual se desencadena el movimiento del relato.

La línea destinador/destinatario señala, para GREIMAS, una relación general de *saber* (que para TODOROV es de *comunicación*); en la línea adyuvante/oponente, para GREIMAS la relación es de *poder* (para TODOROV es de *participación*), y en la línea sujeto/objeto, para GREIMAS se da una relación de *querer* que mediante el desarrollo de la acción se convierte en *hacer* (misma que para TODOROV es de *deseo*). Es decir, para estos autores, el esquema de las categorías actanciales se ajusta a los que SEGRE llama *vectores existenciales*: los tres tipos más generales de relación posible en la vida cotidiana.

La *homologación* aludida se da como sigue. Las categorías actanciales son:

1) El héroe del relato (agente que desea, ama o busca el objeto) se identifica con el sujeto de la oración*.

2) El objeto (que es lo buscado, amado, o deseado por el sujeto), que puede ser un personaje o un *valor**, se identifica con la categoría gramatical de objeto directo. Hay dos tipos de objeto: *objeto modal* y *objeto de valor*. Cuando el propósito perseguido por un sujeto es la adquisición de su propia *competencia** para instaurarse como *sujeto operador* (V. infra) capaz de la *performance**, dicho objeto es un elemento de la competencia, es una condición previa y necesaria para la *performance*, y es un *objeto modal* porque corresponde a las modalidades del *hacer* (que son *deber/hacer*, *querer/hacer*, *poder/hacer*, *saber/hacer*). El *objeto modal* se opone al *objeto de valor* que es el objeto principal de la transformación (por ejemplo si un sujeto puede adquirir la *riqueza* —objeto de valor— sólo después de adquirir *autorización* de un monarca, o sea, sólo después de adquirir un objeto modal —la autorización— que lo hace competente).

3) y *4)* El destinador es opuesto al destinatario; el primero es el *árbitro distribuidor del bien* o satisfactor (SOURIAU), el "juez que establece el poder justo y el saber verdadero", o bien el *manipulador* que otorga al sujeto su *competencia** para procurarse el *objeto de valor*, el destinador inicial, fuente de los valores, particularmente de los *modales*, llamado también *sujeto modalizador* (GREIMAS). El segundo es el *obtenedor virtual del bien* (SOURIAU). Ambos se homologan a los factores de la comunicación, el *emisor** y el *receptor**, respectivamente (JAKOBSON), mismos que determinan la función emotiva de la lengua (cuando el *mensaje** está orientado hacia el emisor), y la función conativa (cuando está orientado hacia el receptor).

5) y *6)* La pareja de actantes *adyuvante* vs. *oponente* es homologada por GREIMAS a las categorías gramaticales que él llama *circunstantes* o *participantes circunstanciales*, que él mismo identifica con el participio presente y con el adverbio. El adyuvante revela voluntad de obrar aportando auxilio en el mismo sentido del deseo del sujeto; el oponente revela resistencia a obrar y pone obstáculos a la realización del deseo y de la comunicación.

Las acciones son las manifestaciones de un actante. Los actantes se definen, pues, en el relato, dado su tipo de intervención: es decir, por el papel que representan según la *esfera de acción* en que participan.

Parafraseando el ejemplo que pone GREIMAS resulta sencillo: el protagonista de un relato, enamorado de una dama, es el *sujeto*; ella es su *objeto*, su relación se funda en el amor, deseo o voluntad que impulsa al sujeto a alcanzar su objeto. El *destinador* puede ser el padre de la enamorada (*árbitro distribuidor del bien*) o ella misma, en su defecto; el *destinatario* es el mismo *sujeto* o quien obtenga la posesión del *objeto*, (otro sujeto *antagonista*). Es adyuvante todo aliado del sujeto que facilita la obtención del objeto. Es oponente todo aquel que estorba o que ofrece resistencia a la voluntad del sujeto. Por lo tanto, también es oponente el *anti/sujeto*, es decir, el *sujeto operador* (V. infra) constituido como el adversario de otro sujeto operador en los *programas narrativos** desdoblados debido al antagonismo entre ambos sujetos, cuando el mismo objeto adquirido por uno es perdido por el otro. Dos sujetos que desean un mismo objeto son, pues, *antagonistas*.

Se dice que cada personaje o actor, aunque sea secundario, es *el héroe de su propia secuencia*, debido a que cada uno puede ser *agente**, tomar la iniciativa para alcanzar un *objeto* que puede consistir en obstaculizar al sujeto, en auxiliarlo, en rechazar a otro sujeto respecto del cual es simultáneamente objeto, etc. Pues las acciones cambian de función dentro del sistema actancial cuando cambia la perspectiva del agente.

El modelo del sistema actancial corresponde a un nivel de abstracción mayor que el de las funciones (de BARTHES), pues cada actante aparece desvinculado de los rasgos individuales que el tipo de papel ofrece cuando encarna en el personaje de un relato particular. Del análisis de funciones resulta la compleja y matizada caracterización de un actor. Del análisis actancial resultan los tipos de papeles que representa y que, desde luego, están a tono con su idiosincrasia y se determinan según su esfera de acción. El papel actancial se define por la posición del actante sintáctico (sujeto del *hacer* o de *estado*, *objeto*) y por su ser semiotico que corresponde a su estatuto como sujeto de estado, en conjunción con los valores modales o los modos de existencia.

Cada actante o clase de actor o esfera de acción, puede ser cubierto por uno solo o por varios personajes, por lo que en ello se identifica un primer tipo de *sincretismo* (fenómeno que consiste en que una forma asuma diversas funciones) por ejemplo: un sujeto *antagonista* (cuya voluntad se encamina a alcanzar el dominio de su opositor que es su objeto) puede ser un individuo, un grupo, un ejército, una nación o un bloque de naciones.

Por otra parte, también es frecuente que un solo actor, en una misma historia, esté investido por distintas categorías actanciales pues participa en varias esferas de acción: en *Ganar amigos*, de RUIZ DE ALARCÓN, don Fadrique es sujeto de varios objetos pues desea alcanzar, tanto a su enamorada, como una serie de valores: poder, autorrespeto, honra, etc. Se trata pues de un segundo tipo de sincretismo.

La doble manifestación sincrética de la relación entre actores y actantes se expresa, en resumen,

a) como la acumulación de más de un actor en la función de un solo actante (o la existencia de una esfera de acción compartida por varios personajes),

b) como la acumulación de más de una categoría actancial en un solo actor (o la participación de un solo personaje en varias esferas de acción).

El establecimiento de la noción de actante ha facilitado la elaboración de una lógica narrativa, es un buen fundamento para una tipología de los personajes e intenta, como señala Nicolás ROSA, *despsicologizar* la categoría de *personaje* durante el análisis de relatos.

En el análisis narrativo GREIMAS reconoce dos tipos de sujeto ya no *frásico* (de la oración) sino discursivo, el cual no sólo ocupa una posición actancial sino que mantiene su identidad a través de la *anaforización**. *a)* El *sujeto de estado* es el sujeto del *enunciado** de estado (que se enuncia con un verbo del tipo *ser/estar* o *tener*, o sea, con un verbo que significa cualidad o estado), ya que los estados dependen del *ser/estar*. El sujeto de estado se define por su relación con un objeto (de hecho, sujeto y objeto son propiamente los *actantes sintácticos*, porque son los constituyentes de los *programas narrativos*). El enunciado de estado manifiesta la relación entre sujeto y objeto, relación que corresponde al *rol* o papel actancial, es decir, el sujeto de estado define las posiciones correlativas entre el papel de sujeto y el papel de objeto, ya que no hay sujeto sin objeto ni objeto sin sujeto. *b)* El *sujeto operador* de la *transformación* es el sujeto del *hacer*, el sujeto del enunciado que manifiesta una *transformación* (es el sujeto que realiza la *performance** u operación transformadora del estado). El sujeto operador se define por su relación con un *hacer*. La transformación es el paso de una forma de estado a otra, y se enuncia con un verbo del tipo *hacer*, con un verbo que significa *acción**. Las transformaciones, pues, son los enunciados del *hacer*, dependen del *hacer*, y son muy importantes porque la *significación** de un relato es un efecto de la diferencia entre los estados sucesivos de los personajes.

Por otra parte, si se define por sus *valores* como sujeto de estado y por su *modo de hacer*, el sujeto puede ser *pragmático* (aquel cuyo modo de hacer es somático) o bien, puede ser *cognoscitivo*. Éste es aquel sujeto instalado en el *discurso** por el *enunciador**, y dotado por él de un *saber*. El sujeto cognoscitivo "permite mediatizar la comunicación del *saber* entre el enunciador y el *enunciatario** bajo formas muy variables (según que se le suponga saber o ignorar muchas o pocas cosas)" (GREIMAS) y puede presentarse o no en sincretismo con el sujeto pragmático.

Tradicionalmente había estado vigente el concepto de *héroe** tomado de la tragedia griega, a saber: personaje de rango elevado, dotado de atributos divinos o mitológicos o grandiosos o nobles, cuya conciencia y cuya *historia** dominan, y que realiza *acciones** ejemplares y extraordinarias que provocan la *catarsis** al comunicar sentimientos de piedad o de terror a los espectadores. Sin embargo, generalmente se aplicó, sin tanto rigor, al *protagonista**, al *personaje** principal.

HEGEL (*Estética*) distingue tres tipos de héroe, correspondientes a tres etapas históricas y estéticas: *1)* Héroe épico, destruido por su destino en el combate contra las fuerzas naturales (en HOMERO). *2)* Héroe trágico, obsesionado por la pasión y por un deseo de acción que le será fatal (SHAKESPEARE). *3)* Héroe dramático que concilia su idiosincrasia con los requerimientos de su mundo para evitar su aniquilación, realizando así las hazañas del personaje histórico, ilustre, que funge como punto de intersección de fuerzas histórico/sociales.

Por *metonimia** generalizante se ha llamado también héroe al personaje principal (cómico, dramático, individual o colectivo) de los relatos narrados o representados: quien más participa, quien mejor resiste, quien tiende a más elevadas metas. También puede provenir su importancia de fungir como víctima, como centro de contradicciones absurdas (en BRECHT, en BECKETT, en KAFKA). En tales circunstancias, en realidad se dice de él que es un *antihéroe* y que resulta en realidad una "sombra grotesca y paródica de sí mismo".

Mijaíl BAJTÍN (:c)171 y ss.) otorga una atención especial a la figura del héroe —de su voz y su mirada— cuando lo es de la *novela** *polifónica* creada por DOSTOIEVSKI, debido a que disfruta de libertad e independencia relativas dentro de esa *estructura**. Sin embargo, "la libertad del héroe es un momento de la concepción del autor", dice el mismo crítico. (V. AUTOR*). Aquí parece haber una sombra de contradicción, misma que explica BAJTÍN al describir su propio concepto de *creaciòn*. La autoría, en el enfoque filosófico y ontológico de este autor, implica responsabilidad. Crear constituye un acto ético, no es, simplemente, inventar. La creación está regida por sus leyes y el material elaborado por las suyas. "La creación está determinada por su objeto y su estructura, y no admite arbitrariedades". No queda margen para la invención, tan sólo para la revelación de algo ya dado en el objeto mismo. La idea de cada héroe y la conjugación de todas ellas en el diálogo, tiene su propia lógica artística. Cada una obedece a su propia regla. El autor, al imponerse la tarea de novelista, tiene que someterse a tales leyes, pero el no violentarlas forma parte de su voluntad artística. BAJTÍN, al explicarlo, para deslindar este concepto de la idea tradicional de héroe, lo describe en términos negativos. Comienza diciendo lo que el héroe NO es en DOSTOIEVSKI: ni un fenómeno de la realidad, ni una imagen caracterizada que represente algo en el mundo, sino, en cambio, un *punto de vista** particular, una *visión del mundo* fundada en las vivencias personales, una mirada y una voz,— respecto de la realidad y respecto de sí mismo. Para crearlo, en ese tipo de *novela**, se requiere un método de trabajo distinto, que lo presente a la vez como conciencia y como autoconciencia que registra y valora los rasgos característicos de su propio ser y de su realidad cotidiana. De modo que el héroe no es un carácter, un temperamento o un tipo social predeterminado. Todas sus cualidades psicológicas, intelectuales y físicas, su idiosincracia, sus circunstancias, su entorno, constituyen el objeto de la reflexión del mismo héroe, y, antes de ser procuradas al lector, pasan por su propia conciencia, inclusive esta última función de su ser: la función de reflexionar. El héroe es un hombre cuya esencia es la idea. Es aquél en cuya conciencia y autoconciencia se acrisolan el mundo exterior y el interior. La autoconciencia del héroe se da dentro del marco de la conciencia del *autor** que lo representa y lo define, y se da como refracción de las miradas y las voces ajenas. El autor forja a tal héroe como modo de funcionamiento de esa conciencia y esa autoconciencia. Por ejemplo: no presenta su propia visión de un personaje "burócrata pobre", sino la visión que procede de la autoconciencia de ese personaje que se observa a sí mismo en las conciencias y palabras ajenas, como en un espejo (:c)73). De modo que esta imagen tiene un carácter abierto, de proceso, nunca está concluida, aunque parezca, por momentos, que su discurso autoconsciente alcanza sus límites. El ser del héroe no es sino el modo como él se reconoce, en una especie de círculo vicioso (:c)76).

El lector no comparte el horizonte del *narrador**/autor —porque éste no define al héroe— sino el horizonte o la perspectiva del héroe mismo, quien se autodefine a cada momento. Ha ocurrido en la obra de DOSTOIEVSKI un desplazamiento que repercute en el trabajo artístico. El héroe tiene a su cargo el quehacer del narrador porque el narrador se instala en cada héroe cuya autoconciencia (poniendo en juego sus categorías de *aceptación, rechazo, rebelión, sumisión*) absorbe y estructura al mundo en la medida de sus posibilidades, que no siempre son favorables.

Así, el mejor héroe sería aquél cuya conciencia estuviera dedicada constantemente a autoconcientizarse y a concientizar al mundo (:c)76). Su intenso trabajo mental transcurre de continuo durante una especie de ensoñación de la vigilia. Lo que tradicionalmente hacía el narrador-autor, en esta novela lo hace el héroe, auto-observándose desde todos los ángulos posibles, durante un *microdiálogo** que realiza consigo mismo, en su interior.

Desde esta perspectiva, la visión artística se renueva (:c)74) y asimila a todos los demás atributos de este protagonista. La unidad artística deja de ser monológica, pasa a ser polifónica, y la verdad, para el héroe de Dostoievski, está en la palabra confesional que expresa el resultado del trabajo de su propia conciencia que es el campo donde se encuentra su voz con las voces ajenas, inclusive cuando su *discurso** parece *monólogo** pues para este autor no existen ideas impersonales. Toda idea implica la existencia de un hombre, toda idea encarna en un hombre y todo hombre representa una idea. El Dostoievski, aun las voces ajenas y anónimas se explicitan y alternan en el diálogo, acompañadas por los signos escriturales convencionales: guiones, puntuación, juego de los pronombres personales. Son *semivoces* dice Bajtín, pero cada una es clara para el *receptor** en parlamentos como: "se me figura oír una voz", "se carcajeó la voz cáustica".

El héroe de la novela polifónica sólo goza, pues, de una independencia relativa, como cualquier hombre, y su imagen nunca es definitiva, nunca está acabada, pero posee una idea, una perspectiva irrepetible. "No es un carácter ni un temperamento, ni un tipo social o psicológico". Su autoconciencia, su idea, su diálogo consigo mismo y con la otredad lo alteran, lo determinan, lo reconstruyen a cada momento de su vida vista como punto de intersección entre diálogos. Cada uno de sus pensamientos es internamente dialógico, tiene carácter de acontecimiento, es inseparable de él, y es objeto de polémica al relacionarse con ideas de otros héroes.

El héroe y el argumento de la novela "están hechos de una sola pieza", y el argumento da origen al héroe quien, por otra parte, sólo se manifiesta en el argumento para analizar polémicamente la idea. El héroe y su idea están posesionados esencialmente uno del otro. Ambos nacen y viven en el punto de interrelación entre voces/conciencias. Y cada conciencia es "la arena de muchas voces" que se reconocen por sus *acentos**, sus *entonaciones**, sus *puntos de vista**, sus "posiciones vitales" dadas dentro del "gran diálogo de la época"(:c)126).

El héroe de Dostoievski consolida al *yo* ajeno como a un verdadero *tú* eres, con valor pleno y equitativo; vive al otro como un *tú* que es otro **yo** para quien *yo* soy un *tú*, y así logra "superar su solipsismo ético, su conciencia idealista aislada" (:c)20 y ss.). Si no lo hace, sobreviene la "catástrofe trágica" fincada precisamente en el aislamiento solipsista de la conciencia encerrada en su propio mundo. El héroe fracasa porque no es capaz de afirmar plenamente al otro, al *tú* eres, en el *diálogo**.

El héroe es el *portador* de un discurso, *no* el *objeto* del discurso de un autor. El autor no habla del héroe sino con el héroe. "El héroe es un discurso". "El discurso de Dostoievski es un discurso acerca del discurso". En eso consiste su "orientación dialógica" según Bajtín. El héroe mismo es el actor que participa —en un plano de igualdad— en el diálogo auténtico —no representado, no retórico, no convencional, no pretérito y luego transcrito—, que se lleva a cabo en un ahora que es el presente del proceso creador, es decir, el presente de la enunciación que vehicula lo enunciado. De esto depende la estructura de la nueva novela creada, para sus fines, por Dostoievski (:c)94 y ss.).

Se trata de un héroe que no tiene pasado biográfico. Recuerda sólo lo que no ha dejado de ser presente: "un pecado no expiado, un crimen, un agravio sin perdonar" (:c)47). DOSTOIEVSKI no presenta las etapas del desarrollo de un hombre, ni su estado de cabalidad, sino su coexistencia e interacción que repercutirá en su cambio pero siempre lo dejará inconcluso. No podemos decir quién es él, sino sólo que representa un punto de vista particular acerca del mundo y de sí mismo. "La idea es —en DOSTOIEVSKI— importante, pero no es la heroína de sus novelas como creyó Engelgardt —dice BAJTÍN—; la idea es la piedra de toque para analizar al hombre que hay en el hombre" al haber "superado su coseidad" (:c)52;123-125). "Resolver su idea" es lo que motiva a este hombre para vivir, y "todo en la situación y la atmósfera donde se da la interrelación entre las voces internas en el microdiálogo y las externas del diálogo, concurre parea propiciar el mismo diálogo y permanece a su servicio. La estructura entera se dialogiza. (:c)96y ss.).

La palabra del héroe corre por su cuenta y nos ofrece "el último recuento de su conciencia", su punto de vista, su horizonte, y el ingreso al crisol de su autoconciencia, "su última palabra acerca de su persona y del mundo", es decir, "el héroe es el objeto de la reflexión de la autoconciencia del héroe". Su función consiste en autoconcientizarse a sí mismo y al mundo, y sus rasgos característicos están al servicio de esta función que se realiza de manera constante, porque a cada momento su autoconciencia —ante su propio juicio y ante los ojos ajenos utilizados como espejo, pues su voz íntima y auténtica entra en el concierto de las otras voces y genera verosimilitud— ya no es la misma porque no está predeterminada, está indefinida e inconclusa, y suele estar ubicada en el umbral crítico de la última decisión. Inclusive a veces su imagen física nos es dada a través de su mirada cuando se observa al espejo (de modo que toma a su cargo tareas que antes eran sólo de la incumbencia del autor) (:c)72-83).

Desde luego, el discurso monológico no tiene estos problemas ni estas características. La confesión de un héroe de TOLSTOI se introduce, en tercera persona, dentro del único abarcador y totalizador horizonte de la conciencia y de la palabra ajena del narrador/autor, y por ello no cala en la estructura de la obra, permanece en la historia, en la *fábula** contada, dentro de la unidad que le procura el único punto de vista, el único criterio, del autor, que no habla con el héroe sino sobre él, y que juzga *"in absentia"* al personaje, utilizando su ventajosa *extraposición** para concluirlo arbitraria, definitiva y monológicamente, por carecer de una relación interna y un horizonte dialógicos, de interacción recíproca (:c)103-104).

"ACTIO". V. "PRONUNTIATIO".

ACTO (I) (y acción lingüística).

Hecho que da lugar a que algo sea. Es un *hacer/ser* que, según GREIMAS, "corresponde al. paso de la potencialidad a la existencia". En BAJTÍN, *acto y autoría* son nociones estrechamente vinculadas que implican una responsabilidad ética en el caso de la obra artística verbal, ya que, desde su óptica filosófica y ontológica, la creación no es simplemente una invención.

Cada una de las acciones narrativas o *nudos** narrativos de los *relatos**, es un acto sintacticamente manifiesto a través de un *verbo de acción* en uno de los *modos de lo real* (hizo, trae, etc.) que "se perciben como designando acciones que verdaderamente han tenido lugar", o bien manifiesto como un acto dado habitualmente, como un existir, mediante el empleo de *verbos de estado* (TODOROV).

El *acto* de hacer uso de la *palabra** se llama *acción lingüística*. Es un *hacer*, un *realizar el discurso** dentro de una situación en la que un *interlocutor** comunica algo a otro. Dentro de la acción lingüística se inscribe el *acto de habla** (véase), dentro del *acto de lenguaje* se inscribe la acción lingüística.

ACTO (2) (o jornada y desenlace, catástrofe, cuadro).

Unidad dramática que corresponde al desarrollo de la *acción** y que abarca un número variable de *escenas**, correspondiente a una representación. En el teatro clásico español se llama *jornada*. En general, la distribución temática en cada acto es la que cabe en un episodio, y en el transcurso de los actos, suele corresponder, como en los capítulos o partes de muchas narraciones, a: *1)* una exposición del asunto, en la que se plantea una situación y se presentan sucesivamente unos *personajes**; *2)* la aparición de un conflicto (o *nudo*, o *tesis* de la obra) que se agudiza originando una tensión que gradualmente va en ascenso; *3)* un *clímax* o punto culminante de la tensión (véase *gradación**), que muestra la crisis de la problemática planteada y funciona como *antítesis** respecto de la tesis o nudo; *4)* un desenlace donde la tensión desciende gradualmente, que sería la *síntesis* (de la tesis y la antítesis) y que puede extenderse (en la tragedia antigua) hasta: *5)* una *catástrofe* que es el desenlace funesto con que se clausura la acción y es un término que proviene de ARISTÓTELES, quien dividía la obra en *prótasis**, *epítasis**, *catástasis** y *catástrofe*, partes equivalentes, la primera a lo que luego se ha llamado *exposición*, donde se anuncia el *argumento** y se presentan los personajes; la segunda, al *nudo* en que se inician las complicaciones de la *intriga** y se enreda el argumento; la tercera en que se eleva la tensión y suben de punto emociones, pasiones, dificultades e incertidumbres, y la última en que se desbaratan los enredos y resuelven los problemas, no necesariamente de modo catastrófico, pero la acción concluye.

Entre los actos hay pausas durante las cuales se efectúan los cambios necesarios en el escenario. Cuando éstos son mínimos, las pausas se abrevian y los actos se denominan *cuadros*. Cada acto se divide en *escenas* entre las cuales no hay pausas.

El número tradicional de actos, desde el teatro latino, ha variado entre tres y cinco. En la actualidad ofrece mayor variedad y libertad, generalmente va de uno a tres, pero es una convención que ha perdido importancia.

ACTO DE HABLA (constativo, declarativo, performativo, locutivo o locutorio, ilocutivo o ilocutorio, perlocutivo o perlocutorio, acto de lenguaje, acción lingüística, locutor*, alocutario*, interlocutor*).

Los modernos lógicos ingleses, dentro de la corriente analítica de la filosofía de la escuela de Oxford, principalmente J. L. AUSTIN, han desarrollado la teoría de los actos de *habla**, que se inscribe dentro de la teoría general de la *lengua** y versa sobre las relaciones entre la lengua y sus usuarios, en un terreno semántico y pragmático.

Esta teoría se funda, tanto en la caracterización de la *estructura** formal de las expresiones, como en la del *significado** que se les asigna y, además, en la del acto que se realiza por el hecho de que la expresión sea proferida ya que, "producir un *enunciado** es emprender algún tipo de interacción social" (LYONS).

El acto de habla se inscribe dentro del *acto en* general (*hacer/ser*) y dentro de los *actos* de lenguaje (concepto de mayor abstracción). Puede considerarse *acto de len-*

guaje tanto una *acción lingüística* (*hacer gestual significante*), como el hacer específico que consiste en *hacer/saber*, como (en su aspecto cognoscitivo) un hacer/*significación**, o sea, un *producir y aprehender diferencias significativas*, o bien como *hacer/hacer: manipulación de un sujeto por otro* mediante el *lenguaje**. Estas dos últimas acepciones (greimasianas) se relacionan con la de acto de habla, que ya para BÜHLER no es un *hacer* sino un *significar* y que, como veremos, en la teoría de AUSTIN toma en consideración la relación (*manipulación*) entre los *interlocutores*.

AUSTIN ha denominado *performativos* (palabra relacionada con el sustantivo inglés —adoptado también en francés— que significa *realización: performance**) a los enunciados (o a sus verbos, aunque estén implícitos) en los que la acción que expresan se realiza por el hecho mismo de ser enunciados, por lo que la realización de esta acción es constitutiva del *sentido** mismo de estos enunciados. El verbo performativo "describe una acción del locutor, y su enunciación equivale al cumplimiento de dicha acción" (DUCROT y TODOROV). Los enunciados performativos se oponen a los *constativos* (término relacionado con la palabra *constar*), que también se llaman *declarativos* y poseen *un* valor descriptivo, de verificación.

Así pues:

a) Se inaugura la sesión es un enunciado performativo por cuya formulación misma se realiza el acto de inaugurar. Es un enunciado *auto/referencial* porque se tiene a sí mismo por referente, pues se refiere a una realidad constituida por él mismo, al ser enunciado en condiciones que lo convierten en un acto, ya que es al mismo tiempo una manifestación lingüística (al ser pronunciado) y un hecho de realidad (si lo vemos como realización de un acto social); por lo que el acto se identifica con el enunciado del acto.

Cualquier *verbo de palabra* (como *decir*), explícito o implícito, puede constituir un enunciado performativo si las circunstancias son adecuadas para darle validez: *se abre la sesión* (*digo que...*), significa *declaro abierta la sesión*, ya que su valor es el de la *realización*.

El enunciado performativo ofrece la peculiaridad de ser un acto individual, único e histórico (localizable en un sitio y en una fecha); "es un acontecimiento porque crea el acontecimiento", y si bien puede reproducirse no puede repetirse, porque cada reproducción constituye un acto nuevo y distinto, y, si la reproducción es una repetición, pierde su carácter performativo y se trata, entonces, de un enunciado constativo.

b) La ventana está abierta es un enunciado constativo o declarativo, por cuya formulación se describe y se hace constar una situación dada.

Unos enunciados performativos significan mandato, acto de autoridad. Se construyen con un verbo declarativo/yusivo (es decir, imperativo) en primera persona del presente, y con un "*dictum*" —algo dicho— (no con un "*factum*" —algo hecho): "*Ordeno* (o mando, dispongo, etc.) *la formal prisión del acusado.*" También se construye esta clase de verbos con un complemento directo y un término predicativo: *lo declaro inaugurado, la nombro mi sucesora.* Otra construcción posible es la de voz pasiva cuyo agente queda implícito: *Se nombra coordinador...*, que carece de verbo declarativo (ordeno que...) con lo que se reduce al "*dictum*", pero que requiere su publicación oficial, firmada por la autoridad e iniciada con una fórmula como: *por la presente*, pues cualquier enunciado performativo sólo tiene realidad como tal si las circunstancias lo hacen posible, si es un acto auténtico; si el enunciado es proferido por quien carece de autoridad o en circunstancias que impiden su realización, es decir, su validez, entonces no significa nada, a no ser una broma.

Otros enunciados performativos plantean un compromiso personal para el emisor: *juro, prometo, hago votos, renuncio, denuncio, acuso*; o bien con un significado de reciprocidad: *acordamos que...*

AUSTIN mismo, al exponer su teoría halló en ella muchos puntos débiles (no incluidos aquí) y declaró la necesidad de desarrollar una teoría más general y más precisa. Diferentes investigadores han continuado la búsqueda que él mismo inició en ese sentido, principalmente BENVENISTE (quien considera rescatable y necesaria la parte que hasta aquí queda explicada, y que puntualiza muchos detalles de la misma), o como VAN DIJK y SEARLE. Así, la teoría de los actos de habla ha sido enriquecida (por el mismo AUSTIN) con otras nociones: *acto locutivo* (o *locutorio*), *acto ilocutivo* (o *ilocutorio*) y *acto perlocutivo* (o *perlocutorio*).

Como ya dijimos, el hecho de proferir un enunciado constituye una acción linguística; pero, además, por la *enunciación** misma de un enunciado, se realiza en ciertos casos un acto de naturaleza social como *prometer, solicitar, ordenar*, etc.; es decir, un acto de habla. La acción linguística es el hacer uso de la palabra. El acto de habla es un acto de diferente naturaleza, que se efectúa por el contenido específico del enunciado. El acto de habla es simultáneamente un *hacer saber* y un *hacer hacer*.

Al enunciar un enunciado se realizan tres tipos de actos:

a) El acto locutivo consiste en enunciar, con apego a reglas sintácticas, *locuciones* o expresiones a las que es posible asignar un significado, por ejemplo:

volví ayer

que es una "locución enunciada a partir de un léxico dado y conforme a reglas gramaticales"; es el acto de producir el enunciado *volví ayer*.

b) El acto ilocutivo es aquel cuya enunciación misma constituye, por sí, un acto que, proveniente del hablante, modifica las relaciones entre los interlocutores, por ejemplo:

prometo que volveré, o bien
¿prometes que volverás?

es una ilocución que, aparte de constituir una acción linguística al ser enunciada, es una promesa o es una pregunta, un acto social específico cuya simple enunciación establece un vínculo entre *locutor** y *alocutario* porque crea un compromiso: promete o interroga. Es decir: el acto de su enunciación es equivalente al cumplimiento de la acción que denota. Yo cumplo la acción de *prometer* al decir *prometo*, y realizo la acción de *decir* al decir *digo*. La fuerza ilocutiva de un enunciado imperativo consiste en el hecho de que realiza la acción de ordenar, en tanto que proveniente del *hablante** tiene la *intención* de ordenar; el acto de prometer o de interrogar se cumple en el habla misma, por el propio acto de hablar y no es consecuencia del habla.

c) El acto perlocutivo es aquel en que la fuerza ilocutiva del enunciado produce un efecto sobre el *oyente** y quizá un cambio de dirección en sus acciones como cuando se sugiere, se solicita, se aconseja, se suplica, se ordena algo, aunque sea indirectamente:

¿Puedo pasar?

ya que su caracterización no esta ligada a su *contenido** ni a su *forma** lingüística, sino a su efecto sobre el interlocutor, producido a través del acto de hablar y no en él mismo.

Los actos perlocutivos muchas veces requieren, para ser interpretados como tales, de un amplio *contexto** situacional. Por ejemplo, la expresión:

Hace frío.

puede significar, o no, una orden o una petición:

Cierra la ventana.

La fuerza perlocutiva del enunciado imperativo consiste en el hecho de que el receptor obedece la orden.

Así pues, el acto ilocutivo y el perlocutivo se oponen. Mientras la *ilocución* es realizada por el hablante y ejerce sobre él mismo una presión por una especie de compromiso, la *perlocución* es realizada sobre el oyente y ejerce sobre él una presión porque se traduce en un efecto. Se trata de un *hacer hacer*.

Esta teoría de los actos de habla, desarrollada y aplicada a la literatura por SEARLE, es importante por la claridad que proyecta sobre el problema de la caracterización de lo intrínsecamente literario, ya que por otros medios se ha fracasado al querer comprobar que la literatura es distinta, desde un punto de vista formal y funcional, de las demás actividades verbales. SEARLE, en efecto, llega a la conclusión de que:

> no hay ninguna propiedad sintáctica o semántica que identifique un *texto** como obra de *ficción**,

sino que lo que lo identifica como tal es el hecho de que, en la obra de ficción, el emisor finge realizar los actos ilocutivos, y el acto de fingir es el que corresponde a la *intención ilocutiva del autor* y denuncia su propósito de crear, como punto de partida para la invención literaria, una situacion —entre el autor y sus lectores— de *ficcionalidad**.

A ello hay que agregar, en el caso del teatro representado, que lo que cada actor realiza es la imitación dc los actos de habla, por lo que, según MOUNIN y según SEGRE, éstos no constituyen verdaderos actos de habla ni pertenecen al lenguaje, sino que forman parte de otro código analógico.

Félix MARTÍNEZ BONATI rebate, sin embargo, los conceptos de SEARLE diciendo que "las oposiciones categoriales fingir/hacer de veras, hacer no serio/hacer serio, actos locutivos/actos ilocutivos, no son apropiadas para definir la naturaleza de la *ficción* literaria y de la actividad creadora del autor" (él sólo se refiere a la narración, no menciona el teatro); y agrega que lo que hace el autor no es fingir sino imaginar dichos y eventos que registra por escrito, produciendo *signos** lingüísticos reales (no fingidos) que no constituyen actos de habla sino que son signos icónicos que representan los dichos y los hechos imaginarios. Para MARTÍNEZ BONATI no hay pues fingimiento sino *ficción*. (V. también INSINUACION* y CONTRADICCION*.)

ACTO de lenguaje. V. ACTO DE HABLA.

ACTOR (y personaje, "dramatis personae", horizonte, entorno del personaje).

Personaje individual que rcpresenta o actúa en los *dramas**. Se dice también de los personajes de los *relatos** narrados. El estatuto de cada personaje depende de sus atributos y circunstancias, tales como su aspecto exterior, sus actos gestuales y *actos de habla**, su entrada en escena, su hábitat y la nomenclatura que lo designa. Todos estos factores son muchos y variables, y pueden ser objeto de diversas combinaciones y repeticiones. En el actor se particulariza y encarna el papel actancial abstracto, es decir, el tipo de *"rol"* que juega o cumple. (V. ACTANTE*.) El de *héroe** (o el de *sujeto* en los términos de GREIMAS) es un tipo de papel que encarna en un actor, por ejemplo Segismundo en *La vida es sueño* o Juan Preciado en *Pedro Páramo*. Cada tipo de papel puede ser representado ya sea por un solo actor, ya sea por un conjunto de actores que, en tal caso, fungen como un solo personaje. El *coro** de la tragedia clásica es caso especial, un personaje colectivo, constituido por muchos actores, que suele representar la voz del pueblo (de los habitantes del lugar de los hechos); se manifiesta a través del *corifeo*. En *Fuente Ovejuna*, una serie de actores representan al pueblo y, en su calidad de pueblo, cumplen el papel actancial de *sujetos* cuyas acciones persiguen un objeto (que es un valor): la justicia. Se trata, pues, de una unidad discursiva que, dentro de la gramática narrativa, es aquel punto del discurso en el que se concretan y encarnan una o más categorías actanciales, es decir, uno o más papeles o *"roles"*. Como observa GREIMAS, el término de uso tradicional, personaje, está siendo reemplazado por otros dos "definidos con mayor rigor en semiótica: el de actante y el de actor". Los actores no sólo fingen los papeles que representan: las ocurrencias y los parlamentos del diálogo —con sus correspondientes entonación y gestualidad— sino que también tocan algún instrumento, cantan o bailan. Entre los romanos, la del actor era una profesión servil. Entre los griegos y en los países occidentales, durante toda la Edad Media, las mujeres tenían prohibido actuar en público.

Mijaíl BAJTÍN agrega puntos de vista novedosos a la categoría de personaje —relacionada con las de *autor**, *palabra ajena**, y *diálogo**, esencialmente, y añade las nociones de *horizonte* del personaje y de *entorno* del mismo ("fondo aperceptivo sobre el cual aparece en la obra", según T. BUBNOVA).

ACTORIAL. V. ISOTOPÍA.

ACTO SÉMICO.

Para PRIETO y para BUYSSENS, el semiólogo toma como punto de partida de sus investigaciones el *acto sémico* descrito como una *señal**, o sea, como un hecho perceptible que se ha producido para que sirva como indicio (aunque no todos los indicios son señales: los indicios de fenómenos naturales nos indican la ocurrencia de éstos pero no son señales).

ACTUACIÓN. V. "PERFORMANCE".

ACTUALIZACIÓN.

Realización concreta del *valor** de una *palabra**, al pasar de su existencia abstracta dentro del *sistema** de la *lengua** al *habla**, donde el *contexto** selecciona al-

acumulación

gunos de sus rasgos semánticos pertinentes (V. PERTINENCIA*), es decir, de sus *semas**.

Si tomamos del diccionario un término polisémico (como hay muchos), podemos observar cómo, en diferentes contextos, actualiza diferentes semas, de modo que en cada contexto constituye un *semema** distinto:

> "Pon el gato en el automóvil, porque es malo el camino". Gato: instrumento para levantar grandes pesos.

> "Pon al gato su carne en el plato". Gato: animal doméstico, mamífero, carnívoro.

El significado de cada palabra (de cada *lexema**) es, dentro del sistema, una simple virtualidad, pero en el proceso discursivo el *significado** se realiza en el *semema** (GREIMAS).

ACUMULACIÓN. (o congeries, epímone, frecuentación, epífrasis, atroísmo o hatroísmo, sinatroísmo, conglobación, expolición, "percursio").

Procedimiento discursivo considerado por algunos autores como una *figura retórica** (de pensamiento) y que, en general, es descrito en términos semejantes a los que se emplean para la *enumeración**, o bien se define como figura de la *elocución**, de naturaleza *diversívoca** y opuesta, por ello, a la *sinonimia**.

Pero también a veces aparece explicada como un procedimiento propio de la *amplificación**. En realidad, es aglomerando elementos de alguna manera correlativos —ya sea por su *significado** (sinónimos), por su *forma** (sustantivos abstractos terminados en *ad*, por ejemplo) o por su *función** gramatical (verbos, adverbios, adjetivos, sustantivos, etc.)— como se construye, por *adición** acumulativa (*epífrasis*).

En el siguiente ejemplo de Bernardo de BALBUENA hay acumulación de elementos correlacionados semántica y sintácticamente; mediante ellos, se producen enumeraciones de rasgos que caracterizan espaciotemporalmente a la Nueva España, y también se produce una *amplificación** de la que son miembros las enumeraciones parciales, pues cada una enriquece la misma *descripción**:

> Aquí entre yerba, flor, sombra y descansos,
> las tembladoras olas entapizan
> sombrías cuevas a los vientos mansos.

> Las espumas de aljófares se erizan
> sobre los granos de oro y el arena
> en que sus olas hacen y deslizan.

> En blancas conchas la corriente suena,
> y allí entre el sauce, el álamo y carrizo,
> de ovas verdes se engarza una melena.

> Aquí retoza el gamo, allí el erizo
> de madroños y púrpura cargado
> bastante prueba de su industria hizo.

> Aquí suena un faisán, allí enredado
> el ruiseñor en un copado aliso
> el aire deja en suavidad bañado.

Aquí puede observarse cómo la acumulación en contacto produce la enumeración ("el sauce, el álamo, el carrizo"); la acumulación a distancia produce una variedad de la enumeración que es la *distribución**, que es de frases y es idéntica a un *isocolon**: la *parisosis* ("Aquí suena un faisán, allí enredado / el ruiseñor..."). La acumulación coordinante y la sinonímica es la *congeries*, pues puede ser de sinónimos o de antónimos; la de antónimos o de significados diferentes pero correlativos es el *sinatroísmo*:

> Sólo aquí el envidioso *gime y calla*,
> *porque es fuerza ver fiestas y alegría*
> *por más que huya y tema* el encontralla.

de adjetivos

> en *casto*, *limpio*, *liso* y *grave* traje.

de sustantivos:

> Su *templo*, *casa* y su *riqueza* admira...

de verbos como puede verse en esta distribución:

> Aquél *dora* un brazal, éste una greba,
> uno *pavona*, *bruñe*, otro *barniza*,
> otro *graba* un cañón, otro le *prueba*.

de proposiciones completas, como en el mismo último ejemplo. Además de ordenada, como en todos estos ejemplos de Balbuena, la acumulación puede ser desordenada (y acentuada por la ausencia de puntuación) como en la *enumeración caótica*:

> para volver a llevarse todas las ramas consigo
> como un cohete como una granada como un vidrio estrellado
> como una noticia como un telégrafo como la sangre
> por las venas rojas y azules como los semáforos regularizados
> como los sistemas de riego de riesgo de rasgo de raso de rizo
> de Diego de ciego de llego de pego de niego...
>
> Salvador Novo

o como en la *enumeración zeugmática* (combinada con *zeugma** sintáctica y/o semánticamente complejo):

> Las casas juegan a la buena suerte
> y (juegan) a la niña de quince años
> inocente como la muerte.
>
> Carlos Pellicer

en que "la niña" no es un juego, ni desde el punto de vista semántico ni como construcción gramatical.

Combinada con *gradación**, la acumulación puede ofrecer un orden ascendente:

> magulla, muele y deja derrengados

o un orden descendente:

> unos hiere, maltrata, otros retira.
>
> Ercilla

También hay acumulación en todas las formas de la *repetición**, ya sea en contacto (*reduplicación**, *anadiplosis**, *concatenación**, etc.), ya sea a distancia (*epanalep-*

sis*, *epanadiplosis**, *anáfora**, *epífora**), y es un tipo de acumulación la *conglobación*, larga *enumeración** de *argumentos** contrarios a los del adversario. La repetición indistinta del mismo pensamiento se llama *epímone**.

La acumulación enumerativa y coordinante de ideas que podrían merecer cada una ser tratada con detalle (lo que sería *expolición**) pero que no recibe dicho tratamiento, se llama "percursio".

La enumeración detallada y prolija es el *atroísmo* o *hatroísmo*. (V. EPEXÉGESIS*).

ADAGIO. V. AFORISMO.

ADICIÓN. (o "adiectio", pleonasmo).

Modo de operación conforme al cual se producen muchas *figuras retóricas** en cada uno de los distintos *niveles** de la *lengua**. Consiste en agregar a la *palabra**, al *sintagma**, a la *oración** o a la línea temática que ofrece unidad y coherencia significativas, elementos ajenos que proceden del exterior, como por ejemplo, *fonemas**: Ooooooh (en la figura llamada *insistencia**); o *morfemas**: "la *planta* se *implanta* en vastas *plantaciones...* " (en la figura denominada *derivación**); o *significados**:

> mucho muy altísimo (en el *pleonasmo**), etc.

Hay dos tipos de adición: *simple*, como en la *crasis**:

> musinausicantilena

que consiste en sumar palabras yuxtapuestas (con o sin pérdida de elementos menores), o bien adición *repetitiva*, como en la *anáfora**:

> *...Quién el arco arrebata, quién un leño,*
> *quién del fuego un tizón, y quien la espada...*
> ERCILLA

La adición es uno de los procedimientos o *categorías modificativas* introducidas en la *retórica** antigua a partir de QUINTILIANO: "adiectio", "detractio", "transmutatio", e "immutatio". Su más rigurosa sistematización moderna es una reciente (1970) contribución de los retóricos belgas que colectivamente publicaron la *Rhétorique générale* bajo la autoría del GRUPO "M". En latín se llamó "adiectio" y en griego *pleonasmo**.

Los otros procedimientos son: *supresión**, *supresión/adición* o *sustitución** y *permutación**.

La adición puede ser *simple*, como en la *epéntesis** (nivel de *los metaplasmos**), o en la *enumeración** (nivel de los *metataxas**), y puede ser *repetitiva* cuando el mismo elemento agregado se reitera como en la *rima** (*metaplasmo**), en el *estribillo** (*metataxa**) o en la *dilogía** (*metalogismo**).

"ADIECTIO". V. ADICIÓN.

"ADIUNCTIO". V. ADJUNCIÓN, ASÍNDENTON E ISOCOLON.

ADJUNCIÓN (o "adiunctio").

Nombre asignado por algunos retóricos (como FONTANIER y LAUSBERG) a lo que hoy conocemos como *zeugma** (sintáctica o semánticamente) complejo; es decir, a la coordinación de grupos de *palabras** sintácticamente dependientes cuya significación es distinta, o sea en aquellos casos en que el término sobreentendido no es sintáctica o semánticamente idéntico al expresado. Para otros es la *acumulación** asindética de sustantivos (V. Asíndeton*) y para otros aún es un tipo de *isocolon**.

ADNOMINACIÓN. V. PARONOMASIA Y DERIVACIÓN.

ADQUISICIÓN. V. ENUNCIADO Y "PERFORMANCE".

"ADYNATA". V. IMPOSIBLE.

"ADYNATON". V. IMPOSIBLE.

ADYUVANTE. V. ACTANTE.

AFÉRESIS.

*Figura retórica** de dicción que consiste en suprimir letras al principo de la *palabra**. Es abundante en el castellano antiguo, aunque más bien como un fenómeno histórico de evolución de la *lengua** (*noramala* / por *enhoramala* /) que como una licencia poética. Mediante ella se reduce, sin embargo, muchas veces el número de sílabas de un *verso**:

> Las Aguas que sobre el Cielo
> forman cristalino hielo,
> y las excelsas Virtudes
> que moran sus *celsitudes*.

(por excelsitudes), dice Sor Juana, prefiriendo la forma poco usual de la palabra.

Como figura retórica es, pues, una *metábola** de la clase de los *metaplasmos** porque altera la morfología de la palabra, y se produce por *supresión** parcial, pues se omiten letras iniciales. Tiene valor retórico cuando la misma voz, sin aféresis, se utiliza en la *lengua** común en la forma autorizada por la costumbre: la que no ha sufrido la supresión.

AFIJO. (y prefijo, sufijo, infijo, radical).

Partícula lingüística (letra o sílaba) que se agrega antes o después del *radical* (parte esencial de la *palabra**) modificando tanto su *sentido** como su *función** gramatical.

El afijo que antecede al radical se denomina *prefijo* (*des*animar); el que le sucede se llama *sufijo* (anciani*dad*), y el que incide en el interior del radical es un *infijo* (v*i*enes).

Se trata más o menos de los mismos elementos que la linguistica estructural, sin atender a su posición relativa, considera *lexemas** (o *morfemas** lexicales), morfemas gramaticales (o gramemas) y morfemas derivativos.

AFORISMO. (y apotegma, sentencia, refrán, paremia, adagio, máxima, proverbio, greguería).

Breve sentencia aleccionadora que se propone como una regla formulada con claridad, precisión y concisión. Resume ingeniosamente un saber que suele ser científico, sobre todo médico o jurídico, pero que también abarca otros campos:

> La ley es dura, pero es la ley

21

africado

Al aforismo moral muchos lo llaman *apotegma, adagio* o máxima:

> Quien mal anda, mal acaba

sobre todo si proviene de un personaje célebre.

El que encierra una dosis de sabiduria popular, se denomina *refrán,* o también *adagio,* o *proverbio:*

> No por mucho madrugar, amanece más temprano

La *oración** que expresa un *lugar común* con pretensiones de validez universal como norma de vida, es la *sentencia.*

La intención didáctica puede ocultarse o desaparecer detrás de un más evidente propósito humoristico y poético, como ocurre en muchas *greguerías* de GÓMEZ DE LA SERNA, a quien la crítica siempre ha atribuido intención aforística. La greguería, como el aforismo, se origina en la experiencia y la reflexión, pero además comunica un matiz de la realidad que no cualquiera es capaz de ver, ya que establece asociaciones entre aspectos del mundo que sólo capta la creatividad del artista, en este caso del poeta:

> El toro de la tormenta desbanda el gentío

> El grillo mide las pulsaciones de la noche

Éste es ya un *texto** literario.

AFRICADO, sonido. V. FONÉTICA.

AGENTE.

Personaje* que toma a su cargo la iniciativa de la *acción**. Se opone al personaje *paciente,* que sufre pasivamente las acciones y sus consecuencias.

AGLUTINANTE, lengua (y monosilábica y flexiva).

Conforme a los principios de la *morfología** que en ellas operan, las *lenguas** se clasifican en *aglutinantes, monosilábicas* y *flexivas.*

Las monosilábicas, como indica su nombre, contienen principalmente *palabras** de una sola sílaba. Las aglutinantes constituyen sus palabras mediante la yuxtaposición de los radicales de palabras o, en términos de empleo más reciente, de los *morfemas**. Las aglutinantes que son más dúctiles —aunque tienen también algunos monosílabos—, organizan familias de palabras que, mediante modificaciones introducidas a la parte nuclear por agregación, expresan ideas asociadas. Es decir: en ellas se aglomeran, yuxtapuestos, varios elementos, generalmente monosilábicos, que cumplen diversas funciones semánticas (subordinantes o subordinadas) para formar una palabra. Las lenguas flexivas abarcan el monosilabismo y la aglutinación pero, además, se conjugan (los verbos) y se declinan (en español, el pronombre personal). Sus flexiones son morfemas *derivativos* si afectan a una palabra al manifestar sus derivaciones (casa, casilla, caseta); son *gramemas** de *género* y *número* cuando manifiestan los accidentes gramaticales del sustantivo (casa, casas; niño, niña), y son *gramemas* de *modo, tiempo, número, persona* y *aspecto** si expresan los accidentes gramaticales del verbo (pinto, pintaron, pinté, pintaré, etc.).

AGNICIÓN. V. ANAGNÓRISIS.

AGRAMATICALIDAD (y gramaticalidad).

Para la lingüística generativa y transformacional, algunos *enunciados** son *gramaticales* —los aceptables por correctos, porque son generados por una *gramática** dada: *dame de comer*—; mientras otros son *agramaticales* —los inaceptables por incorrectos: *tú darme comer*.

CHOMSKY considera que la facultad de formar juicio acerca de si los enunciados son gramaticales o agramaticales —facultad que es independiente del grupo social a que pertenece el sujeto de la *enunciación**, y que tampoco se relaciona con su *cultura** ni con las circunstancias en que se emiten los enunciados— forma parte de la *competencia** lingüística del *hablante**.

En los casos de discrepancia de juicios acerca de un enunciado, suele tratarse de variedades distintas de la misma *lengua**. El juicio se basa en el reconocimiento de normas generales que fueron interiorizadas durante la adquisición de la lengua, aunque no se recuerden ni se hayan construido antes tales enunciados. Estos, inclusive, no tienen que ser verdaderos, y aun pueden ser imposibles: "la ciudad de México ocupa un kilómetro cuadrado".

La gramática generativa considera que existen grados de agramaticalidad, los cuales todavía no han sido claramente descritos.

Por su parte, GREIMAS define la agramaticalidad no como dependiente de la competencia lingüística del hablante, sino como dependiente de la constitución sintáctica del enunciado, pues dice: "imposibilidad de que los elementos del plano sintáctico estén presentes juntos en una unidad jerárquicamente superior, por lo que se trata de una de las formas posibles de incompatibilidad".

AGRESOR. V. ACTANTE.

AGRIONÍA.

Bárbara festividad dedicada a Baco por los griegos primitivos y considerada por los estudiosos como un antecedente de la literatura dramática, sobre todo de la *tragedia**. En ellas las bacantes cantaban alabanzas (ditirambos) al dios mientras bailaban licenciosamente en torno de animales sacrificados e incinerados.

ALBUR.

Juego de palabras* de doble sentido (DRAE) acostumbrado en México y en Puerto Rico. Por lo común, lo que se expresa está velando otro significado —grosero, zafio, impertinente—, que forma parte de una *jerga** o *dialecto social** que no todos comprenden, cuya especificidad radica en que generalmente se refiere a aspectos y zonas del cuerpo humano o a cuestiones sexuales.

Se utiliza mucho en chistes de este tenor:

> —¿Sabes cómo se *pega* (se contagia) el sida?
> —No.
> —Con *colaloca* (nombre de un pegamento resistente).

Lo que realmente significa es que la enfermedad se contagia con el desorden de la vida sexual.

Con mayor frecuencia se utiliza como arma en una contienda dialogada donde triunfan el ingenio y la rapidez de respuesta, mientras queda derrotado el primero que calla. Suele consistir en una cita tomada por un interlocutor, del parlamento que su oponente acaba de pronunciar, misma que es de inmediato recontextualizada y resignificada de modo contrario o contradictorio.

También suele utilizarse en *parodias** pues puede ser una imitación burlesca de algo que los demás toman en serio, verbigracia en la caricatura política. Un ejemplo de este cariz son las sátiras que dedica José Juan TABLADA a Francisco I MADERO, candidato a la Presidencia de la República en 1910. Se trata de una obra de teatro popular versificado que imita —sarcásticamente— una de Edmond Rostand, en cuatro actos —cuyos personajes son animales de gallinero— que acababa de estrenarse ese mismo año. La de TABLADA resulta un libelo, que nunca se representó, donde MADERO es el gallo Chantecler y sus interlocutores, los otros animales, son sus "colaboradores y seguidores" (LOZANO:236) antirreeleccionistas:

> CHANTECLER MADERO
> (Repitiendo el gesto cabalístico)
> ¡Puedo sentarme en ella,
> la silla presidencial!
> Tengo con qué, ¡lo siento!
>
> EL PERICO
> ¡Es porque así demuestra que tiene un fundamento,
> un fundamento sólido para sus ambiciones! (LOZANO:262-63)

donde, además, alude sarcásticamente a un MADERO que tenía fama de ocultista, aficionado al espiritismo ("gesto cabalístico"), ambicioso de sentarse en la silla presidencial y confiado en que podrá hacerlo ya que "siente" que "tiene con qué": sus posaderas.

Otro breve ejemplo está en una *novela** de Beatriz Escalante (*Amor en aerosol*) en el diálogo entre dos amantes parranderos: la bella estúpida y el hermoso rufián ebrio:

> Ella: Ay no, Fer, no seas así, vente conmigo

dice, tratando de hacerlo regresar al casino,

> Él: Si eso es lo que quiero.

responde aludiendo al orgasmo, pues hace esfuerzos para llevarla a la cama.

Pero el albur no es un simple juego de palabras. Por lo común puede ser considerado simultáneamente una *dilogía**, —como en el último ejemplo—, una *litote** que atenúa o niega para mejor afirmar, un *eufemismo** que *alude* (y por lo tanto es igualmente *alusión**), oculta algo torpe, grosero, sexual, corporal, insultante, burlón, y forma parte de un lenguaje cifrado (la jerga, el dialecto social).

El fenómeno de *intertextualidad** antes mencionado radica en que la *cita* del texto ajeno, hecha por el contrincante, ofrece la copresencia de dos *textos**: el propio (*hipertexto** o texto B según GENETTE), y el texto del cual se deriva, el texto citado (o *hipotexto** o texto A) que ya cambió de sentido.

La palabra *albur* es (según el mismo DRAE), de origen incierto. Quizá venga del árabe *al-buri*: pez, o bien del mismo árabe *al-bur*: acto de someter a prueba alguna cosa. Significa, además, juego de barajas o naipes; el azar del que depende el éxito (correr un albur) y, en Puerto Rico: mentiras o infundios.

ALEGORÍA (y niveles de sentido).

La *alegoría* o *metáfora continuada* (llamada así porque a menudo está hecha de *metáforas** y *comparaciones**) se ha descrito como una *figura** que en un *nivel** inferior de *lengua**, se compone de *metasememas**, mientras en un nivel superior constituye un *metalogismo** (GRUPO "M"). Se trata de un "conjunto de elementos figurativos usados con valor translaticio y que guarda paralelismo con un sistema de conceptos o realidades", lo que permite que haya un *sentido** aparente o literal que se borra y deja lugar a otro sentido más profundo, que es el único que funciona y que es el alegórico. Esto produce una *ambigüedad** en el *enunciado* porque éste ofrece simultáneamente dos interpretaciones coherentes, pero el *receptor* reconoce sólo una de ellas como la vigente. Dice Juan RUIZ DE ALARCON:

> Pero ¿qué os sirve que os cuente
> la causa? El efecto ved
> a vuestro honor conveniente:
> si es buena el agua, bebed
> sin preguntar por la fuente.

En otras palabras: en la alegoría, para expresar poéticamente un pensamiento, a partir de comparaciones o metáforas se establece una correspondencia entre elementos imaginarios. Tomadas literalmente, las alegorías ofrecen un sentido insuficiente, pero éste se acabala con el sentido del *contexto**. Se trata, pues, de un metalogismo basado en una abstracción simbólica que, en la Edad Media, constituía uno de los cuatro sentidos interpretativos o *niveles de sentido* de la escritura, mismos que proceden de la Cábala y han tenido otros momentos de reaparición sistemática en las letras, antes en San Agustín y, después, durante el Renacimiento y el Barroco. Para DANTE, por ejemplo (*Convivio*), sobre el sentido *literal*, que es el más bajo, aunque indispensable y fundamental, el *discurso** ofrece un segundo sentido, el *alegórico* —que San Agustín llama *figurado*—, que consiste en la *verdad oculta* en las fábulas *bajo una mentira* (como cuando OVIDIO dice que Orfeo amansa a las fieras con su cítara, queriendo significar que el hombre sabio, con el instrumento de su voz, amansa y endulza los corazones crueles moviendo inclusive a los insensibles e irracionales). Los teólogos —dice DANTE— interpretan este nivel de manera distinta a como lo hacen los poetas. Sobre el alegórico hay un tercer nivel, el *moral*, aquel que el *receptor* va descubriendo como una enseñanza útil para su propia formación (como cuando la escritura dice que CRISTO va al monte llevando únicamente a tres de sus discípulos, lo que hay que entender como la conveniencia de andar con poca compañía). En fin, el cuarto y último sentido es el de la *anagogia** , que es *un suprasentido* espiritual que trasciende los demás sentidos y alcanza el nivel de lo divino (como cuando el "Salmo 113" celebra la liberación del pueblo hebreo respecto de los egipcios, lo que debe interpretarse como la liberación alcanzada por el alma, con la muerte, respecto de la esclavitud de la corrupción corpórea y hacia la libertad de la gloria eterna).

Un ejemplo mexicano, del Barroco del siglo XVII, está en el soneto de un contemporáneo de Sor Juana, Luis de SANDOVAL ZAPATA, denominado "Riesgo grande de un galán en figura de mariposa":

Vidrio animado que en la lumbre atinas
con la tiniebla en que tu vida yelas
y al breve tiempo de morir anhelas
en la circunferencia que caminas.

En poco mar de luz ve oscuras ruinas,
nave que desplegaste vivas velas;
la más fúnebre noche que recelas
se enciende entre la luz que te avecinas.

No retire tu espíritu cobarde
el vuelo de la luz con que te ardías,
abrásate en el fuego que buscabas.

...Dichosamente entre sus lumbres arde,
porque al dejar de ser lo que vivías
te empezaste a volver en lo que amabas.

cuya lectura empieza, desde luego, por el título, mismo que desata los sentidos alegóricos que son abstracciones: el figurado, el moral y el anagógico. El sentido literal describe a la mariposa encandilada comparándola (parece vidrio animado). El sentido figurado se desata en cuanto recordamos el título: el galán encandilado por el amor. El sentido moral lo convierte en un sermón con descripción y moraleja que advierte del peligro de enamorarse. El sentido anagógico, dado el contexto ─la sociedad, la cultura, la tradición en la Nueva España en aquel siglo─ es el del alma atraída por el amor divino que la impulsa a menospreciar el riesgo de morir, ya que abre la vía del encuentro con Dios.

Algunos retóricos han identificado la alegoría con la *anagogia**. Además, también se llama comúnmente alegoría, tanto a la representación concreta de una idea abstracta (por ejemplo, un esqueleto con guadaña es alegoría de la muerte), como al *relato** de carácter simbólico semejante al *apólogo* o *fábula**.

ALÉTICA. V. MODALIDAD

ALGORITMO.

Concepto que ha pasado a la lingüística proveniente de la matemática. Un *algoritmo* es una fórmula que contiene una serie de símbolos que prescriben el modo de realizar una cadena de operaciones y razonamientos reveladores de relaciones entre elementos, y que servirían para resolver un problema dado. Se aplica sobre todo a los lenguajes de programación y a los procesos de automatización de la traducción, pero también a la *semiótica**: GREIMAS habla por ejemplo de algoritmo de *transformación**, aquel que describe el recorrido entre un estado inicial y un estado final, en los *relatos**.

ALIANZA DE PALABRAS. V. OXÍMORON.

ALITERACIÓN (o paracresis, "homoeoprophoron").

Figura* de dicción que consiste en la repetición de uno o más sonidos de *fonemas** en distintas *palabras** próximas: "Ya se oyen los *claros clar*ines (DARÍO); el *sa*bido *s*abor de la *sa*liva (VILLAURRUTIA).

En inglés se llama así principalmente a la repetición inicial de consonantes (el *"homoeoprophoron"* latino). FONTANIER la llama *paracresis*.

Se trata, pues, de una *metábola** de la clase de los *metaplasmos** porque involucra a los elementos morfológicos de las palabras. Se produce por *adición** repetitiva. Relaciona entre sí las palabras que ofrecen identidad parcial de sonidos. Si éstos reproducen o resultan equivalentes a otro sonido o ruido, se.produce *onomatopeya**, como el famoso ejemplo de San Juan de la CRUZ:

> Y déjame muriendo
> un no *sé qué que que*da balbuciendo,

en que la repetición, entre otros efectos, enfatiza el *significado** de *balbuciendo* al imitar la musitación entrecortada, o bien en:

> El *ru*ido con que *ru*eda la *r*onca tempestad,

(de ZORRILLA), que se asemeja al sonido de este fenómeno natural.

La aliteración es un fenómeno muy general que puede presentarse como *insistencia** (de un solo *fonema**), como *redoble** (de sílaba), como *paronomasia** (de la mayoría de los fonemas de la palabra), como *juego de palabras** (cuando la repetición se da como imitación equivocada y humorística, por mal escuchada: aparentar oír *nefritis* por *Nefertitis*, por ejemplo), como *poliptoton* o *derivación** (identidad formal de las palabras de la misma familia excepto en los *morfemas** derivativos), como *similicadencia** (identidad de morfemas derivativos o gramaticales en palabras de distintas familias), como *onomatopeya* (mencionada antes), como la *rima** misma, ya sea asonante (casa, ala) o consonante (casa, pasa).

La aliteración se emplea quizá con mayor frecuencia en *verso** que en *prosa**. Pueden presentarse combinadas varias formas de aliteración:

> ...el sueño de anoche triple cuádruple pleno plano Plinio plunii secundi leo Leobardo Leopardi lee de cabo a rabo de cabotaje sabotaje salvaje sálvame sargento argento gente gentil genil genital genuflexca general genérico genético frenético sin freno sin fresno sin fresco sin frasco sin asco sintasco sintáctico sintético simétrico similibus liber libri la pobre mujer se inventaba aventuras matutinas que la dejaban exhausta para cuando los demás llegaban.
>
> Salvador NOVO

La aliteración, como en este ejemplo, suele combinarse con otras figuras. Aquí hay aliteraciones de varios tipos: paronomasia (pleno, plano, plinio, etc.), rima asonante (freno, fresno, fresco), juego de palabras (sin freno, sin fresno, sin fresco); mezcladas con otras figuras como la *enumeración** (observable en cada serie aliterativa), la *gradación** (general, genérico, genético, frenético); y hay también onomatopeya por cuanto el sonido, en su conjunto, imita al de los trabalenguas.

Además del efecto imitativo de la aliteración onomatopéyica, hay otros efectos notables, por ejemplo, puede producir *énfasis**, o eufonía; puede suscitar sensaciones como la auditiva y la táctil que se experimentan como evocaciones, agregándose al efecto semántico (ya que el destinatario asocia sentidos semejantes a sonidos semejantes) como en el ejemplo de SANTA TERESA:

> Está el alma como un niño que aún mama, cuando está a los pechos de su madre, y ella, sin que él paladee, *échale la leche* en *la* boca *por regalarle*.

o como en éste, de ROA BASTOS, en que se evoca mediante la repetición de la *s* el zumbido de la mosca:

aljamia

> Negra miseria, omisoria, emisaria de las animalias de la noche.

asociándolo a los significados de las palabras en cuya composición figura la *s*. Y un poco después, con la *s*, la *l* y la *r*:

> La mosca se colorea de rescoldo. Aletea feliz. Se lustra la alas con las patas.

que sugiere imágenes auditivas y visuales del mismo modo, estableciendo una relación especial entre los *significados** de las palabras que ofrecen identidad parcial de sonidos.

ALJAMIA.

Nombre dado por las árabes a la *lengua** castellana, y a los *textos** literarios escritos en castellano pero con caracteres arábigos: poemas *aljamiados*.

ALOCUCIÓN.

Breve *discurso** recitado por un poeta como *descripción** y en alabanza de alguien (de la poesía, de alguna virtud). También puede ser una rememoración, una exhortación, una arenga, según sean las circunstancias. Es decir, una perorata pronunciada en público con intención de provocar un efecto inmediato en los oyentes.

ALOCUTARIO. V. EMISOR y ACTO DE HABLA.

ALÓFONO. V. FONEMA.

ALÓGRAFO (Y grafema).

Variante de uno de los *grafemas* o caracteres de la escritura, observable en distintos individuos, o en uno mismo.

ALOMORFO. V. MORFEMA.

ALOTOPÍA. V. ISOTOPÍA.

ALTERNANCIA. V. SECUENCIA.

ALUSIÓN (o sinénfasis, mitologismo).

*Figura retórica** de pensamiento que consiste en expresar una idea con la finalidad de que el *receptor** entienda otra, es decir, sugiriendo la relación existente entre algo que se dice y algo que no dice pero que es evocado. En la poesía barroca hay numerosos ejemplos de estilo cargado de alusiones que pueden ser históricas, mitológicas (llamadas *mitologismos*) o morales, según puede observarse en este ejemplo de Sor Juana Inés de la Cruz:

> Lámina sirva el cielo al retrato,
> Lísida, de tu angélica forma,
> cálamos forme el sol de sus luces,
> sílabas las estrellas compongan.
> Cárceles tu madeja fabrica,
> dédalo que sutilmente forma
> vínculos de dorados Ofires,
> cíbares de prisiones gustosas.
> Hécate, no triforme mas llena,

pródiga de candores asoma;
trémula no en tu frente se oculta,
fúlgida su esplendor desemboza.

en que alude a otras realidades exteriores al *texto**, y a otros textos (V. INTERTEX-
TUALIDAD*) al emplear un nombre de pastora, Lísida (para la Condesa de Paredes),
al citar a Ofir (*dorados ofires*), ciudad mítica de Oriente, donde Salomón enviaba a
buscar oro; a dédalo (intrincado laberinto donde uno se extravía fácilmente, relacionado por *metonimia** con Dédalo, personaje mitológico que fue su constructor, y
—también por metonimia— con otro que encerraba al Minotauro en Creta, según
la leyenda griega), y a la diosa Hécate afín a Artemis (la luna), ligada al mundo
de las sombras, descendiente de los Titanes, dadora de prosperidad y patrona de
los magos cuyas hechicerías inventó; representada con cuerpo triple o bien tricéfala.

En este ejemplo el conjunto de las alusiones eruditas, sumado a la elegancia
connotada en la época por el uso de esdrújulas (según advierte el título: "en elegantes esdrújulas"), y a la utilización de neologismos culteranos (*trémula, fúlgida*) y
de voces de estricto uso poético (*áspides, lid*), entre otras cosas, produce un efecto
de difícil refinamiento elitista, vela con una aristocrática oscuridad un texto cortesano dedicado a la virreina de una colonia barroca; en fin, revela mucho del *emisor**, de su época, de su ubicación en la sociedad, y del *destinatario* al que apunta
el texto.

La alusión es usual también en el lenguaje familiar: "Todo lo que toca se convierte en oro", suele decirse de las personas hábiles para los negocios, aludiendo a
la fábula del rey Midas que poseía esa facultad. "Todo lo que toca se convierte en
literatura" escribió, en una alusión menos evidente, acerca del poeta mexicano
José Emilio Pacheco, uno de sus críticos, Carlos MONSIVÁIS.

Se trata, pues, de una *metábola** de la clase de los *metalogismos** porque afecta a
la lógica ordinaria del *significado**. Su efecto es de profundidad y densidad, y su
interpretación exige un lector erudito.

La alusión puede ser formal, cuando se establece, entre lo dicho y lo sugerido,
una relación que puede ir, desde una simple *analogía** de *fonemas** hasta una similitud entre *estructuras** estilísticas complejas. Este tipo de alusión hace evocar el
metatexto* de un *autor** o una corriente, como lo logra la imitación del intrincado
estilo gongorista y sus forzados *hipérbatos** en la *parodia** que de él hace QUEVEDO:

La jeri— aprenderá— gonza siguiente

o los rasgos personales y novedosos del estilo de LÓPEZ VELARDE en esta muestra
—"*pastiche*"*— de su poesía, que se debe a TABLADA y que es un "retablo" a su
memoria:

Por los poemas que con miel de flores
amasó tu alma —monja en penitencia—
y como los monjiles alfajores,
huelen a mirra y saben a indulgencia.

En los tres ejemplos anteriores podemos observar la versátil capacidad de la
alusión para referirse al *contexto** y al metatexto del autor del texto imitado.

Un ejemplo de alusión, que podría llamarse paronomásica, es el siguiente:

alusión

> Sólo de los médicos ninguno ha habido con don (Don, como tratamiento), pudiendo tener muchos; mas todos tienen don de matar, y quieren más *din* (dinero) al despedirse que don (tratamiento respetuoso) al llamarlos.
>
> QUEVEDO

en que se sugiere, principalmente, que los médicos son más interesados que capaces y respetables.

La alusión puede ser simbólica, si la evocación se produce mediante un atributo o un objeto investido de valores abstractos: así en la fábula de MONTERROSO en que el Zorro se volvió escritor aplaudido y no cayó en la trampa ni en el riesgo de seguir publicando, para no exhibir algún día su decadencia. El hecho de que el escritor encarne en el Zorro es ya una alusión a su carácter sagaz y astuto, pues dicho animal es símbolo de tales virtudes.

La alusión puede combinarse con otras muchas figuras retóricas, por ejemplo con la *metonimia**, como en el ejemplo señalado (Dédalo); o con la *sinécdoque**:

> . . . sortijón en el pulgar con piedra tan grande, que cuando toma el pulso pronostica al enfermo la losa.

(losa por tumba) dice QUEVEDO en su descripción de los médicos; o con la *metáfora**, como cuando agrega el mismo autor, más adelante, que los boticarios

> Son armeros de los dotores...

pues les suministran las armas con que matan; o con el *énfasis**, en todos los casos, porque con la referencia indirecta se logra en el texto una tensión mayor que sin ella. También se relaciona con la *litote** —que atenúa o niega—; con el *eufemismo** —"pasó a mejor vida"— cuando disminuye la expresión; con la *perífrasis**, porque da un rodeo para significar y mengua la tensión puntual que produce la precisión concisa; con la *dilogía**, porque el *significado** que tiene primacía para el *emisor** está encubierto por el que mayormente salta a la vista (en las dos posiciones del mismo *significante** que aparece repetido); con la *reticencia**, porque el referente aludido, es, también, en parte eludido; con la *elipsis** y con el *implícito**, porque la categoría gramatical elidida queda implícita —se registra y se comprende lo que no se ha dicho—; con la *ironía**, porque el discurso alude a un significado que está oculto por el que primero se capta, principalmente en la ironía *in absentia*, situacional, que alude al contexto y no al *co-texto**; con la *sinestesia** en la que muchos ven una naturaleza metafórica, aunque distinta, por múltiple (recordemos el "resbalo por tu tarde como el cansancio por la piedad de un declive", de BORGES).

También en los fenómenos de *intertextualidad** hay alusión en diversos grados, desde la *cita* entrecomillada —que al recontextualizarse se resignifica y resulta un segundo texto—, pasando por la *imitación*, la *paráfrasis**, el *comentario*, la *crítica*, el *pastiche** el *palíndromo**, el *diálogo** —en el que cada parlamento se refiere tangencialmente al del otro *interlocutor**—; en las *dilataciones semánticas** que remiten, por ejemplo, al *género**, al *modelo*, o a los cuatro *niveles de sentido** que es posible recuperar en un poema o *relato**, y en muchos otros matices que sugieren sesgadamente la copresencia de textos.

FONTANIER llama *mitologismo* a esta figura cuando se refiere a hechos o a seres míticos.

Igualmente muchos chistes contienen alusiones graciosas o picarescas: la serie de *siglas** con que IBARGÜENGOITIA alude a los numerosos partidos políticos que emergen en el panorama nacional post-revolucionario de México, en un momento dado, contienen alusiones groseras, insultantes (que se refieren a textos de *Picardía mexicana*), o bien aluden quizá a la incoherencia o confusión de ideas que priva en ellos: PUC, FUC, MUC, MFRU, CRPT, ya que algunos resultan impronunciables.

Lo que es común a todas las estructuras posibles de la alusión es que constituye una referencia indirecta, sesgada, porque el *referente** está parcialmente *implícito**.

AMBIGÜEDAD.

Efecto semántico producido por ciertas características de los *textos** que permiten más de una interpretación simultánea sin que predomine ninguna, en un segmento dado, de modo que corre a cuenta del lector el privilegiar una de ellas.

El efecto de *sentido** de la ambigüedad es lo más evidente e importante. A veces se basa en una ambigüedad morfológica (algunos la llaman *léxica*) producida por la *relación equívoca** existente entre *lexemas** homófonos u homógrafos; es decir, debida a la propiedad polisémica que poseen muchos lexemas, de ofrecer potencialmente varios *significados**, lo que permite su *disemia** o *polisemia** en el *sintagma**. Pero el fundamento de la ambigüedad puede ser también sintáctico, en construcciones en que no aparecen claramente las *funciones** gramaticales ni, por ello mismo, los significados contextuales de las palabras:

> —Y tengo mi ejecutoria y soy libre de todo y no debo pagar pecho.
> —Pues pagad espalda —dijo mi diablo.
>
> QUEVEDO

En este ejemplo coinciden la ambigüedad morfológica (la misma en que se basa la *dilogía**) y, naturalmente, la de significado que es su efecto. Al responder el diablo "pagad espalda", interpreta simultáneamente "pecho" como *antónimo** de espalda y como "tributo", que es como lo entiende el lector, antes de leer su respuesta.

La ambigüedad tiene base sintáctica y constituye un defecto del lenguaje práctico en la *oración**

> llegan docenas de jóvenes del gimnasio

pues no se sabe si desea comunicar que los jóvenes llegan procedentes del gimnasio, o que pertenecen a él pero llegan de otra parte, o que pertenecen al gimnasio y de él proceden.

Es, en cambio, una marca deliberada, específica de la función literaria de la lengua, y una virtud, en los *versos** de Octavio PAZ:

> Los ríos de tu cuerpo
> país de latidos...

donde *país de latidos* podría ser, tanto el predicado nominal de *ríos*, como el de *cuerpo* (*los ríos* [son] un *país de latidos*) (*tu cuerpo* [es] un *país de latidos*).

El efecto semántico de ambigüedad puede aparecer como la unión, en un significado, de dos o más que también se ofrezcan como alternativas, ya sea que se

ambigüedad

presenten como desconectados, como opuestos y aparenemente contradictorios, o como fingida confusión del *emisor** que el *receptor** resuelve.

En todos estos casos la ambigüedad constituye una marca deliberada del uso literario de la *lengua** y una característica positiva de la misma, pues ofrece la posibilidad de captar más de un sentido en el texto, creando una atmósfera de incertidumbre que es un hecho de estilo. En cambio en el lenguaje práctico constituye uno de los peores defectos porque produce confusión y obstaculiza la *comunicación** que es su propósito esencial.

La ambigüedad puede producirse de manera no intencional tanto en el lenguaje poético como en el referencial; en tal caso es posible que no pueda ser reducida. Deliberada o no, la tradición la consideró más bien un defecto, un exceso o una audacia opuesta a las características preconizadas desde la antigüedad como máximas virtudes para toda clase de textos (y en nuestros días sólo para los de carácter práctico) a saber: claridad, precisión y concisión, cuyo efecto es contrario al de la ambigüedad.

La ambigüedad es posible, pues, debido a que la comunicación humana no es unívoca por naturaleza pues no siempre ofrece una sola *isotopía**. En el ejemplo que usa GREIMAS para explicar este problema:

El perro del comisario aúlla,

un contexto más amplio permitiría resolver la ambigüedad integrando los *semas** *animal o humano* a una sola de las isotopías posibles: *a)* el perro que posee el comisario, aúlla; *b)* el comisario posee un secretario (metafóricamente *perro*) que (metafóricamente) *aúlla*, quizá para alejar a los importunos; *c)* metafóricamente el comisario es un perro y por lo tanto aúlla (solución que no observa GREIMAS en el texto francés pero que resulta posible en español). Pero además hay otra solución, *d)* que el *contexto** más amplio no permita resolver la ambigüedad debido a que no dé pie para elegir entre la acepción metafórica y la literal, porque sigan repitiéndose tanto los semas que se refieren a *lo humano* como los que se refieren a *lo animal*.

Cuando la incertidumbre semántica no es generada por disemia ni por equívoco sintáctico, sino por falta de *determinacion contextual* únicamente, pues se han omitido las expresiones necesarias para encauzar la significación en una dirección precisa, no se trata de ambigüedad sino de falta de cabalidad del *enunciado**. El ejemplo de DUCROT y TODOROV:

Esta tienda abre el lunes,

dada una situación específica, concreta, puede interpretarse como:

a) Esta tienda es la única que abre el lunes, cuando las demás cierran;
b) Esta tienda abre únicamente los lunes y cierra los demás días;
c) Esta tienda abre el lunes, además de los otros días.

Es decir, falta completar el enunciado; no es realmente ambigüedad porque no existe fundamento ni en la disemia de un lexema ni en la equívoca disposición de los elementos del *sintagma**.

La *polisemia** de las palabras no necesariamente produce ambigüedad pues, generalmente, en cada *contexto** se actualizan con precisión exclusivamente unos *semas** dados, inclusive cuando las acepciones son figuradas. Al decir ERCILLA:

> Cuando los *corazones* nunca *usados*
> *a dar señal y muestra de flaqueza*
> *se ven en lugar público afrentados,*
> *entonces manifiestan su grandeza...*

no tenemos duda acerca del significado de palabras como *corazones* o *usados* (avezados), aunque se emplean como metonimias (si bien es cierto que, al menos la primera, es catacrética).

Como efecto característico de los textos literarios, la ambigüedad acompaña a muchas *figuras retóricas**, por ejemplo, a la ya citada dilogía, a la *supresión de la puntuación** en el ejemplo de PAZ, al *hipérbaton**, a la *reticencia**, a la *elipsis**, al *calembur**, al *juego de palabras**, etc.

Hay una ambigüedad no lingüística sino de las *estructuras** narrativas (RASTIEr), es decir, fundada en la combinación de las estructuras del *relato** literario. Se trata de una incertidumbre semántica que proviene del juego de elementos tales como los *nudos** narrativos o descriptivos, la dirección de las *secuencias**, las *categorías actanciales**, las *anacronías**, etc. En el cuento *Un disparo al vacío*, de Rafael F. MU-ÑOZ, la doble orientación lógica de las secuencias permite inferir que cada uno de los antagonistas es vencedor —de alguna manera—y es vencido —de alguna otra— en la misma batalla. Tanto la victoria como la derrota resultan ambiguas.

AMETRÍA. V. METRO y PROSA.

AMPLIFICACIÓN (o dilatación, conmoración —"conmoratio"—expolición o expoliación —"expolitio"—, epífrasis, "regressio", "incrementum", "congeries").

Para algunos, procedimiento retórico, para otros *figura retórica** que consiste en realzar un tema desarrollándolo mediante la presentación reiterada de los conceptos bajo diferentes aspectos, desde distintos puntos de vista y recurriendo a diversos procedimientos como la *repetición**, la *acumulación**, la *digresión**; o bien a través del empleo de otras figuras como la *paráfrasis**, la *metáfora**, la *enumeración**, la *perífrasis**, la *comparación**, etc. Obsérvese el amplio despliegue de la idea contenida en la primera proposición de un párrafo de LÓPEZ VELARDE:

> La inmoralidad del escritor consiste en su continua humillación a los necios gustos del público. Un tendero barrigón lee un producto intelectual vuestro, os encuentra, os acaricia protectoramente en el hombro, sonríe y os felicita. Como al mismo tiempo que esclavo de la multitud, es el escritor el orgulloso más intratable (y éste es otro signo patente de su inmoralidad) puede ocurrir que, dando vuelo a vuestra altivez, os rebeléis contra el tendero y le llaméis imbécil. Mas en tal evento ¿no tendría el tendero derecho a enfurecerse contra vos, como aquel a quien arrebatan una cosa de su propiedad? ¿No es el tendero vuestra fama? ¿No os la otorga él graciosamente? ¿Valen algo, por ventura, los hijos de vuestra pluma, independientemente de la apreciación ajena? ¿Unos versos y una prosa son como un puente o como un par de zapatos, realidades que significan por sí mismas y que dentro de sí mismas llevan su fin? Un editorial, un endecasílabo, una prosa rimada, no son de los entes que constituyen por sí la razón de su existencia, aparte de cualquier concesión extraña.

La amplificación, pues, es una *metábola** cuya pertenencia a una clase está en relación directa con los procedimientos aplicados a la expansión de la idea inicial con el objeto de aumentarla gradualmente, por lo que suele abarcar más de un *nivel** lingüístico. Si se da sólo por *sinonimia sin base morfológica** ("acude, corre, vuela" —Fray Luis DE León—), se trata de un *metaplasmo**; *si* contiene perífrasis, o *enume-*

amplificación

*raciones** estamos ante un *metataxa**; si el desarrollo del tema se logra con el empleo de *tropos**, es un *metasemema**; si abarca *hipérboles**, *ironías** o *gradaciones** por ejemplo, es un *metalogismo**. Y, según su dimensión, puede implicar varias clases de figuras, por lo que su complejidad es muy grande, ya que hay muchas maneras de retomar una idea para repetirla en parte, y en parte complementarla, aclararla, detallarla, profundizar en ella, explicarla:

> El caraña que ha tejido esta tela *caerá por sí solo*. Tropezará en una frase, en una coma. Lo negro de su conciencia lo engañará en el delirio de la semejanza.
>
> ROA BASTOS

En este ejemplo todo lo que sigue del predicado "caerá por sí solo" es la explicación detallada de cómo y por qué caerá.

Mediante la amplificación, según LAUSBERG, también es posible atenuar, minimizar, disminuir, pues dice que se desarrolla en dos direcciones opuestas; pero en la mayoría de los tratados no aparece con este sentido.

Cuando hay *sinonimia** parcial de las *oraciones** es cuando *se* denomina *conmoración o expolición* como en el siguiente ejemplo que también pertenece a ROA BASTOS (*Yo el Supremo*):

> Su señoría sabe mejor que yo que los puntos nunca son del todo redondos, así como en las letras más parecidas siempre hay alguna diferencia. Un rasgo más grueso, un rasgo más fino. Los bigotes de la *t* más largos, más cortos, según el pulso de quien los marcó. La colita de chancho de la *o*, levantada o caída. Ni hablar del empeine, de las piernas retorcidas de las letras. Los fustes, los florones, los lances a dos aguas. Las cabezas de humo. Los techos de campanillas de las mayúsculas. Las enredaderas de las rúbricas dibujadas en un sola espiral sin un respiro de la pluma, como es la que su excelencia traza debajo de su Nombre Supremo trepado a veces por la tapia del escrito...

Algunos distinguen la amplificación (viendo en ella el desarrollo necesario de la idea) de la conmoración (considerada como figura, es decir, como desarrollo excesivo, innecesario). Desde una perspectiva estructuralista no es posible establecer tal distinción pues existen ambas posibilidades, elaborar el desarrollo explicativo o dejar de hacerlo; el artista tiene la opción y cualquier decisión que adopte constituirá un hecho de estilo, producirá un estilo de características opuestas.

Cuando las ideas amplificadas son accesorias, la *adición** acumulativa se denomina *epífrasis*. Se trata de la agregación de un complemento, sin que haya habido preparación mediante la *prótasis**, a una oración sintácticamente acabada. Puede consistir en un *epifonema**.

En la antigüedad se consideraron cuatro clases de amplificación: *"incrementum"*, *"comparatio"*, *"ratiocinatio"* y la mencionada *"congeries"*.

1) El *"incrementum"* es la amplificación mediante sinónimos cuya distribución ofrece grados de intensificación ascendente o descendente; es decir, es la amplificación combinada con gradación.

2) En la *"comparatio"* la amplificación se combina con una *comparación** de la que sale con ventaja el objeto a partir del cual se desarrolla esta parte del discurso.

3) En la *"ratiocinatio"* se da una amplificación indirecta, ya que el objeto de la amplificación son las circunstancias que lo acompañan, de modo que hacen el efecto de *digresiones**. Si se está describiendo un paisaje, por ejemplo, consiste en

retroceder a dar razón del aspecto que tenía en otro tiempo, o a dar cuenta de sus dueños sucesivos, o de los hechos acaecidos allí en otra ocasión, etcétera.

4) En la *"congeries"* (enumeración de sinónimos), en fin, los antiguos mezclaron la amplificación con la enumeración y la *sinonimia**, y también con la gradación, es decir, con el ya explicado *"incrementum"*. En la ya mencionada conmoración (*"commoratio"*) o expolición (*"expolitio"*), dice LAUSBERG que se relaciona con la *paráfrasis**: "se pule y redondea un pensamiento mediante la variación de su formulación elocutiva, insistiendo en la idea principal o pensamiento central" cuando ese pensamiento central es el de todo el discurso, por lo que recibe un tratamiento detallado. En la *"regressio"* se da una "profundización deferenciadora", una "reasunción ulterior, complementaria, detalladora y aclaratoria".

AMPULOSO.

Adjetivo aplicable al tono inadecuado por pomposo, grandilocuente y solemne, de un *discurso**.

ANACÍCLICO. V. ANAGRAMA Y PALÍNDROMO.

ANACOLUTA. V. ANACOLUTO.

ANACOLUTO (o anacoluta, anapódoton, anantopódoton).

Ruptura del *discurso** debida a un desajuste sintáctico provocado por la *elipsis** de los términos concomitantes o subordinantes o coordinantes. Puede deberse a una confusión entre *parataxis** e *hipotaxis**; o bien a que la *apódosis** o la partícula correlativa no es la adecuada. En cualquier caso produce la impresión de que se abandona inconclusa una construcción gramatical y se sustituye por otra, debido a la irrupción violenta de los pensamientos en el *emisor**, por causa de la emoción y la prisa:

> ...y Le tenían ahorcado, si Pedro de Alarado, que se halló junto a Cortés, que le cortó la soga con la espada y medio muerto quedó el pobre soldado.
>
> BERNAL DÍAZ DEL CASTILLO

donde a la *prótasis** ("si Pedro de Alvarado") no le sucede la *apódosis* esperada ("no le hubiera cortado la soga con la espada"). O bien, la prótasis debería ser: "si no hubiera estado Pedro de Alvarado", para que todo lo que sigue tuviera congruencia.

El anacoluto varía, según lo presentan diversos autores, desde la solución de continuidad y la falta de coherencia gramatical, como en el anterior ejemplo, hasta la simple falta de concordancia de género o número que es para otros la *silepsis**.

El *anapódoton* es una variedad del anacoluto que consiste en interrumpir una oración intercalando una incidental, y luego retomarla repitiendo lo ya dicho con una expresión sinónima: "por cortesía consentiré, aunque no lo merecen, por urbanidad condescenderé a estar presente".

El anacoluto ha sido señalado por muchos retóricos como un *solecismo**, es decir como un vicio de la construcción (lo mismo que el *zeugma** complicado, el *paréntesis**, o el *apóstrofe**). Sin embargo, puede ser un procedimiento estilístico que produzca un efecto de mimesis de la lengua hablada, utilizable, por ello, para caracterizar, en su singularidad expresiva, a los personajes. Se utiliza, pues, en ocasiones, al llevar al *texto** las construcciones propias de la *lengua** hablada. El *anantopódoton* es un anacoluto que resulta de suprimir uno de dos términos correlativos. (V. también *silepsis**.)

ANÁCRISIS (y síncrisis).

Tanto la *anácrisis* como la *síncrisis* son estrategias para la estructuración del *diálogo socrático*.

La anacrisis es la provocación de la *palabra** por medio de la palabra (o del *discurso** mediante el discurso); o bien utilizando la situación temática. Es el modo de suscitar la respuesta del *interlocutor*, la vía para impulsarlo a manifestar su opinión.

La síncrisis es la *confrontación*, durante el diálogo, de diferentes puntos de vista a propósito de cualquier objeto de discusión. Es característica del diálogo que se efectúa en una *situación límite* (lo que BAJTÍN llama "*género** del dialogo en el *umbral*" (:c)164) en la que se delibera acerca de cuestiones ideológicas, escuelas filosóficas, problemas éticos, etc. En la síncrisis también suelen oponerse la acción y las situaciones, y éstas suelen ser muchas veces inhabituales, excéntricas o anormales: cielo e infierno, cómico y trágico, diálogos entre muertos, etc.

Ambas estrategias dialogizan el pensamiento, mismo que se externa en forma de debate; es decir, funcionan como el punto de partida que genera la comunicación dialógica entre los individuos, mismos que son diferentes y, de manera natural, discrepan.

A partir de la certeza de que la verdad es de naturaleza dialógica, Sócrates puso en juego estos recursos para hacer surgir el diálogo cuya estructura, con diversas modalidades, dejó huella posterior en muchos géneros como la *sátira menipea*, los *misterios* medievales, y otros que prepararon el terreno para la aparición de la *polifonía* en la *novela**.

El término *anácrisis* posee muchos matices de significación en griego: forma, modalidad, examen de las partes involucradas en un juicio, pesquisa, exploración, encuesta, pregunta, indagación de la verdad, proceso interrogatorio para constituir la causa en litigios; también es sinónimo de *percontatio** o *sermocinatio** *dialógica* que es una reflexión mental que adopta la forma de un diálogo. Además significa riña y disputa. Pero su significado literal es examinar o interrogar de cerca, deslindar y juzgar.

Mijaíl BAJTÍN (c:190-221) describe este término, que atribuye a DOSTOIEVSKI, autor, éste, en quien adquiere gran importancia en cuanto se refiere a la puesta a prueba, tanto de una idea como de su portador. BAJTÍN trata este asunto durante su análisis del desarrollo del dialogismo en este autor, a partir de la mencionada sátira menipea, del *carnaval**, de géneros de la literatura cristiana (griega, romana y bizantina) tales como la hagiografía (tentaciones y martirios), el simposio (cenas evangélicas), los hechos de los apóstoles, la aretalogía (narración de acciones prodigiosas de dioses o héroes, como las revelaciones acerca del fin del mundo hechas por San Juan en el *Apocalipsis*, al final del *Nuevo Testamento*) y el *soliloquio** o diálogo interior.

Para DOSTOIEVSKI, dice BAJTÍN, la anácrIsis "casi siempre representa la realidad más excepcional, coloca a los personajes en una situación externa o psicológica extrema (...) y con gran fuerza de penetración e impresionante certeza manifiesta su estado de ánimo". En esta definición —también según BAJTÍN— DOSTOIEVSKI alude a la creación del *argumento** insólito (propio de la sátira menipea) ya que se refiere a la anácrasis como provocadora; sin embargo no alude a que él mismo considera este recurso como un "rasgo distintivo de su propio método".

BAJTÍN ejemplifica con el *narrador** que escucha una conversación que transcurre bajo tierra entre muertos que disfrutan de una prolongación o última vida de la conciencia, una "vida fuera de la vida", aprovechada para un diálogo al desnudo, en el que nadie mienta. El tema consiste en la posibilidad de que la vida sea la muerte y la muerte, la vida. Uno de los muertos repite varias veces la palabra *bobock*.

En tales géneros y épocas se ejemplifica también la noción de *síncrisis* —igualmente bajtiniana— que etimológicamente une los significados de combinar, comparar y acción, dados, así mismo, en diversas acepciones: conjunto, condensación, combinación, sustancia compuesta; formación o nacimiento; constitución, estructura, decisión o decreto, e interpretación, principalmente de sueños.

La síncrisis, pues, se concreta en los elementos dialógicos relacionados por oposición generalmente paradójica o contradictoria (pero, a veces, en los ejemplos de BAJTÍN, antitética): el creyente y el incrédulo, el cristiano y el pagano, el rico y el miserable, la soberbia y la humildad, el justo y el pecador, el tentado y el tentador. Los *oximoros** son anácrisis explícitas (el genial idiota, la prostituta casta). Los contrastes pueden darse en situaciones como la escena (en *Los hermanos Karamasov*) donde "un monje y un ateo están resolviendo las últimas cuestiones" enmedio de los ruidos de la sala de la posada tales como el sonido del organillo, el choque de las bolas de billar, la estridencia de cervezas descorchadas, el rumor de otras conversaciones.

Se trata de discursos discrepantes, dados sobre un solo plano dialogizado, con derechos iguales para cada parlamento ya sea que provenga de poderosos o débiles, de ricos o mendigos, de probos o ladrones, de mujeres honestas o hetairas. En ellos tienen importancia los sueños, la demencia, las acciones y situaciones extremas (muchas veces inhabituales, excéntricas o anormales). También suelen oponerse cielo e infierno, cómico y trágico, sagrado y profano, con frecuencia en diálogos de muertos y en escenas de naturalismo de bajos fondos, o en la *diatriba** (palabra violenta dirigida a un interlocutor ausente), la polémica abierta, la confesión. Es decir: la síncrisis confronta en el diálogo diferentes puntos de vista acerca de cualquier objeto de discusión.

Para BAJTÍN, lo que determina la *estructura** del *argumento** y la composición de las *novelas** de DOSTOIEVSKI, son las "síncrisis dialógicas agudas" junto con los "argumentos excepcionales y provocadores", unidos a otros elementos tales como "crisis, rupturas, experimentación moral, catástrofes, escándalos, *oxímoros** y contrastes"(c:221). En ello está el influjo de la sátira menipea pero también de otras "fuentes complementarias", de otros "géneros carnavalizados a través de la historia de muchos siglos", mismos que provienen de SÓCRATES , ya que, a partir de la certeza de que la verdad es de naturaleza dialógica, SÓCRATES puso en juego estos recursos para hacer surgir el diálogo cuya estructura, con diversas modalidades, dejó huella posterior en muchos géneros como los mencionados y otros que prepararon el terreno para la aparición de la *polifonía* en la novela.

anacronía

En resumen: ambas estrategias, anácrisis y síncrisis, dialogizan el pensamiento, mismo que se expresa en forma de réplica, puesto que funcionan como el detonador que dispara y alimenta la comunicación en el diálogo.

ANACRONÍA (o anaprolepsis y orden, analepsis o retrospección, prolepsis o anticipación o prospección, y homodiegético, heterodiegético).

Orden no canónico del *relato**. Consiste en un desplazamiento dado en la relación entre la supuesta disposición cronológica de los hechos enunciados y la disposición artificial del proceso de *enunciación** que da cuenta de ellos.

Gerard GENETTE, en *Figures lll*, describe el juego retórico de las estrategias de la *narracion** y la representación que corresponden a los conceptos contenidos en el término anacronía: a partir de un hipotético *grado cero**, que sería un estado de perfecta coincidencia del orden temporal entre *discurso** e *historia** (o *relato y diégesis**), el discurso presenta los hechos relatados en un orden diferente a aquel en que supuestamente ocurrieron, ya sea porque el discurso nos anticipa lo que sucede hasta después en la diégesis o historia relatada, en cuyo caso se trata de la anacronía llamada *prolepsis, prospección* o *anticipación* (según TOMACHEVSKI, lo que los alemanes llaman *nachgeschichte*); ya sea porque el discurso pospone el momento de informarnos acerca de ocurrencias habidas con anterioridad, en cuyo caso se trata de la anacronía denominada *analepsis* o *exposición retardada* o *retrospección* (*vorgeschichte* en alemán). Cuando el relato utiliza para completar su horizonte tanto la retrospección (*analepsis*) como la anticipación (*prolepsis*), se trata de la estrategia narrativa denominada anacronía o *anaprolepsis*, y es considerada por Lucien DALLENBACH como *estructura abismada** en tanto que, mediante relatos metadiegéticos, las anacronías restauren las partes faltantes y necesarias para la diégesis.

Sobre todo la narración —pero también la representación— explota estos desajustes que fácilmente se producen debido a que el discurso es unidimensional (pues se desarrolla sobre la línea de la relación temporal o sucesividad; y la de la relación lógicacausa/efecto) mientras que la historia es pluridimensional (ya que en ella hay simultaneidad).

La anacronía es *homodiegética* cuando el orden artístico se introduce dentro de los límites de la diégesis, en su mismo nivel. Es, en cambio, *heterodiegética*, cuando antecede o sucede a la narración primaria, es decir, cuando corresponde a la narracion secundaria o *metadiégesis**, pues las rupturas del orden sirven tanto para el desarrollo de lo pretérito o lo futuro, como de lo simultáneo ocurrido en otra historia relatada a partir de la narración primaria.

Idealmente, se supone que la historia tendría que ser contada empezando por su comienzo ("*ab ovo*"*); sin embargo, desde hace siglos existe casi una tradición, la de comenzar el relato (sobre todo en la poesía épica y en la novela) por enmedio (*in medias res**), al grado de que esta estrategia narrativa es considerada por GENETTE como uno de los "*topoi*" formales, es decir, uno de los lugares comunes formales del *género** épico. (V. ANTICIPACIÓN*.) La combinación de las distintas anacronías se capta con facilidad a través de la elaboración de un diagrama durante el análisis:

pretérito de la enunciación	presente de la enunciación	futuro de la enunciación
duración de la historia		

donde se consignan las acciones atendiendo a las modalidades de los verbos que las expresan. La lectura de arriba hacia abajo y de izquierda a derecha permite seguir el transcurso de la *fábula**, el itinerario ideal; la dimensión cronológica, temporal, de la historia. La lectura de la línea en zigzag ofrece, en cambio, la dimensión temporal del *discurso**, es decir, la *intriga y su* orden artificial, introducido por el *narrador**.

ANACRUSIS.

Sílaba(s) de un *verso** anterior(es) al primer *acento** de *su* esquema rítmico. Generalmente no se cuenta para poder obtener, convencionalmente, un número exacto de pies en el modelo cuantitativo (en que cuenta la cantidad de las vocales):

> Del ro*sal* vengo, mi madre

o bien:

> Aquel *ár*bol que mueve la hoja
> Gil VICENTE

Puede decirse que el periodo rítmico interior del verso comprende desde el primer *acento* rítmico hasta la sílaba que precede al último, y que la anacrusis no forma parte de él.

La anarquía con que se establece la anacrusis para proceder a identificar el tipo de verso según el *ritmo** basado en la cantidad, hace necesario reconocer que se trata de un elemento arbitrario y convencional, sobre todo en el sistema del español que no se basa en el pie ni en la cantidad sino en la sílaba y el acento. (V. METRO*, VERSO*, RITMO* y EPÍPLOCE*.)

ANADIPLOSIS (o conduplicación).

Figura retórica* que se produce mediante la *repetición**, al principio de una *frase** (o de una proposición o de un *verso** o de un *hemistiquio**) de una expresión que aparece también en la construcción precedente, generalmente al final. Algunos la llaman también *conduplicación*.

anadiplosis progresiva

> Cansa el estar todo el día
> hora tras hora,
> y día tras día un *año*
> y *año* tras año una vida
> dando vueltas a la noria.
>
> León FELIPE

Es una variedad de la *reduplicación** (o *geminación* o *epizeuxis*); /XX.../, ya que la repetición se da en contacto, entre expresiones contiguas, aunque una pertenezca al final de un *sintagma** y la otra al principio del sintagma siguiente: /...X / X.../

> El panadero hacía *pan*,
> *pan* de dulce,
> pan de sal.
>
> Miguel N. LIRA.

por lo que, a diferencia de la reduplicación, la anadiplosis abarca dos miembros.

Es una *metábola** de la clase de los *metataxas** porque afecta al *nivel** morfosintáctico de la *lengua**. Se produce por adición repetitiva. Su descripción en los diccionarios y tratados de *retórica** generalmente se presta a que se confundan sus límites con los de otras *figuras** como la mencionada reduplicación o geminación, o bien con el recurso general de la repetición.

ANADIPLOSIS PROGRESIVA. V. CONCATENACIÓN.

ANADIPLOSIS QUIÁSTICA. V. EPANADIPLOSIS

ANAFONÍA. V. ANAGRAMA.

ANÁFORA (o epanáfora y anafórico, anaforización, catáfora*, epífora*).

Figura* de construcción porque afecta a la forma de las *frases**. Consiste en la *repetición** intermitente de una idea, ya sea con las mismas o con otras *palabras**. Los pronombres suelen cumplir *esta función** (gramatical), pero también otras clases de palabras como los adverbios, por ejemplo. Dichas palabras se llaman *anafóricos* cuando su periódica aparición en el *discurso** va desarrollando un proceso (de *anaforización*) que significa la intervención de los participantes y constituye la *isotopía** llamada por GREIMAS *actorial*. Su empleo sistemático con intención estilística en los *textos** literarios, hace de éste un recurso retórico:

> Tales son, Señor, las providencias que la sociedad espera...
>
> JOVELLANOS

Tales significa *las ya explicadas antes*.

En esta acepción, anáfora se opone a *catáfora**. Estas figuras se basan en la relación de identidad parcial dada entre dos términos (nombre y pronombre) sobre el eje sintagmático del discurso. GREIMAS menciona la anáfora sintáctica (la relación, por ejemplo, entre pronombre y antecedente) y la anáfora semántica (como la "denominación que retoma una definición anterior"). La sustitución de los nombres por los pronombres anafóricos procede de una voluntad de elegancia, ya que disimula una repetición semánticamente necesaria pero morfológicamente indeseada. La anaforización es un procedimiento que permite atenuar la *redundancia** y mantener la *isotopía* discursiva, es decir, desarrollar la línea de significación

40

como una relación interoracional, mediante un elemento "capaz de referirse a menciones anteriores, ulteriores" o exteriores al texto (BARTHES).

También se llama anáfora (o *epanáfora*) la repetición de expresiones al principio de varias frases o de varios *versos** consecutivos:

> *Bien* mi obligación quisiera
> daros, en dorados hilos,
> las palidas ricas venas
> de los minerales finos;
>
> *bien*, el luciente topacio;
> *bien*, el hermoso zafiro;
> *bien*, el crisólito ardiente;
> *bien*, el carbunclo encendido
>
> SOR JUANA

En esta acepción, anáfora se opone a *epífora** y, en el caso de estas figuras, la relación de identidad en que se fundan es total.

Es una *metábola** de la clase de los *metataxas** y se produce por *adición** repetitiva de palabras o frases, a distancia. Afecta al *nivel** morfosintáctico de *la lengua**.

El efecto acumulativo, a distancia, de la anáfora (y de la epífora) fue considerado por los antiguos parte de otra figura denominada *isocolon**.

Su principal efecto suele ser el *énfasis** precisamente acumulativo, según puede observarse en este fragmento:

> Sacudiendo el pesado y torpe sueño,
> y cobrando la furia acostumbrada,
> quien el arco arrebata, *quién* un leño
> *quién* del fuego un tizón, y *quién* la espada,
> *quién* aguija al bastón de ajeno dueño,
> *quién* por salir más presto va sin nada,
> pensando averiguarlo desarmados,
> si no pueden a puños, a bocados.
>
> ERCILLA

ANAFORIZACIÓN. V. ANÁFORA.

ANAGNÓRISIS (o agnición, reconocimiento, revelación).

Proceso retórico —considerado de gran importancia— que conduce a un momento en que la repentina recepción de información origina el súbito *reconocimiento* de un *personaje**, de un objeto o de un hecho, por parte de otro personaje, o por parte del público (ya que éste puede recibir mayor información que algunos *protagonistas** que no participen en ciertas *escenas**), si bien LAUSBERG considera este último tipo de reconocimiento sólo como una aproximación a la anagnórisis.

La anagnórisis se da en las narraciones, sobre todo en la *epopeya** y en la *novela** y también en las representaciones dramáticas, principalmente en la *tragedia** y en la *comedia**, donde algunos le han llamado *golpe teatral*. Se consideraba más eficaz la anagnórisis combinada con una *peripecia**: un accidente, un hallazgo, un hecho casual, una *revelación*, puesto que el reconocimiento presupone la existencia de un secreto, una ignorancia, un error, creadores de tensión y de *suspenso**. Este caso es más propio de la tragedia y causa deterioro de la suerte de los personajes.

41

El reconocimiento, pues, puede serlo de un hecho, de un objeto, de la identidad o la calidad de un personaje. Puede ser unilateral o recíproco, de dos de ellos. Puede producirse debido a señas particulares de los actores o de los objetos, o a otros indicios (que pueden ser acciones), o a declaraciones o confesiones que circunstancias accidentales o planeadas propician y que, en todos los casos, deben ser *verosímiles**.

El reconocimiento provoca un cambio en el curso de la *acción**, pues modifica la orientación lógica de las *secuencias** y hace que el proceso de deterioro de la suerte de un personaje se convierta en proceso de mejoramiento o a la inversa; por ejemplo, "la relación personal del protagonista se modifica al comprobar una amistad (o un parentesco de sangre) en vez de la enemistad anterior...", dice LAUSBERG.

En los *cuentos** de hadas, en las *novelas** de caballerías, es donde más abundan los casos de anagnórisis. En la *Odisea* tambien son frecuentes; en la *tragedia** son famosos los reconocimientos mutuos de Orestes y Electra, y de Orestes e Ifigenia; también en la literatura moderna menudean en las novelas policíacas.

ANAGOGE. V. ANAGOGÍA.

ANAGOGIA (o anagoge).

Exégesis o explicación e interpretación simbólica de un *texto** bíblico o poético, misma que, del *sentido** literal, se eleva al sentido espiritual o sentido anagógico. Algunos identifican el sentido anagógico con el sentido alegórico que tiende a manifestar la dualidad de lo material y lo anímico en la vida humana.

Para DANTE (*Convivio*) era una forma superior del lenguaje, capaz de trascender al terreno de lo sublime, de la vida eterna, y está en un cuarto *nivel** de *análisis** e interpretación. (V. ALEGORÍA*.)

En *semiología**, recorrido de los diversos *códigos** de significación o de los diversos niveles del sentido sin ningún presupuesto respecto a su jerarquía. Es decir: recorrido de la *polisemia** o sea, de la multiplicidad de los sentidos cubiertos por el *significante** (MARCHESE).

Para RASTIER la anagoge es la conjunción de *isotopías**. en lo poético y en lo místico, que produce un efecto anagógico pues sugiere una isotopía jerárquicamente superior en la que las otras isotopías se confunden.

Además significa extensión posible en las imágenes visuales o sonoras, por ejemplo: los diversos aspectos de un mismo *personaje**.

ANAGRAMA (o hipograma, paragrama, anafonía, anacíclico, metagrama, "contrepet" o "contrepeterie").

Figura* que afecta a los *fonemas** de la *lengua** pues se produce al intercambiar éstos sus posiciones de manera indistinta: los que se presentan en un orden dado, en una o en varias *palabras**, se reacomodan de otra manera y pasan así a constituir otra(s) palabra(s). Salvador DALÍ formó con las letras de su nombre el anagrama *avida dollars*, aludiendo así al vicio de la codicia que él mismo se atribuye.

Se trata pues de una *metábola** de la clase de los *metaplasmos** cuando se produce dentro de una misma palabra, y de la clase de los *metataxas** cuando altera a la *frase**. La *permutación** de los fonemas es *indistinta* debido a que el intercambio de ellos no está regido por *simetria** o regularidad alguna.

Hay otras variedades del anagrama. Podríamos decir que una de ellas es la *paronomasia** en general, y otra el *metagrama*, que se da cuando sólo se sustituye la letra inicial: masa, tasa.

Una variedad más es el *hipograma*, que consiste en la diseminación de las letras de una palabra, indistintamente, en las diferentes palabras de una frase con la que se relaciona por su *significado**. Por ejemplo, se ha visto la palabra inglesa *"spleen"* (melancolía) en el melancólico verso de BAUDELAIRE: "Sur mon crane incliné *PLantE* son drap*E*au *N*oir" (Sobre mi cráneo inclinado planta su bandera negra).

En fin, también hay otro tipo de anagrama, denominado con el término saussuriano *anafonía*, descrita por MOUNIN como "asonancia de una palabra dada, más o menos desarrollada y más o menos repetida, pero sin llegar a ser hipograma": habría anafonía de *esperanza* y de *desesperanza* en *despertar*. Es decir, se produce por adición parcial de fonemas o sílabas que aparecen repetidos indistintamente en diversas partes dc palabras próximas.

El término *paragrama*, creado, como *anafonía* e *hipograma*, por SAUSSURE, los abarca a todos. En este autor (que reflexionó prolongadamente acerca de la naturaleza lúdica y el grado de intervención de la conciencia en estos fenómenos) son variedades del paragrama el anagrama y el anacíclico. Éste puede leerse de derecha a izquierda, aunque sin conservar —como el *palíndromo**— el mismo sentido: rama/amar. El anagrama que opera sobre sílabas en una o en más palabras se llama en francés *"contrepet"* o *"contrepeterie"*.

ANALEPSIS. V. ANTICIPACIÓN, ANACRONÍA Y TEMPORALIDAD.

ANÁLISIS (lingüístico, textual, y deducción, inducción, forma, texto, o decurso o proceso, paradigma, miembro, elemento, clase, componente, jerarquía, derivado, cadena, parte, partición, desmembración, determinación, selección, especificación, parágrafo).**

Análisis, en general, es el procedimiento que permite identificar las unidades de un conjunto y también las relaciones que las determinan y las definen. Para HJEMSLEV, el análisis lingüístico es la descripción de un objeto por las dependencias uniformes de otros objetos respecto de él y entre sí.

El análisis lingüístico realiza la división de un todo en sus partes, de tal manera que permite dar cuenta de la interdependencia de las partes que hace posible la existencia de éstas y la del todo. La totalidad está constituida, más que por las partes, por la interrelación dada entre las partes, y entre las partes y el todo.

El análisis estructural del texto se basa en un método inspirado en la lingüística, que parte de SAUSSURE (aunque él no empleó la noción de *estructura**), que aplica el análisis no al resultado del proceso (*texto**) sino al *sistema** (*lengua**), y que procura describir formas de ordenamiento, elementos estructurales, oposiciones, analogías, combinaciones, y las reglas que gobiernan el funcionamiento y la *significación** de los *signos**. La escuela danesa de la *glosemática* plantea en la obra de HJELMSLEV el más riguroso método lingüístico aplicable al texto para el análisis semiótico del mismo. ALARCOS LLORACH ha realizado una estricta aplicación de dicho método a la descripción de la lengua española. En ambos autores y en las ob-

análisis

servaciones de BENVENISTE acerca de los *niveles** del análisis lingüístico, nos apoyamos aquí.

El análisis consiste en un "conjunto de procedimientos utilizados para describir un objeto semiótico" —dice GREIMAS—, en reconocer y registrar las relaciones dadas entre los términos, y dar cuenta de ellas, de qué tipo de relaciones son. Las partes de un todo se definen como puntos terminales de intersección de haces de líneas de dependencia dada, tanto entre las mismas partes, como entre éstas y el todo. El procedimiento de análisis se basa en dos operaciones que se gobiernan recíprocamente y que subordinan a todas las demás, que son la *segmentación* y la *sustitución*. Las partes, segmentadas cada vez en porciones más reducidas hasta llegar a elementos no susceptibles de segmentación, paralelamente se identifican según las sustituciones que admiten. Así, cada elemento se define, tanto por el *contexto** en que se presenta dentro del *enunciado** (por su relación sintagmática y su *función* distribucional*), como por su relación (*paradigmática*) con los demás elementos sustituibles, entre los cuales cumple una función *integrativa**.

El objeto de análisis (texto) se llama *clase*. Los objetos que forman parte de él y que dependen entre sí y también dependen con respecto a él, se llaman *componentes* de la clase. Los objetos registrados en una sola de las divisiones, y que son homogéneamente dependientes entre sí, y dependientes de la primera clase, se llaman *elementos* de la clase en cuestión. El conjunto de elementos sucesivos identificados en la división continuada de un objeto o clase, es el de los *derivados* de la clase dada. El conjunto de esta clase con todos sus derivados sucesivos es una *jerarquía*. Una *clase de clases* se llama pues, *jerarquía*. Los derivados pueden ser de primer grado (los que son descubiertos por una sola operación de división); de segundo grado (cuando para obtenerlos han sido necesarias dos divisiones); etc. Por ejemplo, un texto dividido en *períodos**, y éstos en *oraciones**, éstas en *palabras**, y éstas en sílabas, contiene derivados de primer grado del texto: los períodos; derivados de primer grado de los períodos, y de segundo grado del texto: las oraciones; derivados de primer grado de las oraciones, de segundo grado de los períodos, y de tercer grado del texto: las palabras; derivados de primer grado de las palabras, de segundo grado de las oraciones, de tercer grado de los períodos y de cuarto grado del texto: las sílabas.

Además, las sílabas son partes o elementos de las palabras, pero no del texto ni de los períodos, ni de las oraciones; las palabras son partes o elementos de las oraciones pero no del texto ni de los períodos; las oraciones son parte de los períodos pero no del texto; los períodos son partes del texto.

La primera operación del análisis consiste en "realizar la partición del proceso textual. El texto es una cadena y todas sus partes (las oraciones, las palabras, las sílabas, y así sucesivamente) son igualmente cadenas, excepto aquellas eventuales partes últimas que no pueden someterse a análisis", en las cuales éste se detiene por ello.

Hay dos tipos de *jerarquía*: *decursos* (o *procesos*) y *sistemas*. (V. FUNCIÓN EN GLOSEMÁTICA*.)

En un sistema lingüístico (lengua), las clases se llaman *paradigmas** y los componentes o elementos de los paradigmas se llaman *miembros*.

En un proceso lingüístico (texto), las clases se llaman *cadenas* y sus componentes o elementos son *partes*.

El análisis de un proceso se llama *partición*; el análisis de un sistema, *desmembración*.

El análisis textual es un procedimiento que consiste en la partición continuada o sucesión de particiones mínimas aisladas.

Durante el procedimiento, se da entre los componentes una relación de *determinación*, porque los componentes precedentes no presuponen, pero los sucesivos presuponen siempre la existencia de los precedentes.

La determinación dada entre las operaciones de análisis, a veces es una *selección* (cuando se refiere al proceso), a veces una *especificación* (cuando se refiere al sistema).

Esta manera de proceder al analizar el texto, mediante una división proseguida que presenta determinación entre las divisiones particulares que de ella forman parte, se llama *deducción*.

La deducción es el procedimiento analítico adecuado para buscar en el decurso o proceso del texto su sistema subyacente. La deducción considera al texto como una clase divisible en elementos que a su vez son clases que se dividen en otros elementos, y así, hasta que la división se agota. Es decir: el método deductivo avanza de la clase al elemento, en movimientos especificativos; de lo universal a lo particular. Deducción es conclusión lógica. En el análisis deductivo "las conclusiones son en cada etapa objetos uniformemente dependientes entre sí y de las premisas", dice HJELMSLEV.

La deducción se opone a la *inducción* (método utilizado antiguamente para el estudio de la lengua y el texto). La inducción avanza de lo especial a lo general, desde el componente a la clase, en un movimiento sintetizador y generalizador que no conduce a la identificación de las constantes de un fenómeno, sino sólo al casuismo, es decir, a los casos particulares y especiales que ofrece la práctica y de cuyo conocimiento aislado no se infiere una aplicación genérica.

El procedimiento que HJELMSLEV propone consta, como él mismo dice en sus *Prolegómenos*... ", tanto de análisis como de síntesis", y añade, "la relación entre el análisis y la síntesis será siempre una determinación en la que la síntesis presupone el análisis pero no viceversa; consecuencia inmediata de que el dato más inmediato sea el todo sin analizar", es decir, de que el punto de partida para el análisis sea el texto, "resultado de una síntesis". También HJELMSLEV afirma que "el método deductivo no impide que la jerarquía sea recorrida después en dirección contraria", o sea en forma inductiva, "no para obtener nuevos resultados sino un nuevo punto de vista cuya adopción puede a veces ser adecuada para las mismas resultantes".

El análisis tiende a lograr la definición de su objeto, y esto se logra únicamente indicando el conjunto de las dependencias. Las partes segmentadas durante el análisis de un texto, se definen mediante las líneas de conexión constatadas entre cada una de ellas y otras próximas; entre cada una de ellas y el conjunto de las partes; y entre cada una de ellas y las partes que le anteceden y le suceden. Cada parte es un punto de intersección de las líneas de conexión, y el texto (es decir, el todo) es a su vez un punto de intersección de las líneas de conexión que se identifican en un corpus de análisis más amplio, inscrito dentro de otro proceso mayor, que es el de la *literatura**.

La existencia de los objetos está dada, así, en un conjunto de relaciones internas y externas, contraídas entre las partes y el todo.

En distintas partes de sus *Prolegómenos*, HJELMSLEV puntualiza y matiza acerca del método de análisis, haciendo, inclusive, recomendaciones. El análisis, dice, debe tener en cuenta un principio de economía y llevar a cabo la descripción mediante un procedimiento ordenado de tal manera que el resultado sea lo más simple posible, por lo cual el análisis sólo debe detenerse allí donde ya no sea posible simplificar más. Así, cada operación repetirá, hasta que se agote, la descripción, y de este modo conducirá en cada etapa a registrar el menor número posible de objetos.

Con vista al análisis, HJELMSLEV formula así el principio de reducción: "cada análisis o complejo de análisis en el que se registren *funtivos** con una función dada como base del análisis, se hará de tal modo que conduzca a registrar el menor número posible de elementos". Y presenta así el principio empírico de análisis: "la descripción habrá de estar libre de contradicción (es decir, habrá de ser autoconsecuente), habrá de ser exhaustiva y tan simple cuanto sea posible. La exigencia de falta de contradicción tiene preferencia sobre la de exhaustividad. La exigencia de exhaustividad tiene preferencia sobre la de simplicidad".

HJELMSLEV recomienda realizar el análisis a partir de las funciones del mismo y teniendo en cuenta en todo momento la estructura del signo lingüístico. En cuanto a este problema, dice BENVENISTE:

"Los caminos del análisis van, en direcciones opuestas, al encuentro o de la forma, o del sentido, en las mismas entidades lingüísticas..."

"La *forma* de una unidad lingüística se define como su capacidad de disociarse en *constituyentes** de nivel inferior. El sentido de una unidad lingüística se define como su capacidad de integrar una unidad de nivel superior"; siendo forma y sentido (aproximadamente *expresión** y *contenido** en términos hjelmslevianos; *significante** y *significado** en términos saussureanos) propiedades necesarias e inseparables de las unidades lingüísticas, cuya interrelación se descubre, durante el análisis, en la estructura de los niveles lingüísticos, "gracias a la naturaleza articulada del lenguaje". (*Sentido** es aquí, en BENVENISTE, una propiedad que poseen las unidades lingüísticas en tanto unidades significantes, propiedad que permite su distinción respecto de otras unidades y su identificación por los hablantes de la lengua a que pertenece.) (V. también SENTIDO*.)

Para HJELMSLEV, "la primera misión del análisis no es la división del objeto en partes, sino la conducta del análisis, de modo que se acomode a las dependencias mutuas entre esas partes y nos permita dar cuenta adecuada de ellas" de tal manera que refleje "la naturaleza del objeto y de sus partes". Y agrega: "...tanto el objeto sometido a análisis, como sus partes, tienen existencia sólo en virtud de estas dependencias; la totalidad del objeto sometido a examen puede sólo definirse por la suma total de las mismas; y cada una de sus partes puede sólo definirse por las dependencias que la unen a otras partes coordinadas, al conjunto y a sus partes del grado próximo, y por la suma de las dependencias que estas partes del grado próximo contraen entre sí". Así, las partes del todo resultan ser "intersecciones de grupos de tales dependencias".

La *oración** constituye el límite del análisis lingüístico; pero, aunque el texto está hecho de oraciones, el análisis textual trasciende el límite de la oración (y de la *gramática**).

El texto es el objeto del saber a cuyo estudio tiende la lingüística discursiva.

El texto puede consistir en una oración, en un *parágrafo* (unidad tipográfica que abarca varias oraciones) o en un libro entero. Según DUCROT y TODOROV, el texto se define por su *autonomía* (ya que se basta a sí mismo para ser significativo) y también por su *clausura** (aunque ambos requisitos pueden ser objeto de transgresión con un propósito artístico).

El texto constituye un *discurso** o proceso construido a partir del sistema de la lengua natural. En él subyace a su vez un sistema que, en términos hjelmslevianos es *connotativo* y en términos lotmanianos es un *sistema modelizante secundario** debido a que es un sistema *segundo* con respecto a otro sistema de *significación** que es la lengua. Esto significa que los componentes de la oración, aunque son componentes del texto, al ser registrados en éste no están ya situados en el mismo plano.

Al analizar el texto se procede a su segmentación en unidades de análisis delimitadas a partir de las relaciones que las unen; unidades sintáctico/semánticas, que constituyen proposiciones dentro de las cuales se identifican unidades menores que se sitúan en otros niveles lingüísticos conforme muestra BENVENISTE. Los elementos sintáctico/semánticos aparecen, así, superpuestos a elementos morfológicos y éstos, a elementos fónicofonológicos. La ordenación y combinación por contigüidad de los elementos de cada nivel entre sí, intersecta la ordenación y combinación paradigmática de los elementos de distintos niveles entre sí, es decir, dada de nivel a nivel. Según el nivel de que se ocupa, el análisis recibe distintos nombres: el distribucional y el sintagmático corresponden al plano sintáctico; el sémico o componencial corresponde al plano semántico.

El análisis de las proposiciones como tales (y no de sus constituyentes) puede estar orientado hacia la búsqueda del orden dominante, ya sea lógico (relaciones de causalidad, disyunción, conjunción, inclusión o exclusión); del orden temporal (antecedente/consecuente), o del orden espacial (que se da por semejanza o desemejanza y crea un *espacio*, —V. ESPACIALIDAD**— que es fácilmente observable en el fenómeno del *ritmo** poético).

El actual análisis del texto poético se basa, sobre todo cuando se trata de la *lírica**, en los trabajos de los formalistas rusos llevados a un punto culminante muchos años después por JAKOBSON y sus discípulos, y consiste en un análisis semántico/retórico que paralelamente rastrea en los otros niveles de la lengua (señalados por BENVENISTE) los elementos estructurales cuya *semantización** concurre a conformar el *sentido* global del poema en sus propios niveles (literal, figurado, simbólico), dada la *poliisotopía** característica de este tipo de texto literario. (GREIMAS).

El análisis del *relato** contiene un procedimiento semejante pero, dadas sus peculiaridades, consiste además en una numerosa serie de operaciones señaladas por muchos investigadores que han partido de los trabajos de PROPP (sobre el *cuento**) y de LEVI-STRAUSS (respecto al *mito**) . Atendiendo en todo momento, conforme a la recomendación de HJELMSLEV, a la estructura del signo lingüístico, el análisis del relato procede por etapas que corresponden a planos. El primero, el plano de la *forma del contenido**, analiza lo *enunciado**, la *estructura profunda**, los *hechos relatados*, la *historia** (análisis de funciones y de acciones). En este nivel se analizan las relaciones de los signos con sus *"denotata"**. El segundo, el plano de la *forma de la expresión*, analiza la *enunciación**, la *estructura superficial**, el *proceso de la escritura*, el *discurso** que vehicula los hechos relatados. En este nivel se atiende a las relaciones que establecen los signos entre sí. Y se estudia también, en un tercer nivel *pragmático*, las relaciones de los signos con sus usuarios: el intérprete y su *contexto**. El significado (o, mejor, el *sentido*) de un texto resulta ser, así, la suma del significado de sus componentes, más la suma del significado de sus relaciones con otros signos, tanto lingüísticos como no lingüísticos, y exteriores con respecto al texto. Visto así, el análisis (semiótico) posee tres dimensiones porque toma en cuenta los signos, los objetos denotados y el *interpretante**.

El relato (*narración** o representación dramática) a diferencia de la lírica, ofrece la particularidad de que cuenta una *historia** que comienza en una situación dada y que, después de un *proceso de mediación* que la transforma, acaba siendo otra situación.

Numerosos teóricos han elaborado diversos desarrollos parciales de la problemática del relato. KÖNGÄS y MARANDA han estudiado los relatos atendiendo al resultado del proceso de mediación, al papel que cumple en éste un *mediador* y al manejo que se hace de la *tensión inicial*.

BARTHES ha propuesto un análisis de *funciones* identificadas como elementos de la *historia* del relato, basado en la teoría de BENVENISTE y en los desarrollos anteriores de TOMACHEVSKI (*motivos** dinámicos y estáticos, libres y asociados) y de PROPP, en el cual identifica y caracteriza, por su interrelación, unidades distribucionales e integrativas (o integradoras).

BRÉMOND ha llevado el análisis a un nivel mayor de abstracción al investigar la orientación lógica de las acciones cuya cadena constituye la historia relatada, orientación que se traduce en la oposición de procesos de mejoramiento a procesos de degradación o deterioro. Las acciones se agrupan en *secuencias** que dan cuenta de procesos y que se organizan y combinan conforme a diversas estrategias (*encadenamiento, enclave, alternancia*).

TODOROV ha estudiado este mismo problema atendiendo a que las relaciones entre los personajes, por una parte, caracterizan cada situación, y por otra parte promueven el cambio y determinan su orientación de una situación a otra. Todo lo cual constituye un *sistema* puesto de relieve por el análisis; sistema constituido por *predicados* (acciones) y por reglas que gobiernan la transformación de unos predicados en otros, en el sentido de alguno de "los más generales tipos de relación en que los seres humanos pueden comprometerse" (como desear, comunicar y luchar o participar).

Del orden artístico de las acciones resulta la *intriga**, opuesta a la *fábula** en la que preside un posible orden cronológico, como han señalado muchos importantes teóricos entre los cuales destacan GENETTE y SEGRE.

De la caracterización de la infinita variedad de los personajes, puesta al descubierto por el análisis de funciones, se ha pasado, en un nivel jerárquico superior del plano de la *historia*, a una tipología de los *papeles* (reducidos a seis categorías semánticas) que cumplen los *actores** —individuales o colectivos— en los relatos. GREIMAS, basándose en investigaciones de TESNIERE, PROPP y SOURIAU, ha elaborado una matriz *actancial* (V. ACTANTE*) en la que homologa los tipos de papeles a categorías gramaticales (sujeto, objeto, adyuvante, oponente) o del circuito de la comunicación (destinador y destinatario), y ha construido sobre ella un *modelo**, que constituye la extrapolación de la estructura sintáctica de las acciones, en el que se revelan los ejes semánticos sobre los que se da la relación entre los *"roles"* o papeles que se identifican a partir de la perspectiva de los actores. El tipo de relación determina la investidura actancial del actor. El sujeto se relaciona con el objeto sobre el eje del deseo; el destinador con el destinatario a través del objeto, que es objeto de la comunicación, y el oponente y el adyuvante se vinculan al sujeto sobre el eje de la participacion al favorecer u obstaculizar su deseo.

FRIEDMANN ha elaborado una tipología de la intriga atendiendo al predominio, en oposiciones binarias o ternarias, sea de la acción, o del personaje, o del pensamiento.

El plano del discurso ofrece al análisis los problemas de la espacialidad (representación del espacio en el discurso y distribución del discurso en el espacio), aspecto en el que son importantes algunos trabajos de JAKOBSON, sobre versificación y *paralelismo**, la *Poética* de TODOROV y la *Rhétorique générale* del GRUPO "M"; así como los problemas relativos a la temporalidad (de la historia, de la enunciación y de la lectura), donde descuellan investigadores como GENETTE, SEGRE, los miembros del GRUPO 'M', TODOROV; los problemas de las estrategias de la presentación (narrada o representada) que de la historia hace la enunciación, en cuya solución participan sobre todo JAKOBSON, GENETTE, POUILLON, KAYSER. TODOROV, STANZEL, LUBBOCK, FRIEDMAN y BOOTH, entre otros muchos.

El GRUPO "M" ha elaborado un sistema de *figuras retóricas** cuyos constituyentes no son las expresiones lingüísticas sino las unidades estructurales de los diferentes niveles del plano de la historia y el plano del discurso; figuras que se producen en el juego de las combinaciones de dichos elementos, y que son homologables a las figuras retóricas del lenguaje verbal, porque resultan de operaciones similares: *supresión**, *adición**, *supresión/adición*, o *sustitución** y *permutación**.

LOTMAN ha explicado con gran lucidez el sistema de relaciones dentro del texto artístico (no sólo literario) y fuera de él, con respecto a otros textos, literarios o no, y con respecto a otros signos del contexto histórico/cultural, tanto desde el punto de vista de la teoría de la información como desde una perspectiva semiótica. (V. TEXTO*.)

ANALOGÍA. V. HOMOLOGÍA.

ANALÓGICO, razonamiento. V. HOMOLOGÍA.

ANAMNESIS (o anamnesia).

Reminiscencia o representación, recuperada por la memoria, de algo ocurrido en el pasado. Suele presentarse en los *textos** literarios, no a guisa de simple recordación, sino como revivificación, en *signos** concretos, de acciones y estados de ánimo individuales y colectivos marcados por el caldo de cultivo sociocultural donde se generan los caracteres, las *ideologías**, las convenciones, las *visiones del mun-*

do*, la problemática y las situaciones de los *personajes**; signos a los cuales el creador devuelve su poder expresivo prolongando así su vigencia, ya que la perennidad se hace de sucesivas actualizaciones.

En el ritual de la poesía, como en el religioso, se reviven los signos y se vuelve a vivenciar la experiencia, no como simple nostalgia sino con una vitalidad que suele resultar más intensa y más rica en *significación** de lo que fue en la realidad. Se trata de una resuscitación de situaciones marcadas por datos sensoriales, emotivos, afectivos, pero también por el entorno que los produce y por un nuevo efecto de *sentido** que es, al mismo tiempo, rescatado y reinventado con nuevos latidos, a la luz de la distancia.

En *El banquete del más allá*, una *novela** breve de Alberto VITAL (cuya *diégesis** consiste en la lectura que de la *metadiégesis* —la biografía del pintor difunto Giulio Capro, un artista atormentado y contradictorio— realiza el joven Maurice Reynaud para su anciana viuda mil veces traicionada), las situaciones, las acciones, las atmósferas y los movimientos de ánimo que se suscitan, provienen de una cadena de rememoraciones enriquecidas con miradas reevaluadoras que recrean el presente con mayor vigor que el pasado:

> Su amor (el del pintor Giulio Capro), de cualquier manera, como todo delirio secreto, se fue ensanchando libremente, pues no se sometía al examen cotidiano de la realidad. Sin embargo, ella (la nueva amada, Ara Bravante) lo descubrió una vez que, al final de la sesión, mientras los asistentes se inclinaban hacia el suelo y se colocaban sus zapatos, riendo e intercambiando despedidas, él la miró desde la puerta, un segundo antes de volverse hacia la calle, ya con la gabardina y el sombrero calados, completamente descompuesto por la ansiedad y los celos. Ella, incapaz de pedirle que dejara de asistir a las sesiones, decidió separarse por un tiempo de aquellos ejercicios que eran la obra de su vida.
>
> Al día siguiente, la ausencia de Ara Bravante se le reveló en la sala de la alfombra blanca con la fuerza de un martillazo en la cabeza. Reconstruyó penosamente los últimos momentos en que la había visto y recordó la mirada que le dirigiera la tarde anterior. Quiso arrancarse los ojos para expiar el inenarrable pecado que había tenido lugar en un solo instante. Y descubrió dónde estaba el mayor de sus defectos, aquel que acababa de alejar a Ara Bravante de su vida para siempre en sus pupilas. Tenía la mirada de las personas intensas y extraordinariamente analíticas que descubren todo de un solo golpe y se lo callan. Y a ella, especialmente a ella, la había mirado siempre con una fuerza desmesurada, pues además tenía que aprehender en muy pocos segundos lo que no podía aprehender en muchas horas, ya que sólo se veían muy fugazmente. Y es que ahí donde no es posible extender y exponer los sentimientos en un plazo razonable, tampoco es posible dejar de manifestarlos en unos cuantos segundos, concentrados en esa parte de nuestro ser que menos controlamos cuando la desesperación está a punto de enloquecernos...

Lo paradójico está en que esa vida intensa alcanza su mayor grado de vehemencia en la letra compartida por otros cuando el que la vivió ya está muerto.

Narrada por tales procedimientos, la novela posee una *estructura** *abismada** cuya *narración** en *primer grado* (diégesis) nos ofrece, en lugar de la vida misma, esa prolongación adventicia de la existencia, pero de mayor voltaje, que tiene su ámbito y reservorio en la literatura y cuyo disfrute la remembranza hace posible. El lector no se enfrenta directamente a la narración, sino a través de otro lector y pasando constantemente de la escena de la lectura (diégesis) a la *metadiégesis** (la historia leída), ya que ambos planos interactúan alternando, como un pespunte que, sobre un cañamazo, contribuyera a edificar la misma estructura.

ANANTOPÓDOTON. V. ELIPSIS, SILEPSIS y ANACOLUTO.

ANAPESTO. V. METRO.

ANAPÓDOTON. V. ANACOLUTO.

ANAPROLEPSIS. V. ANACRONÍA.

ANAPTÍCTICA, VOCAL. V. EPÉNTESIS.

ANAPTIXIS. V. EPÉNTESIS.

ANÁSTROFE. V. HIPÉRBATON.

ANFIBOLOGíA. V. DILOGÍA.

ANFÍBRACO. V. METRO.

ANFIDIORTOSIS. V. CORRECCIÓN.

ANISOCRONÍA (y duración, escena*, resumen, pausa, elipis*).

Desfasamiento de la *duración** dado entre la temporalidad de la *historia** relatada y la temporalidad del *discurso** que da cuenta de ella.

La duración de la historia puede ser convencionalmente considerada *igual a la* duración del proceso discursivo que la relata: lo que GENETTE llama *escena*, que es el *estilo directo** del *diálogo**, es decir, la ilusión mimética, aceptada voluntariamente por el espectador en el teatro y por el lector en la *narración**.

La duración de la historia puede ser, por otra parte, inferior a la del discurso que da cuenta de ella: se trata entonces del *resumen* o de lo que, observado desde una perspectiva barthiana, es el efecto de una *catálisis** reductiva que resulta del predominio de los *nudos** narrativos correspondientes a un tipo de acciones abarcantes de muchas otras acciones implícitas que se omiten.

Cuando la duración de la historia es, en cambio, mayor que la del discurso, se da lo que GENETTE denomina *pausa*, que puede ser descriptiva o puede contener acciones menudas. En este caso predominan los nudos descriptivos, a partir del empleo de los verbos que significan cualidad o estado, o bien de verbos de acción en los modos de la hipótesis (según TODOROV) que corresponden a acciones puramente discursivas debido a que no se cumplen en el *aquí/ahora* del *relato**. Así, la pausa es siempre, al contrario del resumen, un fenómeno de expansión del discurso puesto que es más extenso que la historia. Además, hay dos tipos de pausa: la pausa suspensoria: la descripción que suspende la narración, y la pausa desacelerante o dilatoria, que no suspende la narración pero hace más lento su transcurso.

Por último, cuando hallamos que se suprime el tiempo de la historia mientras sigue transcurriendo el del discurso ("dos meses después regresó a la finca"), lo cual se da solamente cuando la ocurrencia de la historia es inferible a pesar de su omisión, nos hallamos ante la *elipsis*. Es frecuente, y muy efectista, este recurso. Suelen omitirse las acciones culminantes en los momentos de *clímax** de los relatos, para que el lector o espectador las imagine.

La alternancia sucesiva de los diferentes tipos de desfasamiento de la duración produce variaciones en el *ritmo** y de este juego retórico se derivan efectos estéticos relacionados muchas veces con el *suspenso**. (V. también *temporalidad**, *anacro-*

anisosilábico

nía* y *catálisis**.) La alternancia de los diversos tipos de anisocronía puede diagramarse así, identificando los verbos que expresan acciones:

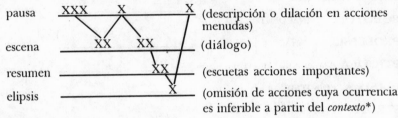

pausa — (descripción o dilación en acciones menudas)

escena — (diálogo)

resumen — (escuetas acciones importantes)

elipsis — (omisión de acciones cuya ocurrencia es inferible a partir del *contexto**)

ANISOSILÁBICO. V. ISOSILABISMO.

"ANNOMINATIO". V. PARONOMASIA.

ANTAGONISTA. V. ACTANTE.

ANTANACLASIA. V. DILOGÍA.

ANTANACLASIS. V. DILOGÍA.

ANTANAGOGE. V. RECRIMINACIÓN.

ANTAPÓDOSIS (o "redditio", "redditio" contraria).

Variedad del *paralelismo** que consiste en la relación de correspondencia directa o inversa que, en cuanto al orden de sus componentes, guardan entre sí dos proposiciones cuyo contenido se relaciona, que por ello se presentan como un fenómeno de *bimembración** en la *estrofa**. La antapódosis es directa cuando el orden de las dos es semejante:

> 1. Los pueblos azules de Siria
>   donde no hay más que miradas y sonrisas.

> 2. *Donde me miraron*
>   *y miré.*
>
>   *Donde me acariciaron*
>   *y acaricié*
>
>   PELLICER

es en cambio, inversa (*"redditio" contraria*), cuando la segunda oración invierte el orden de la primera:

> *Tiene la noche un árbol*
>   1   2   3
> *con frutos de ámbar.*
>
> *tiene una tez la tierra*
>   1   3   2
> *ay, de esmeraldas.*
>
> GOROSTIZA

También se ha llamado "redditio" a la repetición en que los términos repetidos enmarcan un conjunto, en forma de *paréntesis**, como en la *epanadiplosis**. (V. también ISOCOLON.)

ANTECEDENTE. V. ENTIMEMA.

ANTECLEMA. V. RECRIMINACIÓN.

ANTEOCUPACIÓN. V. ANTICIPACIÓN.

ANTEPÍFORA. V. ESTRIBILLO.

ANTETEXTO. V. TEXTO.

ANTICATEGORÍA. V. RECRIMINACIÓN.

ANTICIPACIÓN (o preparación, prolepsis, hipóbole, ocupación, anteocupación).

*Figura** dialéctica de pensamiento, "frente al asunto". consiste en anticipar velada o explícitamente ciertos razonamientos espinosos o intrincados que favorecen al *emisor** o al *receptor**, con el fin de disponer el ánimo del oyente, el lector o el contrario, para conmoverlo y convencerlo con el posterior desarrollo del *discurso**. La anticipación o *preparación* se funda en el cálculo previo, tanto de los propios *argumentos** como de los que pueden provenir de la otra parte.

La *retórica** antigua considera, en el discurso oratorio, la anticipación o *refutación* (que es una parte de la *"dispositió"*). Constituye una respuesta anterior a los argumentos del contrario, a los cuales objeta. (V. *"dispositió"** y *reyección**.)

Referida al discurso oratorio, puede considerarse que esta figura se produce en cada parte para alistar la que sigue: así el *proemio** sería la *preparación* del discurso en su conjunto; la *narración** sería la preparación para la *argumentación**. A lo largo de la narración, la preparación consiste en ir sembrando velada o enfáticamente partes del razonamiento:

> El reino de Egipto, fecundísimo de granos, no produciría una arista si no derivase por muchos canales a sus tierras las aguas del Nilo. Estas sangrías de los ríos no solo traerían la conveniencia de fertilizar los campos, mas también otra de bastante consideración, que es la de evitar algunas inundaciones. Daña en unas partes la copia; en otras, la falta; y a uno y a otro daño se puede ocurrir en algunos ríos con una misma providencia.
> *Es verdad que esta providencia es operosísima y costosísima.* Pide, por la mayor parte, inteligencia muy superior a la que tienen los labradores, y caudal mucho más grueso que el de los particulares.
>
> FEIJÓO

Cuando la preparación consiste en refutar previamente argumentos contrarios, es cuando se denomina *anticipación* o *hipóbole*. Ésta es, pues, en una de sus acepciones: un tipo de preparación.

A veces la preparación se combina con la *corrección**, cuando ésta se anticipa para suavizar expresiones que podrían resultar chocantes.

En suma, esta es una *metábola** de la clase de los *metalogismos** porque afecta a la lógica del discurso con el objeto de producir un efecto sobre el ánimo y la opinión del receptor, a semejanza de como lo hacen las otras *figuras dialécticas**.

En cuanto a la acepción moderna de la palabra *prolepsis* (sinónimo de *preparación* en la antigüedad), GENETTE ha denominado así a la presentación anticipada de las acciones llamadas *nudos** en la cadena que constituye el *relato** narrado o representado, y ha llamado *analepsis** al fenómeno opuesto, es decir, a la retrospección. Ambas constituyen figuras retóricas que no resultan sólo del manejo de los elementos de la lengua sino del manejo de los elementos estructurales del relato. Tanto la *analepsis* como la *prolepsis* rompen el orden cronológico y lógico de

LORETTE WILMOT LIBRAR
NAZARETH COLLEGE

anticlema

la cadena de acciones (rompen el orden de la *fábula**) e introducen un desorden que constituye en realidad otro orden, el orden artístico, el orden propio de la *intriga**. (V. ANACRONÍA* y TEMPORALIDAD*.)

ANTICLEMA. V. RECRIMINACIÓN.

ANTICLÍMAX. V. GRADACIÓN.

ANTIESTROFA. V. METÁTESIS.

ANTíFRASIS. V. IRONÍA.

ANTILOGIA. V. OXÍMORON y PARADOJA.

ANTIMETÁBOLA. V. QUIASMO.

ANTIMETALEPSIS. V. QUIASMO.

ANTIMETÁTESIS. V. METÁTESIS, QUIASMO E IRONÍA.

ANTINOMIA.

Contradicción entre dos principios racionales o entre dos preceptos o dos leyes. También se dice de la oposición de caracteres o sentimientos.

ANTIPARÁSTASIS.

Figura retórica* que consiste en defender a un acusado aduciendo que, aun si fuera culpable del hecho que se le imputa, más merecería por ello premio que castigo. Es figura de pensamiento que afecta a la lógica de las expresiones; en otras *palabras**, se trata de un *metalogismo**. Dice CERVANTES en el episodio de los galeotes:

Pasó don Quijote al cuarto, que era un hombre de venerable rostro, con una barba blanca que le pasaba del pecho, el cual oyéndose preguntar la causa porque allí venía, comenzó a llorar y no respondió palabra; mas el quinto condenado le sirvió de lengua, y dijo:

—Este hombre honrado va por cuatro años a galeras, habiendo paseado las acostumbradas vestido en pompa y a caballo.

—Esto es —dijo Sancho Panza—, a lo que a mí me parece, una vergüenza.

—Así es —replicó el galeote—, y *la culpa por que le dieron esta pena, es por haber sido corredor de oreja y aun de todo el cuerpo; en efecto, quiero decir que este caballero va por alcahuete y por tener así mesmo sus puntas y collar de hechicero.*

—A no haberle añadido esas puntas y collar —dijo don Quijote—, *por solamente el alcahuete limpio no merecía ir a bogar en Ias galeras, sino a mandallas y a ser general dellas, porque no es así como quiera el oficio de alcahuete, que es oficio de discretos, y necesarísimo en la república bien ordenada, y que no le debía ejercer sino gente muy bien nacida, y aún había de haber veedor y examinador de los tales, como le hay de los demás oficios, con número deputado y conocido, como corredores de lonja. Y desta manera se excusarían muchos males que se causan por andar este oficio y ejercicio entre gente idiota y de poco entendimiento, como son mujercillas de poco más o menos, pajecillos y truhanes de pocos años y de muy poca experiencia, que a la más necesaria ocasión, y cuando es menester dar una traza que importe, se les hielan las migas entre la boca y la mano, y no saben cuál es su mano derecha.*

ANTÍPTOSIS.

Figura retórica* que resulta de sustituir un caso por otro en las *lenguas** que poseen declinación. En español quizá sea equivalente la sustitución, frecuentada por algunos modernistas, de la preposición de uso común por la rara, arcaica o inhabitual:

> El dedo en alto y el ojo fijo
> cuenta las curvas de adorno *al* techo

dice DÍAZ MIRÓN. Las curvas están de adorno *en* el techo. El cambio de preposición produce ambigüedad y podría interpretarse como *hipérbaton**: *"cuenta al techo las curvas..."*, o como una *elipsis**: "las curvas (que sirven) de adorno al techo". En ambos casos, en español, es figura de construcción que afecta al *nivel** morfosintáctico de la *lengua**.

ANTÍSTASIS. V. DISIMILITUD y DERIVACIÓN.

ANTÍSTROFA. V. METÁTESIS.

ANTISUJETO. V. ACTANTE.

ANTÍTESIS (o enantiosis o contraste o sincrisis).

Figura* de pensamiento (*tropo** de sentencia) que consiste en contraponer unas ideas a otras (cualidades, objetos, afectos, situaciones), con mucha frecuencia a través de términos abstractos que ofrecen un elemento en común, *semas** comunes:

> Ayer naciste y morirás mañana
> GÓNGORA

nacer y *morir* por una parte, *ayer* y *mañana* por otra, comparten *semas** de *significación** temporal.

> El blanco lirio y colorada rosa

escribió GARCILASO. Los elementos que poseen en común son el pertenecer a una clase del reino vegetal y tener color.

A diferencia de lo que ocurre en el *oxímoron** y en la *paradoja**, la oposición semántica de las expresiones contiguas en la antítesis no llega a ofrecer *contradicción**, por lo que en ella la *isotopía** (coherencia) no se ve afectada. Sains de Robles la llama también *sincrisis* y la describe como "*antítesis* o *comparación* de personas o cosas contrarias".

Es una *metábola** de la clase de los *metalogismos** y se produce por adición repetitiva de la idea común, que sirve de fundamento y conserva su coherencia al contraste.

La disposición de los miembros de la antítesis suele ofrecer la polaridad combinada con *simetría**. Algunos autores afirman que esta figura puede estar fundada en dos *hipérboles**, o bien, que suele tener ella misma un carácter hiperbólico.

Entre los miembros antitéticos suele haber coordinación, pero también puede darse la subordinación. Su *contenido** puede ofrecer un carácter adversativo o disyuntivo. Su base léxica son los antónimos.

La antítesis puede adoptar un carácter dialéctico en la *sermocinatio** dialógica en que el orador finge un diálogo con su contrario o con el público. También se puede combinar con *quiasmo** y puede profundizarse semánticamente con *subnexio**, dentro de la figura de *amplificación**:

> ... venir un bien tras otro es muy dudoso,
> y un mal tras otro mal es siempre cierto;
> jamás próspero tiempo fue durable,
> ni dejó de durar el miserable.
>
> El ejemplo tenemos en las manos
> y nos muestra bien claro aquí la historia
> cuan poco les duró a los araucanos
> el nuevo gozo y engañosa gloria;
> pues llevando de rota a lo cristianos
> y habiendo ya cantado la victoria,
> de los contrarios hados rebatidos
> quedaron vencedores y vencidos.
>
> ERCILLA

La yuxtaposición antitética de los términos refuerza sus *significados**, los aclara y los presenta con viveza.

Tanto el oxímoron como la paradoja ofrecen semejanza con la antítesis pero ambos se distinguen de ella en que la oposición de los significados, a diferencia de como ocurre en la antítesis, llega a la contradicción, al menos en apariencia.

La antítesis, el oxímoron y la paradoja son figuras predilectas de los escritores del Barroco. En ellos suelen hallarse formando parte de *amplificaciones**, mediante el procedimiento de *acumulación**.

> En esto entró una que parecía mujer muy galana y llena de coronas, cetros, hoces, abarcas, chapines, tiaras, caperuzas, mitras, monteras, brocados, pellejos, seda, oro, garrotes, diamantes, serones, perlas y guijarros. Un ojo abierto y otro cerrado y vestida y desnuda de todos colores. Por el un lado era moza y por el otro vieja. Unas veces venia despacio y otras apriesa. Parecía qne estaba lejos y estaba cerca. Y cuando pensé que empezaba a entrar, estaba ya a mi cabecera.
>
> QUEVEDO

ANTITEXTO. V. INTERTEXTO.

ANTONIMIA (o enantiosema).

Oposición semántica dada entre pares de *palabras**. Es el caso extremo de relación *diversívoca** (que es un caso de relación no unívoca); se da entre las palabras cuando no hay coincidencia ni entre sus *significantes** ni entre sus *significados**:

> blanco/negro
> bondad/maldad
> antes/después
> trabajar/holgazanear

"Ofrece dos sentidos contrarios", dice de ella BARTHES, pues los términos antónimos mantienen una relación de *presuposición** semántica recíproca, ya que la presencia (o la ausencia) de uno de ellos presupone la presencia (o la ausencia) del otro.

ANTÓNIMO. V. ANTONIMIA.

ANTONOMASIA. V. SINÉCDOQUE.

ANTORISMO. V. CORRECCIÓN.

APAREAMIENTO. V. PARALELISMO.

APARTE.

Convención comúnmente utilizada durante la representación escénica de obras dramáticas. Consiste en que un *personaje** se aparta de los otros al dirigirse a sí mismo, monologando, como si pensara en secreto, o bien al público, de modo que se infiera (convencionalmente) que su parlamento no es escuchado por el resto de los *actores**, de los que se distancia un poco. De cualquier modo convierte al público en *interlocutor** y al *monólogo** en *diálogo**. La información así comunicada suele ser importante para producir tensión en el espectador, por ejemplo, si se trata de una *anticipación**, que luego pueda verse frustrada mediante una sorpresa, o si se trata de revelar el *ser* verdadero que sustituya al *parecer ser*.

APELATIVA. V. FUNCIÓN LINGÜÍSTICA.

APICAL, sonido. V. FONÉTICA.

APÓCOPA. V. APÓCOPE.

APÓCOPE (o apócopa y elisión).

Fenómeno de dicción (de uso correcto o bárbaro) que consiste en suprimir letras al final de la *palabra**: *algún* (por *alguno*) .

Su empleo suele corresponder a un requerimiento sintáctico:

algún hombre, hombre alguno

Como *figura retórica**, es una *metábola** de la clase de los *metaplasmos**, porque afecta a la morfología de la palabra. Se produce por *supresión** parcial, pues se omiten letras finales con el propósito, generalmente, de reducir el número de sílabas de un *verso** para que se ajuste al *metro** elegido por el poeta:

do (por *donde*).

Como fenómeno del *habla** común, carece de valor retórico porque no se produce de manera sistemáticamente deliberada ni posee una intención estilística (como cuando un niño dice "ma" a su madre), a menos que se introduzca en un *texto** literario. En este caso adquiere una función simbólica pues sirve, por ejemplo, para caracterizar a un *personaje**: su formación, edad, extracción social, etc.

Cuando la letra que se pierde es la vocal final de una palabra en contacto con la vocal inicial de la palabra siguiente, el fenómeno se llama *elisión: l'olla*. Cuando lo que se pierde es la vocal inicial de la segunda palabra, se trata de una *elisión inversa*, que es una variedad de la *aféresis**: "opus est" = *"opust"*. (LÁZARO CARRETER).

APÓCRIFO.

Texto* espurio, atribuido a un *autor** real, o bien al autor supuesto o fingido del mismo.

APODIOSIS.

Figura retórica* que consiste en rechazar como absurdo un *argumento** propio o del contrario; rechazo que puede revelar indignación (real o fingida), que tiende a presentar la idea repudiada como inadmisible por absurda, y al que suelen suceder argumentos para demostrar lo contrario de la idea así refutada. Se trata de un *metalogismo**:

> ...En mal punto os empreñastes de sus promesas, y en mal hora se os entró en los cascos la ínsula que tanto deseáis.
> —Yo no estoy preñado de nadie —respondió Sancho— ni soy hombre que me dejaría empreñar, del rey que fuese, y aunque pobre, soy cristiano viejo, y no debo nada a nadie; y si ínsulas deseo, otros desean cosas peores; y cada uno es hijo de sus obras; y debajo de ser hombre, puedo venir a ser papa, cuanto más gobernador de una ínsula, y mas pudiendo ganar tantas mi señor, que le falte a quien dallas.

CERVANTES

APÓDOSIS.

Oración* principal, *subordinante**, pospuesta a la subordinada (*prótasis**) en los *períodos**, con mayor frecuencia en los de oraciones condicionales.

> *Contrarios*
> Un mirlo se paró en el almendro:
> en busca de lo blanco, lo negro.
> Todos vamos
> con ansia de complemento,
> si somos tierra,
> en busca del cielo; (vamos)
> si somos aire,
> en busca de encierro;
> si somos quietud,
> en busca de tormento;
> si somos fuerza,
> en busca de blando misterio.

José MORENO VILLA

En estos ejemplos, las subordinadas (*prótasis*) comienzan con "si" y cada una de las que les suceden es su *apódosis*.

APOFONÍA.

En grámatica histórica, variación que sufren los *fonemas** durante la evolución de las *palabras**. Puede ser vocálica: arthriticus — artrítico, o consonántica: Hamicellus (diminutivo de Hamus) — Hamiciolus — anzuelo.

APOFÓNICA, fórmula. V. REDUPLICACIÓN.

APÓLOGO. V. FÁBULA.

APORESIS. V. DUBITACIÓN.

APORÍA.

Dilema o incertidumbre que un lector experimenta frente a un *texto** ambiguo, equívoco, ilógico. Si el texto es de carácter referencial, informativo, proviene de los peores defectos de redacción y es resultado de la torpeza; pero si nace de la intención artística, es un efecto deliberadamente buscado, y, aunque no pueda ser aclarado su significado, de todos modos ofrece un efecto global de *sentido** que puede ser muy variado.

APOSICIÓN.

Yuxtaposición de un modificador puramente explicativo (*palabra**, *frase** u *oración**) de su núcleo, siendo ambos de la misma categoría gramatical (dos sustantivos, dos adjetivos, dos adverbios):

> Subió a *su habitación*, EL GRANERO, ...
> Así está *buena*, TIBIA.
> Aquí, ENCIMA, queda bien.

El segundo miembro está en aposición respecto del primero, del cual se separa mediante una pausa indicada por coma, y cumple una función explicativa del mismo. Obsérvese su empleo literario.

> "... Y así, me pasé de claro a *Barcelona*, ARCHIVO DE LA CORTESÍA, ALBERGUE DE LOS EXTRANJEROS, HOSPITAL DE POBRES, PATRIA DE LOS VALIENTES, VENGANZA DE LOS OFENDIDOS Y CORRESPONDENCIA GRATA DE FIRMES AMISTADES, y en sitio y en belleza, única"
>
> CERVANTES

FONTANIER considera la aposición como una *figura** de construcción "por exuberancia".

APOSIOPESIS. V. ELIPSIS y RETICENCIA.

APOSTILLA.

Anotación agregada al margen de un *texto** impreso o manuscrito. Puede aclarar, explicar, ampliar o parafrasear su *contenido** o su *forma**.

APÓSTROFE (o exclamación*, tipo de "aversio" o metábasis, "sermocinatio", digresión*).

Figura* de pensamiento de las denominadas (en el siglo pasado) *patéticas** o "formas propias para expresar las pasiones". Consiste en interrumpir el *discurso** para incrementar el *énfasis** con que se enuncia, desviándolo de su dirección normal; al mismo tiempo que se explicita y se cambia, a veces, el *receptor** al cual se alude (naturalmente en segunda persona) o se le interpela con viveza. Este receptor puede estar presente o ausente, vivo o muerto; puede ser animado o inanimado, y puede ser un *valor** o un bien, o puede ser el *emisor** mismo.

RODRÍGUEZ GALVÁN, por ejemplo, pasa de la *descripción** del fantasma de CUAUHTÉMOC, a apostrofarlo:

> —Rey del anáhuac, noble varón, Guatimoctzín valiente,
> indigno soy de que tu voz me halague, ...

Observando un criterio estructural, el apóstrofe es una *metábola** de la clase de los *metalogismos**, pues afecta a la lógica del *discurso**. Se produce, en general, por *supresión/adición*, es decir, por *sustitución** de unos *semas** por otros que producen mayor *énfasis** semántico, mismo que en la oratoria suele acompañarse con ciertas señales en la pronunciación, tales como el refuerzo de la voz y de los gestos, por lo que desde la Edad Media muchos lo han identificado con la "exclamación" que expresa vehemencia. Cuando se cambia de interlocutor también hay supresión/adición del sujeto receptor.

Tradicionalmente, el apóstrofe ha sido considerado una de las variedades de la *"aversio"* latina o de la *metábasis* griega, que consisten en modificar la dirección del discurso; cambio éste, que puede darse con respecto a tres elementos de la situación en que el discurso se produce:

a) Con respecto al *emisor*, en la *sermocinatio*, cuando se finge el estilo directo o *diálogo**;

b) con respecto al *contenido** del discurso, en la *digresión** cuando se desarrolla un paréntesis temático;

c) con respecto al *receptor*, cuando se alude o interpela explícitamente y con énfasis al auditorio, al interlocutor, al lector, etcétera, en el *apóstrofe*. En este caso, suele adoptar la forma del vocativo y puede presentarse como pregunta o como mandato:

> Desde mis ojos insomnes
> mi muerte me está acechando,
> me acecha, sí, me enamora
> con su ojo lánguido.

> ¡Anda putilla del rubor helado,
> anda, vamonos al diablo!
>   José GOROSTIZA

En este ejemplo el emisor pasa, de hablar de la muerte, a hablar con ella.

Muchos poemas de distintas épocas han adoptado la forma del apóstrofe dirigido, por ejemplo, al escenario de la naturaleza como a un testigo, confidente, aliado o contrario.

El neoclásico José Joaquín PESADO se apropia de esta estrategia que estaba en boga entre los románticos y dice en su soneto *A un río*:

> Tú, cuyas aguas bajan sonorosas
> en crecido caudal de la montaña
> y dilatas tu curso en la campaña
> coronada de selvas espaciosas:

> Deja que en tus orillas venturosas
> mi pena explaye. El llanto que me baña,
> mezclado a tus corrientes, te acompaña
> hasta el salado mar donde reposas.

"APPLICATI, VERSI". V. SÍNQUISIS.

APOTEGMA. V. AFORISMO.

APROPIACIÓN. V. ENUNCIADO.

"APTUM".

En la tradición retórica clásica, adecuación del *discurso**, tanto a su mismo propósito como a la situación en que se produce. Así, hay un *"aptum"* interno y otro externo. El primero, ajusta los elementos estructurales para que el discurso se logre como totalidad, en atención a un propósito. El segundo, ajusta la totalidad a la opinión pública en una situación dada, con el fin de persuadir.

ARBITRARIEDAD.

Ferdinando de SAUSSURE postuló, dentro de su teoría lingüística, el principio de que la relación entre las dos fases del *signo** lingüístico, el *significante** y el *significado**, es arbitraria o no necesaria, lo que quiere decir que el significado *mesa* puede ser comunicado igualmente por medio de otros significantes como *"table"* o *"tabola"*, en otros sistemas lingüísticos, porque no existe un lazo naturalmente dado, o intrínseco al signo, que determine su asociación.

Sin embargo, la *onomatopeya**, tipo de signo que corresponde al *icono** de PEIRCE, es una excepción en que la relación arbitraria deja paso a una relación de *homología** entre la forma fónica de la *palabra** y su *referente**, lo que ha originado que tradicionalmente se diga que la onomatopeya *imita* el sonido por ella significado.

Además, dentro de cada *sistema** de *lengua** se da una "motivación relativa" del signo, que es de carácter social (en la relación del signo con los usuarios de la lengua, dentro de cada grupo humano) y de carácter etimológico o histórico (si se considera la lengua a través de su evolución).

En relación con este concepto, SAUSSURE habla de "inmutabilidad" y de "mutabilidad" del signo. Es inmutable porque, al ser arbitrario, "no puede ser puesto en tela de juicio en nombre de una norma razonable". Es mutable porque, al ser arbitrario, "siempre es susceptible" de sufrir alteración. Este doble razonamiento es aceptado por BENVENISTE, pero no como dado dentro de la relación *significante/significado* (donde ésta es "necesaria", pues el concepto o significado es idéntico, en nuestra conciencia, al conjunto fónico o significante), sino dentro de la relación *signo/objeto*, por lo que es una verdad acerca de la *significación** y no acerca del signo, ya que se trata de "la motivación objetiva de la designación, sometida, como tal, a la acción de diversos factores históricos".

Por otra parte no sólo podemos hablar de arbitrariedad del signo lingüístico dado en una lengua, en atención al modo como en él se relacionan sus dos fases: significante y significado, sino también de la arbitrariedad del *significado* debido a que cada lengua lo conforma de manera distinta (el significado que el francés conforma como *"bois"* y *"forêt"*, el español lo conforma como *bosque, floresta, selva, leña* y *madera*); y, además, podemos hablar de la arbitrariedad del *significante* debido a que cada lengua divide de manera distinta el *"continuum"* del sonido y produce así diferentes unidades significantes. (V. también *significante**.)

ÁRBOL (y estema, fr. "stemma").

En lingüística generativa se llama árbol la gráfica que representa los elementos en que se descomponen, decrecientemente, las *clases** semánticas presentes en la *oración**. Se trata de un diagrama que ofrece el aspecto de ramificaciones. En el ejemplo la arborización representa una *frase** sustantiva con un complemento que es una *oración** subordinada adjetiva: "bella ilusión por quien alegre muero" (de Sor Juana).

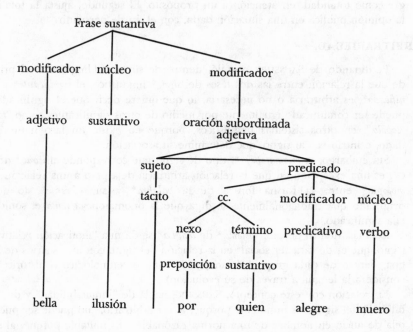

Por otra parte, Lucien TESNIÈRE crea otras representaciones esquemáticas similares pero no iguales, a las que llama *estemas*, que no se aplican a "una secuencia ordenada que respete la linealidad de la frase " (POTTIER) sino ubicando los términos subordinados debajo de los subordinantes, de modo que, por encima de todos queda el verbo. El primer verso —endecasílabo— de *La enredadera*, de José Emilio PACHECO (en *Los elementos de la noche*), que dice: "verde o azul, fruto del muro, crece", quedaría así:

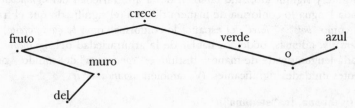

donde la enredadera, que es el título, está como sujeto implícito, del cual "fruto del muro" es una aposición, y "verde o azul" es un predicado nominal: "La enredadera, fruto del muro, crece verde o azul".

Como se trata de poesía, que dice lo indecible, y que posee como suprema virtud la *ambigüedad** (que es el vicio más indeseable de la lengua en su función práctica), también serían posibles otras lecturas, por ejemplo: "La enredadera, verde o azul, crece *(como)* fruto del muro.

Leído así, al endecasílabo correspondería otro *estema*.

ARCAÍSMO.

Figura retórica* que consiste en preferir el empleo de una expresión anticuada en lugar de otra de uso contemporáneo al escritor:

dello por *de ello*

Conforme a un punto de vista actual, se trata de una *metábola** de la clase de los *metaplasmos** porque afecta a la forma de las *palabras**. Se produce por una operación de supresión/adición (*sustitución**) completa en la que se da una relación de oposición: forma anticuada, forma actual.

Al utilizar arcaísmos se reviven usos desaparecidos de la *lengua** común o de la literaria, con ello es posible lograr efectos de enriquecimiento (ya sea del léxico, ya de las posibilidades sintácticas) y efectos de caracterización de ambientes, épocas, *personajes** o convenciones literarias pretéritas a las que se subordina el escritor.

El arcaísmo puede considerarse un caso particular de *sinonimia** con fines estilísticos.

Rubén DARÍO intensifica el significado de *poemas** en que alude al pasado, y pone en ellos un aire de época, ya sea la de los autores primitivos castellanos:

Éste vale una copa de champaña
como aquél vale un vaso de *bon* vino.

o la del Renacimiento (en "Recreaciones arqueológicas"):

"*Dezires*, y layes y canciones" "a la manera de *Johan* de *Duenyas*",

o en composiciones de modelo arcaico que se titulan:

F finida, *F fin*, Copla *Esparça*.

También hay arcaísmos de sintaxis. Jimena, la noble nodriza de *Los pechos privilegiados* de Juan RUIZ DE ALARCÓN, dice al galán Rodrigo de Villagómez:

que en toda muesa montaña
non ye león bravo e fiero
a quien yo con *los mis* brazos
non dé la muerte sin fierro.

Por su lenguaje queda caracterizada como montañeza de León, es decir, como un ama de leche, villana, en quien el uso de arcaísmos sugiere rusticidad, aunque para el lector enterado tal lenguaje arcaico no pasa de ser una convención del *género** en esa época pues, como dice MILLARES CARLO, se trata de una "fabla" que "no se fabló nunca", ya que constituyó un recurso de los dramaturgos hispánicos del siglo XVII. Lo mismo dicen hoy los lingüistas del habla de los personajes del mexicano Juan RULFO.

El arcaísmo ha llegado a ser utilizado de manera constante y exclusiva en toda una obra extensa y con el propósito de imitar un estilo dentro de un *contexto** social, literario, temático, etc.; magno esfuerzo generalmente considerado como un alarde estéril, que ofrece un producto falso y, al menos, objeto de encontradas opiniones. Tal sería el caso de la novela *La gloria de don Ramiro*, del argentino Enrique LARRETA, o de los *Capítulos que se le olvidaron a Cervantes*, del ecuatoriano Juan MONTALVO.

Los antiguos retóricos consideraban que el empleo de arcaísmos constituye una *desviación** respecto del uso común de la lengua, y que "peca" contra la pureza ("puritas") del léxico al ser introducidos "cuerpos léxicos no idiomáticos" o "contenidos léxicos no idiomáticos".

ARCHIFONEMA (o arquifonema).

Conjunto de los rasgos distintivos que son comunes a dos *fonemas** que son miembros de una *oposicion** neutralizada. Por ejemplo: los rasgos de *labialidad* y de *oralidad* en los fonemas /p/ y /b/ (y no, en cambio, el rasgo de *sonoridad* que sólo posee la /b/, ni el de *sordera*, que sólo posee la /p/). (V. NEUTRALIZACIÓN.)

ARCHILECTOR.

Conjunto de informaciones proveniente de las observaciones, interpretaciones y reacciones de muchos lectores ante una obra literaria y que tiende a caracterizarla; por ejemplo las de los críticos de una época o a través de la historia. A este conjunto se refiere siempre un nuevo crítico, y en él vierte sus propias aportaciones.

ARCHILEXEMA.

Lexema* cuyo contenido es idéntico al de los lexemas de un *campo léxico**. Por ejemplo: "depósito", respecto de "granero" y "tanque". (V. *sema** y *morfema**).

ARCHILEXÍA. V. LEXÍA.

ARCHIMORFEMA (o arquimorfema).

De la *fonología** ("archifonema") se ha extendido a las unidades significativas esta noción de conjunto de rasgos comunes a dos o más *morfemas** que se oponen. Por ejemplo, la categoría de *edad* es el archimorfema de *joven* y *viejo*; la de *distancia*, es el de *cerca* y *lejos*.

ARCHISEMEMA.

Conjunto de *semas** comunes a varios *sememas** (V. SEMA). Para Bernard POTTIER, "Toda unidad lexical (*lexema**) puede ser analizada en semas (rasgos semánticos) substanciales. Se llamará semema al conjunto de los rasgos semánticos pertinentes que definen una unidad sobre el plano del contenido, y *archisemema* al conjunto de los rasgos semánticos que son comunes a dos o más lexemas". Para este mismo autor, archisemema y semema y sema guardan entre sí la misma relación que género, especie y diferencia específica: *persona* es archisemema y *hombre* es semema.

ARCHITEXTUALIDAD. V. INTERTEXTO.

ARGOT. V. JERGA.

ARGUMENTACIÓN.

Cadena de razonamientos. Discusión razonada. Parte —la más importante— del *discurso** oratorio porque en ella se concentra y resume la materia de que trata el mismo. Tal división consta de una o más pruebas deductivas (*"probationes"* o "ar-

gumenta") que se basan en los datos de la causa, que sirven para demostrarla y que pertenecen a la *"inventio"*.

Precisamente el conjunto de las *pruebas** es el esqueleto de la argumentación. Se ha discutido la forma que adopta: de *diálogo** o de *monólogo**. Algunos piensan que la argumentación dialógica puede ser reducida a monólogo. Suele emplearse como método de conocimiento o como arma para la controversia. Como se dirige al logro de la demostración, de la disuasión o de la persuasión, es un instrumento y está estrechamente vinculada con la obtención y el uso del poder. Suministra razones que procuran convencer. La *refutación**, que argumenta anticipadamente, objetando los razonamientos del *interlocutor**, es vista por unos como independiente, y por otros como parte de la argumentación.

En mayor grado que otras partes del *discurso**, ésta exige el dominio de la lógica. En muchas *retóricas** se ha recomendado cierta *distribución** de los argumentos: los más contundentes al comienzo, para causar impacto en el público; los teñidos de humor, enmedio, para su solaz, y los conmovedores al final, "para desbancar a los recalcitrantes", dice YORET (:267).

Según este autor, "argumentar es utilizar un conocimiento para establecer otro conocimiento". La argumentación ha sido llamada también *confirmación, comprobación, o prueba*

(V. *"DISPOSITIO"**, DIALÉCTICA*, e INVENTIO*.)

ARGUMENTO (1).

Todo razonamiento o dato que dé fe, pruebe o demuestre la posibilidad, la razón, la existencia, la verdad, y que por ello induzca a la persuasión o convenza durante la *argumentación** que es una de las partes del *discurso** oratorio. V. DIALÉCTICA.

ARGUMENTO (2) (y asunto).

Serie de los hechos principales, narrados o representados, que constituye el *resumen* de la *historia** relatada en las *novelas**, los *cuentos**, los *dramas**, las *epopeyas**, etc., considerados en el orden artístico que ha establecido en el *relato** el *narrador/autor**, esto es, en *la intriga**. Es también, por ello, un sumario del *asunto* o tema de que trata la obra. En cambio, la *fábula** da cuenta de la misma cadena de acciones de la historia, pero en el orden cronológico ideal, que habrían tenido si se hubieran dado en realidad. (V. DIÉGESIS* Y MOTIVO*.)

ARGUMENTO (3).

En *semiótica**, es una de las clases de *signos** pertenecientes a la tercera tricotomía de los mismos, según la teoría de PEIRCE.

ARMONÍA IMITATIVA. V. CACOFONÍA Y ONOMATOPEYA.

ARQUIFONEMA. V. ARCHIFONEMA.

ARQUIMORFEMA. V. ARCHIMORFEMA.

ARQUITECTÓNICA, forma. V. OBJETO ESTÉTICO.

articulación

ARTICULACIÓN (doble) del lenguaje.

Se llama *articulación*, en *fonética**, a la producción de los sonidos del *lenguaje** en un punto dado de los órganos anatómicos involucrados (labios, dientes, paladar, lengua, laringe, etc.), los que funcionan conforme a ciertas características fisiológicas durante el trayecto del aire en dicho proceso (aspiración, fricación, oclusión, etc.).

En lingüística, la articulación es la característica, exclusiva del lenguaje verbal humano, así denominada por el lingüista francés André MARTINET. Consiste en la organización simultánea y paralela que se da entre dos tipos de elementos durante la producción de cualquier *enunciado**. Los dos tipos de elementos así elegidos y relacionados por el *emisor** son:

a) En la primera articulación, unidades formales dotadas de sentido o *monemas** que pueden ser *lexemas** o "morfemas lexicos" —es decir, monemas considerados desde el punto de vista léxico: casa—; o bien *morfemas** —que son monemas considerados a partir de un criterio gramatical: cas*ita*. Los monemas se ordenan conforme a reglas sintácticas y morfológicas.

b) En la segunda articulación, unidades lingüísticas mínimas cuya forma carece, en sí misma, de significado, (pero cuya presencia acarrea una diferencia de significado), que se denominan *fonemas**, cuya *función** es distintiva y que se organizan conforme a reglas que conciernen a la *fonología**. Por ejemplo, si sustituimos un fonema por otro, observamos el cambio de significado:

*m*ente
*g*ente
ment*a*
*r*enta
res*ta*
res*te*
*p*este
*p*oste

En otras palabras, cuando hablamos, vamos poniendo en una doble relación ambas clases de unidades lingüísticas: por una parte los fonemas, por otra parte los morfemas y lexemas (o morfemas gramaticales —gramemas— y derivativos, y los morfemas léxicos). El lenguaje humano así producido, en el plano de la segunda articulación contiene unidades formales sólo distintivas de *significado**, mientras en el plano de la primera articulación contiene unidades formales poseedoras de *sentido**.

La identificación y descripción de este hecho permite diferenciar el lenguaje humano de otros lenguajes más pobres y menos eficaces.

En la expresión:

Llegaban lentamente

cada letra representa un fonema, pero hay gran número de monemas:

Lleg-aba-n lent-a-mente

que respectivamente designan: una acción (llega); el tiempo y el modo de la acción (aba); el sujeto —plural— de la acción (n); una modalidad de su cumplimiento (lent);

el género del adjetivo a partir del cual se forma el adverbio (a) y el indicador de la función adverbial (mente). De modo que a la *estructura** dada por la relación de los fonemas se superpone simultáneamente la estructura dada por la relación de los lexemas (Lleg; lent) y los morfemas (aba-n; a-mente).

ASÍNDETON (o disyunción, disolución, adjunción, dialiton).

Figura* de construcción opuesta al *polisíndeton**. Afecta a la forma de las *frases** al yuxtaponer en series enumerativas ya sea *palabras** o grupos de palabras omitiendo entre ellas los *nexos** que las coordinan. Se le ha llamado también *disolución*. Donato le llama *"dinalyton"*. CICERÓN y FONTANIER la llaman *disyunción* —*"disiunctio"*—, término que QUINTILIANO aplica a la *"sinonimia** a distancia":

> otra cruza, otra vuelve, otra se enriza
> BALBUENA

y que también es un tipo de *isocolon**. Cuando los términos acumulados asintéticamente son nombres, es una figura que algunos llaman *adjunción* —*"adiunctio"*— y para otros es *zeugma**:

> al fin, ninfas, jardines y vergeles;
> cristales, palmas, yedra, olmos, nogales;
> almendros, pinos, álamos, laureles.
> BALBUENA

Igualmente es frecuente entre verbos:

> pida, sueñe, imagine, trace, intente.
> BALBUENA

lo que también es un tipo de *isocolon** en el que cada elemento es una *oracion**.

Si se omite un nexo causal o consecuencial entre oraciones paratácticas o coordinadas (cesó la lluvia, (luego) echamos por el campo, a buscarla, (y) la hallamos en una cueva), el efecto puede llegar a ser de *ambigüedad** del *significado** como en "regresó el padre, huyó la hija, se desintegró la familia", en que no se sabe si falta el nexo copulativo que manifiesta simple *adición** (y), o si hay una yuxtaposición continuativa que, además, expresa consecuencia lógica, o si se da una adversación ("regresó el padre (pero) huyó la hija (luego) se desintegró la familia").

Es pues, el asíndeton, una *metábola** de la clase de los *metataxas** porque afecta a la vinculación entre elementos gramaticales que pueden ser palabras, frases u oraciones.

En cuanto al efecto que produce su empleo, se ha dicho que se aviene al "lenguaje de la pasión", que consiste en una intensificación "patético encarecedora" que da al *discurso** un "efecto martillante", que da "fluidez al estilo", que es un "indicio de fuerza, un signo de autoridad" o un simple "procedimiento de aglomeración de sustantivos o epítetos".

(La *"disiunctio"* latina es la correspondencia sintáctica entre unos términos sinónimos y otros que no lo son.)

ASOCIACIÓN (y cleuasmo).

Figura retórica* descrita ampliamente sobre todo por FONTANIER, quien la considera *tropo** de pensamiento (*metalogismo**). Consiste en hacer extensivo a sí mismo

asociativo

el *emisor**, algo que en realidad es aplicable a otros, o bien, a la inversa, en atribuir a los demás lo que solo corresponde al emisor, o en aplicar a muchos lo que
toca a uno solo. Puede tratarse de virtudes y alabanzas o de vicios, reproches, re-
primendas y advertencias.

> Toda nuestra perdición está en que todos deseamos ser virtuosos y, por otra parte,
> empleamos todas nuestras fuerzas en vicios.
>
> Antonio DE GUEVARA

El efecto es de atenuación, tanto del elogio propio cuando se comparte, como
de la censura ajena cuando, asimismo, se comparte.

Si al atribuirse a sí mismo el emisor las faltas ajenas, o al atribuir a otro sus
propias virtudes hay intención irónica, la asoción se llama *cleuasmo*. (V. IRONÍA*)

ASOCIATIVO, plano. V. CAMPO ASOCIATIVO.

ASONANCIA. V. RIMA.

ASPECTO (relato). V. NARRADOR.

**ASPECTO verbal (durativo o imperfectivo, perfectivo, incoactivo, iterativo, fre-
cuentativo, modal).**

Fenómeno semántico que consiste en la expresión de los matices no temporales
del desarrollo de la acción verbal, mismos que se manifiestan: *a)* mediante recursos léxicos, cuando el verbo en sí posee un *significado** aspectual como "anoche-
cer", verbo *incoativo* que significa "acción incipiente": "comenzar la noche". *b)*
Mediante recursos sintácticos, cuando el verbo reafirma o modifica su *significación**
aspectual primitiva al combinarse con la significación aspectual que aporta su auxiliar en una perífrasis, o que aportan otras expresiones del *contexto**, como en
"toqué cinco veces", en que el aspecto es *iterativo* porque el *enunciado** significa acción que se produce reiteradamente y se compone de una serie de actos repetidos,
cada uno de los cuales es acabado y perfecto. *c)* Por medios morfológicos cuando
el verbo reafirma o modifica su significación aspectual léxica al cambiar de tiempo
y de modo, es decir, al conjugarse; así, el verbo *brillar*, que significa acción durativa, que transcurre sin que se indique su principio ni su fin por lo que su aspecto
en el infinitivo es *imperfectivo*, en el pretérito (*brilló*) se transforma en aspecto *perfectivo* porque expresa acción completa, acabada, de realización momentánea y de
duración limitada.

Las principales modalidades del aspecto que se expresan en español son dos:
a) aspecto perfectivo, que expresa acción acabada o proceso terminado cuyo final
se subraya (nacer), y *b)* aspecto imperfectivo, que expresa proceso en curso o acción durativa, sostenida, que en parte queda por realizar (narrar).

En general, tienen aspecto perfectivo el pretérito de indicativo (*pinté*), todos los
tiempos compuestos de la conjugación (*he pintado*) y el participio (*pintado*) que confiere ese aspecto a las formas compuestas. Tienen en cambio aspecto imperfectivo
todas las formas simples de la conjugación excepto el pretérito de indicativo y el
participio.

Hay otras modalidades que son variantes de las anteriores: *a)* El aspecto incoactivo ya mendonado (florecer). *b)* El aspecto iterativo igualmente descrito y

68

ejemplificado (hojear). *c)* El aspecto frecuentativo que expresa acción habitual, que se produce con frecuencia. Se trata de una acción durativa o imperfectiva, hecha de momentos (tutear, sestear). *d)* El aspecto suele producirse por la combinación del auxiliar (llamado verbo "modal") con el verbo principal. Se trata de una significación aspectual ocasional, que depende de los verbos que se combinen, de las flexiones que para ello adopten y de otros elementos del contexto como los adverbios: "temer" es imperfectivo y "morir" es perfectivo pero en "temió morir" es al contrario, temió es perfectivo y morir es imperfectivo.

La identificación y el análisis de los matices aspectuales expresados en los *relatos**, facilita la descripción e interpretación de los *textos**, sobre todo narrativos, y concierne a todo lo que atañe a la *temporalidad** de la *historia** y a su relación con la temporalidad del *discurso**.

ASTEÍSMO. V. IRONÍA.

ASUNTO. V. ARGUMENTO (2).

ATENUACIÓN. V. LITOTE.

ATRIBUCIÓN. V. ENUNCIADO.

ATROÍSMO. V. ACUMULACIÓN.

AUMENTACIÓN. V. GRADACIÓN.

AUTODIEGÉTICO. V. NARRADOR.

AUTOMÁTICA, percepción. V. DESAUTOMATIZACIÓN.

AUTOMATISMO.

Escritura que trata de producirse eludiendo el control de la conciencia. Es una técnica que, unida, entre otras cosas, a la investigación del inconsciente y a la explotación de lo onírico como filón literario, constituye el conjunto de las características principales del movimiento literario de vanguardia (siglo XX) denominado *surrealismo*. En 1924, en el "primer manifiesto" que respecto a esta tendencia pública André BRETÓN, se define el "automatismo psíquico puro" como un medio para "expresar el funcionamiento real del pensamiento... dictado (éste) con ausencia de todo control ejercido por la razón y al margen de toda preocupación estética y moral", ya que "el surrealismo reposa sobre la creencia en la realidad superior de ciertas formas de asociaciones desdeñadas hasta la fecha, en la omnipotencia del sueño y en el juego desinteresado del pensamiento".

Es más probable que el automatismo sea posible bajo la influencia de algunas drogas o durante ciertos estados de hipnosis.

AUTONIMIA (y autónimo).

Empleo de un nombre de modo que se signifique a sí mismo, es decir, citándolo en su calidad de unidad lingüística, siendo su *referente** el *código** de la *lengua**, por ejemplo al decir: "encallar es un verbo intransitivo". Un término "autónimo" es, pues, un término que se cita y del que se dice algo.

También es autonímico un término que es citado en su propia definición.

autónimo

AUTÓNIMO. V. AUTONIMIA.

AUTONOMÍA. V. FUNCIÓN EN GLOSEMÁTICA.

AUTOR (autor implícito, autor empírico, autor real, autor participante, autor convencional; autor/personaje/lector).

Causante, inventor, artífice o creador de una obra científica o artística. *Emisor** de un *discurso**, hablado o escrito, construido por él mismo, es decir, emisor de *actos de habla**, de acciones discursivas. Para matizar el análisis de una obra literaria, se ha deslindado la función artística del *autor* respecto de sus funciones sociales, mencionándolo como *narrador/autor*. Ello se dice, en *literatura**, del *narrador** de los *relatos** narrados (*cuentos**, *novelas**, *epopeyas**, *fábulas, leyendas, mitos**) pero no así del autor o creador de los *relatos** *representados* (en el teatro), o sea, de la literatura dramática. Se llama *narrador/autor* (y no narrador a secas, ni *enunciador** lírico, como el que hace poemas) porque se considera que el autor es narrador sólo mientras narra, ya que en otros momentos cumple otras funciones sociales al actuar como esposo, padre, contribuyente, director, empleado, etc. En otras palabras: el narrador que se dirige al *narratario** (que también puede ser un personaje a otro, durante la representación), cumple el papel de enunciador dentro de la *ficción**, y es construido por el autor. Éste, como el *lector*, permanece fuera de ella, a menos que delegue su voz en un *narrador personaje*.

El dramaturgo, en cambio, redacta los parlamentos que deben proferir los *personajes** encarnados en *actores** que representen el relato en un escenario; y entre sus papeles posibles están también, como dije antes, el de narrador —*emisor*— y el de narratario —*destinatario*— de una *historia**.

El *narrador** redacta el relato en primera, en segunda o en tercera persona, pero siempre enfocando la acción desde su *YO* (*yo digo; yo te digo; yo te digo que él*).

La voz y la mirada (la voz/conciencia, diría BAJTÍN) del autor no se ubica necesariamente en el narrador o en algunos de los personajes. Puede no estar investida de una personalidad, pero resulta siempre reconocible por su *acento*, su *entonación* y su *punto de vista* y, mientras en la novela *monológica* adopta una posición *suprema* y *decisiva*, pues está por encima de los personajes, sabe todo a su respecto y disfruta de un horizonte totalizador, en cambio en la novela *polifónica* es la voz de una conciencia que dialoga de tú a tú con los héroes, los cuales pueden contestarle.

De todos modos, no se puede dejar de deslindar al autor, sigue siendo esencial, porque él está sobredeterminado por su contexto, por su marco histórico-cultural, y, a través de él, también está sobredeterminada toda su obra. El conocimiento de su biografía es importante porque el autor es la fuente de la intención, y también es la fuente del *saber* de que dan muestras, tanto el narrador como los personajes. Las vicisitudes de su vida pueden arrojar luz que facilite el trabajo de descifrar sus textos y, como forman parte del *contexto**, pueden contribuir a su interpretación.

Umberto ECO llama *autor implícito* al *constructo* resultante de los elementos intratextuales, y llama *autor empírico* al individuo real, social: Juan RULFO, Jorge Luis BORGES, Julio CORTÁZAR.

Las ideas de BAJTÍN arrojan nueva y abundante luz sobre este tipo de problemas estructurales que son inseparables de la interpretación. Su pensamiento tiene algunos antecedentes (que él menciona) en Chernychevski (quien se aproxima a la idea de *contrapunto* y a la de *imagen de la idea*).

BAJTÍN llama indistintamente *autor* o *autor convencional* al creador del narrador, es decir, al autor distinto y distante del papel de narrador. Afirma, por ejemplo: "el autor no está en la lengua del narrador ni en la literatura normal, sino que se vale de ellas y queda en una posición neutral, pues no necesariamente tiene que caracterizarse como narrador por su empleo del *lenguaje**". Esta opinión parece congruente con la idea de que la intención del autor se refracta a través de las diversas distancias dadas respecto de las distintas voces que, además, pueden presentarse diferenciadas o fundidas en una. La perspectiva del autor sujeto de la *enunciación** es para BAJTÍN importante (cuando habla del *héroe* en DOSTOIEVSKI) ya que advierte que el monologismo de la visión y del sentido se derivan, precisamente, de la posición del autor. De éste puede depender un horizonte monológicamente estable y, además, su *palabra** toma en cuenta al *interlocutor** que está presente, oyéndolo, y a aquél que podría contestarle.

En un discurso aparentemente *dialógico* puede darse una conciencia narrativa unificadora. Tanto en el *diálogo** de la *narración**, como en el de la *representación**, los personajes no dicen nada por su cuenta, sino que representan disparidades o analogías de criterio en confrontaciones posibles. Detrás de todo este juego está presente el autor.

Según BAJTÍN, el *autor real* es el que figura ante los lectores como autor de una obra; posee la responsabilidad del acto ético de la creación; no comparte, pues, el estatuto de los *personajes** y determina, en cambio, tanto la unidad como el sentido global de su creación. A través de él se vinculan arte y vida. "El arte y la vida no son la misma cosa, pero han de constituir en mí una totalidad, dentro de la unidad de mi responsabilidad" —dice— (:a)), ya que observa a esta categoría como filosófico/estética, puesto que se da dentro de la obra artística.

Por ello, BAJTÍN "no confina" la relación entre autor y personaje "a los límites de una obra determinada", pues este vínculo "trasciende la obra gracias a su carácter de valor ético (apreciable en el contexto social de su generación y en el funcionamiento de la obra)", dice T. BUBNOVA a).

El *autor participante* es el que está elaborando la obra, es el *autor/narrador* (en el mencionado caso del relato narrado), se equipara, pues, a los personajes, y BAJTÍN lo menciona como *voz del autor* porque, para él, en la novela *dialógica* cuyo modelo está en la obra de Dostoievski, "la única relación entre la conciencia del autor y la del héroe, es la comunicación dialógica. El autor es dialógicamente activo, aunque haya pasajes con rasgos de novela monológica" (:C)101), "la relación entre autor y héroe (...) muestra los mismos problemas morales que la relación de cada uno de nosotros con los demás" (Morson a:15), aunque "las voces de autor, personajes y lector, se intersectan dentro de los límites del *género*", pues la relación entre autor y *héroe** no es íntima por la influyente presencia constante del testigo oyente o lector, tercer elemento contrastante que propicia la representación de "juicios encontrados sobre valores sociales", mismos que dan lugar a la *ironía**, la *parodia** y la *sátira** (V. Stewart en Morson:98).

autor

El enfoque dialógico bajtiniano no es, ni relativista, ni dogmático. Consiste en "un movimiento dialéctico que nace de la objetivación y permite concientizar los papeles" (BAJTÍN: c)102 y ss.), cuando las opiniones emergen de un mismo plano de igualdad que permite el nexo entre las conciencias: *yo* soy *yo* para mí; soy *tú* para ti; *tú* eres otro *yo* para mí; *yo* soy **otro tú** para ti. y el autor organiza el diálogo, en el cual, al aparecer las *entonaciones* del autor y de cada uno de los personajes, las *palabras** se vuelven *bivocales* porque poseen una doble orientación.

Inclusive en el *monólogo** interior puede darse un diálogo de voces, entonaciones, puntos de vista distintos. Ocurre con frecuencia cuando las muertes, los sucesos, la locura, son vistos desde el interior en su calidad de crisis y rupturas vividas (no presenciadas) y, sobre todo, inconclusas, ya que no pueden ser concluidas desde el interior. Precisamente en Dostoievski el monólogo interior es un diálogo (:c)107 y ss.).

Según el pensamiento de BAJTÍN, en la novela polifónica las ideas del autor "pueden estar dispersas por toda la obra, pueden aparecen en su discurso como enunciados aislados, como sentencias o razonamientos enteros, ser atribuidas a un personaje sin que se fundan con su personalidad y carácter (aunque individualizadas como ideas) estando sometidas a un solo acento y expresando un solo punto de vista" (:c)120). En tales casos, "las ideas del autor no están representadas, sustituyen y controlan internamente la representación, y echan luz sobre lo representado, o bien acompañan la representación como un elemento interpretativo separable, y se expresan de modo inmediato, sin distanciamiento" (:c)121).

Ahora bien, el pensamiento del autor en la novela polifónica de Dostoievski, no tiene le función de "iluminar el mundo representado. Simplemente forma parte como imagen del hombre, como postura entre otras posturas, palabra entre otras palabras". La palabra del autor no debe matizar toda la obra con su "tono ideológico personal". Éste sólo debe estar fundido con su *conciencia/voz*. Y, "la idea *dominante*" subyace en la concepción de toda la novela (...) sin sobrepasar los límites del gran diálogo y sin concluirlo. El autor entra en contacto a través del diálogo con los otros hombres, ni la conclusión, ni el *"leitmotiv"* ideológicos son aquí posibles. Así, si aparece un **yo** que conoce y juzga el mundo, no es monológico, sino plural. Los **yoes** que se conocen y juzgan mutuamente, están en el centro de la creación" (;c)140-143).

BAJTÍN delimita, pues, el concepto de autor, como componente y participante del autor real (creador de la obra); pero "los planos discursivos de los personajes y del autor pueden entrecruzarse, es decir, entre ellos pueden darse relaciones dialógicas" (dice KOZHINOV:12), por ello, en sus trabajos sobre Dostoievski, BAJTÍN observa, donde la posición que la nueva *estructura** ofrece a los héroes es la de ideólogos, "tanto el autor como los personajes se encuentran en el mismo plano". "Las palabras del autor son un discurso entre otros, una voz que oscila en su posición y distancia respecto del personaje, entre un acento burlón, polémico o irónico, y raramente se trata de un acento que tienda a una *fusión uniacentual* con el discurso del personaje"(:c352). La voz que construye la narración "se dirige dialógicamente al protagonista" y, si a veces se presenta dentro de un personaje, es "sin voz ni entonación, o con una entonación convencional". Es como el discurso sucintamente informativo y protocolario, que aparece como "palabra sin voz" (ni siquiera la de un narrador) (:c)353).

En otras palabras, los discursos de los personajes y los del autor participan como equivalentes en los diálogos dentro de la obra y también puede fundirse la voz del autor con la de alguno de los héroes o representar la síntesis de las voces de algunos héroes. En estos casos, "el punto de vista del autor no ocupa el primer lugar, su voz se pierde entre las demás" (BAJTÍN:c)15). Ello constituye una ocurrencia esencial en la *novela polifónica*. En ésta, el discurso del héroe vehicula su idea, su punto de vista, y aporta "elementos que caracterizan su propia imagen y su función en la esfera pragmático/argumental". Por otra parte, aunque en el campo de lo ficcional, el punto de vista del autor sí subyace en la estructura de toda la obra (:c)84 y ss.), "su discurso no constituye una posición significativa con sentido pleno e inmediato". Los personajes intercambian opiniones con el autor en la realidad ficcional y no en la realidad real. El autor vive en ambas realidades, y su discurso de la realidad real no puede tener el mismo estatuto que el de los personajes. Además, es la voz del autor real la que aporta la última y total unidad artística, de la obra.

Para BAJTÍN, pues, la obra no se reduce a una actividad puramente técnica (a la serie de procedimientos realizados sobre el material de la *palabra**), y en este aspecto se aparta de la teoría del primer formalismo.

AUTOTÉLICO.

Obra o trabajo que halla en sí mismo su finalidad.

AUXILIO. V. ACTANTE.

"AVERSIO". V. APÓSTROFE y DIGRESIÓN.

AXIOLOGÍA. V. IDEOLOGÍA.

AXIOLÓGICO. V. FICCIÓN.

AYUDANTE. V. ACTANTE.

B

BARBARISMO.

Vicio, error, imperfección o defecto del *lenguaje** que se comete al corromperlo pronunciando o escribiendo mal una *palabra** (ortográficamente), o al adulterarlo sustituyéndola innecesariamente por una de otro idioma. Los términos procedentes de otras *lenguas** y aceptados por necesidad, se someten a las reglas morfológicas del español y no son barbarismos sino *préstamos**, que constituyen *Figuras de dicción** o *metaplasmos** que se producen en el nivel *fónico/fonológico* por *sustitución**. Tal es el caso de expresiones como *líder* (procedente del ingles *leader*, que significa *guía*) que ha dado lugar en español a una familia de palabras (liderar, liderato, liderazgo). Tal es, también el caso de *molcajete* (del náhuatl *mulcazitl* o *escudilla*) que no es un *mortero* común porque se usa para hacer salsas. Algunos, generalizando, llaman barbarismos a los vicios de sintaxis que poseen su nombre específico: *solecismos**.

Algunos *arcaísmos** (mesmo, ansina) se toman como barbarismos lo mismo que ciertos neologismos (intensión)

V. también FIGURA RETÓRICA.

"BARBAROLEXIS". V. PRÉSTAMO.

BASE. V. SINTAGMA.

BASE CLASEMÁTICA. V. SEMA y METASEMEMA.

BATOLOGÍA. V. PLEONASMO.

BI-ISOTOPÍA. V. ISOTOPÍA.

BILABIAL, sonido. V. FONÉTICA.

BILINGÜISMO. V. DIGLOSIA.

BIMEMBRACIÓN. V. SIMETRÍA y ANTAPÓDOSIS.

BIVOCAL. palabra. V. DIÁLOGO.

BLANCO.

Figura retórica* que consiste en dejar sobre la línea, "como si faltaran palabras", un espacio vacío que simboliza un silencio que, al no estar marcado por algún signo de puntuación (que sería lo usual), adquiere un "valor psicológico". Henri MO-

RIER pone este ejemplo tomado de Paul CLAUDEL: "Poeta, tú nos traicionarás! Portavoz, a dónde llevas la voz que te hemos confiado." (Traducción de la autora.)

Se trata pues de una *metábola** de la clase de los *metaplasmos**. Se produce por *supresión** completa. La pausa correspondiente al blanco, según el autor citado, será de carácter estético cuando de ella sea inferible una expresión semejante a "¡es hermoso!"; será de índole intelectual si su duración se emplea en sondear un problema planteado por los términos explícitos del *texto**, lo que se realiza "mediante un esfuerzo de inteligencia", y en fin, será de tenor sentimental "cuando se traduce en un sentimiento como la piedad, el respeto, etc.".

En *Tres tristes tigres*, CABRERA INFANTE deja un espacio de tres páginas en blanco, donde se supone que deberían estar "algunas revelaciones" halladas en las memorias del fallecido (personaje) Silvestre.

En el lenguaje teatral se refiere a un intermedio, un entreacto o cualquier pausa larga. En francés se llama: *"blanchissement"*.

BORRADURA (y braquilogia, silencio).

*Figura retórica** que consiste en la omisión de una *palabra** completa representada gráficamente por tres puntos suspensivos y manifestada, durante la lectura del *texto** explícito, por una inflexión de voz: "Esta fatiga de mi cuerpo comienza a ser tan larga.../ Confiará bajo el sol tan penosamente las nubes.../" (Alfonso GUTIÉRREZ HERMOSILLO).

Se diferencia de otras figuras por omisión, en que lo que se sobreentiende no aparece en otra parte del mismo texto. Se trata de una *metábola** de la clase de los *metaplasmos** y producida por *supresión** completa. Es una variedad del *silencio*. Éste tiene la caracteristica de que puede corresponder a cualquiera de los distintos *niveles** de la *lengua**, según afecte a la morfología de la expresión (*metaplasmo**) a su sintaxis (*metataxa**), a su plano semántico (*metasemema**) o al lógico (*metalogismo**). En cada uno de estos casos recibe, respectivamente, un nombre distinto: *borradura* o *blanco**, *elipsis**, *asemia* (que mencionan. sin describirla, los miembros del Grupo "M" en su *Rhétorique générale*), o *reticencia**, pues varían el efecto de la supresión, las circunstancias en que se produce, y la naturaleza de los elementos omitidos. En todos los casos, la figura se funda en un alto grado de *redundancia** gramatical que permite sobreentender que hay omisión. En francés se llama *"déléation"* la borradura.

Lázaro CARRETER describe la *braquilogia* como el empleo de una expresión abreviada cuando podría elegirse una más extensa: "me creo honrado" (por: "creo que soy honrado"), y MOUNIN, como una elipsis de términos explícitos en el *contexto**.

BRAQUICATALÉCTICO. V. ACATALÉCTICO.

BRAQUILOGIA. V. BORRADURA Y ELIPSIS.

C

CACOFONÍA (o parequesis, armonía imitativa, y parenquema).

Sonido desagradable, discorde, que resulta de la contigüidad de *fonemas** cuya combinación es inarmónica. Puede, sin embargo, procurarse deliberadamente para subrayar o reforzar el *significado**. En tal caso se trata de una *figura retórica** (*metaplasmo**) cuya denominación dependerá de su *estructura**, es decir, de la forma en que se combinen los sonidos. Por ejemplo, en la famosa *onomatopeya** de San Juan DE LA CRUZ.

> un no *sé qué que que*dan balbuciendo

la composición fonémica produce un efecto fónico que a su vez desemboca en un efecto semántico (el del balbuceo mismo), con lo que se conforma una especie de *unidad* semejante a una *palabra** balbuceada:

> *sé qué que que* (dan)

que parece construida a base de la repetición de un elemento, por lo que podríamos ver esta cacofonía (que en este *texto** es una figura retórica, es decir, una *onomatopeya*, que repercute sobre la *cadencia** del verso) como un caso de *redoble**. Si enfatiza el significado, algunos le llaman *parequesis* o *armonía imitativa*.

El *parenquema*, para algunos, es la cacofonía de vocales. Para LAUSBERG es igual a nuestra descripción anterior, pues la considera "un caso particular de la "*annominatio*", (*paronomasia**) caracterizado por la sucesión inmediata de sílabas de igual sonido".

CADENA. V. FUNCIÓN EN GLOSEMÁTICA y ANÁLISIS TEXTUAL.

CALAMBUR. V. CALEMBUR.

CALCO.

Tipo de *préstamo** que consiste en utilizar, no las palabras sino los esquemas sintácticos de otra *lengua**, por ejemplo, decir (mal) en español "en base a" (del inglés "*in base to*") en lugar de decir "con base en".

También se llama calco a otro tipo de préstamo, el de la *significación**, que se da al utilizar la traducción de una *palabra** o *frase**. Por ejemplo, decir "sala de estar" a la habitación llamada por los ingleses "*living room*" (el verdadero "préstamo" seria llamarle, en español, "*living room*").

Los linguistas alemanes distinguen con diferentes denominaciónes el calco del esquema sintáctico y el de la significación. (V. también PRÉSTAMO).

CALEMBUR (o calambur, o calembour, "traductio").

Figura retórica* que constituye tanto un tipo de *juego de palabras** como un tipo de *paronomasia**, pues consiste en que dos frases se asemejen por el sonido y difieran por el *sentido** como en: "a este Lopico lo pico" (de GÓNGORA). Se trata de una *metábola** de la clase de los *metaplasmos** porque altera la *forma** de las expresiones por supresión/adición (*sustitución**) parcial, ya que se basa en una *articulación** distinta de los mismos elementos de la cadena sonora por lo que resultan diferentes unidades léxicas, es decir, diferentes *significantes** y, naturalmente sus correspondientes distintos *significados**:

> Y mi voz que madura
> Y mi voz quemadura
> Y mi bosque madura
> Y mi voz quema dura.
>> Xavier VILLAURRUTIA

en que hay una aparente *homonimia** de *oraciones** completas.

O en el ejemplo de OWEN:

> ...y este viento civil entre los árboles
> *me sabe amar, me sabe a mar* colérico en los mástiles.

Además de la sustitución de unidades léxicas se produce también en el ejemplo de VILLAURRUTIA, un fenómeno de *adición** repetitiva pues, a lo largo de las continuidades fónicas, casi idénticas se da el cambio de *significación**, fundado en una distribución diversa que en cada repetición va introduciendo el trueque en los significantes. En otras palabras, cada emisión de una serie fónica es segmentada de manera distinta lo que es fácil advertir por escrito en la diferencia de los *lexemas**, pero en el *habla**, aunque se observa una leve diferencia en la *entonación** y en las *pausas**, se escucha como una *ambigüedad** que propicia más de una interpretación pues, debido a las varias posibilidades de segmentación del sonido, los significantes no continúan siendo claramente distintivos, ya que presentan una homofonía casi perfecta.

Es la antigua *"traductio", figura retórica** descrita como producida por adición*combinada con "relajación de la igualdad de significación de las palabras.

Los juicios acerca de esta figura han sido muy variados. La *Rhétorique générale* considera al calembur como un metaplasmo; sin embargo, parece más acertado el juicio de TODOROV que lo considera figura de pensamiento. Para FREUD, por otra parte, el calembur es una variedad "inferior" del juego de palabras, puesto que se produce por una simple aproximación de cadenas paronomásicas; aunque reconoce que una operación tan sencilla engendra efectos de sentido.

Por otra parte, es una figura muy antigua, ya frecuentada, según, SAENZ DE ROBLES, por autores de la antigüedad como ARISTÓFANES y PLAUTO y presente en el *discurso** de los oráculos para generar la *equivocidad** en que se funda la *interpretación**.

CALIGRAMA. V. METAGRAFO.

CALÓ. V. JERGA.

campo asociativo

CAMPO ASOCIATIVO (o **plano asociativo** o **plano paradigmático**).

Conjunto estructurado de relaciones entre los diferentes elementos del *sistema linguístico**. Tales relaciones asociativas pueden ser muy variadas y afectan tanto al *plano de la expresión** como al del *contenido**. Es posible que se den, por ejemplo, entre los *fonemas**, como en la *paranomasia**: paso, peso, piso, pico, rico; que sean morfológicas como entre los *gramemas**; estaba, amaba, corría, temía; que sean semánticas como entre los *sinónimos**: bello, hermoso, lindo, o entre los *antónimos**: bello, feo.

Las relaciones asociativas (que no son de naturaleza subjetiva) se establecen dentro del sistema de la lengua, en los *paradigmas**, en un tiempo y un orden no determinados y en número indefinido por lo cual SAUSSURE las opone a las relaciones sintagmáticas que se dan en la cadena discursiva, temporal, conforme a un número limitado y un orden instituido por la *función gramatical** de cada elemento y por la atracción semántica que el *contexto** ejerce sobre ciertos elementos asociables y elegibles. "Sobre el eje sintagmatico dice POTTIER..." " 'revolución' se encontrará frecuentemente asociada a 'progreso' o a 'socialismo' ", etc. (V. PARADIGMA*, SINTAGMA* y CAMPO LÉXICO*).

CAMPO CONCEPTUAL. V. CAMPO SEMÁNTICO.

CAMPO ISOTÓPICO.

En contraste con otros *campos* que agrupan expresiones relacionadas paradigmáticamente dentro del *sistema** de la *lengua**, como son los *campos asociativos** (de *fonemas**, de *morfemas**, de *sinónimos**, etc.), o los *eampos léxicos** (cuyos términos se refieren a una cierta zona de la realidad) o bien los *campos semánticos** (cuyos *significados** se organizan en torno a un concepto/base común, que los abarca), el campo isotópico es el campo virtual donde se desenvuelve el proceso que el *discurso** va estableciendo durante el desarrollo de su línea de *significación** al asociar sintagmáticamente los *semas** y los *sememas** en cuya *redundancia** descansa la coherencia del *texto**; coherencia que se denomina *isotopia**.

Así pues, el campo isotópico no es de naturaleza paradigmática sino sintagmática; es un campo de relaciones horizontales, lineales, temporales, que resulta de las asociaciones que se construyen discursivamente. (V. ISOTOPÍA*).

Sin embargo, en los discursos cuya lectura no es uniforme o unívoca, debido a que simultáneamente se desarrollan dos o más líneas de significación (*poliisotopía**), por ejemplo en los discursos literarios, los *tropos**, a través de un término *conector** de isotopías, relacionan los campos isotópicos establecidos por el discurso, con los campos semánticos a los que pertenecen los sememas en el sistema. De ahí que la lectura del texto literario sea simultáneamente horizontal y vertical.

CAMPO LÉXICO.

Conjunto estructurado de relaciones dadas entre todos aquellos términos que se refieren a una misma porción de la realidad, por ejemplo el vocabulario de una disciplina científica como las ciencias naturales, el de una técnica como la pesca o la agricultura. Contiene palabras asociadas por su sentido: realizar, efectuar, ejecutar.

El campo léxico puede ser estudiado sincrónicamente (el vocabulario amoroso en la *literatura* romántica) o diacrónicamente (formación y evolución del vocabulario médico en la *Lengua* española).

CAMPO NOCIONAL. V. CAMPO SEMÁNTICO.

CAMPO SEMÁNTICO (o campo nocional, campo conceptual).

Corpus léxico constituido sobre una red de relaciones semánticas que se organiza en torno a un concepto/base que es común a todos los *lexemas* debido a que abarca el conjunto de los *semas* nucleares (los característicos de cada *semema*).

Por ejemplo: "carne", "soya", "leche", "pan", "huevo", "fruta", "verdura", "golosina", se organizan en torno al semema "alimento" porque éste es un concepto-base, ya que engloba a todos los demás pues encierra semas comunes a todos (todos son comestibles) aunque cada semema posee, simultáneamente, otros semas que lo diferencian de los demás.

Así pues, en el campo semántico hay a la vez un campo *léxico* constituido por el conjunto de los lexemas, y un campo conceptual o nocional, que es el de las ideas denotadas.

A diferencia del campo *isotópico*, que se desarrolla fundado en asociaciones sintagmáticas, dadas en el *habla*, el campo semántico es intemporal y se basa en asociaciones dadas en la *lengua*, es decir, en el *sistema*, a partir de una elección que para MOUNIN es arbitraria y se apoya en la experiencia extralingüística. (V. PARADIGMA*)

CANAL.

Medio de transmision de un *mensaje* entre el *emisor* y el *receptor*, durante el proceso de *comunicación*. Puede ser acústico, óptico, táctil; o bien eléctrico, químico, fisico, etc. También es canal la conexión psicológica entre ambos protagonistas del acto de *comunicación*.

CAPICÚA. V. PALÍNDROMO.

CARÁCTER. V. DESCRIPCIÓN.

CARACTERÍSTICA. V. MORFEMA Y SINTAGMA.

CARICATURA. V. IRONÍA.

CARIENTISMO. V. IRONÍA.

CARNAVAL (y risa, parodia, comicidad).

El concepto de carnaval ha sido considerado por muchos estudiosos como muy vinculado a los de *cultura* y arte; pero debemos a Mijaíl BAJTÍN (:d) su más amplia y rica descripción tipificadora.

Al caracterizar la *literatura* realista del Renacimiento, este *autor* afirma que está fundada en una visión carnavalesca del mundo (que nace en la Antigüedad y atraviesa toda la Edad Media), y que es abarcadora de dos maneras de concebir la existencia. Una que proviene de la tradición cultural cómica popular; y otra, típicamente burguesa, que manifiesta un modo de ser "preestablecido y fragmentario". Además ambas maneras se conjugan; aunque paradójicamente, porque son contradictorias. Por una parte está el principio material del libre "crecimiento ina-gotable, indestructible, superabundante y eternamente riente, destronador y reno-vador"; y por otra, el "principio material, falsificado y rutinario" que preside solemnemente la vida de la sociedad clasista.

El carnaval medieval posee un alegre relativismo, se ríe de lo serio, de lo ofi-cial, de lo institucional (como el clero) y, en suma, "de todas las pretensiones de eternidad o certeza", de modo que la risa popular irrumpe en la cultura oficial. Así, la seriedad y la locura entablan un diálogo que "transforma a ambas partes" como hace todo diálogo (V. Morson:39-40).

El *grotesco** es un elemento del carnaval que se expresa de muchas maneras y tiene a su cargo numerosas e importantes funciones. Todavía en el siglo XVII y a principios del XVIII, permite una concepción positiva de lo material y lo corporal. Presenta la vida del pueblo como un proceso infinito orientado hacia un futuro prometedor. Introduce la *risa* alegre y la *comicidad* (d:37) renovadora, asociadas a lo material y al cuerpo en su desempeño durante su transcurso entre los polos —coincidentes aunque sucesivos— del nacer y el perecer. Como, en el final, lo gastado es refundido y renace, podría decirse que la muerte está preñada. Permite asociar lo heterogéneo y lo distante. Agudiza la audacia inventiva rechazando las convenciones, los hábitos banales y gastados. Percibe la relatividad de todo lo exis-tente y, por ello mismo, la posibilidad de que cambie. Ello hace posible observar de un modo diferente y nuevo el universo, aunque a veces la concepción teórica del grotesco, en el carnaval, no sea muy clara debido a la vigencia persistente de los cánones clásicos.

La cultura carnavalesca en la Edad Media y en el Renacimiento es amplia y profundamente caracterizada por Mijaíl BAJTÍN. En ella cumplen una función: *a)* las artes plásticas cómicas (d:34); *b)* las formas y los rituales de los espectáculos que son festejos carnavalescos (como la antigua comedia ática, el drama satírico, los mimos, la imagen grotesca arcaica) (:34), *c)* las obras cómicas verbales que son *parodias** (imitaciones burlescas de cualquier cosa seria), basadas en la concepción grotesca del cuerpo, en mitos de gigantes, fábulas y epopeyas de animales; así como en leyendas de ultratumba, en farsas y en cencerradas (d:31). La literatura paródica de la Edad Media era abundante, recreativa, y estaba asociada a la risa festiva. La risa es el centro de tales creaciones, y da lugar a un remedo de liturgia sagrada u oficial en torno suyo. Los autores de esos textos eran jóvenes clérigos y escolares que utilizaban libremente su argot, pero también a veces los producían altas y austeras autoridades eclesiásticas.

Se parodiaban textos religiosos, jurídicos, políticos (de magistrados), etc. Las parodias podían ser orales o escritas, en latín o en lengua vulgar. Podía ser trans-formado cualquier *texto** sagrado en otro burlesco y relativo a la comedia, la bebi-da y la actividad sexual (:82). Podían consistir en sermones alegres, en imitaciones que escarnecen al régimen feudal y a su epopeya heroica a través de epopeyas pa-ródicas con personajes animales, bufones, tramposos y estúpidos (:20). La figura del tonto era una fuente de risa en obras cómicas representadas en plazas públi-cas. Había la fiesta de los bobos (*"festa stultorum"*), la fiesta del asno, la misa del asno (:75), la risa pascual (*"risus paschalis"*). Actividades serias y respetables y las ceremonias civiles, agrícolas o religiosas, eran también objeto de imitación cómica popular y pública, donde los infaltables bufones realizaban simulacros burlescos de textos sacros: de la *Biblia*, de los *Evangelios*, de himnos, sermones, decretos, bandos, bulas conciliares o pontificias; de plegarias, letanías, liturgias, testamentos, epitafios, diálogos y debates oficiales; e igualmente sobre disciplinas —había una gramática jocosa (:81)— que muchas veces eran representados por gangarillas o pequeñas compañías de cómicos entre los cuales solía haber un muchacho que hacía el papel de dama. Las farsas son uno de tantos ejemplos de la aparición de géneros a partir de la penetración de la comicidad popular en la literatura (d:91).

Ciertos elementos característicos de tales parodias eran verbales, como insultos, *imprecaciones**, *juramentos**, lemas populares, que muchas veces repercutieron en cambios producidos en el habla cotidiana, y cuya función consistía en borrar las diferencias vigentes, las jerarquías, las convenciones dominantes (d:20). Allí podían hallarse también albures, familiaridades y groserías escarnecedoras de toda actitud grave y digna, canciones báquicas de sobremesas orgiásticas. Todos estos elementos heterogéneos se interrelacionaban, se combinaban y, en su conjunto, tal lenguaje sin restricciones introducía un clima de alegre libertad y ofrecía un mismo cariz del mundo: su aspecto cómico.

"El carnaval medieval no era, en rigor, una forma de arte, porque participaba todo el mundo; *el carnaval no acepta escenario* y no permite puntos privilegiados externos de observación. Por lo tanto no se parece a la sátira moderna en la que, por lo general, el satírico se excluye a sí mismo de la risa. La sátira moderna es una *risa reducida*, una *risa que no ríe*. El carnaval traviste, corona, descorona, invierte los rasgos e intercambia los roles, da sentido al sinsentido y convierte los *roles* y convierte en un sinsentido el sentido. Su lógica es la *lógica del dar vuelta*, del *al revés*. Es la parodia sistemática de los sistemas y apunta a la arbitrariedad de todas las normas y reglas" (Morson:39). Bernstein, sin embargo, aunque reconoce que Bajtín nos ha hecho "valorar mejor la energía liberadora de lo carnavalesco", cuestiona tanta celebración de la burla de los valores —proveniente "del corazón de la saturnal misma"— porque considera que con ella "ya no ocurre un quebrantamiento de las jerarquías osificadas y los juicios anticuados, sino una negación de *cualquier* lugar privilegiado desde el cual pueda afirmarse todavía un valor".(BERNSTEIN en MORSON:176-177).

Durante algunas fiestas populares y públicas, y principalmente en el carnaval, el juego constituía la realidad de la vida (BAJTÍN d):13 y ss.). Se trataba de una alegre "segunda vida del pueblo". Su regocijo se deriva de que está siempre renovándose, siempre renaciendo (Ibidem:37), por lo que se asocia con el tiempo y con la sucesión de las estaciones. A través de esta vida afectiva, la sociedad penetraba a un reino utópico de universal libertad, igualdad y abundancia. Este milagro se producía al suspenderse el cerrado y acabado orden opresor existente, al salir de él la población para gozar de una transitoria libertad, abierta hacia el porvenir y hacia lo incompleto.

Esa provisional y segunda vida festiva estaba, pues, fundada en la risa, y tenía la forma de una celebración que podía llegar al desenfreno al menos una vez al año, funcionando así como una válvula de escape respecto de la prohibición, la represión y la abstinencia; como un desahogo necesario a la naturaleza humana. Consistía en un espectáculo público basado en ritos y desfiles cómicos con disfraces ridículos, mascaradas y danzas obscenas (Ibidem:72). Su función esencial consistía en expresar una concepción del mundo opuesta a la oficial, y no estaba relacionado ni con el trabajo colectivo ni con el descanso periódico, ya que la atmósfera generada por esta festividad es diferente de las otras y, en cambio, está vinculada con el mundo del espíritu y de los ideales, pues acepta honestamente y sin hipocresía la ambigüedad y ambivalencia de lo material y corporal, que es devorador y procreador simultáneamente.

Igualmente se relaciona con el tiempo cósmico, biológico e histórico, y con objetivos superiores, que trascienden los límites de la vida personal y superan aspectos esenciales de la existencia humana individual (el nacimiento y la muerte), para orientarse hacia la sucesión, la renovación, la resurrección del pueblo, mediante la sustitución de cada ser humano ya gastado, por otro que lo supera debido a su fuerza, su belleza, y su porvenir prometedor como todo lo naciente, lo joven, lo mejor, lo más justo (Ibidem:78). El disfraz simboliza precisamente la permutación de jerarquías y la reversión de las categorías sociales.

En la Edad Media coexisten, pues, dos formas de concebir el mundo, y el hombre medieval participa simultáneamente de dos existencias antitéticas que en él se concilian. El carnaval manifiesta la versión cómica y desacralizadora de la "verdad" oficial. La fiesta oficial consagra la seriedad y estabilidad inmutable y perenne de las desigualdades, de las normas jerárquicas, de los tabúes y valores de orden religioso, moral y político, vigentes por imposición, y que juegan el papel de verdades prefabricadas, y artificiales, pero dominantes. La seriedad de los poderosos era represora y exigente; la de los vasallos era sumisa y aduladora. Pero el carnaval niega todo lo que está previsto y consagrado como oficial, perfecto y definitivo, aboliendo así la organización jerárquica de la sociedad e igualando a sus miembros transitoria pero realmente, (ibidem:87) ya que no se trata de vida representada sino de vida vivida en libertad, aunque esa libertad sea efímera y utópica. La risa es tan importante porque está permitida a pesar de ser una fuerza revolucionaria que corroe el poder feudal y que altera durante un tiempo la realidad del orden establecido; pero, además, porque no es subjetiva ni individual sino social, popular; y también porque su función es opuesta respecto del temor que inspira la seriedad institucional y autoritaria. La percepción carnavalesca del mundo no es trivial, ni frívola, ni teatral, porque se basa en la alegría de la relatividad y del cambio, se opone a la ceñuda seriedad dogmática. Durante el carnaval, la risa vence al miedo que producen la violencia, el poder, los castigos terrenales y los infernales, extraterrenales y eternos. La risa neutraliza los sentimientos de terror, docilidad y resignación, vuelve inofensivo el recuerdo del suplicio y de la misma muerte. Los mexicanos tenemos presente esa tradición en los ejemplos de las calaveras de POSADA, los festejos del uno y el dos de noviembre con desfiles bailados de esqueletos, y las mojigangas, acompañadas de peregrinaciones, con que en muchos pueblos de la República son celebradas las fiestas de sus santos patronos.

Precisamente el carnaval está ubicado en la frontera entre arte y vida. La locura es allí imitación burlesca de la gravedad de los cuerdos (Ibidem:41). En el seno de la fiesta carnavalesca se mezclan los actores con los espectadores, los príncipes con los mendigos, la chacota de los bufones (que lo son de oficio y no por una sola vez), con la pompa de los profesionalmente solemnes, y su escenario no es el teatro sino la plaza pública. Precisamente este aspecto de carnaval se revela, según

BAJTÍN, en la *novela** polifónica de DOSTOIEVSKI de modo que todo en ella se da en la frontera con su contrario: amor/odio; fe/ateísmo; nobleza/felonía; en un punto espacio/temporal del mundo se encuentran todos los extremos y empiezan a hablar en el gran diálogo. Ello es parte de la irrepetible peculiaridad de la poética de este artista. (c: 250).

Además, durante el carnaval, se utiliza mucho la máscara, que aporta la esencia de lo grotesco y posee un"simbolismo complejo e inagotable" (c:42), ya que relativiza la identidad del individuo, expresa la alegría de las sucesiones y reencarnaciones y, aunque encubre, manifiesta de un modo particular matices tales como caricaturas, melindres, muecas, monerías, extravagancias y remilgos aliados de la risa.

La dualidad carnavalesca en la percepción del mundo y de la vida humana, tiene una existencia milenaria. Se dio en culturas primitivas donde, paralelamente a los sucesos oficiales de la iglesia y el estado, había remedos injuriosos y copias paródicas de los héroes, como en las *saturnales* romanas. Esa atmósfera y el papel ritual de la risa en ella, se acaban (o, en el mejor de los casos, se debilitan) con la aparición de la sociedad clasista (c:ll).

Sin embargo, los testimonios de los diversos aspectos culturales implicados en el carnaval, aun debilitados, siguen siendo muy importantes, por ejemplo su influjo en épocas y géneros subsecuentes, pero fundamentalmente en lo que atañe a su relación con la risa, ya que el significado de ésta varía. Para RABELAIS y sus contemporáneos todavía la risa era positiva y desempeñaba un papel consolador. Pero un gran cambio en su función se da precisamente en la época de RABELAIS (1494-1553), CERVANTES (1547-1616) y SHAKESPEARE (1564-1616) (c: 65).

"Mil años de risa popular se incorporan a la literatura renacentista", dice BAJTÍN. Las formas inferiores de la cultura popular cómica invaden la gran literatura y, en general, la cultura, pues traspasan los límites de la fiesta. En el siglo XVI, dice BAJTÍN, desarrollando una idea de REICH, se da una "Antigüedad carnavalizada" en una tradición que conserva la mímica, el diálogo, el sainete, la anécdota, la farsa, la comedia, la sátira, la fábula, la novela (:96), géneros no canónicos, burlescos y vistos como inferiores, etc. Pero la filosofía de la risa renacentista, por basarse en fuentes antiguas, no reflejaba las tendencias históricas de la comicidad propia del Renacimiento, pues en esta época se acelera la transformación de las formas heredadas, se amplía el campo donde reina la risa, y se despide lo que muere con la misma alegría con que se acoge lo que nace (c:93). A la vez, ocurren otros cambios: ciertos teólogos protestantes son apologistas de la risa y escriben con abundantes dosis de comicidad obras de literatura religiosa para ganar adeptos, por lo que el siglo XVI es el del apogeo de la risa (y precisamente en la obra de RABELAIS). Pero a partir de "*La Pléiade*" la risa entra en una rápida decadencia en el siglo XVII "pierde su vínculo esencial con la cosmovisión" y en cambio se identifica con la "denigración dogmática", mientras su alianza con lo material y corporal queda relegada a lo inferior cotidiano, debido a que en el siglo XVII se estableció el régimen de monarquía absoluta, en correspondencia con el racionalismo de DESCARTES y el regreso a la estética clasicista. La cultura oficial se distancia de la iglesia y del poder feudal, pero posee un tono autoritario aunque no sea dogmático.

La risa en el Renacimiento expresa pues, una cosmovisión universal del hombre, de la historia y del mundo. Esta concepción es en ese tiempo de mayor importancia que la visión seria de los mismos aspectos. RABELAIS tiene poca influencia de los autores clásicos de comedias (c:92) ARISTÓFANES, PLAUTO, y TERENCIO, aunque los conocía y suele asociársele con el primero. En cambio BAJTÍN halla en él la influencia de EURÍPIDES, a quien RABELAIS, además, cita dos veces; pero también abrevó en otras fuentes antiguas como las palabras de HOMERO respecto de la risa eterna de los dioses, o la doctrina de la virtud curativa de la risa en HIPÓCRATES, con su consideración del papel de la alegría y vivacidad (tanto del médico como del enfermo) en la curación. También conoció la correspondencia apócrifa del mismo autor, relativa a la conexión entre locura y risa, donde queda manifiesta una concepción filosófica acerca de la vida humana en cuanto ámbito de terrores y esperanzas. Igualmente se manejaba entonces la idea aristotélica de la risa como privilegio del espíritu humano, así como las tesis de LUCIANO que vio un vínculo entre risa, muerte, palabra y libertad de espíritu (c:67), y, además, se conocían otras fuentes acerca del papel positivo de la risa en la cultura romana (tales como ATENEA, MACROBIO, AULO GELIO, OVIDIO y MARCIAL), antes de que fuera acusada de diabólica y condenada por los cristianos primitivos (c: 68), desde TERTULIANO, ya que las fiestas populares (de los locos, de ciertos Santos, de año nuevo, etc.), que al principio (cuando la cultura popular era aún poderosa y penetraba en los estamentos sociales superiores) eran celebradas en las iglesias (porque se habían superpuesto deliberadamente las fiestas cristianas sobre las tradiciones paganas para sustituirlas, y, por ejemplo, la fiesta del asno se relacionaba con la huida de la Virgen María y el Niño Jesús a Egipto, y luego se vio como un símbolo de lo corporal y material en las leyendas de San Francisco de ASSIS). En cambio, tales fiestas, a fines de la Edad Media, eran ya ilegales, no toleradas, y se celebraban en las calles o en tabernas. La consecuencia consistió en que la risa fuera excluida de tales espacios, y quedara sólo amparada en las festividades que funcionaron como paréntesis ubicados al final de ayunos y penitencias, permaneciendo al margen de todo lo oficial. Por otra parte, en la Universidad de Montpellier (donde RABELAIS estudió y luego enseñó) se estimaban, investigaban, discutían y difundían ideas positivas y benéficas acerca de la alegría y de la risa, mismas que fueron sostenidas sobre todo en la obra del célebre médico Laurens JOUBERT.

En resumen, de las virtudes de la risa en la Edad Media, (tales como su carácter no oficial, que le procura radicalismo, libertad, lucidez e impunidad excepcionalmente poderosas por estar apartadas del ascetismo, del pecado, de la redención alcanzada a través del sufrimiento, y por estar fuera de la forma opresiva e intimidatoria de la ideología del régimen feudal), de esas virtudes, repito, queda aún en la época de RABELAIS la idea de que la risa es sólo humana, de origen divino, constituye una fuerza creadora y regeneradora del mundo, y posee propiedades curativas (c: 69).

A partir del siglo XVII, en cambio, se considera que la risa sólo puede expresar matices parciales, pues prepondera la seriedad y la risa es desterrada a loa géneros menores ya mencionados, donde se degrada y se le asigna un rango inferior (:65), o bien es aplastada y sublimada, quizá por el peso del "espíritu crítico" de la aristocracia. Sin embargo, hay datos curiosos en esa centuria, como el que en las fiestas cortesanas los participantes adoptaran disfraces de los personajes de RABE-LAIS. Ello significa una persistencia de la fantasía y la imagen carnavalesca rabelai-sianas, ya que tales personajes pasaron asi "de la plaza pública a la mascarada cortesana", a través de los organizadores de tales celebraciones, como fue el caso de GÖETHE en la corte de Weimar, que logró "aplicar las imágenes al proceso his-tórico y rebelar su contenido como filosofía de la historia".

Pero esto casi nunca se logró, lo que generalmente se observa es que la tradi-ción degenera al pasar al mundillo cortesano. La obscenidad ambivalente que pro-viene de la visión positiva de lo inferior material y corporal, se convierte en un "erotismo frívolo y superficial" o en habladuría, en el comadreo chismoso de la cotidianidad, en murmuración acerca de la vida de los sirvientes, siendo así ante-cedentes del realismo de alcoba (el costumbrismo de la vida privada en que dege-nera el grotesco) que apenas conserva una chispa carnavalesca, y que culminará hasta el siglo XIX. La concepción popular y utópica se desvanece, del mismo modo que la novela cómica del siglo XVII (SOREL, SCARRON, etc.) imprime otra dirección al espíritu popular festivo al entrar en este contacto con el limitado ambiente bur-gués. La cualidad risueña y regeneradora de las imágenes carnavalescas rabelaisia-nas, de que estaban impregnadas las bufonadas escolares, las borracheras estudiantiles, las parodias y los disfraces, etc., (c:96-98) se debilitan y transforman en "un buen sentido estrecho y un lúcido pragmatismo racionalista y burgués", y, aún así, "se expresan casi contra la voluntad del autor". Se conserva mejor la in-fluencia de RABELAIS en los poetas llamados "libertinos" (SAINT AMAND, Theophile DE VIAU y D'ASSOUSY) que conciben lo inferior, material y corporal de un modo epicúreo e individualista, pero como visión de mundo. Esto mismo ocurre en co-medias grotescas y poemas burlescos de SCARRON, y sobre todo en su *Novela cómi-ca*, donde los cómicos ambulantes organizan su vida en un ambiente semi-real, de libertad carnavalesca, que van difundiendo a su paso, aunque ya están lejos del va-lor universal de la parodia que proviene de la cultura cómica popular. "Se asemejan —dice BAJTÍN (a::99)— a parodias modernas, más estrechas y puramente literarias".

Una de las características más constantes y de mayor importancia en la obra de DOSTOIEVSKI tan produndamente estudiada por BAJTÍN (c:205), es la poderosa pre-sencia del ambiente propio del carnaval: personajes como el bufón, el loco, el ton-to, el arruinado, el destronado; elementos como color, grosería, ebriedad, desenmascaramiento, provocaciones, pleitos, bofetadas, contrastes (bufón trágico, sabio necio, suicida ridículo, procacidad sepulcral, anatomía carnavalesca —la chusca enumeración de los pedazos de un cuerpo desmembrado—), optimismo de la risa ambivalente, sueños delirantes, contigüidad de contrarios, ocurrencia de crisis (cambios radicales, rupturas inesperadas, rebasamiento de límites, elecciones y decisiones problemáticas) permanencia en umbrales, en situaciones inestables, de naturaleza provisional, engaños, falsificaciones, escándalos, comida, disparidad, ex-centricidad, y continua conciencia de los polos antitéticos vida-muerte. Todos los rasgos que los contemporáneos de DOSTOIEVSKI veían como inverosímiles, como artísticamente injustificados, como efectos falsos (aunque son en realidad profun-damente orgánicos, y no inventados), generalmente ponen al descubierto la men-tira oficial y personal, dejando al desnudo "Las almas humanas horribles como en el infierno o, por el contrario, claras y puras", y en ellos "se manifiesta otro sentido más auténtico de sus relaciones mutuas y de sus personas". En realidad, estos elementos obedecen a una lógica artística que es la del carnaval y responden a la percepción carnavalesca que del mundo tiene DOSTOIEVSKI. En su obra, el aspecto carnavalesco permite poner a prueba a la idea y al hombre de la idea, como en la sátira menipea cuya influencia en él es, en muchos aspectos, evidente. Como en ella, hay un elemento fantástico que conduce a una visión de la vida real desde una perspectiva que parece soñada y produce un efecto de extrañamiento que acompaña el desarrollo de uno de los temas predilectos de este autor: el de que "todo es permitido en un mundo donde no existe ni Dios ni la inmortalidad del alma".

Así, la idea de la carnavalización, procedente del mundo antiguo, pasa después por otros dos momentos cumbres: la Edad Media y el Renacimiento. Y así, DOS-TOIEVSKI tiene también influencia de autores que se impregnaron de ella y la filtraron en sus obras (BOCCACCIO, RABELAIS, SHAKESPEARE, CERVANTES, GRIMMELSHAUSEN, LE SAGE y otros autores de la picaresca, VOLTAIRE y DIDEROT, BALZAC, PUSHKIN, GOGOL). Todos estos antecedentes producen en su obra la fusión de los temas de "el carnaval, lo social y la idea filosófica racionalista"; fusión que forma parte de la novela polifónica. (V. *Polifonía**).

En la novela polifónica no hay un tiempo épico, trágico ni biográfico, sino un tiempo carnavalizado, excluido del tiempo histórico "que transcurre según sus propias leyes, y absorbe un número ilimitado de cambios y metamorfosis radicales".

CATACRESIS.

Figura retórica* marchita por el uso, que ha dejado de ser figura porque al dejar de ser original pierde su eficacia, se vuelve un lugar común, un *cliché**. Para ser figura tendría que desviarse, tanto del *grado cero** que radica en las normas lingüísticas gramaticales y semánticas, como del que radica, según Jean Cohen, en las figuras catacréticas que constituyen —para Genette— *unidades intertextuales*, estereotipos, imitaciones literales, aunque su recontextualización las resignifica en diversos grados. El GRUPO M considera que hay catacresis de *metáfora**, de *sinécdoque**, y de *metonimia**.

SAINZ DE ROBLES menciona otra acepción de catacresis y la considera figura retórica: consiste en "reunir voces al paracer disparatadas (pero) indispensables para hacerse entender", y pone ejemplos:

> Pudo ver en las tinieblas.
> A caballo en un borrico.

En mi opinión, el primer ejemplo, así, sin contexto, puede ser leído como lenguaje literal (los ojos, después de unos instantes, se acostumbran a ver en las tinieblas, en algún grado), o puede ser leído como una frase abreviada —*braquilogia**— (pudo ver a pesar de las tinieblas) El segundo ejemplo es una *metonimia**; por generalización se dice "a caballo" en lugar de "a horcajadas", como podría decirse "a caballo en una barda" o "en una rama".

Este último autor también menciona el sentido translaticio (*original*, digo yo, pero ya no vigente) de expresiones como "hoja de la espada", "del papel", o "del libro", que se han vuelto otras acepciones de "hoja". Es decir: ya son lugares comunes y por ello son otras acepciones y están en el diccionario. Las figuras no están en los diccionarios. Él mismo coincide con mi opinión después, cuando agrega que la catacresis "se comete cuando falta de todo punto el nombre", y la metáfora "donde hubo otro", es decir: hay en ella sustitución. Por último, menciona otras metonimias como catacresis, sin ver que son metonimias catacréticas.

POTTIER, en *Le langage*, la define como empleo de una palabra en un sentido no precisamente literal, y, en la edición en español, pone de ejemplo: "reírse en sus barbas" ("en su presencia"), lo cual es una *sinécdoque**. Luego agrega que también puede ser vista como fenómeno estilístico si se trata de un empleo único, de la creación personal de un *autor**, y pone ejemplos como: "perfumes negros" (en Rimbaud), que es ese tipo de *metáfora** llamado *sinestesia**, que asocia sensaciones correspondientes a distintos registros de los sentidos. V. INTERTEXTO* y TROPO*.

CATÁFORA. (catafórica, función).

*Figura** de construcción porque afecta a la *forma** de las *frases**. Consiste en anunciar anticipadamente una idea que se expresará después como repetición:

> *Y ése fue el mal:* que con esta broma nos quedamos rezagados.
> BENAVENTE

Los pronombres demostrativos suelen desempeñar esta función deíctica o *catafórica*, que estriba en señalar lo que viene después en el *discurso**. La catáfora se opone a la *anáfora**, respecto de la cual opera en sentido inverso.

Se trata pues de una *metábola** de la clase de los *metataxas** pues afecta al orden de los elementos de la frase, y se produce por *adición** simple. (V. también ANÁFORA*).

CATAFÓRICA, función. V. CATÁFORA.

CATAGLOTISMO.

Afectación que proviene de la exagerada utilización de expresiones artificiosas y rebuscadas.

CATALÉCTICO. V. ACATALÉCTICO.

CATÁLISIS.

Unidades semánticas de *análisis** de los *relatos**, de carácter *distribucional** (BARTHES), constituidas: *a)* a veces por *nudos descriptivos*: las que se construyen con verbos que significan cualidad o estado (TODOROV); *b)* y a veces por *nudos narrativos*: las que se construyen con verbos de *acción** en los modos de lo real, que significan acciones menudas, resumibles en *macroproposiciones** (VAN DIJK); *c)* otras veces aún, las que se construyen con verbos de acción en los modos de la hipótesis, para narrar, por ejemplo, sucesos *metadiegéticos** (TODOROV, GENETTE).

TOMACHEVSKI, en 1925, es el primero en identificar y clasificar, con un criterio sintáctico/semántico, las unidades funcionales a las que llama *motivos**. Éstos son proposiciones que se clasifican: *a)* según su capacidad operativa durante el proceso de desarrollo de la *historia** relatada, en motivos *dinámicos* —aquellos que cambian la situación— y motivos *estáticos* —los que no la modifican—; y *b)* desde el punto de vista de las relaciones que establecen entre sí, en motivos *asociados* —los que no son prescindibles— y motivos *libres* —aquellos cuya omision deja indemne la sucesión lógico/temporal de los hechos relatados.

Estos problemas han sido luego replanteados por los estructuralistas franceses —BARTHES, TODOROV, GENETTE— sobre la base de los trabajos de TOMACHEVSKI y de PROPP (1928) llamando, como este último autor, *funciones** a este tipo de unidades. BARTHES sin duda se basa en los motivos asociados al establecer las *unidades distribucionales* —*nudos** *y catálisis*—, y en los motivos libres al definir las *unidades integradoras* —*informaciones** e *indices* o *indicios**—. (V. FUNCIÓN EN NARRATOLOGÍA*.).

BARTHES toma, además, de HJELMSLEV (1943) la caracterización de las funciones como relaciones de *interdependencia* o *solidaridad* o *doble implicación* —las que privan entre los nudos, que son de naturaleza recíproca—; y como relaciones de *implicación simple* las que se dan entre nudos y catálisis. Y toma, en fin, de BENVENISTE (1962) el procedimiento de identificación de tales unidades funcionales, según operaciones de segmentación y de sustitución. (V. FUNCIÓN EN GLOSEMÁTICA*.)

La relación de las unidades —nudos y catálisis— con los verbos se debe a TODOROV. Los verbos que significan cualidad o estado estan en *descripciones** que suspenden la acción. Se trata de catálisis que corresponden a lo que GENETTE llama *pausa**, es pues un tipo de pausa: la pausa *suspensoria*. Los verbos de accion en los modos de lo real (las acciones menudas que detallan y dan pormenores de otra acción) producen catálisis equivalentes a otro tipo de pausa: la pausa desacelerante, que hace amainar el ritmo de la acción. Por último, los verbos de acción en los modos de la hipótesis, significan acciones puramente discursivas, que no ocurren en el "aquí y ahora" de la historia relatada (la *narración** en primer grado) sino que entran en relatos *metadiegéticos* (narraciones de segundo grado). (GENETTE).

La relación de las unidades con los fenómenos de distorsión de la *temporalidad** puede ser vista con claridad sólo a partir de las investigaciones de GENETTE. Así, pensamos que es posible decir que la naturaleza de las catálisis es *reductiva* cuando, al afectar la temporalidad en su aspecto de *duración* (medida en términos de extensión del *discurso**) producen el *resumen** (contracción del tiempo de la historia) o la *elipsis** (omisión del tiempo de la historia), y también cuando, al afectar el aspecto de la *frecuencia** producen el relato *iterativo* (que implica condensación de la historia pues narra una sola vez lo ocurrido varias veces).

La naturaleza de las catálisis es, en cambio, *expansiva* cuando, al alterar la duración producen pausas (ya sea suspensorias o desacelerantes); cuando al afectar al *orden*, producen *anacronías** (ya sea *analepsis* o *prolepsis* que expanden el tiempo del discurso mediante el empleo de un mayor número de elementos de la enunciacion tales como *anafóricos**, *deícticos**, etc.); y cuando, al modificar la *frecuencia*, de ello resulta el relato *repetitivo* (que narra más de una vez lo ocurrido una sola vez).

Los fenómenos que alteran la duración: resumen y elipsis —es decir, las catálisis reductivas—, así como la suspensión y la desaceleracion, es decir, ambos tipos de pausa —catálisis expansivas— forman el grupo de las *anisocronías** de GENETTE. (El agrega la *escena**: equivalencia convencional de temporalidades del discurso y la historia, donde, supuestamente, no habría catálisis al no haber desfasamiento temporal; en otras palabras, no habría reducción ni expansión del discurso en relación con la historia).

En la teoría de HJELMSLEV, catálisis es una operación del análisis sintáctico que consiste en la explicitación de los elementos oracionales implícitos, interpolándolos como *funtivos** para hacerlos accesibles al reconocimiento; es decir, se restituyen así *magnitudes** no expresas. ALARCOS pone un ejemplo: en la oración "a mí me interesa aunque a ti no", debemos catalizar "aunque a ti no te interesa" debido a que la presencia de la magnitud "aunque" exige la presencia de *morfemas** verbales.

El siguiente cuadro ofrece un posible orden de las catálisis, llamadas también *anacronías** o *anaprolepsis** porque intervienen en el desfasamiento de la *temporalidad** de la *enunciación** con respecto a la de *lo enunciado** en cuanto toca a la *duración*, el *orden*, o la *frecuencia*:

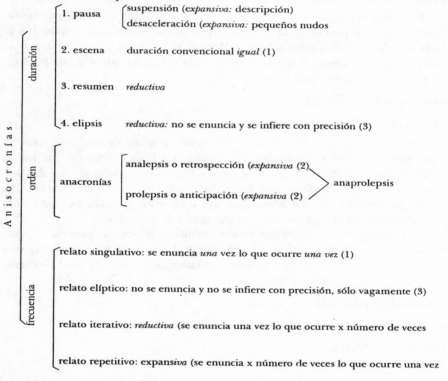

(1) grado cero: sin juego retórico

(2) interrumpen el proceso discursivo e intercalan y agregan más conectadores y conmutadores (elementos de la enunciación

(3) no se enuncia y se infiere vagamente o sólo se infiere la omisión de algo.

CATARSIS

ARISTÓTELES introdujo en la *poética** este término que denomina al efecto purificador de las pasiones (temor, odio, compasión) que producen en el *receptor** la poesía y el *drama**, especialmente la *tragedia**. Dicho efecto posee a la vez implicaciones psicológicas, estéticas, éticas, y también religiosas y de ejemplaridad, pues aparece en distintos cultos y en ARISTÓTELES procede de la religión griega donde corresponde a una purgación espiritual por medio de un ritual purificador que elimina las reliquias de experiencias perturbadoras de la conciencia.

CATÁSTASIS en retórica.

En ARISTÓTELES, *clímax** o punto culminante de la acción dramática, misma que produce, por ello, la máxima tensión debido a que los problemas planteados en la *epitasis** que le antecede, entran en crisis. La catástasis antecede en la tragedia al desenlace llamado *catástrofe** por este mismo autor, es decir, conclusión, (V. ACTO* [2].)

CATÁSTASIS en lingüística.

En la lingüística, por extension, se ha tomado este nombre, extraído de la *retórica** aristotélica, para designar el momento de mayor tensión que se da en la *articulación** de las consonantes oclusivas. MOUNIN llama así al primer momento de toda articulación fónica, el que corresponde a la colocación adecuada de los órganos que en ella intervienen.

CATÁSTROFE. V. ACTO (2).

CATEGORÍA.

Concepto ordenador fundamental para toda disciplina científica. Se trata de una noción abstracta y general que rige un campo del saber, dentro de un sistema filosófico (de PLATÓN —aunque no la llamó categoría sino *géneros sumos*— de ARISTÓTELES, de KANT, HUSSERL, etc.). Cada una corresponde a una clasificación, una topología, un nivel, una condición, que sirve como regla para una investigación o una explicación que haga posible la comprensión de la realidad.

En la *lengua** las *categorías gramaticales* identifican las partes del *discurso** agrupándolas sobre un eje paradigmático (V.PARADIGMA) y las expresan mediante *morfemas** añadidos a un *lexema**: género y número (del nombre); modo, tiempo, número, persona, aspecto (del verbo),

CATEGORÍA ACTANCIAL. V. ACTANTE.

CATEGORÍA SEMÁNTICA. V. CUADRADO SEMIÓTICO y ENUNCIACIÓN.

CENEMA. V. FONEMA Y GLOSEMA.

CENEMATEMA. V. GLOSEMA.

CENEMÁTICA. V. GLOSEMA y FONOLOGÍA.

CENÉMICA. V. GLOSEMA.

CESURA. V. METRO y RITMO.

CEUGMA. V. ZEUGMA.

CEUMA. V. ZEUGMA.

CIERRE V. CLAUSURA.

CIRCUNLOCUCIÓN. V. PERÍFRASIS.

CIRCUNSTANTE. V. ACTANTE.

CLASE. V. PARADIGMA y ANÁLISIS.

CLASEMA. V. SEMA.

CLÁUSULA.

"Expresión con autonomía sintáctica derivada de su plenitud conceptual" (LOPE BLANCH), es decir, que se define tanto por su independencia (al no ser un *constituyente** de otra expresión mayor) como por su cabalidad desde el punto de vista semántico.

Hay cláusulas *unimembres* ("¡Alto!") y *plurimembres*, ya sea que incluyan varias *oraciones**:

> —Calla, niña —dijo la Ventera—; que parece que sabes mucho destas cosas, y no está bien a las doncellas saber ni hablar tanto

> CERVANTES

o *prooraciones**:

> —Y dígame vuesa merced, señor don Alvaro, ¿parezco yo en algo a ese don Quijote que vuesa merced dice?
> —No, por cierto —respondió el huésped—; en ninguna manera.

> CERVANTES

Desde otra perspectiva se dice que hay cláusulas oracionales (las que contienen oraciones gramaticales) y cláusulas no oracionales (las que contienen *palabras** o *frases**, como: "¡Jesús!", "Hasta luego").

CLAUSURA. (o cierre).

Se dice de ciertos *textos** que están *clausurados* o que son *cerrados*; de otros, se afirma que son *abiertos*. Estos conceptos pueden referirse por separado ya sea a la *historia** (los *hechos relatados*), ya sea al *discurso** (relación de tales hechos), y pueden darse en uno y otra, tanto simultánea como separadamente. El discurso es cerrado, por ejemplo, cuando él mismo manifiesta su propio *remate* mediante un *signo** de clausura, como en los *corridos*, que generalmente acaban expresando conceptos como: "ya con ésta me despido", etc. Puede suceder que los límites fijos de una *forma** dada funcionen como *señal** de cierre, por ejemplo, el *verso** decimocuarto de un soneto —cuya distribución espacial consistente en dos cuartetos y dos tercetos permite advertir desde el principio de la lectura su calidad de soneto. También la repetición de ciertas unidades formales o semánticas de un texto —*estribillo**, *leitmotiv**, *recapitulacion*, *conclusión*, etc., puede ser el signo de que el texto se cierra, ya que tales unidades sirven de remate del mismo. Los signos de clausura pueden estar dispersos ampliamente en el texto y son de muy distinta naturaleza, por ejemplo el manejo de los tiempos verbales; el juego semántico de las *secuencias** de acciones (su *gradación**): el empleo de una estrategia que sea un rasgo *constante* y personal del autor: moralejas, uso de ciertas frases finales —"y vivieron muy felices…"— que también pueden provenir del *género**; la colocación de una sorpresa última cuando el *receptor** relajó su atención pues ya no espera efectos, etc.

cleuasmo

El cierre puede estar prolongada y firmemente estructurado, tanto en el plano del *contenido** como en el de la *expresión**, por ejemplo a través del programa de las secuencias que ofrecen la *acción**.

Sin embargo, la clausura de un texto no es indispensable y es frecuente que se prescinda de ella, así, "el discurso acaba sin decir que acaba", dice M. ARRIVÉ.

Desde el punto de vista del receptor un texto puede ser visto como abierto o como cerrado, por ejemplo la *Biblia* —dice GREIMAS—: colección de textos judíos (*Antiguo testamento*), o colección de textos cristianos (*Nuevo testamento*). También la suspensión momentánea de la lectura, o el sacar un fragmento (por ejemplo un *microrrelato**) de su *contexto**, pueden considerarse como cierres provisionales que hacen surgir "una gama de lecturas virtuales". (GREIMAS) En francés se llama *"clôture"*.

CLEUASMO. V. IRONÍA y ASOCIACIÓN.

CLICHÉ (o clisé).

Galicismo (del fr.: *"cliché"*) ya admitido en la *lengua** española que se utiliza como sinónimo de *lugar común**, es decir, expresión lingüística marchita por el uso excesivo. Hay clichés temáticos y clichés formales y, en cada *discurso**, proceden de otros discursos, por lo que siempre cumplen un doble papel: al integrarse a un *texto**, por un lado participan en su construcción, y por otro lado lo desbordan porque también participan en otro texto de donde proceden. Por esta misma razón el cliché es un elemento connotado (V. CONNOTACIÓN*). Su función consiste en poner de relieve la *forma**, en hacerla perceptible, pues se denuncia a sí mismo como un elemento retórico que remite a la *retórica** y que es también un *metalenguaje** (J. LAURENT).

CLÍMAX. V. GRADACIÓN.

CLISÉ. V. CLICHÉ.

CODIFICACIÓN. V. CÓDIGO.

CÓDIGO (y codificación, sistémico, extrasistémico).

La noción de código, introducida por JAKOBSON, es actualmente objeto, en las distintas ramas de la *semiotica**, de un uso muy diversificado y poco claro. No sólo se denomina código lingüístico al *sistema** de la *lengua**, sino también se aplica este término a los sistemas de los *signos** propios del cine, la pintura, la escultura, la arquitectura, la publicidad, las series de dibujos cómicos, los sistemas cifrados secretos, el telegráfico, etc.

Cualquiera de estos tipos de códigos es un sistema que, histórica y geográficamente, pertenece a una *cultura**. Un código se basa en convenciones que poseen un doble carácter ya que, por una parte, son repertorios de unidades establecidas conforme a la *pertinencia** de un tipo de *análisis**, y por otra parte son conjuntos de normas constitutivas, también sujetas a convenciones. Los antecedentes de esta definición de código están en la historia de sus acepciones al ser utilizada en el campo del derecho, de la teoría de la información, la lingüística, la *semiótica**, etc.

Código y derecho. Una de las más antiguas acepciones de código es la que adquiere el término cuando se usa en el campo del derecho, donde se entiende como un sistema de normas.

Código y teoría de la información. El concepto de código pertenece al campo de la teoría de la información, que es donde ha sido forjado y donde es objeto de un uso técnico estricto (según COLIN CHERRY): conjunto de transformaciones acordadas y comunes al *emisor** y al *receptor**, que usualmente se realizan término a término, y que permite pasar los *mensajes** de un sistema de signos a otro.

También existe otro concepto de código, igualmente derivado del anterior y alusivo al aspecto social de un sistema significante, pues significa "consenso social" o "conjunto de normas institucionales" que hace posible la *comunicación**. Algo así como un bien común del que participarían todos los usuarios de un sistema de signos, equivalente a la convención que fija las relaciones entre *significante** y *significado**.

Código y lingüística. La anterior noción de codigo, procedente de la teoría de la información, resulta insuficiente si se traslada al campo de la linguística, excepto cuando, a su luz, consideramos la facultad que posee el *lenguaje** de transmitir información, es decir, cuando consideramos su funcionamiento como instrumento de comunicación. Ello se debe a que la noción de codigo, en esta acepción, no manifiesta el hecho de que pueden ser codificados mensajes ya expresados mediante signos. En otras palabras: la existencia del código presupone la existencia de una lengua; el mensaje lingüístico basado en un determinado sistema, se transforma en otro mensaje basado en otro diferente sistema. La transformación opera mediante un conjunto de reglas, o sea, mediante el empleo de un código en el sentido de la teoría de la información. Este código se aplica, en casos como el del código Morse, en un nivel previo al del significado, pero siempre sobre la base de una convención.

En linguística también se extiende la denominación de codigo al repertorio de los signos, al repertorio de las correspondencias entre los signos, y al conjunto de las reglas de combinación que permite efectuar la transformación.

Tambien se emplea el concepto de código como sinónimo de lengua, o bien, en una acepción más amplia, como conjunto de restricciones que define la naturaleza significante de un sistema dado, sea lingüístico o no lingüístico. De esta manera, la noción de código designa el carácter sistemático de un conjunto significante, y pierde su carácter relacional pues se asocia a la idea de un conjunto de unidades preexistentes (concebidas conforme al modelo de signo saussuriano) que se combinan para formar los mensajes. En esta acepción está, pues, ausente, la idea original de la teoría de la información, en la que código es un conjunto de transformaciones entre dos sistemas. Sin embargo, JAKOBSON utiliza los términos *código* y *mensaje* dentro del dominio de la teoría del lenguaje, considerándolos más precisos y mensurables que lengua y *habla**, aunque donde ofrecen tales cualidades es en el dominio de la teoría de la información.

Así pues, un código no es algo equivalente a una lengua natural. Según VERÓN un código es un "conjunto artificial de reglas de transformación" de un conjunto de signos a otro conjunto de signos. Vista así, la noción de codigo nada nos dice acerca de las "propiedades de los sistemas significantes complejos".

Por ello, la lingüística requiere construir su propio concepto de código; un concepto adaptado al conjunto preciso de fenómenos respecto de los cuales opera en condiciones de aplicación igualmente precisas ya que, por ser parte de una teoría, un concepto es un elemento relacional en el *contexto** de su formación y de su uso.

En el sentido de la teoría del lenguaje, código resulta ser un conjunto limitado de signos y de procedimientos para, con ellos, al organizarlos sintácticamente, producir *mensajes*.

Umberto ECO, como JAKOBSON, postula el concepto de código procedente de la teoría de la información; pero ECO lo precisa en mayor medida al decir que, sistemas como la organización sintactica (conforme a reglas internas de combinación) o la organización semántica (de los *contenidos** de una comunicación), o como la serie de posibles respuestas del *destinatario** del mensaje, no son códigos, sino, en conjunto, son sistemas o *estructuras** independientes del propósito significativo o comunicativo que los asocia entre sí. Es, en cambio, código, la regla que asocia algunos elementos sintácticos con algunos de los semánticos y con algunas posibilidades de respuesta por parte del destinatario. Esta precisión es importante para no identificar código y sistema; ya que todo código es un sistema (una organización lógica subyacente) pero no todo sistema es un código, porque el sistema es un principio de coherencia, una virtualidad y, si se realiza, es un objeto construido por el análisis. Un código es, pues, un sistema no ligado a algún *texto** particular.

Desde la perspectiva de la lingüística estructural, en la que suelen hacerse equivalentes al de código términos como lengua, sistema y *paradigma**, el código es una entidad lógica que establece la inteligibilidad tanto del *sintagma** como del paradigma, pues sirve para explicitar y dilucidar el funcionamiento, lo mismo de las relaciones paradigmáticas que de las relaciones sintagmáticas en los textos. El código no se relaciona con lo *sintagmático* (que es lo dado en el sintagma, las relaciones sintagmáticas dadas), pero sí se relaciona con la *sintagmática** (que es la organización no dada sino construible a partir de las copresencias manifestadas en el texto). Desde este punto de vista, un código es un conjunto formado por una *paradigmática** y una sintagmática "articuladas entre sí". El analista no se propone localizar los sintagmas que constituyen el texto (aunque así comience su tarea), sino establecer las regularidades sintagmáticas y las paradigmáticas que no están en el texto sino que tienen, ambas, que ser construidas a partir de la identificación de las unidades del código. Tales unidades, en el caso del código de la lengua, son fácilmente delimitables en los niveles en que no interviene el significado, debido a su carácter discreto y observable. Pero cuando el *sentido** está presente en el lenguaje articulado, o en cualquier otro dominio significante translingüístico, la noción de unidad se hace relativa, porque involucra de distinta manera al significante y al significado, de tal modo que resulta insuficiente la noción de signo (como entidad producto de una relación biunívoca entre significante y significado) para dar cuenta de la significación en cualquier tipo de texto —incluyendo los que tienen una base lingüística— dada su complejidad, ya que la producción de *significación** es, según VERÓN, una "relación entre relaciones", "una función compleja que pone en juego un número 'n' de términos". Acierta Christian METZ, al decir que las unidades son discernibles en los códigos, pero en un lenguaje coexisten varios códigos por lo que hay en él varios tipos de unidades mínimas. Cada tipo de análisis puede postular cierto tipo de signo o unidad mínima, por lo que no podemos hablar de signos en los lenguajes, y sí, solamente, en los códigos.

Si por otra parte consideramos el código como el conjunto de las normas que regulan los procesos de significación, es útil atender la diferencia que SEARLE establece entre las reglas constitutivas (aquellas que lo son respecto a una forma de actividad cuando su violación priva a esa actividad de su carácter distintivo, por ejemplo las reglas que definen al ajedrez como tal, ya que, si no se obedecen, lo que se juega no es ajedrez), y las reglas normativas (aquellas que rigen formas de comportamiento preexistentes o que existen de manera independiente, como las reglas técnicas que aconsejan lo que debe hacer un buen jugador para ganar al jugar ajedrez). SEARLE piensa que la estructura de una lengua puede considerarse como la *actualización**, conforme a ciertas convenciones, de un código o conjunto de reglas constitutivas subyacentes. Los *actos de lenguaje** se caracterizan por ser realizados mediante la *enunciación** de expresiones que obedecen a dicho código, a dicho conjunto de reglas constitutivas.

Código y semiótica. Tambien es necesario modificar tanto el concepto de codigo que procede de la teoría de la informacion, como el concepto de sistema (para incluir en él las nociones de dinamismo y de historia), si deseamos aplicarlos al campo de la semiótica de la cultura.

Las investigaciones acerca de la semiótica de la cultura toman en cuenta el doble carácter del código al que se alude aquí, al principio, en el segundo parrafo. Los distintos sistemas que conforman una cultura son códigos. Para LOTMAN, un fenómeno sólo puede ser signo, es decir, sólo puede convertirse en portador de significado, si entra a formar parte de un sistema, o sea, si se convierte en sistémico. La diferencia entre lo *sistémico** y lo *extrasistémico** no es una cualidad intrínseca de los elementos analizados, sino que depende del punto de vista que se adopte. Los elementos extrasistémicos son inestables e irregulares, y se descartan en el curso de la descripcion; en cambio, la única realidad en que se funda la descripción estructural es la estructura invariante, constituida por los elementos y las relaciones del sistema "que se mantienen invariables a través de todas las relaciones homomorfas del objeto". Lo extrasistémico es ajeno al pensamiento analítico, pero puede adquirir carácter sistémico gracias a la organización que le da la descripción, es decir, merced a que el mismo proceso de descripción lo transforma en un hecho del sistema. Lo extrasistémico, por otra parte, no es caótico, y guarda con lo sistémico relaciones de complementariedad, porque cada uno de estos dos conceptos sólo "reviste la totalidad de sus significados mediante la relación de su correspondencia recíproca", dice LOTMAN. (V. EXTRATEXTO*.)

Un sistema semiótico puede ser descrito por medio de elementos de ese mismo sistema, que constituye un subsistema interno, como ocurre en la descripción de la lengua. El subsistema para la autodescripción es una metalengua que así se convierte en extrasistémica, aunque proviene de dentro del sistema. Pero también puede ser descrito un sistema semiótico por medio de elementos extrasistémicos que provienen de otro sistema, como ocurre en todos los sistemas semióticos cuyos elementos propios no son lingüísticos, y que son descritos mediante elementos que provienen de la lengua hablada.

cohesión

La *codificación* (producción del mensaje a partir del código de la lengua) es un proceso que consiste en seleccionar los *constituyentes** en el paradigma y combinarlos en el sintagma.

Para JAKOBSON, el proceso de la codificación va del sentido al sonido, y del *nivel** léxico-gramatical al nivel fonológico, mientras que el proceso de descodificación "presenta la dirección inversa, del sonido al sentido y de los elementos a los símbolos...".

COHESIÓN. V. FUNCIÓN EN GLOSEMÁTICA.

COLON.

En la tradición retórica clásica, cada miembro —no delimitado por pausa— de una *oración**, de un *periodo** o de un *verso**. Por ejemplo, cada miembro del *isocolon**. Puede cumplir la función de *prótasis** o de *apódosis** y también la de oración independiente.

COLOQUIO. V. DIÁLOGO.

COMBINACIÓN. V. FUNCIÓN EN GLOSEMÁTICA.

"COMMA" (o **"komma"**, plural: **"commata"** o **"kommata"**).

Miembro (*palabra** o sucesión de palabras —dos o tres— u *oración**) separable de una construcción gramatical que no reclama, por sí, estar integrado necesariamente al conjunto para tener algún sentido:

> "Vine, vi, vencí."

"COMMATA". V. "COMMA".

"COMMORATIO". V. AMPLIFICACIÓN.

"COMMUNICATIO". V. INTERROGACIÓN RETÓRICA.

"COMMUTATIO". V. QUIASMO.

COMPARACIÓN (o símil, similitud, disimilitud*).

La comparación retórica es una *figura** que no siempre se clasifica entre los *tropos**. Consiste en realzar un objeto o fenómeno manifestando, mediante un término comparativo (*como* o sus equivalentes), la relación de *homología**, que entraña —o no— otras relaciones de analogía o desemejanza que guardan sus cualidades respecto a las de otros objetos o fenómenos.

En la comparación de términos denotativos no hay cambio de *sentido**; expresa una analogía, es decir, una relación lógica, no hay tropo, se trata de un *metalogismo**, de una figura de pensamiento:

> a dónde se fue su gracia,
> a dónde fue su dulzura,
> porque *se cae su cuerpo*
> *como la fruta madura.*
> Violeta PARRA

Y se trata de un tropo o *metasemema** cuando la comparación se combina con la *metáfora** porque uno de sus términos es, o ambos son, una metáfora, como en este ejemplo de SOR JUANA:

> Diósela un estudiante (la comedia, al autor)
> que en las comedias es tan principiante,
> y en la poesía tan mozo,
> que *le apuntan los versos como el bozo.*

donde la expresión "le apuntan los versos" es metafórica.

Y también puede tratarse de una comparación entre dos metaforas:

> Resbalo por tu tarde como el cansancio
> por la piedad de un declive.
>
> BORGES

La comparación resulta ser un elemento casi imprescindible para la *descripción** en sus distintos tipos (*etopeya**, *topografía**, etc.); sin embargo, las comparaciones llamadas *verdaderas* ("María es tan hermosa como su madre"), aunque aparezcan en descripciones, no constituyen figuras retóricas, pues la comparación, como figura retórica, es siempre falsa. En el ejemplo anterior, sólo habría figura (la *ironía**) si el *contexto** permitiera entender que la madre de María es horrible.

Tampoco son figuras las comparaciones estereotipadas ("largo como un chiflido"), pues no se salen de lo convencional. Un verdadero tropo produce un efecto de *extrañamiento**:

> Como el coral sus ramas en el agua
> extiendo mis sentidos en la hora viva.
>
> Octavio PAZ

y constituye un metasemema porque produce un cambio en el significado, afecta al *nivel** semántico de la *lengua**.

La comparación suele darse entre las cualidades análogas de los objetos, y en ese caso se llama *simil* o *similitud*, o entre los rasgos que difieren y entonces se denomina *disimilitud*. La *adición** complementadora que permite profundizar en la comparación es un tipo de *repetición** de igualdad relajada que se llama *prosapódosis**, como puede observarse en la extensa comparación de un mar que se modifica ante los cambios del viento, con un ejército que reacciona ante los cambios de la suerte:

> *Como* por sesgo mar de manso viento
> siguen las graves olas el camino
> y con furioso y rico movimiento
> salta el contrario Coro repentino,
> que las arenas del profundo asiento
> las saca arriba en turbio remolino,
> que las hinchadas olas revolviendo
> el tempestuoso Coro van siguiendo.
> De la misma manera a nuestra gente
> que el alcance sin termino seguía,
> la súbita mudanza de repente
> le turbó la victoria y alegría:
> que, sin se separar violentamente,
> por el mismo camino revolvía,

resistiendo con ánimo esforzado
el número de gente aventajado.
ERCILLA

Hay comparaciones relacionadas con la *sinécdoque**:

En la rama el expuesto cadáver se pudría
como un horrible fruto colgante junto al tallo.
S. DÍAZ MIRÓN

En ellas, los términos comparados y sus características guardan entre sí una relación semejante a la de las partes de un todo (en este caso "todo lo corruptible"). El primer término "cadáver putrefacto") está, respecto del segundo, en una relación de *sinécdoque** generalizante (que va de lo particular a lo general, de la especie al género), mientras el segundo término ("horrible fruto") particulariza al primero por adición de *semas**: el cadáver putrefacto forma parte de la totalidad de lo corruptible como cualquier fruto (horrible en cuanto putrefacto).

Las comparaciones gramaticales combinadas con *ironía** ("Marta es tan hermosa como su madre" —que es horrible—) son a menudo hiperbólicas y son metalogismos, porque necesariamente implican al *referente** del *mensaje** y su interpretación depende de la lectura de un *contexto** mayor.

La tradición ha considerado que la comparación esta muy proxima a la *metáfora** y que, cuando se omite el término comparativo, aparece la metáfora "en presencia":

tu spleen, niebla límbica…
gitana, flor de Praga…
NERVO

La fuente: compotera de azulejos
RIVA PALACIO

en la que están explícitos los dos términos comparables. Ello se debe a que la metáfora, como la similitud, expresa una analogía. Pero la analogía se manifiesta, en la similitud, mediante el recurso de la comparación que produce un acercamiento de los términos comparables. En la metáfora, en cambio, sólo recurriendo a la analogía podemos subsanar la incompatibilidad semántica entre elementos que en el *texto** aparecen identificados a pesar de que pertenecen a realidades ajenas entre sí.

También en el fondo de la metáfora "en ausencia" se ha visto una comparación, uno de cuyos dos elementos esta implícito:

la aromática menta que coloca
sus verdes banderillas en la boca.
Ramón SUÁREZ CAAMAL

La comparación omitida aquí, que, sin embargo, se entiende, se da entre *sabor* (término suprimido) y *banderillas*:

Sabor de menta *como* verdes *banderillas* clavadas en la boca.

No hay que confundir la comparación retórica con la gramatical que agrega la idea de grado en series de "menos que", "tanto como", "más que", que implica cantidad, y que se da a partir de elementos análogos, luego evidente y lógicamente comparables. Pueden, sin embargo, combinarse ambas, agregándose la idea de cantidad a la de cualidad:

> nuestro valle tan espléndido como un vasto jardín.
>
> Rafael LÓPEZ

Los elementos de la construcción comparativa aparecen explícitos en este ejemplo:

> Se cuadró Martín Fierro ante el negro y le dijo como cansado:
> —Deja en paz la guitarra, que hoy te espera otra clase de contra punto.
>
> Los dos se encaminaron a la puerta. El negro al salir murmuró:
>
> *Tal vez en éste me vaya tan mal como en el primero.*
>
> El otro contestó con seriedad:
>
> —En el primero no te fue tan mal. Lo que pasó es que andabas ganoso de llegar al segundo.
>
> BORGES

donde se compara gramaticalmente el grado de mala suerte para ejecutar un *contrapunto* de la guitarra, en sentido recto, con un *contrapunto* figurado que consiste en la alternancia de las puñaladas que los contrincantes planean asestarse mutuamente. La comparación se combina aquí con la metáfora de uno de sus términos.

Por lo demás, la simple comparación gramatical ("vale más que todos") o la de términos que denotan cualidades ("el lago, limpio y terso, como una verde alfombra", URBINA), a semejanza de lo que ocurre con el lenguaje coloquial, o periodístico, o administrativo, etc., adquiere valor retórico, aun sin ser tropo, pues su empleo constituye una estrategia estilística en cuanto se convierte en elemento de un texto literario dentro del cual forzosamente cumple una *función**.

En resumen, pueden darse juntas o separadas:

a) La comparación gramatical que relaciona términos análogos, agregando idea de cantidad y equiparando el término que se describe al desarrollar la línea temática del *discurso**, con otro que se introduce para enriquecer la descripción:

> María es tan bella como su madre.

b) La comparación de cualidades análogas que no implica cantidad, ya sea que se acompañe, o no, con una transferencia de sentido:

> el lago, limpio y terso, como una verde alfombra.

c) La comparación de metáforas (una o dos) en que interviene la abstracción porque simultáneamente se da una operación metasemémica:

1. Cuando uno de los términos es una metáfora:

> la aromática menta que coloca
> sus verdes banderillas en la boca

2. Cuando ambos términos son metáforas:

> Resbalo por tu tarde como el cansancio por la piedad de un declive

competencia

En los textos literarios es frecuente el empleo de nexos comparativos inhabituales:

Es diáfano el crepúsculo, *Parece*
de joyante cristal. Abre en el cielo...

El horizonte extiende su azul brumoso y vago
lo mismo que las aguas su gris opalescencia

...*cual* iracundo amago
la nube mancha un cielo de suave transparencia
URBINA

Y mientras yo agonizo, tú, sedienta,
finges un negro y pertinaz vampiro
que de mi sangre ardiente se sustenta
Efrén REBOLLEDO

La homologación de los términos, en la comparación, aparece apoyada en *equivalencias** de *formas** y/o de *funciones**; equivalencias que la refuerzan, pues el *nexo** comparativo es el eje de una construcción bimembre: aquella cuyos términos se equiparan:

A es a B como C es a D

El horizonte extiende su azul brumoso y vago
A   B

lo mismo que
EJE

las aguas (extienden) *su gris opalescencia*
C   D

COMPETENCIA lingüística.

Saber lingüístico del sujeto *hablante** que para algunos teóricos resulta de poseer cierta cantidad de hábitos gramaticales, es decir, un conocimiento implícito en el grado de dominio que el *emisor** posea de su *lengua** y que abarca la posibilidad de comprender y la de construir un número infinito de *oraciones**. La competencia supone pues el conjunto de condiciones necesarias para la interpretación (aún de expresiones jamás oídas) y para el ejercicio de la *enunciación*. Abarca, tanto el preexistente repertorio de las formas susceptibles de ser enunciadas, como la *gramática** esencial para la construcción de cadenas de *enunciados**, es decir, comprende el conjunto de reglas y *estructuras** que caracterizan los mecanismos mentales que debe poseer una persona que sabe una lengua.

La competencia actúa mientras un *interlocutor** está comprendiendo los enunciados, disponiendo y gobernando las formas discursivas, juzgando acerca de la *gramaticalidad** de las oraciones, reconociendo las que son incorrectas, detectando las *ambigüedades**, etc.

Según CHOMSKY, podemos representar la competencia lingüística como un *sistema** cuyos elementos dan lugar a procesos negativos; un sistema de las reglas explícitas que constituyen aquella gramática que, aprendida por un interlocutor dado (emisor/receptor), es puesta en juego durante la creación y la realización discursiva (*performance**) a través de las *acciones lingüísticas*. Es decir, así como *lengua* se opone a *habla**, competencia se opone a *performance* (actuación, desempeño, ejecución, realización); el acervo del saber lingüístico se opone al empleo que el *hablante** hace de él.

COMPETENCIA en semiótica.

En GREIMAS la competencia es el conjunto de condiciones necesarias para la realización de la *performance**; es decir, para que se efectúe la operación del *hacer* encaminada a realizar una *transformación** de estado, ya que la realización de la transformación presupone que el *sujeto operador** es capaz de llevarla a cabo. La competencia del sujeto operador consta de cuatro elementos: el "deber-hacer", el "poder-hacer", el "querer-hacer" y el "saber-hacer". Por ejemplo, si el sujeto operador *puede* hacer algo, el *poder* es un elemento de su competencia. Para realizar la *performance* el sujeto operador debe estar provisto de alguno de estos elementos de la competencia, pues el *hacer* se realiza según el "querer-hacer", según el "deber-hacer", etc.

La competencia es un *programa narrativo** (PN) "de uso", en el que los *valores** son *modales*. Hay dos tipos de competencia: cuando el *ser* modaliza al *ser* se trata de la competencia cognoscitiva; cuando el *ser* modaliza al *hacer*, se trata de la competencia pragmática. (V. también ACTANTE* y ENUNCIADO*.)

La noción chomskiana de competencia (lingüística) pone pues el *énfasis** en el aspecto sintáctico, al ver la *lengua** como un *sistema** capaz de producir un número infinito de *enunciados**. GREIMAS, en la *semiótica**, lleva más lejos el concepto al considerar que, mientras la *"performance"* es un *"hacer"*, la competencia es un "saber, poder, querer y/o deber-hacer" que posibilita el *hacer*.

COMPETITIVO, relato. V. SINGULATIVO.

COMPLEMENTARIEDAD. V. FUNCIÓN EN GLOSEMÁTICA y CONTRADICCIÓN.

"COMPLEXIO". V. COMPLEXIÓN.

COMPLEXIÓN (o **"complexio", símploce**).

Es la combinacion de la *anáfora** y la *epífora**:

> ¿Qué *ama* quien a esta Verdad no *ama*?
> ¿*Qué teme* quien a esta Majestad no *teme*?
> FR. LUIS DE GRANADA

es decir, es una *figura** de construcción o *metataxa**, que se produce por *adición** repetitiva de expresiones tanto iniciales como finales en los *versos** o en los miembros de un *período**. Su efecto es de *énfasis**.

COMPONENTE. V. FUNCIÓN EN GLOSEMÁTICA y ANÁLISIS.

COMPONENTE DISCURSIVO. V. NIVEL.

COMPONENTE NARRATIVO. V. NIVEL.

COMPOSICIONAL, procedimiento. V. OBJETO ESTÉTICO.

"COMPOSITIO". V. ELOCUCIÓN, "DISPOSITIO" y RETÓRICA.

COMPRENSIÓN. V. MEMORIA A CORTO Y A LARGO PLAZO Y EXTENSIÓN.

COMPRESIÓN. V. HIATO.

COMPROBACIÓN. V. "DISPOSITIO".

COMUNICACIÓN.

Relación establecida entre los seres humanos mediante un proceso que consiste en transmitir desde un *emisor** hasta un *receptor**, un mensaje proveniente del emisor, o de otra fuente de información, a través de un *canal** de comunicación y utilizando para ello un *código**, principalmente el lingüístico. La función central del *lenguaje** es, precisamente, la comunicación, es decir la *función** referencial, que nunca desaparece aunque predomine en un *discurso** dado otra de las funciones (por ejemplo la *poética**) y otro de los *factores* (por ejemplo el *mensaje**).

Durante la comunicación, tanto el *ruido** que en alguna medida interfiere, como la *redundancia** que tiende a reducir los efectos del ruido, cumplen un papel importante en relación con el canal de transmision. (Canal que puede ser *natural* como en la vista, *artificial* como en el radio, de naturaleza *espacial* como en el sonido, o *temporal* como en lo impreso.)

Hay otro criterio, que no parece aceptable, según el cual el emisor puede ser no-humano (como un animal o un fenómeno meteorológico, etc., y las unidades transmitidas pueden no ser *signos** sino *señales** naturales o artificiales. (V. también FUNCIÓN LINGÜÍSTICA y COMUNICACIÓN, ESQUEMA de la*).

COMUNICACIÓN (esquema de la).

Modelo* del proceso de comunicación —vinculado a la teoría de la información— que relaciona al *emisor** con el *receptor** respecto del *objeto** de la comunicación. El modelo contiene los elementos que en ella participan y la dirección en que operan.

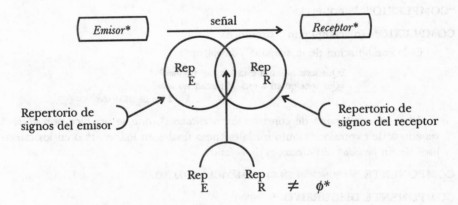

* Los símbolos ≠ φ significan que la zona en que se traslapan los repertorios de ambos interlocutores *es diferente* (≠) a un *conjunto vacío* (φ) porque existen elementos comunes, lo cual es indispensable para que se transmita la información.

Muestra·el sentido de transmisión de signos, de un emisor a un receptor a través de señales portadoras de signos que se trasladan por el *canal** de la comunicación. Dicha transmisión contiene dos procesos: uno que genera la emisión y otro que genera la recepción del *signo**.

COMUNICACIÓN (figura). V. INTERROGACIÓN RETÓRICA.

COMUNICACIÓN PARTICIPATIVA. V. ENUNCIADO.

CONATIVA. V. FUNCIÓN LINGÜÍSTICA.

CONCATENACIÓN (o "gradatio" o anadiplosis progresiva).

Figura retórica* de construcción, es decir, de *nivel** morfosintáctico del *discurso**, que consiste en una repetición semejante a la *anadiplosis* (/...X / X.../), pero gradual o progresiva (/x...z / z...p /p...k/):

> el gato al rato, el rato a la cuerda, la cuerda al palo...
> CERVANTES

En ella, la *palabra** repetida cambia su funcion sintáctica y también puede acarrear variaciones en los *morfemas** y en los *significados**, por ejemplo cuando intervienen verbos:

> *Murió* y al *morir enseño* y al *enseñar influyó* en la vida.

Es una *metábola** de la clase de los *metataxas** y se produce por *adición** repetitiva en cadena, con o sin relajación de la igualdad de las expresiones repetidas. Las puede haber muy extensas, como ésta de CERVANTES:

> ...tan presto tuviese ؚyo el condado, como sabría regirle; que tanta alma tengo yo como otro, y tanto cuerpo como el que más, y tan rey sería yo de mi estado, como cada uno del suyo; y *siéndolo. haría lo que quisiese; y haciendo lo que quisiese. haría mi gusto; y haciendo mi gusto, estaría contento; y en estando uno contento, no tiene más que desear; y no teniendo más que desear, acabóse,* y el estado venga, y a Dios y veámonos, como dijo un ciego a otro.

O como ésta de Nicolás GUILLÉN:

> ...un agua de palabras puntiagudas
> que encuentran en el viento
> el camino del grito,
> que encuentran en el grito
> el camino del canto,
> que encuentran en el canto
> el camino del fuego,
> que encuentran en el fuego
> el camino del alba,
> que encuentran en el alba un gallo rojo,
> de pólvora, un metálico
> gallo desparramando el día con sus alas.

También se llama concatenación al eje sintagmático, es decir, a la relación de contigüidad de los *signos** lingüísticos dada por la sintaxis. Se opone al eje paradigmático, de naturaleza semántica, que admite las sustituciones, previa selección de las expresiones sustitutivas, efectuadas por el *enunciador** o *emisor**.

concesión

CONCESIÓN.

*Figura** de pensamiento que consiste en aparentar de manera provisional una objeción posible o un *argumento** desfavorable para la propia causa o el propio razonamiento, para que, al rebatirlo en seguida, el rechazo sea más categórico y definitivo, o bien para que el *emisor** demuestre cuán seguro está de lo que dice y cuán verdadera, inatacable o eficaz resulta su propia *argumentación**:

> No es nada, es un suspiro,
> pero nunca sació nadie esa nada
> ni nadie supo nunca de qué alta roca nace.
>
> Luis CERNUDA

Se trata de una *metábola** de la clase de los *metalogismos** porque afecta a la lógica de la expresión. Se asemeja a la *permisión** o *epítrope** y se produce igualmente por supresión-adición negativa, ya que en segunda instancia un argumento contrario viene a sustituir y a deshacer, por contraste, a aquel que inicialmente parecía haberse aceptado. SAINZ DE ROBLES pone este ejemplo:

> Mira, Sancho, no te digo yo que parece mal un refrán traído a propósito: pero cargar y ensartar refranes a troche moche, hace la plática desmayada y baja.
>
> CERVANTES

La concesion pertenece, con la *"communicatio"*, la *permisión**, y la *dubitación**, al grupo de figuras consideradas por la tradicion latina como recursos del orador "frente al público".

Por otra parte se agrupa con la misma *dubitación* y con la *licencia**, porque como ellas constituye una confesión simuladamente abierta y sincera, que es una estrategia para ganarse la simpatía del *receptor**.

CONCILIACIÓN.

*Figura** de pensamiento en la tradición. Consiste en aprovechar un *argumento** contrario, o que proviene del adversario (desfavorable para el *emisor**) en favor de su propia causa; o en hacer que una proposición que en apariencia contradice a otra, en realidad la complete o la aclare; o en el empleo de argumentos gue parecen ser hostiles a la propia causa:

> También es verdad que yo me valí y acompañe de gente ruin: del médico para los venenos, del sedicioso para la venganza, del testigo falso y del mal ministro ventero de las leyes; mas no fue elección de mi voluntad, fue necesidad de mi puesto. Yo usaba de los que son siempre trastos de poder; y como sabía que, en cayendo, así me habían de faltar los malos como los buenos, usaba de los malos como de cómplices, huía de los justos como de acusación.
>
> QUEVEDO

La intención de quien emplea esta figura es la de atraer la simpatía del *receptor**. Como la conciliación previene argumentos contrarios u objeciones (y por ello sus límites respecto de la *concesión** son borrosos), es un desarrollo del *discurso** que constituye una *digresión** a partir de la línea temática de la *argumentación**.

La *conciliacion*, junto con la *preparación**, la *concesión** y la *permision**, pertenece a un grupo de figuras llamadas por los antiguos *dialécticas** (LAUSBERG), que aumentan el poder persuasivo de los argumentos a favor del *emisor** del discurso.

Hay una "conciliación explicativa" de palabras utilizadas como sinónimos, que aclara su verdadero *sentido**.

Item, mandamos que ninguno llame ayuno, devoción o templanza lo que verdaderamente fuere hambre y no poder más.

QUEVEDO

En suma, es una *metábola** de la clase de los *metalogismos** porque afecta a la lógica de la expresión y su efecto consiste en ganar la simpatía del receptor y en persuadirlo y mover su ánimo a favor del emisor.

CONCISIÓN (o brevedad y precisión, corrección, congruencia).

Brevedad. Una de las más preciosas virtudes que exige el modelo de la *lengua** en su *función referencial**, es decir, el *lenguaje** práctico del académico, del profesor, del investigador, del informador, del burócrata, del funcionario, ya que su objetivo es transmitir de manera expedita un *mensaje** del *emisor** al *receptor**. Es la economía máxima de los medios de expresión. Trae consigo la *precisión* (madre de todas las virtudes), sin la cual es imposible ahorrar expresiones. Ésta estriba en la elección exacta de cada término, pues no existen *sinónimos* (V. SINONIMIA) idénticos para todos los contextos. También se requiere la *corrección* ortográfica y sintáctica y la *congruencia* o *coherencia lógica* ya que, en su defecto, se introduce la *ambigüedad** cuyo efecto semántico es opuesto al de la concisión.

CONCORDANCIA.

Relación sintáctica marcada por desinencias correspondientes a la misma categoría. Tal correspondencia se da entre *palabras** variables como: sujeto y predicado, núcleo y modificadores. Hay concordancia de modo, tiempo, número, persona, género y caso.

CONFIGURACIÓN. (o constelación de personajes).

Diagrama del *sistema** de interrelaciones dado entre los *personajes**, sobre el escenario, según sus papeles actanciales durante la *escena**, y según los rasgos de su carácter.

CONDUPLICACIÓN. V. ANADIPLOSIS, EPANADIPLOSIS y REPETICIÓN.

CONECTOR. V. ENUNCIACIÓN y EMBRAGUE.

CONECTOR DE ISOTOPÍAS.

Unidad discursiva que introduce, durante el proceso de lectura, una *isotopía** diferente o contraria, o bien una isotopía que antecede pero que todavía debe ser captada mediante una *retrospección** efectuada en una segunda lectura. Los términos polisémicos permiten la *poliisotopía**, es decir, la superposición de varias isotopías diferentes.

CONEXIÓN. V. FUNCIÓN EN GLOSEMÁTICA.

CONFIGURACIÓN DISCURSIVA. V. INTERTEXTO.

CONFIRMACIÓN. V. "DISPOSITIO".

CONFUTACIÓN. V. "DISPOSITIO".

CONGERIES. V. ACUMULACIÓN y AMPLIFICACIÓN.

conglobación

CONGLOBACIÓN. V. ACUMULACIÓN.

CONJUNCIÓN. V. POLISÍNDETON.

CONJUNTO, sujeto. V. ENUNCIADO.

CONMINACIÓN.

Figura* de pensamiento tradicionalmente considerada en español dentro del grupo de las llamadas *patéticas*. Consiste en proferir la amenaza de grandes males próximos con el objeto de intimidar al *receptor** y provocar en él horror hacia aquello que debe evitar que es lo mismo que causa la indignación del *emisor**. Así conminan los araucanos a los españoles para que abandonen su tierra:

> Estaba, como digo, así hablando,
> que aún no acababa bien estas razones,
> cuando por todas partes rodeando
> los iban con espesos escuadrones
> las astas de anchos hierros blandeando
> gritando: "¡Engañadores y ladrones
> la tierra dejaréis hoy con la vida
> pagándonos la deuda tan debida."
>
> ERCILLA

A veces, como en este ejemplo, la conminación posee un sentido de intimación.

Es una *metábola** de la clase de los *metalogismos** pues afecta a la lógica del *discurso**. Va acompañada de *énfasis**, realza las ideas, y la vehemencia con que se enuncia produce una impresion emotiva.

CONMORACIÓN. V. AMPLIFICACIÓN.

CONMUTACIÓN. V. PERMUTACIÓN.

CONMUTADOR. V. EMBRAGUE.

CONNOTACIÓN (y denotación, metalenguaje, semiótica denotativa, semiótica connotativa, metasemiótica, semiótica no científica).

Significado* adicional, sentido secundario proveniente de asociaciones emocionales y valoraciones que acompañan, superpuestas, al significado básico. El *contexto** social y regional suele condicionar la selección de las connotaciones, y, cuando son individuales, pueden ser vistas como rasgos de estilo.

Propiedad que poseen los *signos** de agregar un segundo (o tercero, etc.) significado, al significado *denotativo* que es inmediatamente referencial: el de las *palabras** en los diccionarios; es decir, un *sentido segundo* (en HJELMSLEV) cuyo significado está constituido por un signo o *sistema de significación* primero*, que es la *denotación*. La connotación, a diferencia de la denotación, aparece en el *proceso** discursivo.

Roland BARTHES explica esta noción hjelmsleviana diciendo que todo *mensaje** comprende, al menos, un *plano de la expresión** (de los *significantes**) y un *plano del contenido** (de los *significados**), los cuales, juntos, constituyen un signo (o conjunto de signos). Ahora bien: todo mensaje de este tipo *elemental* (que sólo comprenda estos dos planos), puede convertirse en el plano de la expresión de un segundo mensaje, de modo que el signo que es el primer mensaje (con sus dos planos) re-

106

sulte ser sólo el significante del segundo mensaje. El segundo mensaje que de ello resulta ha sido denominado por HJELMSLEV *semiótica connotativa*. Semiótica connotativa se opone a *metalenguaje**. En el metalenguaje, el signo del primer mensaje resulta ser el significado (y no el significante) del segundo mensaje.

El plano de la expresión corresponde, en términos de SAUSSURRE, al significante (los *fonemas** de *mesa*, por ejemplo), y el plano del contenido, al significado (la idea de *mesa*).

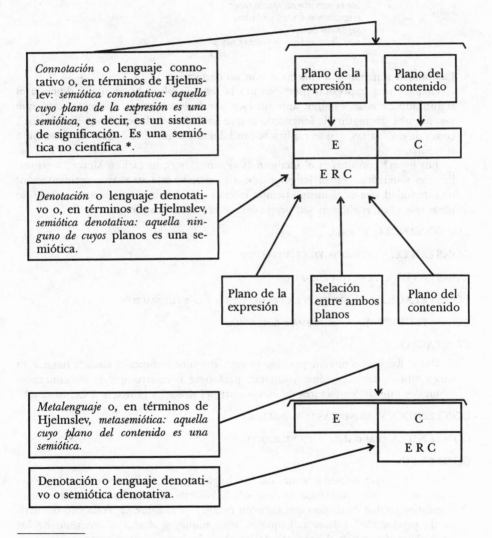

Connotación o lenguaje connotativo o, en términos de Hjelmslev: *semiótica connotativa: aquella cuyo plano de la expresión es una semiótica,* es decir, es un sistema de significación. Es una semiótica no científica *.

Denotación o lenguaje denotativo o, en términos de Hjelmslev, *semiótica denotativa: aquella ninguno de cuyos planos es una semiótica.*

Plano de la expresión

Plano del contenido

E

C

E R C

Plano de la expresión

Relación entre ambos planos

Plano del contenido

Metalenguaje o, en términos de Hjelmslev, *metasemiótica: aquella cuyo plano del contenido es una semiótica.*

Denotación o lenguaje denotativo o semiótica denotativa.

E

C

E R C

---

* La semiótica connotativa es una semiótica no científica, una semiótica que no es una operación porque es una descripción que no está de acuerdo con el principio empírico que exige que la descripción esté libre de contradicción y que sea exhaustiva y simple.

O, en términos de BARTHES: un metalenguaje es un sistema cuyo plano del contenido está constituido por un sistema de significación.

En otras palabras: cuando la expresión aislada *mesa* (el significante) nos hace evocar la idea de *mesa* (el significado), estamos ante un ejemplo de *denotación*.

Cuando la expresión mesa (significante y significado, es decir, el signo completo) nos hace evocar por asociación de ideas, en un *contexto**, un segundo significado, estamos ante un ejemplo de *connotación* como en:

> Mesa servida en que navego
> engullendo frutos yodados,
> *hogar del libre,*
> *mar desceñido que no conoce litorales.*
> NERUDA

La connotación remite a conceptos aún no denotados.

Cuando una expresión (por ejemplo la frase "tablero horizontal") describe el significado de *mesa*, estamos ante un ejemplo de *metalenguaje*, concepto, éste, que nos permite distinguir "la lengua de la que hablamos de la lengua que hablamos", como dice GREIMAS, y que explica la posibilidad de que una *lengua** se describa a sí misma.

Los *tropos** constituyen el medio más violento de connotación. Merced a su utilización sistemática en el lenguaje poético, alcanza éste su mayor condensación; una densidad que es al mismo tiempo intensa y profunda, pues las asociaciones de ideas que ellos establecen son originales, imprevistas, novedosas.

CONSONANCIA. V. RIMA.

CONSTANTE. V. FUNCIÓN EN GLOSEMÁTICA.

CONSTATIVO. V. ACTO DE HABLA.

CONSTELACIÓN. V. FUNCIÓN EN GLOSEMÁTICA y CONFIGURACIÓN.

CONSTITUYENTE. V. MORFEMA y SINTAGMA.

CONTACTO.

Canal físico o conexión psicológica que, durante la función fática*, tiene a su cargo tanto establecer como constatar, prolongar o interrumpir la comunicación —pues es uno de los factores de ésta— entre el *emisor** y el *receptor** del *mensaje**.

CONTENIDO. V. SIGNIFICANTE Y ANÁLISIS.

CONTENIDO, plano del. V. SIGNIFICANTE.

CONTEXTO.

Contorno que enmarca a una unidad lingüística en el sitio concreto de su *actualización** y que condiciona su *función**. El *contexto* no es solamente el contorno lingüístico intratextual, sino que también recibe este nombre el "contorno discursivo de producción" (MIGNOLO), que es más amplio y abarca el conjunto de las otras obras del *autor** el conjunto de las obras literarias contemporáneas, los conjuntos de *signos** de las otras *series** (socioculturales), el contorno que enmarca la situación pragmática del *hablante**.

La relación entre *texto** y contexto ofrece dos aspectos: el contexto, de alguna manera (que el analista debe descubrir y describir) condiciona al texto; éste produce sobre aquél ciertos efectos que también hay que identificar y definir.

Para Luis PRIETO, el contexto es el "conjunto de los hechos conocidos por el *receptor** en el momento en que el acto sémico tiene lugar, e independientemente de éste"; es decir, define el concepto a partir de la posibilidad de descodificación del *mensaje**.

CONTEXTUAL, sema. V. SEMA.

CONTEXTUALIZACIÓN. V. TEXTO.

CONTRACCIÓN (o sinalefa*, elisión, crasis*, haplología, sístole*).

Fenómeno de reducción fonética que resulta de articular en una sola sílaba, como diptongo, ya sea dos vocales *alcol* (por alcohol) (que podrían, dentro de una *palabra**, pronunciarse separadamente, en cuyo caso se trataría del *hiato**), ya sea que pertenezcan a dos palabras, y entonces es una *sinalefa** ("nunca en tal me vi"); ya sea que se produzca la pérdida de una de las vocales (a + él = al), caso éste al que en español con mayor frecuencia se llama *contracción*, que en otras lenguas se llama *elisión* (como la pérdida de la vocal del artículo, antes de palabra que empieza con vocal: l'hambre, que también se da en italiano [l'aereo] o en francés [l'-enoncé], y también suele llamarse *crasis**, como en griego). Este tipo de contracción con pérdida (crasis) podría abarcar *frases**, como cuando decimos: "operación medicamentos para Nicaragua" (por: operación dedicada a la colecta de…), o bien "va que vuela" (por "va tan rápido que parece que vuela").

Otro caso de contracción sería la *haplología* descrita por BLOOMFIELD y por HJELMSLEV como la supresión de una de dos sílabas compuestas por las mismas vocales y/o consonantes: *idolatría* (por *idololatría),* es decir, debido a su parecido (tragico(co) media). SAINZ DE ROBLES pone como ejemplo de haplología *autobús* (de automovil y ónmibus). También constituyen formas de contracción ciertos tipos de *sístole**. En griego y en latín consiste en abreviar una vocal larga por exigencia del *metro**, y, en español, en la contracción gramaticalizada de ciertos *morfemas** o de palabras:

a + el = al,

de + el = del,

vuestra merced = usted,

esto otro = estotro.

Igualmente son contracciones las abreviaturas:

Sria. (por secretaria).

(V. CRASIS* y BORRADURA*).

CONTRADEFINICIÓN. V. CORRECCIÓN.

CONTRADICCIÓN (y contrariedad, implicación simple y doble, implícito, sobreentendido, explícito, implicitación conversacional, presuposición, complementariedad).

La relación de *contradicción* ocurre cuando un término niega a otro: "perfecto/imperfecto~", "verde/no verde". "La presencia de un término presupone la au-

contradicción

sencia del otro y a la inversa", dice GREIMAS. La contradicción es un *enunciado** falso y aun absurdo: "todo lo que me gusta no me gusta", "mi hermano tiene un dolor de muelas en la punta del pie", son ejemplos que pone LEECH.

La relación de *contrariedad* u oposición es una relación de presuposición semántica recíproca, que se da cuando los términos son contrarios o antónimos. La presencia de uno de ellos (*bueno*) presupone la presencia del otro (*malo*) y también la ausencia del uno presupone la ausencia del otro.

La *implicación* es la relación lógica (necesaria para el análisis del *sentido** en *semiótica**) dada entre dos términos o entre dos proposiciones cuando la primera de ellas presupone, como consecuencia necesaria, la existencia de la segunda. La primera implica a la segunda de modo que es imposible afirmar la primera y negar la segunda: "Todos los hombres son mortales; Juan es mortal". Para diferenciarla de la implicación *doble*, suele llamarse a esta relación implicación *simple*. La relación es de doble implicación cuando ambas proposiciones se implican recíprocamente: "causa/efecto". Algunos llaman de *equivalencia* o de *implicación bilateral* a esta relación que, en HJELMSLEV, es la de *interdependencia* o presuposición mutua, que se da cuando los *funtivos son solidarios* (relación de *solidaridad**), en el *decurso* o *proceso**, o cuando son *complementarios* (relación de *complementariedad**), en el *sistema**. V. FUNCIÓN*.)

La noción de implícito es de naturaleza diferente a la noción de implicación y da origen a la oposición *explícito/implícito*, cuya mejor descripción se debe a DUCROT: Lo explícito es lo expresado, lo dado a conocer, lo manifiesto por el *discurso**, es decir, utilizando *el código** de la *lengua**. Lo implícito es un *significado** "sobreañadido a otro significado literal"; es aquella información proporcionada de cierto modo que permite negar la responsabilidad de su *enunciación**; negación originada, como una necesidad, en los numerosos tabúes lingüísticos que padecen inclusive las colectividades de apariencia más liberal y los individuos más libres. Tales tabúes son tanto *palabras** como *temas**, que no necesariamente son objeto de prohibición por sí mismos, sino que es el hecho de comunicarlos el que se juzga reprensible. Por ello, y en virtud de que hacer explícita una información "sería jactarse, quejarse, humillarse, humillar al interlocutor, herirlo, provocarlo, etcétera", existe la exigencia de contar con "modos de expresión implícita, que permitan dar a entender algo sin incurrir en la responsabilidad de haberlo dicho". Otra circunstancia que da origen a lo implícito es el deseo de evitar que una información sea discutida o refutada.

Existen procedimientos de *implicitación*, los cuales se agrupan en dos categorías:

a) lo implícito del *enunciado**, interno, dado en su organización y necesario para su coherencia;

b) lo implícito basado en la enunciación, exterior a la *significacion** del enunciado.

Lo implícito del enunciado se basa en el *contenido** del mismo, y consiste en presentar un hecho distinto para que aparezca como causa o como consecuencia necesaria del hecho que se quiere dar a entender, decir: "ya se me hizo tarde", para dar a entender: "no puedo continuar atendiéndote". De esta clase de implícito hay variantes más sutiles, como por ejemplo expresar un silogismo incompleto, sin formular una premisa necesaria: "Habló María, ¿qué problema tendrá?" (implícito: "sólo habla por interés").

110

Lo implícito basado en la enunciación cuestiona el hecho de la enunciación y se basa en ella. Este implícito se llama también "sobreentendido del discurso" y no es, como el anterior, prolongación o complemento de lo explícito, sino condición de existencia del acto de enunciación, de su legitimidad conforme a las reglas a que se somete su realización. En efecto, la enunciación no es un acto libre sino sometido a condiciones que permiten, o no, hablar; que permiten hacerlo de una y no de otra manera. Y no es tampoco un acto gratuito (no hablamos por hablar) sino motivado por una necesidad o un propósito. Así, hablar de un tema dado a alguien, deja implícita su propia motivación: que al *interlocutor** le interesa oír, y dar una orden deja implícito que existe una jerarquía de la que forman parte el *emisor** y el *receptor** y que aquél tiene autoridad para dar órdenes. En los sobreentendidos coexisten la significación implícita y la significación literal del enunciado. "Son las doce" significa "son las doce" y significa "ya debemos irnos". Esta segunda significación es construida por el interlocutor mediante un razonamiento y a partir de la significación literal que es la única de la que el *locutor** desea responsabilizarse, pero que contiene los datos necesarios para que el interlocutor llegue a las conclusiones previstas, pues por su medio se dice algo sin decirlo, aunque la implicitación no producida por lo que se dice, sino por el decir lo que se dice (lo dicho puede ser verdadero y lo implicado falso, y a la inversa).

Lo implícito puede ser manifestado de manera involuntaria, no prevista por el emisor. Por ejemplo, una pregunta manifiesta un interés del que no necesariamente tiene conciencia el locutor.

Por otra parte, lo implícito puede ser objeto de "manipulación estilística" cuando se propone suscitar un efecto, como en el caso de la *interrogación retórica** que no se dirige a obtener una respuesta o que expresa incertidumbre o afirmación o negación de una idea. Aquí nos hallamos ya ante el caso de la *connotación** hjelmsleviana.

H. Paul GRICE distingue entre la implicitación convencional (cuyo sentido está estrechamente ligado al sentido convencional de las *palabras**) y una subclase de implicitación a la que llama conversacional, ya sea la particularizada (dada en situación y *contexto** precisos), o la generalizada (en la que está ausente toda circunstancia particular). Esta implicitación, como la convencional ("es inglés, luego es valiente", donde está implícito "es valiente porque es inglés") deja entender algo diferente de lo que dice, pero para identificar su sobreentendido se requiere conocer la identidad de los interlocutores, el momento de la enunciación y el sentido de las expresiones en la particular situación de la enunciación.

La implicitación conversacional y el modo como se produce aparecen ligados a la existencia de ciertos rasgos generales del discurso, que tienden a lograr la máxima eficacia en un intercambio de información y que parecen establecidos por la costumbre en situaciones en que los participantes poseen una meta común inmediata (aunque quiza no una mediata), cada uno se identifica momentáneamente con los intereses del otro, sus respectivas contribuciones se imbrican y son interdependientes, y se sobreentiende que la transacción debe continuar o suspenderse conforme ambas partes convengan.

Es un rasgo general del discurso la necesidad de observancia del "principio de cooperación" (CP, *"cooperative principle"*) que exige que la contribución conversacional de cada participante corresponda a las características de cada etapa de la

contradicción

conversación. Tal correspondencia se produce conforme a tres reglas concernientes a "lo que se dice": *1)* de *cantidad* (qué tanta información se requiere y debe, por ello, proporcionarse —ni más, ni menos— atendiendo al momento coyuntural del intercambio comunicativo). *2)* De *calidad* (ya que la contribución debe ser *verídica*: no afirmar lo que se cree falso ni lo que no se puede probar). *3)* De *relación* (que la contribución sea pertinente, sea a propósito, venga al caso). Y se produce también —la correspondencia— conforme a una cuarta regla: la de *modalidad*, que es una regla concerniente a cómo debe decirse lo que se dice (ser claro, ser breve, ser metódico al procurar la contribución conversacional).

Estas reglas habituales, requeridas por la razón para alcanzar la meta esencial de la conversacion (dar y/o recibir información e influencia) pueden ser transgredidas de muchos modos con el objeto de inducir a error o manipular (ya que la conversación puede ser una disputa). En tal caso la implicitación conversacional resulta anulada.

Estos tipos de implícito son distintos de la *presuposición*. DUCROT considera la presuposición no sólo como condición de empleo de la lengua ("el gato está sobre la alfombra" presupone que hay un gato en la habitacion), sino como un elemento perteneciente a la significación, que forma parte de la significación literal del enunciado, que cohesiona las ideas, que posee un carácter pragmático porque da cuenta de la actitud asumida por el locutor acerca de su propio dicho (pues "los presupuestos de un *texto** remiten a hipótesis hechas por el productor del texto en cuanto a la situación de enunciación", a la vez que obligan al interlocutor a aceptar los presupuestos del locutor si desea tomar parte en el diálogo), y que constituye una clase particular de acto *ilocutorio* (V. ACTO DE HABLA*). Este autor distingue la presuposición de todos los tipos de implícitos, ya que para ser captada no requiere de ningún factor o procedimiento aparte de los normales mecanismos de comprensión.

En la presuposición, la significación dada coexiste con la presupuesta: "Juan dejó de fumar" significa "Juan dejo de fumar" y significa "Juan fumaba antes". La presuposición se mantiene al pasar el enunciado a sus formas interrogativa y negativa (en "¿Dejó de fumar Juan?" y en "Juan no ha dejado de fumar" se mantiene el presupuesto: "Juan fumaba antes"). Los presupuestos de los enunciados permanecen exteriores a su encadenamiento con otros enunciados ("Juan dejó de fumar cuando el médico se lo prescribió debido a que tenía afectadas las coronarias" es una cadena de enunciados en la que se mantiene el mismo presupuesto: "Juan fumaba antes"). Los presupuestos se caracterizan por su relación, tanto con la *redundancia** del discurso como con la dosis de nueva información dada (que permite que se cumpla con la condición de *progreso* del discurso) pues los presupuestos retoman las informaciones anteriores o presentan informaciones nuevas como si hubieran sido objeto de informaciones anteriores; los contenidos presupuestos aseguran la coherencia, mientras los contenidos dados aseguran la condicion de progreso. En fin, la presuposición se relaciona con la interrogación debido a que en toda pregunta, y en todas sus posibles respuestas, aparecen los mismos presupuestos ("¿Dónde puso el cuerpo de su mujer?" presupone "Usted puso el cuerpo de su mujer en alguna parte"; "¿Quién le dio el arma?" presupone "alguien le dio el arma", ejemplifica DUCROT). (V. también INSINUACIÓN*.)

CONTRAFACTIVIDAD. V. MODALIDAD.

CONTRAGRADACIÓN. V. GRADACIÓN.

CONTRAPUNTO.

Estructura* narrativa cuya especificidad estriba en la dominancia de la combinación alternante de voces y, por ende, de *puntos de vista** y *visiones del mundo**, de los *interlocutores** en una *novela**. En Sud América se llama así el desafío de cantores o poetas populares. También se usa para designar la combinación de melodías en la música.

CONTRARIEDAD. V. CONTRADICCIÓN.

CONTRASTE. V. ANTÍTESIS.

"CONTREPET" o "CONTREPETERIE". V. ANAGRAMA.

"CONVERSIO". V. PERMUTACIÓN.

CONVERSIÓN. V. EPÍFORA y REPETICIÓN.

COORDINACIÓN (y subordinación).

En la *sintaxis** es un procedimiento de expansión del *discurso**, que relaciona entre sí unidades independientes porque cumplen la misma función: *coordinadas*. Se opone a *subordinación* que relaciona unidades dependientes: *subordinantes* con *subordinadas*.

CORRECCIÓN (o epanortosis, antorismo, contradefinición, metanoia, prodiortosis, epidiortosis, anfidiortosis, epitimesis, resipiscencia).

Figura* de pensamiento porque afecta a la lógica del *discurso**. Es un tipo de *gradación** con repetición correctiva, una especie de *anadiplosis** progresiva y rectificadora, que explica y amplifica y sustituye la expresión inicial:

> Tu virgen corazón vibra *de saña,*
> *de santa saña* porque no tuviste
> lo que pidio tu amor cuando naciste...
> Ramón DE BASTERRA

En este ejemplo la corrección se da mediante un sinónimo encarecedor.

También puede consistir la corrección en rectificar rechazando y sustituyendo una expresión que parece audaz, inconveniente, débil, inexacta o chocante, por otra más apropiada por convencional, conveniente, enérgica, precisa o atenuante. En este caso produce el efecto de una retractación:

> ¿Llegare? Sí; *pero no;*
> *que es Ja reliquia divina*
> *y mi humilde boca indina*
> *de tocalla...*
> Tirso DE MOLINA

En el siguiente ejemplo produce un efecto intensificador de la energía:

> Por mi finado que ya está muerto, por mí que todavía estoy viva, *no me importa*, ni hubiera reclamado nada a nuestro Supremo Dictador. *Pero tengo doce hijos*, y el mayorcito

correferencia

sólo cerró los quince. Toca el tambor en la banda del Cuartel del Hospital. Yo *soy lavandera, pero lo que gano* con los trapos sucios de la gente de arriba *no nos va a alcanzar más* para vivir con mis hijuelitos. Pero esto tampoco me importa demasiado, Supremo Señor. *Lo que mucho me importa y más que nada me importa,* es que por culpa de la calumnia y malicia de la gente mala no pueda enterrar cristianamente a mi llorado finado...

Roa Bastos

La corrección puede contener una *antítesis**:

> Y yo debo *olvidarte,*
> más bien *aborrecerte;*

También puede atenuar una *ironía**:

> Yo pienso que muerto está
> *de risa, aunque al fin el miedo*
> *comienza a templarle ya*
> *la diversión...*

combinarse con *interrogacion**:

> ¡Cielos! ¿Qué escucho? ¿Qué veo?
> ¿Esta noche? ¡Hay más ventura!
> ¿Si lo sueño? ¿Si es locura?
> *No es posible; no lo creo.*
> Tirso de Molina

Sainz de Robles cita la *resipiscencia* como autocorrección:

> Llegué tarde, aunque, más bien, todos llegamos tarde.

También ha sido utilizada la corrección como recurso para la *amplificación**, sobre todo en la Edad Media.

Los griegos consideraron que la corrección puede anteceder a la expresión que aparenta ser desafortunada, como una preparación del *emisor** que desea evitar herir la susceptibilidad del *receptor**, amortiguando anticipadamente el efecto. En tal caso se llama *prodiortosis* y puede consistir en una declaración expresa de la subsecuente audacia, inconveniencia, etc. Si aparece con posterioridad se denomina *epidiortosis* y tiende a mitigar el efecto ya producido en el receptor. Si la corrección aparece en medio de dos expresiones chocantes, o bien antes y después de una de ellas, recibe el nombre de *anfidiortosis.*

En suma, es una *metábola** de la clase de los *metalogismos** porque altera el sentido lógico del proceso discursivo, y se produce por supresión/adicion, es decir, por *sustitución** de expresiones de *sentido** diverso u opuesto.

La corrección que, en el *diálogo**, procede del contrincante, se llama *antorismo* o *contradefinición* o definicion correctora de la parte contraria. *Epitimesis* y *metanoia* son otros nombres de la corrección mencionados por Lausberg.

CORREFERENCIA.

En la acepcion vulgar, los *signos** lingüísticos idénticos o diferentes son correferentes cuando, al estar situados, contiguos o distantes, en la cadena discursiva, se refieren a un mismo objeto extralingüístico. (V. referente*); pero, si se considera al referente no como un objeto del mundo real, sino como el objeto mediado por el "proceso de conocimiento", es decir, por la "conceptualización o asignación de *sentido**, entonces "la correferencia se desvanece", dice GREIMAS, pues la *referencia** no es a un objeto extralingüístico sino a un objeto semiótico, a un concepto, y este tipo de referencia está a cargo de los elementos anafóricos del *discurso**. (V. ANÁFORA).

CORRELACIÓN. V. FUNCIÓN EN GLOSEMÁTICA.

CORRELATIVO, POEMA. V. SÍNQUISIS.

CORRELATO. V. FUNCIÓN EN GLOSEMÁTICA.

CORRIENTE DE CONCIENCIA. V. MONÓLOGO.

"COUPLING" (ingl.). V. PARALELISMO.

CRASIS. (o **"mot valise", o palabra "sandwich"**).

Figura* retórica que consiste en formar una *palabra** nueva mediante la yuxtaposición de otras dos o más que generalmente se traslapan por *contracción** (pérdida de letras o de sílabas):

> La secretaria Stafford (marca de tinta de escritorio) stafformidable.

con lo que produce una amalgama de *significados** no necesariamente de valor metafórico ya que, como hace notar Phillipe DUBOIS, el *"mot valise* procede de la intersección de dos significados, si bien esta figura puede coincidir con otras como el *oxímoron**, la *metonimia**, el *pleonasmo**, etc.

En *stafford*midable *las* siete letras cursivas forman parte de la palabra Stafford que aparece en la expresión que resulta de fusionar las otras dos: está formidable. La intersección parcial de los *significantes** produce una contaminación de los *sentidos**.

Se trata pues de una *metábola** de la clase de los *metataxas**, porque además de alterar los *fonemas** de palabras que poseen algún elemento en común y que entran en la yuxtaposición (*nivel** fónico/fonológico), altera los límites entre los elementos de la *frase**, de modo que ésta queda resumida en una palabra. Se produce por *adición** simple. Las palabras se modifican no sólo porque se prolongan y forman compuestos nuevos que varían su *significación**, sino también porque al unirse se interpenetran y pierden letras. En tal caso se agrega, además, un fenómeno de *supresión** parcial. Cuando en el fenómeno intervienen más de dos palabras y una de ellas queda íntegra, el tipo de encastre es el denominado *palabra sandwich*, como la que aparece en un poema de Luis NOYOLA:

> Y una vetusta sirena
> se recubre como esfinge
> y exhala de su laringe
> *musinausicantilena*

en el que se conserva completo el nombre de Nausica, la hija del rey Alcino que en la *Odisea* acoge a Ulises después de que éste naufraga; se conserva también *cantilena* y, en fin, se conserva *música* (*musi*nausica*ntilena*) aunque con intercalación de otros elementos y la repetición de una sílaba: *si*. Es evidente que la facilidad de la lectura de la crasis está relacionada con la facilidad con que se desmontan sus piezas.

Otros ejemplos:

Los *sonesombres* y las *coplasolas*
Nicolás GUILLÉN

y el lema publicitario:

Salchichas hechas a *Swantojo*

donde *Swan* es la marca.

La supresión de una de dos sílabas iguales, dentro de una sola palabra, es un tipo de *contracción** que suele hallarse en muchos ejemplos de crasis y ha sido llamado *haplología* por BLOOMFIELD:

ido (lo) latría

Otro tipo de contracción es la ya gramaticalizada de ciertos *morfemas** o palabras:
a+el=al

La abreviatura es otro tipo de contracción:

Sra. (por señora)

Tales fenómenos ya son habitualmente llamados contracciones en español, por lo que parece mejor denominar a la figura descrita aquí *crasis* ampliando el sentido de esta figura griega (contracción o diptongación de vocales entre dos palabras) hasta hacerlo equivalente al del *mot valise* del francés y al de la "palabra *sandwich*" del inglés, en las que no necesariamente se pierden letras.

QUEVEDO escribió (con simple yuxtaposición):

Resucitalascallando
Matalashablando
Matalascallando

José Juan TABLADA escribió (con intercalación):

tu *blenomegalorragia*
algo de tétrico tiene,
que a muchos entes contagia.

Un ejemplo con intersección sería: "(*nause* (*abunda*) *ncia*) " donde se conserva la totalidad de cada elemento. Los estudiantes hablan siempre de *vagaciones* (vacaciones), ejemplo de imbricación de significantes con efecto de sentido metonímico o aluden al precario estado de *equilebrio* que muchos muestran al final de las fiestas (donde los metaplasmos son también ejemplos de *lenguaje infantil**) en que el efecto semántico es de *oxímoron**.

Cuando uno de los términos se altera para dar lugar a dos interpretaciones, la crasis se combina con el *juego de palabras**:

El *rediezcubrimiento* de América

se titula una versión hilarante de la historia en la que el efecto de sentido es más complejo y es metalógico, ya que alude a un *redescubrimiento* hecho con humor logrado a expensas de los españoles (identificados por el *rediez*).

Los escritores, principalmente los franceses, han mostrado muchas veces predilección por la crasis o *"mot valise"* que, por ello mismo, ha sido designada de muchas maneras que Phillipe DUBOIS se ha encargado de registrar a partir de los estudios de MONCELET y de LEBENSZTEJN: *"mot-composité"*, *"mot-centaure"*, *"mot-*

contracté", "mot-téléscopé", "mot-tiroir", "acronyme" (que no coincide con el *acrónimo**
nuestro), *"mot-fermenté", "mot-gigogne", "mots-greffes", "mots phagocytés; "mots-a(i)mants"*
"signifiancés", "béles-a-deux-mots", "osmots", "motscroasés", "amalgrammes", "mots-a-coulis-
se", "mots embóites", "portmanteauword" (esta última inventada por Lewis CARROL).

DUBOIS mismo habla de crasis en que las unidades son letras (*"lettres-valises"*),
de las que en español sería un ejemplo el anuncio:

$$
\text{F}
\begin{matrix}
\text{ume} \\
\text{ino} \\
\text{ume} \\
\text{ama}
\end{matrix}
$$

La *Rhétorique générale* pone ejemplos equivalentes entre los *metaplasmos** por
adición (y les llama *"mot-valise"*) y entre los metataxas por supresión (y les llama
"crasis"). Como ya vimos, también existe la crasis que altera la frase por adición,
con o sin supresión de letras.

CRONÉMICO, verso. V. RITMO.

CRONOGRAFÍA. V. DESCRIPCIÓN.

CRONOTOPO (interno y externo, y reversión histórica).

En 1925 Mijaíl BAJTÍN escuchó del científico soviético UJTOMSKI la descripción
del concepto de *cronotopo* que éste acuño basándose en la biología y en la teoría
de la relatividad, término que más tarde él mismo habría de reformular y adaptar
al campo de la *cultura** y, sobre todo, como una categoría de *forma** y *contenido**;
la noción de tiempo/espacio. En otras palabras: "la intervinculación esencial de las
relaciones temporales y espaciales, asimiladas artísticamente en la *literatura**" merced a la "indivisibilidad del espacio y el tiempo", considerando al tiempo como "la
cuarta dimensión del espacio" y a ambos como *socializados*.

Se trata, pues, de una *unidad indisoluble* en la que se compenetran lógica y recíprocamente la geografía y su propia historia, captadas y comunicadas ambas por
la sociedad a través del lenguaje de sus individuos. Es posible concebir el tiempo
como histórico, cuando es objeto de un desarrollo temporal (esa es la *dimensión
temporal* de la unidad), y ese tiempo histórico se da en un espacio (luego la unidad
tiene una *dimensión espacial*), y ese espacio queda marcado por las señales del desarrollo de la historia humana, (lo cual agrega a la *unidad* la *dimensión social* que
conlleva la dinámica, la ideología y los valores de cada sociedad). Cada lugar posee un carácter histórico, y su *unidad* se localiza y define siempre, necesariamente,
como historia ubicada en una geografía, ambas socializadas, lo cual equivale a decir que la unidad está hecha de *tiempo*, de *espacio* y de *sociedad* (orden, mentalida-
des, cultura), que resultan inseparables.

En distintas obras, pero principalmente en sus libros *Estética de la creación verbal*
y *Problemas literarios y estéticos*, BAJTÍN propone una clasificación histórica de las variedades de la *novela**, atendiendo al principio de la estructuración que conduce al
artista a pergeñar al *héroe**.

En *Estética de la creación verbal* (a:214-247), a partir de una primera distinción
entre la novela de *vagabundeo* (el naturalismo de la antigüedad clásica, la picaresca
europea, la novela de aventuras del siglo XIX —su descendiente—), y la novela de

pruebas (la bizantina, nacida de la segunda sofística: agiográfica, de caballerías, barroca —heroica, de aventuras y sentimental patético/sicologista—), llega, al final de este segundo tipo (novela de pruebas), a la novela de *desarrollo* (segunda mitad del siglo XVIII).

Así pues, el héroe puede aparecer como: *1)* preestablecido e invariable; *2)* dinámico, que se transforma; *3)* biográfico y autobiográfico, en que la transformación ocurre dentro del tipo biográfico; *4)* en la novela didáctico/pedagógica, que muestra un proceso educativo apoyado en alguna idea pedagógica, y *5)* que revela la relación dada entre el desarrollo del individuo y el devenir histórico, ya que el individuo es un ser social (generado por la sociedad con su conflictividad y sus sociolectos). Es decir: las transformaciones son gobernadas por la orientación histórica de la cultura de esa sociedad en ese lugar dado, por las prácticas sociales que generan la estamentación, los sociolectos, el dinamismo y los cambios mismos. Para BAJTÍN, "el movimiento del tiempo " está dado en "el argumento de la historia". Su ejemplo de este último tipo es la novela realista, a partir de GÖETHE (a:214). En ella el hombre se transforma junto con el mundo, pues se trata de un hombre ubicado "sobre el límite entre dos épocas", por lo que el cambio se da, tanto dentro del hombre como a través de él. Este tipo de héroe posee una existencia histórica ya que se ve obligado a transformarse porque cambian los fundamentos de su mundo. Todo ello da lugar a la aparición de la novela realista, que asimila "el tiempo histórico real junto con su carácter de necesidad, su futuro y su aspecto cronotópico".

El carácter cronotópico de un *texto** (resultante de la dinámica social) proviene del *autor** que es un individuo dentro del cual se libra la lucha entre tradición y ruptura de convenciones culturales. Su visión constituye el *punto de vista** de un hombre constructor, debido a que es capaz de captar un espacio, una zona dada junto con su contenido histórico/cultural, de modo que se obtenga de ella una especie de unidad histórico/geográfica en la que subyace también una imagen artística de héroe: el *personaje** con su atuendo sociocultural, dado sobre todo por su propio *lenguaje** (b:172) que es el recipiente y el vehículo de la cultura.

En el *discurso** artístico se fusionan los indicios temporales espaciales y sociales "en un todo consciente y concreto", y mientras "el tiempo (...) se condensa, se concreta y se hace artísticamente visible; el espacio, en cambio, se intensifica y se asocia al movimiento del tiempo" es decir, "del argumento de la historia". Mientras "los indicios del tiempo se revelan en el espacio, éste es asimilado y medido por el tiempo" (b:269) y en ambos queda representado el fenómeno sociocultural.

En el terreno de la creación verbal, la *cronotopía* debe tener correspondencia en los elementos estructurales del *texto*, pero ha de ser, esencialmente, una característica de la *visión del mundo*.

Sería, pues, posible que el lector contemplara, a través del *enunciador** (marcado por la sociedad, caldo de cultivo del que surge merced al lenguaje) de cada texto, asociados en su imaginación, cada época y cada punto geográfico en su calidad de cronotopo de la historia humana. Quizá podamos imaginar un ejemplo, si viéramos en el Valle de México el lugar —los lagos, los bosques, la diafanidad del aire, la urbe— por donde exploraba la inteligencia curiosa del príncipe NEZAHUALCÓYOTL y los asociáramos a las vicisitudes de su pueblo y de su vida y al estudio de sus poemas; o si tratáramos de descifrar ese mismo paisaje surgido como una deslumbrante revelación ante los ojos de Bernal Díaz del Castillo, asomado a él desde la atalaya del paso que media entre los volcanes legendarios, y si los relacionáramos con su biografía, con el mundo de donde él proviene, y con sus impresiones, sensaciones y opiniones, durante la lectura de su *Historia*; o si vinculáramos esa acuosa planicie, escenario de la gran batalla final y de la aprehensión de Cuauhtémoc, rememorando la historia de éste y teniendo presente el carácter de la sociedad nahua y el texto de la *Visión de los vencidos*; o si tuviéramos en mente el emplazamiento de la cosmopolita urbe a fines del siglo XVI, de calles de agua, o de tierra, o mixtas, al leer y al investigar a Bernardo de Balbuena en el mundo del que procede y aquél en el que se instala. En todos estos casos captaríamos planos que son épocas distintas plasmadas, cada una en cada obra; cada una con el espesor del arte, la historia, el tiempo, el espacio, la singularidad biográfica del escritor en su calidad de producto de la sociedad y su circunstancia. Es decir: serían ejemplos del horizonte espacio/temporal y cognitivo/axiológico compartido por los *interlocutores*, el emisor y el lector, y tendrían que venir de un emisor, del narrador..

Para Bajtín, la relación dada entre las etapas históricas sucesivas y el sitio geográfico —dentro de la unidad del cronotopo— responde a una lógica en la que posee carácter de "necesariedad" el vínculo que liga a los tiempos entre sí y al tiempo con el espacio, es decir, al tiempo *localizado* que se nos da mediante el lenguaje tanto individual como social.

Ya en Göethe resulta posible, dice este autor, distinguir la "plenitud del tiempo" que se nos revela como fusión —dada en la memoria— del pasado con el presente (b):339-340) "se requiere un mínimo de plenitud del tiempo en toda imagen temporal. Las imágenes de la literatura son imágenes del tiempo. No se puede hablar de reflejo de la época fuera del nexo con el pasado y con el futuro; fuera de la plenitud del tiempo. Donde no hay marcha del tiempo, tampoco hay momento del tiempo". Se trata de capturar la presencia de ciertos *signos** del tiempo visibles en el espacio socializado (marcados por la sociedad, a través del narrador, en el texto), e interrelacionados con él de modo inseparable. El tiempo de un suceso es inseparable del lugar donde *tuvo lugar* tal suceso. Allí se capta, dice Bajtín (para quien sea capaz de entenderlo), la calidad activa y creativa de la permanencia del pretérito en el presente, y de la inclusión del futuro en el tiempo localizado.

En la novela antigua (b):339-340) —como después, en la costumbrista de aventuras y de caballerías— hay un mínimo de plenitud del tiempo que ofrece un doble carácter: *1)* "tiene sus raíces en la plenitud mitológica popular del tiempo" aunque tales formas temporales estaban ya en una fase de descomposición; *2)* "contiene débiles embriones de nuevas formas de plenitud temporal" que se vinculan con la "revelación de las contradicciones sociales". Toda revelación de estas contradicciones "hace avanzar indefectiblemente hacia el futuro". Ciertas peculiaridades del sentimiento del tiempo propiciaron el desarrollo de formas e imágenes literarias tales como la *reversión histórica* (en ruso *inversia*, que se ha traducido como *inversión*, término que se presta a *ambigüedad** léxica. por lo que considero más conveniente en español *reversión*), la *escatología* y el *cronotopo* (b):342).

La *reversión histórica* consiste en un retorno al pensamiento mitológico en búsqueda de ideales de justicia, perfección o armonía del hombre y de la sociedad; es una evocación que dota de existencia a tales valores, de modo que el futuro anhe-

cronotopo

lado adquiere el poder de conferir realidad al presente. Lo que se supone deseable y factible en el futuro, se representa como ya dado, a veces en lugares lejanos y, siempre, en el pretérito; de donde éste resulta enriquecido. Esto ocurre porque pensar al hombre como un ser provisto de una grandeza propia, suya y del pueblo, "responde a una exigencia de perfección que está en la naturaleza humana y en el realismo folclórico que es fuente inagotable de realismo en la literatura", dice BAJTÍN (b:344).

La *escatología*, por otra parte, devalúa el presente y dota de valor y existencia el futuro al ubicar la realización de este ideal en un mañana visto como final: final de esta vida y "advenimiento del reino de Dios", "crepúsculo de los dioses", catástrofe y nuevo caos, o, en un fin, un "más allá" donde se ubica la realización del deseo que idealiza principios y valores en un plano extratemporal y eterno para satisfacer el hambre humana de trascendencia.

Volviendo a GÖETHE, BAJTÍN ejemplifica ampliamente su concepto de cronotopo en la obra de este autor a cuya visión atribuye un "carácter excepcionalmente cronotópico", dado que para GÖETHE todas las ideas y todos los objetos cobran sentido en el tiempo creativo o históricamente productivo que los marca, los satura y los evidencia como unidades de tiempo/espacio (como cronotopos), dejándolos así "a salvo de la muerte, la inmovilidad y la congelación". La imaginación creadora del artista se subordina (sobre todo, primero en la novela de educación, y luego en la novela realista) a la lógica que preside la unidad inseparable de la geografía con su historia, mismas que se compenetran mutuamente. El paisaje que contempla GÖETHE no es una abstracción "impregnada del estado de ánimo del observador". Es, en cambio, un "fragmento de la historia de la humanidad" pues el tiempo histórico se concentra en un espacio, mientras los personajes se manifiestan como personas presentes en ese espacio al que humanizan, al que dan forma y marcan "con la huella elocuente del movimiento de la historia... predeterminando su curso posterior". Cada localidad se convierte, así, en un "segmento espacio/temporal", único, que se define geográfica e históricamente. La importancia de cada suceso proviene de que constituye "un momento esencial e intrasferible, en el tiempo, de la historia de la humanidad". Como resultado de la dinámica de tal proceso, el mundo y la historia se concretan, se cohesionan, se condensan y alimentan el posterior desarrollo, y generan el cambio, pues están preñados de futuro. Por otra parte, la realidad de la existencia del cronotopo orienta, limita y pondera la subjetividad del escritor al funcionar como su contrapeso, como amarra para su fantasía.

Por lo demás, el artista está inscrito en el cronotopo y lo marca. BAJTÍN pone como ejemplo la unidad del tiempo de la naturaleza y de la vida humana en ROUSSEAU, cronotopo que, comparado con la de GÖETHE resulta débil pues es idílico, es cíclico (ya que un día idílico es igual a otro día idílico) debido a que el tiempo biográfico no está plenamente integrado a la historia, y la unidad espacio/temporal no resulta necesariamente creativa. Los personajes no son constructores, su biografía es individual y su *argumento** es pobre. De allí que se conciba el futuro como una reversión histórica, como el utópico siglo de oro que es nostálgica evocación del pasado. Este cuadro carece de necesariedad, de duración y de irreversibilidad. Sus escenas campestres de trabajo idílico y de juego amoroso, triste o alegre, simplemente se caracterizan como apetecibles.

En el caso de la novela de caballería (que también contiene aventuras) se introduce un nuevo elemento que es lo maravilloso que radica en que lo que es la regular cotidianidad se altera de modo imprevisto, y lo inopinado y repentino, es decir lo maravilloso, se convierte en habitual. Lo inesperado pasa entonces a ser previsible (b:346).

Reconocemos, pues, el cronotopo, porque en él "cada acontecimiento es un momento localizado, esencial e intransferible" de *historia humana*. El pensamiento artístico de Walter SCOTT es, así, para BAJTÍN, de naturaleza cronotópica, ya que este autor "sabe leer el tiempo y el espacio". Igualmente se logra la plenitud del tiempo en la novela histórica, ya que este género (mediante el cual la literatura asimila el tiempo histórico real) exige que se supere el carácter cerrado del pasado, como puede observarse sobre todo en GÖETHE. En el pensamiento de este autor y en el desarrollo de la novela histórica, influyó el tiempo histórico popular debido al interés que en Alemania y en Inglaterra hubo por el folclor, es decir, por "la canción popular, el cuento, la leyenda heroica o mitológica", porque su presencia en la cultura imprimió una intensa marca humana en cada lugar geográfico. BAJTÍN (b):324) describe un *cronotopo interno*, de lo *enunciado**, que es la unidad tiempo/espacio de la vida representada, y un *cronotopo real, externo*, localizado en el foro, el ágora, la plaza: el escenario en que se realiza la representación de la vida.

CUADRADO semiótico (o cuadro semiótico y categoría semántica, deíxis, semiótica*).

Modelo* que diagrama o representa visualmente las posibilidades de articulación dadas entre las diferencias y oposiciones que ofrece una categoría semántica (cualquier *actante**, cualquier *modalidad** como *querer, poder*, etc.). (Una categoría semántica es una estructura elemental organizadora de la red de relaciones que constituye una *semiótica*).

La *semiótica** es una disciplina que siempre opera mediante procedimientos estructurales. Estos a veces proceden de otras disciplinas, como la lingüística, la lógica, la matemática. GREIMAS, a partir de la idea (de raíz saussuriana) de que no hay *significación** sino en la diferencia, ha iniciado el desarrollo de una "teoría de la relación" —aún no acabada— al tomar para la semiótica el *cuadrado* que se deriva del modelo aritmético de KLEIN, a semejanza de como se ha hecho también en la psicología (PIAGET) o en la antropología (LEVI-STRAUSS). Su propósito, al hacerlo, ha sido impulsar el desarrollo de la semiótica procurándole instrumentos lógicos precisos.

El cuadrado semiótico (CS) es un *metalenguaje** capaz de dar cuenta de otros *lenguajes**; es una "forma relacional, semánticamente organizadora y narrativamente estructurante" (PETITOT); una forma económica de generar oposiciones semánticas significativas. El CS da cuenta de la red de relaciones semánticas posibles, en su dimensión *paradigmática**, y da cuenta de los tipos de relaciones resultantes; es decir, representa la hipótesis de la "estructura elemental de la *significación**", pues es "un modelo de previsibilidad" que procura "las casillas vacías y las posiciones aún no investidas semánticamente" (GREIMAS). Permite identificar la significación en diferentes niveles (el de la *estructura profunda** —estructura lógico-matemática de un relato— y el de la *estructura superficial**), de modo que cada *nivel** tiene sus unidades, su organización y sus leyes, siendo el de la conversión de uno a otro nivel uno de los más arduos problemas que aún ofrece.

En el nivel de la estructura profunda lo que representa el CS es el microcos mos semántico que genera un *discurso** dado, ya que éste toma de aquél las categorías virtuales para actualizarlas. Por ello el CS es una *estructura** metalingüística y metalógica que "hace posible la organización y la formalización del metalenguaje semiótico mismo" (CHABROL). Sin embargo, el CS también se sitúa "en el origen del recorrido generativo, en el nivel semionarrativo profundo" (RASTIER), y cumple un papel de "procedimiento de descripción y descubrimiento" (GREIMAS) coherente con el proyecto de la semiótica consistente en poder desmontar y explicar, "más allá de la multiplicidad de las ocurrencias", el mecanismo de coerciones —más que de imprevistos— que desencadena la significación (COMBET).

Los rasgos elementales constitutivos de una categoría semántica son las unidades cuya interrelación produce la significación de un *texto**. (Las estructuras elementales —categorías *sémicas* y *fónicas*— que organizan la red de relaciones semióticas de un texto, son las categorías semánticas.) Dentro del cuadrado adoptan posiciones los *valores** semánticos que, tomados del texto, en él se vierten. Es decir, el modelo se construye a partir de la observación de los elementos del texto y no es una abstracción que trate de regirlo.

El modelo aritmético de KLEIN se da a partir de la relación que asocia un *signo** con su opuesto, lo que se expresa horizontalmente:

$$X \longleftarrow - - - - - - - - - \longrightarrow \ -X$$

que es la relación de oposición, pues X es el opuesto de -X, y -X es el opuesto de X; y de una segunda relación que consiste en asociar el primer signo con su inverso, lo que se expresa verticalmente:

donde X es el inverso de $^1/x$ y $^1/x$ es el inverso de X.

Como el inverso del inverso nos hace volver al signo del que partimos, si cambiamos el signo dos veces consecutivas volvemos al signo inicial, y entonces nada cambia, se trata de una transformación idéntica. Esto puede hacerse así:

$$X \longrightarrow {}^1/X \longrightarrow X$$

o bien así:

$$X \longrightarrow -X \longrightarrow X$$

Es decir, por lo diferente se llega a la identidad (presupuesto de la semiótica greimasiana) y si combinamos las dos operaciones, la de oposición y la de inversión, aparece $-^I/x$ que es el opuesto de $^I/x$, es el inverso de -X, y es el término contradictorio de X.

Es posible ir de X a su opuesto -X, y de allí a $-^I/x$ (su inverso), antes de volver a X: -------

y también es posible hacer al revés:_

volviendo a la identidad después de pasar por las alteridades.

GREIMAS al hacer la aplicación del modelo aritmético al cuadrado semiótico, toma ciertos elementos de la lógica trivalente. Además, el CS guarda analogías con el cuadrado de la lógica binaria de proposiciones (RASTIER), aunque las relaciones que el CS define no se dan necesariamente entre proposiciones, y aunque no explicita todas las relaciones figuradas por el cuadrado lógico. Y, desde luego, GREIMAS habla de una lógica especial a la que llama "lógica de posiciones y de presuposiciones".

En el CS la relación horizontal es la de *contrariedad**:

$$Sí \longleftrightarrow No$$

la relación vertical es la de *implicación**:

en la que $\overline{No}$ está implicado por Sí. Si combinamos las dos operaciones, agregamos $\overline{Sí}$ (no-sí) que está implicado por No y mantiene relación de contrariedad con $\overline{No}$, y es el término *contradictorio* de Sí.

Para COQUET, el establecimiento del CS procede del análisis de dos operaciones fundamentales, la aserción y la negación. Si tratamos de describir en el cuadrado, bajo la forma de grafos, el encadenamiento de esas operaciones que articulan el *sentido**, debemos poner el acento sobre la operación inicial, la negación; ésta conduce a formular un primer tipo de oposición binaria, la relación de *contradicción**. Dicho de otra manera: plantear una unidad mínima de significación llamada *sema**, S₁, sólo puede hacerse al plantear simultáneamente su contradicto-

123

cuadrado

ria S₁ La operación siguiente consiste en unir $\overline{S}_1$ y su término presupuesto S₂. Así, a la operación de negación, de orden disyuntivo, sucede la operación de aserción, de orden conjuntivo. Al afirmar la existencia de una de las dos dimensiones del CS, llamada *deíxis* (la dimensión que reúne, por implicación, un término contrario con el contradictorio del otro término contrario): $\overline{S}_1$ — S₂, la operación de aserción asegura un proceso cognoscitivo. En este modelo hay que pasar por el contradictorio $\overline{S}_1$ para alcanzar al contrario S₂. Sea este primer grafo:

La operación simétrica que parte de S₂ produce de la misma manera, por negación, $\overline{S}_2$ (niego S₂ y planteo $\overline{S}_2$), después, por aserción efectuada sobre $\overline{S}_2$, S₁ (afirmo $\overline{S}_2$ y planteo S₁). Es posible ahora acordar un estatuto lógico-semántico al segundo tipo de operación binaria, la contrariedad los dos términos primitivos S₁ y S₂ son los dos términos presupuestos. El eje semántico S₁ vs. S₂ era producto de la intuición; ahora S₁ y S₂ adquieren, cuando los dos recorridos son simétricos (...), un estatuto de copresencia. y contraen una relación de presuposición recíproca. La puesta en correlación de los dos recorridos forma el cuadrado semiótico; construido a partir de dos operaciones (la negación y la aserción), instaura seis relaciones: dos relaciones de presuposición recíproca (S₁ vs. S₂ y $\overline{S}_1$ vs. $\overline{S}_2$), dos relaciones de contradicción (S₁ vs. $\overline{S}_1$ y S₂ vs. $\overline{S}_2$), y dos relaciones de presuposición simple o, más específicamente, de complementariedad ($\overline{S}_1$ vs. S₂ y $\overline{S}_2$ vs. S₁):

o bien:

Como menciona RASTIER, antes del cuadrado se habían utilizado en lingüística dos tipos de oposiciones para los *femas**, la *cualitativa* (*a* vs. *b*) y la *privativa* (*a* vs. *no-a*); luego, para definir los *semas** con apego a la idea de HJELMSLEV de los planos paralelos de la *expresión** y del *contenido**, se han utilizado los mismos dos tipos de oposiciones y se han combinado. De la combinación surgió la estructura del CS, en la que se da el tercer tipo de relación (entre *a* y *no-b*, y entre *b* y *no-a*). "La oposición cualitativa en el CS ha sido asimilada a la oposición entre contrarios, la oposición privativa ha sido asimilada a la oposición entre contradictorios, y el tercer tipo de relación a la implicación (RASTIER).

De este modo las posibilidades de combinación son seis, y las relaciones representadas en el cuadro constituyen la llamada "estructura elemental" de la significación, misma que, en el nivel de superficie, se capta como una serie de operaciones narrativas. El paso de una a otra relación por un *hacer* del enunciador, guarda correspondencia con una coerción estructural que procede del nivel profundo de la sintaxis. La actividad del sujeto *enunciador** y la ubicación de los espacios actorial, topológico y temporal, hacen posible la manipulación de las diferencias y, por ello mismo, la producción de la significación (GENINASCA).

En la aplicación del modelo a la semiótica, las relaciones se visualizan sobre un espacio ideal, abstracto, subyacente al CS, donde los términos se *localizan* (toman posiciones) y se *colocalizan* (entran en *junción**) ocupando las casillas vacías. La relación horizontal de oposición es la cualitativa (contrariedad), es una relación de *presuposición** semántica recíproca, dada entre términos contrarios o antónimos que se oponen sin contradecirse y son susceptibles de ser verdaderos o falsos juntos (aunque en lógica los términos contrarios solamente pueden ser falsos juntos, pero no pueden ser verdaderos juntos). La relación vertical es la de implicación o complementariedad, dada entre términos de los que uno presupone como consecuencia necesaria al otro. La relación transversal es una relación privativa (contradicción) que se define por la imposibilidad que tienen dos términos para estar presentes simultáneamente en un mismo *paradigma**, pues cada uno de los dos términos niega al otro, y la presencia de uno presupone la ausencia del otro. La relación de contradicción resulta de la organización interna de las categorías, pues en el discurso sólo hay relación de contrariedad, no de contradicción.

Actualmente se trabaja aún en el desarrollo de la teoría semiótica involucrada en el CS, pues el mismo GREIMAS lo ha definido (1981) como "aún insuficientemente elaborado, y como uno de los puntos problemáticos por excelencia en la teoría del lenguaje".

Hay en efecto numerosas cuestiones sin resolver, como por ejemplo, explicitar las diferencias existentes entre el CS y el cuadrado lógico ya que, aunque en apariencia el CS es un cuadrado lógico, no es así. Por ejemplo, dice COMBET respecto al eje de los contrarios:

"Para el lingüista lógico son *contrarios* dos proposiciones o elementos de proposición, A y E, tales como 'no es así que A y E estén simultáneamente presentes'. Para el semiótico son *contrarios* dos términos: A y no-A, de tal modo que corresponde a cada uno un término *contradictorio* con el que no puede estar simultáneamente presente de modo que, en seguida, cada uno sea el resultado de una operación de aserción efectuada sobre lo contradictorio del otro" (...). Todo pasa, pues, como si el primero llamara *contrarios* a lo que el segundo llama *contradictorios*. Es verdad que un CS planteado sin referencia a un *corpus* puede producir la ilusión de ser un cuadrado lógico, en una página de diccionario, por ejemplo. No es más que una ilusión, y un lógico ortodoxo no puede comprender que se ponga, por ejemplo, la oposición 'necesidad vs. imposibilidad' indiferentemente en contrarios (Diccionario, —Sémiotique—, p. 347, cuadrado del deber-ser) o en subcontrarios (p. 341-347, cuadrado del poder-ser)."

cuadro

Es decir, falta explicar, si el CS es de naturaleza lógica, hasta dónde lo es, y si no lo es, hay que explicar su naturaleza formal, es decir, hay que definir esa lógica greimasiana "de posiciones y de presuposiciones".

También es actualmente objeto de discusión si es posible —y si es útil— transformar, como en lógica, el cuadrado en hexágono, explicitando las relaciones implícitas. RASTIER habla de transformarlo en cubo, a partir de una agrupación de poliedros, cuando el texto es complejo.

Por otra parte, hace falta evaluar este modelo, partiendo del control de su homogeneidad y coherencia y de su adecuación al objeto de conocimiento. Para ello se requieren reglas que permitan elegir —de manera no intuitiva— formulaciones exhaustivas y precisas de las categorías sémicas que subyacen en el discurso. Y hay que resolver el problema de adecuación descriptiva que se presenta debido a que el CS no permite describir las oposiciones que implican a la vez *conjunción* y *disjunción*; y el problema de decidir qué nivel de abstracción es el correcto en cada texto para establecer las categorías, de modo que lo contrario y lo contradictorio resulten claramente definidos y diferentes, aunque "lo suficientemente homogéneos para definir un eje semántico" (BASTIDE); y, en fin, el problema de cómo hacer frente a las *cuasi* o *pseudo* contradicciones, contrariedades y presuposiciones cuya existencia algunos, como RICOEUR, han señalado. En francés es *"carré sémiotique"* y en inglés *"semiotic square"*. (V. también MODALIDAD*, ENUNCIADO*, PROGRAMA NARRATIVO*.)

CUADRO. V. ACTO (2).

CUADRO SEMIÓTICO. V. CUADRADO SEMIÓTICO.

CUALISIGNO. V. SIGNO.

CUENTO (y relato* novela).

Variedad del *relato* ("discurso que integra una sucesión de eventos de interés humano en la unidad de una misma *acción**") (BRÉMOND). El cuento se realiza mediante la intervención de un *narrador** y con preponderancia de la *narración** sobre las otras estrategias discursivas (*descripción**, *monólogo** *y diálogo**), las cuales, si se utilizan, suelen aparecer subordinadas a la narración y ser introducidas por ella. Puede ser en *verso**, aunque generalmente es en *prosa**. El origen del cuento es muy antiguo, responde a la necesidad del hombre de conocerse a sí mismo y tiene su raíz en el subconsciente y en los *mitos**.

La relación de acontecimientos puede ser oral o escrita y puede dar cuenta de hechos reales o fantásticos, pero es importante la consideración de que, en el caso del cuento literario, estamos ante un acto ficcional de lenguaje cuyo *emisor** no es el sujeto social (el de carne y hueso, el yo del autor que es padre de familia, votante, profesor o propietario, por ejemplo), sino un yo que se coloca en una situación convencional, de *ficcionalidad**, misma que genera el relato literario que es un producto artístico.

El cuento se caracteriza porque en él, mediante el desarrollo de una sucesión de acciones interrelacionadas lógica y temporalmente, la situación en que inicialmente aparecen los protagonistas es objeto de una *transformación**.

En general, el cuento admite, por su brevedad, una *intriga* poco elaborada, pocos *personajes** cuyo carácter se revela esquemáticamente, unidad en torno a un *tema**, *estructura** *episódica*, un solo efecto global de *sentido** y, sobre todo el cuento moderno, requiere un final sorpresivo. Por oposición al cuento, la *novela**, de mayores dimensiones, puede contener más de una *intriga** o una de carácter complejo y ramificado, muchos personajes el desarrollo de cuyo carácter puede ser observado, varios temas importantes, diferéntes efectos y uno o varios *clímax** antes del *desenlace**, y más de un desenlace. Tanto el cuento como la *novela**, la *epopeya**, la *fábula**, la leyenda o el mito son relatos narrados. El *drama** es relato representado. Lo que estos *géneros** tienen en común es que todos dan cuenta de una *historia**. El relato, como la *argumentación** la *descripción**, son *estructuras discursivas** que pueden aparecer en diferentes *tipos de discurso** (tales como carta, soneto, comedia) donde se articulan con otras estructuras discursivas.

CULTURA (y **lengua, lenguaje**).

Conjunto organizado de *sistemas** de *comunicación** (sistemas de *signos**) de gran complejidad estructural debido a que concierne a lo social. Entre tales sistemas el más importante y poderoso es la *lengua*, debido a que la sociedad sólo es posible gracias a la existencia de la lengua (el sistema de signos lingüísticos que permite la comunicación entre los seres humanos), y viceversa. En efecto, la sociedad y el individuo se determinan mutuamente en la lengua y por medio de ella. La lengua es una realización del *lenguaje* que consiste en la facultad de simbolizar, es decir, de *representar* lo real por un signo y de comprender ese signo como representante de lo real. El hombre no se relaciona de manera inmediata y directa con el mundo o con los demás hombres. Mediante el lenguaje construimos representaciones de las cosas y operamos con tales representaciones. Sólo nos relacionamos con el mundo a través del lenguaje que permite la formulación de los *conceptos* que, al referirse a las cosas, hacen posible tanto el *pensamiento* como la *comunicación* acerca de la misma cultura: el *pensamiento*, porque sólo pensamos a través del lenguaje, y porque todo aquello respecto a lo cual pensamos es cultura, pues no existe ningún aspecto de la vida humana que no esté relacionado con la cultura; la *comunicación*, porque la cultura se aprende, es siempre aprendida, y todo aprendizaje se realiza mediante el lenguaje, ya que cada individuo descubre el mundo a través de los nombres, de las *palabras**, y así también se identifica a sí mismo y se distingue de los demás y descubre la posibilidad de comunicarse con ellos. Esto despierta en él la conciencia del medio social y de la cultura en que está inserto y en la que se integra en mayor medida conforme su pensamiento se vuelve más complejo. Utilizando la lengua el hombre aplica su cultura a la tarea de percibir e interpretar su circunstancia y su propia experiencia, y a comunicarse respecto a la cultura misma. De este modo hace mella sobre la cultura, deja en ella su propia marca. En otras palabras: el hombre, gracias al lenguaje, asimila su cultura, la perpetúa y la transforma.

Cada cultura construye un aparato simbólico que la caracteriza, hecho a partir de símbolos lingüísticos y no lingüísticos: el mapa de México, la figura de Tláloc, los bailes regionales, la comida típica, las rondas infantiles, serían una muestra de lo que puede formar parte de este aparato para un niño mexicano, por ejemplo.

cultura

Ahora bien, el aprendizaje de una cultura convierte a un individuo en miembro de un determinado grupo humano, pues la cultura es un generador de *estructura**, actúa organizando estructuralmente el entorno del hombre, y determina el modo como el individuo piensa, se expresa, reacciona, se viste, se divierte, se enfrenta a problemas, construye ciudades, objetos, sistemas, herramientas, mecanismos, y determina también aquello que sabe, lo que cree, lo que hace por costumbre: religión, valores, rituales, arte, comportamiento general.

El núcleo esencial de la cultura son las ideas tradicionales (es decir, generadas y seleccionadas históricamente). Las ideas tradicionales son productos de acciones y a su vez condicionan acciones futuras que modifican constantemente el ambiente en que vive el hombre.

La cultura es, pues, tanto un sistema fundado en una herencia, en una tradición, como una virtualidad, una posibilidad de producción de cambio y producción de objetos culturales concretos que pueden ser ideas, valores, sistemas, procedimientos, hábitos y bienes, toda clase de instrumentos y artefactos.

La complejidad de este concepto radica en el hecho de que el proceso de la cultura es a la vez un producto individual y social, una tradición y una virtualidad, una abstracción y un *precipitado* que está presente en cada persona cuando "configura su percepción del entorno"; y también está presente en concreciones como las palabras, los instrumentos, los objetos simbólicos, los conocimientos, las actitudes, las respuestas ante determinados estímulos; todo lo cual es posible merced al lenguaje y a la capacidad de simbolización que éste conlleva. El entorno del que forman parte todas las cosas construidas por el hombre, desde una vasija hasta un sistema político, es producto de la cultura.

D

DÁCTILO. V. METRO.

DATISMO. V. "PLEONASMO".

DECLARATIVO. V. ACTO DE HABLA.

DECURSO. V. TEXTO y ANÁLISIS.

DEDUCCIÓN. V. ANÁLISIS.

DEFINICIÓN (o "finitio", "horismos").

En la oratoria *forense**, durante procesos criminales, se llamó así al hecho de ubicar y justificar la situación jurídicamente para adjudicarle la denominación legal apropiada.

Como *figura retórica** de pensamiento, en la tradición, tiene la finalidad de aclarar el *significado** del cuerpo léxico que ha sufrido una desfiguración a través del tiempo, restableciendo así el primitivo significado etimológico; es decir, a partir de la *palabra**, preguntar su significado y atribuírselo. El *sentido** de esta figura se ha ampliado más allá de los límites del significado meramente etimológico, a cualquier concepto. Por otra parte, si la definición sustituye a la palabra definida, se trata ya de otra figura de pensamiento: la *perífrasis**

En poesía abundan las *descripciones** definitorias de conceptos:

> Amar es combatir, es abrir puertas,
> dejar de ser fantasma con un número
> a perpetua cadena condenado
> por un amo sin rostro;...
>
> Octavio PAZ

Y, naturalmente, como en el anterior ejemplo y en el que sigue, el concepto poético suele precisarse a base del empleo de *tropos**:

> ... la castidad, flor invisible
> que se mece en los tallos del silencio.
>
> Octavio PAZ

Se trata pues de un *metalogismo** que se produce por *adición** simple, pero que puede contener tropos. (V. DESCRIPCIÓN*)

DEÍCTICO. (y deixis).

Clase de *palabras** a cuya *forma** no corresponde una *denotación** concreta, pues su *referente** varía conforme a cada situación del *hablante**, de tal modo, que si se

129

desconoce la situación, se desconoce el referente y se ignora también el *significado** del deíctico:

> Obsérva*lo*
> Asisten *allá*

así que el referente de los deícticos sólo puede determinarse en relación con los *interlocutores**.

Los deícticos comprenden una serie de palabras que cumplen la función de señalar, como lo haría un gesto, relacionando al referente con la instancia de la *enunciación** y con el sujeto de la misma o, como lo dice LYONS, "relacionando los *enunciados** con las coordenadas espacio/temporales de la enunciación".

Son deícticos los pronombres personales, los demostrativos y ciertos adverbios, expresiones todas ellas cuyo referente no puede ser establecido sino relacionándolo con las circunstancias de la enunciación (*emisor**, lugar y momento de la enunciación, *receptor**).

JAKOBSON, basándose en trabajos de JESPERSEN, ha clasificado los términos enunciadores, en general, en relación con el tipo de *discurso** que producen, y ha puesto los deícticos entre los "*shifters*" o *embragues** o *conmutadores*) que son, a la vez, *designadores*, ya que caracterizan al hecho relatado o a sus participantes, los *personajes**; pero implican simultáneamente al hecho discursivo y a sus protagonistas: el emisor y el receptor.

La *deíxis* es la función señalizadora que traza las coordenadas espacio/temporales y los factores de la comunicación (emisor, receptor, referente*, mensaje*, contacto*, código*,) y es realizada por pronombres personales y relativos o por adverbios de lugar y tiempo en ciertas situaciones. "Señalan lo presente y se refieren retrospectivamente a lo ausente", dice LEWANDOWSKI y agrega, "para LYONS, la categoría personal *yo* suele aparecer como centro del sistema deíctico". También son deícticos los nombres que funcionan como anafóricos de los pronombres personales. (V. ANÁFORA*)

Lo deíctico o la deíxis adquiere gran relieve durante la puesta en escena del *relato** representado (teatro), pues al *lenguaje** verbal se suma la interacción de elementos provenientes de otros *códigos**, los cuales hacen ostensible, es decir, muestran y subrayan distintos aspectos de la significación como la mímica, el movimiento, los gestos, las actitudes de los actores, en correspondencia con las situaciones.

DEÍXIS. V. CUADRADO SEMIÓTICO y DEÍCTICO.

DELIBERATIVO, discurso. V. RETÓRICA.

DELOCUTIVO, verbo).

Émile BENVENISTE distingue tres clases de verbos derivados respectivamente de nombres (verbos *denominativos*), de otros verbos (verbos *deverbativos*), o de locuciones (verbos *delocutivos*).

Estos últimos, dice, ocupan "una posición particularísima entre las demás clases de derivados verbales" tanto por su *estructura** como por las razones que los llaman a la existencia. Los delocutivos son pues, verbos que no se derivan de otro *signo**, sino de una locución de *discurso**, por lo que son verbos que denotan actividades discursivas.

Los verbos delocutivos se caracterizan porque guardan una relación de *decir...* con su base nominal por ejemplo. el delocutivo *saludar*, no proviene del sustantivo *salud* sino de la expresión *¡salud!*, equivalente a "dar saludo", "decir el saludo", "decir ¡salud!". En ocasiones, un verbo no derivado puede volverse delocutivo en alguna o algunas de sus formas, debido a la construcción de que forma parte ya su *sentido**. Eso ocurre por ejemplo, con la expresión latina "Vale" —muchas veces usada también en español— que literalmente significa "consérvate sano". Pero la relación de locución a delocutivo no sólo se da por derivación de una *lengua** a otra, sino que aparece igualmente, por ejemplo, en lenguas romances y se observa sincrónicamente, sin cuidar del proceso histórico de evolución y paso de una lengua a otra. Otros delocutivos se forman sobre la base de una partícula empleada como locución (en francés: *"bisser"*, que significa literalmente *gritar "bis"* que quiere decir *dos veces*, u *otra vez*; gritar que se repita un pasaje de una ejecución, en un escenario), y también se forman a partir, por ejemplo, de pronombres, como en el caso de *tutear* (hablar de tú). En esos casos el término que sirve de base se toma "como nombre de la noción y no como expresión de la noción".

Muchos delocutivos se refieren a convenciones de la vida social, y dentro de cierto marco de cultura pueden ser los mismos para distintas lenguas: *"remercier"* —en francés—: decir *"merci"*, decir gracias; agradecer —gradecer en español antiguo, del latín *"gratus"*: agradecido o grato.

BENVENISTE recomienda no confundir los verbos delocutivos con aquellos que se derivan de las interjecciones (como en francés la *onomatopeya** *"huer"*, que significa gritar *¡"huée"!* reprobatoriamente a algún actor, personaje público, etc.). Los verbos delocutivos pues, no se forman a partir de onomatopeyas sino sobre la base de radicales que son *significantes** en sí mismos y no por imitación.

La mayor dificultad reside en distinguir los delocutivos de los *verbos de deseo*, como el mismo verbo *desear*. Se diferencian en que estos verbos son una fórmula de deseo, lo que no son los delocutivos: saludar significa "decir ¡salud!" (no "desear salud").

DELOCUTOR. V. EMISOR.

DEMOSTRATIVO, discurso. V. RETÓRICA.

DENOMINACIÓN (y designación, "denotatum" —pl. "denotata"—, denotado, designado o "designatum" —pl. "designata"—).

La denominación es una relación que va de un objeto a un nombre que se le asigna mediante la conceptualización. Al mismo tiempo que va del *"denotatum"* (aquel objeto singular del mundo real al cual remite el *signo**) al *lenguaje** (al revés de la *denotación**, que va del signo a su *"denotatum"*), la denominación también va del *"designatum"* (aquello evocado por el signo en el *receptor**) al lenguaje (al revés de la *designación*, que va del lenguaje al *"designatum"*). El *"designatum"* forma parte del proceso de *semiosis**, no así el *"denotatum"*, que queda fuera.

Según PEIRCE, el *"designatum"* es el objeto designado por un signo; el objeto del signo.

denominatio

Lo que hace posible la comunicación es el hecho de que los objetos *dinámicos* del *emisor** se transforman en objetos *inmediatos* del *receptor*. Éstos se dan sin percepción o perceptibilidad.

El *"designatum"* puede ser objeto dinámico (el realmente dado, perceptible, y que ocasiona la formación del signo) y, como tal, puede ser:

— *concretivo* (objeto concreto o suceso) y
— *colectivo* (conjunto de objetos).

El *"designatum"* puede ser también objeto inmediato (el que se da independientemente de la percepción directa, como objeto de la representación, o como objeto representado).

El signo que corresponde a un objeto inmediato puede ser:

— *descriptivo* (si determina al objeto constatando sus propiedades),
— *designativo* (si dirige la atención del interpretante directamente hacia el objeto),
— *copulativo* (si expresa relaciones lógicas entre objetos, por ejemplo: si, entonces, etc.) (BENSE y WALTHER).

"DENOMINATIO". V. METONIMIA.

DENOTACIÓN. V. CONNOTACIÓN.

DENOTADO. V. DENOMINACIÓN.

"DENOTATA". V. DENOMINACIÓN.

"DENOTATUM". V. DENOMINACIÓN.

DENTAL, sonido. V. FONÉTICA.

DEÓNTICA. V. MODALIDAD.

DEPENDENCIA. V. FUNCIÓN EN GLOSEMÁTICA.

DEPRECACIÓN (u obsecración).

*Figura** de pensamiento, del grupo de las denominadas *patéticas* (descritas en otro tiempo como "formas para expresar las pasiones"). Consiste en interrumpir el *discurso** al dirigir el *emisor** al juez, al interlocutor, al público, al lector, etc., una humilde súplica para mover su ánimo en su favor, o un ruego para obtener alguna gracia, ya sea en el discurso oratorio o en la *narración**, en la poesía, etc.:

> ¡Ay! mírame, zagala; y tus ojuelos,
> con cuyas blandas luces resplandeces,
> no los cubra la ausencia con sus velos.
> ¡Ay! mírame otra vez, y otras mil veces,
> que el sol no es tan alegre por los cielos,
> como tú por los campos me pareces.
> NAVARRETE

Cuando la deprecación se produce implorando con insistencia el favor de la divinidad, es una variante denominada *obsecración*:

> Sácame de aquesta muerte
> mi Dios y dame la vida;
> no me tengas impedida

en este trance tan fuer*te;*
*mira que muero por v*erte
y vivir sin ti no puedo,
que muero porque no muero.

SANTA TERESA

También se ha visto al revés, la deprecación como forma de la obsecración.

En la tradición, esta es una de las figuras que se producen "frente al público" y que sirven para intensificar el contacto entre el emisor y el *receptor**. Referida al discurso oratorio *jurídico**, representa la parte mas débil de la defensa, porque el pedir clemencia implica reconocimiento de ilegalidad o de mala fe. En este caso, la deprecación se formula mediante *argumentos** que pueden aducir méritos, virtudes o sufrimientos con que el acusado ha expiado ya su culpa.

Se trata, pues, de una *metábola** de la clase de los *metalogismos** porque afecta a la lógica del discurso al sustituir la cadena de los argumentos dirigidos a convencer, por la exigencia de la súplica destinada a conmover; por ello se consideraba que el uso de esta figura como "elemento deliberativo" ponía a los jueces en un predicamento moral.

DERIVACIÓN (o poliptoton, polipote, antístasis, adnominación).

Figura* de *dicción* que afecta a la morfología de las *palabras**. Consiste en repetir la parte invariable de una palabra (el *lexema** de un nombre o un verbo), sustituyendo cada vez alguna de sus partes gramaticalmente variables (algún *morfema** derivativo y/o gramatical), por lo que en español con mayor frecuencia se ha llamado derivación al poliptoton latino que algunos traducen como polipote y que también se conoce como *antístasis* (una variedad de la *"distinctio"*):

En la llanura la *planta* se im*planta* en
vastas *planta*ciones militares

Octavio PAZ

Se trata, pues, de la repetición de palabras de igualdad relajada, de un tipo de *paronomasia**, de una *metábola** de la clase de los *metaplasmos** porque afecta a la *forma** de las palabras y se produce por *adición** repetitiva. Se le ha llamado también *adnominación* por ser una variante de la *paronomasia**.

Algunas de las construcciones que Jean Paul F. RICHTER llamó *rasgo de ingenio circular*, son ejemplos de derivación:

descan*sar* del descan*so*
li*mar* la li*ma* de los críticos
ser la*drón* de la*drones*

La derivación suele combinarse con otras figuras que, por analogía o por contraste, ya sea de los *significantes** o de los *significados**, subrayan su efecto, como se observa en los *versos** de Juan RUIZ DE ALARCÓN:

La victoria el matador
abrevia y el que ha sabido
perdonar la hace mejor,
pues mientras vive el *vencido,*
venciendo está el vencedor;

o en el *estribillo** famoso de ALBERTI:

derivado

> Se *equivocó* la paloma, se *equivoc*aba;

o en este ejemplo de ROA BASTOS:

> Las hice *contempla*r sin *contempla*ciones.

DERIVADO. V. ANÁLISIS.

DESAUTOMATIZACIÓN (y estilo).

Concepto ideado por los formalistas rusos. Es más o menos equivalente a la noción de *impresión estética* introducida en la filosofía por BAUMGARTEN en su libro *Aesthetica*, a mediados del siglo XVIII; que tiene su antecedente en los trabajos de HUME, un poco anteriores, y que reaparece luego en KANT, que asocia el arte con lo bello, y en SCHELLING que asigna al arte la tarea de crear lo bello que sólo casualmente aparece en la naturaleza.

Uno de los formalistas. SKLOVSKI, en *"El arte como artificio"*, de 1917, y más tarde en *"La construcción de la 'nouvelle'y de la novela"*, define y describe esta idea que pertenece a la teoría literaria de este siglo. Él llama a la impresión estética *"shock"* *psíquico* o *extrañamiento*, que es el *efecto de sentido* producido por la percepción del *mensaje** artístico. Analiza y describe, así mismo, por qué medios es posible provocar tal efecto, cómo es la *estructura** de una obra capaz de producirlo, y cuáles son los mecanismos adecuados para construirla.

Así, explica que los objetos que se nos presentan de manera rutinaria son percibidos por nosotros de modo automático e inconscientemente, como si no existieran —dice, tomando esta idea de Tolstoi. El arte, en cambio, se opone a la automatización porque es percibido como vida. En efecto, las expresiones del artista nos procuran la experiencia del devenir del objeto, la vivencia de estrenar el lenguaje y de inaugurar el mundo, de registrarlo por primera vez en la conciencia, de conocerlo y no de reconocerlo.

La estrategia para efectuar la *desautomatización* consiste, por una parte, en lograr la *singularización* de los objetos al *asociarlos* con otros de manera *inhabitual* y, por otra parte, en *oscurecer la forma*, haciéndola una *forma obstruyente* que opera sobre el *receptor** prolongando el tiempo de la percepción del mensaje y, con ello, dilatando también el tiempo del goce artístico.

Los recursos artísticos requeridos por los procedimientos de singularización son más bien estables, dice SKLOVSKI, el creador, generalmente, se limita a darles una nueva disposición a los recursos erosionados (por el uso común o por el uso artístico), para acuñar así expresiones inéditas cuya originalidad y novedad nos inquietan y nos conturban: nos producen el "shok" psíquico.

Todo ello depende no sólo de la manera de asociar del poeta, sino también de nuestra manera de percibir. Un objeto —dice SKLOVSKI— puede ser "creado como prosaico y percibido como poético" o a la inversa, y con ello tienen que ver, tanto la intención del *emisor** como la *competencia** del receptor y el problema de la evolución del *gusto artístico*, de las convenciones vigentes, de la inestabilidad de los *géneros* y, de manera más abarcadora, del desarrollo de la vida artística mediante la asunción —por al artista— de una tradición y la invención de modos de transgredirla: tradición y ruptura, diría luego Octavio PAZ.

134

De estas·opiniones se infiere que los procedimientos de desautomatización frecuentados por un artista (en poesía o en relatos) señalarían al lector, por una parte, las marcas constantes de su *estilo* personal; por otra, su modo de asumir como propios —para luego transgredirlos— la tradición y el *metatexto** de sus contemporáneos, y, además, las características que le agradan o le desagradan en él, mismas que le permitirían describir y comentar críticamente ese estilo.

Posteriormente otros teóricos como MUKAROVSKI, Jean COHEN, Roland BARTHES, los miembros del GRUPO "M", Gerard GENETTE, ROMAN JAKOBSON, Iuri LOTMAN, Michael RIFFATERRE, Cesare SEGRE, James J.MURPHY, Mijaíl BAJTÍN —(y los investigadores de su grupo: Valentín N. VOLÓSHINOV y N. MEDVEDIEV) y muchos más han desarrollado esta idea, devolviendo a la retórica —descrita pero no mencionada en SKLOVSKI— el lugar que le corresponde sin duda alguna.

COHEN agregó el concepto de *desviación** —tanto respecto de la norma gramatical como del lugar común artístico, es decir, del hecho *estilístico*— el cual, aunque no es perfecto porque hay fenómenos que se salen de sus límites (pero podemos tomarlos como excepciones —como el *asíndeton** y el *polisíndeton**), permite captar que los lugares comunes coloquiales y literarios son automatismos verbales, y que las desviaciones constituyen hechos de *estilo*.

Por otra parte, dicho concepto abarca más o menos el mismo campo que las *categorías modificativas* ("*detractio*" o *supresión*, "*adiectio*" o *adición*, "*immutatio*" o *sustitución* y "*transmutatio*" o *permutación*), operaciones que, aplicadas sin rigor y asistemáticamente, daban lugar a las figuras retóricas, muchas veces llamadas *licencias*, según los antiguos; es decir, daban lugar a los *metaplasmos** (las que afectan a la *estructura** de la *palabra**, en el plano *fonético* y *fónico*)), a los "*schemata*" (las que alteran la estructura de la frase en el plano *morfosintáctico*) y a los *tropos** (las producidas por sustitución del significado, en los planos *léxico-semántico y lógico*, es decir, *tropos de dicción* y *tropos de sentencia*).

Todas ellas eran desviaciones toleradas y dan lugar a la *alienación* porque consisten en usos inhabituales e inesperados de la lengua, y producen el "*shock*" *psíquico* o la impresión estética o artística.

El sabio ordenamiento de que han sido objeto por parte de los miembros del GRUPO "M", ha beneficiado enormemente en el último tercio de este siglo a los estudiosos de esta disciplina.

Ahora bien, si tomamos de LOTMAN la idea de *ruido** (el antiguo *vicio* o error, la transgresión a una regla gramatical) y la relacionamos con la teoría de la comunicación diciendo que obstruye el canal por el que se transmite el *mensaje** referencial, aceptaremos sin duda que, en el caso del *texto** artístico produce, en cambio, una estructura compleja, y genera la *forma obstruyente*, la *ambigüedad**, la *polisemia**. Para este autor, el procedimiento artístico es la relación entre los elementos intratextuales y extratextuales; la confrontación de sus resultados con las expectativas y la cultura del lector, convierte en significativa esta relación y le asigna la calidad artística. Esto también depende del punto de vista del receptor con respecto al flujo y reflujo de las convenciones en la tradición.Para JAKOBSON, el texto artístico está gobernado por dos gramáticas: una normativa, sistémica, prohibitiva, y, a partir de ella, una segunda gramática laxa, licenciosa (da *licencias*), permisiva, trangresora, que permite introducir elementos extrasistémicos susceptibles de ser absorbidos y transformados únicamente por la obra artística.

En realidad, la retórica abarca el campo de todos los discursos y de la *lengua** en todas sus *funciones**, pero desempeñando distintos papeles. En el discurso científico puede ser un instrumento de exactitud; en el político, de persuasión o disuasión;, en el cómico, de humor; en el didáctico, de enseñanza, etc. Uno de los más eficaces y peligrosos es el comercial que desea vendernos lo que no nos conviene comprar. V. también METÁFORA y FIGURA RETÓRICA.

DESCRIPCIÓN (o retrato, "effictio", prosopografía, etopeya, etopea, carácter, paralelo, topografía, "loci descriptio", topofesía, cronografía, definición*, hipotiposis, evidencia o "evidentia", diatiposis).

La descripción es una de las cuatro estrategias discursivas de presentación de *personajes**, objetos, animales, lugares, épocas, conceptos, procesos, hechos, situaciones, etc.: *narración*, descripción*, diálogo*, monólogo*, argumentación**. Es también una *estructura discursiva**.

Tradicionalmente ha sido considerada como una *figura** de pensamiento. (CAMPILLO)

La descripción puede utilizarse aisladamente, con exclusividad, pero en general suele alternar con la narración e insertarse dentro del diálogo y el monólogo.

La descripción puede ofrecer la idiosincrasia y el físico de una persona (*"effictio"* o retrato), sobre todo si se basa en su apariencia y se infiere de sus acciones; puede ser sólo de su aspecto exterior (*prosopografía*), de costumbres o pasiones humanas (*etopeya*), de las características correspondientes a tipos dados individualizados (*etopea*), del modo de ser propio de un tipo de protagonista (*carácter*), de las semejanzas y diferencias entre *personajes** (*paralelo*), de lugares reales (*topografía* o *"loci descriptio"*) o lugares imaginarios (*topofesía*), de una época (*cronografía*), de un concepto (*definición**). Este último tipo de descripción es una *paráfrasis**, "una paráfrasis develante —dice TODOROV—, que exhibe el principio lógico de su propia organización en lugar de disimularla". También pueden describirse hechos, batallas, fiestas, procesos, fenómenos naturales, epidemias, paisajes, animales y objetos; descripciones, éstas, que no reciben nombre especial.

Si la pintura contiene un cúmulo de pormenores precisos, intensamente claros y verosímiles, de modo que resulta viva y enérgica, y permite al *receptor** compenetrarse con la situación del testigo presencial, se denomina *hipotiposis* o *evidencia* (*"evidentia"*), y posee "recursos actualizadores y cuasipresenciales" según LAUSBERG, quien le atribuye un carácter estático, dentro de un marco de simultaneidad —aun cuando sea un proceso—, y observa que suele combinarse con la *mimesis** y el *diálogo**. También según LAUSBERG, por su impacto sobre la afectividad, la *"evidentia"* se opone a la *"percursió"** , tipo de enumeración que procura datos objetivos al intelecto, y que a menudo se presenta junto con la *preterición**. En la evidencia se utilizan como estrategias el *estilo directo**, la "interpelación de los personajes", la abundancia de adverbios de lugar y de tiempo y el uso translaticio del presente. (V. también ENUMERACIÓN*.) La *diatiposis* es una descripción extensa que carece de la energía de la hipotiposis.

La descripción científica tiende, pues, a la exactitud objetiva y procura el apego a la realidad y a la verdad; la literaria suele tender hacia la interpretación subjetiva, aunque verosímil, y depende de cómo capta la realidad el poeta.

Como ya se dijo, en las narraciones o relatos narrados, la descripción, que no implica el factor *tiempo*, se opone a la narración pero alterna con ella. La narración toma a su cargo la presentación de las acciones de los personajes (acciones que constituyen la *historia** contada), mediante un *narrador** que utiliza los llamados (por TODOROV) "verbos de acción" en los "modos de lo real", que son aquellos que se perciben como designando acciones que verdaderamente tienen o han tenido lugar. La descripción, en cambio, ofrece los rasgos característicos del espacio, la situación, los personajes, la época, etc., y también los ofrece mediante el narrador que, para describir, utiliza verbos que expresan acciones puramente discursivas (cualidades, modos de ser habituales, eventos futuros o posibles o acciones subordinadas que no se cumplen en el *aquí y ahora* de un relato dado).

Generalmente, durante la descripción se suspende la narración, sin embargo, también pueden combinarse.

La descripción no es un *tropo** pero *sí* una figura de pensamiento del orden de los *metalogismos**. Para FONTANIER es una "figura de estilo". QUINTILIANO fue el primero que consideró la hipotiposis como un tipo de descripción: aquella que es viva, animada, realista, verosímil, impresionante, que "hace ver" o imaginar visualmente lo descrito.

Aunque la descripción no es un tropo, suele realizarse a base de tropos, como puede observarse en estos ejemplos tomados de *El resplandor* de Mauricio MAGDALENO:

Combinada con narración de acciones:

> Salió bufando de la humillación y con las tripas mugiéndole de hambre. En un parque, por el lado de los mesones, se repartía a las turbas el yantar. Llegaban los camiones repletos de barbacoa, de barriles de pulque y de refino, y eran asaltados como un botín, menudeando los empellones y toda suerte de violencias para obtener un buen recaudo.

Donde no sólo se informa acerca de cada acción sino también del *modo* como se realiza.

De un lugar, a cierta hora:

> A las diez de la mañana el páramo se ha calcinado como un tronco reseco y arde la tierra en una erosión de pedernales, salitre y cal. ¡La tierra estéril, jirón de cielos sin una mancha, confines sin colina, ámbito en que la luz se quiebra y finge fogatas en la linde enjuta de la distancia!

De un personaje:

> El cura de San Andrés de la cal es un hombre que cumple ventajosamente la cincuentena, anguloso de hombros y parco de carnes. La cara, cosida a arrugas, es adusta y rígida y los ojos brillan intensamente a mitad de sendas cuencas lívidas. Máculas cafés requintan pantalón y chaqueta, en otro tiempo negros y ahora grises, luidos y relumbrosos.

De un modo de ser habitual, colectivo:

> Se extenuaba luchando contra el vacío. El grupo de chamacos que conseguía meter un día a la escuela no volvía al día siguiente, y en su lugar se presentaba otra media docena de desconocidos con los que había que empezar de nuevo. Buscaba por las noches, a la hora en que los vecinos se reunían a charlar en la calle, a los viejos, cuya influencia trata-

ba inútilmente de ganarse, y tras del saludo reverente lo dejaban con la palabra en la boca y se hundían en los tugurios.

En reciente estudio (1972), P. HAMON ha visto la descripción como un "conjunto léxico metonímicamente homogéneo", cuya extensión está vinculada al vocabulario de que dispone el autor y no al grado de complejidad que ofrece la realidad, y también ha subrayado los nexos de la descripción con las convenciones genéricas de época. Por ejemplo —dice el autor—, hay una relación de *presuposición**, en el *relato** clásico, entre el personaje y su ambiente (*"décor"*) porque "la aparición del primero implica la inmediata aparición del segundo, y a la inversa".

DESEMBRAGUE. V. EMBRAGUE.

DESEMEJANZA. V. DISIMILITUD.

DESEMPEÑO. V. "PERFORMANCE".

DESENLACE. V. ACTO (2) y GRADACIÓN.

DESIGNACIÓN. V. DENOMINACIÓN.

DESIGNADO. V. DENOMINACIÓN.

DESIGNADOR. V. ENUNCIACIÓN y EMBRAGUE.

"DESIGNATA". V. DENOMINACIÓN.

"DESIGNATUM". V. DENOMINACIÓN.

DESMEMBRACIÓN. V. ANÁLISIS.

DESPOSESIÓN. V. ENUNCIADO y "PERFORMANCE".

DESTINADOR. V. ACTANTE, EMISOR y MODALIDAD.

DESTINATARIO. V. ACTANTE y EMISOR.

DETERMINACIÓN. V. FUNCIÓN EN GLOSEMÁTICA y ANÁLISIS.

DESVIACIÓN (fr.: *"écart"* y estilo).

Este concepto es actualmente objeto de prolongada discusión. Sin embargo, no es nuevo, de alguna manera ha estado presente en la *retórica** durante siglos. Los antiguos consideraron que las *figuras**, correspondientes a la *elocución**, representaban un apartamiento respecto de la *gramática**, que alteraba a veces la *pureza* o *corrección* (*"latinitas"*) y a veces la *claridad* (*"perspicuitas"*) de la *lengua**; o bien, que se desviaban respecto de un *discurso** carente de *ornato*, discurso que sería lo que hoy denominamos *norma**: el *grado cero** del que parte la desviación, es decir, expresiones comunes, distintas de las expresiones figuradas, y capaces de sustituir a estas. Pero además, cuando algunas desviaciones se convencionalizan en una etapa, corriente o movimiento literario, una de las fórmulas para la renovación artística está en desviarse de tales desviaciones. Así, una desviación puede llegar a ser el grado cero de otra desviación.

Precisamente la tradición clasificó las alteraciones o desviaciones y señaló cuatro "categorías modificativas": la *supresión** (*"detractio"*), la *adición** (*"adiectio"*), la *sustitución** o *supresión/adición* (*"immutatio"*) y la *permutación** o *inversión* (*"transmutatio"*). En ellas se funda hoy, todavía, el enfoque estructural de la retórica (*Rhétorique générale* del GRUPO "M").

Tradicionalmente la desviación, por constituir una transgresión respecto del uso común, es decir, respecto de las reglas gramaticales y lógicas, debía ser justificada —por su efecto de *alienación*, es decir, el *"shock* psíquico" que produce lo inesperado— para ser tolerada, pasando a ser, así, una licencia respaldada por una *virtud*. Ese es el origen de los *metaplasmos** (figuras en que se modifica la *estructura** de la *palabra**) y los *"schemata"* (figuras en que se altera la estructura de las *frases**). Las desviaciones no justificadas ni toleradas eran *vicios*, ya fuera *barbarismos* (en el *nivel** de los metaplasmos) o *solecismos* (en el nivel de los *metataxas** ["*schemata*"]); tales vicios eran verdaderos errores que se cometían tanto por torpeza (falta de *competencia**) como por desatino (falta de voluntad artística y vigilancia). (V. FIGURA*.)

La desviación puede ser *fónica*, como en el *metro** y en el *ritmo** del *verso**, respecto de la *prosa**. En tal caso el discurso se ajusta a un molde métrico y rítmico predeterminado, elegido por el escritor dentro de un repertorio que la tradición le procura, o bien inventado por él e introducido como una innovación. Este tipo de desviación modifica el paralelismo fónico/semántico que es habitual y característico de la lengua en su *función** referencial o comunicativa, y origina *ambigüedades** que se procura evitar en el uso de la lengua práctica, pero que en cambio se buscan sistemáticamente en el uso de la lengua poética. Es por ello por lo que la desviación ha sido vista como un "hecho de estilo" (COHEN).

La desviación también puede ser *fonológica* y *morfológica*, como la *aliteración**, el *apócope**, la *metátesis**, etc., es decir, más o menos las antiguas "figuras de dicción" o *metaplasmos**, que alteran la *forma** de la palabra suprimiendo, agregando o permutando los *fonemas** o las sílabas en su interior o en el interior de la frase.

La desviación, además, puede ser sintáctica (*metataxa**), cuando afecta a la construcción de las *oraciones** ya sea agregando (como en la *repetición**) o restando (como en la *elipsis**) elementos, ya sea alterando su orden (como en el *hipérbaton**). En este nivel es muy importante la ruptura del orden natural o lógico, el *"ordo artificialis"* de los antiguos.

Pero también puede haber desviación semántica: aquella que altera la relación significativa habitual, que convencionalmente existe entre los *significantes** y sus *significados** y que se llama *denotación**. En su lugar, la desviación establece relaciones significativas nuevas, no convencionales, halladas por el poeta a partir de su manera individual y original de asociar en su mente los diferentes aspectos de la realidad, y con las cuales inaugura nuevas convenciones. Esta modificación de la relación significativa convencional se denomina *connotacion**, se da en las figuras de naturaleza semántica (*metasememas**) y son sus ejemplos la *metáfora**, la *metonimia**, el *oxímoron**, etc. En estas figuras no sólo hay un alejamiento respecto del uso lingüístico corriente, sino en cuanto a la representación común de la realidad, y más todavía, como una transgresión de segundo grado se produce también un apartamiento respecto de ciertos tipos de discurso, no sólo del llamado normal o no figurado, sino respecto de aquel discurso poético establecido y, convencionalizado en una época dada: el discurso simbolista se desvía del romántico, por ejemplo.

detractio

Se trata, pues, de la desviación respecto del canon artístico correspondiente a una determinado momento.

En fin, hay, por último, la desviación que 'se produce cuando se altera la relación lógica que existe entre el lenguaje y su *referente**, en el caso de los *metalogismos** o "figuras de pensamiento", de las cuales unos son *tropos** porque alteran la relación significativa convencional e introducen la connotación (como la *ironía** o la *paradoja** que se captan a partir del *contexto** lingüístico o extralingüístico), mientras que otras sólo afectan a la lógica discursiva (como la *antítesis** o la *hipérbole**, etc.).

Aunque algunas desviaciones (como la *repetición** o el *pleonasmo**) parecen aumentar la *redundancia** de la lengua, en general le restan previsibilidad al *mensaje** y dejan frustradas las expectativas del lector.

Sin embargo, explicar las figuras conforme al criterio de que constituyen desviaciones, es discutible debido a que existen figuras que no ofrecen realmente desviación alguna, como ocurre con el *asíndeton** y el *polisíndeton**, y también debido a que, salvo en casos excepcionales, es difícil y cuestionable, o bien imposible, determinar la *norma** respecto de la cual se produce la desviación, y esto se debe a que las *lenguas** naturales no poseen un estatuto normalizado, sino que en su manifestación correspondiente al habla común se presentan como ambiguas y polisémicas (GREIMAS). Por esta razón Jean COHEN ha procurado establecer la norma ya no en el discurso hablado cotidiano, sino en el discurso científico; y antes que él —como señala TODOROV— Pío SERVIANO había intentado la *descripción** de sus rasgos característicos, tales como la ausencia de ambigüedad, la facilidad de su *paráfrasis**, la poca relevancia del ritmo en ella, etc.

A la teoría de la desviación se opone, con éxito, la teoría —de JAKOBSON— que observa los fenómenos retóricos dentro del ámbito de una gramática más amplia y permisiva ("gramática de la poesía"). Pero a pesar de sus puntos débiles, y una vez señalados éstos, la teoría de la desviación resulta muy útil tanto para la sistematización sumaria y económica de la totalidad de los fenómenos retóricos, como durante la identificación y descripción de los mismos en el análisis de *textos**. (V. también FIGURA RETÓRICA*.)

"DETRACTIO". V. SUPRESIÓN.

"DEUX EX MACHINA".

Intervención providencial de un *personaje** poderoso o una divinidad que, en el teatro antiguo resuelve un problema o desembrolla una situación crítica.

DIACRÍTICO.

Acento gráfico que da un *valor** distinto a la vocal que lo lleva, y por lo tanto a la *palabra** entera, para diferenciarla de otras voces idénticas:

> *público publico publicó*
> *dé (del verbo dar), de* (preposición).

DIACRONÍA. V. SINCRONÍA.

DIÁFORA. V. DISIMILITUD y DILOGÍA.

DIALÉCTICA (Y figuras dialécticas).

Conforme a una tradición que duró toda la Edad Media y proviene de la Antigüedad Grecolatina, es una de las "artes liberales" o "ciencias del espíritu" que a partir del siglo IX se conocieron bajo la denominación de *trivium* que eran: la *gramática**, la *retórica** y la *dialéctica*, y que constituyeron la enseñanza básica, preparatoria para pasar al estudio de la *filosofía*.

La dialéctica es el arte de discutir intercambiando *argumentos**, o de razonar desarrollando ideas mediante el encadenamiento de juicios o de hechos tendientes a demostrar algo, persuadiendo ya sea a través de convencer o de conmover y teniendo en consideración el juicio que acerca de lo tratado tiene el *receptor**.

Hay un grupo de *figuras** llamadas dialécticas, que tienden a producir dicho efecto, que son: conciliación*, preparación*, concesión* y permisión*.

El eslabonamiento dialéctico de los argumentos puede consistir en una estrategia para el desarrollo monológico del *discurso** y también puede entrar en el *diálogo**. En el primer caso, entra en un *monólogo** argumentativo cuya construcción se caracteriza por la "*oratio perpetua**" (no interrumpida). En el segundo caso produce un discurso interrumpido por la alternancia de los *interlocutores** y construido mediante el uso preponderante de la "*oratio soluta**". (V ARGUMENTACIÓN*.)

DIALÉCTICAS, figuras. V. DIALÉCTICA.

DIALECTO. V. IDIOLECTO.

"DIALITON". V. ASÍNDETON.

DIALÓGICO, relato. V. DIÁLOGO.

DIALOGISMO. V. DIÁLOGO.

DIÁLOGO (o coloquio, estilo directo, discurso representado u objetivado, discurso directo, sermocinación, "sermocinatio", "percontatio", "exsuscitatio", dialogismo, relato polifónico o dialógico, *oratio concisa*", "*oratio recta*", soliloquio, microdiálogo*, diálogo pedagógico, semivoces, palabra bivocal).

Estrategia discursiva (además de la *narración**, la *descripción** y el *monólogo**), mediante la cual el *discurso** muestra los hechos que constituyen una *historia** relatada, prescindiendo del *narrador** e introduciendo al lector (en un *cuento**, por ejemplo) o al público (en el caso del *drama**) directamente en la *situación* donde se producen los *actos de habla** (ficcionales) de los *personajes** (o los reales, en la historia). Presenta directa y fielmente un *enunciado** producido por otro sujeto de la *enunciación**. Hay pues dos sujetos de la enunciación. Uno explícito (María saluda) y otro implícito (él dice que María saluda) por lo que ofrece dos deixis imbricadas (V. DEÍCTICO*) y, como ambos diferentes sujetos son uno solo, constituyen un mismo *actante**. Cuando los sujetos no son diferentes sino idénticos, no hay estilo o discurso directo, sino *énfasis**:

Yo te ordeno: sal de aquí.

El *diálogo* es el enunciado metalingüístico llamado "estilo de la representación". En una *novela**, por ejemplo, a través del diálogo se pueden narrar *acciones**, y

diálogo

también puede alternar con descripciones y con monólogos, puede aportar informaciones (como hacer confidencias, por ejemplo), y servir para que los personajes manifiesten su acuerdo o su desacuerdo si son antagonistas. Debe ser *verosímil**, y para ello debe concordar con el carácter del personaje. En el teatro alterna con otros *lenguajes** no verbales como son el gestual (movimientos de los personajes), el aspecto del escenario y los objetos que lo pueblan, los efectos de luz y sonido y la apariencia de los protagonistas. Es decir, en el teatro el *significado** del diálogo se completa con significados que provienen de la *escena** que constituye su *contexto** situacional.

En el diálogo se pone el énfasis de las expresiones sobre el *receptor** a quien los parlamentos se dirigen, y abundan las formas interrogativas y también las referencias a la *situación* comunicativa y a los mismos actos de habla. (Por oposición al diálogo, en el monólogo se pone el énfasis sobre el *emisor**, son escasas las referencias a la situación, casi no hay alusiones al discurso mismo y, en cambio, son frecuentes las *exclamaciones**.)

Se denomina *estilo directo* o *discurso directo* al diálogo por oposición al *estilo indirecto* o *discurso indirecto* que es otra forma discursiva, la de la *narración*. El diálogo o estilo directo es aquel que ofrece los parlamentos como asumidos por los respectivos *personajes* en enunciados que los reproducen con exactitud, repitiendo literalmente las *palabras** sin que medien términos subordinantes Dicen los personajes de Novo en una comedia satírica:

> *Tepecócatl.*—...con tu autorización, me atreví a prometer a mis oficiales más aguerridos una recompensa, un estímulo...
> *Axayácatl.*—Asciéndelos al grado inmediato. ¿Cuántos son?
> *Tepecócatl.*—Dos por calpulli: ocho en total.
> *Axayácatl.*—*Les impondré la condecoración del Aguila Azteca.*
> *Tepecócatl.*—Ellos preferirían...
> *Axayácatl.*—¿Qué?
> *Tepecócatl.*—Unos contratitos...
> *Axayácatl.*—¿Contratitos?
> *Tepecócatl.*—*Sí:* las calzadas, el maíz, las tortillas, la carne de los sacrificios... ¡Hay tantos renglones!...
> *Axayácatl.*—¡No, no y no! Los contratos son para la familia real.

El diálogo es el discurso *imitado*, el estilo de la *presentación* o *representación escénica*, que ofrece un "máximo de información" mediante un "mínimo de informante" y produce la ilusión de que *muestra* los hechos. Es lo que los latinos llamaban *"oratio recta"*, en que el personaje repite textualmente un dicho propio o ajeno, de modo que ofrece la máxima ilusión de *mimesis** debido a la mínima distancia existente entre el lector y la historia relatada ya que el narrador, al transcribir el diálogo, se oculta y parece dejar que las palabras "se sostengan por sí mismas". El *monólogo*, como el diálogo o coloquio, es una variedad del estilo directo y puede contener un diálogo.

En efecto, el *dialogismo* es una reflexión mental que adopta la forma de un monólogo o *soliloquio* que contiene "interpelaciones deliberativas" sin que necesariamente aparezcan como preguntas y respuestas, es una forma de la *"sermocinatio"* o *sermocinación*, destinada a caracterizar a los personajes.

Otra variante del dialogismo es la *"sermocinatio"* dialógica llamada también en latín *"percontatio"*: el juego de las preguntas y las respuestas (o *"exsuscitatio"* dirigi-

142

da al público por el orador con auxilio de la *"interrogatio"* o del *apóstrofe**) que consiste en que el orador finge mantener un diálogo con la parte contraria o con el público. También se ha utilizado el concepto de *dialogismo* como sinónimo de diálogo (en francés), como discusión dialogada (en inglés), como monólogo que finge ser diálogo, quizá consigo mismo (en español y en italiano). GÓMEZ HERMO-SILLA considera al soliloquio una variante del dialogismo (en el sentido francés). El diálogo de *oraciones** breves es la *"oratio concisa"*.

BAJTÍN ha llamado *relato polifónico o dialógico* a "un tipo de narración que tiene su antecedente más remoto en los diálogos socráticos y sus mejores ejemplos en la sátira menipea, en la literatura carnavalizada de la Edad Media y en las novelas de DOSTOIEVSKI. En su narrador coexisten varias voces, cada una independiente y libre, cada una subjetiva y poseedora de una *perspectiva** o *punto de vista* similar al de un personaje, pero tales voces "carecen de una conciencia narrativa unificadora".

Un ejemplo de relato dialógico, es el *Guzmán de Alfarache*; el personaje preside su soliloquio (aunque dirigido al "curioso lector") desde perspectivas diversas y aun opuestas, de modo que heterogéneos criterios alternan y litigan durante extensas *argumentaciones* en que se ponen en tela de juicio las cosas humanas, revelando así una carencia de unidad global que domine el conjunto de sus lucubraciones:

> *¿Quién ha de creer* haya en el mundo juez tan malo y descompuesto o desvergonzado —que tal sería el que tal hiciese—, que rompa la ley y le doble la vara un monte de oro? *Bien que por ahí dicen algunos que esto de pretender oficios y judicaturas va* por ciertas indirectas y destiladeras, o por mejor decir, *falsas relaciones con que se alcanzan*; y después de constituidos en ellos, para volver algunos a poner su caudal en pie, *se vuelven como pulpos*. No hay poro ni coyuntura en todo su cuerpo, que no sean bocas y garras. Por allí les entra y agarran el trigo, la cebada, el vino, el aceite, el tocino, el paño, el lienzo, sedas joyas y dineros. Desde las tapicerías hasta las especierías, desde su cama hasta la de su mula, desde lo más granado hasta lo más menudo; *de que sólo el arpón de la muerte los puede desasir*, porque en comenzándose a corromper, quedan para siempre dañados con el mal uso y así reciben como si fuese gajes, de manera que no guardan justicia; *disimulan con los ladrones*, porque les contribuyen con las primicias de lo que roban; tienen ganado el favor y perdido el temor, tanto el mercader como el regatón, y con aquello cada uno tiene su ángel de la guarda comprado por su dinero, o con lo más difícil de enajenar, para las impertinentes necesidades del cuerpo, además del que Dios les dio para las importantes del alma.
>
> Bien puede ser que algo *desto suceda* y no por eso se ha de presumir; mas el que diere con la codicia en semejante bajeza, *será de mil uno*, mal nacido y de viles pensamientos; *y no le quieras mayor mal ni desventura*; consigo lleva el castigo pues anda señalado con el dedo. Es murmurado de los hombres, aborrecido de los ángeles, en público y secreto vituperado de todos.
>
> Y así *no por éste han de perder los demás*; y si alguno se queja de agraviado, debe creer que, como sean los pleitos contiendas de diversos fines, *no es posible que ambas partes queden contentas de un juicio*.
>
> Quejosos ha de haber con razón o sin ella; pero advierte que estas cosas quieren solicitud y *maña. Y si le falta será la culpa tuya y no será mucho que pierdas tu derecho*, ya sabiendo hacer tu hecho, y que el juez te niegue la justicia; porque *muchas veces la deja de dar al que le consta tenerla, porque no la prueba* y lo hizo el contrario bien, mal o como pudo; y otras por negligencia de la parte o porque les falta fuerza y dineros con que seguilla y tener opositor poderoso. Y así *no es bien culpar jueces* y menos en superiores tribunales, donde son muchos y escogidos entre los mejores; y cuando uno por alguna pasión quisiese precipitarse, los otros no la tienen y le irían a la mano.

diálogo

Aquí se advierte cómo la reflexión sigue un itinerario impreciso, entre argumentos parcial o totalmente opuestos que relativizan las afirmaciones como si se tuviera en cuenta, simultáneamente, más de un *punto de vista**. Comienza poniendo en duda que existan jueces venales. En seguida dice que los hay, pero aporta este argumento como procedente de un *interlocutor** no definido ("Bien que por ahí dicen algunos...") y los describe pormenorizadamente: cómo aceptan el cohecho; cómo "disimulan con los ladrones", por paga. Pero inmediatamente vuelve a dudar, como si fuera la opinión de un contrincante y no la suya ("Bien puede ser que algo desto suceda..."); para justificarlo aseverando que de esos hay pocos ("será de mil uno"), y que no amerita sanción ("No le quieras mayor mal... consigo lleva el castigo"); para pasar a disculpar a otros criticados jueces ("no es posible que ambas partes queden contentas de un juicio. Quejosos ha de haber con razón o sin ella"), e inclusive atribuir la culpa a la víctima ("porque muchas veces la deja de dar [la justicia, el juez] al que le consta tenerla, porque no la prueba"); para terminar la argumentación afirmando, al fin, que "No es bien culpar jueces".

Tanto el diálogo como el dialogismo, el soliloquio o el monólogo interior, son variantes de la *"sermocinatio"* y de la *etopeya** latina, discurso ficcional que ofrece todas estas posibilidades y sirve para caracterizar al orador, al narrador y a los personajes ya no sólo por sus *actos**, sino por sus pensamientos y sus dichos.

BAJTÍN critica el hecho de que ciertas disciplinas (como la filosofía del lenguaje, la lingüística, la estilística, enfrascadas en la búsqueda de la unidad dentro de la diversidad del plurilingüismo), no han reflexionado suficientemente respecto del concepto (que para él es central) de diálogo y, hasta hace poco, sólo la *retórica** consignaba al dialogismo como figura fluctuante entre la *"elocutio"* y la *"compositio"*, y sólo la lingüística muy reciente describió el diálogo como estrategia del desarrollo discursivo. "La estilística era sorda por completo al diálogo. La obra literaria era concebida (por ella) como un todo cerrado y autosuficiente"..."como un monólogo autoral" que fuera de sus propios límites sólo presuponía a "un oyente pasivo". "No les era accesible (a estas disciplinas) la dialogalidad lingüística" que se da condicionada por la convivencia antagónica de los puntos de vista sociolingüísticos que se manifiestan a través de los *lenguajes** o *dialectos sociales* (b:99).

En opinión de KOZHINOV, "la categoría de diálogo representa la parte más importante, sólida y novedosa de la teoría estética de BAJTÍN, sólo comparable al sistema estético de HEGEL, y junto con la estética de la prosa literaria que se ocupa de las épocas *abiertas*, de ruptura y transición en el arte".

Se ha atribuido y criticado a BAJTÍN un presunto *relativismo* que procede de su opinión acerca de que "el universo de DOSTOIEVSKI está totalmente desprovisto de una verdad unificadora y *última*", diciendo que, por ello, "todo en su mundo es relativo y equipolente". Pero BAJTÍN no está de acuerdo con esta crítica y redarguye que "el sentido/conciencia, en última instancia, pertenece al autor y sólo al autor. Y este sentido se refiere al ser (existencia) y no al *otro* sentido (que es una conciencia ajena equitativa)" (a:326-327). En mi opinión, sólo hay relativismo, pero exclusivamente superficial, en la posición intercambiable de cada voz/conciencia durante la interrelación que con las otras establece en el diálogo de la novela *polifónica* (si *yo* veo en *ti* a *otro yo*, y a la inversa) La polifonía requiere que la conciencia del autor posea algún nexo con las conciencias de sus personajes, lo que será posible si posee una aguda penetración en las conciencias ajenas, en cada íntima profundidad inconclusa del *otro*, del interlocutor, expulsando del coloquio, tanto el relativismo, porque vuelve el diálogo innecesario, como el dogmatismo, porque lo vuelve imposible (c:102).

BAJTÍN observa que en DOSTOIEVSKI el *monólogo interior* es un *microdiálogo** o monólogo interior dialogado. Y es que la tarea artística polifónica "propicia el planteamiento no unívoco de la idea". Esta es una concepción opuesta no sólo al monólogo, sino a monólogos que erróneamente han sido llamados diálogos, como el que los idealistas ven como *diálogo pedagógico*, del maestro que cree poseer la verdad y transmitirla al alumno, ya que "para el idealismo la interacción cognoscitiva entre conciencias es inconcebible, y la verdad es enseñada por quien la posee a quien no la posee y está, por ello, en el error" (c:116).

La noción de *idea* cumple un papel fundamental en el diálogo dostoievskiano de voces/conciencias, porque éste, como ella, vive su desarrollo y evolución paralelamente al desarrollo del discurso, y ambos suelen cambiar su orientación y su derrotero, DOSTOIEVSKI (en ia novela polifónica, no en sus otros escritos, como sus artículos sociopolíticos "de *pensador social*", como lo llama BAJTÍN, o como en fragmentos intercalados en distintas partes de otras de sus obras, que son monológicos) ubica la idea "sobre el límite de las conciencias dialógicamente cruzadas". Las ideas se vinculan, así, más allá de las conciencias, dejan de ignorarse y se escuchan recíprocamente al salir de los límites cerrados de las ideas prototípicas y al entrar a la vida de interrelación que acarrea los cambios en el "diálogo universal". Pero, además, en la novela polifónica se agrega "la relación con las voces/conciencias de los incontables lectores". Eso es lo que significa la bajtiniana opinión de que, en este tipo de novela, "un conjunto de pensamientos representa un conjunto de posiciones humanas totales", cada una de las cuales nos revela "la síntesis de una visión del mundo, de alfa a omega", cuya plenitud de sentido, sin embargo, "es contextual y *bivocal** (por ejemplo en la *ironía**, y sólo se aprecia en el enfoque integral" (c:130-138).

Desde esta distinta perspectiva bajtiniana, como dice MORSON (a:7), el interlocutor "nunca enuncia la última palabra, sólo la penúltima que permite añadir y llegar a otro diálogo imprevisto, pues la humanidad está definida por su inacabamiento". Así, una obra está abierta al diálogo con otras, y funciona dentro de él como un parlamento interrelacionado con otros semejantes, de un modo que puede ser polémico, paródico, irónico, y pienso que también afirmativo, solidario, ratificador o corroborador y enfático y, por otra parte, puede estar orientado hacia adentro (hacia el mismo emisor cuya voz/conciencia se desdobla), o hacia afuera y, desde luego, puede darse una plática o una discusión de un *género** a otro, y de un género simplemente referencial cotidiano, a uno retórico o a uno artístico (que quizá ofrezca estilizaciones, parodias, ambigüedades, o la discordancia del plurilingüismo realzada sobre la base de la "lengua común" u "opinión general"). El dialogismo es un fenómeno más amplio que el diálogo. (BAJTÍN, c:66). Existe una red de relaciones dialógicas (no necesariamente estructuradas como réplicas de un diálogo), en las que se manifiesta todo lo que posee un significado o un sentido, todo lo que es materia del discurso humano.

diálogo

El dialogismo de Dostoievski en la *novela polifónica* constituye "una posición seriamente planteada y sostenidamente realizada" (c:98) con el objeto de construir el carácter libre, independiente e inconcluso del *héroe**. Este no es un *él* o un *yo*, sino un *tú* que es un *otro yo*, sujeto destinatario que se realiza en el aquí y ahora del proceso de la creación. Un héroe que posee el valor de su discurso nacido de la confrontación de su conciencia, su autoconciencia y las conciencias ajenas.

"El discurso del autor acerca del héroe se organiza como la palabra acerca del que está presente, del que está oyéndolo y del que le puede contestar", dice BAJ-TÍN; es decir, el discurso del autor está orientado hacia la interacción con el discurso del héroe, hacia el *tú*, por eso se dice que su orientación es dialógica. La posibilidad de dialogar lo cambia todo porque crea una atmósfera distinta. (c:94) (V. HÉROE*, NARRACIÓN*, NOVELA*, POLIFONÍA*).

En las obras de DOSTOIEVSKI, creador de una nueva manera de novelar en la novela polifónica, lo esencial es el diálogo porque la concepción de tal procedimiento discursivo repercute en otros cambios que se dan en la representación del héroe, de los demás personajes, y de todos los elementos estructurales que entran en juego. De allí proceden la extremada tensión y la rara inquietud de que es presa el lector de sus novelas.

El héroe de DOSTOIEVSKI es un hombre que se caracteriza por sus ideas, porque concibe, imagina, sustenta, plantea, desarrolla ideas; acerca de las cuales, disputa, impugna, debate, polemiza consigo mismo (en el microdiálogo); y también trata, acuerda, conviene, coincide con otro que igualmente piensa, que también tiene ideas. "Por eso el pensamiento es bilateral" y es en el diálogo donde se ponen a prueba las posiciones y las situaciones, al enfrentarse la idea propia y la ajena de modo natural, porque la idea es de naturaleza interindividual e intersubjetiva y, en consecuencia, es dialógica por esencia. En la conciencia de cada personaje está el espacio de encuentro entre la suya y las otras voces. Cada personaje es portador de un debate interno que es parte de un debate interindividual.

También aparecen en los textos una serie de modalidades y matices, a veces muy tenues, del diálogo, por ejemplo:

1) Las *semivoces* que caracterizan alguna posición humana (delincuente, médico, juez, sacerdote, etc.).

2) Los diálogos imaginarios que no superan el monologismo del pensamiento, como suele ocurrir en ensayos o en artículos periodísticos.

3) En cambio, el "estar de acuerdo" puede ser de naturaleza dialógica, puede provenir de otra voz/conciencia.

4) El diálogo no utiliza aisladamente fórmulas (sentencias, máximas, aforismos, proverbios (característicos del *"magister dixit"*, del neoclasicismo, de la ilustración) porque son impersonales y, cuando aparecen, están objetivadas. Su empleo exagerado "caracteriza a un personaje que no posee una idea dominante que determine el núcleo de su personalidad; que no posee su propia verdad y dice las verdades ajenas". En el diálogo las voces son ideas, y las ideas son puntos de vista íntegrados a la personalidad e indivisibles.

5) En el discurso hay lo que BAJTÍN llama *apelación:* el emisor, hablar *de sí, a sí, con otro, de otro,* "lanza una mirada furtiva hacia un oyente, testigo, juez". Hay "una simultánea y triple orientación del discurso. Éste es una palabra ante la cual se reacciona, se contesta, se objeta, se acepta, se rechaza, se protesta, etc., porque tiene el poder de excitar positiva o negativamente. Según BAJTÍN, el discurso apelación es el propio del narrador autor y del personaje en DOSTOIEVSKI, pues en sus novelas no existen objetos, sólo sujetos. También afirma que en la *lírica** y en la *epopeya** no aparece. Creo que habría que matizar esta opinión porque no hay un *tú* que responda, pero existe en la mente del *emisor** un *receptor* implícito** de su *mensaje**.

6) En la *figura retórica** llamada *ironía**, este fenómeno se intensifica: se da siempre un desdoblamiento y una bivocalidad de cuya naturaleza participa el personaje. Como más tarde ha desarrollado ORECCHIONI en su teoría, en la ironía participan las tres personas gramaticales representando los papeles de victimario, testigo y víctima, mismos que pueden sincretizarse en dos de ellas, o en una, como en la ironía autodedicada.

7) Cada parlamento no contiene un enfoque parcial, sino integral: lo que se integra es el *emisor** con su idea, la situación, la existencia del otro que puede responder, y todo ello en la más insignificante palabra que, al entrecruzarse con otras, construye "contraposiciones dialógicas integrales", es decir, "una conjugación de posturas humanas significativas". Y "el *verdadero* no es el pensamiento; el verdadero —en cada momento— es el hombre que piensa el pensamiento" (c:138).

8) Para ello, el hombre es *sujeto* de la *apelación*, desde su *autoconciencia* que, en DOSTOIEVSKI, está plenamente dialogizada y orientada hacia sí y hacia el exterior, hacia el *otro*. "La contraposición del hombre al hombre se da en tanto que contraposición del *yo* al *otro*". El otro es un *él*. El conjunto de los otros es un *ellos*. El hombre es aquel con quien el *yo* entabla, en su interior, la primera polémica entre su voz propia y la que se desdobla como voz ajena, su doble"."La esencia de la *dialogología* de DOSTOIEVSKI radica en "la interrelación entre el diálogo interno y el externo". Ya desdoblada, la propia voz funciona como réplica, como "palabra vuelta al revés" porque tiene la acentuación traspuesta y distorsionada" "Sin esta *estructura** no existe la autoconciencia para uno mismo. El hombre es sujeto de apelación porque no se puede hablar sobre él, sólo es posible dirigirse a él", y "sólo es posible representar al hombre interior al representar su comunicación con el otro. En otras palabras: "sólo en la interacción del hombre con el hombre se manifiesta el hombre dentro del hombre, tanto para otros como para él mismo" (c:354).

En consecuencia, y recapitulando, podemos observar un *esquema del diálogo* tal como resulta de las modalidades y los matices antes señalados: "contraposición del hombre al hombre, en tanto que contraposición del *yo* al *otro*" (c:356). Cruce, concordancia o alternancia de las réplicas del *diálogo explícito* con las réplicas del *microdiálogo* o diálogo interior de los personajes, indisolublemente ligados ambos.

BAJTÍN considera que "en el centro de la visión artística de DOSTOIEVSKI se halla el diálogo, no como recurso sino como finalidad en sí", pues "no es la antesala de la acción, sino la acción misma". El autor mismo sólo puede dirigirse al héroe, no hablar sobre él. Sólo puede representar al hombre interior representando su comunicación con el otro. Sólo en la interacción e intercomunicación con el otro se

diálogo

manifiesta el hombre que hay dentro del hombre, tanto para sí como para los demás.

En virtud de que una sola voz no resuelve nada, "dos voces es un mínimo de vida, un mínimo del ser". El diálogo en DOSTOIEVSKI tiene una "infinitud potencial", por lo que el *argumento** no tiene que estar previamente delineado, sino que al proyectarse el hombre hacia el exterior, por primera vez llega a ser lo que es para otros y para sí, y los diálogos vienen siendo preparados por el argumento, pero quedan fuera de él y, sobre todo "en sus puntos culminantes, se elevan por encima de él" (c:374) debido a que "en todas partes se da el cruce, la concordancia o la alternancia de las réplicas del diálogo explícito con las del diálogo interior del personaje", para que pueda "transcurrir el *tema* a través de muchas y diferentes voces", lo que acarrea "una *polifonía* y una *heterofonía* de principios". Por eso, cuando se acaba el diálogo, todo termina. Pero el diálogo mismo no termina en cada texto, prosigue en la eternidad.

La *novela polifónica* es una *sub/especie* de novela completamente dialógica que permite al artista observar al héroe desde un nuevo ángulo, lo cual constituye un avance que hace posible "alcanzar la conciencia pensante del hombre y la esfera dialógica de su existencia (mismas) que no son abarcables artísticamernte desde una posición monológica". En su diálogo toda palabra es bivocal porque está impregnada del diálogo explícito y del interior, igual que todo gesto del héroe. Su modernidad estriba en que implica la "viva conciencia de un mundo más complejo, einsteniano, con su pluralidad de elementos de cálculo" (c:378), y permite asomarse al carácter polifacético de la vida y a la complicada problemática de las vivencias humanas (c:68). La estructura de tal novela se basa en el *contrapunto* artístico, y en ella se dan cita voces que cantan de modo diferente el mismo tema (c:68), con toda clase de elementos antitéticos y contrarios que requieren, para relacionarse, del diálogo visto como debate, controversia, argumentación, y también como acuerdo, convenio, asentimiento (c:255). Las relaciones dialógicas se dan fuera del dominio de la *lengua** vista como *sistema**, porque ella sólo existe en la comunicación dialógica: en la esfera de la vida de la palabra. La palabra como enunciado, como posición de un sujeto diferente, de un *otro* necesario para entablar diálogo.

El dialogismo, pues, resulta de las relaciones posibles entre enunciados, o entre posiciones ajenas y voces ajenas dentro de un mismo enunciado. De allí la importancia de los *dialectos sociales** que marcan la diferencia de ciertas posiciones expresadas mediante un material sígnico, mediante *palabras bivocales** que poseen una doble orientación.

Considerada la palabra en su relación con el dialogismo, BAJTÍN observa un *primer* tipo de discurso al que llama *directo,* orientado temáticamente: palabra que nombra, que comunica. Un *segundo* tipo de discurso es el *representado* u *objetivado,* descrito como "discurso directo de los personajes, que no está ubicado en el mismo plano que el discurso del autor enunciador, por lo que tiene otra orientación (a menos que este último esté estilizado). El primero y el segundo tipos de palabras constituyen discursos univocales. El *tercer* tipo de discurso imita la *palabra ajena,* revela influencia de discursos ajenos, ofrece indicios de la intención de la palabra ajena. En el *drama**, todo el material verbal pertenece al segundo o al ter-

148

cer tipo de discurso. En el debate científico, la correlación dialógica se establece entre palabras directamente significantes, aunque sólo dentro de ese contexto: pregunta/respuesta; afirmación/refutación; pero no dentro del mismo enunciado, sino a partir de enunciados completos que se confrontan semánticamente con la intención de reorientarse recíprocamente.

En éstos la persuasión y la disuasión, la seguridad y la duda, la acusación o condena y la disculpa o defensa, la aceptación o el rechazo, se suceden con la consiguiente alternancia de los acentos y las entonaciones que se refuerzan porque contrastan sin estar impregnadas con las apreciaciones valorativas de un autor en una posición suprema, y también más allá de todas las fórmulas sociales concretas.

Esta posición por encima de la de los personajes suele ser la del discurso del *narrador**, análogo a la estilización en la medida en que funciona como una sustitución estructural de la palabra del *autor** (pero de modo que se siga percibiendo otra voz, no como en una imitación). Es decir: la voz del autor nos deja percibir una distancia entre la palabra ajena y la suya. Su voz deja ver su intención, ya que introduce su *punto de vista**.

Precisamente donde se rompen cánones y se irrumpe "hacia el espacio y el tiempo del *carnaval** y del misterio, es en el acontecer de la interacción de conciencias"(c:373) que (aunque tiene entecedentes, principalmente CHERNYCHEVSKI), por primera vez logra totalizar y sistematizar DOSTOIEVSKI.

DIAPORESIS. V. DUBITACIÓN.

DIASIRMO. V. IRONÍA.

DIÁSTOLE. V. DIÉRESIS y EPÉNTESIS.

DIÁTESIS

Sistema de las voces —activa, pasiva, media— del verbo.

DIATIPOSIS. V. DESCRIPCIÓN.

DICCIÓN, figura de. V. FIGURA RETÓRICA.

"DICTUM". V. ACTO DE HABLA.

DIDASCALIA. V. ACOTACIÓN.

DIÉGESIS (y metadiégesis, historia, diegetización de la enunciación, primer grado, segundo grado).

Sucesión de las *acciones** que constituyen los hechos relatados en una *narración** o en una *representación* (*drama**). Es lo que TODOROV llama *relato** BARTHES llama *historia**, RIMMON llama *significado** o *contenido narrativo*: la *estructura profunda** —que da entrada al componente semántico— de los transformacionalistas; el "plano del contenido" de HJELMSLEV, el *nivel** de los "hechos relatados" de JAKOBSON, el "proceso de lo enunciado" de GENETTE.

PLATÓN opuso la diégesis, como narración, a la *mimesis**, como representación; dicotomía, ésta, retomada por la reciente teoría literaria norteamericana, que ve dos procedimientos generales de presentación de una historia; narrar, por una parte, y mostrar (o imitar), en el *diálogo**, por otra parte. GENETTE coincide con

diegético

esta última noción acerca del relato narrado, hallando que la narración no muestra las acciones que comunica, sólo la representación teatral. Para explicar la compleja relación entre las acciones narradas y la acción de narrar, este mismo autor ha establecido distintos niveles dentro de la diégesis en cualquier *relato* narrado o representado. En el teatro, los sucesos representables constituyen la diégesis. Las acciones ocurridas en el "aquí y ahora" de su *enunciación**, es decir, enhebradas espacio-temporalmente mediante la acción discursiva de narrar (que puede incluir el diálogo), constituye la diégesis o "narración en *primer grado*" LOTMAN). El *narrador** puede estar ubicado fuera de la diégesis, lo que ocurre cuando no es un *personaje**, sino simplemente un narrador (extradiegético); pero también puede ser un personaje de la propia historia (intradiegético), y ésta puede ser su propia historia, si él es el héroe (autodiegético). Si el personaje de la historia narrada, narra, a su vez, otra historia ocurrida sobre otra dimensión espacio/temporal con otros protagonistas o con los mismos, se trata de un narrador metadiegético que narra una *metadiégesis* (o narración de *segundo grado*) a partir de su ubicación en la diégesis. En cada metadiégesis puede aparecer otro personaje/narrador que dé cuenta de otra metadiégesis.

Esta escalada de niveles, denominada construcción en *abismo* o *estructura abismada**, a partir de la primera metadiégesis, es una *figura retórica** producida por el juego de relaciones entre los elementos estructurales del relato (no del lenguaje).

En el *Rabinal Achí*, drama del teatro maya prehispánico, la diégesis está constituida por la serie de acciones en que alternan los actos gestuales y los *actos de habla** de los personajes en el escenario, ante el público. Además hay distintas historias metadiegéticas narradas por los personajes de la diégesis y ocurridas en otra época y otro escenario, con los mismos o con otros protagonistas. Tales historias retrospectivas son metadiégesis y explican y complementan la diégesis (son restauradoras); constituyen en realidad (espacio/temporalmente) otras historias que son narradas por personajes de la diégesis: antecedentes o datos de una historia que son útiles para entender otra.

Entre la diégesis y la metadiégesis no existe una relación jerárquica. La metadiégesis puede ser de mayor importancia estructural y semántica, para el relato en su totalidad, que la diégesis a partir de la cual se genera. (V. también NARRADOR*.)

Por otra parte, se ha venido llamando *diegetizacinón* de la *enunciación* al uso de un conjunto de estrategias conducentes a ocultar el proceso de creación artística; es decir, a los artilugios elegidos para lograr la verosimilitud de lo relatado y para garantizar su verdad, por ejemplo: contar cómo y dónde el narrador halló un diario, una noticia, un manuscrito ajeno; cómo el *autor** fue testigo de hechos reales, etc.

DIEGÉTICO (y metadiegético).

Correspondiente a la *diegésis** o *narración** primaria o de *primer grado* (LOTMAN). Se opone a *metadiegético*, lo tocante a la narración secundaria o de segundo grado. (V. también NARRADOR* y ABISMO*.)

DIÉRESIS (o éctasis, o diástole).

*Figura** de dicción que consiste en alargar una *palabra** agregándole una sílaba mediante el expediente de deshacer un diptongo articulando separadamente sus

150

vocales: rüido, glorïoso. Es decir, se trata del fenómeno opuesto a la *sinéresis**. Su uso puede darse en el *habla** común o bien constituir un rasgo poético.

Como licencia poética aparece tanto en la *lengua** griega como en la latina y, asimismo, en el español. Se trata de una *metábola** de la clase de los *metaplasmos** porque altera la *forma** de la palabra y se produce por *adición** parcial, ya que se añade una sílaba, por la disociación de una serie fónica monosilábica, en dos sílabas. Su uso responde a necesidades métricas. En latín se lograba este efecto también con la *éctasis*, que consiste en el alargamiento de una vocal breve o con la *diástole*, que resulta de la adición de una consonante, con el objeto de acabalar la medida del *verso**:

> agora que süave
> nace la primavera...
> VILLEGAS

> Y por Dios que ha visto Encinas
> en más de cuatro ocasiones
> muchos crïados leones
> y muchos amos gallinas.
> RUIZ DE ALARGÓN

DIGLOSIA (y multiglosia, plurilingüismo o bilingüismo, disglosia).

Coexistencia, en un *discurso**, de una variedad de *lenguas** de distintas procedencias: sustratos, dialectos, lenguas extranjeras, que alternan, ya sea en el *habla** cotidiana de un individuo o en sus *textos** cuando se trata de un escritor. Son ejemplos la mezcla de los sustratos indígenas y africanos con el español culto en autores como J. María ARGUEDAS o como Nicolás GUILLÉN. En la diglosia hay otra lengua (además del castellano); cuando hay más, se llama *multiglosia*, término introducido por BALLÓN.

MARTINET llama *díglota* al individuo que ha adquirido otras lenguas con posterioridad a la lengua materna, y llama *plurilingüismo o bilingüismo* a la "situación de contacto de lenguas", ya sea en un individuo o en un grupo. Este mismo autor señala que, en la sociolingüística norteamericana, el término *disglosia* se opone a *bilingüismo:* el bilingüismo es el empleo indistinto de dos lenguas, alternativamente, en cualesquiera circunstancias y tratándose de cualquier *tema**; la disglosia es la distribución de diferentes usos de cada lengua conforme a diferentes circunstancias y temas.

DIGRESIÓN (o "digressio excursus", "egressio", "aversio").

Interrupción, en alguna medida justificada, del hilo temático del *discurso** antes de que se haya completado una de sus partes, dándole un desarrollo inesperado con el objeto de narrar una anécdota, dar cuenta de una evocación, describir un paisaje, un objeto, una situación, introducir una *comparación**, un *personaje**, poner un ejemplo, etc., en forma extensa, antes de retomar la materia que se venía tratando. Cuando se prolonga demasiado, rompe la unidad y puede producir un efecto de incoherencia. La *"digressio"* es un tipo de *"aversio"* (apartamiento respecto del público), pues es un apartamiento respecto del asunto tratado, y suele tomar la forma de otras *figuras** como *licencia**, *concesión**, *dubitación**, *descripción**, *apóstrofe**.

digressio excursus

Por ejemplo, en su *Historia de las Indias*, Fray Bartolomé DE LAS CASAS describe el descubrimiento de América a través de la vida, la formación intelectual de Cristóbal Colón y la historia de las gestiones que hubo de llevar a cabo para lograrlo. En ello pasa cinco capítulos. El sexto lo destina a citar las autoridades que predijeron que era habitable la zona tórrida, con un inciso acerca de la naturaleza de los etíopes. Los capítulos séptimo, octavo, noveno y décimo, citan a los filósofos de la antigüedad que consideraron posible la existencia de tierra donde luego se halló América. En el capítulo undécimo relaciona esta tradición nuevamente con Cristóbal COLÓN.

Éstas, como otras digresiones del padre LAS CASAS, rebasan los límites legítimos de esta clase de apartamiento temporal del *tema**, pues restan unidad a la obra tanto por su excesiva extensión como porque no resultan tan necesarias ni tan oportunas como lo requeriría la preocupación de mantener la máxima unidad y coherencia en este modelo de *discurso** referencial.

A veces la digresión se presenta con *amplificación** (o *expolisión* o *conmoración*), es decir como una repetición en que se abunda en el mismo pensamiento ampliándolo y enriqueciéndolo con sucesivas ideas complementarias.

De este tipo es la digresión de Guzmán DE ALFARACHE cuando, al describir a su padre, toca el punto de los afeites que se rumora que usaba, y se extiende a hablar, en general, primero de los afeites en los hombres, y luego en las mujeres feas, y en las hermosas, y de sus efectos:

> Era blanco, rubio, colorado, rizo, y creo de naturaleza tenía los ojos grandes, turquezados. Traía copete y sienes ensortijadas. Si esto era propio no fuera justo, dándoselo Dios, que se tiznara la cara ni arrojara en la calle semejantes prendas. Pero si es verdad como dices, que se valía de untos y artificios de sebillos, que los dientes y manos, que tanto le loaban, era a poder de polvillos, hieles, jabonetes y otras porquerías, confesaréte cuanto dél dijeres y seré su capital enemigo y de todos los que de cosa semejante tratan; pues demás que son actos de afeminados maricas, dan ocasión para que de éllos murmuren y se sospeche toda vileza, viéndolos embarrados y compuestos con las cosas sólo a mujeres permitidas que, por no tener bastante hermosura, se ayudan de pinturas y barnices a costa de su salud y dinero. Y es lástima de ver que no sólo las feas son las que aquesto hacen; sino aún las muy hermosas: que pensando parecerlo más, comienzan en la cama por la mañana y acaban a mediodía, la mesa puesta. De donde no sin razón digo que la mujer cuanto más mirare la cara, tanto más destruye la casa. Si esto aún en mujer es vituperio, ¿cuanto lo será más en los hombres?

En el siguiente párrafo vuelve a atar el hilo temático donde venía antes de la digresión: en la figura de su padre.

Desde un punto de vista estructural, la digresión es una *metábola** de la clase de los *metataxas** porque modifica el orden sintáctico de los elementos del discurso al intercalar, en lugar de desarrollarlas aparte, unas *argumentaciones** en otras, que, por este motivo, se interrumpen. Por esta razón puede decirse también que la digresión afecta al nivel de las figuras *lógicas*. Se produce por *adición** simple.

"DIGRESSIO EXCURSUS". V. DIGRESIÓN.

DILACIÓN. V. AMPLIFICACIÓN.

DILATACIÓN SEMÁNTICA. V. ABISMADA, ESTRUCTURA.

152

DILEMA.

Disyuntiva difícil pero necesaria que arrostra un *héroe** cuando debe adoptar una decisión ante un problema o un conflicto de intereses que pone en crisis su actuación debido a que su elección repercutirá en el *desenlace** posterior al conflicto. (V. también "INVENTIO").

DILOGÍA. (o antanaclasis, antanaclasia, equívoco, diáfora, amfibología, "distinctio", "reflexio", y disemia, polisemia).

Tropo* de dicción que consiste en repetir una *palabra** disémica —que posee dos *significados**— dándole en cada una de dos posiciones, o en una misma, un significado distinto:

> ...salió (mi padre) de la cárcel con tanta honra, que le acompañaron doscientos *cardenales*, sino que a ninguno (a ningún cardenal) llamaba señoría...
>
> QUEVEDO

Cardenales significa simultáneamente "dignidad eclesiástica" y "manchas provocadas en la piel por golpes".

La dilogía o *anfibología* se relaciona con el *juego de palabras**, y se funda en la *homonimia** y la *polisemia* de éstas, es decir en que la unicidad de su *forma** se acompaña con la pluralidad de su significado:

"Los ojos *bajos* y los pensamientos *tiples*", dice QUEVEDO, donde *bajos* ofrece dos significados, el segundo de los cuales se actualiza cuando leemos *tiples*.

Es una *metábola** de la clase de los *metasememas** porque afecta al sentido del *discurso** cuando resulta recuperable a partir de los elementos que ofrece el *texto**. Resulta un *metalogismo** cuando su interpretación requiere del conocimiento de un *referente** ubicado fuera del texto o en un *contexto** lingüístico más amplio. Se produce por *supresión/adición* (o *sustitución**) completa de uno de los significados de una voz disémica por otro, a partir de lecturas apoyadas en diferentes contextos. Proviene de la *"distinctio"* latina, fenómeno de repetición con relajación de la igualdad de las palabras, que introduce una diferencia semántica, encarecedora, entre la *significación** de la palabra en una y en otra posiciones. Se le ha llamado también *antanaclasis, antanaclasia, equívoco, anfibología* o *diáfora*. Lo que hace posible la diversidad de significación en el texto, es la *disemia* o *polisemia* inherente a un *lexema**. En griego, en francés y en italiano se denomina *diáfora* cuando la diferencia de significación es pequeña. (V. también DISIMILITUD*.)

La realización de la dilogía es monológica, cuando adquiere forma dialógica se llama *"reflexio"*. En este caso, cada *emisor** retoma el término sacándolo del parlamento anterior de su *interlocutor** y dándole un *sentido** distinto.

La dilogía es una *figura** que se emplea abundantemente en el *habla** coloquial y en la *literatura**. En la primera, debido a que es un recurso para elaborar chistes. En la segunda, porque rompe el equilibrio existente entre el significado y el *significante** del *signo** lingüístico, por lo que, amén de hacer denso y conceptuoso el estilo, le procura *ambigüedad**, que es una marca que revela la *función poética** de la *lengua**.

Varios autores llaman *equívoco* a la dilogía, como COLL y VEHÍ, que pone ejemplos de uso sucesivo de una palabra en más de una de sus acepciones de modo que en el mismo *enunciado** actualiza dos significados:

discreto

No se *curó* el arriero de estas razones (y fuera mejor que se *curara* porque fuera *curarse* en salud)...

CERVANTES

Siéntate a yantar, mi fijo,
Do estoy, a mi cabecera,

Que quien tal *cabeza* trae,
Será en mi casa *cabeza*.

ROMANCERO

DISCRETO.

Elemento dividido, mediante cortes, respecto de un conjunto de fenómenos continuos, como los puntos de la línea, las palabras de la frase, los fonemas de la palabra. Se opone al término *continuo*. Se aplica como adjetivo al sustantivo *unidad* cuando ésta puede ser aislada, es decir, separada de las demás. Son discretos los elementos que son susceptibles de separación, que son aislables. En el caso de la lengua el análisis nos revela que todas las unidades lingüísticas son discretas, lo mismo que los símbolos.

DISCURSO DIRECTO. V. DIÁLOGO.

DISCURSO INDIRECTO. V. NARRACIÓN.

DISCURSO INTERIOR. V. MONÓLOGO.

DISCURSO LINGÜÍSTICO (y práctica discursiva, formación discursiva, tipo de discurso, metadiscurso, metalenguaje).

Es la realización de la *lengua** en las expresiones, durante la *comunicación**. Es el *habla** de SAUSSURE, pero en un *sentido** más amplio, que abarca lo hablado y lo escrito. El *lenguaje** resulta de la realización del *sistema** de la lengua en el proceso discursivo, es el vehículo de los hechos narrados o representados (TODOROV), la *estructura de superficie** —el componente fonológico y su descripción fonética— de los transformacionalistas, el "plano de la expresión" de HJELMSLEV, el hecho discursivo de JAKOBSON, el proceso de la *enunciación** de GENETTE, "el acto mismo de producir un *enunciado**" de BENVENISTE. El discurso *literario* es, además, *real*, si se opone a la naturaleza *ficcional* de la *historia** a la que sirve de vehículo. (V. FICCIONALIDAD*).

Discurso lingüístico es pues, el lenguaje puesto en acción, el proceso significante que se manifiesta mediante las unidades, relaciones y operaciones en que interviene la materia lingüística que conforma el *eje sintagmático* de la lengua (V. EQUIVALENCIA*), es decir, el conjunto de enunciados que dependen de la misma *formación discursiva*. Ésta, a su vez, se funda en la posibilidad de elección temática a que dan lugar las regularidades y las dispersiones dadas entre los objetos de discurso, los tipos de enunciación, los repertorios de conceptos.

El proceso significante constituye el punto de intersección de un conjunto de "prácticas discursivas" que contienen tanto comportamientos verbales (series de *frases** y *oraciones** en que se formalizan las lenguas naturales, y que remiten al *código** de la lengua) como comportamientos de orden sensorial (que provienen del "mundo natural" como todas las *semióticas** no lingüísticas) y que se manifiestan somáticamente.

Cada "práctica discursiva", por su parte, es un conjunto de reglas anónimas, históricas, que han definido en una época dada (por lo que están determinadas en el tiempo), y dentro de un área social o geográfica o lingüística dada (por lo que están determinadas en el espacio), las condiciones en que se ejerce la función comunicativa.

El objeto del discurso surge en condiciones históricas precisas, cuando se presenta como producto de un haz complejo de relaciones dadas con otros objetos, y como motivo de opiniones diversas.

Para GREIMAS, en cada discurso confluyen formaciones discursivas (V. GÉNERO*) cuyos *significados** se interrelacionan dentro de *campos semánticos** (discurso jurídico, discurso didáctico) que aparecen como organizaciones profundas del *contenido**, formulables como axiologías o sistemas de *valores**.

La producción del discurso constituye el proceso en que éste se va insertando dentro de una tipología. El tipo de discurso depende de la selección (limitada por redes de restricciones) de las formas susceptibles de ser enunciadas, de las formas que convienen a la construcción de ese tipo de discurso, y (dentro de las posibilidades de combinación de las unidades discursivas) de los mecanismos de enunciación en que interviene el manejo de los *embragues** o *conmutadores*.

Para BARTHES los discursos son "conjuntos de palabras superiores a las oraciones". Él propone, como tarea de la lingüística, la fundación de la tipología del discurso, y reconoce tres grandes tipos:

1) discurso metonímico, característico del *relato**;

2) discurso metafórico, característico de la poesía *lírica** y de las obras de tenor sentencioso;

3) discurso entimemático. que es el discurso intelectual, silogístico, abreviado porque se sobreentiende una de sus premisas y está constituido sólo por dos proposiciones: antecedente y consecuente.

En otras acepciones se identifica *discurso* con *enunciado**, o bien con cualquier proceso semiótico no lingüístico (filme, ritual, etcétera), o bien con la *enunciación**, o bien con alguna de sus modalidades (discurso o estilo directo, indirecto, etc.).

El discurso que se refiere a otro discurso (como la *definición**, la *paráfrasis**, la *descripción** o explicación del significado de las expresiones) se denomina *metadiscurso* o *metalenguaje**. En sentido estrictamente lingüístico la unidad del discurso es la *oración** a partir de la cual se determinan los *constituyentes** y se generan las funciones que son posibles en la lengua. Sin embargo, para el semiótico, el discurso es transoracional.

La lingüística distribucional ha trabajado en la clasificación de los *morfemas** y *sintagmas** dentro de la oración, y en establecer las reglas de combinación que gobiernan las secuencias de oraciones. La lingüística generativa y la transformacional ven en el discurso un producto de sucesivas transformaciones operadas sobre la *estructura profunda**.

En el *análisis** narrativo, *discurso* es el proceso de la enunciación (cuyos protagonistas son el *narrador** y el *receptor** de *la narración**) que vehicula la *intriga** de la *historia*, (es decir, los hechos relatados cuyos protagonistas son los *personajes**).

DISCURSO ORATORIO.

El discurso oratorio en sus géneros *deliberativo*, *forense* y *demostrativo*, en la antigüedad originó su propia teoría llamada *retórica**, que contiene en germen toda la especulación acerca de la problemática del *discurso lingüístico** en todas las épocas. (V. RETÓRICA*).

DISCURSO REFERIDO. V. NARRACIÓN.

DISCURSO TEATRAL.

El discurso del *relato** representado (teatro), puesto que se profiere ante el público y produce la ilusión de desencadenar las *acciones** y los subsecuentes *actos de habla** de los *personajes**, posee un aspecto pragmático y una carga significativa especial, porque el acto de su *enunciación** es, al mismo tiempo, el de su realización, de modo que cada personaje, al proferir un *enunciado**, "emprende algún tipo de interacción social" (LYONS), y podríamos decir (recurriendo a la teoría de AUSTIN y SEARLE) que posee una fuerza *ilocutiva*, ya que no se limita a aseverar o describir sino que, al enunciar, modifica las relaciones entre los *interlocutores** observables de inmediato en la *escena**. El público advierte cómo el acto de enunciación cumple la acción que denota y crea un compromiso ya que, al decir: *pregunto*, *prometo*, *amenazo*, *digo*, se cumple el acto de *preguntar*, *prometer,amenazar* y *decir*. También el acto *perlocutivo* despliega su fuerza en el escenario, pues produce un efecto sobre el *receptor** y sobre la situación. El acto de habla perlocutivo ejerce una presión sobre el oyente y se traduce en un efecto: es un *hacer/hacer*. La fuerza perlocutiva de los verbos en imperativo, en el teatro produce sobre la escena la acción obediente del interlocutor. Sin embargo, las fuerzas ilocutiva y perlocutiva no llegan allí hasta sus últimas consecuencias debido a que se dan en la *ficción** y los compromisos, mandatos y obediencias, son fingidos. El *texto** dramático tiene, en cambio, un valor *performativo* sobre los actores, directores, y, en general, los participantes que lo representan obedeciendo las indicaciones del *autor**, y actuando como mediadores entre él y el público.(V. GÉNERO*).

DISEMIA. V. DILOGÍA.

DISFORIA. (y euforia).

Ambiente o estado de ánimo negativo, de pesimismo, descontento, desdichado, desesperado, que se configura en los personajes de una obra literaria. Se opone a *euforia*, estado de ánimo optimista, de alegría, de dicha, de entusiasmo vital.

DISGLOSIA. V. DIGLOSIA.

DISIMILITUD (o "comparación"*, desemejanza, "distinctio", diáfora, antístasis).

*Figura** de pensamiento semejante a la *antítesis**. Consiste en comparar dos objetos haciendo notar los rasgos que los caracterizan como diferentes, aunque no precisamente como opuestos:

> Mira la *grande Armenia memorable*
> por su ciudad de *Tauris señalada*;
> y al sur la *religiosa* y *venerable*
> *Soltania*, sin respeto arruinada...
>
> ERCILLA

156

La diferencia también puede darse entre los rasgos que caracterizan a un mismo objeto. Así aparece (entre lo confuso y lo maravilloso) en esta *descripción**:

> Mira la Asiria y su ciudad famosa
> donde la *confusión* de lenguas vino,
> que sus muros, *labor maravillosa*,
> *hizo Se*míramis, madre de Nino...
>
> 'ERCILLA

Es un tipo de disimilitud llamada antiguamente *diáfora*, una *"distinctio"* que consiste en señalar los rasgos diferentes mediante dos términos casi sinónimos:

> Yo sólo tengo *gracia*, él tiene *encanto*

o mediante la repetición fundada en la *disemia** de la *palabra**, de una sola, que ofrece un sentido diverso en la segunda posición:

> "como la venda al brazo *enfermo* del *enfermo*"

o bien:

> "al cuerpo desvalido y *muerto* de algún *muerto*"
>
> VILLAURRUTIA

En la *antístasis*, la *"distinctio"* toma la forma del *políptoton* (LAUSBERG), es decir, de la *derivación**.

Sin embargo, hoy consideramos que este último ejemplo en realidad rebasa los límites de la disimilitud, pues es ya otra figura: la *dilogía** o *antanaclasis*.

La disimilitud es una *metábola** de la clase de los *metasememas** porque afecta a la lógica de la expresión en la medida en que introduce un cierto grado de diferencia entre una serie de rasgos característicos.

Lo opuesto a la disimilitud es el *símil* o la *similitud*, es decir la *comparación** fundada en los elementos análogos.

Cuando uno o ambos términos que entran en la equiparación de lo disímil, en esta figura, son *metáforas** o forman parte de una expresión metafórica, la disimilitud es un *tropo**, un *metasemema** (V. COMPARACION*):

> Chacarita:
> desaguadero de esta patria de Buenos Aires, cuesta final, *barrio que sobrevives a los otros,*
> *que sobremueres*...
>
> BORGES

DISIMULACIÓN. V. IRONÍA.

DISJUNTO, sujeto. V. ENUNCIADO.

DISMINUCIÓN. V. LITOTE.

DISOCIACIÓN.

Articulación que rompe la lógica sintáctica y altera por ello también la semántica de una *frase**. Es el fenómeno que podemos observar en algunas *figuras retóricas**, por ejemplo en la *hipálage**, porque el desplazamiento calificativo origina que el adjetivo se vincule con *palabras** contiguas a las que no se adecua ni sintáctica ni semánticamente ("sólo yo acudo, a veces, / de mañana, / a esta cita con *piedras*

157

disolución

resbaladas", dice NERUDA). También se halla en la *metáfora** ("Tiene el amor feroces / galgos morados; / pero también sus mieses, / también sus pájaros", dice GOROSTIZA). La *impertinencia predicativa* es, pues, un tipo de disociación. También la hallamos en el *oxímoron** que relaciona sintácticamente antónimos, en la *paradoja**, que aproxima ideas aparentemente contradictorias. Naturalmente, también hay disociación en figuras que afectan al *nivel** morfosintáctico de la *lengua** como la *silepsis**, el *anacoluto** y el *hipérbaton**.

DISOLUCIÓN. V. ASÍNDETON.

DISONANCIA. V. CACOFONÍA.

DISPOSICIÓN. V. "DISPOSITIO".

"DISPOSITIO" (o disposición, o "taxis" y "compositio", exordio*, proemio, proposición, división, narración*, argumentación*, comprobación, confirmación, prueba, anticipación*, epílogo, peroración, refutación, persuasión).

En la tradición grecolatina, una de las fases preparatorias del *discurso oratorio** y, por ello, una de las partes de la *retórica**. Consiste en la elección y ordenación adecuada (*"taxis"*) de las construcciones lingüísticas y las *figuras** de que el orador dispone.

Así como la *compositio* ordena el interior de la *oración** conformándola sintáctica y fonéticamente, y la *"conlocatio"* pone orden dentro de cada parte, así la *"dispositio"* organiza armónicamente, distribuyéndolas dentro del todo del discurso sus grandes partes fijas, instituidas primeramente en número de cuatro por CÓRAX, y aumentadas a cinco por QUINTILIANO que dio autonomía a la *refutación* (llamada por algunos *confutación*) que consiste en descalificar y destruir las objeciones dadas o las posibles que se opongan a los argumentos propios.

La *"dispositio"* corresponde al desarrollo de la *estructura** sintagmática del discurso. El orden elegido debe resultar favorable a los fines del mismo. Las partes (cuyos nombres y contenidos suelen variar de un autor a otro) son:

I. El *exordio* o *proemio**, que es una introducción, una inauguración del discurso que rompe el silencio y está encaminada a preparar el ánimo del *receptor**: es decir, a despertar la atención del público y, simultáneamente, a ganar su simpatía y benevolencia apelando a sus sentimientos. El *exordio* contiene la *proposición* y la *división* (*"partitio"*). La primera enuncia el *tema** o asunto de manera precisa y concisa ("he aquí lo que me propongo probar"), cuyos puntos o incisos se enumeran en la *división* y se anuncia el orden en que está previsto articularlos. A veces el exordio contiene otra parte, la *insinuación** en la que veladamente se procura influir sobre el subconsciente del público.

En el exordio, el orador se finge débil e inexperto, elogia a los jueces y recomienda los fines que él mismo propone. Obtiene benevolencia explotando el tema de las circunstancias o de la condición del adversario o de la propia. El exordio debe ser breve, claro y sencillo. A veces, como en los géneros *demostrativo** y *deliberativo**, ha sido considerado por algunos como un lujo prescindible; en el género *judicial** generalmente se ha juzgado necesario.

II. *Narración** o *acción*: exposición o relación de los hechos. Es una información que se proporciona a los jueces y al público acerca del problema que se ventila, y sirve de base para la parte decisiva del discurso, que es la *argumentación* (*confirmación* y *refutación*). Los elementos de la narración son: el tiempo, el lugar, las acciones, los medios, la manera y el fin. Hay diversos tipos de disposición del orden de las acciones, de los cuales los más usuales e importantes son: el orden cronológico, llamado *directo* o *histórico* (lo que hoy en la narración ficcional llamamos *fábula**), y el orden —artificial o artístico— que comienza por enmedio —*"in medias res"*— o por el final —*"in extremas res"*—, llamado antiguamente *indirecto* o *novelesco* (lo que hoy en la *ficción** denominamos *intriga**).

La narración debe ser sucinta, sin digresiones, clara, verosímil, estimulante. A partir de la narración se generan las pruebas de la *confirmación* que es la parte siguiente. La narración es necesaria en el género judicial y en el demostrativo, donde los hechos fundamentan la acusación o defensa y los elogios, respectivamente; pero es prescindible en el género deliberativo.

III. La *confirmación*, *comprobación*, *argumentación* o *prueba* contiene el establecimiento de pruebas, suministra razones que procuran *convencer*. Algunos tratadistas consideran que forma parte de ella la *refutación*, otros la han visto como independiente. La refutación es una *anticipación** o una respuesta que objeta los argumentos del contrario. La confirmación y la refutación constituyen dos series opuestas de *argumentos** que, de todos modos, pueden aparecer hábilmente mezclados. Es en esta parte central del discurso donde se exhibe el dominio de la lógica que preside el razonamiento y convence. En la antigüedad se recomendaba cierta distribución de los argumentos: los más contundentes el principio, para causar impacto en el público; los teñidos de humor, enmedio, para su solaz, y los que conmueven, al final, para desbancar a los recalcitrantes.

IV. El *epílogo* es una clausura recapitulativa del discurso. Constituye la contrapartida de la *proposición* ("he aquí lo que he probado"). En él se repiten las ideas esenciales del discurso, resumiéndolas y enfatizándolas, para garantizar la seducción de los jueces y del público, lo que generalmente se logra mediante la *peroración*, que se propone *conmover* con grandes actitudes patéticas, despertando pasiones como "el amor y el odio, en el género demostrativo, la esperanza y la desesperación en el deliberativo, el rigor y la piedad en el judicial", según BARRY, citado por KIBEDI VARGA. La peroración, que es parte del epílogo, corresponde simétricamente al exordio y es, para algunos retóricos, prescindible, solemne y fastuosa, como el exordio.

La *dispositio* es, pues, la segunda de las cinco grandes partes de la retórica antigua, que se referían a la elaboración del discurso oratorio y a su pronunciación. Las dos primeras contienen las reglas y recomendaciones necesarias para su construcción. En la primera (*"inventio"**) se trata de la búsqueda de las ideas generales y de los medios de persuasión; en la segunda, la *"dispositio"*, se trata de dar un orden, dentro de apartados, a esas ideas y esos recursos; en la tercera, la *"elocutio"**, se trata de cómo pronunciar el discurso dando a cada parte su propia importancia, y dando un empleo retórico a las *palabras**, *frases** y oraciones, de un modo que corresponde, a grandes rasgos, a la moderna estilística. Las dos últimas partes (*memoria** y *"pronuntiatio"*) no tratan ya de la construcción del discurso sino de la formación y entrenamiento del orador. La *memoria* recomienda estrategias de

distinción

aprendizaje del texto; la *"pronuntiatio"* se refiere a los matices de la voz y a los gestos adecuados a cada discurso durante la exposición oral del mismo.

De las recomendaciones contenidas en la *"dispositio"* depende en gran medida la fuerza suasoria del discurso, pues la *persuación* se logra de dos maneras: conmoviendo y convenciendo. Se busca conmover especialmente durante el exordio y la peroración; se procura convencer mediante la *argumentación** la refutación y el epílogo que atienden de preferencia a hechos, argumentos y razones. (V. INVENTIO*)

DISTINCIÓN. V. PARADIÁSTOLE.

"DISTINCTIO". V. DILOGÍA, DISIMILITUD y PARADIÁSTOLE.

DISTRIBUCIÓN. V. ENUMERACIÓN.

DISTRIBUCIONAL. V. FUNCIÓN EN NARRATOLOGÍA.

DISYUNCIÓN o "disiunctio". V. ASÍNDETON e ISOCOLON.

DITIRAMBO.

Composición poética libre, de versos sueltos, no gobernados por un modelo métrico-rítmico, o de gran variedad de metros, dedicada al dios del vino, Baco, (también llamado *Ditirambos* que significa "dos puertas" y alude a los dos nacimientos que se le atribuyen: uno del seno de Semele y otro del muslo de Zeus). En él eran imitados "el delirio y el desorden de la embriaguez, saltando caprichosamente de un objeto a otro y empleando metáforas exageradas y términos retumbantes". (V. COLL y VEHÍ). Por *metonimia** generalizadora, composición poética que expresa arrebatado entusiasmo mediante alabanzas y elogios exagerados.

DIVERSÍVOCA, relación. V. UNIVOCIDAD.

DIVISIÓN. V. "DISPOSITIO".

DOMINANTE. (y dominanta).

Término creado por los formalistas rusos, sobre todo por TINIANOV y por JAKOBSON, para denominar aquel elemento que, correlacionado con muchos otros dentro del *texto** artístico, los subordina y, por ello, los "gobierna, determina y transforma" durante la construcción del mismo (JAKOBSON), de tal modo que especifica el carácter de la obra, papel que cumple, por ejemplo, el esquema prosódico en los *versos**, es decir, la forma en que se suman las líneas versales a partir del esquema rítmico que es el valor de más alta jerarquía prosódica. Hay que recordar, sin embargo, que "la jerarquía de los procedimientos artísticos se modifica dentro del marco de un *género** poético dado", y esto ocurre en cada época, pues también los géneros se redefinen en cada etapa histórica, en el *contexto** de los demás géneros. Así, la dominante varia por la misma dialéctica de tradición y ruptura que es esencial para la evolución innovadora en el arte.

Al gobernar y subordinar la dominante a los demás elementos, "garantiza la cohesión de su *estructura**" pues no sólo influye sobre ellos sino que los aglutina en torno a sí, funcionando como un polo de atracción.

La dominante puede hallarse individualmente, en un autor, pero también en la poética de un período, de una corriente, de una escuela. En el conjunto de las artes del Renacimiento, la pintura cumplía el papel de elemento dominante; en el Romanticismo, en cambio, la música; y en el realismo, el arte del *lenguaje**, dice JAKOBSON.

En el ámbito de la *literatura** —dice este mismo autor— el criterio de *función** poética (a la que todavía llama, en este texto —de 1935— *función estética*) "permite definir la jerarquía de las diversas funciones lingüísticas en el interior de la obra poética"; en otras palabras, nos permite afirmar que la calidad referencial o la calidad emotiva del *mensaje** se subordinan a la poética, por ser ésta la función dominante. (V. también FUNCIÓN LINGÜÍSTICA*).

BAJTÍN recibió alguna influencia proveniente de su estudio de los trabajos del biólogo soviético UJTOMSKI, sobre todo en cuanto atañe a la noción de *cronotopo**. UJTOMSKI llama *dominanta* al nivel superior de la corteza cerebral donde residen los procedimientos de control de las funciones vitales básicas: una *escucha biológica* que detecta las irregularidades de los estímulos, y una *transferencia de energía electroquímica* que coadyuva a corregir la respuesta biológica. Durante su investigación comprobó que el sistema nervioso central es rítmico en esencia, y extremadamente sensible respecto del *tiempo* y el *espacio*. Así mismo, formuló el concepto de *cronotopo* que más tarde utilizaría BAJTÍN. (V. M. HOLQUIST:128-132).

Pero, además, BAJTÍN mismo llama *dominante* a la idea del *héroe** ideólogo de la *novela** *polifónica* que, por provenir de la *autoconciencia* del mismo, y entrar en interacción con las ideas de los otros personajes, se convierte ella misma en protagonista y su función se vuelve "dominante de la representación artística del héroe, y no forma simplemente parte de su tipificación social o de su individuación caracterológica, como en la novela monológica" (c:113).

DONACIÓN. V. ENUNCIADO.

DONADOR. V. ACTANTE.

DORSAL, sonido. V. FONÉTICA.

DRAMA.

Forma genérica básica de la creación literaria, junto con la *épica** y la *lírica**. Constituye uno de los tipos de *relato**. Se caracteriza (como el *cuento**, la *novela**, la leyenda, el *mito** y la *fábula**) porque en él se cuenta una *historia**; pero, a diferencia de estos otros *géneros**, en el *drama* no se presentan los hechos a través de la *narración** sino mediante la representación. Por ello el *texto** de la obra dramática es —como dice GREIMAS— una "especie de partitura dispuesta para ejecuciones variadas"... un "*discurso** a varias voces", una "sucesión de *diálogos** erigida en género".

Los sucesos relatados son muy semejantes en la narración y en la representación dramática, únicamente se diferencian en que el escenario teatral impone ciertas limitaciones en cuanto al espacio, por necesidad reducido, en que se producen las situaciones, y en cuanto al número de *personajes** que simultáneamente caben en tal espacio. La forma discursiva de presentación de los sucesos ofrece, en cambio, grandes diferencias. En el drama, los acontecimientos no son narrados,

dramática

sino representados. El autor comunica su *mensaje** al público no mediante un *narrador** sino a través del diálogo y la interacción que los *actores** mantienen en el escenario, en la cadena en que se suceden sus *acciones** y sus *actos de habla** (los parlamentos). Esta *estructura** dramática "excluye toda posibilidad de narración abstracta, lo que reduce notablemente el campo de los temas desarrollables en el drama, confiriendo a los *motivos** introducidos un carácter específico, dice TOMA-CHEVSKI, pues "cada motivo debe ser argumento de discurso". Los actores representan a los personajes y fingen producir espontáneamente sus propias reflexiones cuando, en realidad, sólo reproducen las que para ello han sido previamente planeadas por el escritor. Los actores pueden dirigirse al público (en los *apartes**) para procurarle ciertas informaciones o confidencias que contribuyen a la comprensión de la *intriga** y del *significado** global de la obra. Éste se completa mediante efectos de *sentido** que provienen de otros *sistemas** de *signos** no lingüísticos que alternan con los parlamentos y con los gestos, como son los efectos de iluminación y de sonido, el aspecto exterior de los personajes y el del escenario.

DRAMÁTICA, poesía. V. DRAMA y GÉNERO.

"DRAMATIS PERSONAE". V. ACTOR.

DUBITACIÓN (o aporía o aporesis o diaporesis).

Tradicionalmente considerada *figura** de sentencia o de pensamiento "frente al público" a quien el orador, que se manifiesta vacilante y perplejo acerca de lo que se propone decir, finge solicitar asesoría respecto del mejor modo de proseguir el desarrollo de su *discurso**, conforme la situación exige. Es una figura que afecta a la lógica de la expresión y que suele plantearse como una pregunta (*interrogación retórica**) acerca de cómo nombrar o cómo decir algo:

> ¿Qué más diré? Sobran ya razones, sobran, si por razón se hobiese de llevar este negocio.
>
> Fray Luis DE GRANADA

o bien como una negación: se afirma que no se sabe decir o que no se sabe interpretar a otro, y de allí procede la perplejidad que se simula:

> de tal suerte demudadas
> estades, reliquias tiernas,
> que no sé si estáis fablando
> o si estáis del todo muertas
> ROMANCE

El efecto lógico que produce el empleo de esta figura es el de aclarar el *significado** y aumentar la credibilidad del discurso, por lo que es una *metábola**, de la clase de los *metalogismos** cuyo *sentido** suele abarcar un amplio *contexto**. Se le ha llamado en griego *aporía* (como, en lógica, a la dificultad que un problema especulativo ofrece), o *aporesis*, y también *diaporesis*. En la oratoria es un elemento deliberativo del *discurso forense**.

DURACIÓN. V. ANISOCRONÍA y TEMPORALIDAD.

DURATIVO. V. ASPECTO VERBAL.

162

E

"ÉCART". V. DESVIACIÓN.

ECFONEMA. V. EXCLAMACIÓN.

ECFONESIS. V. EXCLAMACIÓN.

ECO. V. RIMA.

ÉCTASIS. V. DIÉRESIS y EPÉNTESIS.

"ECTHLIPSIS". V. SÍNCOPA.

EFECTO DE SENTIDO. V. DESAUTOMATIZACIÓN.

"EFFICTIO". V. DESCRIPCIÓN.

"EGRESSIO". V. DIGRESIÓN.

EJE (de selección y de combinación). V. EQUIVALENCIA, PRINCIPIO DE.

EJE PARADIGMÁTICO Y EJE SINTAGMÁTICO. V. EQUIVALENCIA, PRINCIPIO DE.

EJECUCIÓN. V. "PERFORMANCE".

"ELECTIO". V. ELOCUCIÓN.

ELEMENTO. V. ANÁLISIS.

ELIPSIS (o braquilogia, borradura*, anantopódoton. silencio, aposiopesis, reticen-cia*, suspensión).

Figura* de construcción que se produce al omitir expresiones que la *gramática** y la lógica exigen pero de las que es posible prescindir para captar el *sentido**. Éste se sobreentiende a partir del *contexto**. Pueden suprimirse de esta manera *oraciones** completas: *a)* en las condicionales la *apódosis**, en exclamaciones: "¡Si volviera a tenerlo!" o bien la *prótasis**: "Ese libro no te gustaría" —"si lo leyeras"—; *b)* en las comparativas: "Estaba tan contento como —hubiera estado— si lo hubiera tenido". También pueden suprimirse todas las categorías gramaticales excepto la interjección: *1)* el sustantivo ("la rosa más deseada es la [rosa] de fuego"); en otros casos el *gramema** del verbo hace previsible el sujeto elíptico ("debo extender los beneficios a pobres, enfermos, lisiados y desocupados"); *2)* el pronombre, cuya su-presión es, sin embargo, más bien normal en español, por lo que su presencia constituye un fenómeno de *adición** que produce *énfasis** excepto cuando, en la tercera persona, sirve para evitar la *ambigüedad**; *3)* el pronombre junto con la preposición ("Es de naturaleza intermedia entre [la del] vegetal y [la del] animal); *4)* el adjetivo ("Las casas muy altas; los árboles, más [altos]"); *5)* la preposición ("con su copa verde y con su tronco negro"); *6)* la conjunción, cuya *supresión** (*asíndeton**), tanto como su adición (*polisíndeton**), produce efectos estilísticos; *7)* el verbo, es decir, toda una oración subordinada: "se distingue una sombra (que aparece) a un lado del pabellón".

La elipsis del verbo es llamada también *zeugma**. Los verbos que con mayor frecuencia se suprimen son los copulativos. Su omisión puede ser simplemente gramatical, un fenómeno casi necesario de economía, para evitar repeticiones; pero también con frecuencia es de naturaleza *retórica** y da lugar a numerosos efectos estilísticos como el "estilo nominal", por ejemplo:

> Oh, pan tu frente, pan tus piernas, pan tu boca
> NERUDA

Se trata de una *metábola** de la clase de los *metataxas** que se produce cuando, a pesar de darse la supresión completa de la *forma**, la información se conserva merced a que el *significado** de los elementos omitidos se infiere del contexto. Pueden suprimirse los elementos sintácticos hasta el límite en que aún se conserve la inteligibilidad.

No sólo los límites de la elipsis son imprecisos si comparamos las descripciones de diversos autores, sino que, además, ha recibido diferentes nombres. La *suspensión* o *supresión suspensoria* deja en el aire la conexión sintáctico/semántica de la oración (como en el caso del estilo nominal). La *aposiopesis* o *reticencia** considerada por algunos autores como un *anacoluto** consciente, es una figura de pensamiento, porque es una interrupción del discurso que sustituye con puntos suspensivos aquello que es penoso o embarazoso decir, lo que, debido a su omisión, queda incierto:

> Volví a Siena, y hallé en ella...
> aquí el aliento me falta,
> aquí la lengua enmudece,
> y aquí el ánimo desmaya
> CALDERÓN DE LA BARCA

El *anantopódoton* es una variedad del anacoluto que omite uno de los dos términos correlativos de un período. (V. SILEPSIS*).

La *braquilogia* es otro nombre dado a ciertas elipsis pues se designa así tanto la forma más breve de una expresión que resulta opuesta a la *perífrasis** ("llegarán tarde" por "estoy segura de que llegarán con retraso" o "supongo que llegarán con retraso"), como cierto tipo de expresiones que permiten sobrentender un significado explícito o no en el contexto ("Qué horror") y que los franceses llaman *silencio*. También es un tipo de elipsis la *borradura**.

La elipsis es una de las figuras más usuales y comunes y su efecto suele ser de fuerza, viveza, animación, rapidez, pasión, impetuosidad.

La imprecisión que existe en cuanto a los límites de esta figura se debe a que en latín era el término utilizado, en general, para las figuras de la "*detractio*" o supresión de *palabra**. (V. también ANISOCRONÍA*).

La elipsis puede dar lugar a cambios semánticos, transferencias, deslizamientos del significado, debido a las casillas que quedan desocupadas, puesto que sólo una parte de la construcción asume todo el significado.

ELIPSIS (en el relato). V. ANISOCRONÍA y TEMPORALIDAD.

ELISIÓN.

Supresión de la última vocal de una palabra cuando la siguiente comienza con vocal como en *del* (en vez de *de el*). En otras lenguas (como en francés y en italiano) se suple la vocal elidida con un apóstrofo: signo ortográfico que sólo sirve para eso.

V. APÓCOPE y CONTRACCIÓN.

ELOCUCIÓN (o "elocutio", o "lexis" y "electio", "compositio").

En la tradición grecolatina, una de las cinco fases preparatorias del *discurso oratorio**, la tercera. A ella corresponde la expresión lingüística (*"verba"*) de los pensamientos (*"res"*) hallados en la *"inventio"** y combinados en la *"dispositio"** por el orador. Afecta a dos áreas de construcción del discurso: *a)* la de las *palabras** aisladas, (*"verba singula"*) y *b)* la de las palabras relacionadas (*"verba coniuncta"*). Dentro de la *"elocutio"* se halla la *descripción** de los mecanismos de producción de los *tropos** y, en general, de todos los hechos de estilo.

Las principales cualidades de la elocución son:

—*corrección*, derivada de la regularidad gramatical de las construcciones;
—*claridad*, proveniente de la propiedad y disposición lógica de las expresiones;
—*elegancia*, lograda con el uso oportuno y discreto de las *figuras retóricas**.

Los antiguos consideraban que la elocución constituye el ropaje lingüístico correcto, pulcro, gracioso y adornado con que se visten las ideas; y algunos retóricos consideraron la elocución como sinónimo de estilo. Dentro de la *"elocutio"* se procede a la elección (*"electio"*) de los tropos y las *figuras**, y además se realiza la composición (*"compositio"*) que consiste en disponer las expresiones, conforme al orden sintáctico, dentro de cada *oración** y cada *frase**, es decir, en la conformación —dice LAUSBERG— sintáctica y fonética de las frases, las oraciones y las series de oraciones. La *"compositio"* puede adoptar tres tipos de conformación sintáctica: *1)* *"oratio soluta"* (sucesión arbitraria y relajada de oraciones tal como se producen en el *habla** cotidiana o en ciertos *géneros** como el epistolar); *2)* *"oratio concisa"* (intercambio dialógico de oraciones breves); *3)* *"oratio perpetua"** (oración extensa, compuesta o compleja, que se desarrolla ininterrumpidamente en una sucesión sintáctica y semánticamente lineal). Para BARTHES, la elocución de los antiguos es, tanto la *enunciación**, en un sentido más amplio, como la *elocución* o actividad locutoria, en un sentido estricto. La *"oratio obliqua"* caracteriza al *discurso indirecto** de la *narración**.

Algunos autores han llamado *de la elocución* a ciertas figuras con las que el discurso adquiere fuerza por la elección y combinación de sus elementos; tales son principalmente: *epíteto**, *repetición**, *gradación**, *sinonimia**, *abrupción** y *aliteración**.

"ELOCUTIO". V. ELOCUCIÓN.

ELOGIO. V. RETÓRICA.

EMBLEMA.

Divisa o representación sinbólica (V. SÍMBOLO*) a la que es inherente cierto *sentido**. Es una especie de *alegoría**. Suele tratar de definir las cualidades o virtudes de *personajes**, familias, autoridades, ideas, valores, empresas. En la bandera encarna la idea de nación, la figura de una paloma simboliza la paz, un escudo de armas representa un clan de la nobleza, el uso de ciertas expresiones y vestiduras caracteriza a determinados personajes.

En 1522 fue publicada en Milán por el humanista italiano ALCIATO una colección llamada *Emblemata* que se refiere sobre todo a tópicos y moralejas de la poesía del Barroco, que contiene imágenes grabadas, con sus respectivas explicaciones en latín y con numerosos ejemplos.

EMBRAGUE (o conmutador, "shifter", "embrayeur" y enuncivo, enunciativo, desembrague).

JAKOBSON tomó de JESPERSEN este término (*"shifter"*, en inglés) que los traductores han vertido al español como *embrague* o como *conmutador*, y RUWET al francés como *"embrayeur"*.

Se trata de ciertas unidades gramaticales (que para JESPERSEN eran léxicas), que pertenecen al *código**, cuyo *significado** varía cuando varía la situación o el *contexto** en que se utilizan, por lo que el *contenido** de un embrague no puede ser definido más que remitiéndolo al *mensaje**. Los embragues o conmutadores se caracterizan porque cumplen una doble función.

—Como *símbolos**, pues se asocian al objeto representado en virtud de una regla convencional.

—Como *índices**, ya que también mantienen con el objeto representado una relación existencial semejante al acto de señalar.

Por ejemplo: el deíctico *yo*, al representar a su objeto (el *locutor**), tiene que ser asociado al mismo por una regla convencional, y al representarlo tiene que estar en una "relación existencial" con el mismo y con su *enunciación**.

Los embragues hacen referencia al proceso de la enunciación o a sus protagonistas y, además, comportándose como goznes del *discurso**, adecuan el mensaje a la situación y/o al *emisor**, como ocurre:

a) con los *deícticos** —pronombres personales, demostrativos, adverbios de tiempo y de lugar—, y

b) con el *modo verbal*.

en los siguientes ejemplos:

> Que *ellas llamen ahora a aquella puerta*

que ubican a los participantes en la situación de *comunicación**. o como ocurre con:

c) el *tiempo*, señalado por el verbo y por algunos adverbios, y con:

d) el *modo* no verbal o *"status" lógico* de las oraciones —afirmativo, supositivo, interrogativo y negativo— y de otros *modalizadores** —como la interjección o las oraciones exclamativas—, que implican al hecho relatado:

> *Quizá hayan tocado* la puerta *entonces*

También hay conmutadores o embragues que indican simultáneamente al hecho relatado y a sus participantes; éstos son los *testificantes* (JAKOBSON) que revelan la existencia de un mensaje en el interior de otro mensaje:

> *Dizque tocaron entonces la puerta*
> *Dicen que cada año ocurre lo mismo*

Algunos embragues, como los deícticos, el tiempo verbal y el modo no verbal, son a la vez *designadores*, pues remiten del código al mensaje. Lo que hace que simultáneamente sean embragues es el hecho de que su *sentido** sólo se capta en relación con el momento y lugar de la enunciación, debido a que el *referente** sólo puede determinarse en relación con los *interlocutores**:

> *hoy, aquí,* en su relación con el *yo* que los profiere.

Así, por ejemplo, los pronombres personales son unidades gramaticales que establecen una relación existencial, por una parte con los protagonistas de los hechos enunciados, y por otra parte con el proceso de enunciación.

El tiempo verbal es designador y embrague, porque caracteriza el hecho relatado, pero con referencia al tiempo del hecho discursivo, es decir, señalando como eje de las relaciones temporales el momento *actual* en que el *yo* emite el enunciado; tal momento es un *ahora* opuesto a un pretérito y a un futuro. Ciertos deícticos, que son los adverbios de lugar y de tiempo, ayudan a fijar la *temporalidad** dentro de la gama de posibilidades existentes para cada forma verbal: *ahora leo* (presente actual cuya duración comprende el momento en que hablo); *siempre leo* (presente habitual que denota costumbre).

Son también designadores y embragues el *"status"* lógico de las *oraciones** (afirmativo, supositivo, etc.), y otros modalizadores como las interjecciones, las oraciones exclamativas, los adverbios de duda, afirmación y negación, etc. Lo son debido a que caracterizan al hecho relatado pero a la vez revelan el criterio del *emisor** acerca de lo que él mismo dice: muestran, por ejemplo, hasta qué punto cree el emisor lo mismo que manifiesta, pues se actualizan *semas** valorativos y emotivos.

> *Sí* estarán presentes mañana
> *Probablemente* estén presentes mañana
> *No* estarán presentes mañana
> ¿Estarán presentes mañana?

Hay otro tipo de embragues que son a la vez *conectores*, como el *modo verbal* (indicativo, subjuntivo, imperativo): o bien como el caso del *testificante* ya descrito.

El modo verbal manifiesta el criterio del emisor respecto a lo que enuncia y respecto a los participantes en los hechos relatados, pues el *indicativo* presenta los hechos como *reales*, el *subjuntivo* como deseos o como dudas y el *imperativo* como mandatos o deseos o consejos o súplicas.

El *testificante*, por su parte, según JAKOBSON, "toma en cuenta tres hechos": el relatado, el discursivo y el discursivo relatado. Se da cuando un emisor manifiesta un enunciado (hecho discursivo) en el que refiere un suceso (hecho relatado: "esa primavera se retrasaron las golondrinas") que se originó en otra fuente de información, en otro emisor (hecho discursivo relatado antes, por otro: "se afirmaba que esa primavera se retrasaron las golondrinas"). La fuente de información del hecho discursivo relatado puede ser el mismo emisor en otro momento ("me dije, esta primavera...") u otro emisor determinado o indeterminado. El testificante así caracterizado resulta una categoría verbal que es posible describir como relación de subordinación entre verbos: "*dicen* que se *retrasaron*".

En resumen: ya sea que caractericen al hecho relatado en sí mismo y/o a sus participantes —los personajes-(cuando son designadores), o que lo hagan con respecto a otro elemento relatado (cuando son conectores), los embragues, además, se refieren al acto discursivo o a sus protagonistas —el emisor y el *receptor** — por lo que funcionan como goznes que permiten la relación entre el proceso de lo enunciado y el proceso de la enunciación. (V. también *enunciado**).

GREIMAS describe el embrague como un procedimiento y como un efecto de retorno a la enunciación y de identificación entre el sujeto del enunciado y el sujeto de la enunciación, y hace notar que el embrague es subsecuente al *desembrague* (que es el procedimiento de "expulsión, fuera de la instancia de la enunciación, de los términos categóricos que sirven de soporte al enunciado"), de modo que todo embrague presupone un desembrague anterior. Ambos se dan, separada o sincréticamente, en los aspectos actancial, temporal y espacial.

No existe aún una tipología de los procedimientos de embrague, cuyo desarrollo este autor propone, a partir de ciertas categorías que pueden funcionar como ejes: así, el embrague *enuncivo*, que "instala en el discurso un sujeto distinto y distante con relación a la instancia de la enunciación", y el *enunciativo*, que tiende a producir un "efecto de identificación entre el sujeto del enunciado y el sujeto de la enunciación"; el embrague *de retorno* a la instancia de la enunciación, y el *interno* (de segundo grado), que "tiene lugar dentro del discurso"; el embrague *homocategórico*, en el que el embrague y el desembrague "afectan a la misma categoría de persona, de espacio y de tiempo", y el *heterocategórico*, en el que "las categorías desembragante y embragante son distintas".

"EMBRAYEUR". V. EMBRAGUE.

EMISOR (y receptor, hablante, oyente, enunciador, enunciatario, locutor, alocutario, delocutor, interlocutor, destinador*, destinatario*).

Emisor y *receptor* son los factores opuestos entre los cuales se establece el circuito de *comunicación**, son quien emite y quien recibe el *mensaje**. Ambos términos poseen un sentido amplio, general, si se comparan con otros de sentido más específico como *enunciador*, que es el sujeto de la *enunciación**, es decir, el emisor del *enunciado**, quien se opone al *enunciatario* o *destinatario** de la enunciación. Éste, cuando la comunicación es oral, es sujeto *hablante* (la persona física que articula oralmente el enunciado) y se opone a *oyente* (quien lo escucha). Dentro del campo de la teoría de los *actos de habla**, quien emite se llama *locutor*, opuesto a *alocutario* y también a *delocutor* (la persona de quien se habla). En fin, dentro del juego de las *categorías actanciales* (V. ACTANTE*), el emisor es homologable al *destinador**, quien se opone al *destinatario*, al mantener ambos la comunicación a propósito del *objeto**.

Cualquier tipo de emisor está representado en el *discurso** por el pronombre *yo* (o *nosotros*); cualquier tipo de receptor está representado por el pronombre *tú* (o *vosotros* o *ustedes*). Son *interlocutores*. También se considera interlocutor el delocutor, que es el *él* de la enunciación.

En lingüística los términos hablante y oyente corresponden a entidades concretas comprometidas en un proceso histórico: la situación humana de comunicación; en teoría de la información, en cambio, corresponden a entidades abstractas.

El locutor y el alocutario son el *agente** y el objeto de los actos *ilocutorios**. Son quienes se responsabilizan por el acto de la enunciación. Aquí tambien es interlocutor la tercera persona *se*, que es la voz pública.

Los de emisor y receptor son papeles textuales intercambiables dentro de la misma situación, a diferencia de los "*roles*" sociales que son fijos. Por ejemplo, un patrón y su empleado intercambian sus papeles de emisor y receptor en el *diálogo**, pero no sus papeles de patrón y empleado (MIGNOLO).

Independientemente de estas definiciones generales, en la práctica cada autor suele establecer alguna acepción propia y específica de los términos aquí descritos cuando los utiliza, definición que es válida dentro de los límites del *texto** que la establece. Por ejemplo, DUCROT, en *Les mots du discours*, dentro de la "*Note sur la polyphonie et la construction des interlocuteurs*", describe al alocutario como la "persona a quien se supone que la enunciación se dirige", y al *destinatario* como la "persona que es supuestamente el objeto de los actos ilocutorios". El papel de alocutario —dice— es relativo a la enunciación, mientras el papel de destinatario "es relativo a la actividad ilocutoria que permite hablar de destinatarios diferentes sin prejuzgar nada sobre la unicidad o la no unicidad del alocutario"; todo esto sobre el presupuesto de que la misma enunciación puede dirigirse a alocutarios distintos, lo que el analista puede descubrir a partir de ciertas marcas discursivas.

EMOTIVA. V. FUNCIÓN LINGÜÍSTICA.

EMPAREJAMIENTO. V. PARALELISMO.

ENÁLAGE. V. TRANSLACIÓN.

ENÁLAGE DE ADJETIVO. V. HIPÁLAGE.

ENANTIOSEMA. V. ANTONIMIA.

ENANTIOSIS. V. ANTÍTESIS.

ENCABALGAMIENTO.

Figura retórica* que consiste en que la construcción gramatical rebase los límites de la unidad métrico/rítmica de un *verso** y abarque una parte de la siguiente:

> *La muerte es un suplicio*
> *banal*, si se compara
> con este andar a tientas
> tras una sombra vaga.
>
> Nicolás GUILLÉN

> Y el espanto seguro de estar mañana muerto,
> y sufrir por la vida y por la sombra *y por*
> *lo que no conocemos* y apenas sospechamos.
>
> Rubén DARÍO

encabalgamiento

Es decir, se trata de una *metábola** de la clase de los *metataxas** o figuras de construcción, porque afecta a la *forma** de las *frases** puesto que altera la armonía del *paralelismo** entre las *estructuras** rítmica, métrica y sintáctico-semántica. Se produce por *supresión** parcial de rasgos característicos de la forma *métrica** canónica, y se da en la prolongación de la unidad sintáctica y semántica, más allá de los límites señalados dentro de la línea versal, por los esquemas regidos por los *acentos** y la medida. Ello produce una falta de coincidencia entre las cuatro unidades, y hace que la *pausa** que corresponde al final de la unidad métrica y de la rítmica, incida entre los elementos de la unidad gramatical sintáctico-semántica, llegando, en casos de audacia, hasta a separar de una *palabra** las sílabas de uno de sus *morfemas**:

> ... y mientras miserable
> mente se están los otros abrasando
> con sed insaciable...
>
> Fray Luis DE LEÓN

y hasta a extenderse de una a otra *estrofa**:

> ... Quietas
> están las aguas, donde como una frágil cinta
> la luz ondula y abre sus caprichosas grietas
> de plata. Y a lo lejos, en carmesí se entinta...
>
> Luis G. URBINA

Cuando los tres esquemas coinciden, la *pausa** final del verso se intensifica y se prolonga, pues marca simultáneamente el término de la frase rítmica, el de la medida silábica completa, y el del *sintagma** cabal; pero si se rompe este triple paralelismo, debido a que la unidad sintáctica excede esos límites e invade una parte de la unidad sintáctico-métrico-rítmica siguiente, ello abrevia la pausa por la necesidad de mantener durante la lectura la coherencia gramatical y semántica, y a la vez debilita los esquemas métrico y rítmico, al alterar la entonación que al final de la triple unidad correspondería, y al introducir otra pausa (sintáctica) en medio de la unidad siguiente:

> Desde el vitral de mi balcón distingo,
> al fulgor del crepúsculo, *la ignota*
> *marejada de calles, en que flota*
> *la bíblica modorra del domingo.*
>
> Amado NERVO

Según el *texto** de que se trate, el encabalgamiento puede producir diversos efectos de *sentido**, ya sea que ofrezca coincidencia o contraste respecto a otros elementos. Así, puede apoyar la *ambigüedad**; puede estimular la velocidad de la lectura para subrayar una impresión de impetuosidad que armonice con la pasión expresada; puede contrastar (produciendo sorpresa) con el apego a la regularidad con que se presentan otros aspectos de la forma elegida por el escritor. El encabalgamiento "niega parcialmente el *metro**" y el *ritmo**, y significa un retorno a la *prosa** puesto que suprime en cierta medida la forma que es característica del verso. Dámaso ALONSO habla de "encabalgamiento suave" cuando el excedente sintáctico que se desborda (al que los franceses llaman *"rejet"*) ocupa todo el verso siguiente; y habla de "encabalgamiento abrupto o entrecortado" cuando dicho excedente finaliza a la mitad del verso siguiente y lo rompe sintáctica y rítmicamente.

ENCADENAMIENTO. V. SECUENCIA.

ENCLAVE. V. SECUENCIA.

"ENDEIA". V. SUPRESIÓN.

ENDIADIN (0 hendiadin o endiadis).

*Figura** de pensamiento que consiste en reemplazar al *epíteto** de un sustantivo por un segundo sustantivo mediante la conjunción:
"observé la hormiga y su laboriosidad" (en lugar de: la hormiga laboriosa).

Con ello se disocia el objeto de su cualidad inherente y se colocan ambos en un mismo plano, por lo que su interrelación no se explicita sino apenas se sugiere y su comprensión exige un trabajo del *receptor**.

Su naturaleza es, pues, la de los *metalogismos** que se producen por *supresión adición* parcial (*sustitución**) de una *forma** sintáctica por otra, para producir un efecto de *énfasis** en *su significado**. Algunos tratadistas, sin embargo, consideran un *metataxa** esta figura, es decir, una figura de construcción, como si estuviera limitada a la sustitución, que sí ocurre, de la *acumulación** subordinante por la coordinante:

> la súbita mudanza de repente
> le turbó la vitoria y alegría...
> ERCILLA

en lugar de "la vitoria alegre" o "la alegría de la vitoria".

ENDIADIS. V. ENDIADIN.

ENDIASIS. V. PARADOJA.

ÉNFASIS ("hiponoia", sinénfasis).

*Figura retórica** próxima a la *sinécdoque** y a la *antonomasia** al evitar la expresión de un *contenido** indeseado o peligroso (*"dissimulatio"*) sustituyéndolo con la expresión de un contenido inocuo, atenuante, parcial, alusivo u oscuro; ya sea con el propósito de impedir que algún *receptor** comprenda el pensamiento del *emisor**, por temor o respeto; ya sea para obligar al receptor a efectuar un trabajo de interpretación. Esta segunda intención es lúdica y alusiva (V. ALUSIÓN*) y se llama también *hiponoia* o *sinénfasis*; con ella se pone a prueba el humor del *destinatario** o su información, pues la *alusión** puede referirse a *"exempla"* o a *sentencias**.

Se trata, pues, de un *tropo** de *palabra** (*metasemema**) o de pensamiento (*metalogismo**) que manifiesta un contenido exacto mediante una expresión que corresponde a dicho contenido inexactamente, por lo que LAUSBERG dice que se produce una *contracción* del "esfuerzo formulatorio" (*"detractio"* de trabajo) ya que "se renuncia a una mayor amplitud, aunque por este medio resulta una '*adiectio*' de significación"*, o, en otras palabras, hay una "*detractió*" de las "*verba*", y una "*adiectio*" de la "*res*". La comprensión de su cabal *significado** se hace posible por el *contexto** y por la entonación del *hablante**.

énfasis

Escribe CERVANTES:

> Finalmente, don Quijote se sosegó, y la comida se acabó, y en levantando los manteles llegaron cuatro doncellas, la una con una fuente de plata, y la otra con un aguamanil, asimismo de plata, y la otra con dos blanquísimas y riquísimas toallas al hombro, y la cuarta descubiertos los brazos hasta la mitad, y en sus blancas manos (que sin duda eran blancas) una redonda pella de jabón napolitano. Llegó la de la fuente, y con gentil donaire y desenvoltura encajó la fuente debajo de la barba de don Quijote; el cual, sin hablar palabra, admirado de semejante ceremonia, creyó que debía ser usanza de aquella tierra, en lugar de las manos, lavar las barbas; y así tendió la suya todo cuanto pudo, y al mismo punto comenzó a llover el aguamanil y la doncella del jabón le manoseó las barbas con mucha priesa, levantando copos de nieve, que no eran menos blancas las jabonaduras, no sólo por las barbas, mas por todo el rostro y por los ojos del obediente caballero; tanto que se los hicieron cerrar por fuerza. El duque y la duquesa, que de nada de esto eran sabidores, estaban esperando en qué había de parar tan extraordinario lavatorio. La doncella barbera, cuando le tuvo con un palmo de jabonadura, fingió que se le había acabado el agua, y mandó a la del aguamanil fuese por ella; que el señor don Quijote esperaría. Hízolo así, y quedó don Quijote con la más extraña figura, y más para hacer reír, que se pudiera imaginar. Mirábanle todos los que presentes estaban, que eran muchos; y como le veían con media vara de cuello más que medianamente moreno, los ojos cerrados y las barbas llenas de jabón, fue gran maravilla y mucha discreción poder disimular la risa; las doncellas de la burla tenían los ojos bajos, sin osar mirar a sus señores; a ellos les retozaba la cólera y la risa en el cuerpo, y no sabían a qué acudir: o a castigar el atrevimiento de las muchachas, o darles premio por el gusto que recibían de ver a don Quijote de aquella suerte. Finalmente, la doncella del aguamanil vino, y acabaron de lavar a don Quijote, y luego la que traía las toallas le limpió y le enjugó muy reposadamente; y haciéndole todas cuatro a la par una grande y profunda inclinación y reverencia, se querían ir; pero el duque, porque don Quijote no cayese en la burla, llamó a la doncella de la fuente, diciéndole:

> —Venid y lavadme a mí, y mirad que no se os acabe el agua.

Con estas pocas palabras (*"detractio"* de *"verba"*), apoyadas en el contexto precedente, el duque da a entender (ocultándolo al mismo tiempo a don Quijote) un pensamiento mucho más extenso y complejo (*"adiectio"* de la *"res"*), pues significan: he advertido la burla; me propongo sufrir idéntica operación a fin de hacer creer a la víctima que tal es la costumbre. "Mirad que no se os acabe el agua" implica una amenaza: mirad que no os burléis de mí sino que me ayudéis a ocultar a don Quijote el juego de que ha sido objeto.

Es este un ejemplo en el que fácilmente se observan la *"dissimulatio"*, el propósito lúdico (*hiponoia* o *sinénfasis*) y la *sinécdoque*, pues designa todo el proceso y la intención de burla mencionando sólo su rasgo más importante y característico: "lavadme"…, "no se os acabe el agua".

En el énfasis, pues, hay un fenómeno gramatical de sintaxis oblicua (*"immutatio" sintactica*), es decir de *sustitución**, pues se manifiesta un contenido importante mediante una expresión (oblicua) rebasada por su significado.

Metonímicamente (por generalización) y a partir del tono característico con que se pronuncia la expresion enfática, se ha popularizado una acepción de énfasis diferente de ésta tradicional, la cual suele ser la única mencionada en muchos tratados y diccionarios, y que consiste en considerarlo una figura que subraya la intención de lo que se dice o que aumenta su importancia, exagerándola. Inclusive hay, en español, diccionarios de la lengua o de retórica que sólo consignan este significado más bien espurio pero muy difundido y familiar.

172

ENLACE. V. SECUENCIA.

ENTIDAD. V. FUNCIÓN EN GLOSEMÁTICA.

ENTIMEMA. V. "INVENTIO".

ENTONACIÓN. V. PROSODIA.

ENTROPÍA.

Tomado en préstamo de la física termodinámica (donde se refiere al rendimiento posible de una máquina térmica (rendimiento limitado por los extremos mayor y menor de temperatura que puede alcanzar), y de la termodinámica estadística (donde alude a la energía de los gases), el concepto de *entropía* en teoría de la información se refiere a la cantidad de información asociada a un *mensaje**** dado. Una entropía baja se asocia a veces a una gran calidad artística, aunque tal relación no es ni necesaria ni frecuente.

LOTMAN opina que el hombre es constantemente víctima de los ataques destructores de la entropía, pero que "una de las funciones fundamentales de la *cultura**** es oponerse a dichos ataques principalmente a través del arte". La cantidad de información asociada a un mensaje disminuye por efecto de la entropía, es decir, por el desorden o la desorganización de sus elementos estructurales, ya que producen *ruido**** que destruye la información. Esto ocurre siempre, excepto en la obra de arte que es la única capaz de transformar el ruido en información artística. En el arte, un alto grado de entropía desautomatiza el *lenguaje****, lo hace impredecible, y contraría la expectativa del *receptor****.

ENUMERACIÓN (o distribución, "parisosis", percursio, "isocolon"*, emumeración caótica y aglomerada, expolición, epitrocasmo).

*Figura**** de construcción que permite el desarrollo del *discurso**** mediante el procedimiento que consiste en acumular (*acumulación****) expresiones que significan una serie de todos o conjuntos, o bien una serie de partes (aspectos, atributos, circunstancias, acciones, etc.) de un todo. Obsérvense los siguientes ejemplos de BALBUENA:

> con España, Alemania, Berbería,
> Asia, Etiopía, Africa, Guinea,
> Bretaña, Grecia, Flandes y Turquía,

en que enumera unidades (países);

> Los *caballos lozanos, bravos, fieros;*
> *soberbias casas, calles suntüosas;*
> *jinetes mil en mano y pies ligeros.*

en que enumera partes del todo —la ciudad— (caballos, casas, jinetes) y aspectos de cada una de esas partes (lozanos, bravos, fieros, etc.).

Puede ocurrir que los miembros de la enumeración guarden entre sí una *relación unívoca****, cuando son, en algún grado, sinónimos:

> *Ronca* es la americana cordillera
> *nevada, hirsuta, dura,*
> planetaria...

> NERUDA

173

enumeración

o bien una *relación diversívoca**, cuando no lo son:

> Cambié *de piel, de vino, de criterio*
>
> NERUDA

La sola "enumeración de partes" se llama enumeración *simple*. Sus términos se suceden "en contacto", como en este ejemplo; puede darse con *asíndeton** (sin nexos):

> ... Ya vuelven,
> *redondos, limpios, desnudos...*
>
> Emilio PRADOS

y puede darse con *polisíndeton**:

> No el manjar de sustancia vaporoso,
> *ni vino muchas veces trasegado,*
> *ni* el hábito y costumbre de reposo
> me habían el grave sueño acarreado;
>
> ERCILLA

También hay una enumeración *compleja*, en la que se dice algo de cada uno de los términos enumerados, que se suceden "a distancia". Se llama *distribución** y es idéntica al tipo de *isocolon** llamado *parisosis* porque resulta de la incardinación o subordinación sintáctica de miembros que son frases desiguales en extensión:

> ... según eran *los agravios que pensaba deshacer, tuertos que enderezar, sinrazones que enmendar, abusos que mejorar y deudas que satisfacer.*
>
> CERVANTES

En el siguiente ejemplo, de CALDERÓN, se combinan ambas formas:

> ¿Qué *ley, justicia* o *razón*
> negar a los hombres sabe
> *privilegio* tan süave
> *excepción* tan principal,
> que Dios ha dado *a un cristal*
> *a un pez, a un bruto y a un ave?*

La distribución puede darse combinada con *paralelismo**:

> Ameno el sitio, la quietud a cuento,
> buena el agua, las frutas agradables;
>
> BALBUENA

puede darse con *zeugma** como en el ejemplo anterior de NERUDA ("cambié *de piel, de vino, de criterio*"); puede darse con igualdad o desigualdad de sus miembros, o con *quiasmo**:

> convites, recreación, conversaciones
> con gente grave o con humilde gente
> de limpias o manchadas condiciones.
>
> BALBUENA

es decir, distribuyendo las expresiones antitéticas en forma simétricamente cruzada; o en construcciones más libres, mezcladas, y con interposición de otros elementos sintácticos (*distribución*).

¡Los días en la ciudad! Los días pesadísimos
como una cabeza cercenada con los ojos abiertos.
Estos días como frutos podridos..
Días enturbiados por salvajes mentiras.
Días incendiarios en que padecen las curiosas estatuas
y los monumentos son más estériles que nunca.

Efraín HUERTA

Y también es frecuente la distribución *anafórica*:

Y llegando a ver lo que es la honra mundana, no es nada. Por la honra se muere la viuda entre dos paredes. Por la honra, sin saber qué es hombre ni qué es gusto, se pasa la doncella treinta años casada consigo misma. Por la honra, la casada quita a su deseo cuanto pide. Por la honra, pasan los hombres el mar. Por la honra, mata un hombre a otro. Por la honra, gastan todos más de lo que tienen. Y es la honra mundana, según esto, una necedad de cuerpo y alma, pues al uno quita los gustos y al otro el descanso. Y porque veáis cuáles sois los hombres desgraciados y cuán a peligro tenéis lo que más estimáis, hase de advertir que las cosas de más valor en vosotros son la honra, la vida y la hacienda. La honra está en arbitrio de las mujeres; la vida, en manos de los doctores, y la hacienda, en las plumas de los escribanos.

QUEVEDO

Este ejemplo termina en una distribución recapitulativa.

Generalmente los retóricos consideran que hay enumeración a partir de la bipartición y la tripartición. La enumeración suele aparecer acompañada por un concepto colectivo que le antecede o le sucede a manera de recapitulación. Los tercetos del capítulo II de la *Grandeza mexicana* de BALBUENA, en el que se describe la arquitectura de la ciudad Capital, terminan con este cuarteto:

Templo de la beldad, alma del gusto,
Indias del mundo, cielo de la tierra;
todo esto es Sombra tuya, oh pueblo augusto,
y si hay más, aún más en ti se encierra.

La enumeración suele formar parte de la *descripción**, y pueden sus términos ir relacionados entre sí sindéticamente (mediante nexos) o asindéticamente (sin ellos) como ya se dijo:

Agata y *cornalina* y *luminaria*
....
Aquí está el árbol, *en la pura piedra*
en la evidencia, en la dura hermosura..

NERUDA

El resultado es una construcción exuberante, una especie de despliegue del *sintagma** a través de la multiplicación, formando serie, de cada una de sus partes.

Se trata. pues, de una *metábola** de la clase de los *metataxas** porque afecta al *nivel** morfosintáctico del *lenguaje** y se produce por *adición** simple de términos que se agrupan mediante el recurso de acumulación "en contacto" (y, en la *distribución*, por acumulación "a distancia").

Las partes que entran en la enumeración son equiparables semánticamente cuando forman parte de un todo representado por un concepto abstracto colectivo, en cuyo caso suele aparecer la *sinonimia**:

sus fundaciones, dotación y renta

BALBUENA

enumeración

Son, en cambio, equiparables sintácticamente cuando cumplen la misma *función gramatical**:

> hombres raros, sujetos singulares
> en *ciencia, santidad, ejemplo* y *vida,*
> a *cuentos,* a *montones,* a *millares.*
>
> BALBUENA

> —Corta, arranca, abre, asierra, despedaza, pica,
> punza, ajigota, rebana, descarna y *abrasa.*
>
> QUEVEDO

> el *lirio azul,* la *cárdena violetá,*
> alegre *toronjil, tomillo agudo,*
> murta, *fresco arrayán, blanca mosqueta.*
>
> BALBUENA

Pero, por otro lado, puede romperse la coordinación que priva entre las partes, cosa que ocurre en la *enumeración caótica.* Esta figura puede producir el efecto de encarecer la riqueza y variedad de sus elementos, ordenando lo que se presenta en forma anárquica y dándole interna coherencia. Los miembros de este tipo de enumeración ya no se presentan en series ordenadas (como en las antiguas y primitivas letanías cristianas, por ejemplo) sino en un amontonamiento informe que, sin embargo, ofrece en armonía la diversidad, inclusive antitética, de los aspectos del todo:

> De aquel rincón manaba el chorro de los ecos,
> aquí abría su puerta a dos fantasmas el espejo,
> allí crujió la grávida cama de los suplicios,
> por allá entraba el sol a redimirnos.
>
> Gilberto OWEN

Otras veces la enumeración caótica presenta la abundancia multiforme de los objetos diversos o contrarios de manera inconexa o fragmentada, como en el ejemplo de QUEVEDO que hace burla del culteranismo al ironizar, forzando el hipérbaton mediante la ruptura de las palabras, y enlistando los neologismos gongoristas que han sido tomados de diferentes *contextos**:

> la jeri —aprenderá— gonza siguiente:
> fulgores, arrojar, joven, presiente,
> candor, construye, métrica, harmonía...

En el barroco los autores solían complacerse en la creación de este tipo de tensiones en que entran en juego los opuestos.

La enumeración es muy antigua y hay ejemplos memorables en poetas de todos los tiempos que la han utilizado introduciendo en ella variantes según sus intenciones. De Walt WHITMAN se considera que proviene el tratamiento moderno de esta figura. Con este autor se revigoriza precisamente su significación caótica merced a su capacidad para aproximar entre sí, y al azar, los objetos más dispares, en el estilo que SPITZER denomina *bazar* porque mezcla lo perteneciente a diferentes órdenes de ideas, inclusive lo concreto con lo abstracto. Hay un antecedente de este fenómeno en lo que CURTIUS llama enumeración *aglomerada*:

176

Coches, albardas, pollinos,
con todo vivo animal:
pavos, perdices, gallinas,
morcillas, manos, cuajar,...

CALDERÓN

Los términos de la enumeración pueden organizarse, pues, conforme a un orden, una progresión, una armonía sinonímica, una dirección hacia la cabalidad del todo, subrayando su unidad; pueden dar idea de variedad exuberante; pueden ofrecer un conjunto desarticulado y desordenado que exprese el divorcio, el aislamiento o el antagonismo de sus partes; pueden aparecer en una promiscuidad que sugiera confusión de valores; pueden servir al poeta para manifestar su rechazo del caos y su voluntad de organizar la incoherencia y regular la anarquía.

En el siguiente ejemplo de GARCÍA LORCA, hay una enumeración caótica (inspirada "desde la torre del Crysler Building", en Nueva York), que contiene enumeraciones simples, ordenadas, graduadas, y distribuciones en serie que están, en conjuntos parciales, orientadas hacia la organización de la coherencia de lo diverso, mediante el empleo de cadenas anafóricas ("ni quien cultive", "ni quien abra", "ni quien llore", "ignora el misterio", "ignora el gemido", etc.):

Porque ya no hay quien repartael pan ni el vino,
ni quien cultive hierbas en la boca del muerto,
ni quien abra los linos del reposo,
ni quien llore por las heridas de los elefantes.
No hay más que un millón de herreros
forjando cadenas para los niños que han de venir.
No hay más que un gentío de lamentos
que se abren las ropas en espera de la bala.
El hombre que desprecia la paloma debia hablar,
debía gritar desnudo entre las columnas,
y ponerse una inyección para adquirir la lepra
y llorar un llanto tan terrible
que disolviera sus anillos y sus telefonos de diamantes.
Pero el hombre vestido de blanco
ignora el misterio de la espiga,
ignora el gemido de la parturienta,
ignora que Cristo puede dar agua todavía,
ignora que la moneda quema el beso prodigio
y da la sangre del cordero al pico idiota del faisán.

La enumeración rápida y sintetizadora de elementos a cuya amplificada descripción se renuncia, que es frecuente en el discurso forense latino, en el que suele formar parte de una breve *"narratio*"* y se llama *percursio**, cuando se mezcla con la *preterición** es la figura denominada *epitrocasmo*.

La *percursio* es una acumulación enumerativa y coordinante, rápida y sintetizadora de ideas que podrían ser objeto, separadamente, de un tratamiento detallado que se llamaría *expolición*. (V. DESCRIPCIÓN*.)

Este tipo de enumeración (*percursio*) consta, según LAUSBERG, de "oraciones principales asindéticas, aposiciones o formas participiales", o simplemente de sustantivos, y se asemeja a la *evidencia**, excepto en que ésta pinta con intensidad y detalle mientras que la *percursio* clasifica rápidamente un conjunto de elementos objetivos cuyos detalles se omiten para lograr algún efecto, como restarles importancia, señalar que son desagradables, etc.

ENUNCIACIÓN (y designador, conector, embrague*, modalizador*, testificante, autor*, lector*, narrador*, narratario*).

Proceso de los hechos discursivos que dan cuenta de lo *enunciado**.

También suele emplearse como acto discursivo del *emisor**, producido en circunstancias espacio/temporalmente precisas; acto de utilización de la *lengua** —durante el cual se actualizan sus expresiones—; acto que convierte la lengua en un instrumento para comunicar algo al *receptor**.

La enunciación vincula a los *interlocutores** y éstos son elementos constitutivos de su proceso. La enunciación y lo enunciado son pues dos planos presentes en el enunciado.

Siguiendo principalmente a BENVENISTE y a JAKOBSON es posible establecer que el proceso discursivo —la enunciación— se desarrolla poniendo en juego una serie de recursos verbales que son los "términos enunciadores", es decir, aquellas "formas lingüísticas indiciales" que son marcas que nos "procuran información acerca del proceso mismo de la enunciación" hablada o escrita.

La producción del *discurso** es un desarrollo durante el cual éste se va insertando dentro del marco de una tipología de los discursos. El tipo de discurso depende de la selección (limitada por redes de restricciones) que realiza el emisor, entre las formas susceptibles de ser enunciadas, de aquellas que convienen a un dado tipo de discurso, y también depende de su combinación (que igualmente está limitada por las posibilidades gramaticales).

El *análisis** de los términos enunciadores permite identificar, por ejemplo, el discurso directo (*diálogo**), en el que el emisor repite textualmente un dicho propio o ajeno, de tal modo que lo presenta como directamente procedente de una subjetividad; discurso lleno de *implícitos**, que se complementa con datos del *contexto**. Los enunciadores permiten identificar también el discurso indirecto (*narración**), presentado mediante un *narrador**, que cumple un papel en la *ennunciación ficcional* (lo mismo que el *narratario** a quien, dentro de ella, se dirige; narrador y narratario ubicados dentro de la *ficción**, a diferencia del *autor** y el *lector*). Tal narrador se interpone entre los *personajes** y sus dichos y nos ofrece sus parlamentos traspuestos a la forma de proposiciones subordinadas introducidas por términos subordinantes. El análisis de los enunciadores también permite saber cuándo el discurso es *autónimo** o explícito, pues se define o describe a sí mismo al remitir del *mensaje** al *código** (como el lenguaje teórico práctico característico de los *textos** científicos: "la sílaba 'a' consta de una letra"); permite saber cuándo el discurso es *circular*, porque remite del código al código, como en el caso de los nombres propios; o saber cuándo, para la comprensión del discurso, es necesario acudir al mensaje mediante el análisis de ciertos elementos del codigo que son los *embragues* (tales como pronombres, verbos y adverbios, etc.).

La enunciación ofrece marcas que revelan los distintos tipos de su propia organizacion. Por ejemplo, dan cuenta de que el centro de la enunciación es el emisor, o bien, de que la enunciación se construye en torno a la imagen del receptor —al cual va siendo ella misma adaptada—; o revela si el proceso se alimenta con referencias a su propio desarrollo, o si en éste predomina la voz del narrador o la de sus creaturas, los personajes de la historia. En general, todos los problemas de la perspectiva del narrador (*punto de vista**) y de las estrategias de presentación del discurso (combinatoria de los estilos directo e indirecto) son aspectos del proceso de enunciación, pues el emisor del enunciado sólo se identifica (ya sea como *protagonista** del acto de comunicación —*emisor*, sea *narrador* o *locutor*, o bien *receptor*, sea *lector* u *oyente*— ya sea a la vez como protagonista del acto de enunciación y de los hechos relatados —"*dramatis personae*"—) a partir de los elementos verbales que a él se refieren. Y lo mismo ocurre con el receptor: el papel asignado al oyente, al lector o al público de una representación dramática, depende de como lo presenta el proceso de la enunciación, pues éste contiene numerosas indicaciones acerca de la naturaleza de este papel de receptor.

El *locutor* (*hablante* o *emisor oral*) realiza la lengua durante la enunciación. La lengua, antes de la enunciación, es sólo una posibilidad, una virtualidad. La enunciación es una "forma sonora que espera a un auditor y que suscita en él otra enunciación como respuesta" (BENVENISTE).

Los términos enunciadores puestos en juego durante el desarrollo de la *enunciación** son, según JAKOBSON, *designadores* cuando caracterizan a uno solo de los elementos de lo enunciado, ya sea el hecho o sus participantes, los personajes de la historia. Son, en cambio, *conectores*, cuando caracterizan a un elemento relatado con respecto a otro elemento relatado. Por otra parte, tanto los designadores como los conectores son *embragues* cuando, simultáneamente a la realización de su función específica, se refieren también al proceso de la enunciación o a sus protagonistas, el emisor y el receptor de ésta.

Los designadores (que caracterizan, pues, a uno solo de los elementos relatados —el hecho o sus participantes— sin referirse al hecho discursivo) son:

a) El género, que califica a los participantes en el hecho relatado.

b) El número, que los cuantifica.

c) El *aspecto verbal**, que caracteriza al hecho relatado sin implicar a los participantes.

Los conectores (que caracterizan a uno de los elementos relatados respecto a otro de ellos, sin referirse tampoco al hecho discursivo) son:

a) La voz verbal, que caracteriza la relación entre el hecho relatado y sus participantes.

b) La "*taxis**" u orden, que caracteriza al hecho relatado en relación con otro hecho relatado. La taxis se manifiesta en las relaciones (simultaneidad, anterioridad, posterioridad) de los verbos subordinantes con sus subordinados, o bien de los verbos coordinados, entre sí.

Los *embragues* son los términos enunciadores que efectúan el encastre del mensaje en la situación, y cuyo referente sólo puede establecerse a partir de los interlocutores de la enunciación. Todo elemento que pertenece al código y remite al mensaje es un embrague. Los embragues son a veces designadores: éstos son los *deícticos**, el *tiempo* y el *modo lógico* de las expresiones. Otras veces son conectores: éstos son el *modo verbal* y el llamado —por JAKOBSON— *testificante*.

Los embragues que son designadores son:

a) Los deícticos, todos ellos relacionados con la persona gramatical, a saber:

—los pronombres personales y los nombres que funcionan
como sus anafóricos,
—los pronombres demostrativos,
—los adverbios de lugar y de tiempo.

Todos ellos caracterizan a los participantes de los hechos relatados (los personajes), con referencia a los participantes en el hecho discursivo (el emisor y el receptor del discurso).

El hablante se manifiesta a través de las formas personales. En los pronombres personales se realizan las oposiciones del sistema, tanto entre el *yo* (que profiere el enunciado) y el *tú* (que está presente como alocutario), como entre *yo/tú* (la persona), quienes realizan el acto de *comunicación**, y *él* (la no-persona) que no participa en el acto de comunicación, donde sólo aparece como *referente**. Esta segunda oposición (entre *yo/tú* y *él*), efectúa, precisamente, "la operación de la *referencia**, y funda la posibilidad del discurso en alguna cosa, en el mundo, en lo que no es la alocución (BENVENISTE).

Así como los elementos nominales siempre remiten a conceptos, los pronombres personales y los demostrativos siempre se refieren a "individuos lingüísticos" (personas, momentos, lugares) y se caracterizan porque en cada realización lingüística designan nuevamente. El uso de los pronombres es importante porque constituye un acto por medio del cual el hablante se apropia del lenguaje, porque se introduce en su propio discurso y se constituye en un "centro de referencia interna".

b) También son embragues designadores los indicadores de tiempo, los verbos y ciertos adverbios (de tiempo, de cantidad, de comparación). Caracterizan al hecho relatado con referencia al hecho discursivo. En efecto, según BENVENISTE, los verbos están entre los términos "aferentes a la enunciación" (que conducen a ella), pues las formas temporales "se determinan por su relación con el 'ego', centro de la enunciación". La forma axial (porque funciona como eje) de los tiempos verbales es precisamente el presente, que coincide con el momento de la enunciación. Así, la experiencia humana del tiempo se manifiesta en la lengua, pues la *temporalidad** es producida por la enunciación y durante la enunciación, es decir, durante el acto de la utilización del *sistema** de la lengua, durante el acto de producir un enunciado. La enunciación instaura, a partir del *yo*, la categoría de *presente*, que es la fuente del tiempo. Es el presente de la enunciación, inherente a ella y renovado en cada producción de discurso. De allí nace la categoría de tiempo. Así pues, la temporalidad se delimita "por referencia interna entre lo que va a volverse presente y lo que acaba de no ser ya presente" (BENVENISTE). Los enunciadores de tiempo y los mencionados deícticos (pronombres personales, demostrativos, y adverbios de tiempo y de lugar: *yo, esto, ayer, aquí*) no son, dicen DUCROT y TODOROV, sino "nombres metalingüísticos (de *yo, esto, ayer, aquí*) "producidos en la enunciación", pues "las indicaciones de tiempo y lugar se organizan siempre a partir de la enunciación misma".

c) Está, según JAKOBSON, entre los designadores, el modo lógico (no el de los verbos) expresado por el *"status"* lógico de las *oraciones** y por otros *modalizadores*, es decir, por términos enunciadores que revelan las *modalidades** de la enunciación, la relación entre los interlocutores de la misma y su propio *hacer*, las que revelan a qué grado el emisor se identifica o se solidariza con su propio dicho, cuál es su propia actitud hacia lo que manifiesta, cuál es su relación con su discurso, cuáles son su criterio, su intención y sus objetivos. Son los elementos que expresan impulsos, motivaciones, propósitos de los protagonistas de la enunciación, los cuales se traducen como los tipos más generales de vinculación en que los seres humanos se comprometen, y se definen en atención a la instancia del discurso y no a la instancia de la *realidad* ficcional. Se trata de los tipos de relación que SEGRE llama "vectores existenciales" y que BARTHES y TODOROV identifican como *desear, comunicar* y *luchar* o *participar*, y GREIMAS, dentro del sistema de la matriz actancial (V. ACTANTE*) organiza como ejes semánticos: del *deseo* (relación de *querer*, dada entre sujeto y objeto, que mediante el desarrollo de la acción se convierte en *hacer*); de la *comunicación* (entre destinador y destinatario, que se traduce en *saber*), y de *lucha* o *participación* (relación de *poder*, entre adyuvante y oponente). MIGNOLO, que se basa en DOLEZEL, incluye entre los modalizadores otras categorías lógicas que revelan las modalidades del criterio del narrador y que permiten reconocer que la enunciación es ficticia. (V. FICCIÓN*, ACTANTE*, ENUNCIADO* y MODALIDAD*.)

El modo no verbal se manifiesta:

—En el *"status"* lógico de las oraciones (afirmativo, supositivo, interrogativo y negativo), que caracteriza al hecho relatado (pues define su cualidad lógica) y a la vez revela el punto de vista del hablante respecto al hecho relatado; punto de vista cuya manifestación tiende a influir sobre el comportamiento del receptor. La aserción, por ejemplo, según BENVENISTE, hace presente en la enunciación la certidumbre del *locutor*. La primera persona del singular de los verbos *performativos** (cuya enunciación describe una acción del locutor y a la vez equivale al cumplimiento de dicha acción: *prometo, deduzco*), entra en este apartado por que revela la actitud personal del sujeto de la enunciación, y lo mismo ocurre con otras modalidades que se advierten con el auxilio de la teoría de los *actos de habla** y que analiza SEARLE, tales como la dirección y el propósito de la acción lingüística, que revela la diferencia entre aseveración e interrogación, revela también las posiciones relativas de los interlocutores durante la comunicación, hace notar la diferencia entre solicitud y mandato o el grado de compromiso contraído por el emisor al proferir expresiones performativas, y el grado en que emisor y receptor manifiestan sus intereses particulares. Por otra parte:

—En ciertos modalizadores (que JAKOBSON no describe pero que poseen el mismo significado) tales como las interjecciones, las oraciones exclamativas y los adverbios de afirmación, de negación y de duda (amén de otras marcas que a veces no son lingüística sino retóricamente identificables, pero que pueden funcionar de la misma manera, como el orden de los elementos de las construcciones, o como las *repeticiones** y las *gradaciones*).

Todos estos modalizadores caracterizan el punto de vista del hablante respecto al hecho relatado, por lo que conciernen a las funciones *emotiva** y *conativa**, manifiestan las emociones que privan, en la situación de comunicación, entre emisor y receptor.

Los embragues que son conectores son:

a) El modo verbal (indicativo, subjuntivo, imperativo), que "refleja el punto de vista del hablante sobre el carácter de la conexión entre la acción y el actor o el objetivo". Acerca de estos enunciadores afirma BENVENISTE que, en virtud de que

enunciado

"el enunciador se sirve de la lengua para influir de algún modo sobre el comportamiento del *alocutario**", emplea para ello "formas de intimación" que corresponden a categorías como el modo imperativo. Pero hay otras formas, además, cuya función es suscitar una respuesta: tales como el vocativo y la interrogación.

b) El testificante, que implica al hecho relatado y a sus participantes con referencia al hecho discursivo y a sus participantes, pues caracteriza la relación entre el hecho relatado, el hecho discursivo, y un hecho discursivo relatado, por ejemplo, cuando se cuenta algo que ya ha sido contado antes por otro. Es decir, caracteriza al *estilo indirecto** insertado en el *estilo directo** y aludiendo a la fuente de información: "dicen que vendrá", "dizque vendrá". (V. también EMBRAGUE*).

A partir de los elementos gramaticales enunciadores, pueden advertirse en la enunciación categorías semánticas: la identidad de los interlocutores (*tú* y *yo*), el tiempo de la enunciación (*hoy, ayer, mañana*, etc.), el lugar de la enunciacióh (*aquí, allá*, etc.), y las modalidades de la misma.

Forma parte de la teoría de la enunciación, como ya se dijo, la teoría de los *actos de habla**, desarrollada por muchos estudiosos a partir de los trabajos de la escuela de Oxford, que pertenece a la tendencia analítica de la filosofía inglesa, y que ve la actividad lingüística como una práctica social y por ello atiende al valor pragmático de la enunciación. Entre el total de las acciones humanas, en general, hay unas que son verbales. Las modalidades de estas acciones han sido estudiadas por AUSTIN al describir:

a) El acto *locutivo**, el acto de "decir algo", en cuanto "decir algo" es "hacer algo"; enunciar, conforme a reglas sintácticas, expresiones a las que se asigna un significado.

b) El acto *ilocutivo**: "decir algo" que sea comprendido por el receptor y produzca en él un efecto (como *advertencia, consejo*, etc.), ya que la enunciación del acto ilocutivo constituye un acto del *hablante** que modifica la relación entre ambos interlocutores ("prometo venir").

c) El acto *perlocutivo**, que constituye la consecuencia de la fuerza ilocutiva del enunciado al producir su efecto sobre el interlocutor.

Todo acto discursivo comprende un aspecto locutivo y otro ilocutivo. El acto ilocutivo y el perlocutivo se oponen; la ilocución proviene del hablante, la perlocución se realiza sobre el oyente y ejerce sobre él un efecto.

También forma parte del proceso de la enunciación otro tipo de verbos estudiados por BENVENISTE, los *delocutivos**, que se derivan de una locución de discurso y denotan actividades discursivas, como *saludar*, que no proviene del sustantivo *salud*, sino de la expresión "¡Salud!", equivalente a "dar saludo", "decir el saludo", "decir ¡salud!".

ENUNCIADO (enunciado narrativo elemental, complejo, de estado, de hacer, modal, descriptivo, texto enuncivo, transformación, junción, "performance"*, adquisición, privación, apropiación, atribución, renuncia, desposesión, intercambio, donación, comunicación participativa, enunciados primario y secundario).

Mínimo segmento de la cadena hablada o escrita (*palabra**, *frase**, *oración**) provisto de *sentido** y por ello capaz de cumplir una función comunicativa entre *emisor** y *receptor**, ya que es lo que aquél produce y lo que éste escucha.

Desde el punto de vista gramatical, hay enunciados bimembres, los constituidos por dos miembros, el sujeto y el predicado, y hay enunciados unimembres que son equivalentes oracionales cuya comprensión exige otros datos aportados por el *contexto** situacional o discursivo (como en los parlamentos de los *diálogos** o en expresiones tales como "¡Alto!", "¡Fuego!").

Según la corriente de pensamiento y el autor, se ha manejado, desde luego, una gran variedad de enfoques en la definición de enunciado. De ellas se infiere, en general, que enunciado no necesariamente corresponde a oración. Para el funcionalismo francés, por ejemplo (MARTINET), el "enunciado es un segmento más o menos largo de la cadena hablada, en la transmisión de los datos de la experiencia... es lineal y está doblemente articulado". Para el estructuralismo norteamericano (BLOOMFIELD), esta noción implica la teoría de los *constituyentes** inmediatos, por lo que en el enunciado existen *niveles** en cada uno de los cuales se hallan los constituyentes analizables en otros constituyentes inmediatamente inferiores, hasta llegar a los últimos (los *morfemas**), mientras para el distribucionalismo (HARRIS) es enunciado cada parte del *discurso** proferida por una sola persona entre dos silencios. Para el transformacionalismo (CHOMSKY), mientras la oración depende de la *competencia**, el enunciado depende de la *performance**, por lo que las distintas ocurrencias de una misma *frase** son enunciados diferentes (y la noción de frase resulta así de una mayor abstracción que la de enunciado). Esta opinión ha influido en cierto estructuralismo francés (POTTIER), para el que el término *enunciado* corresponde a una etapa previa a la segmentación que del discurso realiza el analista, pues no designa una extensión precisa del *texto**, sino "la realización, el resultado del *acto de habla**". En fin, para la *semiótica** (GREIMAS), enunciado es "toda magnitud provista de sentido, dependiente de la cadena hablada o del texto escrito, previa a cualquier análisis lingüístico o lógico", y opuesta a la *enunciación** "entendida como *acto de lenguaje**", pues el enunciado es "el estado resultante" de ella, "independientemente de sus dimensiones sintagmáticas". "Muchas veces el enunciado contiene —agrega GREIMAS— las marcas de la enunciación, es decir, los elementos que remiten a ella (deícticos espaciales y temporales, adjetivos, pronombres, ciertos adverbios, etcétera), marcas cuya omisión en el enunciado da por resultado un texto *enuncivo*".

En el análisis de *relatos** es útil la consideración (manifestada por varios autores: GENETTE, C. GONZÁLEZ, MIGNOLO) de que el enunciado ofrece dos planos: el de "lo enunciado", es decir, el *contenido**, el proceso de los hechos relatados cuyos protagonistas son los *personajes** de la *historia**, y el plano de la *enunciación*, es decir, el proceso de los hechos discursivos que dan cuenta de lo enunciado. Tanto la enunciación como lo enunciado están, pues, presentes en el enunciado.

Considerando el enunciado desde el punto de vista del análisis narrativo y según el criterio de GREIMAS, hay enunciados *elementales* (es decir, en su forma autosuficiente más simple) de dos tipos: "enunciados de estado", que se construyen con verbos del tipo *ser/estar*, *tener*, y "enunciados del *hacer*" o *transformaciones**, que se construyen con verbos del tipo *hacer*, pues los estados dependen del *ser/estar* y las transformaciones dependen del *hacer*. Tales enunciados no abarcan exactamente las *frases* (proposiciones) del texto, sino que son enunciados construidos, que recuperan la *estructura** del discurso más allá de las palabras o las oraciones. (Se aproximan a los nudos narrativos y descriptivos del *análisis** de funciones de BARTHES.)

Hay dos formas de enunciados *elementales* (no complejos), de estado, ambas son formas de la *junción* —término que procede de TESNIERE— es decir, de la relación que coordina sujeto y objeto (por lo cual la junción es la relación constitutiva de los enunciados de estado): *a)* Enunciado de estado *disjunto*, en el cual el sujeto y el objeto están en una relación de disjunción (que se expresa por $\cup$): $S\cup$. *b)* Enunciado de estado *conjunto*, en el cual el sujeto y el objeto están en una relación de conjunción (expresada por $\cap$): $S\cap O$.

La *transformación* es el "enunciado del *hacer*", que expresa el paso de una forma de estado a otra. Toda transformación es una modificación de un estado. Hay dos formas de transformación: *a)* transformación de *conjunción*, aquella operación que hace pasar (lo que se expresa por $\rightarrow$) al sujeto de estado, de un estado de disjunción a un estado de conjunción con su objeto (el sujeto carece del objeto deseado y luego lo alcanza y se apropia de él): $(S\cup O) \rightarrow (S\cap O)$. *b)* Transformación de *disjunción*, aquella operación que, al contrario de la anterior, hace pasar al sujeto de estado de un estado de conjunción a uno de disjunción con su objeto: $(S\cap O) \rightarrow (S\cup O)$. (La flecha indica transformación.) Un enunciado *modal* es aquel (de *hacer* o de *estado*) que rige a otro enunciado (de *hacer* o de *estado*) llamado enunciado *descriptivo*. (V. MODALIDAD*, ACTANTE*, PROGRAMA NARRATIVO*.)

Además del enunciado narrativo elemental, GREIMAS describe el "enunciado narrativo complejo", cuyo *modelo** general corresponde a la figura de *antagonismo* o *controversia* (GREIMAS la menciona como de *carácter polémico*) observable en la transformación compleja. La complejidad proviene de que participan en ella dos sujetos en relación ya sea con un objeto o con dos objetos, por lo que la transformación puede ser observada desde una perspectiva o punto de vista doble, es decir, observada simultáneamente desde el punto de vista de uno de los sujetos y desde el punto de vista del otro. Esto se expresa así en el modelo general de comunicación entre sujeto(s) y objeto(s):

$$H(S_3) \rightarrow [(S_1\cup O\cap S_2)\ (S_1\cap O\cup S_2)]$$

Las variantes de este modelo son las siguientes:

I. Por una parte, la comunicación entre dos sujetos y un objeto, que puede dar lugar:

I.1. ya sea a una *performance* conjuntiva (de *adquisición*), que comprende:

I.1.1. la operación reflexiva de *apropiación* (en la que un doble actor cumple el papel de sujeto operador y sujeto disjunto en el estado inicial, y cumple el papel de sujeto conjunto en el estado final, apropiándose el *objeto de valor*: $S_3 = S_1$) y

I.1.2. la operación transitiva de *atribución* (en la que el sujeto operador es un actor diferente al sujeto de estado conjunto en el estado final, de modo que se hace adquirir el objeto por medio de otro: $S_3 \neq S_1$; $\neq$ significa: *es diferente*);

I.2. ya sea a una *performance* disjuntiva (de *privación*) que comprende:

I.2.1. la operación reflexiva de *renuncia* (en que un mismo actor asume el "*rol*" de sujeto operador y de sujeto de estado conjunto en el estado inicial, y el "*rol*" de sujeto de estado disjunto en el estado final: $S_3 = S_2$) y

I.2.2. la operación transitiva de *desposesión* (en la que el sujeto operador de la transformación es un actor diferente al sujeto conjunto del estado inicial: $S_3 \neq S_2$).

II.1. Comunicación entre dos objetos y uno o dos sujetos, que puede dar lugar:

II.1.1. Por una parte a la comunicación de dos objetos con un sujeto, que constituye un primer tipo de *intercambio*: el sujeto se relaciona con ambos objetos, tanto si se trata de un enunciado de estado inicial o final, pues está conjunto con un objeto y disjunto con el otro, de modo que se escribirá así: $(O_1 \cap S_1 \cup O_2)$ o bien así: $(O_1 \cup S_1 \cap O_2)$, y la fórmula de la transformación narrativa será: $H(S) \rightarrow [(O_1 \cap S_1 \cup O_2) \rightarrow (O_1 \cup S_1 \cap O_2)]$. Es decir: S_1, que se hallaba en el primer enunciado de estado conjunto con O_1 y disjunto de O_2, pasa a estar disjunto de O_1 y conjunto con O_2.

II.1.2. Por otra parte a la comunicación de dos objetos con dos sujetos, que constituye un segundo tipo de *intercambio*. Cuando la relación se establece entre dos objetos y dos sujetos, cada sujeto mantiene una doble relación, a la vez con O_1 y con O_2. Los respectivos estados transformados (de S_1 y de S_2) se escriben así:

$$\text{Estado 1} \begin{cases} (O_1 \cup S_1 \cap O_2) \\ (O_1 \cap S_2 \cup O_2) \end{cases} \qquad \text{Estado 2} \begin{cases} (O_1 \cap S_1 \cup O_2) \\ (O_1 \cup S_2 \cap O_2) \end{cases}$$

Esta operación de intercambio constituye una doble *performance* de *donación* (concomitancia de la *atribución* y la *renuncia*).

II.2.3. La única excepción al principio de intercambio se llama "comunicación participativa", y consiste en la *atribución* de un objeto a un sujeto sin que se produzca la *renuncia* correlativa, de modo que ambos sujetos aparecen conjuntos con el objeto: $(S_2 \cap O \cup S_1) \rightarrow (S_2 \cap O \cap S_1)$; es decir: el sujeto disjunto se convierte en sujeto conjunto, y el sujeto conjunto permanece conjunto.

Para Mijaíl BAJTÍN (b: 22 y ss.) la selección de los recursos lingüísticos y del *género** discursivo es determinada por ciertos aspectos del enunciado, como son: el *compromiso* y la *intención* del sujeto discursivo; el *momento expresivo*, que abarca la *actitud subjetiva* y *evaluadora*, desde el *punto de vista** emocional del *hablante** con respecto al contenido semántico de su propio enunciado (ya que no hay enunciados neutros). Tal actitud evaluadora determina también la selección de los recursos léxicos, gramaticales y composicionales del enunciado, de modo que el estilo de cada uno de ellos se define principalmente por su aspecto expresivo. (V. GÉNERO*).

Y como esta relación es recíproca, el enunciado, su estilo y su composición están a su vez determinados por el aspecto temático y por el aspecto expresivo (esa actitud valorativa del hablante hacia el momento temático). De ahí que la estilística tenga que considerar los factores determinantes del estilo del enunciado, tales como el *sistema lingüístico**, el objeto del *discurso**, el hablante mismo y su actitud valorativa hacia el objeto (visión del mundo, *valores** y emociones).

Por otra parte, BAJTÍN advierte que las fronteras del enunciado son precisas, ya que se definen por el cambio de los sujetos discursivos (hablantes), es decir, por la alternancia de los *interlocutores**. Además, la situación dialógica confiere el estatuto de enunciado a una comunicación (y el monólogo interior también es dialógico: consta de preguntas, respuestas, afirmaciones, objeciones, etc.).

BAJTÍN propone tres tipos de relaciones entre elementos: *1)* Relación entre elementos aislados de un *sistema** (una lengua). En las proposiciones lógicas, en los sistemas lógicos de pensamiento, cuando analizamos relaciones de tipo funcional, puede haber jerarquía, pero siempre hay relaciones de tipo objetual funcional: de objeto a objeto, de cosa a cosa. *2)* A partir del sistema cartesiano, de sujeto a objeto se totaliza el objeto para conocerlo. Del lenguaje, construimos un objeto para estudiarlo. *3)* De sujeto a sujeto se dan relaciones axiológicas valorativas. Es imposible aproximarse a un enunciado (lógico, sociológico, moral, literario,) de otra persona, sin considerar la tercera relación. Y, por otra parte, es imposible tomar como cosa absoluta ni siquiera los enunciados científicos, ya que siempre se supone la existencia de otro miembro de la comunicación discursiva. El enunciado no es más que el eslabón de una cadena de comunicación discursiva, y su sentido está determinado por innumerables factores, dentro del marco discursivo concreto que moldea el discurso.

En VOLÓSHINOV se sobreentiende que la evaluación es ideológica (dada a partir de clase social y de relaciones sociales), pero también hay otros tipos de evaluaciones posibles, a partir de todos los objetos culturales. Y también hay en cada enunciado huellas de autoría (el enunciado es irrepetible, por ello en las traducciones se pierde lo que corresponde a la consideración del contexto ajeno), y las posibilidades de cada lengua determinan otras de nuestras evaluaciones (como en el territorio de los colores, visto de lengua a lengua. Por ejemplo, en ruso, *rojo* connota *bello*).

La pluralidad discursiva se interpreta, desde luego, conforme a *contextos**, grupos sociales, lenguajes o dialectos sociales (V. BAJTÍN, b) explicados como *jergas** por Fidelino de FIGUEIREDO: lenguajes profesionales, otros situacionales marcados por convenciones o jerarquías y por selecciones semánticas —a veces generacionales—, otros que revelan diferencias dialectales marcadas valorativamente como lenguajes sociales.

En este asunto se observa cómo el concepto bajtiniano de enunciado conduce al meollo de todas sus teorías: el signo ideológico. BAJTÍN se aparta en esto de las ideas de VOLÓSHINOV y de MEDVEDEV que relacionan la ideología con la lucha de clases y con las clases sociales. Su concepción de la sociedad sí parte de una concepción marxista: si existe conciencia de grupo social (identificación de intereses, propósitos, valores de grupo), entonces, puede hablarse de clase social; pero los grupos carecen de límites fijos: cada miembro pertenece a diversos grupos, desempeña muchos papeles y habla muchos lenguajes. En suma, la ideología no es una visión del mundo identificada con un grupo social, sino "una suerte de discurso posible que identifica grupos sociales".

El enunciado revela la orientación dialógica del mensaje. Por ello el *dialogismo** es en esta teoría una noción medular, lo mismo que la de *polifonía** (coro de las voces de *personajes** y *autor**). La polifonía implica el uso (por el autor —que organiza el discurso, pero ideológicamente es una voz más, como las otras— y los personajes) de un lenguaje individualizado en el que puede captarse la entonación. El ejemplo de discurso dialógico y polifónico está en DOSTOIEVSKI.

Además, el enunciado se relaciona con el *género**, puesto que el género se relaciona con los usos particulares de la lengua (tema, estilo, construcción específica) según la esfera de la comunicación y según las fluctuaciones observables en los géneros, puesto que no son fijos.

Dentro de la teoría de BAJTÍN, los enunciados son *primarios y secundarios*. Los primarios corresponden a la esfera de la comunicación oral y de la comunicación elemental, cotidiana, comercial, de las cartas, etc. Se relacionan de modo directo con enunciados ajenos. Además, forman parte de los enunciados secundarios que son más complejos y pertenecen a la esfera de la comunicación escrita de manera reflexiva. Pertenecen a un ámbito de comunicación más elevado (científico, artístico, sociopolítico) en el que los géneros primarios son materia reabsorbida y reelaborada.

Por otra parte, el enunciado está determinado por el sujeto discursivo; abarca desde una palabra (una interjección, por ejemplo, que agote su sentido en su contexto) hasta una obra de varios tomos, porque es esencialmente concluso; es capaz de agotar el sentido de su objeto en una situación concreta; manifiesta una intención y está marcado como perteneciente a un género.

ENUNCIADOR. V. EMISOR.

ENUNCIATARIO. V. EMISOR.

ENUNCIATIVO. V. EMBRAGUE.

ENUNCIVO. V. EMBRAGUE y ENUNCIADO.

EPANADIPLOSIS (o epanástrofe, "redditio", conduplicación, anadiplosis quiástica).

Figura retórica* de construcción, llamada *elegancia* por algunos tratadistas, que se produce cuando una frase comienza y acaba con las misma expresión, o bien cuando, de dos proposiciones correlativas (que en *verso** suelen ocupar dos líneas), la segunda termina con la misma palabra o frase con que la primera comienza (x.../...x):

> Cuántas veces el ángel me decía:
> alma, asómate ahora a la ventana,
> verás con cuánto amor llamar porfía.
> Y cuántas, hermosura soberana,
> *mañana* le abriremos, respondía,
> para lo mismo responder *mañana*.
> LOPE DE VEGA

Cuando se acompaña con una disposición sintáctica cruzada de varios elementos de un *sentido** antitético, se trata de la *anadiplosis quiástica*:

> ¿Qué fama vivira más
> que tu fama, en los anales,
> pues *acabarse* ella, es
> cuento de *nunca acabarse*?
> SOR JUANA

Ejemplo, éste, en que la repetición inicial y final, que abarca ambas *oraciones**, se combina con redistribución cruzada y simétrica de las expresiones antitéticas: *acabarse, nunca acabarse*.

epanáfora

Es una *metábola** de la clase de los *metataxas** porque afecta al *nivel** morfosintáctico de la *lengua** y se produce por *adición** repetitiva a distancia. En algunos tratados de *retórica** se confunde la epanadiplosis o *conduplicación* con la *concatenación** que es distinta porque es una *anadiplosis** (/...X/X.../) pero progresiva (/X...Z/Z...P/P...K/). Otras veces se le confunde con la *epanalepsis** (/X...X/) que se da dentro de la misma *frase** o proposición o verso. La epanadiplosis abarca dos:

> *Mono* vestido de seda,
> nunca deja de ser *mono*.
>
> GÓNGORA

Algunos llaman *conduplicación* también a la *anadiplosis* o bien a la *anáfora**. Otros llaman *"redditio"* o *epanalepsis* o *epanáfora* a la *epanadiplosis* (y otros a la *prosapódosis** o a la *antapódosis**) pues a veces no son claros los límites entre las distintas figuras de la *repetición**.

EPANÁFORA. V. ANÁFORA, EPANADIPLOSIS y REPETICIÓN.

EPANALEPSIS

*Figura** de construcción del *discurso**. Se produce mediante la repetición, al principio y al final de una misma *frase** o proposición o *verso** de una expresión: (/X...X/):

> *Amigo* de sus *amigos*,
> ¡qué señor para crïados
> y parientes!
> ¡Qué *enemigo* de *enemigos*!
> ¡Qué maestro de esforzados
> y valientes!
>
> Jorge MANRIQUE

También se llama así la repetición de un grupo de *palabras**.

Es pues una *metábola** de la clase de los *metataxas** porque afecta al *nivel** morfosintáctico de la *lengua**. Se produce por *adición** repetitiva y su efecto es de elegancia a la par que de *énfasis**.

En los tratados o diccionarios de *retórica** a veces se le confunde con la *epanadiplosis** que abarca dos proposiciones o dos *versos**, o se consideran términos sinónimos.

En francés se llama epanalepsis al uso pleonástico de pronombres que en esa lengua constituye un procedimiento sintáctico común, en expresiones tales como: "En cuanto a mi amigo, *él* no lo sabe aún."

EPANÁSTROFE. V. EPANADIPLOSIS y REPETICIÓN.

EPÁNODE. V. EPÍMONE y REPETICIÓN.

EPANORTOSIS. V. CORRECCIÓN.

EPÉNTESIS (o diástole o infijación o anaptixis y vocal anaptíctica y éctasis, paraptixis).

Fenómeno histórico tradicionalmente considerado como *figura** de dicción. Consiste en alargar una *palabra** agregando en su interior un *fonema** —llamado epentético— de origen no etimológico: *estrella* (del latín *"stella"*), que agrega una *r* eufónica (además de la *prótesis**), lo que suele obedecer a razones analógicas pero, con mayor frecuencia, a la evolución de la *lengua**: *vendré* (por *venré*). Cuando el alargamiento proviene de deshacer un diptongo (rüido) se llama *diéresis**. Cuando la vocal epentética se sitúa entre cualquier consonante y una consonante líquida o nasal (*Ingalaterra*), dicha vocal se llama *anaptíctica* y la variedad de tal epéntesis se llama *anaptixis*. Ésta consiste en el desarrollo de la resonancia vocálica de las sonantes (consonantes líquidas y nasales con tal resonancia) hasta la plena aparición de su vocal como en *Ingalaterra*.

Su empleo a veces se ha considerado bárbaro, pero también puede ser poético. En este caso se trata de una figura de dicción, de carácter retórico, es decir, de una *metábola** de la clase de los *metaplasmos** puesto que altera la morfología de la palabra, y se produce por una operación de *adición**.

En latín la *diástole* podía consistir en el alargamiento de una sílaba breve mediante la adición de una consonante epentética (*relligio* por *religio*), y cuando el alargamiento no provenía de la duplicación de consonante, sino del alargamiento ya dado de una vocal breve, se llamaba *éctasis*.

Los antiguos utilizaban la palabra diástole con otros *sentidos**, no sólo como equivalente a epéntesis: llamaban así a la repetición de una palabra que aparece la segunda vez como aclaración; a la dilatación de la sílaba final de un *verso**; al signo de separación entre los elementos de una palabra compuesta.

Según Lázaro CARRETER, *paraptixis* es otro nombre de la epéntesis.

EPEXÉGESIS.

*Figura** *lógica* que se produce por *acumulación** coordinante. Consiste en agregar a una construcción sintácticamente acabada, una *frase** complementaria (*epífrasis**) y aclarativa de los conceptos; misma que se añade pospuesta ya que el orden lógico o cronológico que le correspondía estaba antes, se refiere, pues, a lo anterior y es una retrospección (*analepsis**):

> Hacíamos burla de ellos, llamábamosles heces del mundo y desechos de la tierra, algunos se tapaban de oídos y pasaban adelante.
> Otros, que se paraban a escucharnos, dellos desvanecidos de las muchas voces y dellos persuadidos de las razones y corridos de las vayas *caían* (*y se bajaban*).
>
> QUEVEDO

Es decir, según la tradición *retórica**, es una *epífrasis* combinada con *analepsis*; consiste en la adición acumulativa de ideas secundarias o aclaratorias. Según el moderno criterio estructuralista es un *metalogismo** que opera por *adición**.

ÉPICA, poesía. V. GÉNERO.

EPICERTOMESIS. V. IRONÍA.

EPIDÍCTICO, discurso. V. RETÓRICA.

EPIDIÉGESIS (o "repetita narratio").

Dentro del *discurso** oratorio una primera *narración** ("narratio") debía ser breve, pudiendo ser sucedida por otra más amplia y detallada: *"repetita narratio"* o *epidiégesis*.

epidiortosis

EPIDIORTOSIS. V. CORRECCIÓN.

EPIFANÍA.

Revelación que proviene de una impresión intensa y sorpresiva experimentada por un poeta, por un lector o por un *personaje* * literario. Quien la experimenta ve modificada su personalidad porque a través de esa vivencia aprehende nuevos e intrincados secretos, aspectos y matices de la realidad, los cuales hacen posible una reflexión más profunda acerca de la existencia. James JOYCE utiliza este *término**, mismo que no coincide exactamente con *anagnórisis**, que denota otro tipo de revelación.

EPIFONEMA

Figura* *lógica* que se asemeja al *aforismo** por su *estructura** de sentencia aleccionadora que manifiesta breve, clara y agudamente un saber. Se diferencia del aforismo, sin embargo, en que no se presenta aisladamente sino dentro de un *contexto** que lo amplía y explica cuando el epifonema lo antecede:

> *No hay bien que en mal no se convierta y mude*:
> La mala yerba al trigo ahoga, y nace
> en lugar suyo la infeliz avena;
> GARCILASO

o bien, dentro de un contexto al que sucede, a veces recapitulativamente, a veces como una exclamación conclusiva que es consecuencia y que se desprende de lo ya dicho:

> Cuando tan pobre me vi
> los favores merecía
> de Hipólita y Laura; hoy día,
> rico, me dejan las dos.
> *¡Qué juntos andan, ay Dios,*
> *el pesar y la alegría!*
> CALDERÓN

LAUSBERG lo define como *sentencia** que aparece al final de un *entimema**, es decir, al final de un silogismo incompleto en el que se infiere el *contenido** de la *premisa** implícita a partir del contenido de las premisas explícitas. Dice Altisidora en *El Quijote*:

> … no querría que mi canto descubriese mi corazón, y fuese juzgada de los que no tienen noticia de las fuerzas poderosas de amor por doncella antojadiza y liviana. *Pero venga lo que viniere; que más vale vergüenza en cara que mancilla en corazón.*

EPÍFORA (o epístrofa o epístrofe o conversión).

Figura* de construcción porque altera la sintaxis y consiste en la *repetición** intermitente de una expresión al final de un *sintagma**, un *verso**, una *estrofa**, un párrafo. Es lo contrario de la *anáfora** y produce un efecto semejante al de la *rima**:

> ¡Pero tu *sangre*, tu secreta *sangre*,
> Abel, clavel tronchado.
> Alfonso REYES

La extensión de la epífora es, pues, variable y puede abarcar más de una *oración** y más de un verso:

> Mira, amigo, cuando libres
> al mundo tu pensamiento,
> cuida que sea ante todo
> *denso, denso.*
> Y cuando sueltes la espita
> que cierra tu sentimiento,
> que en tus cantos éste mane
> *denso, denso.*
>
> UNAMUNO

(En este ejemplo se combina con la *reduplicación** o repetición en contacto.)

De manera que la epífora o epístrofe es la repetición final de *palabras** o *frases**, realizada periódicamente, a distancia, por lo que se trata de una *metábola** de la clase de los *metataxas** porque afecta al *nivel** morfosintáctico de la *lengua** y su modo de operación es la *adición** repetitiva. Al final de estrofa puede considerarse *estribillo**.

Mientras la posición inicial de la anáfora da a esta figura un carácter dinámico, de impulsora de la frase, la posición final de la epífora o epístrofe le confiere un *aspecto** durativo y una apariencia de lamento. Si se prolonga, la repetición epifórica tiende a adquirir un efecto de letanía.

Como la anáfora, la epífora puede relajarse mediante la utilización de sinónimos. De esta suerte se convierte en disyunción (*disiunctio*) que da lugar al tipo de *acumulación** a distancia denominada antiguamente *isocolon**.

EPÍFRASIS. V. AMPLIFICACIÓN y ACUMULACIÓN.

EPÍGONO.

*Autor** que, sin mayor originalidad, se limita a continuar la obra de sus modelos o sus predecesores. SAINZ DE ROBLES considera también epígono al creador que "cierra un movimiento". Si nos atenemos a este sentido (que no es usual), BÉCQUER lo sería respecto del Romanticismo.

EPÍGRAFE.

Cita o sentencia (*intertexto**) que, a guisa de lema o divisa, antecede a una obra o a cada uno de sus capítulos, encabezándolos. Resume los presupuestos del *texto** que preside, y anticipa su orientación general.

También se llama así el título que resume la descripción de cada capítulo, o el *contenido** en los artículos periodísticos, o bien el resumen del contenido que precede cada capítulo en ciertas obras literarias, didácticas o científicas.

En fin, también recibe este nombre una inscripción de carácter conmemorativo, por ejemplo las fúnebres.

EPÍLOGO. V. "DISPOSITIO".

EPÍMONE (o epánode o repetición indistinta o versátil o mixta).

*Figura** de construcción que afecta a la sintaxis y, así mismo, y en mayor medida, a la lógica del *discurso**. Consiste en la insistencia mediante la *repetición** múlti-

epíploce

ple y versátil de pensamientos a lo largo de una serie de *versos** o miembros de período, acumulando *contenidos** no idénticos en posiciones y *funciones** no idénticas. En francés se llama *"epánodé"*:

> Por las puertas y frente y por los lados
> el muro se combate y se defiende,
> allí corren con prisa amontonados
> adonde más peligro haber se entiende;
> allí con prestos golpes esforzados
> a su enemigo cada cual ofende
> con furia tan terrible y fuerza dura,
> que poco importa escudo ni armadura.
>
> ERCILLA

Como se advierte en el ejemplo, esta figura rebasa el *nivel** morfosintáctico de la *lengua**, participa no sólo del procedimiento de la *repetición** sino también de la *acumulación**, y afecta, por la amplitud de su desarrollo, a la lógica del discurso por lo que en realidad se trata de un *metalogismo**. También se llama *epímone* la repetición de expresiones contiguas:

> Oh!
> noches y días
> días y noches
> noches y días,
> días y noches,
> y muchos, muchos días,
> y muchas, muchas noches.
>
> Dámaso ALONSO

Algunos, dice LAUSBERG, llaman epímone a la acumulación de *oraciones**.

EPÍPLOCE.

En la *retórica** antigua se llamaban así las posibilidades alternativas que muchas veces se ofrecen en la identificación de los esquemas métricos cuantitativos, según como se consideren los *pies**. Así, un *verso** trímetro trocaico cataléctico (-u-u/-u-u/-u-) también puede verse como un trímetro yámbico acéfalo, es decir, al que le falta la primera sílaba(o-u-/u-u-/u-u-)

Los gramáticos griegos consideraban la epíploce como un recurso generador de un tipo de entidades métricas a partir de otro tipo de entidades métricas, mediante la utilización de la *aféresis** y la *prótesis** silábicas. (V. ANACRUSIS*.)

EPIQUEREMA. V. "INVENTIO".

EPISILOGISMO. V. "INVENTIO".

EPISINALEFA. V. HIATO.

EPISTÉMICO. V. MODALIDAD.

EPISTEMOLOGÍA

Disciplina filosófica que estudia la clasificación de las otras ciencias así como los principios en que éstas fundan las hipotesis que plantean, los métodos que utilizan y los resultados que obtienen, relativos a la adquisición de las ideas y al conocimiento de las cosas.

Tradicionalmente ha formado parte de la filosofía del conocimiento y su preocupación esencial ha consistido en sistematizar el conjunto de las ciencias, ya sea a partir de las facultades humanas, o bien conforme al objeto material de las ciencias o, en fin, atendiendo a ambos aspectos.

PIAGET (1950) ha dado un nuevo impulso a la epistemología como ciencia del conocimiento científico, fundada en el análisis del desarrollo de dicho conocimiento.

La epistemología contemporánea tiene a uno de sus más importantes teóricos en BACHELARD. También para él, el conocimiento humano es la historia de su producción y renovación. La búsqueda del saber no tiene su origen en la persecución de lo necesario para satisfacer la necesidad, sino en el deseo de conquistar lo superfluo, que genera "una excitación espiritual mayor". La ciencia es un proceso permanente de reconstrucción del saber y la epistemología se interesa por el *significado** de los objetos que el saber produce, por los resultados reales de la ciencia y por su relación con la ciencia como teoría.

BACHELARD distingue entre el conocimiento científico (que establece el conocimiento de un proceso) y el conocimiento epistemológico que investiga cuál es el proceso mediante el cual se conoce el proceso.

Posteriormente ha aparecido un gran número de variantes de la epistemología. Entre los pensadores contemporáneos más importantes están LACAN y FOUCAULT. Éste postula que el *discurso** científico está indisolublemente vinculado a las instituciones sociales en que toma forma.

En su reciente relación con la lingüística y con la *semiología** (ciencia, ésta, que algunos han considerado parte de la lingüística y que estudia la existencia de los *signos** en el seno de la sociedad) o con la *semiótica** (ciencia de los signos y de las representaciones en general), la epistemología ha sido considerada como una teoría del conocimiento que es una *metasemiótica**. (V. CONNOTACIÓN*.)

EPÍSTROFE. V. EPÍFORA y REPETICIÓN.

EPITAFIO.

Inscripción fúnebre de uso tan antiguo como la humanidad que, a partir de la *cultura** romana, adquirió categoría literaria.

EPÍTASIS.

· Parte de la obra *dramática** que, según ARISTÓTELES corresponde al planteamiento del conflicto. Sucede a la *prótasis** y antecede a la *catástasis** o *climax* de la *historia** representada. (V. GRADACIÓN*.)

EPÍTESIS. V. PARAGOGE.

EPITETISMO.

*Figura retórica** de sentencia, es decir, de *nivel** lógico que consiste en agregar al final de una *enumeración** un término de la misma que discrepa o se diferencia del *significado** de los que le anteceden. Podría decirse que hay una relación implícita (V. *implícito**) de adversación. SAINZ DE ROBLES pone el siguiente ejemplo sin atribuirle *autor**:

> Aquel hombre indomable, curtido en las guerras más violentas, mil veces burlador de la muerte, *quedó preocupado por su tos*...

epitimesis

donde podríamos suponer dos elipsis: "aquel hombre *era* indomable", etc., etc., y "*pero* quedó preocupado por su tos".

EPITIMESIS. V. CORRECCIÓN.

EPÍTETO.

Figura* de construcción o de *nivel* morfosintáctico. Consiste en agregar a un nombre una expresión —*palabra**, *frase** u *oración**— de naturaleza adjetiva que puede resultar necesaria, en distintos grados, para la *significación**:

> El éxito *fácil* lo maleó
> iba con los ojos *llenos de lágrimas*
> parecía una hormiga *laboriosa*

aunque algunos llaman epíteto solamente al adjetivo pleonástico que repite innecesariamente una parte del *significado** ya presente en el sustantivo. En esta acepción el epíteto constituye una variante de la *sinonimia**. Pero otros también llaman epíteto al adjetivo que agrega un significado (hormiga *arriera*) o al que posee valor estilístico.

El epíteto pleonástico es un caso de *acumulación** y *amplificación**:

> Imagen *espantosa* de la muerte
> HERRERA

que se produce por *adición** simple, por lo que se trata de una *metábola** de la clase de los *metataxas**, ya que afecta a la sintaxis. Desde el punto de vista gramatical, puede adoptar la *forma** de un complemento adnominal, la de una construcción perifrástica, la de una *aposición** o la de un simple adjetivo.

SAINZ DE ROBLES considera que adjetivo y epíteto no son sinónimos: la especificidad del primero sería su empleo gramatical y su *significado** literal (y, por lo tanto, su presencia mayormente necesaria); la del segundo sería su uso literario y figurado.

En distintas épocas ha cambiado el criterio acerca del uso correcto del epíteto. Algunos retóricos han pretendido prohibir que se acumulen varios (como QUINTILIANO), otros, sólo regular su empleo, limitándolo a tres,por ejemplo. (V. METÁFORA*.)

EPÍTOME.

Compendio de una materia. También, en *retórica**, es el nombre de un tipo de *repetición** que consiste en volver a decir las primeras expresiones de un párrafo extenso, para reforzar la coherencia y la claridad manteniendo viva en la memoria la idea que se desarrolla:

> E otro día *llevóle* convidado *a comer* al Joan Velázquez, y *comía* con el Narváez un sobrino del Diego Velázquez, gobernador de Cuba, que también era su capitán; y *estando comiendo* tratóse plática de cómo Cortés no se daba al Narváez y de la carta y requerimiento que le envío...
> Bernal DÍAZ DEL CASTILLO

O en este ejemplo de Cervantes:

Mientras esto pasaba, *vieron venir* por el camino donde ellos iban a un hombre, caballero sobre un jumento; y cuando llegó cerca les pareció que era gitano; pero Sancho Panza, que doquiera que vía asnos se le iban los ojos y el alma, *apenas hubo visto* al hombre, cuando *conoció* que era Ginés de Pasamonte, y por el hilo del gitano sacó el ovillo de su asno, como era la verdad, pues era el rucio sobre que Pasamonte venía; el cual, por no ser conocido y por vender el asno, se había puesto en traje de gitano, cuya lengua y otras muchas sabía muy bien hablar como si fueran naturales suyas. *Vióle* Sancho y *conocióle*, y apenas le hubo *visto y conocido*, cuando a grandes voces le dijo:...

EPÍTROPE. V. PERMISIÓN.

"EPITROCASMO". V. PRETERICIÓN.

EPIZEUXIS. V. REDUPLICACIÓN y REPETICIÓN.

EPÓNIMO.

Personaje dador de su nombre a una ciudad, tribu, época, un pueblo, período. Por ejemplo: en Italia se cree que los zíngaros o cigaros (gitanos) proceden de un lugar, Cigaro, o que Olimpo, el hijo de Crea, es el héroe epónimo de Creta.

EPOPEYA (y épica).

Pertenece a uno de los más antiguos *géneros** literarios, la *épica* (que también abarca, en general, la poesía heroica), concepto, éste, desarrollado con posterioridad a la existencia de los *textos** correspondientes. Es una extensa composición poética en *verso**, recitada, que da cuenta de acciones memorables por heroicas, que pueden ser humanas, divinas, populares y nacionales, pero ejemplares, poseedoras de un *significado** simbólico monumental, sobre todo para el pueblo que las genera, y de un valor didáctico universal. Para PLATÓN (:f), junto con la *tragedia*, es uno de los dos géneros *serios* (aunque hay epopeyas heroicoburlescas como la *Batracomiomaquia* de HOMERO y la *Gatomaquia* de LOPE de VEGA). SÓFOCLES se refiere a la nobleza de sus *personajes** cuyos caracteres poseen un valor sinmbólico de grandeza.

Su *acción** necesariamente es difícil y, aunque múltiple, está orientada hacia un fin único, y pone en juego la fuerza física y la voluntad del *héroe** como medios para realizar un propósito. No hay, en cambio, unidad de tiempo ni de espacio. Los sucesos reales se mezclan con otros maravillosos que suscitan entusiasmo y asombro; los dioses, con los hombres; los vivos, con los muertos; los personajes del presente con los del pretérito remoto.

Las más antiguas epopeyas han sido concebidas de manera espontánea y se han conservado oralmente, siendo objeto de transformaciones de una generación a otra, de modo que se vuelve dudoso el autor del que nos ha llegado noticia, como en los casos de la *Ilíada* y la *Odisea*, atribuidas a HOMERO en Grecia, o del *Mahabharata* y el *Ramayana*, atribuidos a VIASA en la India. Otras posteriores han imitado esos modelos, como la *Eneida* (VIRGILIO), la *Divina Comedia* (DANTE) o *La araucana* (ERCILLA).

Generalmente contienen una invocación a los dioses para obtener su auxilio en la empresa de construir la epopeya, un aviso acerca del asunto, y la *narración** en verso de la *historia** mezclada con *descripciones** de escenarios, personas y costumbres y con reproducciones de *discursos** oratorios. Las formas métrico/rítmicas utilizadas han sido muy variadas, a través de tantos siglos, lenguas y culturas.

equivalencia

Muchos teóricos han considerado que la *epopeya** es un antecedente de la *novela**. Tienen en común el hecho de que dan cuenta de una *historia**; pero son más numerosas e importantes las diferencias entre ambos géneros. (V. NOVELA*, HETEROGLOSIA* y CRONOTOPO*).

EQUIVALENCIA, principio de (y eje de selección y de combinación; eje paradigmático y sintagmático).

Según Roman JAKOBSON, la equivalencia de los sonidos, al proyectarse sobre la secuencia discursiva (de la que es principio constitutivo) "implica inevitablemente una equivalencia semántica". "Sobre cada plano del lenguaje —agrega— cada *constituyente** de tal secuencia sugiere una de las dos experiencias correlativas que HOPKINS describe hermosamente como "la comparación por amor de la semejanza y la comparación por amor de la desemejanza."

El mismo JAKOBSON sintetizó la noción de equivalencia al decir que la *funcion** poética proyecta el principio de equivalencia desde el "eje de selección" o *paradigmático* (de los *paradigmas**) al "eje de la combinación" o *sintagmático* (de los *sintagmas**), es decir, a su aparición, en una posición contigua, dentro de la *cadena** discursiva. El mejor ejemplo de la realización de este principio es el del *verso**, donde permite la superposición de distintos tipos de equivalencia (*ritmo**, *metro**, *rima**, *similicadencias**, etc.) de manera sistemática y no casual. (V. también PARALELISMO*).

El eje de selección o de los paradigmas contiene conjuntos de *signos** constituidos, a partir de su relación mental *"in absentia"*, por *analogia** u *oposición** morfológica o semántica. Son repertorios de unidades equivalentes y conmutables. El eje de la combinación o de los sintagmas ("espacio metonímico donde se dan las relaciones de contigüidad causal, espacial o espacio-temporal", dice BARTHES) contiene cadenas lineales de signos *"in praesentia"*, que se articulan atendiendo a normas de distribución, orden y dependencia. (V. también SINTAGMA* y PARADIGMA*.)

EQUIVOCIDAD. V. UNIVOCIDAD.

EQUÍVOCO. V. DILOGÍA.

EROTEMA. V. INTERROGACIÓN RETÓRICA.

ESCANSIÓN.

División de un *verso** —con fines analíticos y descriptivos— en sus unidades métrico-rítmicas, con el objeto de identificar dichas unidades y poner de relieve tanto sus variantes como la relación entre el *ritmo**, el *metro** y el *significado**. Al hacerlo se acostumbra separar las unidades, subrayar los *acentos** versales y señalar los versos con números y letras. Las unidades pueden ser *pies** métricos o sílabas que se consideran en relación con la posición de los acentos.

ESCENA (1).

Escenario de un suceso real.

ESCENA (2)

Escenario donde ocurren las *acciones** ficcionales en los *relatos**, ya sea en los narrados o en los representados. Es también una división de la acción dramática (como el *acto** o el *cuadro**).

ESCENA (3)

Según GENETTE, equivalencia convencionalmente aceptada que supuestamente existe entre la *temporalidad** de la *historia** y la del *discurso** en *los relatos** (narrados o representados) durante los *diálogos**. (V. también TEMPORALIDAD* y ANISOCRONÍA*.)

ESCOLIO.

Nota crítica, explicativa, o aclaración, interpretación, observación ilustrativa, o comentario de un *texto**. Puede ponerse a pie de página o enlistado al final de capítulo o de todo un libro.

ESCRITURA AUTOMÁTICA.

Bajo el influjo del psicoanálisis (BRETÓN estudia al casi desconocido FREUD desde 1916 y lo visita en 1921, antes del Primer Manifiesto —de 1924) la escritura automática surgió como uno de los procedimientos propuestos y usados por los autores surrealistas para lograr que se manifieste libremente, con autenticidad, el individuo tal como es en su pensamiento, sin coerción crítica alguna por parte de su propia conciencia. Este recurso reivindica el subconsciente y el sueño como entidades "de igual o mayor importancia que los estados de vigilia".

El artista, estacionado en un punto entre la vigilia y el sueño y sin contacto con el mundo exterior, permite que se exprese su inconsciente y toma nota de su experiencia a través de asociaciones inéditas conectadas con fantasías, símbolos y mitos, que ocultan *claves* (pues no son gratuitas) y que pretenden "desentrañar el sentido último de la realidad, de una realidad más amplia y superior hasta entonces desdeñada" revelando, además, los mecanismos de "el funcionamiento real del pensamiento", en "ausencia de toda vigilancia ejercida por la razón" y "al margen de toda preocupación estética y moral".

Tal escritura constituye una investigación del inconsciente (fase investigativa de 1922 a 1925), relativa a los principios y las técnicas que, conforme a esta teoría, pone en juego la creación artística. (V. GIMÉNEZ F.)

B. POTTIER señala antecedentes, en el siglo XVIII, del intento de liberación respecto "de las limitaciones de la razón y del pensamiento reflexivo" en Horacio WALPOLE (en su *novela** El castillo de Otranto) visto por sus críticos como precursor del romanticismo, o como "mente insana y desordenada", creadora de "sutilezas propias de epicúreos intelectuales", y también en Achim VON ARNIM, romántico prusiano de gran actividad literaria, periodística y política.

ESFERA DE ACCIÓN. V. ACTANTE.

ESPACIALIDAD.

Como la *temporalidad** y la *acción** de los *personajes**, la *espacialidad* es una instancia en que se desarrolla, como un proceso, el *discurso**, conforme a dos modalidades. Por una parte, en el discurso ocurre la representación de un espacio, el de la *diégesis**, aquél donde se realizan los acontecimientos relatados. Por otra parte, los elementos de la *lengua** construyen el discurso al ser dispuestos conforme a un ordenamiento espacial.

especificación

La espacialidad de la *historia** relatada es evocada e imaginada a partir del discurso que la sugiere, inducida por el *narrador** o por los personajes narradores, y relacionada con su *punto de vista**. Sin embargo, en la representación dramática, el escenógrafo es un intérprete del *autor**, que media entre la obra y el espectador imponiendo, en la realización del escenario de los hechos, su propio criterio al materializar los datos espaciales proporcionados por las *acotaciones** de la obra, manipulándolos, modificándolos, suprimiéndolos, etc., con un poder similar al del narrador en los *cuentos**, *novelas**, etc., y con el fin de lograr efectos estilísticos. El papel que este espacio juega en los *textos** varía enormemente: puede ser apenas aludido, o bien minuciosamente descrito en sus menores detalles.

La espacialidad del papel donde se distribuyen los elementos del discurso, se funda en el *orden* de tales elementos. Éste está constituido por la relación (no lógica ni temporal) dada entre las proposiciones según su ubicación en la cadena discursiva. Esta relación "crea un espacio" (DUCROT-TODOROV). Ejemplos extremos de este fenómeno son los del *metro** y el *ritmo** que regulan la distribución de cierto tipo de unidades (las métrico-rítmicas); los de algunas *figuras retóricas** como la *gradación**, el *anagrama**, el *hipérbaton**, el *oxímoron**, las regularidades periódicas, las variedades del *paralelismo**; y los ejemplos de discurso que transgreden las convenciones espaciales, como la poesía bizantina o la poesía cubista de este siglo. La alternancia del *diálogo** con la *narración**, el *monólogo**, la *descripción**, o bien la distribución de las divisiones de la obra (párrafos, capítulos, partes), son también manifestaciones espaciales, lo mismo que la superposición de fenómenos retóricos dados en diferentes *niveles** de la lengua (*metáforas** apoyadas en *simetrías** con *rima**, con ritmo, con *aliteraciones**, por ejemplo). Los estructuralistas suelen representar estas distintas manifestaciones de la espacialidad mediante diagramas que facilitan el *análisis** de los textos literarios, en cuya complejidad juega un papel muy importante la disposición geométrica en los distintos niveles, de las unidades correspondientes al *plano de la expresión** y al *plano del contenido**, considerando también su relación con otros *signos**, lingüísticos y no lingüísticos, en la realidad del mundo y en otros textos, pues "las distribuciones gráficas o fónicas —e igualmente la de los *significados**, podría agregarse— dentro de un orden espacial, adquieren un valor de símbolo", señala acertadamente TODOROV.

ESPECIFICACIÓN. V. FUNCIÓN EN GLOSEMÁTICA y ANÁLISIS.

ESTILO. V. DESAUTOMATIZACIÓN y DESVIACIÓN.

ESTEMA. V. ÁRBOL.

ESTEREOTIPO.

Expresión acartonada, manida por el uso, que en el *texto** artístico puede corresponder a un *estilema**. Abundan las *metáforas**, las *metonimias**, y las *sinécdoques** catacréticas (V. TROPO*). Pueden aludir (V. ALUSIÓN*) a una obra, a un *autor**, a un *género** del que sea característico. Puede ser una frase convencional, un dicho popular, un proverbio (V. AFORISMO*). Es, desde luego, el *grado cero** de toda *desviación**. Rechazar el estereotipo conduce a la *desautomatización**.

ESTÉTICA. V. FUNCIÓN LINGÜÍSTICA.

ESTÉTICO, objeto. V. OBJETO ESTÉTICO.

ESTILEMA.

Tecnicismo literario derivado de *estilo** por analogía con otros usados sobre todo en lingüística, como *fonema**, Un estilema sería, con respecto a un *código** estilístico, tanto como es un fonema con relación al código lingüístico.

Este concepto se ha utilizado, a veces, como equivalente a constante estilística; pero siempre en trabajos que se proponen caracterizar unidades que singularizan el estilo en un *autor** o en una corriente artística, sobre todo en la *literatura**. Cierto modo de asociar el candor infantil con el erotismo, la liturgia, lo pagano, la muerte y el tema rural sería, por ejemplo, un rasgo de estilo, un estilema, en la obra de LÓPEZ VELARDE:

> ... *rostro como una indulgencia plenaria*
> ...
> ... *tus dientes, cónclave de granizos...*
> ...
> La redondez de la creación atrueno
> cortejando a las hembras y a las cosas
> con el clamor *pagano y nazareno*.

El más próximo ascendiente de su estilo está en cierto modernismo.

ESTILIZACIÓN. V. PALABRA.

ESTILO. V. DESAUTOMATIZACIÓN.

ESTILO DIRECTO. V. DIÁLOGO.

ESTILO INDIRECTO. V. NARRACIÓN.

ESTILO INDIRECTO LIBRE. V. NARRACIÓN.

ESTRATEGIA NARRATIVA. V. NARRADOR.

ESTRIBILLO (o antepífora).

Figura* de *construcción** que consiste en la reiteración periódica de una expresión que suele abarcar uno o más *versos**. Puede ir colocada dentro de la *estrofa** o al final de ella, o como estrofa, entre otras. Es una variedad del *paralelismo** y se produce mediante el recurso general de la *repetición** a distancia. Ésta es un tipo de *epífora** al que MORIER llama *antepífora*:

> Voz madura
> *Déjame tu caña verde.*
> *Toma mi vara de granado.*
> ¿No ves que el cielo está rojo
> y amarillo el prado;
> que las naranjas saben a rosas
> y las rosás a cuerpo humano?
> *Déjame tu caña verde.*
> *Toma mi vara de granado.*
> José MORENO VILLA

Su efecto es de encarecimiento y actúa como un hito que subraya el *ritmo** del conjunto.

estrofa

Es una *metábola** de la clase de los *metataxas** y se produce por *adición** repetitiva.

ESTROFA. V. METRO e ISOSILABISMO.

ESTRUCTURA (y estructura superficial, estructura profunda).

Forma* en que se organizan las partes en el interior de un todo, conforme a una disposición que las interrelaciona y las hace mutuamente solidarias. En otras *palabras**, la estructura es el armazón o esqueleto constituido por la red de relaciones que establecen las partes entre sí y con el todo. Es decir, se trata de un *sistema** articulatorio o *relacional* de hechos observados que lo constituyen como *modelo** que representa una situación (KATZ). También pertenecen a él las reglas que gobiernan el orden de su construcción. Es decir: disposición coordinada de un conjunto de elementos —dos o más— en la cual subyace su relación tanto con el sistema de reglas que hace posible su unidad y su orden, como con sus modelos posibles.

La estructura está implicada en todo proyecto y en todo desarrollo científico. Resulta del *análisis** y preside el análisis (de principios, unidades, reglas de organización, modos de operación) en que se detectan (sobre la base de sus diferencias y semejanzas, es decir atendiendo a sus propiedades relativas a las de otras unidades) las unidades mismas y las relaciones elementales que entre ellas privan.

Para HJELMSLEV la estructura es una entidad autónoma, de relaciones internas constituidas en *jerarquías** susceptibles de descomponerse en partes vinculadas entre sí y con el todo.

La estructura es un modelo construido mediante operaciones simplificadoras; es pertinente (V. PERTINENCIA*); se basta a sí misma (pues la organización interna de sus elementos es suficiente para que exista); está constituida por una red de relaciones cuyos puntos de intersección constituyen sus términos; es inteligible sin el auxilio de elementos externos a ella; procura observar, desde una perspectiva dada, la organización de una serie de fenómenos diversos, y puede cumplir el papel de procedimiento descriptivo.

La estructura es un sistema dinámico estructurante; es una totalidad, pues sus elementos sólo son comprensibles si se consideran como sus partes y en su relación con el todo.

Hay estructuras construidas de modo natural, que son realidades existentes, y estructuras construidas artificialmente, que son artefactos teóricos, representaciones formales de objetos teóricos.

Hay también estructuras teóricas que corresponden rigurosamente al objeto estructurado, y otras muy amplias que, en el análisis, pueden corresponder o no a las unidades estructurales del objeto.

Los elementos estructurales —los hechos observados— solamente lo son dentro del modelo en que se construyen, y allí se definen por las posiciones en que se articulan y por sus diferencias.

Pertenecen a la estructura las unidades identificables como elementos; una tipología de sus relaciones, es decir, el sistema de reglas sintácticas conforme a las cuales las unidades se organizan y funcionan dentro de unidades mayores y más complejas, y los modelos que la reproducen, puesto que se trata de un sistema icónico. (V. ICONO*.)

La estructura lingüística elemental, en su aspecto morfológico, es un modelo de organización de la *significación**, y en su aspecto sintáctico es un modelo de producción de la significación. La estructura lingüística es diferente en cada *lengua** y se funda en dos tipos de relación que rigen su funcionamiento: las relaciones sintagmáticas, dadas en la *cadena** (relaciones tales como el orden y la concordancia) y las redacciones paradigmáticas (como las de *oposición**, por ejemplo).

A partir de la lingüística generativa de CHOMSKY, la serie básica de una frase y el *árbol** que representa su generación constituyen su *estructura profunda* (donde radica el componente semántico), y sus transformaciones producen su *estructura superficial* (donde radica el componente fonológico). Las reglas sintagmáticas (reglas *PS*) generan las transformaciones, mediante derivaciones sucesivas, a partir de una serie básica constituida por *morfemas**. El árbol descompone la serie básica en subseries y esquematiza la estructura de sus componentes inmediatos. Las reglas transformacionales convierten las series en *frases*. Si suponemos que las reglas sintagmáticas son idénticas para todas las lenguas y que éstas sólo son distintas por el léxico y las transformaciones, se llega a la conclusión de que "la estructura profunda de las lenguas manifiesta una facultad del lenguaje innata en el hombre". (V. DUCROT y TODOROV).

La interpretación de POTTIER dice que la *estructura superficial* es la apariencia inmediata, por ejemplo, de una *oración** escrita o pronunciada, es el "último elemento en el proceso en que se aplican todas las transformaciones a la oración, tales como supresiones, permutas, pronominalizaciones, etc.", excepto las de naturaleza morfofonológica; mientras la *estructura profunda* es el "punto de partida anterior a las transformaciones, es producida por las reglas sintagmáticas y contiene en sí los datos semánticos." (V. SINTAGMA* y PARADIGMA*).

Es de fundamental importancia la consideración del deslinde entre ambas estructuras durante los procesos de traducción.

ESTRUCTURA DISCURSIVA. V. GÉNERO.

ESTRUCTURA MODAL. V. MODALIDAD. ·

ESTRUCTURA PROFUNDA. V. ESTRUCTURA y NIVEL.

ESTRUCTURA SUPERFICIAL. V. ESTRUCTURA y NIVEL.

"ETHOS" (y "pathos").

"Ethos" es un estado afectivo (estado de ánimo) que se manifiesta como cierto grado de satisfacción *estética**. Es el deleite (*"delectatio"*) que produce la poesía. Es también la emoción que pretende suscitar el orador en el público, durante el *exordio**, para granjearse su benevolencia y aplauso. Se opone a *"pathos"*.

"Pathos" es un estado afectivo más intenso. Es la pasión o fuerza patética que sacude al espectador de la *tragedia**, al lector de la *epopeya**, o al público que escucha la *peroración** del orador; la conmoción que hace llorar u horrorizarse, que obliga al juez a emitir un fallo favorable.

ETOPEA. V. DESCRIPCIÓN.

ETOPEYA. V. DESCRIPCIÓN.

EUFEMISMO.

Estrategia discursiva que consiste en sustituir una expresión dura, vulgar o grosera por otra suave, elegante o decorosa, y que se realiza, según Lázaro CARRETER, por una serie de variados motivos como por cortesía (llamar *profesor* a un *músico*), por respeto (decir *su señora* en lugar de *su mujer*), por atenuar piadosamente un defecto (*invidente* en vez de *ciego*), por tabúes de diferente naturaleza —religioso, social, etc.— (decir *amigo* por *amante*), por razones políticas (llamar *marginados* a los *pobres*) o diplomáticas (llamar *en desarrollo* a los países *atrasados*).

El eufemismo se logra mediante el empleo de otras *figuras** además de la *sinonimia**, como la *perífrasis**, la *metáfora**, la *litote**,la *alusión**, etc. Ha sido visto por algunos retóricos como un recurso, por otros como *figura de pensamiento**, o bien como una "cualidad general del estilo: la decencia" (GÓMEZ HERMOSILLA).

Es un eufemismo la alusión de Dorotea (la pretendida princesa Micomicona) a la brutal acusación de Sancho de haberse andado "hocicando con alguno" (pues la vio besar a su esposo don Fernando). Don Quijote, luego de terrible enojo y regaño al compungido escudero, lo perdona al atribuir su visión a un encantamiento, gracias a las *palabras** de Dorotea:

> ... como en este castillo, según vos, señor caballero, decís, todas las cosas van y suceden por modo de encantamiento, podría ser, digo, que Sancho hubiese visto por esta diabólica vía *lo que él dice que vió, tan en ofensa de mi honestidad.*

Para LEWANDOWSKI, es el encubrimiento del *significado** mediante la *circunlocución** orientada hacia la cortesía, lo que lo atenúa por razones de orden psicológico, ideológico, social, religioso, emocional.

EVIDENCIA. V. DESCRIPCIÓN.

"EVIDENTIA". V. DESCRIPCIÓN.

"ÉURESIS". V. "INVENTIO".

EX-ABRUPTO. V. ABRUPCIÓN.

"EXADVERSIO". V. LITOTE.

EXCLAMACIÓN (o "ecfonesis", ecfonema).

Manifestación vivaz de la afectividad y la pasión mediante el empleo —casi siempre— de *palabras** o *frases** interjectivas cuya pronunciación se ve así reforzada. Muchos autores la consideran *figura retórica**.

Algunas *sentencias** comprobatorias ("¡Cómo se olvida pronto la ventura!") o exhortativas ("¡Que seas capaz de experimentar gratitud!") se expresan como exclamaciones, así como la *ironía** ("¡Sí, es como Dios, nadie puede verlo!"). También suele ser un vocativo apostrófico:

> ¡Oh, Santo Dios! ¿Es posible que tal haya en el mundo?
> CERVANTES

dice Sancho, en *El Quijote*, al reconocer al ladrón de su jumento y a éste:

—¡Ah, ladrón Ginesillo, deja mi prenda, suelta mi vida, no te empaches con mi descanso, deja mi asno, deja mi regalo, huye, puto, auséntate, ladrón, y desampara lo que no es tuyo!

La exclamación incidental (que incide, como un *paréntesis**, en un *discurso**), se llama *ecfonema* y el fenómeno, *ecfonesis*. Aparece más frecuentemente —como exigencia de la *estructura** del *verso**— en la poesía que en la *prosa**.

EXECRACIÓN. V: OPTACIÓN.

EXÉGESIS. V. HERMENÉUTICA.

"EXEMPLA". V. RETÓRICA.

"EXEMPLUM". V. RETÓRICA.

EXORDIO (o principio y proemio).

Prólogo, preámbulo o introducción de un *discurso**. *Palabras** preliminares que anteceden al comienzo de una obra para introducir el *tema** o hacer aclaraciones necesarias para su lectura.

En la antigüedad es un canto que precede a la epopeya (*proemio*) y, asimismo, es la primera parte del discurso oratorio que también se llama *principio*. Su objetivo consiste en influir en el *receptor**, es decir, en despertar su atención y seducirlo, en ganar su simpatía hacia el asunto del discurso; esta benevolencia de los jueces o del público depende del grado en que resulta posible defender la causa que se plantea.

Diferentes momentos de la estrategia discursiva para ganar la inclinación de los receptores son: despertar su atención venciendo el tedio que proviene de que parezca intrascendente el asunto, o el fastidio que surge del desinterés, o la falta de disposición psíquica del público, o su cansancio. Para ello se declara, expresándola con términos efectivos, la importancia del asunto, encareciendo su amplitud, su novedad, el asombro o la emoción que produce, su mayor valor respecto del discurso contrario, o bien prometiendo brevedad. Esto se logra mediante el empleo de *figuras** como la *hipérbole**, la *comparación**, la *prosopopeya**, el *apóstrofe**, los *exempla**, o mediante la *enumeración** de los puntos que se van a tratar en la *narración** para hacer comprender la complejidad del asunto, o mediante la apelación (a través del ponderado elogio propio —sin arrogancia, con modestia— y del público y los jueces, y del vituperio de la parte contraria) a la benevolencia del juez o del público.

El exordio contiene la *proposición* (que enuncia el tema) y la *división* (que enuncia el orden en que se dispondrán los incisos del tema).

También suele ser parte del exordio la *insinuación** por la que de manera velada se procura influir sobre el subconsciente del público para inclinarlo hacia la propia causa.

El exordio debe ser claro, sencillo y breve.

Entre las estrategias usuales para ganarse al público en el exordio están: fingirse el orador débil o inexperto; elogiar a los jueces; recomendar los fines que se propone alcanzar; explotar las coyunturas que ofrezcan el tema, las circunstancias o el carácter del adversario.

En la oratoria *forense** o *jurídica* el empleo del exordio es indispensable. Algunos *autores** lo han considerado prescindible en los *géneros** *deliberativo** y *demostrativo**. (V. también "DISPOSITIO".)

En cuanto al proemio, era el principio de la poesía arcaica y era musical. Tenía tambien la *función** de congraciar al poeta con el público y, según BARTHES, la de "exorcizar la arbitrariedad de todo inicio". "Su papel —dice este autor— es el de *amansar*, como si comenzar a hablar, encontrar el *lenguaje** fuese un riesgo de despertar lo desconocido, al escándalo, al monstruo", ya que "en cada uno de nosotros hay una solemnidad aterrante para romper el silencio (o el 'otro lenguaje'). quizá éste es el fondo en que se apoya el exordio retórico, la inauguración regulada del discurso".

EXOTEXTO. V. INTERTEXTO.

EXPLETIVO. V. PLEONASMO.

EXPLÍCITO. V. CONTRADICCIÓN.

EXPOLICIÓN. V. AMPLIFICACIÓN, ENUMERACIÓN y ACUMULACIÓN.

"EXPOLITIO". V. AMPLIFICACIÓN.

EXPONENTE. V. SINTAGMA.

EXPRESIÓN. V. SIGNIFICANTE.

EXPRESIÓN, plano de la. V. SIGNIFICANTE.

EXPRESIVA. V. FUNCIÓN LINGÜÍSTICA.

"EXSUSCITATIO". V. DIÁLOGO e INTERROGACIÓN RETÓRICA.

ESTENSIÓN (y comprensión).

Extensión se opone a *comprensión* al analizar el *sentido** de una *palabra**. Ambas se refieren a la *significación**. La extensión designa los objetos o seres a los que es posible aplicar el término: habitación es casa, residencia, alcoba, salón, departamento. La comprensión designa los semas de la palabra, su precisión. Hacha y azuela tienen una mayor comprensión que herramienta.

EXTENUACIÓN. V. LITOTE.

EXTRADIEGÉTICO. V. NARRADOR.

EXTRANJERISMO. V. PRÉSTAMO.

EXTRAÑAMIENTO (y revelación).

La noción de *extrañamiento* se ha utilizado mucho, sobre todo en la segunda mitad de este siglo, en la acepción que le dieron los formalistas rusos ("*ostranenie*"), principalmente SKLOVSKI que la explica en 1917 como una expresión análoga a la utilizada tradicionalmente (desde el siglo XVIII) de *impresión estética*. Es decir: como "*shock*" *psíquico* que proviene de la sorpresa que produce en el *receptor** la percepción del arte en cuanto tiene de inesperado, de diferente, si se compara con lo rutinario, con lo habitual. Para producir el extrañamiento, el poeta (ya sea épico, lírico, o dramático), *desautomatiza* los *lugares comunes* del lenguaje cotidiano, y también las *convenciones literarias ya usadas*, utilizando dos procedimientos: la *singularización* (que logra al hacer suyo el lenguaje, reacuñándolo de manera individual que le permite expresar sus asociaciones —únicas, personales, irrepetibles— de aspectos de la realidad que no suelen ser asociados y que no es fácil asociar), y la *oscuridad* o *forma obstruyente* (conseguida al llevar al extremo la singularización, como si construyera su obra artística sólo para sí, poniendo en juego de manera audaz la totalidad de sus experiencias y saberes). Ambas estrategias, pero sobre todo la segunda, prolongan el tiempo de la percepción y amplían así la duración del impacto que produce el arte.

A veces se ha llamado al extrañamiento *distanciación*. Se considera una categoría estética de la *recepción*. JOYCE, y muchos críticos después de él, llaman así a la *iluminación* o *revelación* determinada por la singularidad de una vivencia experimentada en una situación inhabitual (durante una visita, en un museo, en el transcurso de un viaje, en contacto con personas extranjeras, originales, distintas). También se utiliza como opuesta al efecto de *verosimilitud** o de *realidad* y como consistente en atraer la atención respecto de lo inquietante, lo raro, lo insólito, lo exótico.

Todas son maneras actuales de considerar la noción. Para GREIMAS (*Diccionario de semiótica*) donde está la diferencia está la *significación**. Para RICOEUR (*De l'interpretation*) y para JAUSS (*La literatura como provocación*), paradójicamente el *efecto de realidad* y el *efecto de extrañamiento* operan simultáneamente. El primero consiste en que el receptor reconozca y haga suyo el *mensaje** poético con el que se identifica, por el que experimenta admiración y simpatía, y con el que vive una intensa experiencia que se traduce en pensamientos, sensaciones y sentimientos que lo sacuden. Ambos concurren a satisfacer la necesidad de "sublimación estética". V. FIGURA RETÓRICA y METÁFORA.

EXTRAPOSICIÓN (o exotopía).

En la filosofía estética de Mijaíl BAJTÍN, se llama *extraposición* o *exotopía* (TODOROV (:k) lo traduce como *"exotopie"*) la ubicación valorativa del artista, fuera del objeto que representa, misma que excluye, así, de su horizonte, la identificación y la empatía con respecto a los protagonistas de su creación. [V. BAJTÍN:a) y c) nota de T. Bubnova:103].

La posición externa respecto del objeto de apreciación estética "se determinna trabajando sobre las categorías del *yo* y el *otro*" (de las que luego derivaría su teoría del *diálogo**). El concepto fue formulado por este autor, según T. BUBNOVA, "a partir del término *"transgredient"* (momentos extrapuestos con relación a la conciencia interna —*"ingredient"*— del personaje, pero que constribuyen a la conformación de la totalidad de éste).

Para tener una idea total de nosotros mismos requerimos de la mirada del *otro* como de un espejo que nos permita colocarnos mentalmente en la posición que haga posible completar la imagen parcial, ya que entre la posición del otro y la nuestra, "se forma un excedente de visión que ayuda a hacer de nuestro *yo* el objeto de una visión estética" (en él se apoyarían los elementos autobiográficos que van a dar a la obra literaria).

Para esta misma autora, éste es uno de los más importantes conceptos de la estética bajtiniana, que ya aparece —como *objetivación de la imagen artística*— en su obra desde 1929, y sigue siendo desarrollado luego como aquella posición "que da un valor igual tanto a la conciencia del autor como a la de su personaje, permitiendo así un diálogo de conciencias".

EXTRASISTÉMICO. V. CÓDIGO y TEXTO.

EXTRATEXTO (y extratextualidad, intratexto).

Contorno del *texto**, exterior a él, constituido por la historia, la *cultura** y los otros textos contemporáneos, ajenos o propios, del *autor**. Dicho contorno condiciona al texto y éste, en cambio, tiende a integrársele. "El texto es compacto, cerrado y organizado —dice GENETTE—, mientras el extratexto es difuso, aparentemente abierto, aparentemente amorfo."

Dentro del área de la extratextualidad de un texto se perciben zonas que corresponden a aquellas *series** y aquellos *códigos** con los que se relaciona el texto.

Así pues, la elección de una *poética**, el *género**, el *modelo** convencional de la época (que contiene las reliquias de la tradición que lo respalda, como ciertos "*topoi*", "ciertos esquemas lingüísticos"), las referencias culturales, las instancias biográficas, la *ideología** y los *valores** que revelan la pertenencia del autor a un estrato social, las *referencias** a las obras contemporáneas, etc., constituyen el extratexto de una obra dada.

La relación entre el texto y el extratexto se identifica a partir de la ubicación del autor, por una parte dentro de un grupo social e intelectual, por otra parte dentro del ámbito de la institución literaria que procura los esquemas generales que lo impulsan ya sea a seguirlos, ya sea a transgredirlos (GOLDMANN).

Los elementos del extratexto son históricamente recurrentes. Cada escritor, al elaborar su propio texto lo somete a un proceso de *transcodificación* que pertenece al mecanismo de la *semiosis** literaria pues, al retomarlos dentro de otro *contexto** histórico cultural, renueva su *sentido**.

Si se considera todo esto, se comprende que se haya descrito la obra de arte como un "sistema de elecciones realizadas sobre un conjunto de elementos extratextuales" (MARCHESE). (V. también CÓDIGO*.)

El *intratexto* es un *programa narrativo** dependiente de otro programa narrativo y supeditado a él, aunque el *narrador** puede hacer que encajen a la inversa (y modifiquen su "*status*").

EXTRATEXTUALIDAD. V. EXTRATEXTO.

EXUTENISMO. V. IRONÍA.

F

FÁBULA (parábola, apólogo, intriga).

Apólogo, es decir, breve *narración** en *prosa** o en *verso**, de un suceso de cuya ocurrencia se desprende una enseñanza para el lector, llamada moraleja. Se trata pues de un *género** didáctico mediante el cual suele hacerse crítica de las costumbres y de los vicios locales o nacionales, pero también de las características universales de la naturaleza humana en general (*parábola*).

En la fábula puede haber tendencia realista pero, también, en muchos ejemplos, se da rienda suelta a la fantasía, por lo que aparecen como protagonistas los animales y los objetos, alternando y dialogando con los seres humanos o entre sí (*apólogo*).

Como género literario, es de los más antiguos. Apareció primeramente en la India, luego en China y en Japón, después en Grecia y en Roma, y en la Edad Media en las *lenguas** romances.

En la teoría del *análisis** de *relatos**, fábula es un tecnicismo que denomina la serie de las acciones que integran la *historia** relatada, no en el orden artificial en que aparecen en la obra (que es la *intriga**), sino en el orden cronológico en que los hechos se encadenarían si en realidad se produjeran. (V. MOTIVO* y TEMPORALIDAD*.) Los formalistas rusos fueron los primeros en diferenciar fábula e intriga (o trama o *argumento**), considerando a la primera como material básico de la historia, y al argumento la historia tal y como era presentada por el relato, tal y como era contada. Al transformarse en argumento la materia prima de la fábula (SKLOVSKI), adquiere una *estructura** narrativa artística que produce un efecto estilístico.

FACTIVIDAD. V. MODALIDAD.

FACTITIVDAD. V. MODALIDAD.

"FACTUM". V. ACTO DE HABLA.

FAMILIA de palabras. V. PALABRA.

FÁTICA. V. FUNCIÓN LINGÜÍSTICA.

FEMA. V. FONEMA.

FEMEMA. V. FONEMA.

FENO-TEXTO. V. NIVEL.

ficción

FICCIÓN (y ficcionalidad).

Discurso* representativo o mimético que "evoca un universo de experiencia" (DUCROT/TODOROV) mediante el *lenguaje**, sin guardar con el objeto del *referente** una relación de verdad lógica, sino de *verosimilitud** o ilusión de verdad, lo que depende de la conformidad que guarda la *estructura** de la obra con las convenciones de *género** y de época, es decir, con ciertas reglas culturales de la representación que permiten al lector —según su experiencia del mundo— aceptar la obra como ficcional y verosímil, distinguiendo así lo ficcional de lo verdadero, de lo erróneo y de la mentira.

El siguiente desarrollo se apega en gran medida a MIGNOLO: la organización del discurso ficcional es diferente de la de otros discursos. Por ejemplo, en la ficción "el narrador es una entidad distinta a la del autor". El *yo* del *autor** es un *yo* social muy variado, es aquel que desempeña los papeles de ciudadano, contribuyente, empleado, padre de familia, sindicalista, jefe de manzana, etc., haciendo necesariamente uso de un *registro** lingüístico diferente en cada papel. El *yo* del *narrador** (que es uno de los *dos* "*roles*" textuales básicos: *emisor** y *receptor**) es un *yo* ficcional, el *yo* de un *locutor** imaginario que el lector puede ir construyendo (inclusive cuando desempeña varios papeles de distintos *personajes**) durante el proceso de lectura a partir de aquellos *enunciados** que a él (al narrador) se refieren. Esto no significa que no haya nada del autor en el narrador; el autor pone al servicio del narrador su *competencia** lingüística y su saber que proviene de su formación intelectual y de su experiencia vital, pero la correferencialidad (que se da entre el sujeto social y el sujeto textual de una carta) se cancela entre el sujeto social y el sujeto textual de la ficción.

Así pues, en el *discurso** ficcional hay un doble discurso simultáneo debido a que hay un acto de *enunciación** verdadero, dado dentro de una dimensión pragmática, que es un acto del autor; y hay también un acto *ilocutivo* simulado, del narrador, dado en una dimensión semántica en la que el discurso siempre aparece, por definición, como verdadero, aunque proviene de la fuente ficticia (el narrador) y no de la no ficticia (el autor). El *acto de lenguaje** del autor es "ficcionalmente verdadero", el del narrador, en cambio, es "verdaderamente ficcional". (En el caso de la narración no ficcional, el papel del narrador es social; el historiador escribe desempeñando su papel social de historiador.)

Muchos de los discursos ficcionales son, además, literarios. La *literariedad** o naturaleza literaria de un discurso depende de otras normas y propiedades, provenientes de la institución literaria (de lo instituido en un momento dado como *literatura**), lo que también es necesario que sea distinguido e identificado por el lector. Ahora bien: "la convención de ficcionalidad y las normas de la institución literaria se intersectan...en la obra de ficción literaria", dice el mismo autor y más tarde agrega: "el que produce un discurso (literario) ficcional, semiotiza su acto de lenguaje inscribiéndolo en la convención de ficcionalidad y en las normas de la institución literaria, quedando la *semiotización* inscrita dentro de la dimensión pragmática.

La ficcionalidad literaria se da en el *nivel** de la enunciación, en el narrador ficticio, es decir, en la *narración** vista como imitación de una situación narrativa imaginaria (el acto narrativo considerado un "acto ilocutivo simulado").

En el nivel de lo *enunciado** la ficcionalidad se da también, en el discurso ficticio, cuyo referente es asimismo ficticio, sobre todo en la narración en primera persona (que remite a un espacio ficticio: "aquí me pongo a cantar —dice MIGNOLO— remite a Martín Fierro y no a la enunciación de José HERNANDEZ). Por otra parte, aún se discute el carácter ficcional tanto en la narración en tercera persona como en el caso de la *lírica**.

En la narración en tercera persona, con la relación *yo—él* se marca el *agente** de lo enunciado, ya que el agente de la enunciación siempre es *yo*, por lo que no ofrece alternativas sino cuando es, dentro de la misma dimensión temporal, agente de la enunciación y agente de lo enunciado. Por ejemplo, en: "ayer lo dije", está implícito *"ahora digo que* ayer lo dije", de modo que la enunciación hace aparecer simultáneo lo que no lo es. Es simultáneo decir, como hace ELIZONDO: "Escribo. Escribo que escribo…".

El caso de la lírica resulta diferente pues allí el estatuto lógico de las *palabras** parece ser "literario pero no ficticio".

Por otra parte, el que produce un discurso ficcional crea un "espacio ficcional de enunciación". Este espacio se organiza sobre la base de: *a)* un sistema pronominal (los pronombres de primera y de segunda persona que son instancias de la enunciación, mientras que el de tercera persona es un indicador de lo enunciado). *b)* Sobre la base de los *deícticos** que configuran el mundo narrado —de los personajes—, pues nos hacen desplazarnos de la enunciación a lo enunciado —en pretérito y en tercera persona— mientras que se neutraliza la dimensión de la enunciación. *c)* El espacio ficcional de enunciación también se organiza a partir de los tiempos verbales. *d)* Igualmente a partir de la caracterización de una persona o una *voz** autentificadora, la del narrador (distinguiendo el discurso del narrador del de los diversos personajes, lo cual en ciertas condiciones puede ser muy importante pues, por ejemplo, Sherlock Holmes no existe para el lector ni para Conan DOYLE, pero sí existe para Watson que co—actúa y departe con él dentro de la narración). *e)* El espacio ficcional se organiza también sobre un *contexto** situacional en el que se enuncia; contexto que contiene: *1)* un "campo situacional": los objetivos y el *tema** relacionados con la situación de emisión y recepción del discurso; *2)* un *modo*: "medio físico" —ya sea oral o escrito— y "modo retórico" —narración, representación, etc.— (que incluye un "tipo de discurso" determinado: cuento, novela, soneto, lira, artículo periodístico, ensayo, sermón, conferencia, etc.); *3)* una *dirección* imprimida al discurso por el registro lingüístico (un profesor no usa el mismo registro en la cátedra, en el club deportivo, con su editor o con el policía de la esquina). *f)* En fin, el espacio ficcional se construye asimismo mediante el manejo del *"status"* lógico de las *oraciones** (aseverativas, supositivas, etc.) como señaló JAKOBSON, y *g)* Con el empleo de *modalizadores** entre los que MIGNOLO, apoyado en DOLEZEL (y probablemente también en GREIMAS) incluye ciertas categorías modales (tomadas de la lógica modal) que configuran cuatro dominios narrativos: *Alético* (en el que las acciones se sujetan a modalidades de posibilidad, actualidad, necesidad. Ejemplo: el *héroe** adquiere un objeto mágico que le permite pasar de una imposibilidad a una posibilidad). *Epistémico* (que corresponde a las modalidades de creer, saber, ignorar. Ejemplo: el reconocimiento del héroe). *Deóntico* (regulado por las modalidades permisiva, prohibitiva y obligatoria. Ejem-

ficcionalidad

plo —de DOLEZEL— la secuencia de PROPP: prohibición—violación—castigo). *Axiológico* (regido por las modalidades de lo bueno, lo malo y lo indiferente, como se observa en la falta cometida y y terminación de la misma, que conllevan pérdida y recuperación de un *valor**).

El manejo del *"status"* lógico de las oraciones (letra *f*) y el de los modalizadores (letra *g*) revelan al lector las modalidades del criterio del narrador. Además, todos los elementos enumerados anteriormente, permiten al lector reconocer la enunciación como ficticia y entrar en la ilusión y en el juego sin engañarse. Ahora bien, este juego se acepta cuando se apega a las mencionadas normas de la institución literaria y a las convenciones de ficcionalidad, porque ellas permiten ver el discurso como inscrito entre los discursos ficticios, entre los discursos literarios, y entre aquéllos que pertenecen a un género.

FICCIONALIDAD. V. FICCIÓN.

FIGURA de construcción V. FIGURA RETÓRICA.

FIGURA de dicción. V. FIGURA RETÓRICA.

FIGURA de pensamiento. V. FIGURA RETÓRICA.

FIGURA (en glosemática).

Es aquella parte del *signo** que en sí misma no es signo, esto es, la "unidad que separadamente constituye el *plano de la expresión** o el *plano del contenido"**, dice GREIMAS. Los signos están compuestos de no signos o figuras. Lo que distingue al concepto de signo de HJELMSLEV del de SAUSSURE es que el primero es analizable en figuras.

En glosemática cada plano del *texto** se analiza separadamente y cada plano se divide, mediante la *conmutación**, en segmentos cada vez más pequeños hasta llegar a unidades que ya no son signos sino figuras (por ejemplo los *fonemas** y los *sememas**, que son combinaciones de otras unidades mínimas —*femas** y *semas**— de las categorías figurativas). En el signo una diferencia de *expresión** guarda correspondencia con la misma diferencia de *contenido**; mientras que "en la figura la diferencia de expresión puede provocar diferentes cambios entre las entidades del contenido", explica al respecto MARTINET.

Para HJELMSLEV, cada *lengua** es un sistema de figuras susceptibles de ser utilizadas para construir signos. La característica esencial de cualquier lengua es precisamente el hecho de que, con muy pocas figuras, pueden construirse un gran número de signos. En el caso de las *semióticas** (o sistemas de significación) no lingüísticas, donde resulta forzado hablar de fonemas y sememas, el concepto de figura (ya sea de la expresión o del contenido) es de gran utilidad.

FIGURA (en semántica discursiva).

Unidad del *contenido** que, al calificar los *papeles** actanciales cumplidos por los *personajes**, les procura un revestimiento semántico, los caracteriza. Así, mediante figuras adjudicadas por el analista a partir de su comportamiento, podemos decir que el tipo de papel que representa un personaje se identifica como *decidido, valiente, intrépido,* etc. La sucesión de calificaciones que revisten y definen narrativamente a cada *programa narrativo**, también consta de figuras, por ejemplo: luchar, negociar una tregua, lanzar un reto, simular la huida, etc.

FIGURA RETÓRICA (y figura de dicción, *barbarismo**, figura de construcción, solecismo, *"schemata"*, figura de pensamiento, *extrañamiento**, *desautomatización** y singularización).

La *retórica** tradicional llamó *figura** a la expresión ya sea desviada de la *norma**, es decir, apartada del uso gramatical común, ya sea desviada de otras figuras o de otros *discursos**, cuyo propósito es lograr un efecto estilístico, lo mismo cuando consiste en la modificación o redistribución de *palabras** que cuando se trata de un nuevo giro de pensamiento que no altera las palabras ni la *estructura** de las *frases**. Las figuras son un fenómeno de la *"dispositio"** (V. también RETÓRICA*) que "conforma el material bruto de la *"inventio"** y afecta a la *"elocutio"**", nombre que, por *metonimia**, denomina también la parte de la retórica que se ocupa de las figuras. LAUSSBERG).

Desde la antigüedad. se elaboró una tipología de las figuras en atención, por una parte, a su efecto sobre ciertas propiedades de la *lengua** tales como la pureza del léxico (*"puritas"*) o la claridad permisiva de comprensión (*"perspicuitas"*), y, por otra parte, agrupándolas según el modo de operación (o *categoría modificativa*) que preside su funcionamiento: *adición**, *supresión**, *sustitución** y *permutación**.

La tradición ha considerado el grupo de las *figuras de dicción* y, dentro de él, el de las que afectan a la morfología de la palabra aislada (*"in verbis singulis"*) y el de las que operan sobre palabras reunidas en frases (*"in verbis coniunctis"*).

Los fenómenos morfológicos de palabras aisladas que constituyen ejemplos de las etapas evolutivas de la lengua, o bien las modalidades vulgares e involuntarias de su empleo, no eran consideradas figuras sino usos viciosos de la lengua o *barbarismos** (*"barbarolexis"*). Pero esos mismos fenómenos, practicados deliberada y sistemáticamente por los escritores para singularizar sus obras, para apelar al *oyente** o lector con energía, para llamar la atención sobre ciertos pensamientos o, en fin, para producir como resultado la individualización del estilo y, por su medio, la persuasión, se consideraban *metaplasmos** o *licencias poéticas*, es decir, formas toleradas en virtud de sus efectos, y a pesar de que "hacen peligrar" la estricta pureza gramatical. Dice LAUSBERG: "la desviación no justificada por una licencia... es un *'vitium'*".

Las figuras de dicción de palabras aisladas se reunieron antiguamente en subgrupos, según su modo de operación que puede ser: *a*) por *adición* (*"adiectio"*), por ejemplo la *protesis**; *b*) por *supresión* (*"detractio"*) como el *apócope**; *c*) por *sustitución* (*"immutatio"*) como el *juego de palabras**; o *d*) por *permutación* o transposición de letras (*"transmutatio"*) como la *metátesis**. Estas alteraciones, en todos los casos, afectan a *fonemas** o a sílabas en el interior de las palabras, y pueden presentarse al principio, en medio o al final de las mismas.

La retórica clásica ya consideraba por separado las alteraciones producidas en palabras reunidas en frases (*"in verbis coniunctis"*), o sea, las que afectan a la sintaxis. También en este caso se distinguieron las que se practican como vicios, por ignorancia o descuido, en el uso vulgar de la lengua —las cuales fueron llamadas *solecismos* (*"soloecismus"*)— de aquellas otras toleradas como licencias poéticas (*"schemata"*) en atención a sus apetecidos efectos. Éstas se denominaron más tarde *figu-*

figura retórica

ras de construcción, o bien, recientemente, *metataxas**. También estas figuras se basan en la idea de que existen dos *lenguajes**, uno que se ciñe rigurosamente al uso gramatical y cuyo sentido es *propio* o *literal*, y otro, el *figurado*, que se aparta del primero y corresponde a una *gramática* distinta, que no está ya únicamente preocupada por el efecto suasorio del discurso. Las estrategias de construcción de éste, conforme a los lineamientos de esta segunda gramática, son objeto de sistematización por parte de la retórica y procuran la singularización del estilo con el objeto de provocar una impresión que se traduzca también en un efecto de convencimiento, persuadiendo ya sea al convencer, o bien, al conmover.

Así como los metaplasmos afectan al *nivel** fónico-fonológico de la lengua, los metataxas afectan a su nivel morfosintáctico. En éstos también consideraron los antiguos, desde QUINTILIANO, las categorías modificativas o modos de operación de cada figura. Por ejemplo, se clasificó el *pleonasmo** entre las figuras por *adición*; se vio el *hipérbaton** como una figura por *permutación* y la *elipsis** como producida por *supresión*.

En las figuras de carácter morfosintáctico se tomaban en cuenta otras diferencias: *a)* la de los fenómenos que se daban *en contacto*, es decir, en contigüidad, y la de los que se producían *a distancia*; *b)* la posición, en la frase, de las expresiones implicadas: al *principio*, en *medio* o al *final*. En general, los criterios clasificatorios tradicionales han sido: el apartamiento respecto de la simplicidad; la naturaleza morfológica, sintáctica y semántica de su mecanismo operatorio; su grado de necesidad, ya sea que responda la figura a una carencia de la lengua o a un deseo de ornato y placer; su efecto de *sentido**.

La antigua retórica, después de sistematizar en la parte llamada *invención** (*"inventio"*) los procedimientos para que el orador halle, mediante técnicas adecuadas, los pensamientos más convenientes para construir con ellos su discurso durante el proceso de creación, dispuso su apropiado ordenamiento en la parte denominada *disposición* (*"dispositio"**) y elaboró, en la *elocución** (*"elocutio"*) un repertorio de las figuras ya mencionadas, al que agregó, además, el inventario de las *figuras de significación*, es decir, de los *tropos** *de palabra* (generalmente de dos de ellas) y los *tropos de pensamiento*, que abarcan una o varias oraciones; es decir, una especie de catálogo de los *significantes** de *connotación**. Luego consideró la estructuración sintagmática de todos los elementos en la *composición* (*"compositio"**), es decir, la disposición de los elementos constitutivos de la *oración**, dentro de ésta.

Aparte, pues, de las figuras de una o de varias palabras, que afectan a la *pureza* o corrección de la lengua, los antiguos advirtieron una peculiaridad característica que pone en peligro la *claridad* (cuya meta es la *comprensibilidad intelectual* o *"perspicuitas"*). Esta característica se funda en una relación "no *unívoca**" entre significante y *significado** y se realiza: *a)* como *relación equivoca**, en la *homonimia**, cuando a un *significante** corresponden dos *significados* (*avenida*: calle ancha; crecida de un río); la relación equívoca produce como efecto de sentido la *ambigüedad**, lo mismo si se funda en la homonimia que si lo hace en la igualdad fonética relajada de los elementos, o en la equívoca disposición sintáctica de las partes de la oración; *b)* como *relación multívoca*, en la *sinonimia**, cuando dos significantes distintos coinciden en el mismo significado (*manta, cobertor*); *c)* como *relación diversívoca* cuando no hay coincidencia ni entre los significantes ni entre los significados.

En otro grupo, entre las figuras de la *elocución** que corresponden a una pretensión de *ornato* se inventariaron las producidas por sustitución (*"immutatio"*), de las cuales las más importantes son la *sinonimia** y los *tropos**. Éstos, considerados ya no como virtudes del ornato sino como vicios contra la claridad (*"perspecuitas"*) cuando son audaces, constituyen la *impropiedad* o están al borde de ella, o son tolerados solamente a los poetas considerados clásicos.

Sin embargo, la antigua retórica no considera que los tropos hacen peligrar ni la pureza del léxico ni la corrección sintáctica, sino que constituyen unos *giros* en los que el cuerpo léxico está desviado de su contenido original y dirigido hacia otro distinto con el objeto de provocar lo que los antiguos llamaron *alienación*, los teóricos desde mediados del siglo XVIII *impresión estética*, y los formalistas y estructuralistas de este siglo *extrañamiento* (la *"ostranenie**" de los formalistas rusos), producida por la *desautomatización* de los lugares comunes. Ello se logra a través de la *singularización* o mediante la *oscuridad* o *forma obstruyente* o *forma oscura*, impuesta por el *emisor** al *discurso** para obstaculizar y prolongar la percepción, haciendo de ella un fin en sí mismo, y atrayendo la atención del receptor hacia el *mensaje**. Es decir, con el objeto de provocar la sorpresa, el "shock *psíquico* que origina la inesperado al presentarse como variedad entre las vivencias habituales (o como *diferencia* entre lo igual o uniforme, diría GREIMAS, —recordemos: "en la diferencia está la *significación**"—). Producir tal extrañamiento era la función del *"ornatus"* o, en otras palabras, era con ese propósito con el que se procuraban el ornato y la gracia, engendradores de deleite.

Mientras las figuras de dicción se veían como pertenecientes a la *elocución*, las figuras de pensamiento se consideraron originadas en la *invención* porque afectan a los pensamientos hallados por el autor para construir su discurso, aunque también se hacían pertenecer, a la vez, a la *elocución*, en virtud de que es inseparable la elaboración conceptual de su formulación lingüística.

Así pues, el acervo de las figuras se inició (para nosotros, porque no quedan documentos anteriores) en el siglo I a. C., y desde entonces ha sufrido vicisitudes y variantes, debidas tanto a su tránsito de idioma en idioma, como a las contribuciones de los creadores individuales y a la labor reclasificatoria de los retóricos que ha producido un "vértigo de clasificaciones y definiciones" (M. CHARLES). Se clasifican según el modo como afectan a la *forma** o al *contenido** de las expresiones y según su modo de operación. En distintas épocas, a veces se han opuesto las figuras a los tropos; a veces éstos se han considerado como un tipo de figuras.

No hay una exacta correspondencia entre la antigua clasificación de las figuras y la actual, ya que ésta es resultado de una aplicación más sistemática y estricta de criterios, unos tradicionales y otros modernos.

Para TODOROV, recientemente, las figuras serían *desviaciones** o fenómenos lingüísticos que no alteran verdaderamente la *gramática** aunque constituyan infracciones al uso habitual, mientras que las marcas de *literariedad** deliberadas, que se derivan de una voluntad de individualización del estilo, son *anomalías* agramaticales que se toleran únicamente en atención a su efecto estilístico, y que afectan a la relación entre sonido y *sentido** (como la *aliteración** o el *calembur**, por ejemplo); o bien que alteran las reglas sintácticas (como el *zeugma**), o las reglas semánticas

figura retórica

(como la *dilogía**), o la relación habitual entre la expresión y la realidad a que se refiere (como la *ironía**).

Según el criterio moderno, que sintetiza toda esta tradición, las *figuras de dicción* (como la *aféresis** o la *aliteración**) afectan a la forma, a la pronunciación de las palabras. Por ello se agrupan como *metaplasmos** y corresponden al *nivel** fónico/fonológico de la *lengua**. Las *figuras de construcción* (como la *elipsis** o el *"pleonasmo"**) operan sobre la sintaxis, se agrupan como *metataxas** y corresponden al nivel morfosintáctico de la lengua. Las *figuras de palabras* o *tropos* (como la *metáfora* o la *metonimia**) producen el cambio de sentido o *sentido figurado* que se opone al *sentido literal* o *sentido recto*; son detectables en el *texto** mismo, se agrupan como *metasememas**, y corresponden al nivel léxico/semántico de la lengua. Por último las *figuras de pensamiento* (como la *antítesis** o la *ironía**) rebasan el marco lingüístico, textual; presentan la idea bajo un cariz distinto del que parece deducirse del solo párrafo, y se interpretan con auxilio de *contextos** más amplios, ya sea explícitos (en segmentos discursivos extensos o en páginas anteriores quizá) o *implícitos** por sabidos o inferibles. Se agrupan como *metalogismos* y afectan a la relación lógica que existe entre el *lenguaje** y su *referente**. Entre ellos, unos son tropos porque, como los metasememas, poseen sentido figurado, por ejemplo *ironía**, *paradoja**, *litote*; pero la mayoría de las figuras de pensamiento sólo afectan a la lógica del *discurso**; tal ocurre con *interrogación retórica**, *dubitación**, *corrección**, *conciliación**, *permisión**, *reticencia**, *antítesis**, *énfasis**, etc. (V. también ISOTOPÍA y CAMPO ISOTÓPICO**).

Esta clasificación toma en cuenta simultáneamente dos criterios: *a)* el modo como se produce la figura (supresión, adición. sustitución —que es supresión/adición— y permutación), y *b)* la naturaleza de las unidades lingüísticas en las cuales se realiza la figura según el nivel al que pertenezcan (fónico/fonológico, morfosintáctico, léxico/semántico y lógico). Ésta ha sido principalmente la contribución de los retóricos belgas en su *Rhétorique générale*, de 1970. Ellos han adoptado las denominaciones adjudicadas por LITTRÉ en el siglo pasado a los grupos de figuras que se constituyen atendiendo a los niveles de lengua a que corresponden, y que son los ya mencionados.

El criterio general y tradicional, que considera la figura como una desviación respecto de un uso común o regular, ofrece puntos débiles, pues hay figuras que no se oponen al uso habitual ni constituyen la transgresión a ninguna regla; como por ejemplo el *asíndeton** o el *polisíndeton**. Por otra parte, no basta apartarse de la *norma** para que se produzca una figura; y a ello hay que agregar la dificultad, a veces muy grande, para fijar la norma, problema, éste, que han tratado de sortear tratadistas como Jean COHEN comparando las expresiones desviadas no sólo con la norma lingüística, sino también con la de otro discurso, con otras figuras. En este caso es conveniente mantener un criterio sincrónico pues es un hecho que en cada época unas expresiones se perciben como figuradas y otras no. Además, es discutible dar por hecho el apartamiento respecto de una norma lingüística en ciertos casos, como por ejemplo el de la *metáfora**, cuyas características parecen estar enraizadas en los fundamentos mismos de la producción del lenguaje.

En cuanto toca a los *tropos**, a través del tiempo ha sufrido cambios la visión acerca de su naturaleza. ARISTÓTELES describe la metáfora como resultado del traslado de un nombre que designa habitualmente una cosa, a la designación de otra.

La tradición posterior a él ha puesto de relieve en ella una relación entre dos términos que tendrían el mismo sentido; concepción, ésta, fundada en un criterio paradigmático y sustitutivo. En el siglo XVIII (con DUMARSAIS) hubo una evolución hacia un punto de vista sintagmático que consideraba la metáfora como producto de la unión de los términos, o sea como resultado de una combinación. En el siglo XX, con los trabajos de RICHARDS y de EMPSON se ha reemplazado el criterio de la sustitución por el de la *interacción* semántica de las expresiones que se combinan.

FIGURA SÉMICA. V. SEMA.

FIGURAS DIALÉCTICAS. V. DIALÉCTICA.

"FINITIO". V. DEFINICIÓN.

FLEXIÓN.

Procedimiento gramatical que nos ofrece tanto el conjunto como cada una de las *formas* de la *declinación* (los *casos*) de los nombres y de la *conjugación* de los *verbos*; éstas formas se producen a través de la modificación de la radical o las desinencias, expresan modo, tiempo, aspecto, género, número, persona. Tales formas intervienen también en la determinación de las posiciones y las relaciones sintácticas en la cadena lineal del *discurso**.

FOCALIZACIÓN. V. NARRADOR.

FOCO. V. NARRADOR.

FONEMA (y alófono, fema, taxema, femema, merisma, cenema).

El *fonema** es el elemento más simple de la *lengua**, es un segmento fónico, la mínima unidad fonológica, la representación abstracta de uno de los sonidos diferenciales de una lengua.

El fonema es la mínima unidad lingüística distintiva de la segunda *articulación**. Está constituido por un haz de rasgos acústicos distintivos o pertinentes (*femema* o conjunto de *femas*) que corresponden a una imagen fónica y no a un sonido concreto; en otras palabras: el femema que corresponde a un fonema, es la suma de varios rasgos distintivos fónicos, es decir, "del plano de la expresión" —por oposición a los rasgos distintivos del plano del contenido o *semas**— o sea, *femas* (o *taxemas* si se consideran formalmente, en HJELMSLEV) dados por el punto de articulación (*bilabial**, por ejemplo), por el modo de articulación (*oclusivo**, por ejemplo), o por la vibración de las cuerdas vocales (*sonora** por ejemplo).

Lo que el fonema, pues, representa, es el conjunto de las características fónicas ideales o abstractas de uno de los sonidos reales diferenciables; es el sonido intencional, el que tenemos la intención de pronunciar cuando lo articulamos. Al hacerlo, en cada realización se registra una variación (*alófono*) que no afecta a su identidad. Hay tantas variantes o alófonos de un fonema, como realizaciones.

El fonema carece de *significado** en sí mismo pero, articulado junto con otros fonemas, integra *formas** significativas llamadas *morfemas**.

Aunque el fonema no es portador de *significación**, sí es capaz de determinar diferencias de significado: *c*asa, *p*asa, pas*o*, *p*iso, pi*c*o, pic*a*, *r*ica.

fonemática

Cuando dos sonidos corresponden al mismo fonema se llaman *alófonos*.

HJELMSLEV describe a los fonemas como "invariantes de grado máximo del *plano de la expresión*". Los fonemas son el objeto de estudio de la *fonología*, mientras los sonidos lo son de la *fonética**. La fonología es una ciencia de este siglo. Tanto los investigadores de la "Escuela de Londres" representada por Daniel JONES, como los del "Círculo lingüístico de Praga" cuya figura principal en este campo fue N. S. TRUBETZKOY, a partir de una masa de sonidos aislados se propusieron identificar clases de sonidos o fonemas. Estas invariantes, en contraste con las variantes, cumplen una función distintiva —dice HJELMSLEV— ya que el cambio de un fonema por otro suele entrañar una diferencia en el *contenido**, como puede verse en los anteriores ejemplos.

Para SAUSSURE, el fonema es una unidad distinta de las otras del mismo orden, pero no introduce el concepto de *rasgos fónicos* en su descripción. A la escuela de Praga —y este es su principal mérito según HJELMSLEV— se debe la observación incluida ya en la definición de fonema, de que éste posee rasgos distintivos o *femas*. La escuela de Londres también adopta este criterio, pero combinado con el de la *posición* que ocupa el fonema en la sílaba.

El *femema* abarca todos los femas (o *merismas*, en BENVENISTE), es decir, es el conjunto de los rasgos fónicos distintivos o pertinentes representados por el fonema (tales como labialidad, oclusividad, sonoridad, nasalidad, etc.). En otras palabras: los rasgos fónicos pertinentes se ven como *sustancia* en el femema y como *expresión* en el fonema.

En *glosemática* (la escuela lingüística danesa, desarrollada por Louis HJELMSLEV) "los términos *cenema* o *glosema* de la expresión, parecen referirse a la misma realidad abarcada por *fonema* y por *rasgo distintivo*", dice MARTINET.

El fonema constituye el fundamento de la organización de los elementos del *sistema lingüístico** porque las combinaciones posibles de un pequeño número de fonemas permiten la construcción de otras unidades (significativas) así como establecer diferencias de forma y de significado entre ellas (paso, sopa, sapo).

El repertorio de los fonemas del español de México solamente cuenta con 22 unidades.

FONEMÁTICA. V. FONOLGÍA.

FONÉMICA. V. FONOLOGÍA.

FONÉTICA (y sonido oclusivo fricativo, africado, sonoro, sordo, bilabial, dental, labiodental, interdental, apical, sibilante, palatal, dorsal, velar, nasal).

Tradicionalmente, la *fonética* ha sido considerada una disciplina que se ocupa del conjunto de las características físicas y fisiológicas de los sonidos del *lenguaje**; pero desde la aparición, en el seno del "Círculo lingüístico de Praga", de una nueva disciplina denominada *fonología** (que estudia la naturaleza y el desempeño de las funciones lingüísticas que cumplen los rasgos distintivos y pertinentes de los sonidos), el campo que abarca la fonética ha variado. Algunos autores piensan que la fonología es un capítulo de la fonética, otros las consideran como independientes y correlacionadas. SAUSSURE vio en la fonética una disciplina *diacrónica* o histórica o evolutiva (aunque para MARTINET hay también una estática o *sincróni-*

216

ca), y en la fonología, una disciplina que conduce sus investigaciones conforme a un criterio atemporal.

Hay una fonética *auditiva*, que estudia las reacciones producidas en el oído por los sonidos. La fonética *acústica*, en cambio, se ocupa de la *estructura** física de los sonidos, y la *articulatoria* describe cómo son los órganos de la fonación y cómo producen los sonidos. Algunos ejemplos, en español, son: el sonido *oclusivo* (en cuya articulación una explosión sucede a una cerrazón del canal por donde pasa el aire: /p/); el *fricativo* (producido por el relajamiento de dicha cerrazón de modo que hay un roce del aire entre dos órganos que se aproximan, como en la /f/ de *fama*, en cuya articulación intervienen los dientes superiores y el labio inferior); el *africado* (que comienza como oclusivo y termina como fricativo, como en la /ch/ de *noche*). Un sonido *sonoro* /b/ se acompaña con vibración de las cuerdas vocales, al revés de uno *sordo*: /p/. En la articulación de un sólido *bilabial* participan ambos labios: /b/; en la de un sonido *labiodental* intervienen labios y dientes: /f/; en la del sonido *apical*, la punta de la lengua: /t/. El sonido *dental* se articula en los dientes superiores: /t/; el *interdental*, entre ambas hileras de dientes /d/; en el *sibilante*, el aire transita por un estrecho canal que se forma al deprimirse la lengua longitudinalmente: /s/; en el *palatal*, se acerca el dorso de la lengua, por su parte anterior, al paladar: /l/; en el *dorsal*, en cambio, la parte central del dorso de la lengua toca el paladar: /n/; en el *velar*, el aire roza el velo del paladar: /g/; en el *nasal*, el aire se expele a través de las fosas nasales: /m/.

FONOLOGÍA (y fonemática, cenemática, pleremática, prosodia, fonémica).

Rama de la lingüística que se ocupa de las funciones lingüísticas que los sonidos desempeñan, es decir, del modo como el *lenguaje** utiliza y categoriza los materiales del sonido.

Por oposición a la *fonética** que estudia los sonidos desde el punto de vista puramente físico, la fonología se ocupa de examinar y jerarquizar los hechos fónicos de una *lengua** particular.

MARTINET registra la aparición de esta disciplina en 1846. Desde 1870, Baudouin de COURTENAY advirtió la necesidad de distinguir dos clases de fonética para estudiar separadamente los sonidos concretos, ya sea como fenómenos físicos, ya sea como *señales** fónicas comunicativas. Esta última se llamaría luego fonología. En 1871, LITTRÉ la describe como "conjunto de sonidos de una lengua". Para los neogramáticos implicaba un enfoque histórico, distinto del enfoque descriptivo de la fonética; luego SAUSSURE invirtió el empleo de ambos términos, pues mientras para él la fonética es una ciencia histórica, la fonología en cambio, por su vinculación con el mecanismo articulatorio que no sufre cambios, no se relaciona con la evolución temporal.

La fonología funcionalista iniciada por TRUBETZKOY y desarrollada por él mismo y por JAKOBSON y MARTINET, ha encaminado sus esfuerzos a aislar los rasgos acústicos que poseen un *valor** distintivo o pertinente y que, por ello, toman parte en la *comunicación**. El conjunto de los rasgos acústicos distintivos o pertinentes es la unidad fonológica llamada *fonema**. (V. PERTINENCIA*.)

Desde el Primer Congreso Internacional de Lingüistas de La Haya (1928), TRUBETZKOY, JAKOBSON y KARCEVSKY señalaron como objeto de la fonología la descripción del sistema fonológico de una lengua dada, es decir, de "las diferencias significativas entre las imágenes acústicomotrices". En 1930 el "Círculo de Praga"—fundado en 1926— publicó un volumen dedicado a la fonología. En esa misma década JAKOBSON publicó un trabajo sobre la evolución fonológica de la lengua rusa, y TRUBETZKOY se empeñó en establecer un mapa fonológico de Europa; pero su muerte (1938) y la guerra mundial (1939) interrumpieron estos desarrollos. Un poco antes (1935) la escuela danesa —Círculo lingüístico de Copenhague— había presentado en Londres —Segundo Congreso Internacional de Ciencias Fonéticas— investigaciones de HJELMSLEV y ULDALL orientadas en otro sentido y en las que proponen una disciplina llamada *fonemática* —y más tarde *cenemática*— que trata "de los fonemas exclusivamente como elementos de lengua" (ya que para ellos no existe necesariamente una conexión) dentro de la cual los *fonemas* —después llamados *cenemas*— se definen por tres componentes: a) la forma en que se materializan o *expresión*, b) el lugar que ocupan dentro del *sistema**, o sea su *forma* (lo que SAUSSURE llama *valor**), y c) el papel que cumplen en la economía gramatical de la lengua, es decir, su *contenido**. El cenema, para HJELMSLEV, no relaciona necesariamente, como el fonema, el plano de la expresión con el sonido, sino que solamente constituye una de sus manifestaciones posibles. La cenemática, así, estudia *lo vacío* de substancia, mientras la *pleremática* (con sus *constituyentes**, los *pleremas**) se ocupa de *lo lleno* (la *forma del contenido**) y ambos pertenecen a una ciencia más extensa: la *glosemática*, "basada —dice MARTINET— en una formalización muy avanzada de la lengua".

Paralelamente, desde 1925 había surgido una escuela norteamericana también independiente aunque próxima a la praguense, que comenzó con SAPIR (con sus "*Sound patterns*") y continuó —desde 1926— con la doctrina descriptivista de BLOOMFIELD. Esta fonología ha recibido el nombre de *fonémica* (nombre ya usado por los formalistas, en quienes significa estudio de los sonidos *subespecie* de su función lingüística, es decir, de su capacidad diferenciadora de *significado**), y se ha desarrollado bajo la influencia del behaviorismo o conductismo antimentalista, por lo que ofrece varias diferencias que desembocan en que, durante el *análisis**, se impliquen únicamente los hechos del *sintagma** y no los del *paradigma**. La utilización de la fonémica como un método descriptivo en el aprendizaje de las lenguas amerindias, ha probado su eficacia práctica. Esto ha sido posible debido a que la fonémica ha sido concebida como una "teoría del plano de la expresión de la lengua, de acuerdo con el examen de los sistemas de expresión de las lenguas específicas"; examen basado en los *mensajes** efectivamente realizados en la *cadena**.

Aunque la fonología, como ya queda dicho, se ocupa del examen y la jerarquización de los hechos fónicos de una lengua particular, hay hechos fónicos que no son fonemas y que son ajenos a la doble *articulación** (como la *entonación**, que se comporta como *signo**, y los *tonos** y el *acento**), ya que los fonemas son unidades que corresponden a la segunda articulación, son unidades estrictamente distintivas.

Son disciplinas fonológicas la *fonemática* y la *prosodia**. La fonemática trata del análisis, de la clasificación y de la combinatoria de los fonemas al formar los *significantes** de la lengua. La prosodia examina los ya mencionados hechos fónicos que quedan fuera de la segunda articulación: el tono, el acento y la entonación.

FORENSE, discurso. V. RETÓRICA.

FORMA. V. ANÁLISIS.

FOR ·IA ARQUITECTÓNICA. V. OBJETO ESTÉTICO.

FORMA del contenido. V. SIGNIFICANTE.

FORMA de la expresión. V. SIGNIFICANTE.

FORMA HÍBRIDA. V. PALABRA.

FORMA OBSTRUYENTE. V. DESAUTOMATIZACIÓN.

FORMACIÓN DISCURSIVA. V. GÉNERO, DISCURSO LINGÜÍSTICO y VEROSIMILITUD.

FORMANTE INTERTEXTUAL. V. INTERTEXTO.

FÓRMULA APOFÓNICA. V. REDUPLICACIÓN.

FRASE (y sentido literal).

En la *gramática** tradicional española, *frase* ha sido sinónimo de lo que en la corriente estructuralista se ha llamado *sintagma**: construcción, *cadena** de *palabras** combinadas conforme a reglas sintácticas, cuyo conjunto es susceptible de descomponerse en otras unidades (*lexemas**, *morfemas**, *fonemas**), que cumple una *función gramatical** pues es (funcionalmente) equivalente a una categoría: sustantivo, adjetivo, etc., y que no consta de sujeto y predicado.

Recientemente, por influencia de malas traducciones del francés, se ha venido utilizando como sinónimo de *oración** gramatical. Pero, además, también es posible hallar otras acepciones específicas de este término, dentro de los límites de *textos** específicos. Por ejemplo: DUCROT, en el primer capítulo de *Les mots du discours* ("*Analyse de textes et linguistique de l'énonciation*"), deja establecido que "la *significación** de una frase no es algo comunicable, algo que pueda decirse", pues "uno llega más o menos a hacerse comprender con *enunciados**", pero "no hay modo de tratar de hacerse comprender con frases". Este autor entiende por frase en este ensayo una "entidad lingüística abstracta, puramente teórica; en la ocurrencia, un conjunto de palabras combinadas según las reglas de la *sintaxis**, conjunto tomado de la situación de *discurso**". Es decir, que "lo que produce un *locutor** y lo que escucha un *oyente** no es una frase sino un enunciado particular de una frase". El lingüista atribuye a cada frase una significación "a partir de la cual se pueda prever el *sentido** que será atribuible a su enunciado en una situación dada de empleo" sobre "la hipótesis de que la palabra, concebida como unidad lingüística abstracta, no colabora al *sentido** del enunciado sino de una manera indirecta, pues primero se combina con otras palabras para constituir la *significación** de la frase, y ésta es la que, vista la situación del discurso (es decir, las condiciones particulares de empleo), produce el sentido del enunciado".

De este modo, la significación de la frase no es el *sentido literal* (una especie de componente común; el "elemento semántico mínimo contenido en el sentido de todos los enunciados de una misma frase"), al que se agregaría algún rasgo proveniente de las condiciones de empleo, pues "el sentido no es la significación más otra cosa", ni la frase es un constituyente del sentido del enunciado. La frase contiene *instrucciones* dadas a quien deba interpretar el enunciado de la frase misma, instrucciones que indican que en la situación debe ser buscado cierto tipo de información, y que ésta debe ser utilizada de cierta manera para reconstruir el sentido previsto por el *locutor** (V. ENUNCIADO*.)

FRECUENCIA. V. SINGULATIVO y TEMPORALIDAD.

FRECUENTACIÓN. V. ACUMULACIÓN.

FRECUENTATIVO. V. ASPECTO VERBAL.

FRICATIVO, sonido. V. FONÉTICA.

FUNCIÓN AUTENTIFICADORA.

Noción propuesta por L. DOLÉZEL para resolver los problemas de identificación de lo falso y lo verdadero, lo existente y lo no existente en los *discursos** ficcionales. (V. FICCIÓN).

Para este *autor**, el *narrador** tiene a su cargo esta función autentificadora de lo ficcional, y la cumple mediante el manejo de los *deícticos** que le permite distinguir lo *actual* relacionado con un *yo* y un *aquí* del autor y sus *destinatarios**, respecto de lo *actual* relacionado con un *yo* y un *aquí* del narrador y sus destinatarios. Así, el narrador sólo autentifica la existencia de entidades y acciones que no son creadas por él mismo sino por el autor.

FUNCIÓN GRAMATICAL.

En general, *función* es un tipo especial de relación. Papel representado por un elemento, dada su relación con otros elementos, dentro de un todo. En *gramática**, tradicionalmente las funciones son los papeles susceptibles de ser cumplidos por unidades lingüísticas dentro de la *oración**, como por ejemplo las funciones propias del sustantivo como núcleo del sujeto, del complemento directo o del indirecto, del agente en la voz pasiva, etc. Para BENVENISTE, por ejemplo, función es el papel sintáctico que las unidades morfológicas (sustantivo, verbo, etc.) o sintagmáticas (*sintagma** nominal, verbal, etc.) cumplen dentro de la oración, es decir, el papel de predicado, de sujeto, de objeto, etc.

FUNCIÓN EN GLOSEMÁTICA (y dependencia, componente, parte, miembro, cadena, funtivo, entidad, magnitud, constante, invariante, variable, interdependencia, presuposición, solidaridad, complementariedad, determinación, selección, especificación, constelación, combinación, autonomía, cohesión, reciprocidad, correlación, correlato, relación, conexión, relato, jerarquía; sintagmática y paradigmática).

En lingüística, para HJELMSLEV, continuador de SAUSSURE y creador de la escuela *glosemática* danesa y del "Círculo lingüístico de Copenhague", el concepto de función está inscrito dentro de un riguroso *sistema** aplicable a la descripción lingüística exacta, con el objeto de que en ella lleguen a fundarse el planteo y la definición lingüística de los problemas de las otras ciencias, de modo que cada una ofrezca su contribución a una ciencia general de la *semiótica**.

Según HJELMSLEV, función es la *dependencia* entre dos *objetos*, registrada por la descripción científica, que satisface las condiciones del análisis, y que se da entre los *componentes* de un proceso (*sus partes*), o entre los componentes de un sistema (sus *miembros*). (V. ANÁLISIS*.) Visto así, un *objeto* es sólo un punto en que se entrecruzan las interdependencias y, en general, todas las relaciones.

Es decir: función es la dependencia dada entre una clase llamada *cadena* y sus partes —en el decurso (o proceso, o *texto**)—, o bien entre una clase llamada *paradigma** y sus *miembros* —en el *sistema** (o *lengua**). También es función la dependencia dada entre los componentes (ya sean partes o miembros) entre sí. Por ejemplo: hay función entre una *frase** y los grupos fónicos que la forman; entre el paradigma de los casos y el caso acusativo; y también hay función entre los grupos fónicos entre sí (Alarcos LLORACH). *Componente, parte* y *miembro* son los resultantes del análisis simple, que no incluye a los *derivados*.

Los derivados de una clase son sus componentes y sus componentes de componentes, dentro de una misma *deducción**. Los componentes son objetos que se registran en un solo *análisis** como uniformemente dependientes de la clase y dependientes entre sí. En el análisis, "la clase incluye a los derivados; los derivados entran en su clase", dice HJELMSLEV; la clase es el objeto que se somete a análisis. La jerarquía es una clase de clases. Es decir: un grupo de sílabas se analiza en sílabas, y éstas, en partes de sílabas. Las partes de sílabas son derivados de segundo grado del grupo de sílabas, y derivados del primer grado (o *componentes*) de las sílabas. Un componente es, pues, un derivado de primer grado.

Las terminales de una función se llaman funtivos. Un funtivo es un objeto semiótico que tiene función con otros objetos. Contrae esa función. En virtud de que puede haber función entre las funciones, las funciones pueden ser funtivos. El funtivo que no es función se denomina *entidad* (o bien *magnitud*, según ALARCOS LLORACH). Por ejemplo, los períodos respecto de las *oraciones**, las *palabras**, las sílabas.

Hay diferentes tipos de función:

Se llama *constante* o *variante* un funtivo cuya presencia es condición necesaria para la presencia del funtivo con el que tiene función. En términos lógicos, la constante es el término presupuesto de la relación de *presuposición*. Por ejemplo: el género masculino y el género femenino son constantes, no existe el primero sin el segundo ni a la inversa.

En cambio entendemos por *variable* un funtivo cuya presencia no es condición necesaria para la presencia del funtivo con el que tiene función. Por ejemplo, las expresiones:

poids (peso)
poix (pez) y
pois (chícharo o guisante)

son variables de la misma invariante, pues en francés se escuchan idénticas.

La *interdependencia* es la función entre dos constantes, es decir, es una relación recíproca o de (en lógica) *presuposición** porque en ella cada término presupone al otro. Los funtivos de una interdependencia son interdependientes: *solidarios* en el *decurso** y *complementarios* en el sistema; luego, la interdependencia se llama *solidaridad* si se da entre los términos de un proceso (por ejemplo entre la categoría de los *morfemas** de número en los verbos del español, o bien entre la función de *signo** y sus funtivos: *expresión** y *contenido**; porque en todos estos ejemplos la apari-

221

ción de uno implica la aparición del otro). La interdependencia se llama, en cambio, *complementariedad* (V. CONTRADICCIÓN*) si se da entre los términos de un sistema, cuando dos o más miembros de un paradigma se presuponen pues no existe el uno sin el otro o los otros. (Por ejemplo: en el paradigma de los géneros, en español, no aparece el femenino si no existe el masculino.)

La *determinación* es la función dada entre una constante y una variable; o sea, es la dependencia unilateral en que los términos no forman parte de una relación de presuposición mutua dentro de un sistema o un proceso, pero, sin embargo, sí son compatibles, pues un término presupone a otro aunque no viceversa. La determinación dada entre términos de un decurso o proceso se llama *selección*. Por ejemplo: en latín —dice HJELMSLEV— el caso acusativo es una constante y la preposición *apud* es una variable. La preposición *apud* aparece siempre acompañada de un acusativo, es decir, *apud* exige siempre construirse con acusativo; en cambio el acusativo no exige la presencia de *apud* pues puede ir solo o puede construirse con otras preposiciones. Muchos casos de *rección* son de selección.

La constante de una determinación es el funtivo *determinado*; la variable de una determinación es el funtivo *determinante*; en el decurso se llama *seleccionado*, y la variable se llama *seleccionante*. La determinación dada entre términos de un sistema se llama, en cambio, *especificación*. La constante de una determinación, en el sistema, se llama funtivo *especificado*, y la variable se llama funtivo *especificante*. Ejemplo: en el paradigma de número, el dual exige la existencia del singular y del plural; pero ni el singular ni el plural requieren que haya dual para existir.

La *constelación* es la función entre dos variables. Constituye una relación más libre que las anteriores (interdependencia y determinación), dada entre términos de los que ninguno presupone al otro, aunque sí son compatibles. Es la relación entre funtivos que no se presuponen pero que en un *contexto** dado se revelan como compatibles. Los funtivos de una constelación son *constelativos*: *combinables* en el proceso y *autónomos* en el sistema. Es decir, la constelación dada dentro de un proceso se llama *combinación*, por ejemplo: la preposición *in* y el acusativo son variables que en latín se combinan, pues tienen coexistencia posible aunque no necesaria. Lo mismo ocurre con la preposición *a* y el acusativo en español. En otros palabras: hay combinación entre los elementos aislados de distintos paradigmas. La constelación dada dentro de un sistema se denomina *autonomía*. Por ejemplo: en el paradigma de las categorías morfémicas, cada una es autónoma respecto a las otras: la categoría de género no presupone a la de número o a la de caso, ni viceversa.

La ausencia de presuposición (dice GREIMAS) entre dos términos, les devuelve su autonomía; la relación que contraen entre sí es entonces: la de combinación, sobre el eje sintagmático, o la de oposición sobre el eje paradigmático.

Hay casos en que un conjunto de términos puede considerarse, ya sea como proceso, ya sea como sistema; la diferencia es de punto de vista, por ejemplo: en el análisis textual es el proceso y no el sistema el que ofrece interés; en el análisis de la *lengua** ocurre lo contrario.

Se llaman *cohesiones* la interdependencia y la determinación; es decir, aquellas funciones entre cuyos funtivos (*cohesivos*) aparecen una o más constantes.

Llamamos *reciprocidades* a la interdependencia y a la constelación, que son funciones con funtivos (*recíprocos*) de una sola clase.

Es importante distinguir entre la función "tanto—como" (*conjunción*) y la función "o... o... " (*disyunción*), porque entraña distinción entre proceso y sistema. En el proceso (texto) existe una relación "tanto como", es decir, una conjunción o copresencia entre los funtivos intervinientes; en cambio en el sistema existe una relación (llamada correlación) "o... o... ", es decir, una disyunción o alternancia entre los funtivos.

Todos los funtivos de la lengua entran tanto en el proceso como en el sistema, pues contraen tanto conjunción o coexistencia en el proceso como disyunción o alternancia en el sistema. Su definición depende del punto de vista que se adopte al examinarlos en cada caso: según se vean, a partir del proceso, o a partir del sistema. Por ejemplo: el fonema entra en el paradigma: la, lo, le, donde se intercambia, alterna con otros; y también entra en el proceso al formar la palabra *la*.

Se llama *correlación* la función "o... o...", es decir, la equivalencia entre los miembros de un paradigma, y sus funtivos se llaman *correlatos*.

Se llama *relación* o *conexión* la función "tanto... como" dada entre los términos de un proceso, y sus funtivos se llaman *relatos*. La palabra relación tiene aquí, por ello, un sentido más restringido que en lógica.

Una jerarquía es una clase con sus derivados, "una red de relaciones jerárquicamente organizadas", dice GREIMAS; es decir: en la jerarquía el *lenguaje** se presenta organizado verticalmente de modo que las unidades más pequeñas (como los *fonemas**) se integran en otras más amplias (como los morfemas, los *sintagmas**) sin que exista, en esta acepción del término, una idea de *valor** mayor o menor. En atención a sus funciones y funtivos, el sistema se define como una *jerarquía* (clase de clases) correlacional. El proceso, en cambio, se define como una jerarquía relacional. Hay pues dos clases de jerarquías: procesos y sistemas.

El proceso semiótico se denomina *sintagmática*; el sistema semiótico recibe el nombre (tomado, como el anterior, de SAUSSURE) de *paradigmática*. La existencia de los sistemas o jerarquías de correlatos llamados paradigmáticas, hace posible el desarrollo de los procesos lingüísticos, o sea, de las sintagmáticas.

Si se ven como problemas de lenguaje, el proceso semiótico es el *texto*, y el sistema es la *lengua*. (La *función semiótica* es la unidad del signo constituido por la solidaridad de la forma del *contenido** con la forma de la *expresión**.)

El proceso y el sistema que le corresponde contraen una función que puede concebirse como relación o como correlación según el punto de vista que se adopte. Esta función es una determinación, porque se da entre una constante —o funtivo de presencia necesaria— y una variable —o funtivo de presencia no necesaria—; y, en esta determinación, el sistema es la constante y el proceso es la variable. El proceso determina al sistema. La existencia del sistema es premisa necesaria para que exista el proceso. Éste es regido y determinado, en su posible desarrollo, por el sistema. HJELMSELV resume así todo lo anteriormente expuesto:

función lingüística

		En el proceso:	*En el sistema*:
	Función	Relación (conexión)	Correlación (equivalencia)
Cohesión Reciprocidad	Determinación	Selección	Especificación
	Interdependencia	Solidaridad	Complementariedad
	Constelación	Combinación	Autonomía

FUNCIÓN LINGÜÍSTICA en teoría de la comunicación* (emotiva o expresiva, conativa o apelativa, representativa, comunicativa, cognoscitiva, referencial o pragmática, poética, fática, metalingüística, estética, lúdica).

En lingüística, según Karl BÜHLER, son tres las funciones (la *expresiva*, la *apelativa/conativa* y la *representativa* o *referencial*) porque pertenecen a un *modelo** semiológico triangular de la comunicación dada entre *emisor** y *receptor**, respecto de un *objeto* (*referente**). Estas funciones resultan de la relación entre el que habla (en la función *expresiva* que exterioriza la afectividad del emisor), el que escucha (en la función apelativa, equivalente a una llamada de atención para el receptor), o bien lo hablado (en la función representativa, que transmite contenidos cognoscitivos), que implica la *representación* y remite al *referente** o al *contexto** (ya sea este verbal o extralingüístico —pero verbalizable).

Del "Círculo de Praga", MUKAROVSKY habló de una función *estética* (1936), y JAKOBSON, muy posteriormente (1958), basándose en las investigaciones de los autores mencionados y de otros (como MALINOVSKY que propuso (1923) la función fática, de contacto) ha presentado así los factores involucrados en la comunicación verbal, cada uno de los cuales genera una función lingüística:

	Contexto	
Hablante	Mensaje	Oyente
	Contacto	
	Código	

En relación con ellos, el mismo JAKOBSON esquematiza así las funciones de la *lengua**:

	Referencial	
Emotiva	Poética	Conativa
	Fática	
	Metalingüística	

Para luego describir así sus relaciones: "el hablante o *emisor** o *destinador* envía un *mensaje** al oyente o *receptor**.o *destinatario*. Para que sea operativo, el mensaje requiere un *contexto** o *referente* al cual referirse, susceptible de ser verbalizado y susceptible de ser captado por el oyente; requiere también un *contacto*, es decir, un *canal** de transmisión y una conexión psicológica entre el hablante y el oyente, que permite a ambos entrar y permanecer en comunicación"; y, por último, requiere un *código** que sea común (al menos parcialmente) al hablante que codifica y al oyente que descodifica el mensaje.

La función *emotiva* o *expresiva* está estrechamente relacionada con el hablante o *destinador** o emisor, cuyos contenidos emotivos transmite al producir *signos** indicadores de primera persona, que lo representan a él. Es ejemplo *puro* de función emotiva el uso de las interjecciones.

La función *conativa* o *apelativa* se orienta hacia la segunda persona, hacia el oyente o receptor o *destinatario** al cual exhorta. Constituye un toque de atención para el que escucha, una llamada para que comprenda el mensaje y así poder actuar sobre él, influir en su comportamiento. La "más pura expresión gramatical" de esta función, se halla en el empleo del vocativo y del imperativo.

La función *referencial* (o *pragmática*, o *práctica* o *representativa* o *comunicativa* o *cognoscitiva*) es la que cumple el *lenguaje** al referirse a la realidad extralingüística, que suele ser el principal objeto de la comunicación lingüística. Está orientada hacia el referente o contexto mediado por el proceso de conocimiento que conceptualiza y asigna *sentido**. La función referencial deja en el *discurso** alguna marca de que el papel que cumple el lenguaje es el de procesar informaciones acerca de la realidad extralingüística. Por ello en este caso el mensaje tiende a la precisión, a la *univocidad**, y su producción se apega estrictamente a patrones gramaticales.

La función fáctica de la lengua se da cuando el emisor establece, interrumpe, restablece o prolonga la comunicación con el receptor. Se orienta en el sentido de otro factor: el contacto. Son ejemplos las expresiones mediante las cuales comprueba dicho contacto en conversaciones telefónicas: *Bueno, Hola, Sí, Diga, ¿Estás ahí? ¿Me escuchas?*, etc. MALINOVSKI considera que corresponden a esta función los conjuros y las fórmulas orientadas a establecer o mantener contacto con algún poder o alguna fuerza divina, mágica, etc.: ¡Ojalá!, Dios mediante, etc.

La función metalingüística se realiza cuando empleamos el lenguaje para decir algo acerca del lenguaje; cuando el emisor y el receptor verifican si están usando el mismo código o *sistema** de signos y si éste funciona bien; el término *metalenguaje** ha sido introducido por la "Escuela de Viena" y por la "Escuela Polaca" —dice GREMAS citando a TARSKI— "para distinguir netamente la lengua de la que hablamos de la lengua que hablamos".

El mensaje se orienta entonces hacia el factor código. Son expresiones metalingüísticas las que parafrasean, glosan, describen o definen términos y contienen información acerca del código léxico, y también se manifiesta esta función cuando, por ejemplo, interpretamos el *sistema** que subyace en la organización de un *enunciado**.

La función poética es "la tendencia hacia el mensaje como tal", pues en ella el signo artístico se refiere a sí mismo; dice JAKOBSON "no es la única (función) que posee el arte verbal, pero sí es la más sobresaliente y determinante, mientras que en el resto de las actividades verbales actúa como constitutivo subsidiario y accesorio", agrega. Por ello la función poética sobrepasa los límites de la poesía, y por ello el *análisis** lingüístico de la poesía no puede limitarse al estudio de su función poética.

función lingüística

JAKOBSON se cuenta entre los más importantes investigadores que se propusieron fundar una disciplina, la poética, cuyo objeto sería analizar los rasgos que caracterizan al lenguaje poético para identificar la esencia de lo literario al responder a la pregunta: "¿Qué hace que un mensaje verbal sea una obra de arte?", ya que los rasgos poéticos forman parte de una *semiótica** general y, en el lenguaje verbal, forman parte de todo tipo de *discursos**.

Para contestar su pregunta acerca de la naturaleza de los rasgos inherentes a la poesía, es decir, acerca de la *literariedad**, que es el objeto de estudio de la poética, JAKOBSON afirma que es necesario recurrir a "los modelos básicos que se utilizan en una conducta verbal: la *selección** y la *combinación**", y agrega: "la selección tiene lugar a base de una *equivalencia**, similitud, desigualdad, *sinonimia** y *antonimia**, mientras que la combinación, el entramado de la secuencia, se basa en la proximidad", de donde desprende su famosa fórmula: "La función poética de la lengua proyecta el principio de selección sobre el eje de la combinación. La equivalencia se convierte en recurso constitutivo de la secuencia" En otras palabras: se elige en el *paradigma**, a partir de asociaciones por semejanza u oposición; se construye en el *sintagma**, a partir de la asociación por contigüidad.

La función poética consiste en utilizar la *estructura** de la lengua transgrediendo de manera intencional y sistemática la *norma** estándar que le atañe, y también la norma del lenguaje literario instituido. Así en el lenguaje poético, la reaparición de un elemento recurrente, como la *figura** fónica del *ritmo** en el *verso**, presenta *paralelismo** con otras repeticiones como las de *fonemas** —en *aliteraciones**, *rimas**, etc.—, o las de miembros de construcción gramatical similar, o de similitud o disimilitud semántica. Tales paralelismos están, pues, constituidos por equivalencias dadas en diferentes *niveles** pero simultáneas, es decir, dadas en el mismo *segmento**, por lo que permiten que los niveles interactúen revelando sus correspondencias (por analogía u oposición), que se suman a la *significación** del lenguaje poético y revelan en su interior una acumulación de elementos estructurales, una construcción compleja, un discurso sobreelaborado.

El mérito de esta teoría literaria centrada en la descripción del *texto** consiste en que procura evitar la producción de un juicio subjetivo acerca del mismo. Esta teoría se desarrolló por etapas, que JAKOBSON señala, en trabajos de los formalistas que abarcaron estudios sobre aspectos fónicos, sobre problemas de *sentido**, y sobre la integración de sonido y sentido en un todo indivisible de carácter literario, poético. En esta última etapa JAKOBSON señala como primordial el concepto de *dominante**. La *dominante* es el elemento que especifica la obra, es el elemento central de la obra de arte, ya que gobierna, determina y transforma los otros elementos, garantizando así la cohesión de la estructura, tal como ocurre, por ejemplo, en el verso, donde la dominante es su forma de verso, o sea, su esquema prosódico. En otras palabras: la dominante es aquel valor maestro que (dentro del marco histórico de las convenciones artísticas que rigen en un momento dado una tendencia, dentro de una corriente) gobierna la construcción de una obra. (V. también DOMINANTE*.)

Pero como la *literatura** no es una forma especial de lenguaje, distinta de las demás, todo esto no basta para identificar un discurso poético, pues el discurso político, humorístico o comercial puede presentar las mismas características. Para que pueda 'ser caracterizado como poético, la construcción del discurso debe estar presidida por una intención del emisor, y el discurso debe de ser asumido como literatura por los receptores contemporáneos del autor y/o por los que vivan en épocas subsecuentes.

Así pues, el estudio del lenguaje poético que comenzó basándose en el texto mismo, se orientó posteriormente, en un desarrollo más ambicioso, hacia una teoría literaria centrada en el contexto, a partir de la concepción de que el estudio de la literatura adquiere un carácter científico si se incluye dentro de las ciencias sociales. La consideración de la *intención* del emisor, determinada por la actitud de éste hacia su propio discurso y hacia el posible *receptor**, está fundada en la teoría pragmática/lingüística (AUSTIN) de los *actos de habla**, desde la perspectiva de las relaciones entre la lengua y sus usuarios. Su aplicación a la literatura (SEARLE, PRATT, etc.) ha dado una base sólida a la búsqueda de la especificidad de lo literario visto como fenómeno social, y también ha dado fundamento a un desarrollo de la teoría de la literatura a partir de la consideración de ambos elementos: el texto y el contexto (SCHMIDT, VAN DIJK, LOTMAN, etc.).

En cuanto a la función estética de JAN MUKAROVSKI, al principio aludida, aunque constituye un concepto semejante al de "función poética" en JAKOBSON, se desarrolla de una manera peculiar que ofrece interés.

Para MUKAROVSKY la función estética es la cuarta de las funciones, luego de las que provienen del esquema de BÜLHER (representativa, expresiva y apelativa), y se refiere al modo de comunicar, es decir, al *cómo* y al *qué* de la construcción lingüística. En relación con ellas, el signo constituye la representación de la realidad por él denominada, y se manifiesta como expresión del sujeto hablante, dirigida a interpelar al receptor. La función estética está en contradicción con las demás; "pone de relieve, de manera central, la estructura misma del signo lingüístico", hecho que es consecuencia de la autonomía propia de los fenómenos artísticos; elimina la conexión inmediata entre el uso de la lengua y la práctica (y todas las demás funciones, en contraste con ésta, son prácticas), porque "en la poesía la relación entre la *denominación** y la realidad pasa a un segundo plano", desplazamiento que se produce "por la influencia de la tendencia estética que hace que el signo se halle en el centro de la atención". En la poesía, las otras funciones se subordinan a la estética —potencialmente presente en toda manifestación lingüística— aunque el límite que las separa no siempre esté claro.

La solución del problema de lo estético, dentro y fuera del arte, depende, para MUKAROVSKY, del lugar de la función estética entre las demás funciones, y de su situación en la estructura general de las funciones.

La función estética puede ser observada desde dos perspectivas: desde el punto de vista del sujeto y desde el punto de vista del objeto. Desde el punto de vista del sujeto, la función estética es la forma de autorrealización de éste, respecto al mundo exterior. Desde el punto de vista del objeto, la función estética es el papel que cumple el arte entre los individuos, en la sociedad; función que abarca, de todos modos, un campo mayor que el del arte, debido a que otros objetos y otras acciones (aunque no todos) además de los artísticos, pueden llegar a ser (no necesariamente) portadores de la función estética; mientras que los objetos y las acciones de carácter artístico, pueden llegar a perder su función. Pero los límites de la función estética no sólo están determinados por las acciones y los objetos, sino también por los receptores que la paladean, pues unos son más capaces que otros para advertir una función estética en tales objetos y acciones. Puede decirse que la función estética es más fuerte en unos que en otros, además de que sufre desplazamientos en el tiempo, pues abarca diferentes acciones y objetos, en áreas mayores o más restringidas.

Lo estético, dice MUKAROVSKY, no es una característica real de las cosas, ni está relacionado unívocamente con ninguna característica de las cosas. La función estética tampoco esta plenamente bajo el dominio del individuo, aunque, desde el punto de vista puramente subjetivo, cualquier cosa puede adquirir (o al contrario, carecer de) una función estética, sin tener en cuenta el modo de su creación. La estabilización de la función estética es asunto de la colectividad. La función estética es un componente de la relación entre la colectividad humana y el mundo. Por ello, una función determinada de la función estética en el mundo de las cosas, está relacionada con un conjunto social determinado. La manera como este conjunto social concibe la función estética, predetermina la creación objetiva de objetos que procuran un efecto estético, y predetermina la actitud estética subjetiva respecto a las mismas.

La función estética se ve limitada por las barreras de la estratificación social que restringe la posibilidad de acceso a la educación y a las obras estéticas; y también puede actuar como factor de diferenciación social, al ser asumida como tal —como función estética— en un medio social y no en otro. Por otra parte, como factor de la convivencia social, la función estética tiene la propiedad da aislar y distinguir un objeto respecto de los otros, llamando, así, la atención sobre él.

La función estética se une a la forma de una cosa o de un *acto** y, por el hecho de provocar placer, facilita los actos a los que se agrega como secundaria.

Como puede verse en todos estos conceptos, esta noción alcanza tempranamente en la obra de MUKAROVSKY una modernidad notable, ya que aún es actual por la agudeza de sus atisbos.

Para ECO, la función estética se da cuando el mensaje se estructura de manera ambigua y se presenta como autorreflexivo al atraer la atención del destinatario antes que nada hacia su propia forma; es decir, la describe en los mismos términos que JAKOBSON dedica a la función poética.

Para BAJTÍN, filósofo de la lengua que trabaja tanto con categorías filosóficas como con lingüísticas, "la poética, definida sistemáticamente, debe ser la esfera de la creación artística verbal", definición, ésta, que "subraya su dependencia de la estética general". Es decir, la poética es una estética especializada que no puede independizarse de la estética general. (b:15 y ss.)

FUNCIÓN EN NARRATOLOGÍA (distribucional, integrativa, nudo, catálisis*, indicio o índice, información).

En la teoría desarrollada a partir de PROPP, de *análisis** de relatos, las funciones son los elementos más importantes para el desarrollo de la *acción**. Según BARTHES, función es una unidad del *relato**, que se da en el *texto** de la *narración** o de la representación dramática. Para PROPP, es aquella unidad sintagmágica que se mantiene constante en todos los cuentos maravillosos y cuya sucesión constituye el *cuento**. Según PROPP existen, en este tipo de relatos, 31 funciones distintas.

Para BARTHES, función es la "mínima unidad segmentable de *sentido**, es todo *segmento** de *historia* que constituye el término de una *correlación**. Y como hay diversos tipos de correlaciones, hay diversos tipos de funciones: todas son unidades de sentido. El sentido de cada elemento está dado por su posibilidad de entrar en correlación con otros elementos así, hay unidades semánticas *distribucionales*, que son de naturaleza sintagmática porque se relacionan con otras dentro del mismo nivel. Son los *nudos* narrativos y los descriptivos o *catálisis** que están constituidos por *acciones** de los *personajes** y cuya supresión perturbaría la sucesión lógico/temporal de los hechos. Por otra parte, cierto tipo de catálisis suspende o desacelera la acción y caracteriza personajes o ambientes mediante el empleo de *descripciones** o mediante la sucesión de acciones menudas. Hay otras unidades, llamadas *integrativas*, que son de naturaleza paradigmática porque se relacionan con otras dentro de un *nivel** distinto. Son los *índices* o *indicios* (V. ÍNDICE en *signo**) que revelan rasgos físicos o psicológicos y que se dan, ya sea integrados a los verbos discursivos, peculiares de las catálisis suspensorias, en las descripciones, ya sea integrados a los verbos de acción en los "modos de lo real" y patentizadas mediante acciones. Los indicios permiten al lector, a partir de su propia experiencia del mundo, conocer a los protagonistas. Los indicios constituyen una red de anticipaciones que más tarde pueden ser o no ser retomadas aisladamente o integradas a catálisis y a *informaciones*. También éstas son unidades integrativas, las *informaciones*, es decir, las referencias a seres y objetos, mediante las cuales se caracterizan el espacio y el tiempo en que se desarrollan las acciones narradas. Las informaciones procuran al lector los datos pertinentes para organizar mentalmente la realidad del *referente**, datos que, al aparecer en el *discurso** conforme a una organización que es propia de éste, ofrecen una ilusión de verdad (la *verosimilitud**) que permite la evocación de referentes posibles.

La categoría de función permite hallar la unidad formal de los relatos. Todos los tipos de función pueden darse en el discurso simultáneamente, son identificables en las mismas unidades. Las catálisis suspensorias (descripciones) constituyen expansiones del discurso que alteran su *ritmo**, lo mismo que las catálisis desacelerantes que presentan series de acciones breves. En éstas se utilizan, como en los nudos, los verbos de acción en los "modos de lo real" (TODOROV); en las catálisis suspensorias se utilizan verbos de acción en los "modos de la hipótesis" o verbos que significan estado. cualidad, modo habitual de ser. Los verbos de acción en los modos de la hipótesis significan acciones puramente discursivas, porque no se cumplen en el *aquí y ahora* de la *enunciación** del *discurso**. (V. también CATÁLISIS**.)

También en análisis de relatos, basándose principalmente en los trabajos anteriores de PROPP y SOURIAU, GREIMAS ha llamado función a la abstracción inferible de la *secuencia** de X número de acciones: *búsqueda, traición, persecución* (en PROPP), que, por su orientación general y su relación con otras acciones ajenas, marca la naturaleza del *papel** que representa un personaje, y lo tipifica según la clase de papel que desempeña; es decir, ha llamado función a cada una de las categorías actanciales:

sujeto
objeto
destinador

funtivo

> destinatario
> adyuvante
> oponente (V. ACTANTE*)

tipología, ésta, homologada por GREIMAS a categorías gramaticales o de teoría de la información, y que ya no pertenece al nivel de las funciones, sino al de las acciones.

FUNTIVO. V. FUNCIÓN EN GLOSEMÁTICA.

G

GEMINACIÓN. V. REDUPLICACIÓN y REPETICIÓN.

GÉNERO (y estructura discursiva, formación discursiva, tipo discursivo, géneros valorativos, género incidental).

Clase o tipo de *discurso** literario —determinado por la organización propia de sus elementos en *estructuras**— a que puede pertenecer una obra. Espacio configurado como un conjunto de recursos composicionales, en el que cada obra "entra en una compleja red de relaciones con otras obras" (CORTI) a partir de ciertos *temas** tradicionales y de su correlación, en un momento dado, con determinados rasgos estructurales (*prosa**, *verso**, *narración**, etc.) y con un específico *registro** lingüístico. (Como el tema, la estructura y el registro del *beatus ille* en la lira, en el Siglo de Oro español, por ejemplo.)

Tal red de relaciones genéricas se presenta diacrónicamente como un proceso, un constante cambio paralelo a la historia de la *literatura**. En ésta, cada nueva obra se inscribe por su parcial pertenencia a un género y su parcial transgresión al mismo género, en relación con su grado de originalidad y fuerza inventiva. Esto ha hecho que muchos teóricos —FUBINI es uno de los más importantes— se planteen la duda acerca de la existencia de los géneros, llegando a la paradójica conclusión de que, aunque no puede afirmarse que los géneros existen —sino más bien que sólo existen las obras—, sí puede afirmarse que existen, ya que tanto los discursos de los poetas como los de los críticos literarios revelan su existencia pues, en efecto, el poeta elige el género al que en cierta medida se apega y del que en algún grado se aparta durante la construcción de su obra, y el crítico, que es un lector especializado, se sirve también de los géneros instituidos por la tradición para, según el apego o la *desviación** de la obra respecto a los géneros, adscribirla a uno o a varios de ellos y observar la interrelación entre obra y género ya que, como observa TODOROV, cada obra influye sobre la institución literaria y sobre el género, pues "sólo reconocemos a un *texto** el derecho de figurar en la historia de la literatura, en la medida en que modifique la idea que teníamos hasta ese momento de una u otra actividad".

En otras palabras —de BAJTÍN (c:150-153)—, en el género se combina lo nuevo con lo arcaico, "éste se conserva en aquél sólo debido a una permanente renovación o actualización. El género es siempre el mismo y otro, simultáneamente; siempre es viejo y nuevo. Renace y se renueva en cada etapa del desarrollo literario y en cada obra individual". Es decir: lo realmente nuevo es el rostro que muestra el género porque en él hay una nueva mezcla genérica. Para BAJTÍN, el *texto*

231

género

literario constituye un *género secundario* o *complejo* que absorbe a los *géneros simples* o *primarios* de la comunicación discursiva inmediata.

Así, el esquema tradicional de los géneros, de oscuro y antiquísimo origen, funciona todavía como un instrumento que, aunque imperfecto, sirve de guía al estudioso de la literatura para confrontarlo con la poética personal de un autor y medir su originalidad, sin incurrir en el error de asignar al género una función normativa que es lo que con energía muchos han rechazado.

Por otra parte, el género anticipa al lector un *modelo** previsible de la estructura (la organización de los *lugares comunes** formales y de contenido) y del funcionamiento de la obra, que le programa su lectura conforme a expectativas que dependen de su *competencia** como lector, de su conocimiento y dominio de las "reglas del juego" de los géneros. Tanto las reglas como la competencia se inscriben en un marco histórico/cultural. El lector no reconoce el género merced a supuestas propiedades específicas, sino debido a "criterios de naturaleza sociolectal" provenientes de una explícita teoría de los géneros, de una implícita clasificación de las obras transmitidas oralmente, o, en fin, de "una categorización particular del mundo" (GREIMAS).

Históricamente, la definición de esta categoría literaria, que proviene de la *Poética** de ARISTÓTELES, pasando por HORACIO y por QUINTILIANO, ha estado fundada en la relación entre la *forma** y el *contenido**, y ha sufrido numerosas transformaciones a través de la Edad Media y el Renacimiento, hasta el Clasicismo de los siglos XVII y XVIII que se apropia de la *elocutio** de la *retórica**. A partir de entonces ha sido objeto sobre todo de reiteradas revisiones críticas, de polémicas y de reformulaciones.

En ARISTÓTELES están consideradas la *poesía heroica* (elogio de los héroes y de los dioses), la *poesía satírica* (censura de los vicios) y la *tragedia*, construida sobre el principio de su función purificadora o catártica (V. CATARSIS*). El concepto maestro que rige estas categorías es el de la *mimesis** o *representación* de la realidad, y el género que destaca en esta clasificación es el *dramático* (con la regla de las tres unidades que de la *Poética* infirieron y explicitaron los retóricos del Renacimiento italiano). En fin, la *epopeya** (poesía no cantada sino recitada, antecedente de la *novela** en tanto que *narración*) que da cuenta de *historias** maravillosas, memorables, de *héroes** humanos o divinos, de otras épocas distantes, construidas las más antiguas con espontaneidad, sin propósito literario y en ocasiones de manera tan impersonal que se ha dudado de la existencia de sus autores.

En HORACIO predomina un tono coloquial, epistolar y satírico, y hace hincapié en los aspectos lingüístico y retórico, así como en la intención o propósito del *autor**, en ciertas correspondencias entre el género y la *forma** (*metro**), el tono, el tema, etc. y en ciertas características, como cuando señala que el *drama** debe tener cinco *actos**.

En la recopilación y refundición de teorías hecha por QUINTILIANO en sus *Instituciones oratorias*, el acento es didáctico.

La poética desempeña durante la Edad Media un papel pequeño y subordinado a la retórica o indiferenciado de ella (como en Francia hasta el Neoclasicismo), en parte debido a la pérdida del libro de ARISTÓTELES y en parte a que antes del Renacimiento esta obra sólo fue parcialmente divulgada en Europa, en comentarios de segunda mano, y también a que el arte literario fue visto con sospecha, como corruptor de las costumbres (por ejemplo en TERTULIANO, siglos II y III d. C., o en SAN ISIDORO, siglos VI y VII), por lo que los autores, por ejemplo los españoles (ALFONSO X, el ARCIPRESTE, el mismo LOPE) se ven en la necesidad de justificar su producción, generalmente con el argumento horaciano de mezclar la utilidad con el deleite. Sin embargo, en general, hasta el siglo XVIII se considera que el género establece modelos que es obligatorio, para los autores, seguir. Eso está en "la naturaleza conservadora" de los géneros —dice MARCHESE— que "tienden a mantener y perpetuar una situación temático/lingüística por así decir ejemplar y ahistórica, a veces tópica, por ejemplo en la poesía bucólica".

Los tres principales géneros en que las distintas clasificaciones suelen coincidir, sobre todo hasta antes del Romanticismo, son el *lírico* (lo que originalmente se cantaba con sentimiento y entusiasmo), el *épico* (lo que se decía, contando sucesos) y el *dramático* (las acciones representadas). HART, apoyándose en KANT, relaciona la lírica con la facultad de expresar sentimientos, la épica con la facultad de contemplar y conocer, y el drama con la facultad de desear.

Diferentes autores, en distintas épocas, han agregado otros géneros: *satírico, didáctico, bufo* (antiheroico y burlesco), *oratorio, histórico, filosófico, epistolar*; aunque hay críticos que piensan que hoy se ve con claridad que varios de ellos no son géneros literarios y el desarrollo de su discurso no está regido por principios artísticos ya que su modelo es el de la *lengua** referencial. Sin embargo, en la frontera entre los lenguajes (V. DIALECTOS SOCIALES*), hay una constante interacción de modelos de lenguaje característicos de distintas *funciones lingüísticas** (*jergas** típicas de oficios, estamentos sociales bajos, con lenguaje artístico aristocratizante —como en ciertos villancicos de Sor Juana—; o lenguaje periodístico, o típico del "parte de guerra" o del discurso de efemérides históricas —como en la novela de la Revolución mexicana); de *estrategias discursivas* (*descripción**, *narración**, *diálogo**, *monólogo**, como en *Tabaré*, de Juan ZORRILLA DE SAN MARTÍN), y de otras *formas de expresión lingüística* (como *prosa** y *verso**).

Con el objeto de hallar los antecedentes de la *tradición dialógica* de la novela y el origen de la *carnavalización* de la literatura, Mijaíl BAJTÍN sigue el itinerario histórico de otros géneros: lo *cómico/serio* —que carece de fronteras claramente establecidas, aunque para los antiguos eran serios *epopeya, tragedia, historia* y *retórica clásica*—, (son cómico/serios los *mimos* de SOFRÓN, el *diálogo socrático*, la literatura *de los banquetes*); las *memorias* (de ION, de QUÍO, de CRITIO); los *panfletos*; toda la *poesía bucólica*; la *sátira menipea* (como género especial).

Para este autor, los géneros cómico/serios son literatura *carnavalizada* porque, en algún grado, revelan una *percepción carnavalesca del mundo* (V. CARNAVAL*), lo cual coloca su imagen y su palabra en una específica relación, de alegre relatividad, con respecto a la realidad. Además, algunos son "variantes literarias de géneros *orales* propios del folclor carnavalesco". Ello se debe a que su objeto de representación "carece de todo distanciamiento épico o trágico, pues está en la actualidad que es la zona de contacto inmediato —a veces groseramente familiar— con los coetáneos vivos, con la contemporaneidad inconclusa". Por otra parte, ofrecen una "deliberada heterogeneidad de voces, una negación de la unidad de estilo, una pluralidad de tonos en la narración —mezcla de lo alto y lo bajo, lo serio y lo ridículo—, una frecuente intercalación de otros géneros (cartas, manuscritos hallados, diálogos narrados, parodias de géneros altos, citas con acentuación paródica, mezcla de prosa y verso, de dialectos y jergas vivas —bilingüismo directo en la literatura romana— que hoy se consideran otra vez como una actitud radicalmente nueva hacia la palabra en tanto que material de la literatura, y utilización de diversas máscaras para el autor" (c:151-54).

Otros autores también han dado el nombre de géneros a las variedades genéricas (oda, elegía, canción, soneto, cuento, etc.). Inclusive se ha llegado a pensar, por una parte, que hay tantos géneros literarios como temas básicos "irreductibles entre sí" (aquellos que constituyen) "verdaderas categorías estéticas" (ORTEGA y GASSET), y por otra parte que no debe existir la división en géneros, pues carece de sentido y sólo es posible cuando se olvida lo específico de la obra de arte, de modo que en realidad cada obra literaria constituye su propio género (CROCE), dando así al concepto un sentido empírico. De este modo, la abstracción del género, y la de los subgéneros que de él se derivan, debe realizarse nuevamente en cada momento histórico.

La existencia misma de los géneros ha sido objeto de muchas discusiones con una amplia gama de resultados que van, desde admitir que los géneros están implícitos en la literatura y en la mente humana (FRYE), hasta negar su existencia afirmando que la obra se resiste a que se le adjudique una etiqueta (prosa, novela, testimonio), que nadie tiene autoridad para asignarle un lugar fijo, y que una obra no pertenece a un género sino a la literatura (Maurice BLANCHOT, citado por TODOROV). Este último autor está en desacuerdo con esta opinión y declara que la literatura contemporánea no carece de distinciones genéricas, sino que simplemente ocurre que ya no le corresponden nociones que "permanecen ligadas a las teorías literarias del pasado". Para TODOROV el género existe, sencillamente porque es la expresión de una relación necesaria entre la obra nueva y las ya existentes, ya que, dice citando a FRYE, el deseo de escribir le viene al escritor de una previa experiencia con la literatura, "la literatura no saca sus fuerzas más que de sí misma"... y "todo lo nuevo en literatura no es más que material antiguo vuelto a formar", lo cual parece negar precipitada y erróneamente la relación entre arte y experiencia de vida.

El criterio para clasificar en géneros ha variado mucho a través de una secular reflexión. Ya DIOMEDES —dice TODOROV— siguiendo a PLATÓN, y a partir de la consideración de la importancia del sujeto de la *enunciación**, divide las obras en tres categorías, según hable en ellas únicamente el *narrador**, únicamente los *personajes**, o bien tanto el uno como los otros.

La poética griega y latina cobró nueva fuerza a partir del Renacimiento italiano, y después con el descubrimiento de la imprenta. Son numerosos los tratados en España, muchos de ellos dedicados a un solo género o a la versificación.

En la Edad Moderna y Contemporánea los filósofos —no únicamente los filólogos y literatos— han vuelto a preocuparse por los géneros. Así HEGEL y VOSSLER en Alemania, ARNOLD en Inglaterra, BRUNETIERE en Francia, CROCE en Italia, y en España ORTEGA y GASSET.

La poética plantea hoy el problema de la creación literaria con los géneros o *tipos de discurso** identificables por las características específicas que ofrecen, mismas que se han investigado ampliamente a partir del formalismo ruso. Ya TINIANOV señaló, por ejemplo, que la definición del género puede fundarse en la "orientación del discurso" hacia la transmisión oral, en el caso de la oda. La oda pertenece, para él, al género oratorio. También TOMACHEVSKI reflexionó sobre el género: "Las obras se distribuyen en clases amplias que a su vez se diferencian en tipos y especies. Desde este punto de vista, al descender por la escala de los géneros, llegaremos de las clases abstractas a las distinciones históricas concretas (el poema de BYRON, el cuento de CHEJOV, la novela de BALZAC, la oda espiritual, la poesía proletaria) y aun a las obras particulares". (Esta descripción crea más problemas de los que resuelve —dice TODOROV— porque parece que los géneros existen en niveles de generalidad diferentes.) Los tipos de discurso "pertenecen a una formación discursiva o se inscriben en ella". Los tipos de discurso que trata de identificar la poética actual pertenecerían a la *formación discursiva** literaria. La novela es un tipo de discurso inscrito en la formación discursiva literaria, el ensayo es un tipo de discurso inscrito en la formación discursiva filosófica; los anales constituyen un tipo de discurso inscrito en la formación discursiva historiográfica; el artículo es un tipo de discurso inscrito en la formación discursiva periodística (MIGNOLO). Los tipos de discurso se identifican por sus propiedades, coinciden con su formación discursiva en cuanto a los principios generales que los rigen, y coexisten dentro de ella con otros tipos. Este sistema conceptual, actualmente en pleno proceso de elaboración, tiende a sustituir al tradicional de *género* junto con los de *subgénero* y *variedad genérica*.

En las distintas épocas se reconsideran las propiedades de cada tipo de discurso, y se redistribuyen los tipos discursivos (crónicas, anales, memorias, vidas, biografías) dentro de la formación discursiva a que pertenecen. Sin embargo, hay tipos de discurso independientes de las formaciones, como la epístola, que aparece en varias de ellas. Diferentes *estructuras discursivas* (narración, diálogo, descripción) pueden darse en cada tipo de discurso. El género se observaría dentro del período histórico, ya que sólo allí puede definirse cada uno por su interrelación con los demás; mientras que el tipo se daría en cada ejemplo de discurso realizado o realizable. Este tipo de discurso se apegaría en mayor grado (literatura de masas) o en menor medida, al modelo dominante del tipo, en el género de una época dada. La exigencia de conformidad con el modelo, por otra parte, ha variado con el tiempo, y la falta de conformidad suele dar como resultado la mezcla de géneros o la aparición de un nuevo género (DUCROT/TODOROV), lo que no siempre ha sido bien visto, pues la preceptiva neoclásica, por ejemplo, preconizaba la separación y *pureza* de los géneros (acompañada por una diferenciación social —dice BRADBURY— ya que cada género se especializaba en ciertos asuntos: los de reyes y nobles para la tragedia, los de burgueses para la comedia, los populares para la sátira y la farsa). Hoy existe la tendencia a ver en el *plano de la expresión** una base más sólida que la que ofrece el *plano del contenido** para la clasificación en géneros. En cada "tipo de discurso" (carta, elegía, comedia) se manifiestan y se articulan entre sí ciertas *estructuras discursivas* (*descripción** *relato**, *narración*, *diálogo** *argumentación**) que son comunes a todos los géneros. El relato por ejemplo —señala BARHES— no sólo es posible en el lenguaje verbal sino también en otros cuya *sustancia* es diferente, como la imagen fija o el gesto. Es decir, actualmente se trabaja en la elaboración de una necesaria tipología de los discursos, basada en las propiedades estructurales de éstos, sin desatender su relación con las categorías establecidas en el *contexto** de producción de la obra, en otras palabras: con sus antecedentes, con la tradición, o bien con las formas nuevas, transgresoras, aún no institucionales, que inauguran caminos.

Vistos así, los géneros resultan, en cada período, redefinibles a partir de su interrelación dentro del sistema que constituyen.

Volviendo a la caracterización de los tres géneros más constantemente reconocidos —y sin olvidar que no constituyen categorías excluyentes una de otra—, podemos hacer un resumen de cómo han sido descritos.

La poesía lírica (soneto, copla, canción, elegía, romance, balada, madrigal, etc.) se ha visto como presidida —al igual que los otros géneros según KAYSER— por una actitud *típica* que corresponde a la *enunciación* (reservada al poeta) que manifiesta la intimidad del sujeto de la enunciación, que es la autoexpresión de un estado de ánimo, de "una emoción en que lo objetivo y lo subjetivo se han compenetrado", de un *yo*, de una interioridad anímica. En ella se vuelca lo que se siente, y tiene su raíz original en la *exclamación** y en la *interjección*. En principio, la poesía lírica no narra ni describe. Las narraciones o descripciones que en apariencia puedan hallarse en un poema lírico, se subordinan totalmente a la necesidad de expresión de la subjetividad. y cumplen una función connotativa, de modo que se resuelven en una gran *metáfora**, (BARTHES), lo que vale decir, en un gran *tropo**: una *comparación**, una *alegoría**, una *antítesis** etc.

La poesía dramática, que se funda en la imitación, sin la intervención del autor (que se oculta detrás de los personajes), como la poesía lírica, es objetiva y subjetiva a la vez, e igualmente se origina en una exclamación, pero de diferente naturaleza, ya que se trata de una exclamación instigadora o incitadora del público, a través de la creación de los personajes a quienes está reservada la enunciación y en quienes "encarnan ideas y pasiones" al participar en una *acción** que se desarrolla hacia el futuro, sobre un escenario, imitando —en la perspectiva de la actual teoría *semiótica**, —*actos de habla** que se relacionan con actos gestuales, escenarios amoblados, efectos de luz y sonido, etc.

La poesía épica se ha considerado derivada de los otros dos géneros. Cuenta y describe objetivamente algo que posee existencia concreta fuera del *narrador/autor*, ya que en ella el *yo* se sitúa frente al *tú* y "lo capta y lo expresa (KAYSER) pues arranca de un gesto indicador, que muestra el mundo: "¡he aquí!", luego es la expresión de lo que se contempla y, sobre todo, de lo que se ha contemplado en el pasado". En ella alternan, en la enunciación, el narrador/autor y los personajes.

La reflexión sobre los géneros todavía hoy no termina. Sin embargo, se ve con mucha claridad que se trata de un concepto necesario cuya existencia no está en duda, de una noción que actúa sobre los autores y los lectores como "una fuerza de control", dice MIGNOLO, y agrega: "aunque, se suele decir con razón, toda obra literaria de alguna manera escapa al género, no es menos cierto que su producción y su recepción se llevan a cabo sobre un marco discursivo que los géneros imponen". Sin embargo, en la influencia recíproca que se da entre la abstracción teórica (el género) y la concreción práctica (la obra), es posible advertir cómo, aunque en cada obra se manifiestan los géneros, no es posible "ni confirmar ni invalidar la teoría de los géneros" a partir de la observación de las obras (V. TODOROV).

En opinión del ya mencionado BAJTÍN (b:116), —el filósofo ruso hasta hace pocos años desconocido fuera de su patria— los géneros contribuyen cualitativamente a crear la diversidad de los *lenguajes**, porque aportan una orientación intencional, un cierto acento específico que resulta observable, por ejemplo, cuando se compara el discurso oratorio con el de la publicidad (ambos suasorios). BAJTÍN menciona, inclusive, géneros discursivos *valorativos*, que expresan, por ejemplo, alabanza, aprobación, admiración, reprobación, injuria, etc., y que suelen cumplir funciones específicas desde un punto de vista político/social (b:275).

Por otra parte, para este autor, el género lírico se caracteriza por su lenguaje único, singular, monológicamente cerrado y orientado (dentro del *plurilingüismo** real) por las variedades genéricas que seleccione, pues el poeta se apropia de la *palabra** de todos impregnándola de su singular intención y tendencia, instaurándola dentro de su nuevo *contexto** y fortaleciéndola con el *ritmo** y con el *énfasis** que tiene su origen en el uso del lenguaje figurado de todos los *niveles**. En fin, el lenguaje único de cada poema lírico posee una tensa unidad que no ofrece, como el plurilingüismo de la novela, resquicio para las discordancias que acarrea la diversidad social.(b:125-126) Sin embargo, más adelante, BAJTÍN admite que en otros géneros "puros" como la lírica, puede darse la dialogización, pero siempre de manera raquítica.(b:159) pues la introducción de una voz y un acento ajenos "destruye el plano poético, lo convierte en prosaico (b:163). Esta afirmación puede dar comienzo a una larga polémica, ya que hay muchos ejemplos de textos líricos donde alterna, en un *contrapunto**, el *enunciador** típicamente emotivo, intimista y grave, con otro *"yo"* que parece su gemelo o su doble, o su misma persona, pero en una situación diferente, que le permite introducir un tono objetivo e irónico. En estos casos parece variar más bien la distancia entre el enunciador y *lo enunciado** por él mismo, pero en distintos momentos.

Resulta muy interesante el planteamiento bajtiniano de la relación dada entre la lengua y la aparición y la evolución de los géneros, según el cual: "mientras las principales variantes de los géneros artísticos se desarrollan dentro del cauce de fuerzas centrípetas unificadoras y centralizadoras de la vida verbal/ideológica, en cambio la novela y los géneros artístico/prosaicos se formaron históricamente dentro del curso de fuerzas descentralizadoras y centrífugas (b:98). Mientras la poesía, en las cúspides ideológicas oficiales, resolvía la tarea de la centralización cultural, nacional y política del mundo verbal ideológico, y en los bajos fondos, en los escenarios ambulantes de las ferias, resonaba el *habla** de los bufones, el remedo de todos los idiomas y *dialectos** (V.también NOVELA*, LENGUAJE*, IDIOLECTO*, REGISTRO*, INTERTEXTUALIDAD*), se desarrollaba también la literatura de los *"fabliaux"*, de las canciones callejeras, de los refranes, de los chistes, etc. (b:99), donde no había ningún centro lingüístico, donde se jugaba vivamente con los lenguajes de los poetas, de los científicos, los monjes, los caballeros, etc., y donde todos los lenguajes eran las máscaras y no había una faz lingüística verdadera e indudable".

Así explica BAJTÍN el origen de la diversidad de los dialectos sociales que pululan en los géneros "bajos". Se trata de una diversidad que no sólo se aparta de los géneros artísticos, es decir, de las convenciones genéricas de cada época, y también de los modelos verbales marcados ideológicamente como centrales, oficiales, autoritarios y dogmáticos para una sociedad; sino que es una diversidad que se opone a ellos en forma paródica, polémica y, por lo tanto, dialógica, de modo que los aísla. Tal oposición introduce una distancia que explica el hecho de que llegue a considerarse el lenguaje poético como algo especial, singular, ritual y divino (b:114).

BAJTÍN (b:154) introduce también el concepto de *géneros incidentales*, a los cuales atribuye un papel constructor en el discurso artístico/prosaico, y los describe como "formas esenciales de introducción y organización del plurilingüismo en la novela", y formas de ampliación y relativización de la conciencia verbal que ella revela. De ellas serían ejemplo las noveletas, las páginas de un diario, las escenas dramáticas, los poemas versificados, los aforismos, los géneros extraartísticos retóricos, científicos, religiosos, la confesión, la epístola, el parte de una batalla— etc., que aparecen interpolados sin perder su carácter y conservando, por ello, su "forma específica de asimilación de la realidad" y de refracción de las intenciones del enunciador, que podrían ser, o no, paródicas (b:155).

La instalación, dentro de la novela, de todos los lenguajes ajenos (del narrador autor, de otros narradores internos, de los géneros interpolados que ofrecen un habla ajena en un lenguaje ajeno), y los de los *personajes**, marcado por su carácter, su perspectiva, su visión del mundo, su ideología, su saber, su competencia lingüística, su poder, etc., hace anticanónica a la novela, le procura una naturaleza cambiante como lo es la de la misma sociedad, lo cual proviene de esa *heteroglosia**, la aparta de la *épica** (aparte de que ésta ocurre, además, en un pasado absoluto, mientras la novela lo hace el espacio/tiempo del *cronotopo**), la convierte en *polifónica*; da, pues, lugar a un juego creador complejo, rico, diverso, dialógico y orquestado según la intención del novelista (b:158—159).

BAJTÍN, en otro de sus extensos trabajos, *La Cultura popular en la Edad Media y el Renacimiento*, (b:63 y ss.), alude al hecho de que RONSARD y LA PLÉIADE adaptaron libremente a su lengua y a su época la noción de género tomada de la antigüedad, al mismo tiempo que, aun apreciando a RABELAIS, ya concedían a su obra una categoría menor. Más tarde, a partir del siglo XVII, se le tenía (igual que al Quijote) como lectura fácil, divertida y extravagante, cuando no se le desterraba de la gran literatura. Como ejemplo de esta valorización de RABELAIS, pone BAJTÍN a MONTAIGNE, apenas 41 años menor, que considera su obra, junto con el *Decameron* de BOCCACCIO, lectura divertida pero no consoladora ni edificante. (V. también RELATO*, CUENTO*, NARRACIÓN*, DRAMA*, LÍRICO (LO), PROSA y FICCIÓN*).

GENO-TEXTO. V. NIVEL.

GERMANÍA. V. JERGA.

GLOSEMA (y plerema, plerematema, pleremática, plerémica, cenema, cenematema, cenemática, cenémica, prosodema*, prosodémica, sintonema, nexo).

En la teoría lingüística de HJELMSLEV, la *glosemática* es la disciplina que estudia todas las *magnitudes** de la *lengua** y sus *funciones**. La lengua está dividida en dos planos: el de la *expresión** y el del *contenido**. (V. SIGNIFICANTE*.) La unidad mínima es el *glosema*. La *pleremática* (que corresponde aproximadamente a la antigua *gramática**) estudia el plano del contenido, la forma del contenido, los glosemas del contenido o *pleremas* (equiparables a los *semas**) dentro del plano *lleno* del contenido o del *significado**. A este plano no únicamente corresponden los pleremas, que son unidades *constituyentes**, sino también otras unidades *exponentes** llamadas *morfemas**. Los pleremas y los morfemas, dentro de la *pleremática*, constituyen dos campos de estudio: la *morfémica* y la *plerémica*. Además, los pleremas y los morfemas, conjuntamente, reciben el nombre de *pleremátemas*.

En cambio, la *cenemática* (que corresponde más o menos a la *fonología**) estudia los "glosemas de la expresión" o *cenemas* (comparables con los *fonemas**), que son los constituyentes del plano *vacío*, de la expresión, plano al que corresponden también los exponentes llamados *prosodemas**. Los cenemas, junto con los prosodemas, se denominan *cenemátemas*.

Hay pleremas *centrales*: las magnitudes llamadas *raíces* o *radicales*, y hay pleremas *marginales*: las magnitudes llamadas *derivativos*.

Hay morfemas *intensos* o capaces de caracterizar solamente una *cadena** equivalente a un *sintagma** (el sintagma es una parte de un *nexo —frase**—, es la "reunión de una *base* o plerema y una *característica* formada por morfemas intensos" —ALARCOS). Los morfemas *intensos* se corresponden con los morfemas nominales: caso, comparación, número, género, artículo.

También hay morfemas *extensos* o capaces de caracterizar una cadena mayor que el sintagma: el nexo (frase). Los morfemas extensos se corresponden con los morfemas verbales: persona, *diátesis** (voces del verbo), *énfasis** (como el uso pleonástico de pronombres), *aspecto**, modo, tiempo.

También hay cenemas (fonemas) *centrales* (las vocales) y cenemas *marginales* (las consonantes); en tanto que los prosodemas pueden ser intensos (como el *acento**, que hace destacar una sílaba entre otras) y extensos (como el *sintonema* o itinerario que describen las sucesivas inflexiones del tono en un grupo fónico que sea una unidad melódica). (V. también PROSODIA*.)

Los campos de estudio de cenemas y prosodemas, dentro de la cenemática, se denominan *cenémica* y *prosodémica*, respectivamente.

Existe un absoluto paralelismo entre ambos planos del *sistema** de la lengua, el cenemático y el pleremático. Todo fenómeno dado en uno de los planos, necesariamente tiene su contrapartida en el otro plano, y a la inversa.

GLOSOLALIA. V. JITANJÁFORA.

GOLPE TEATRAL. V. ANAGNÓRISIS.

GRADACIÓN (o aumentación y climax, desenlace, anticlimax, contragradación).

Figura retórica* que afecta a la lógica de las expresiones y consiste en la progresión ascendente o descendente de las ideas, de manera que conduzcan crecientemente, de lo menor a lo mayor, de lo pequeño a lo grande, de lo fácil a lo difícil, de lo anodino a lo interesante, de lo inicial a lo final de un proceso, etc., o decrecientemente, a la inversa:

porque allí llego sediento
pido vino de lo nuevo;
mídenlo, dánmelo, bebo,
págolo y voime contento.

B. DE ALCÁZAR

La gradación puede presentarse con *repetición**, en forma de *concatenación** o anadiplosis progresiva:

Por un clavo se pierde una *herradura*, por una *herradura* un *caballo*, por un *caballo* un *caballero*, por un *caballero* un *pendón*, por un *pendón* una *hueste*, por una *hueste* una *batalla*, por una *batalla* un *reino*.

Refrán

que cumple la función de "asegurar a cada miembro una existencia propia en la *acumulación** coordinativa creciente", dice LAUSBERG.

También puede darse por el procedimiento de la *acumulación* en *enumeraciones**:

hombres raros, sujetos singulares
en ciencia, santidad, ejemplo y vida,
a cuentos, a montones, a millares

BALBUENA

Igualmente puede darse con *sinonimia**:

"condenado, escupido, abofeteado y finalmente muerto"

y en *amplificaciones** de las que también puede servir de ejemplo el anterior.

Algunos retóricos han llamado *aumentación* a la gradación ascendente; muchos otros le han llamado *clímax*. Obsérvese este otro ejemplo:

Dios concedió al hombre una razón que distingue, infiere y concluye; un juicio que reconoce, pondera y decide.

SAAVEDRA FAJARDO

Al empleo, en un mismo período, de la gradación ascendente y la descendente, se le ha denominado *anticlímax o contragradación*:

Tú no haces nada, tú no encuentras nada, tú no intentas nada que yo no sólo sepa sino que también adivine.

CICERÓN (A CATILINA)

En la actualidad, la palabra *clímax* se emplea con mayor frecuencia para denominar el punto culminante del proceso de acumulación de efectos expresivos que provienen tanto del *lenguaje** como de la elección y disposición de otros elementos estructurales tales como *acciones**, *personajes**, datos espaciales y temporales, etcétera; es decir, el punto de máxima tensión y mayor interés (al que TOMACHEVSKI llama —en alemán— *"spannung"* que, desde un punto de vista lógico, funciona como *antítesis*, sucede al *nudo* (que sería la *tesis*) y precede al *desenlace* (que funge como *síntesis*).

"GRADATIO". V. REPETICIÓN y CONCATENACIÓN.

GRADO CERO.

Discurso* común, unívoco (V.UNIVOCIDAD*), que *denota* sin artificio pues no se desvía respecto de las normas lingüísticas —gramaticales o semánticas— y carece de *connotaciones**. De él esta ausente la *retórica**, y constituye un límite hacia el cual tiende el modelo del discurso científico.

Las alteraciones por las que el discurso se aparta del grado cero, son retóricas si producen un efecto poético, artístico, suasorio o cómico. Sin embargo, no toda *desviación** es *figura retórica**, porque no siempre se producen estos tipos de efecto. Cuando se inventan *neologismos** que son tecnicismos, hay en ello retórica (que cumple otras funciones: exactitud, denominación, por ejemplo), pero no poesía; cuando se trata, en cambio, de la figura llamada *invención**, estamos en el campo de la *literatura**.

Por otra parte, no todo discurso retórico se desvía de un grado cero; también puede darse el apartamiento respecto de otro discurso poético convencionalizado; es decir, respecto del canon artístico propio de una época o una corriente literaria.

Para GREIMAS, sin embargo, las palabras sólo denotan en los diccionarios. Al entrar al discurso ingresan a un *co/texto** dentro del cual actualizan su significado. Cada vez que son objeto de recotextualización o recontextualización (en otro *contexto**), sufren una resignificación.

GRAFEMA. V. ALÓGRAFO.

GRAMÁTICA.

Estudio descriptivo del estado que guarda, en un momento dado de su evolución, el *sistema** de la *lengua**, desde el punto de vista de la *fonología**, la sintaxis y la *semántica**; es decir, atendiendo a los componentes de las *palabras** (*fonemas**),atendiendo también a la *estructura** de éstas, tanto en cuanto a la *forma de la expresión** o *significante** (*lexemas**), como en cuanto a la *forma del contenido** o *significado** (*sememas**) y, en fin, considerando igualmente la forma en que se relacionan para construir el *discurso**.

Actualmente hay un gran número de corrientes o tendencias en la teoría gramatical. Entre las más importantes por su relación con la teoría literaria o con la teoría del discurso, están la gramática *funcional*, teoría pragmática que se preocupa por el funcionamiento del *lenguaje** (visto como un medio) durante el proceso de *comunicación**; la gramática *descriptiva*, opuesta a la gramática *normativa* en cuanto no prescribe reglas lingüísticas, y opuesta a la gramática *histórica* porque no se ocupa de la evolución de la lengua, ya que se limita a describir un determinado estado de lengua, y, sobre todo, la gramática relacionada con la lingüística *generativa* y *transformacional*.

La gramática generativa, desarrollada por CHOMSKY, es el conjunto de mecanismos capaces de generar todas las *oraciones** de una lengua; es deductiva y describe la producción de las *frases** realizadas o realizables por el *hablante** en la *performance**, según su *competencia** y con apego a un sistema de reglas (V. GRAMATICALIDAD*) según las cuales se permiten o no ciertas cadenas de elementos lingüísticos (fonológicos, sintácticos y semánticos). De este apego a las reglas depende la investidura semántica de la *forma**. La gramática generativa realiza la descripción estructural de la sintaxis, utilizando diagramas en forma de ramificaciones de un *árbol** que representa los elementos del sujeto y los del predicado.

La gramática transformacional considera en la frase el *nivel profundo**, el *nivel de superficie** y sus vínculos, ya que entre ambos se efectúan sistemáticamente las

241

transformaciones, que consisten en operaciones de *adición* supresión*, permutación** o *sustitución**. La estructura sintagmática genera la estructura profunda de la frase, y esta última determina la interpretación semántica.

GRAMATICALIDAD. V. AGRAMATICALIDAD.

GRAMEMA. V. MORFEMA.

GREGUERÍA. V. AFORISMO.

GROTESCO. (y máscara, tiempo cíclico, tiempo histórico, disfraz).

Cómico, extraño, caricaturado. Deformación significativa: lo deforme horrible; lo deforme hilarante. Durante el romanticismo "forma capaz de equilibrar la estética de lo bello y lo sublime, de provocar una toma de conciencia de la relatividad y la dialéctica del juicio estético". Según Víctor HUGO, rica veta que la naturaleza ofrece al arte. Mijaíl BAJTÍN ha dotado (d:23) con sus investigaciones, conocidas hasta hace muy poco por motivos políticos, de un nuevo y más amplio sentido al término *grotesco* (definido en el diccionario como ridículo, extravagante, irregular, grosero, de mal gusto) cuando es usado en el campo de la investigación sobre obras artísticas, especialmente las literarias. Este autor se propone reivindicar para la estética filosófica (d:46), el concepto que, a su juicio, no ha sido correctamente comprendido, estimado y ubicado. Para subsanar esta deficiencia, vincula la noción de grotesco con el realismo y con, precisamente, la cultura popular en la Edad Media y el Renacimiento, nombre del libro donde despliega su lucubración al respecto, misma en que se apoya esta descripción.

El término grotesco, en realidad aparece hasta el Renacimiento, no así los fenómenos abarcados por el *análisis** de este teórico. El considera que se da el grotesco en tres épocas: *1)* el arcaico, anterior al clasicismo, *2)* el clásico, y *3)* el post/antiguo.

En el Renacimiento se aplicó por primera vez a la pintura ornamental romana hallada en cavernas del subsuelo de las Termas de TITO. Se trataba de un arte fantástico donde dinámicas formas humanas, animales y vegetales, cuyos límites se desvanecen, traslapan y mezclan en risueña anarquía, simbolizan la naturaleza inacabada y el cambio constante de todo lo que existe. Sin embargo siempre ha habido un mayor número de opiniones negativas que positivas acerca de este arte, como confirma BAJTÍN al citar a los teóricos que no lo comprenden y al procurar por primera vez un análisis profundo y completo de este fenómeno.

En efecto, ya VITRUVIO, el arquitecto romano contemporáneo de CÉSAR y de AUGUSTO, y estudioso del arte de su época, vio en ese arte una moda bárbara de pintarrajear monstruos, alterando violentamente formas y proporciones naturales (d:35).

La definición más extensa y descriptiva que debemos a BAJTÍN, abarca desde un arte grotesco primitivo, cuya procedencia es la cultura cómica popular, de la plaza pública, profundizando en su estudio sobre todo a principios del Renacimiento (aunque se extenderá todavía a los signos subsecuentes) y antes, al atravesar la Edad Media.

En esta definición, el grotesco forma parte de una cultura de la vida popular, espontánea, material y corporal, creadora de imágenes que revelan una concepción estética de la existencia práctica, que adopta la forma de un sistema a la vez unitario (d:36), universal y dotado del carácter de fiesta utópica, en el cual lo cósmico, lo social y lo corporal están imbricados dentro de una totalidad viva, alegre, bienhechora e indivisible, regida por un principio de signo positivo donde lo privado y lo general se funden en una unidad paradójica, de apariencia contradictoria (d:28).

El principio material y popular (cuyo portador es el pueblo) es percibido, pues, repito, como planetario y total; como opuesto a toda separación respecto de la tierra y del cuerpo, ya que ahí tiene sus raíces; por lo tanto es también contrario a todo "aislamiento y confinamiento en sí mismo" y a todo "carácter ideal abstracto", biológicamente aislado (o egoísta y burguesamente marginado).

El individuo nace y muere, aparece y desaparece; el pueblo (el cuerpo popular, colectivo y genérico) evoluciona de modo distinto, pues crece y se renueva constantemente. Por su vínculo con el pueblo, lo corporal resulta magnífico, aparece exagerado, y constituye el meollo del sistema positivo de imágenes materiales y corporales donde residen la fertilidad, el crecimiento, la superabundancia, la universalidad, la orientación hacia la renovación de la vida y, por ello, hacia el futuro.

De estos rasgos característicos de la cultura popular, proviene la serie de los atributos del arte realista grotesco, que son creadores de un ambiente: su fisonomía alegre y festiva, relacionada con el banquete abundante, es decir, con el apetito y la comida, con la sed y la bebida (ya que el vientre es una gozosa tumba corporal), y con la digestión y la actividad sexual.

Otra marca importante de lo grotesco es la degradación: lo elevado y espiritual se corporiza, se transfiere al plano concreto de la materia y del organismo humano. La comicidad, la risa y los *diálogos** suelen ser degradantes, pedestres, vulgares, de baja estofa (d:61). Son ejemplos de BAJTÍN los diálogos entre Sancho y Don Quijote. Hay degradación en tomar por gigantes los molinos de viento, por castillos los albergues, por castellanos los venteros, por ejércitos de caballeros los rebaños, por nobles damas las maritornes (d:25-27). Estas degradaciones desempeñan el papel del bufón que imita la ciscunspecta formalidad de un ceremonial (como el de las Carnestolendas en su relación con la Cuaresma).

También es típica de lo grotesco su especial relación con el tiempo, que es un tiempo del crecimiento, de la evolución y la metamorfosis. En el grotesco arcaico hay la noción de un *tiempo cíclico* en el que importa la repetida sucesión de las estaciones, de las etapas de producción agrícola y de la evolución biológica: siembra, concepción; brote, embarazo, alumbramiento; desarrollo, niñez, juventud, madurez, reproducción (cosecha), envejecimiento, muerte y transformación de la materia tras el seguimiento y la renovación de lo vivo. Esta ambigua concepción de la muerte renovadora, muy acentuada en la Edad Media, se debilita luego, en el Renacimiento.

También hay una percepción *no cíclica*, sino *histórica*, del tiempo. En ella se conservan la ambivalencia y la contradicción, pero no yuxtapuestas, sino sucesivas y, sobre todo, ampliadas de un modo abarcador de los fenómenos sociales e históricos.

grotesco

En el realismo grotesco hay, pues, un aspecto cósmico y un aspecto corporal. En el primero, lo alto se refiere al cielo (no a lo sublime); lo bajo, a la tierra, al principio de transmutación que aproxima tumba y vientre por un lado, y por otro, nacimiento y resurrección subsecuente a la muerte. En el aspecto corporal lo alto coincide con la cabeza y lo bajo con lo genital, el coito, el parto, el trasero, la alimentación, la defecación. Y las·protuberancias y orificios del cuerpo se observan como senos donde se siembra, y como vástagos, brotes, yemas, retoños, que expresan el crecimiento, el renacimiento y la continuidad sempiterna de la vida.

La vinculación de lo cósmico con lo corporal produce la ambigüedad de las imágenes; su valor simultáneamente negativo y positivo: se sepulta y se siembra; algo muere y algo superior —por nuevo e incipiente— es dado a luz. Al destruirse y disolverse en la nada, lo muerto a la vez se sumerge en lo inferior productivo, en la tierra y en el seno materno, donde todo es refundido para que nazca nuevamente (d:53).

La imagen grotesca expresa la imperfección de la vida en evolución fluctuante entre los polos del nacimiento y la muerte, que residen juntos como en la célula que se escinde para continuar sin dejar desechos ni cadáver.

La naturaleza del grotesco consiste en que: (d:62)

"es la expresión de la plenitud contradictoria y dual de la vida, que contiene la negación y la destrucción (muerte de lo antiguo), consideradas como fase indispensable, inseparable de la afirmación, del nacimiento de algo nuevo y mejor".

En el grotesco arcaico, inicial, la ambivalencia proviene de que se yuxtaponen las fases del desarrollo temporal: hay simultaneidad entre primavera, principio, concepción, embarazo, crecimiento, comida, bebida, etc., e invierno, envejecimiento, degradación, agonía, muerte, disgregación y reconciliación con la tierra (d:31).

Este es el arte donde la naturaleza del tiempo es percibida como cíclica, porque contiene "los dos polos del movimiento de cambio que hacen productiva la vida", al quedar vinculados ambos umbrales: el vientre y la tumba.

Además del grotesco, la *máscara* es otro rasgo importante en la cultura carnavalesca, representa el gozo que acompaña a la perpetuación de la vida, encarna también:

"...la alegre relatividad y la negación de la identidad y del sentido único, la negación de la estúpida autoidentificación y coincidencia consigo mismo (...) es una expresión de las transferencias, de las metamorfosis, de la violación de las fronteras naturales, de la ridiculización, de los sobrenombres (...) encarna el principio del juego de la vida, establece una relación entre la realidad y la imagen individual, elementos característicos de los ritos y los espectáculos más antiguos (...) La parodia, la caricatura, la mueca, los melindres y las monerías son derivados de la máscara. Lo grotesco se manifiesta en su verdadera esencia a través de la máscara."(d:42)

El *disfraz* simboliza la renovación de la personalidad social, dada a través de la renovación de las ropas, las actitudes, los atributos. Se produce una permutación de las jerarquías:

"Se proclama rey al bufón, arzobispo o papa de la risa al loco que celebra una parodia de la misa" (d:78).

Preside una lógica al revés, que hace poner los zapatos en la cabeza, etc., para subrayar las nociones de relatividad y de evolución invirtiendo todo orden posible de un modo que enfatiza la ridícula pretensión de inmutabilidad y perpetuidad de los regímenes jerárquicos.

El demonio travieso y divertido, carente de matices aterradores, es otro elemento del grotesco medieval que funciona como: "despreocupado portavoz ambivalente de opiniones no oficiales, de la santidad al revés, la expresión de lo inferior y lo material".

Por otra parte, si lo grotesco es observado desde la perspectiva de la estética clásica (de la belleza y lo sublime), basada en la sociedad clasista, de vida cotidiana preestablecida y perfecta, tenemos de sus imágenes una percepción desvirtuada por ese mismo punto de vista que produce una distorsión caricaturada, una imagen que ya no asumimos como propia ni nos permite comprender el "canon" del grotesco (d:33). (BAJTÍN así le llama aunque, para él, el grotesco es anticanónico; usa, pues, la palabra en un sentido más amplio, como tendencia dinámica en constante desarrollo, como sinónimo de pauta).

Aplicando este punto de vista clásico, sus imágenes resultan horrendas y monstruosas, porque la idea clásica del mundo biológico corresponde al equilibrio maduro de un ser perfecto y estable, "depurado de la escoria del nacimiento, el desarrollo, la degradación y la caducidad" del organismo "observado como entidad individual autónoma (...) aislada del cuerpo popular que la ha producido".

BAJTÍN pone como ejemplo de su concepción del grotesco las figuras de terracota de Kerch —en el museo Ermitage de Leningrado— semejantes a la paradoja lógica, dice, citando a L. PINSKI (d:36). Se trata de efigies de ancianas preñadas donde las señales de la vejez y del embarazo se exageran a fin de significar la vida como desarrollo ambivalente, internamente contradictorio, vinculador de lo heterogéneo, (d:29 y 38) y siempre inacabado. En ellas la vida se observa como un proceso semejante a una sucesión de eslabones cada uno incompleto, creado y creador, que entra en, y es penetrado por, otros eslabones, para que la vida prosiga en la cadena de la evolución de la humanidad.

Pero en el Renacimiento —observa BAJTÍN— da comienzo un proceso en el que el principio material y corporal se van desvinculando de la cultura popular y se van apartando tanto del cuerpo cósmico, universal, como de la tierra engendradora; aunque los cuerpos individualizados, particulares, aún se defienden del proceso de separación y dispersión, por lo cual:

> ...todavía lo inferior material y corporal cumple con sus funciones significadoras, degradantes, derrocadoras y regeneradoras a la vez...

de modo que el realismo renacentista no logró totalmente cortar

> ...el cordón umbilical que une (al cuerpo) con el vientre fecundo de la tierra y el pueblo...

A pesar de que hay ejemplos de la decadencia del grotesco desde los imitadores contemporáneos de RABELAIS, es sobre todo a partir del siglo XVII cuando ciertas formas del grotesco agravan su empobrecimiento orientándose hacia una pintura estática y costumbrista (d:52) La decadencia del grotesco se advierte en multitud de síntomas, por ejemplo: se debilita el polo positivo de las imágenes ambivalentes (d:62), se desnaturaliza al ser puesto al servicio de alguna idea o tendencia abstracta, política o moralizadora, pues de ese modo se confiere un sentido opuesto, que las desautoriza y reprueba. Por ejemplo: las imágenes de la glotone-ría, la embriaguez y el libertinaje, pueden apuntar a destruir ridiculizando, a reprimir mediante la farsa (d:63).

A fines del siglo XVII y a principios del XVIII, permanecían vigentes criterios del clasicismo. El grotesco era visto, a partir de una concepción burguesa del mundo, como ligado a una cultura cómica de ruin calaña, falsa, pobre y carente de vínculo con lo popular de la plaza pública, que también se atenúa y queda como tradición heredada del Renacimiento, pero no actualizada y viva. Tal cultura cómica resulta paralela a un proceso de estatización de lo festivo que se convierte en ceremonia cotidiana y solemne, pero de carácter privado. La vitalidad de las imágenes carnavalescas deja su huella en la *"commedia dell'arte"* (que proviene precisamente del carnaval), y también en MOLIERE, en la novela cómica, en las parodias del siglo XVII, en las novelas filosóficas de VOLTAIRE y DIDEROT, en las obras de SWIFT, en las ferias. En ellos:

> "...a pesar de las diferencias de carácter y orientación, la forma del grotesco carnava-lesco cumple funciones similares; ilumina la osadía inventiva, permite asociar elementos heterogéneos, aproximar lo que está lejano, ayuda a librarse de ideas convencionales sobre el mundo, y de elementos banales y habituales permite mirar con nuevos ojos el universo, comprender hasta qué punto lo existente es relativo y, en consecuencia, permite comprender la posibilidad de un orden distinto del mundo."

En ese mismo siglo XVII se da también una corriente de "realismo burgués" (SOREL, SCARRÓN y FURETIERE) que algunos consideran precursora del realismo del siglo XIX. BAJTÍN niega esta significación a dichas obras en virtud de que sólo ofrecen aspectos carnavalescos y sus imágenes grotescas, aisladas del devenir evolutivo, resultan inertes.

Luego, en el realismo de los últimos siglos, a partir de fines del XVIII, vuelven a observarse cambios: aparecen fragmentos del realismo grotesco pero se han atenuado su vitalidad, su aspecto positivo, y la bipolaridad de la concepción que aproxima muerte y gestación, vista su ocurrencia como proceso en el tiempo. En Alemania se da la polémica en torno a la figura de Arlequín (mantenedor de lo grotesco presente en todas las representaciones teatrales) (d:38), en aras del criterio estético clásico de lo bello, sublime, serio y decente en la tradición literaria.

BAJTÍN enumera, comenta y critica brevemente las aportaciones de otros estudiosos a la delimitación del concepto de grotesco: Justus MOSER se ocupa sobre todo de la *"commedia dell'arte"*, se refiere con simpatía a la comicidad inferior del grotesco, y lo define como respuesta a una tendencia a vincular lo heterogéneo, hiperbólico y caricaturesco con la necesidad de experimentar alegría. BAJTÍN reconoce su trabajo como el primer encomio del grotesco. FLOGEL, por su parte, hace la historia de los bufones de la corte y la de lo cómico grotesco, revisando un amplio acervo de fiestas populares y sociedades literarias de la Edad Media, aunque desatiende aspectos importantes (como la parodia latina) y no procede sistemáticamente. Ambos autores sólo identifican el grotesco que va asociado con la risa.

En el romanticismo el grotesco reaparece con un nuevo sentido, ya que expresa una *visión del mundo** subjetiva e individual, y al mismo tiempo se introduce como un elemento generador de equilibrio estético en las nociones de lo bello y lo sublime provocando una "toma de conciencia respecto de la relatividad dialéctica del juicio estético". La novela *Vida y opiniones de Tristan Shandy*, del inglés Laurence STERNE, "paráfrasis original de la cosmovisión de CERVANTES y RABELAIS", según BAJTÍN, es el primer ejemplo. También aparece entonces la novela grotesca llamada "negra"; pero donde mejor se desarrolló el grotesco subjetivo romántico fue en Alemania donde, en las novelas de Theodor G. VON HIPPEL y de Jean Paul RICHTER y en la obra de HOFFMANN, puede observarse la evolución de este tipo de grotesco. Este último escritor y SCHLEGEL (que suele llamarlo "arabesco" y lo considera "la forma más antigua de la fantasía humana") fueron sus teóricos. Jean Paul se refiere al grotesco romántico llamándolo "humor cruel" y presta importancia especial a la "ridiculización del mundo" en SHAKESPEARE, "a través de sus bufones melancólicos y de Hamlet". BAJTÍN, después de analizar ambas opiniones, lo concibe así en la etapa del romanticismo:

> ...fue un acontecimiento notable de la literatura mundial. Representó, en cierto sentido, una reacción contra los cánones clásicos del siglo XVIII, responsables de tendencias de seriedad unilateral y limitada: racionalismo sentencioso y estrecho, autoritarismo estatal y lógica formal, aspiración a lo perfecto, completo y unívoco, didactismo y autoritarismo de los filósofos iluministas, optimismo ingenuo o banal, etc. El romanticismo grotesco rechazó todo eso y se apoyó sobre todo en las tradiciones del Renacimiento, especialmente en SHAKESPEARE y CERVANTES, que fueron redescubiertos. El grotesco de la Edad Media fue recuperado a través de las obras de estos dos autores.

"dice (refiriéndose a HIPPEL y RICHTER), mientras del influjo de STERNE afirma que fue importantísimo. Sin embargo, el grotesco romántico es muy inferior al de la Edad Media y el Renacimiento, porque pierde el carácter popular, universal y público de la vivencia corporal; se convierte en un carnaval privado, vivido por el individuo subjetivamente, en su aislamiento, con una risa amortiguada que libera, pero cuya función positiva y regeneradora decrece y apunta hacia el humor cruel de la sátira (d:41) dando lugar a la aparición de lo "terrible" y lo "ajeno" exterior al hombre, que permanecían ocultos detrás de lo habitual y apacible, a diferencia de su función anterior representada por espantajos cómicos, alegres y extravagantes, victimados y vencidos por la risa. BAJTÍN, sin embargo, de un modo casi contradictorio (que no es raro en él) reconoce luego, (d:45) en aras de su afán de matizar la idea, que constituye un importante rasgo positivo del romanticismo el haber descubierto:

> "...el individuo subjetivo, profundo íntimo, complejo e inagotable. Ese carácter infinito interno del individuo era ajeno al grotesco de la Edad Media y el Renacimiento, pero su descubrimiento fue facilitado por el empleo del método grotesco, capaz de superar el dogmatismo y todo elemento perfecto y limitado (: 41).

> En las imágenes del grotesco romántico las funciones de la vida material ya no son regeneradoras sino inferiores y están asociadas al miedo "que el mundo inspira" miedo que es la expresión exagerada de una seriedad unilateral y estúpida que en el carnaval es vencida por la risa (d:40)

dice en otra parte BAJTÍN; miedo incompatible con el regocijo optimista del grotesco de la Edad Media y el Renacimiento. La risa ya no es fuerte ni fértil, sino "irónica, atenuada y sin alegría ni poder regenerador"; la locura ya no aporta el punto de vista diverso, sugestivo y fascinador, sino:

> los acentos sombríos y trágicos del aislamiento individual.

grotesco

La máscara, a pesar de que sigue aportando una atmósfera especial, no celebra la esencia inagotable de la vida, sino disimula un vacío espantoso, encubre la nada.

Este clima se asocia en cierto modo (sólo durante el Romanticismo) con la afición a las marionetas, porque media la idea generalizada de que el hombre es un títere zarandeado por una fuerza intrusa, brutal, oscura y sobrehumana. En sus representaciones, el diablo encarna la melancolía que corresponde al destino espantoso; su risa es "sombría y maligna" (d:43). Durante el romanticismo, el diablo y el infierno dejan de ser espantajos divertidos, producen espanto y acompañan a la tragedia.

Por cuanto toca a la ambivalencia, en el grotesco romántico suele convertirse en una especie de "antítesis petrificada", en un lúgubre contraste a la vez violento e inmóvil, donde la oscuridad es imprescindible (a diferencia del grotesco popular que se da en un espacio luminoso). BAJTÍN pone por ejemplo al sereno que narra las *Rondas nocturnas* de BONAVENTURA (pseudónimo de autor desconocido), texto alemán de principios del siglo XIX, quien:

> ...tiene como padre al diablo y como madre a una
> santa canonizada; ríe en los templos y llora en los
> burdeles.

lo cual ya no constituye la parodia ritual de lo divino como en la fiesta de los locos, sino la insólita risa de un excéntrico en un lugar sagrado.

Ya habíamos mencionado a los autores del realismo grotesco en la Edad Media y en el Renacimiento (RABELAIS, CERVANTES, STERNE), que influyeron en el realismo de siglos posteriores (STENDHAL, BALZAC, HUGO, DICKENS, etc.). BAJTÍN considera luego a otros autores que en el siglo pasado lucubraron con respecto al concepto de grotesco, manifestándolo ya sea en la creación, ya sea teóricamente, o de ambas maneras. Así, agrega a GAUTIER (a propósito del cual BAJTÍN afirma que el grotesco es una tradición en Francia), así como a HEGEL, FISCHER y SCHNEEGANS.

Resulta interesante observar los matices peculiares agregados por estos escritores a la extensa descripción básica de BAJTÍN, que abarca hasta el Renacimiento, para no repetir. Así, lo que se añade, proviene de la época. Este autor es, sin embargo, siempre más rico, y, además, mayormente profundo, como cuando advierte que la ruptura del realismo con el grotesco hizo que éste degenerara y se falsificara resultando orientado, al final, hacia el naturalismo.

Victor HUGO describe la noción "de un modo interesante y característico del romanticismo francés". Comienza desde la mitología preclásica (con ejemplos como la hidra, las harpías, los cíclopes) y hace extensivos estos rasgos a toda la literatura a partir de la Edad Media. Pero lo más importante es cómo localiza al grotesco contemporáneo suyo "por doquier", en el contraste entre la deformidad y la fealdad con lo cómico y bufo. Pero BAJTÍN no coincide exactamente con HUGO: éste ubica el grotesco como medio de contraste para exaltar lo sublime. Aquél los hace complementarios en una unidad de mayor belleza que la clásica más pura.

GAUTIER, a mediados del siglo, publicó, con un criterio muy amplio, una antología titulada *Los grotescos*, de donde BAJTÍN obtiene varias conclusiones: que los franceses supieron buscar las raíces del grotesco en lo popular; que no se limitaron a atribuirle una función satírica; que es muy valioso el descubrimiento de la subjetividad del individuo en el período romántico; y que hay una superior fuerza artística e interpretativa en el "método grotesco".

En HEGEL advierte que sólo alude a la fase arcaica del grotesco, en la que ignora el papel de la comicidad y ve, en cambio, la manifestación de un "estado espiritual pre-clásico y pre-filosófico", que ejemplifica con el arte arcaico hindú, en el cual halla tres rasgos característicos:

> 1) mezcla de zonas heterogéneas de la naturaleza, 2) exageración y 3) multiplicación de ciertos órganos
> (divinidades hindúes con numerosos brazos y piernas).

En cambio FISCHER, de manera más acertada y penetrante, halla "la esencia y la fuerza motriz del grotesco" en lo risible y lo cómico. BAJTÍN lo cita:

> el grotesco es lo cómico en su aspecto maravilloso, es lo cómico mitológico.

Después de estos autores el grotesco entra en decadencia: es relegado como elemento de ruin estofa, o es considerado como simple sátira agresiva. Es ejemplo la historia de la sátira grotesca de SCHNEEGANS, publicada en 1894, quien la define como "la exageración de lo que no debe ser" y, aunque se detiene principalmente en RABELAIS, no sabe captar toda la riqueza que ya observamos en la descripción de BAJTÍN.

En el siglo XX BAJTÍN señala otra vigorosa reaparición del grotesco, cuyo desarrollo contradictorio y complejo permite advertir, sin embargo, dos tendencias: 1) grotesco modernista que recibe tanto una tardía influencia romántica como, luego, una existencialista, y que está representado por Alfred HARRY, los superrealistas y los expresionistas; y 2) grotesco realista, que vuelve a la cultura popular y al realismo grotesco y las formas carnavalescas, representado por Thomas MANN, Bertold BRECHT y Pablo NERUDA.

BAJTÍN elige referirse a la tendencia modernista tal como se halla explicada por Wolfgang KAYSER en un estudio cuyo análisis y conjunto de observaciones merece su elogio, aunque nuestro autor no aprueba totalmente sus resultados ni su criterio, pues comete el error de no abarcar dentro de su perspectiva ni la cultura popular ni la cosmovisión carnavalesca. KAYSER se propone elaborar una teoría general y localizar la esencia del grotesco, pero solamente logra una visión distorsionada y un resumen parcial del período romántico y modernista. Todo lo anterior a esa época apenas se menciona y no cuenta, pues sus análisis, generalizaciones y conclusiones sólo consideran la mencionada etapa. Ella contiene reminiscencias que, aunque debilitadas, proceden sin embargo del vigoroso conjunto (descrito aquí antes por el filósofo ruso) lo cual es ignorado por el teórico alemán (d:48) pues, cuando alude a él, lo hace en un tono lúgubre que no le corresponde.

Para KAYSER el grotesco es extraño, inhumano, tétrico, funesto; pero esta descripción no cuadra ni siquiera al de los románticos, aunque en ellos no sea muy grande la alegría que acompaña a la expresión de la relatividad y la metamorfosis perpetua de lo existente. Esta teoría de KAYSER es objeto de una extensa crítica de BAJTÍN y queda caracterizada como contradictoria, reductora y teñida por un matiz existencialista principalmente en su visión del vínculo entre vida y muerte y en su definición de la risa (d:50—51).

En cuanto al llamado por BAJTÍN realismo grotesco, no es otro sino el realismo del siglo XIX al que este autor cree conveniente agregar tal adjetivo, ya que sus mejores representantes (ya mencionados: STENDHAL, BALZAC, HUGO, DICKENS), se relacionan con la tradición renacentista ya sea directamente o a través de la novela ligada a la cultura popular carnavalesca (RABELAIS, CERVANTES, STERNE). Cuando no hubo tal vínculo —dice— el realismo se degradó hasta caer en empirismo naturalista. Ello prueba una vez más que la fuerza y la esencia estética del grotesco sólo se captan en su plenitud cuando se vinculan a la "unidad de la cultura popular y la cosmovisión carnavalesca de la Edad Media y la literatura del Renacimiento" (d:52). En esto se basa su consideración de la obra de RABELAIS como la más valiosa de su tiempo, debido a que revela mejor la concepción del mundo y los valores de la cultura cómica popular en el Renacimiento, y a partir de la unidad interna de tantos elementos heterogéneos que hacen de ella una "enciclopedia de la cultura popular".

BAJTÍN menciona a numerosos teóricos, del siglo pasado y de éste, que han dedicado estudios minuciosos pero fallidos a estos temas, y generalmente atribuye su fracaso a una especie de miopía que les impide, tanto llegar a establecer generalizaciones, como advertir la naturaleza unitaria de la cultura popular. Por ello el fruto de sus pesquisas tiene la apariencia de un "conglomerado de curiosidades heterogéneas".

Algunos teóricos del siglo XX publican obras a propósito de las cuales BAJTÍN entabla con el lector una polémica dentro de la que él mismo provee los argumentos favorables y adversos; pues elogia y aplaude diversos aspectos, para después dedicar a muchos otros una crítica muy severa.

En este caso están H. REICH con su estudio sobre el mimo en la literatura; y Konrad BURDACH con su análisis de la evolución de la "idea/imagen de renacimiento" (de 1918), precisamente a través de la Reforma, el Renacimiento y el Humanismo. El primero reúne abundante y valiosa documentación y, aunque empobrece la risa eliminando sus aspectos positivos, la asocia adecuadamente con lo material y corporal "inferior", y, por otra parte, circunscribe a la figura del mimo todo lo relativo a la comicidad. En cuanto a la obra de BURDACH, este autor acierta al considerar que el Renacimiento no es generado por esfuerzos intelectuales, sino por el ferviente anhelo humano de renovación en lo que atañe a todos los aspectos de la vida; pero no percibe que esa "idea/imagen" se desarrolló dentro de la cultura cómica popular, es decir, en la "segunda vida festiva" del pueblo en la Edad Media. Pero BURDACH no advierte, como sí lo hace en cambio BAJTÍN, un anticipo del Renacimiento en la cosmovisión carnavalesca de Joaquín DE FLORA y de RIENZI, y también en la alegría de la concepción del mundo y del cuerpo y la materia en Francisco DE ASÍS. Según BAJTÍN (y otros teóricos), el Renacimiento se gestó precisamente en la Edad Media, sobre todo a partir del siglo XII, y en la Edad Media la fiesta ofrecía juntos ambos aspectos, el popular y el oficial.

El grotesco está vinculado a la sátira filosófica y ofrece una visión reelaborada del caos que sustituye a la armonía del mundo. Mezcla géneros y estilos. Se dan en él "la bestialidad de la naturaleza humana y la humanidad de los animales", lo cual "cuestiona los valores del hombre sin que ello sea signo de degeneración o menosprecio, sino sólo una forma de poner al hombre en su lugar, en particular respecto a sus instintos y su corporeidad". Además, el grotesco "se opone al absurdo, al nihilismo y al dadaísmo, ya que no niega la lógica ni la existencia de leyes y principios sociales (.).y en cambio cree en la función crítica y paródica de la actividad artística...(pues) en el grotesco nos reímos con aquéllos de quienes nos burlamos".

En suma, para BAJTÍN el grotesco es siempre realista y se manifiesta a través de muchos temas y recursos, pues tiene su origen en la cultura cómica popular, la cual es infinita y muy heterogénea en sus manifestaciones. En el grotesco, nacimiento y tumba no se oponen, sino se superponen, se traslapan, y constituyen las fases necesarias para la vida que es perpetuo cambio y renovación (d:50-51), en perpetua crisis de relevo, y no inspiran temor. El principio inferior es positivo, pues devora y procrea. La locura, por otra parte, "permite desplegar un enorme abanico de coronamientos y derrocamientos, disfraces y mistificaciones carnavalescas", y a la vez, permite también "realizar la escapatoria fuera de los caminos trillados de la vida oficial". En estos asuntos, a pesar de que estén debilitados, se conserva la chispa de la risa popular basada en lo material, corporal y regenerador, presente a veces casi contra la voluntad del creador. Por poner un ejemplo más próximo a nosotros, podemos ver este mecanismo en las calaveras de POSADA, en las mojigangas de las posadas decembrinas, y en las crónicas costumbristas de Angel DE CAMPO, que no pone en la picota al gobierno, pero sí a las convenciones que rigen la vida social de la clase media para arriba (periodismo, novelas, espectáculos callejeros, administradores, oradores, profesionistas), y que lo amplía hasta cierto punto al públicarlo en los periódicos.

En fin, PAVIS afirma que V. MEYERHOLD (*Écrits sur le theatre*) logra la mejor definición del grotesco, abarcando a RABELAIS, a HUGO e, inclusive, a BAJTÍN: "Exageración premeditada, reconstrucción (desfiguración) de la naturaleza, unión de objetos en principio imposible, tanto en la naturaleza como en nuestra experiencia cotidiana, con una gran insistencia en el aspecto perceptible, material, de la forma así creada".

El *grotesco criollo* es también una forma teatral de una época, estudiada por Claudia KAISER-LENOIR en el teatro argentino, y descrita, mediante una dolorosa comicidad, como un fenómeno socio-histórico (el proceso de inmigración de fuerza laboral europea) manifiesto en el escenario de modo que asimila la realidad social con sus tipos y su lenguaje, y constituye simultáneamente una obra artística, una crítica al poder y una toma de posición ideológica y política.

GUIÓN.

*Texto** que contiene las indicaciones para el manejo del *relato** narrado o representado durante su puesta en *escena** o su filmación. A veces se asemeja más a un recetario que a un instructivo. Es muy necesario, sin embargo, por la dificultad de convertir el *lenguaje** novelesco en otro teatral o cinematográfico, ya que generalmente resulta demeritada su calidad poética y, por otra parte, debe soportar sin desmerecer el reto de la convivencia con los otros lenguajes (luz, color, moblaje, música, movimiento y aspecto de los *personajes**).

H

HABLA. V. SISTEMA LINGÜÍSTICO.

HABLANTE. V. EMISOR.

HAMARTIA.

Ignorancia que determina un error de juicio del *héroe** de la *tragedia** griega, error que desencadena la *catástrofe**. También puede ser visto como enfermedad o delirio del espíritu enviado a guisa de castigo por los dioses. Se relaciona con la *ironía** trágica consistente en que el héroe se dirige a su perdición al engañarse acerca de su destino.

HAPLOLOGÍA. V. CONTRACCIÓN.

HATROÍSMO. V. ACUMULACIÓN.

HEMISTIQUIO. V. METRO.

HENDIADIN. V. ENDIADIN.

HERMENÉUTICA (y exégesis, interpretación).

La filosofía utilizó primeramente el término como sinónimo de interpretación. En la filosofía existe una tradición. Dilthey llamó así a la interpretación de los signos en que se expresan vivencias del espíritu, y Heidegger la consideró un aspecto de la fenomenología, la que se aplica a la interpretación de la existencia.

La hermenéutica filosófica propone un *sentido** a partir de la intención del *enunciador** y tomando también en cuenta la percepción evaluadora del *receptor** que es el intérprete. Se trata de un desarrollo de la noción tradicional de *exégesis* que suele aplicarse a la lectura de la *Biblia* y, en general, de los *textos** sagrados. Según FOUCAULT (*Las palabras y las cosas*), intenta "hacer hablar a los *signos** y descubrir sus sentidos".

Tanto la filosofía como la *retórica** se ocupan de la hermenéutica. Las dos consideran que la *persuasión* es el medio para hacer aceptar la *interpretación** de lo que está en la intención del *emisor** del *discurso**, y en las posibilidades de percepción del *destinatario** del *mensaje** (interlocutor o lector).

La retórica y la filosofía brindan la estrategia y los instrumentos de trabajo (dice M. BEUCHOT) cuando coinciden en el propósito de "rescatar, tanto la intencionalidad objetiva del *hablante** o *autor**, como la intencionalidad subjetiva del hermeneuta".

GADAMER y RICOEUR han relacionado ambas disciplinas, mismas que se diferencian principalmente en que, la retórica, que ha renacido, se ha renovado, y ha extendido el campo de sus intereses en este siglo, y dado que respalda todo tipo de discurso que verse sobre cualquier asunto, ha llegado a disputar el campo de la interpretación a la filosofía, mientras que la hermenéutica seguirá siendo siempre un instrumento del filósofo, a pesar de la universalización de su empleo.

La intención interpretativa de la retóricá es más antigua, pero la hermenéutica ha sido más abarcadora como instrumento de la filosofía del lenguaje, al centrar su atención en el *enunciado**, mientras el estructuralismo (que reivindicó a la *retórica*) se centraba en la *palabra**. Pero RICOEUR considera que la retórica, la poética y la hermenéutica se aplican a discursos cuya amplitud rebasa el enunciado pues son capaces de resolver los problemas de unidades más complejas, las llamadas *textos** artísticos. La retórica completa el instrumental requerido para interpretar textos poéticos, más difíciles que los filosóficos porque son híbridos, tienden a la *equivocidad** y a la *polisemia**, y, amén de la *argumentación**, cumple en ellos un papel la emoción y dan cabida a todos los *lenguajes sociales**.

El método de lectura estructural ha hecho posible analizar el texto en todos sus *niveles** para no traicionarlo, y con ese mismo método proceder al análisis *semiótico**, (GREIMAS) es decir, analizar luego los elementos extratextuales (LOTMAN) del contorno textual, lo que los formalistas rusos (TINIANOV) llamaron *series**, para, conforme al criterio de *pertinencia** (MOUNIN), relacionar con los resultados del análisis textual los resultados del contextual, sólo en la medida en que éstos arrojen luz sobre el texto y ayuden a esclarecerlo al comparar el *metatexto** del *autor** con el vigente entre sus principales contemporáneos,

BAJTÍN, por otra parte, ha contribuido a resolver el nudo dialéctico de los contrarios, es decir, la disputa entre subjetivismo estilístico individualista y determinismo socioeconómico y formalista, al describir al sujeto de la *enunciación** como un ser social, cuya individualidad está estructurada y permeada por los demás; por la familia, la escuela y los diferentes grupos con los que interactúa, por el caldo de cultivo socio/cultural que a él lo produce. El escritor recoge en su propia idea de texto (*metatexto**) tanto la tradición como la idea de texto que prevalece en su momento, entre sus contemporáneos, pero sólo para *desautomatizar** esos *lenguajes**. De modo que dentro de él se libra la lucha entre tradición y ruptura, mientras en cada *receptor** se libra otra lucha igual al entrar en contacto con el texto, al actualizar sus *significados** a partir de su propia *competencia** y su saber, convirtiéndose provisionalmente en un coautor mientras construye su interpretación. Así, los mecanismos de lectura ponen en contacto el horizonte del *emisor** y el del lector durante el proceso de *comunicación** del *mensaje**.

HÉROE. V. ACTANTE y AUTOR.

HETERODIEGÉTICO. V. ANACRONÍA.

HETEROGLOSIA (o heterología).

El concepto de *novela** en BAJTÍN varía respecto de la tradición literaria principalmente porque introduce en él dos matices esenciales: el de *heteroglosia* y el de *cronotopo**. El primero significa que en la novela, a diferencia de lo que ocurre en la *épica**, hay una *pluralidad discursiva*, pues se introducen cambios fundamentales

heterología

al ser estructurada por distintas voces: del autor, de los narradores, de los personajes; portadora cada voz de distintas *perspectivas* * y entonaciones; de diferente carácter, *visión del mundo* *, *ideología* *, costumbres, intenciones, intereses, conocimientos; pertenencia a una clase social, una cofradía, una institución, un grupo dado; ejercicio de una profesión, un oficio, una actividad. En ruso la heteroglosia —*raznorechie*— significa, literalmente, heterodiscurso. TODOROV traduce *heterología*, término que sería —para T. BUBNOVA, el más afortunado. BAJTÍN llama a los lenguajes característicos de tales voces *lenguajes sociales* * o bien *dialectos sociales*, y los observa como elementos estructurales que introducen en la novela conflictos ubicados fuera del sistema lingüístico, y la liberan de las rigideces de la *épica* *. Ésta, por otra parte, contrasta con la novela por su lenguaje serio, solemne, grandilocuente, y por la distancia que el *mito* *, la leyenda, o la voluntad de enaltecimiento, la ubicación de los hechos en el pretérito y la calidad divina de algunos participantes, introducen en ella. (V. CRONOTOPO*).

HETEROLOGÍA. V. HETEROGLOSIA.

HETEROMETRÍA. V. ISOSILABISMO.

HIATO (y sinéresis o sinicesis o síncresis o compresión o episinalefa).

Fenómeno de dicción que suele usarse como licencia poética, es decir, como *figura retórica* *. Consiste en la pronunciación separada de dos vocales que van juntas: "tu escuela".

Lo contrario del hiato es la *sinéresis*, que consiste en articular en una sola sílaba, dentro de la palabra, las vocales, contiguas o separadas por *h*, que no constituyen normalmente diptongo, como en *acreedor*, *leal*. O bien, en la formación de un diptongo (que constituye una sílaba métrica) con vocales de sílabas distintas de una misma palabra, como en el heptasílabo de GARCILASO:

> También se(*ría*) notada
> el aspereza de que estás armada.

El hecho de que se produzcan estas figuras, depende de la naturaleza fuerte o débil de los sonidos vocálicos, de sus respectivas posiciones, de su posible coincidencia con el acento, ya sea que se trate del que corresponde a la *palabra* *, o bien del que domina en el grupo fónico dentro del cual la palabra se articula.

Como figuras retóricas, son *metábolas* * de la clase de los *metaplasmos* *, que se producen por *adición* * y por *supresión* * parcial respectivamente. En la sinéresis la palabra se contrae al perder, en realidad, una sílaba, por lo que constituye un tipo de *contracción* *. Suele usarse, desde luego, como un recurso de versificación: *ao/ra* (por *a/ho/ra*) Es lo mismo que la *sinicesis*, la *compresión* y la *episinalefa*. (V. también CONTRACCIÓN*.)

HIPÁLAGE (o enálage de adjetivo).

Figura retórica * de construcción de la que resulta un *tropo* *, es decir, de *nivel* * morfosintáctico (ya que se produce por una *permutación* de lugares sintácticos) pero que afecta a la semántica, por lo cual también es de nivel léxico-semántico (y a veces lógico —*tropo de sentencia*— por la extensión del discurso que es necesario abarcar para su comprensión). Generalmente consiste en aplicar a un objeto un *epíteto** que conviene a personas.

De la hipálage resulta pues una especie de *metáfora** próxima a la *metáfora sintáctica**.

Veamos una hipálage de NERUDA:

> Solo yo acudo, a veces,
> de mañana,
> a esta cita con piedras *resbaladas*
> *mojadas, cristalinas,*
> *cenicientas,...*

donde las piedras —mojadas— hacen resbalar al poeta que acude a la cita con ellas; esto es, hay un desplazamiento sintáctico —de la relación gramatical— que conlleva un desplazamiento del *sentido** —una *impertinencia semántica*— y también, como dice LAUSBERG, conlleva un enriquecimiento pues hay una *ambigüedad** que permite agregar otro sentido: el de que las piedras poseen un aspecto lustroso y pulido, como si hubieran resbalado largamente antes de llegar allí.

Entre las *figuras** que afectan a la corrección lingüística (*puritas*) sintáctica ("*in verbis coniunctis*") clasifica la tradición a la *hipálage*. Consiste en ligar entre sí, dentro de la *frase**, *palabras** que "ni sintáctica ni semánticamente se adecuan" (LAUSBERG). La operación que la produce es un desplazamiento de las relaciones —gramatical y semántica— del adjetivo y el sustantivo. El adjetivo no concuerda ni gramaticalmente ni por su *significado** literal (sino por uno metafórico) con el sustantivo que le está contiguo, sino con otro, u otros, presentes dentro de un *contexto** inmediato.

Dice Juan Ramón JIMÉNEZ:

> Cerraban las puertas
> contra la tormenta.
> En el cielo *rápido,*
> *entre dos portazos,*
> *chorreando dardos*
> *del yunque de ocaso,*
> *abría el relámpago*
> *sus sinfines trágicos.*

donde la rapidez no es una cualidad de *cielo* sino de *tormenta*, de *portazos*, de *dardos* y de *relámpagos*.

Por ello creo que podríamos considerar a la hipálage como un *metataxa* en el que opera una *permutación** de los lugares sintácticos —y, como consecuencia, de los semánticos. Un *metasemema* por su efecto de sentido metasemémico. Un *metalogismo*, a veces, por su extensión: es decir, una figura de construcción que es tropo de dicción y tropo de sentencia y que está montada sobre dos o sobre tres niveles de lengua.

En la tradición grecolatina la hipálage fue muy usada, estaba considerada entre los *"schemata"** o figuras de construcción. A veces se presenta como un fenómeno doble, en un juego de dos sustantivos y sus correspondientes adjetivos intercambiados: "iban oscuros en la noche solitaria", en vez de: "iban solitarios en la noche oscura". (VIRGILIO).

hipérbaton

La hipálage ha sido descrita también como un *epíteto** metonímico, señalándose así la relación metonímica entre el sustantivo y el adjetivo. LAUSBERG explica que el desplazamiento semántico produce una *metonimia**, misma que —agrega— "gracias a su carácter de construcción extraña, mueve la fantasía del público, de suerte que la retraducción a la dependencia sintáctica normal produce el efecto de algo pedestre y chabacano". Si observamos el verso de LÓPEZ VELARDE: "un encono de hormigas en mis venas voraces", o el de NAVARRETE: "el medroso ladrar del can hambriento", vemos que la relación en el primer ejemplo es de poseedor/posesión [venas (hormigas) poseedoras de voracidad, que es una metáfora sinestésica de las sensaciones eróticas], mientras en el segundo ejemplo es de razón/consecuencia (el *medroso* no es el *ladrar* sino el *can*, como consecuencia del hambre y de la noche oscura que se describen en el *contexto**).

En todos estos ejemplos es posible advertir cómo el adjetivo mantiene simultáneamente una relación sintagmática —por contigüidad— y una relación vertical, paradigmática, cada una con un sustantivo distinto. Eso es lo que determina que el adjetivo se enriquezca semánticamente —en su nueva y extraña relación sintagmática— sin haber perdido el significado que proviene de su relación con otro sustantivo explícito o implícito en el *texto** mismo. Esta doble y simultánea significación es lo que hace *equívoco**, ambiguo, pluriisotópico, el *discurso** poético. (V. ISOTOPÍA*).

HIPÉRBATON (o "transmutatio", anástrofe, tmesis, protísteron, histerología o locución prepóstera, "transgressio", "transiectio", "hysteron/proteron", "inversio", "reversio", "perversio", paréntesis).

*Figura** de construcción que altera el orden gramatical (por el procedimiento de la *"transmutatio"*) de los elementos del *discurso** al intercambiar las posiciones sintácticas de las *palabras** en los *sintagmas**, o de éstos en la *oración**:

> dulces daban al alma *melodías*
> SIGÜENZA Y GÓNGORA

> *víctima* arde olorosa *de la pira*
> SANDOVAL ZAPATA

> *tímido* ya *venado*
> SOR JUANA

> *Éstas* que me dictó, rimas *sonoras*
> GÓNGORA

El hipérbaton introduce un "orden artificial" llamado *anástrofe, protisterón, histerología* o *"hysteron/proteron"* —inversión del orden temporal de los hechos mediante el trueque (la *permutación**) de la posición de los elementos en el *sintagma**.

Es más frecuente en *verso** que en *prosa**, pues facilita la construcción regida por el *ritmo** y la consecución de la *rima**. También sirve, en prosa o en verso, para evitar la *anfibología**, para poner de relieve una expresión importante, para causar una sorpresa estética al romper la convención lingüística lógica.

El espíritu de la lengua española ofrece al hipérbaton limitaciones, debido a que carece de los *morfemas** gramaticales de la declinación (reveladores de la *función** de las palabras) y hace peligrar la claridad. Sin embargo, hay variedades; se combina, por ejemplo, con la *epífrasis* (adición acumulativa) que, cuando contiene ideas secundarias o aclaratorias, se denomina *epexégesis**, la cual consiste en adaptar por agregación a una *oración** sintácticamente cabal, un elemento más, disociado del sintagma:

Roma lo busca, y Cartago.

La anástrofe (o *protisterón o histerología* —transposición de una palabra— o "*hysteron/proteron*" —de varias palabras—, que es *figura patética* producida por efecto de las pasiones, —en griego— (o en latín "*inversio*", "*reversio*" —en QUINTILIANO— o "*perversio*" —que significa trueque), se da al introducir en el discurso, entre elementos "en contacto", un orden lógico o temporal artificial, anteponiendo la expresión final (de mayor impacto afectivo) a la inicial, como en el caso de la anteposición del adnominal al nombre:

> que *del arte* ostentando los *primores*
> SOR JUANA

o de los complementos al verbo:

> *Métricas armonías*
> *los Querúbicos coros alternaban*
> SIGÜENZA y GÓNGORA

El *metro** es, con frecuencia, causa de esta figura, dice LAUSBERG. La *anástrofe* es una *metátesis** de palabras o *frases** contiguas, pues la *permutación** se da en contacto, por lo que en los ejemplos anteriores se combina con el hipérbaton estricto, que es a distancia y que se produce al intercalar entre otros un elemento gramatical que no pertenece a ese lugar (*paréntesis**).

Otra variedad del hipérbaton es la *tmesis*, es decir la intercalación encarecedora, en medio del sintagma, de ciertas partículas como la conjunción *pues*:

> —¿Quieres hacerlo?
> —Sí, pues, lo haré.
> —Tú, pues, lo hiciste.

La inserción llamada *tmesis* es la forma más elemental de la permutación *indistinta* y constituye, como la anástrofe y el hipérbaton, un *metataxa** producido por permutación indistinta de los lugares sintácticos correspondientes a las expresiones. (V. SÍNQUISIS* y EXPLETIVO*).

HIPÉRBOLE.

Exageración o audacia retórica que consiste en subrayar lo que se dice al ponderarlo con la clara intención de trascender lo *verosímil**, es decir, de rebasar hasta lo increíble el "*verbum proprium*" (aunque FONTANIER recomienda no llegar a ese extremo), pues la hipérbole constituye una intensificación de la "*evidentia*"* en dos posibles direcciones: aumentando el *significado** ("se roía los codos de hambre"), o disminuyéndolo ("iba más despacio que una tortuga").

El carácter aritmético de la operación es en la hipérbole tan evidente como en la *litote**, en la que se dice más para significar menos, o se dice menos para significar más.

La hipérbole, que es un *tropo** (*metasemema** o *metalogismo**), suele presentarse combinada con otras *figuras**, principalmente *metáfora**, *prosopopeya**, *gradación**,

hipercataléctico

*eufemismo**, la propia *litote* y aun la *reticencia**, pues el silencio puede llegar a producir un efecto hiperbólico.

Dice el famosísimo ejemplo de GARCILASO:

> Con mi llorar las piedras enternecen
> su natural dureza y la quebrantan;
> los árboles parece que se inclinan;
> las aves, que me escuchan cuando cantan,
> con diferente voz se condolecen
> y mi morir, cantando, me adivinan;
> las fieras que reclinan
> su cuerpo fatigado,
> dejan el sosegado
> sueño para escuchar mi llanto triste.

En cambio dice BAJTÍN: "La hipérbole siempre es festiva, inclusive la hipérbole injuriosa", (a: 376). "El estilo hiperbólico, lo festivo, es lo que mide la trivialidad y la ordinariedad de lo cotidiano". Hay que recordar siempre la versatilidad de las posibilidades de creación y de empleo de las figuras, que es tan inagotable como la de la *lengua** misma.

HIPERCATALÉCTICO. V. ACATALÉCTICO.

HIPERMÉTRICO. V. ACATALÉCTICO.

HIPEROTAXIA.

Relación inclusiva de lo superior en lo inferior, de lo mayor en lo menor, etc.: "Estados Unidos invadió a Granada" (en lugar de: "Los norteamericanos invadieron a Granada"). (V. HIPOTAXIS*.)

HIPÉRTESIS. V. METÁTESIS.

HIPÓBOLE. V. ANTICIPACIÓN.

HIPOCORISMO. V. IRONÍA.

HIPOCORÍSTICO.

Diminutivo que se forma por *derivación** gramatical o por deformación o sustitución de un nombre, de donde resulta un apelativo, generalmente afectuoso, frecuente en el *habla** familiar:

> Paco (Francisco)
> Guay (Rafael)
> Lalo (Eduardo)

HIPÓCRISIS. V. "PRONUNTIATIO" e IRONÍA.

HIPOGRAMA. V. ANAGRAMA.

"HIPONOIA". V. ÉNFASIS.

HIPOTAXIS.

Relación que vincula entre sí a las *oraciones** subordinadas y sus respectivas subordinantes:

Hay en el lenguaje vulgar frases afortunadas que nacen en buena hora y que se derraman por toda una nación, así como se propagan hasta los términos de un estanque las ondas producidas por la caída de una piedra en medio del agua.

LARRA

Ejemplo donde todas las subsecuentes se subordinan a la primera oración. En este sentido se opone a *parataxis**.

También suele llamarse así a la relación inclusiva de lo inferior en lo superior o de lo mayor en lo menor: "dos cabezas de ganado" (todo el animal, no sólo la cabeza). Es la relación que produce figuras como la *sinécdoque** o la *litote**. En este sentido se opone a *hiperotaxia**, tipo de relación que también aparece en la construcción de las mencionadas *figuras**.

HIPOTIPOSIS. V. DESCRIPCIÓN.

HIPOZEUGMA. V. ZEUGMA.

HISTEROLOGÍA. V. HIPÉRBATON.

HISTORIA. V. DIÉGESIS y DISCURSO.

HOMEOPTOTE U HOMEOPTOTON. V. PARONOMASIA.

HOMEOTELEUTON. V. PARONOMASIA y RIMA.

HOMODIEGÉTICO. V. ANACRONÍA.

"HOMOEOPROPHORON". V. ALITERACIÓN.

HOMOEOPTOTON. V. PARONOMASIA.

HOMOEOTELEUTON. V. RIMA y PARONOMASIA.

HOMOFONÍA (y homófono).

Identidad de sonido en *palabras** de distinta ortografía, etimología y *significado**. Son homófonos: *vaca* y *baca* (fruto del laurel).

HOMOGRAFÍA.

Identidad de la escritura en *palabras** que no coinciden gramatical ni etimológicamente: *pasa* (ciruela desecada al sol), *pasa* (del verbo pasar).

HOMOLOGÍA (y analogía, razonamiento analógico).

Término tomado de la lógica donde, en general, designa una relación de analogía o semejanza del *significado** entre dos términos, y de la geometría, en que significa la identidad del orden en que se colocan los lados de dos o más figuras semejantes.

En *semiótica** se llama así a la correspondencia estructural, es decir, al tipo de relación que se da en una correlación entre las partes de dos *sistemas** semióticos de diferente naturaleza; correlación fundada en las conexiones que establecen entre sí ambos sistemas distintos, las que se descubren mediante una operación de *análisis** semántico que consiste en formular un "razonamiento analógico" (que establece la relación de *analogía*, o sea de semejanza, entre cosas distintas) a propó-

homonimia

sito de elementos estructurales (*sememas**); razonamiento que se manifiesta, según GREIMAS, como sigue:

Si el *semema** A es al semema B tanto como el semema A' es al **semema B', los** sememas A y A' (que poseen necesariamente al menos un *sema** en común) son homólogos entre sí en relación a B y B' (que también poseen al **menos un sema** en común y también son homólogos entre sí). La relación entre A y B es idéntica a la relación entre A' y B', y es una relación lógica elemental que puede ser de *contradicción**, de *contrariedad** o de *complementariedad**.

Analogía es un término más general, expresa la semejanza o correspondencia dada entre cosas diversas.

HOMONIMIA.

Relación de identidad del *significante** y disparidad del *significado** de dos *signos**; en otras palabras: equivalencia de sonido de los pares de *palabras** que a la vez ofrecen oposición semántica.

Se trata de un tipo de *relación equívoca** —o *no unívoca*— entre el *significante** y el *significado** de las palabras, ya que a un significante corresponden dos significados, por lo que también se le ha llamado *equívoco* a la homonimia, cuando su empleo da lugar a la *dilogía**.

Los *homónimos* son *homófonos* (u homónimos imperfectos) cuando sólo es idéntico su sonido pero no su grafía (*casa* —habitación— y *caza* —piezas producto de la cacería—), y son *homógrafos* (u homónimos perfectos) cuando son idénticos tanto su sonido como su grafía (*gato* —felino— y *gato* —aparato para levantar pesos—).

El fenómeno de la homonimia, por el que la misma expresión es capaz de recubrir diversos *contenidos**, es, según HJELMSLEV, consecuencia del carácter arbitrario del signo, ya que un mismo significante corresponde en realidad a dos signos. GREIMAS puntualiza: "Dos *lexemas** son considerados independientes y homónimos, si sus *sememas** no comportan ninguna figura nuclear común" (la que caracteriza al semema, diferente de los *semas** contextuales). Cuando esto ocurre, se atribuye a las palabras una cualidad: la *disemia*, misma que está en el fundamento de la *figura retórica** llamada *dilogía* o *antanaclasis*:

> Con dos tragos del que suelo
> llamar yo néctar divino
> y a quien otros llaman *vino*
> porque nos *vino* del cielo...
> Baltasar DE ALCÁZAR

"HORISMÓS. V. DEFINICIÓN.

"HYSTERON/PRÓTERON". V. HIPÉRBATON.

I

ICONO. V. SIGNO.

ICONOGRAMA. V. SIGNO.

"ICTUS". V. METRO.

IDEOGRÁFICO, poema. V. METAGRAFO.

IDEOGRAMA LÍRICO. V. METAGRAFO.

IDEOLOGEMA.

*Palabra** portadora de marcas ideológicas, del modo como *estilema** es portadora de marcas de *literariedad* específicas de la *función** artística de un *texto**. El ideologema es la unidad de *significación** reveladora de filiación a una *ideología* dada, vista ésta como una teoría de las ideas cuya paternidad atribuye Jules VUILLEMIN —E. EINAUDI— a Destutt DE TRACY en 1796, y que, transitando por diversos derroteros (principalmente los de "filosofía como ideología" y "marxismo como ideología"), se ha acercado más y más a una historia de las ideas como instrumento de *análisis**, vista la sujeción del pensamiento a las vicisitudes de la historia. Y en ésta, habría que ver la historia de la división del trabajo, la historia de las clases sociales, es decir: la historia de la economía. (V. IDEOLOGÍA*).

IDEOLOGÍA (y axiología).

Sistema de ideas y de representaciones (*mitos** imágenes), determinado por la sociedad, que los individuos producen en su *discurso** y que sustentan acerca de su propia ubicación en el mundo y de su propia relación con él.

Tal relación está condicionada socialmente por esa posición de cada ser humano en la sociedad (por su modo de vida: lo que produce y cómo lo produce), y también por su manera de percibir el mundo, por su *visión del mundo** que también es social (pues su actividad intelectual depende de su comportamiento material) y es histórico/cultural (ya que implica la organización y las instituciones políticas particulares de cada conglomerado en cada época).

La ideología cumple un papel histórico en el seno de la formación social concreta en que se da, pues su existencia está dada por su intervención en una práctica, y es también un aglutinador social, un identificador del grupo o de la clase a que el individuo pertenece y, por último, un marco de referencia para el ejercicio colectivo del pensamiento.

idiolecto

Desde la perspectiva de la *semiótica** de GREIMAS se oponen ideología y *axiología*
En la axiología, los *valores** "resultan de la articulación semiótica del universo semántico colectivo", "pertenecen al *nivel** de las *estructuras** semióticas profundas",
son *virtuales* y se presentan como *taxonomías**, en sistemas donde se articulan paradigmáticamente. En la ideología, en cambio, los valores pertenecen al nivel de las
estructuras semióticas de superficie, se presentan articulados sintagmáticamente, es
decir, sintácticamente, y son "investidos en modelos que aparecen como potencia-
lidades de procesos semióticos". Al ser investidos en el modelo ideológico, los valores se actualizan y quedan a cargo de un sujeto *modalizado* por el *querer ser* y
subsecuentemente por el *querer hacer*, por lo que puede definirse como actancial y
actualiza valores que la ideología selecciona dentro de sistemas axiológicos de orden virtual. (V. también ENUNCIADO* y ACTANTE*.)

De otro modo: los valores semánticos de las *palabras** expresan los marcos de
pensamiento, la axiología manifiesta en una *lengua** de una comunidad, por ejemplo la de los hispanohablantes; cada uno de éstos construye, al hablar, su ideología, a partir de los valores semánticos dados en la lengua.

La ideología se manifiesta en el discurso literario mediante la presencia o ausencia de valores, de juicios y representaciones colectivas que provienen del *contexto** cultural. Éste determina la configuración de los valores tanto dentro de las
convenciones artísticas (en general) y literarias (en particular) instituidas, como en
el sujeto que enuncia el discurso (G. GIMÉNEZ).

IDIOLECTO (y sociolecto, dialecto).

*Lenguaje** idiosincrásico, privativo de una persona, tal como ella, singularmen-
te, lo emplea, con sus peculiaridades individuales, según su *competencia** lingüística
y su conformación socio/cultural.

El idiolecto puede equipararse al estilo cuando proviene de un trabajo sistemático efectuado con propósito agudamente individualizador.

Idiolecto se opone a *sociolecto:* sublenguaje idiosincrático de un grupo social
dado. Según GREIMAS, el sociolecto se identifica por "las connotaciones sociales
que lo acompañan" y por "las variaciones semióticas que lo oponen a otros sociolectos", y constituye la "faz significativa" de las organizaciones de una sociedad
dada. Tales organizaciones son "fenómenos extrasemióticos" que hallan sus correspondientes "configuraciones semióticas" precisamente en el sociolecto que distingue a un grupo social de otros grupos (o estratos o clases sociales).

También se opone a *dialecto*, que designa al *habla** regional (opuesta a un habla
nacional u oficial), es decir, es el sublenguaje que corresponde a un grupo social
delimitado dentro de una de las zonas geográficas de un mapa lingüístico. (V. DIA-
LECTO SOCIAL* en LENGUAJE*).

IDIOTISMO.

*Frase** hecha, lugar común de uso amplio y constante que, por lo mismo, transgrede las normas gramaticales y semánticas de la *lengua** de tal modo que puede
ser parafraseada pero no soporta el *análisis** porque se revela como una construcción absurda. Parecería por ello una *figura retórica** pero no lo es ni por la intención con que se expresa ni por el efecto que produce:

Te creo *a pie juntillas*
No hay que *andarse por las ramas*
Te *hiciste pato* cuando te llamé

Algunos *calcos** sintácticos que son muy usuales, presentan la *estructura** del idiotismo, pero difieren por su origen:

En base a... (del inglés *in base to*)

en español no significa nada literalmente (es como "hacerse pato"), lo correcto es: *con base en*.

Tal cosa ocurre *al interior* (del frances) de la arteria

en lugar de: ocurre *en el interior*, que es lo correcto en español. En ambos casos, no podemos decir que sean préstamos válidos, porque atentan contra la sintaxis y corrompen la *lengua** en la misma medida que omitir la **s** del dativo plural:

Le**s** dije *a ellos*, (a ellos, por eso no puede faltar la *s*).

y tanto como ponerle una **s** de más al acusativo singular:

Ese cuento yo se lo (**s**) conté a ellos (el cuento), lo contado.

En este último caso, si se omite el pronombre *se* (yo lo conté), se pone a prueba el *lo* y puede corregirse.

Estas construcciones defectuosas comparten también la estructura de los idiotismos.

ILOCUTIVO. V. ACTO DE HABLA.

"ILLUSIO". V. IRONÍA.

"IMMUTATIO". V. SUSTITUCIÓN.

IMPERFECTIVO. V. ASPECTO VERBAL.

IMPLICACIÓN. V. CONTRADICCIÓN.

IMPLICITACIÓN CONVERSACIONAL. V. CONTRADICCIÓN.

IMPLÍCITO. V. CONTRADICCIÓN.

IMPOSIBLE (o "adynaton", pl.: "adynata").

*Figura retórica** de las que en el siglo XIX se denominaron *patéticas*. Consiste en negar la posibilidad de que algo se realice, pero enfatizando tal idea al agregar que, para que ello ocurriera, antes tendría que suceder otra cosa que es más difícil aún, o que es imposible:

Que me aspen, si te traiciono.

o bien;

Del bien perdido al cabo ¿qué nos queda
sino pena, dolor y pesadumbre?
Pensar que en él fortuna ha de estar queda,
antes dejara el sol de darnos lumbre.

ERCILLA

imprecación

También puede consistir el *imposible* en afirmar el propósito de realizar hechos que implican gran dificultad por lo que, para garantizar que existe la posibilidad de emplearlos, se agrega la promesa de efectuar otros actos más que difíciles, imposibles:

> Callando este cacique, se adelanta
> Tucapelo de cólera encendido,
> y sin respeto así la voz levanta,
> con un tono soberbio y atrevido
> diciendo: "A mí la España no me espanta,
> *y no quiero por hombre ser tenido*
> *si solo no arrüino a los cristianos,*
> *ahora sean divinos, ahora humanos*
> *Pues lanzarlos de Chile y destruirlos*
> *no será para mi bastante guerra;*
> *que pienso, si me esperan, confundirlos*
> *en el profundo centro de la tierra;*
> y si huyen, mi maza ha de seguirlos,
> que es la que deste mundo los destierra,
> por eso no nos ponga nadie miedo,
> *que aun no haré, en hacerlo, lo que puedo.*
>
> Y por mi diestro brazo os aseguro,
> si la maza dos años me sustenta,
> *a despecho del cielo,* a hierro puro,
> de dar desto descargo y buena cuenta
> y no dejar de España inhiesto muro;
> y aun el ánimo a más se me acrecienta,
> que *después que allanare el ancho suelo,*
> *a guerra incitaré al supremo cielo*
>
> ERCILLA

Uno de los tópicos muy frecuentados tanto en la antigüedad como en la Edad Media era la "enumeración de imposibles" —dice CURTIUS— sobre todo combinado con el *tópico** de *el mundo al revés*, al que dio origen, según este autor.

El *adynaton* es un imposible enfático e hiperbólico que introduce lo onírico, lo fantástico o lo irreal, enmedio de lo común que posee *verosimilitud**.

IMPRECACIÓN. V. OPTACIÓN.

INCARDINACIÓN.

Admisión o aceptación de la subordinación de los elementos de una *oración** o de un *período**, por ejemplo entre los miembros de un *isocolon**.

INCIDENCIA.

Figura sintáctica que es semejante al *paréntesis** pero menor que la *oración**.

INCOATIVO. V. ASPECTO VERBAL.

"INCREMENTUM". V. AMPLIFICACIÓN.

ÍNDEX. V. SIGNO.

ÍNDICE. V. SIGNO Y FUNCIÓN EN NARRATOLOGÍA.

264

INDICIO. V. FUNCIÓN EN NARRATOLOGÍA.

INDUCCIÓN. V. ANÁLISIS.

"IN EXTREMAS RES". V. "IN MEDIAS RES".

INFIJACIÓN. V. EPÉNTESIS.

INFIJO. V. AFIJO.

INFORMACIÓN. V. FUNCIÓN EN NARRATOLOGÍA.

"IN MEDIAS RES" (e **"in extremas res", "ab ovo"**).

La relación de una *historia** comienza *"in medias res"* cuando el orden de la *intriga** no es el canónico o cronológico de la *fábula*;* es decir, cuando no comienza por el primero de los hechos relatados —lo que sería iniciar la relación *"ab ovo"*— sino por una parte intermedia. Con esta estrategia discursiva se logra introducir al lector o al espectador en una gran tensión desde el primer momento. El orden regresivo, que se inicia por el desenlace de la historia, responde a otra estrategia y se dice que la relación comienza *"in extremas res"*, como ocurre en el *cuento* Viaje a la semilla*, de CARPENTIER.

El comienzo *"in medias res"*, seguido de una retrospección explicativa, es una estrategia narrativa de las más antiguas y de las más usadas todavía. GENNETE la considera "uno de los *'topoi'** formales del *género** épico". En la narración de la pieza oratoria —que en la antigüedad formaba parte de la *"dispositio"*, segunda parte de la *retórica** clásica, que se ocupaba de las reglas para la elaboración de todo el *discurso** —ya se enumeraban y describían estas estrategias narrativas.

INSINUACIÓN (o **"insinuatio" y sobreentendido**).

En la tradición, tipo de realización del *proemio** o *exordio* de la pieza oratoria, en el que astutamente se emplean recursos psicológicos (suposición, imputación, sorpresa, ingenio) para influir sobre el subconsciente del *receptor** (el público, los jueces o el *interlocutor**) para inclinarlo en el sentido de la causa del *emisor** (el orador o *locutor**), recuperando su simpatía cuando haya sido ganada por el contrario, su atención cuando por cansancio haya disminuido, o sugiriendo lo que se afirma o niega sin declararlo abiertamente.

Así insinúan a don Quijote los mercaderes toledanos que iban a Murcia, que no están de acuerdo en confesar "que no hay en el mundo todo doncella más hermosa que la Emperatriz de la Mancha, la sin par Dulcinea", pues uno de ellos le dice:

> Señor caballero, nosotros no conocemos quién sea esa buena señora que decís; mostrádnosla: que si ella fuere de tanta hermosura como significáis, de buena gana y sin apremio alguno confesaremos la verdad que por parte vuestra nos es pedida.

Tratan, con este *discurso**, de no acceder a su petición, pero sin chocar de frente con él, sin que empeore la situación.

La insinuación se ha utilizado mucho también en la *literatura* dramática, donde suele producirse ocultando el emisor la propia opinión, tanto en el *diálogo** ("oratio concisa") como en el discurso continuo ("oratio perpetua"), y evitando las afirmaciones o supliéndolas con preguntas que en apariencia son inocentes, pero que sugieren, con rodeos, lo que realmente se desea expresar.

Recientemente la *semiotica** ha vuelto sobre problemas y matices de la insinuación (descrita hasta aquí como sugerente sin declaración explícita o con rodeos), viéndola desde el punto de vista de la teoría de los *actos de habla** y de la noción lógica de *implícito**. Varios autores han descrito este concepto distinguiéndolo del de sobreentendido. RECANATI (1979) hace un estudio recapitulativo de una serie de ensayos. En él, principalmente, nos basamos aquí:

Un *enunciado** manifiesta su contenido proposicional (nivel de la *comunicación** literal) y a la vez manifiesta la "intención que tiene el locutor de comunicarse mediante tal enunciado con el *destinatario**". Dicha intención del locutor no es una intención simple, sino "compleja y reflexiva", pues consiste en "comunicar mediante el reconocimiento de la intención por el *oyente**" ya que, según GRICE, la intención se realiza cuando es reconocida como tal por el oyente, y según RECANATI se realiza sólo cuando es pública (es decir, cuando los interlocutores la conocen y cada uno de ellos sabe que los demás la conocen y cada uno sabe que él mismo la conoce).

No se trata aquí sólo de la intención general de comunicar, sino de la intención específica de comunicar de cierta manera, que es lo que AUSTIN llama "fuerza ilocutiva" (la fuerza de una orden, de una pregunta, de una afirmación). Conocer esa intención del locutor sirve al oyente para "conformar a ella adecuadamente su actitud receptiva". Para que un acto ilocutivo se cumpla, el oyente debe no sólo comprender el contenido proposicional del enunciado, sino también reconocer la intención, o sea, "la fuerza ilocutiva con que el locutor ha dotado su *enunciación**".

Pero hay comunicaciones indirectas, "actos de discurso indirectos"; es decir, un acto ilocutivo puede cumplirse indirectamente, mediante otro, porque ciertos enunciados parecen poseer una fuerza ilocutiva y poseen en realidad otra, ya que "la fuerza ilocutiva aparente (indicada por elementos como el modo verbal, el orden de las *palabras**, la *entonación**) no es la verdadera enunciación y, correlativamente, el contenido proposicional aparente del enunciado no es el verdadero contenido de la comunicación". (Por ejemplo, cuando para pedir un cigarrillo preguntamos: "¿Tienes un cigarrillo?")

La comprensión del acto de discurso indirecto está pues garantizada por marcas lingüísticas que corresponden en general a los grandes tipos de intención ilocutiva, pero también la existencia y el reconocimiento de convenciones extralingüísticas suele garantizar la comprensión. Así, cuando un locutor dice: "recibirá usted la visita de mis testigos", el oyente comprende su intención de retarlo a duelo sólo si existe (y si él la reconoce) la convención extralingüística de otorgar a tal acto de enunciación, en tales circunstancias, el poder de cumplir el acto de retar a duelo (y si, además, el oyente reconoce en el locutor la intención de retar a duelo).

También puede ocurrir que en el discurso haya un *sobreentendido*, que no haya marcas de la intención porque ésta esté "manifiestamente disfrazada". En este caso, para reconocer el disfraz, se requiere reconocer que el locutor ha patentemente violado, en el nivel de la comunicación literal (de lo dicho), una de las "reglas conversacionales" (señaladas por GRICE: de *cantidad*: procurar la información necesaria, ni más, ni menos; de *calidad*: decir lo que se cree verdadero y lo que se puede probar; de *relación** decir lo pertinente, lo que venga al caso; de modalidad decirlo de modo ordenado, breve y claro. V. IMPLICITACIÓN* en CONTRADICCIÓN). Y se requiere reconocer que la ha violado a pesar de que el locutor procura, en general, respetar dichas reglas hasta donde le es posible.

En esta implicitación conversacional o sobreentendido el oyente comprende mediante un razonamiento, pues el carácter anormal de la enunciación lo lleva a reflexionar sobre aquello que la motiva: ¿por que el locutor ha dicho lo que ha dicho" ¿por que no respeta las reglas conversacionales? Porque sabe (y sabe que sé que sabe) que el no hacerlo "deja entender" algo. (Lo que se "deja entender" es público y no necesariamente pone en juego la intención del locutor; en lo que se "da a entender" —que es precisamente lo que coincide con la *insinuación*—, hay intención de comunicar aquello que la enunciación "deja entender", y en el *sobreentendido* hay reconocimiento de la intención del locutor por parte del oyente).

El acto que se cumple por sobreentendido es un acto ilocutivo y se cumple mediante el reconocimiento por el oyente de la intención del locutor. Pero la comprensión de la intención no está garantizada por las indicaciones que procura la *frase**, ya que éstas no conciernen al acto sobreentendido (sino al literal, mediante el cual el sobreentendido se cumple).

En el sobreentendido, pues, se infringe una regla en el nivel de lo dicho (misma que se respeta en el nivel de lo sobreentendido) con el objeto de suscitar en el oyente una hipótesis. En un ejemplo de GRICE, un profesor de filosofía que debe informar sobre el rendimiento de un estudiante, dice: "tiene excelente ortografía y nunca ha llegado tarde". Con ello su intención está "manifiestamente disfrazada", pues lo hace evidente el carácter anormal de la enunciación, ya que se ha infringido la regla de cantidad al no procurar la información necesaria. Ello hace que el oyente reflexione y construya la hipótesis de que el profesor piensa tan mal acerca del trabajo del estudiante, que no quiere decirlo. Al violar la regla, lo deja sobreentendido. La infracción, dice RECANATI*, cumple aquí un papel de *embrague** al permitir el paso del nivel de la comunicación literal al de la comunicación implícita.

En el sobreentendido, pues, siempre hay infracción a una regla conversacional. Sin embargo, también se da la implicitación conversacional sin infracción (y sin sobreentendido), como en el ejemplo de GRICE en que un peatón dice a un chofer con el auto descompuesto: "hay un garage en el próximo semáforo", con lo que implica que el garage está abierto porque si no, su enunciación estaría fuera de lugar; pero no transgrede ninguna regla conversacional.

"INSINUATIO". V. INSINUACIÓN.

INSISTENCIA.

Figura retórica* de dicción que consiste en alargar las palabras mediante la agregación repetitiva de una de sus letras: "¡Ooooooh!"

Es pues una *metábola** de la clase de los *metaplasmos** pues afecta a la morfología de la palabra produciendo un efecto enfático. César VALLEJO dice en *Trilce*:

> Ella, vibrando y forcejeando,
> pegando gritttos,
> soltando arduos, chisporroteantes silencios...

INTEGRADORA. V. FUNCIÓN EN NARRATOLOGÍA.

INTEGRATIVA. V. FUNCIÓN EN NARRATOLOGÍA.

INTENSIÓN.

Anglicismo que a veces se utiliza en lingüística como sinónimo de comprehensión y como contraria a extensión.

INTERCALACIÓN. V. SECUENCIA.

INTERCAMBIO. V. ENUNCIADO y "PERFORMANCE".

"INTERCLUSIO". V. PARÉNTESIS.

INTERDENTAL, sonido. V. FONÉTICA.

INTERDEPENDENCIA. V. FUNCIÓN EN GLOSEMÁTICA.

INTERLOCUTOR. V. EMISOR y ACTO DE HABLA.

INTERPRETACIÓN. V. HERMENÉUTICA.

INTERPRETANTE. V. SIGNO y SEMIÓTICA.

INTÉRPRETE. V. SIGNO y SEMIÓTICA.

"INTERPOSITIO". V. PARÉNTESIS.

INTERROGACIÓN RETÓRICA (o pregunta retórica, comunicación, "communicatio", "exsuscitatio").

Figura* de pensamiento por la que el *emisor** finge preguntar al *receptor**, consultándolo y dando por hecho que hallará en él coincidencia de criterio; en realidad no espera respuesta y sirve para reafirmar lo que se dice:

> Y si no ¿cuál fue la causa de aquel rabioso odio de los fariseos contra Cristo, habiendo tantas razones para lo contrario? Porque si miramos su presencia ¿cuál más amable que aquella divina hermosura? ¿Cuál más poderosa para arrebatar los corazones? Si cualquiera belleza humana tiene jurisdicción sobre los albedríos, y con blanda y apetecida violencia los sabe sujetar ¿qué haría aquélla con tantas prerrogativas y dones soberanos? ¿Qué haría, qué movería y qué no haría y qué no movería aquella incomprensible beldad, por cuyo hermoso rostro, como por un terso cristal, se estaban transparentando los rasgos de la divinidad?

> SOR JUANA

Es una *metábola** de la clase de los *metalogismos** pues afecta a la lógica del *discurso**. Está emparentada con otras figuras que son la *dubitación** (con que se simula perplejidad que mueve al emisor a ceder al receptor la toma de una decisión respecto a la continuación del discurso o de las acciones del emisor); la *permisión** (con que se finge acceder a que el receptor u otro actúe de la manera que perjudica al emisor), y la *concesión** (con que se aparenta aceptar como verdadera una aseveración del contrario, aunque ella causa daño al emisor, quien podría rechazarla). La *"communicatio"* consiste en aparentar que se pide al público consejo respecto de la mejor manera de actuar. Es una pregunta por *dubitación**. Todas estas metábolas están consideradas en la tradición latina como figuras que constituyen recursos retóricos del orador "frente al público" (aunque también son frecuentes en la poesía y en otros *géneros**), y como "figuras de la pregunta"; que son medios normales cuando se finge un *diálogo** con el receptor.

Según FONTANIER, esta figura debería llamarse *asociación* para que no se confunda con la *verdadera* comunicación que para él consiste en presentar como uno solo, para ciertos fines, a varios, confundiéndolos en el discurso o confundiéndose el emisor mismo con otros. No pone ejemplo.

Como la interrogación retórica es una pregunta que no entra en juego con la respuesta y está despojada de su función dialógica, su efecto es patético. La interrogación junto con la *exclamación** y el *apóstrofe** forma un pequeño grupo de figuras afectivas que, en conjunto, también se denominan *"exsuscitatió"*.

INTERTEXTO (y transtextualidad, intertextualidad, configuración discursiva, recorrido figurativo, formante intertextual, microrrelato, contratexto, hipotexto, hipertexto, hipertextualidad, metatexto, metatextualidad, transformación, transposición, transfocalización, paratexto, parodia* alusión*, pastiche*, antitexto, transmotivación, architextualidad).

Conjunto de las unidades en que se manifiesta el fenómeno de *transtextualidad* ("trascendencia textual del *texto**"), dado en la relación entre el texto* analizado y otros textos leídos o escuchados, que se evocan consciente o inconscientemente o que se citan, ya sea parcial o totalmente, ya sea literalmente (en este caso, cuando el lenguaje se presenta intensamente socializado o aculturado y ofrece *estructuras** sintácticas o semánticas comunes a cierto tipo de *discurso**), ya sea renovados y metamorfoseados creativamente por el *autor**, pues los elementos extratextuales promueven la innovación. GREIMAS establece una diferencia entre los elementos intertextuales y los discursos sociales. Estos últimos están constituidos por "estructuras semánticas y/o sintácticas" que son "comunes a un *tipo** o a un *género** de discursos". Así, la intertextualidad parece quedar limitada a una relación consciente y deliberada "entre diversos textos ocurrencias".

Un texto puede llegar a ser una especie de *"collage"* de otros textos, algo como una caja de resonancia de muchos ecos culturales, y puede hacernos rememorar no sólo *temas** o expresiones, sino rasgos estructurales característicos de *lenguas**, de géneros, de épocas, etc., pues, en efecto, otras lenguas y otros textos entran en un nuevo texto ya sea como citas (copiados), ya sea como recuerdos; ya sea entre comillas o como plagios (KRISTEVA). Y no sólo se recuerdan las analogías, los temas o las formas que se citan o se copian, sino aquellos que se transgreden al introducir el escritor algo nuevo en la *literatura**. De esta manera lo *similar*, aquello que imita el *epígono**, se convierte en lo *disímil*: lo personal, lo vital, lo diferente y propio del autor que es, a su vez, un precursor de algo nuevo, dice SKLOVSKI, y agrega: "el escritor marcha hacia sí a través de las obras literarias ajenas, de las que suenan al oído de su época; él se dedica a contaminar".

La relación entre los rasgos textuales y los extratextuales se detecta al identificar la *ideología** de la clase social y del grupo intelectual a que pertenece el autor (GOLDMANN) y, por otra parte, al identificar su contorno histórico/cultural: las convenciones de la institución literaria, del *género**, de los *"topoi"**, etc., además de las relaciones entre la *serie** literaria y las series extraliterarias (MUKAROVSKI).

El concepto de *intertextualidad*, atribuido por GREIMAS y por RUPRECHT a BAJTÍN —y con antecedente en VOLÓSHINOV—, ha sido también objeto de diversos desa-

rrollos por parte de muchos autores como SKLOVSKI (que no le llama así), KRISTE-
VA, GREIMAS mismo, COURTÉS, RUPRECHT, LOTMAN, BARTHES, TODOROV, RIFFATE-
RRE, GULLENTOPS, etc.

Intertextualidad es hoy un concepto cada vez más utilizado en *análisis** de *tex-
tos** y en *semiótica**, que tiene su antecedente en la teoría de las influencias mane-
jada desde hace un siglo en lingüística y en literatura comparada. Todavía
SKLOVSKI habla de influencia al mencionar las veces que TOLSTOI cita a STERNE, a
quien tradujo, y la teoría de las influencias se ha aplicado (mediante el "procedimiento de transformaciones orientadas, propio de la metodología comparada que
procura establecer correlaciones entre los objetos semióticos" —GREIMAS) a detectar aquellas obras de arte cuyo rastro es posible hallar en un texto, ya que en cada
uno de ellos pueden existir "configuraciones discursivas" cada una de las cuales
abarca un conjunto de *significaciones** actualizadas en diferentes "recorridos figurativos" (*"encadenamientos isotópicos* de *figuras**, correlativos a temas dados" —GREI-
MAS), es decir, ciertos *microrrelatos* que según GREIMAS coinciden más o menos con
los *motivos** —"formas narrativas o figurativas autónomas y móviles, capaces de pasar de una *cultura** a otra y de integrarse en conjuntos más vastos perdiendo total
o parcialmente sus significaciones antiguas en beneficio de otras nuevas". Por otra
parte, las "formas de recepción" son *estructuras discursivas** englobantes, capaces de
asumir las microestructuras llamadas *motivos*, microestructuras que constituyen estereotipos merecedores de un estudio tipológico (GREIMAS, 1982 [1979]).

BAJTÍN y VOLÓSHINOV se interesan en la orientación y ubicación del *discurso ajeno* al que describen como *discurso dentro del discurso* y como *discurso acerca de otro
discurso*. La noción de *intertextualidad* (a la que BAJTÍN no puso nombre) se desprende de la de *principio dialógico* que según él rige la orientación del *enunciado**
literario, mismo que está orientado hacia la interacción histórica entre el sujeto de
la *enunciación** y todos los posibles puntos de referencia y destinatarios, a lo largo
y a lo ancho de la dimensión temporal y espacial del *contexto**. Así, la *palabra** es
réplica y tiene réplica, es *bivocal**, está orientada hacia la palabra (*convergente* o *divergente*) del *otro*, o bien repercute "activamente sobre el discurso que la representa" (el del mismo *autor**) modificándolo (BIANCOFIORE y PONCIO:2).

Para la citada Julia KRISTEVA, un texto "constituye una permutación de textos,
una intertextualidad: en el espacio de un texto se cruzan y se neutralizan múltiples *enunciados** tomados de otros textos".

Para M. ARRIVÉ, el intertexto es el "lugar donde se manifiesta —y se capta— el
contenido de la *connotacion** al ser identificados en el texto, durante el *análisis**
semiótico, los contenidos connotados". Lo que significa que un elemento intertextual siempre es connotativo. Al ser tomado del texto original se descontextualiza;
al entrar en el nuevo texto se recontextualiza y se transforma, agrega a su *signifi-
cado** literal un significado que proviene de su procedencia, por lo que crea un
efecto de novedad aunque, por otra parte, al ser absorbido por el nuevo *contexto**,
sufre una transformación, ya no es el mismo. (V. también TEXTO*.) El intertexto
puede aparecer bajo diversas formas, además de la *cita*, por ejemplo como *alu-
sión**, *pastiche**, *imitación*, *parodia**, etc. Kibédi VARGA habla, además, de *contratexto*:
texto derivado de otro texto anterior al que en algún aspecto cuestiona o pone en

crisis, ya sea en forma paródica, ya sea modificando o sustituyendo algunos de sus elementos estructurales.

GÉNETTE es el teórico que más extensa y sólidamente ha desarrollado esta noción en su libro *Palimpsestos*. Se basa en KRISTEVA, BAJTÍN y BARTHES (1969), cita a RIFFATERRE, pero difiere de él, y en 1982 modifica su visión del problema y adopta la versión que aparece en el libro mencionado, donde abarca los siguientes cinco tipos de relaciones *transtextuales*, que son *aspectos de la textualidad*:

1) *Intertextualidad*, relación de copresencia entre dos o más textos, presencia de un texto en otro: *cita, plagio, estereotipo, catacresis*, pastiche*, imitación literal*. La *alusión** es una forma parcialmente explícita o, inclusive, "hipotética" (**e:**10-11). Tales textos, intercalados en otros, sin ser recreados, son lugares comunes, pero su recontextualización los resignifica en muy distintos grados.

2) *Paratexto*, texto que es un *campo de relaciones*, un lugar privilegiado de la dimensión pragmática de la obra por su relación con el lector, ya que aporta señales accesorias que procuran un entorno al otro texto. Tales son, respecto de un libro, sus *epígrafes, títulos, subtítulos, intertítulos, prefacios, advertencias, prólogos, esquemas previos, proyectos, borradores, notas, epílogos, solapas,* etc. En el paratexto tiene lugar (según LEJEUNE, citado por GÉNETTE), un pacto genérico porque alude al *género** y compromete al *autor**.

3) *Metatextualidad, comentario* que revela una *relación crítica* de un texto con otro al que no menciona, al que evoca sólo alusivamente. Para GÉNETTE esta relación está insuficientemente estudiada. Pone de ejemplo la *Fenomenología del espíritu* de HEGEL que hace recordar *Le neveu de Rameu*.

4) *Hipertextualidad* es un aspecto universal de la *literariedad**, ya que todas las obras literarias son unidades hipertextuales o hipertextos, pues no hay una que no evoque a otra. Es la relación que vincula al *hipotexto* (texto A) con el *hipertexto* (texto B). Este autor ejemplifica con *La Eneida* de VIRGILIO y el *Ulises* de JOYCE que son hipertextos de un hipotexto que es *La Odisea* de HOMERO, realizando, en distintos grados, operaciones transformadoras en el tiempo, el espacio, los *personajes**, etc., ya que, al constituirse el hipertexto, el hipotexto se transforma. GÉNETTE describe algunas *transformaciones: transposición* de la *acción**; *reducción* (escisión, concisión, condensación —compendio, resumen, sumario—, contracción, etc.); *amplificación; transfocalización* —cambio de *punto de vista** que puede ir a parar en el *antitexto: paráfrasis** seria de *El Quijote*, por ejemplo; *transmotivación* —cambio de *motivo**— y otras variantes de la hipertextualidad que al final relaciona con el "*bricolage*" y con la lectura que LEJEUNE llama *palimpsestuosa*.

5) *Architextualidad*: relación "completamente muda", la más abstracta, la más implícita, expresada, cuando mucho, con una *mención paratextual* a guisa de *título* indicador como: *Poemas, Ensayos, Versos Sencillos* (MARTÍ), *Cuentos del General* (RIVA PALACIO), *Cartas del verano de 1926* (PASTERNAK, TSVIETÁIEVA, RILKE), que apunta hacia el *género** "que es sólo un aspecto del architexto", y así orienta al lector por cuya cuenta corre la determinación real del estatuto genérico del texto, ya que puede rechazar la indicación. El architexto no es una clase, es la "clasicidad misma".

La hipertextualidad, como clase de obras "es, en sí misma, un architexto genérico o, mejor, transgenérico; es una clase de textos que engloba enteramente ciertos géneros canónicos (aunque menores) como la *parodia**, el *pastiche**, el

intertextual

travestimiento", y atraviesa todos los demás géneros (ciertas epopeyas, novelas, tragedias, comedias, algunos poemas) porque a la vez pertenecen a su clase reconocida y a la de los hipertextos.

Al llegar aquí, GÉNETTE recapitula y explicita una idea que el lector ha venido infiriendo: los cinco tipos que propone de intertextualidad, "no son clases estancas sin comunicación ni emplazamientos recíprocos", sino con numerosas y decisivas relaciones.

Él mismo pone un ejemplo: La *architextualidad* genérica se constituye casi siempre, históricamente, por vía de *imitación* (VIRGILIO imita a HOMERO) y, por tanto, de *hipertextualidad* (HOMERO pone el *hipotexto* y VIRGILIO el *hipertexto*), y se reconoce por indicios *paratextuales*. La *hipertextualidad* (que es "una clase de textos") suele revelarse también mediante un indicio *paratextual* (el título en *Ulises* de JOYCE) que es, a la vez, una señal de *metatexto** ("este libro es una novela"). El *metatexto* crítico generalmente abarca una parte considerable de *intertexto* citacional de apoyo que inclusive puede tomar la forma de alusiones textuales o paratextuales. (V. BERISTÁIN **a**)).

INTERTEXTUAL. V. INTERTEXTO.

INTERTEXTUALIDAD. V. TEXTO e INTERTEXTO.

INTERVERSIÓN. V. METÁTESIS

INTRADIEGÉTICO. V. NARRADOR

INTRATEXTO. V. EXTRATEXTO.

INTRIGA. V. FÁBULA, TEMPORALIDAD y MOTIVO.

INVARIANTE. V. FUNCIÓN EN GLOSEMÁTICA.

INVENCIÓN.

Es el nombre de una *figura retórica** que consiste en utilizar una expresión totalmente creada por el escritor y carente, en *sí* misma, de *significado**. Éste debe ser inferido a partir del *contexto**:

> El traje que vestí mañana
> no lo ha lavado mi lavandera:
> lo lavaba en sus venas *otilinas*,
> en el chorro de su corazón...

dice en *Trilce* VALLEJO. Su invención podría tener relación con *otilar* que en Aragón significa "aullar el lobo", o con *otis*, género de ciertas aves zancudas, o con *ot*, raíz griega de la que se derivan voces cuyo significado se vincula con el oído. Pero en realidad no existe en español, como tampoco existe *Trilce*, el nombre del libro.

Es pues un caso de *neologismo** total, una *metábola** de la clase de los *metaplasmos** porque afecta a la *forma** de las *palabras**, ya que se produce por supresión/adición total (cuando es parcial, se trata del neologismo propiamente dicho), pues se sustituye una palabra por otra que carece de *significación** si se saca de su contexto.

La invención asume una función significativa en el *texto**, debido a que se ve beneficiada por la *redundancia** propia del *lenguaje** y porque la necesidad de coherencia así lo exige:

> Mañana es otro día, alguna
> vez hallaría para el *hifalto* poder,
> entrada eternal.

dice el mismo VALLEJO, y en otro poema, *"Intensidad y altura"* también inventa apoyado en la redundancia natural y en la necesidad de congruencia:

> Quiero escribir, pero me sale espuma,
> quiero decir muchísimo y me atollo;
> no hay cifra hablada que no sea suma.
> no hay pirámide escrita sin cogollo.
>
> Quiero escribir, pero me siento puma;
> quiero laurearme, pero me encebollo.
> No hay *toz* hablada que no llegue a bruma,
> no hay dios ni hijo de dios sin desarrollo.
>
> Vámonos, pues, por eso, a comer yerba,
> carne de llanto, fruta de gemido,
> nuestra alma melancólica en conserva.
>
> ¡Vámonos! ¡Vámonos! Estoy herido:
> Vámonos a beber lo ya bebido,
> vámonos cuervo, a fecundar tu cuerva.

donde *toz* es un neologismo (podría ser usado por otros, como fueron los de GÓNGORA) y es al mismo tiempo la *invención** llamada *crasis**, ya que está hecha de **voz** y de **tos**.

"INVENTIO" (o **"eúresis", o invención y persuasión*, prueba, lugar, "topoi", "locus", lugar común, lugar propio, "quaestio", premisa, silogismo, entimema, epiquerema, sorites, dilema, argumentación*).**

En la tradición grecolatina, primera de las partes de la *retórica**, que corresponde a la primera fase preparatoria del *discurso** oratorio: la concepción de su *contenido**, que abarca la selección de los *argumentos** y las ideas sobre las que después habrá de implantarse un orden considerado por otra de las partes de la retórica: la *"dispositio"** (disposición). Los argumentos y las ideas funcionan como instrumentos intelectuales (que convencen) o como instrumentos afectivos (que conmueven) para lograr la *persuasión** mediante un alto grado de credibilidad. La *"inventio"* no pertenece pues a la creación sino a la preparación del proceso discursivo, pues consiste en localizar en los compartimentos de la *memoria** ("loci") los *temas**, asuntos, pensamientos, nociones generales allí clasificados y almacenados mediante constantes ejercicios. Establecida por CÓRAX, la *"inventio"* fue reglamentada por el genio sistematizador de ARISTÓTELES bajo el influjo de la idea platónica de que los conceptos son innatos en el hombre.

La materia de la *"inventio"* es lo que hoy llamamos *contenido*. En la *"inventio"* se procuran orientaciones acerca de cómo buscar las ideas generales que se han de esgrimir como argumentos y que, una vez hallados, la *"dispositio"* (segunda fase preparatoria del discurso) ha de organizar distribuyéndolos en compartimentos estructurales (*exordio**, *narración**, *argumentación**, *refutación** y *epílogo*).

En general, se ha considerado que la invención consta de tres elementos (pruebas, costumbres y pasiones) que apuntan a la persuasión porque constituyen un llamado a la razón, a tener confianza en el orador y a abandonarse a la emoción vehemente.

La razón aparece instaurada en el *texto**, en el discurso mismo; la confianza en el orador se funda en su virtud, en sus buenas costumbres, pues la elocuencia del *emisor** se ve fortalecida por la elocuencia del buen ejemplo que da como miembro de la sociedad. La pasión que el orador suscita en sus oyentes corresponde al otro extremo del circuito de *comunicación** (*emisor/receptor**) y se relaciona con las circunstancias del caso y con el carácter del auditorio (edad, condición social, religión, etc.).

La primera parte de la invención trata de las *pruebas* que son los más importantes medios de persuasión; es decir, establece las razones en que se fundará la *comprobación* o *argumentación* (en la *"dispositio"*). Cada prueba es una razón. El conjunto de las pruebas es el esqueleto de la argumentación. Argumentar es utilizar un conocimiento para establecer otro conocimiento.

Hay pruebas *naturales*, dadas en la realidad (contratos, testimonios, leyes, etc.), y pruebas *artificiales*, inventadas, llamadas también *"topoi"* o *lugares* (*"loci"*, porque según ARISTÓTELES para recordar algo basta recordar el lugar que ocupa), que son formas abstractas de la lógica, vacías de contenido, que, al ser utilizadas por la retórica en la concreta situación del discurso, se llenan con argumentos concretos ya no rigurosos (como en la lógica); es decir, son los *"topica"*, el *código** de tales formas, son los compartimientos o lugares o zonas de la memoria en que se reparten los pensamientos evocados (como los *"topoi"* literarios: *"locus amoenus"*, *"beatus ille"*, *"carpe diem"*, etc.) mediante estrategias tales como por ejemplo el método también llamado *"topica"* por ARISTÓTELES, que consiste en la formulación de preguntas:

Quis? (¿quién?), quid? (¿qué?), ubi? (¿dónde?), quibus auxilius? (¿con ayuda de quiénes?), cur? (¿por qué?), quomodo? (¿de qué modo?), quando? (¿cuándo?).

Se consideró en la antigüedad que existen "lugares comunes" a los tres géneros del discurso oratorio, y "lugares propios" de cada *género**. En general, los lugares constituyen categorías de la argumentación, relacionadas no sólo con la retórica sino también, y sobre todo, con la lógica.

Hay lugares que se derivan de la etimología y dan origen a razonamientos a partir del parentesco entre las *palabras** de la misma familia. Lugares que se derivan de la lógica y son los términos universales: género, especie, diferencia, definición, accidente, división, contrario, circunstancias.

Por ejemplo: la *definición** es el lugar más perfecto porque agota la materia al decir todo lo que una cosa es. La definición caracteriza al objeto por sus atributos generales esenciales, es decir, comunes con otros objetos (género o especie), o bien por los exclusivos (diferencia). La definición inexacta es la *descripción**, que caracteriza por accidentes o detalles.

La *división* es una operación analítica que identifica las partes de un todo y las distribuye en partes del discurso.

En cuanto a la *causa*, puede ser *eficiente* (generadora, como un escritor lo es de su libro); *material* (o conformadora, como la madera lo es de la mesa); *formal* (acto, principio o propiedad que junto con la materia conforma las cosas y las singulariza, como lo hace la *historicidad* respecto del ser humano); *final* (con finalidad, como la de fabricar una mesa, que es la de darle luego cierto empleo). El lugar llamado *efecto* consiste en hallar el efecto de una *causa*, que sea útil en el discurso. La *comparación* se establece, tanto a partir de la semejanza como de la diferencia, y comporta grados: "tanto como" (igualdad), "más que" (superioridad), "menos que" (inferioridad). El lugar de lo *contrario* consiste en desarrollar un razonamiento tendiente a destruir un argumento mediante otro, y destruirlo demostrando que repugna al otro de tal manera que no pueden subsistir juntos. El lugar de las *circunstancias*: reúne *"adiuncta"* (lo contiguo o simultáneo), *"antecedentia"* (lo anterior o precedente) y *"consecuentia"* (la secuela o efecto), y se sirve de las preguntas antes mencionadas (quis, quid, ubi, etc.).

Los lugares *propios* son unidades más vastas o amplias que los lugares *comunes* y pueden abarcar a éstos. Los lugares propios son aquellos particulares de un discurso, según haya sido concebido dentro de uno u otro género; es decir, son *propios* del género.

Los lugares propios del género demostrativo (V. RETÓRICA* y MEMORIA*) son de elogio y vituperio, con repertorios de lo que es encomiable o censurable, y de los modos y pretextos posibles de alabanza y condena. La oración fúnebre y la oda son los géneros propios para enaltecer, y la sátira —género considerado por ello inferior a los mencionados— es el más adecuado para el vilipendio.

Los lugares propios de los géneros judicial y deliberativo son la *"quaestio"* y el razonamiento. La *"quaestio"* (también llamada en ocasiones *"litis"*) es el señalamiento del estado que guarda, en un momento dado del litigio o la discusión pública, el asunto de que se trata, y se realiza revisando tanto las pruebas de la parte como las de la contraparte para deducir, por eliminación de los puntos en que hay acuerdo entre las partes, los puntos en que hay desacuerdo. Pueden deducirse diversos *tipos* de "estado del asunto": *a)* un estado que corresponda a una *conjetura*, cuando la parte afirma y la contraparte niega (a este estado sucede necesariamente el lugar común de la *definición* de la *"quaestio"*). *b)* Un estado que corresponda a una *cualidad* que desvirtúe la acusación (la contraparte admite la acusación pero la utiliza como argumento exculpatorio: "es verdad, la acusada mató, pero lo hizo para salvar a su hija de un monstruo"; este estado de la *"quaestio"* exige el lugar común de las *circunstancias*). *c)* Un estado que corresponda a un dictamen *definitivo* (un contrato está viciado, el juez debe decidir si se anula o se refrenda).

El estado de la *"quaestio"* o asunto se establece en tres etapas: una llamada *razón* (motivo aducido por el defensor o el acusado para justificarse); una llamada *apoyo* (impugnación del motivo efectuada por la contraparte) y otra denominada *juicio* (opinión que resulta de la justificación y la impugnación).

Dentro de la amplia categoría de los lugares propios de cada género, tienen un sitio muy importante las distintas formas que puede adoptar el *razonamiento*, a partir de las *pruebas* y de los *argumentos* a los que luego la *"dispositio"* ha de procurar su organización retórica en la parte llamada *"argumentatio"*.

inventio

En la retórica, lo mismo que en la lógica, todo razonamiento debe poder ser reducido a silogismo, es decir, debe poder ser expresado en tres proposiciones básicas o *premisas* (la mayor, la menor y la conclusión), la última de las cuales se deduce necesariamente de las dos anteriores (todos los hombres son mortales, Juan es hombre, Juan es mortal).

La retórica prefiere el empleo de ciertas variantes del silogismo, menos perfectas porque contienen menor o mayor número de premisas, pero más impactantes, de mayor efecto que el silogismo que es más científico y más escolar.

La retórica, pues, favorece el uso del silogismo imperfecto o incompleto llamado *entinema*, construcción causal en que se omite la *expresión** pero no el contenido de una o dos premisas con el objeto de hacer más vivo y rápido el *ritmo** del discurso, y también para halagar la vanidad del receptor apelando en alguna medida a su inteligencia para que él deduzca lo suprimido. Generalmente consta de dos proposiciones: antecedente y consecuencia, pues se suprime la premisa mayor: "Todo hombre es mortal, luego Pedro es mortal", se sobreentiende "Pedro es hombre". Puede ocurrir que la premisa omitida sea falsa; en todo caso, suele producir rapidez y/o dificultar la comprensión debido a que está incompleta la forma e implícito el contenido.

También prefiere la retórica otros argumentos o silogismos imperfectos llamados *complejos*, que contienen más de tres premisas. Hay tres variantes: el *epiquerema*, el *sorites* y el *dilema*.

En el epiquerema una o varias de las premisas van reforzadas por la *prueba*, que amplía la simple expresión silogística. La prueba resulta necesaria debido a que dichas premisas aparecen como dudosas. Precisamente se opone al entimema que suprime las premisas evidentes, porque refuerza las dudosas. El epiquerema evita el encadenamiento de silogismos y hace más florido el razonamiento. Para ARISTÓTELES el epiquerema es un "razonamiento dialéctico" que artificiosamente esconde alguna premisa de la argumentación o las expone imperfectamente. En la lógica moderna, epiquerema es un *prosilogismo* cuyas premisas se han expresado en forma incompleta. (Un prosilogismo es un silogismo cuya conclusión es tomada como premisa por otro silogismo que por ello se denomina *episilogismo*.)

En el sorites muchas premisas o proposiciones se concatenan de modo que el predicado de la antecedente funcione como sujeto en la subsecuente, hasta que en la conclusión se vinculan así la primera con la última.

La naturaleza antitética de los componentes del dilema evita que éste se expanda tanto como los anteriores. El dilema consta de dos proposiciones contrarias disyuntivamente, y, tanto si se niega como si se acepta cualquiera de las dos, se tiene éxito en la demostración, Es decir, se plantea la proposición como un todo dividido en partes antitéticas de cada una de las cuales se niega o se afirma, para concluir, acerca del todo, lo que se haya concluido acerca de cada parte. El dilema retórico es ligeramente diferente del lógico, se usa para presionar al adversario a elegir entre términos antitéticos ya que cualquiera que sea su elección será errónea, y ello le llevará a hacer mala figura ante el público.

La argumentación en el discurso oratorio y en la literatura, se desarrolla a base de la expansión del silogismo estricto de la lógica en sus variantes, los mencionados silogismos imperfectos. El discurso se construye (en la *"dispositio"*) encadenando silogismos sucesiva o alternativamente. Así, las razones halladas en la etapa de la *"inventio"* se convierten en entimemas, sorites, etc.; las razones más débiles, que requieran ser apoyadas por pruebas, se convertirán en *epiqueremas*, etc. Este tratamiento aplicado a los razonamientos, según unos autores forma parte de la *"dispositio";* según otros, constituye un paso intermedio entre la *"inventio"* y la *"dispositio".*

"INVERSIO". V. HIPÉRBATON.

IRONÍA. (o antífrasis, asteísmo, carientismo, cleuasmo, epicertomesis, prospoiesis, diasirmo, sarcasmo, "hipócrisis", mimesis*, micterismo, meiosis, simulación, disimulación, "illusio", exutenismo, "scomma", caricatura, antimetátesis, irrisión, hipocorismo).

Figura retórica* de pensamiento porque afecta a la lógica ordinaria de la expresión. Consiste en oponer, para burlarse, el *significado** a la *forma** de las *palabras** en *oraciones**, declarando una idea de tal modo que, por el tono, se pueda comprender otra, contraria (aunque para algunos es *antífrasis* la frase que significa lo contrario de lo que expresa: "¡bonita respuesta!"). Cuando lo que se invierte es el sentido de palabras próximas, la ironía es un *tropo** de dicción (un *metasemema**) y no de pensamiento (*metalogismo**); a este tipo de conversión semántica o contraste implícito han llamado algunos *antífrasis* sobre todo cuando alude a cualidades opuestas a las que un objeto posee, es decir, se refiere implícitamente (y al explícito, le han llamado *oxímoron**). Se trata del empleo de una *frase** en un sentido opuesto al que posee ordinariamente, y alguna señal de advertencia en el *co-texto** (o *contexto** lingüístico próximo), revela su existencia y permite interpretar su verdadero *sentido**. Así, las marcas que permiten rescatar ese verdadero sentido pueden ser, tanto los significados de las palabras correlacionadas, como los de las *frases**, como el contexto situacional. En este último caso se trataría de una ironía *"in absentia"*. En todos los casos interviene la *entonación**.

> Y vi algunos poblando *sus calvas* con *cabellos que eran suyos* sólo *porque los habían comprado.*

o bien:

> Honrar padre y madre, siempre les quité el sombrero.

En esta oración significa simultáneamente: *siempre me he quitado el sombrero, respetuosamente, ante ellos*, y *siempre los he despojado*, pues quien así habla es un avaro.
O bien:

> … por guardar esto [el mandamiento que ordena no matar] no comía, por ser matar la hambre comer.

donde lo que evita no es *matar* sino *gastar en comer.*

En los tres ejemplos de QUEVEDO la ironía se combina con *dilogía** porque las expresiones "eran suyos", "les quité" y "matar", tienen simultáneamente dos acepciones.

La ironía como figura de pensamiento es una antífrasis continuada.

Para los autores de la *Rhétorique générale*, la antífrasis se relaciona con el *oxímoron** y con la *paradoja**, y es un *metalogismo* (ya no un *metasemema*) que se produce por supresión/adición negativa como la paradoja:

ironía

Decir:

¡Bonita, respuesta!

ante una majadería, atribuyendo a una expresión cualidades opuestas a las que posee.

Siempre la ironía es interpretada en su verdadero sentido gracias a algún grado de evidencia significativa que se halla en la *palabra** o en la *frase** breve, si es metasemema, o en el contexto discursivo próximo si es metalogismo, o ironía *"in absentia"* si se entiende merced a un contexto mayor que está en la realidad del *referente**, ya sea que se halle en otros textos o que sea extralingüístico, situacional, por ejemplo, si decimos de una pocilga: "¡Vaya que está limpia esta habitación!"

Cuando lo que se infiere es una *situación* opuesta a la real, la ironía se llama *anticatástasis*. En una escena costumbrista de *La linterna mágica*, José Tomás DE CUÉLLAR hace que Pío Cenizo, el novio de una de las niñas de clase media pobre (que se prueban canastas y otros objetos debajo de la enagua a guisa de ciertos "polisones", de moda, que ellas no tienen recursos para adquirir) entre a la habitación sin dar tiempo a que oculten el inocente subterfugio, y comience a mal interpretar la situación:

> Apenas saludó, notó que allí pasaba algo extraordinario. Isaura estaba pálida, Rebeca muda, Natalia temblando y la señora turbada.
> —¿Qué ha sucedido? —exclamó Pío— ¿Alguna desgracia?
> Nadie podía contestar, y Pío paseaba sus miradas por todas partes.
> —¿Se ha ido algún pájaro? —preguntó viendo la jaula.
> —Sí, mi canario —dijo Natalia encontrando una salida.
> —¡Qué lástima! —dijo Pío— ¿Y cantaba?
> —Era un primor...
> etcétera.

El nombre de *disimulación* o *disimulo* (*"dissimulatio"*) le viene a la ironía de que, al sustituir el *emisor** un pensamiento por otro, oculta su verdadera opinión para que el *receptor** la adivine, por lo que juega durante un momento con el desconcierto o el malentendido, y el grado de evidencia semántica que permite la interpretación es menor porque se propone desenmascarar al adversario. El nombre de *simulación* o *"illusio"* se adjudica a la ironía cuando lo que se disfraza es la opinión del contrario, generalmente mediante una fingida conformidad con él, con lo que más pronto se alcanza la comprensión deseada pues el grado de evidencia semántica es mayor:

> hay algunos varones, *ejemplares y magnánimos*, que suelen decir a la que va a ser su esposa: *"Yo te perdono porque amaste mucho"*. Esto es de consecuencias desastrosas. Procuren ustedes, caballeros, que sus futuras *hayan amado lo menos posible*. Nuestro maestro Víctor Hugo dijo: *"No maldigáis a la mujer que cae, pero no dijo que nos casáramos con ella"*
>
> Manuel GUTIÉRREZ NÁJERA

En este ejemplo los adjetivos ("ejemplares y magnánimos") implican *disimulación* porque sustituyen el verdadero pensamiento del emisor (que tales maridos son badulaques, que es lo que en realidad desea decirles con el conjunto de las ironías). Introduce la cita de Víctor HUGO, en cambio, fingiendo conformidad con ella para, al final, contradecirla. Se trata de la *simulación* (*"simulatio"*). Ésta a veces, según LAUSBERG, consiste en que el perverso finja bondad con algún propósito como el de salvarse, por ejemplo, o en que el virtuoso finja perversidad para sobrevivir mientras se libera de la sociedad de los malvados, o en desenmascarar al que finge (*hipócrisis*).

El *carientismo* o *"scomma"* es la ironía por disimulación, ingeniosa y delicada, de modo que no parece de burla sino en serio:

> ... quiero daros las gracias por la paciencia con que os habéis dignado escucharme, ejercitando así, en este tiempo santo (Cuaresma), una *de las virtudes que más recomiendo yo a las casadas* que me oyen, y que más necesito en esta vida, no obstante que la tengo, y sublimada, en mi nombre, *o mal nombre*, periodístico (Duque *Job*).

Manuel GUTIÉRREZ NÁJERA

El *asteísmo* (y también el anterior *carientismo*) suele ser la forma de la ironía preferida para el chiste: GUTIÉRREZ NÁJERA cita a un un joven poeta, *autor** de ciertos versos cuya dedicatoria es como sigue:

> A la prematura muerte de mi abuelita a la edad de noventa años.

El asteísmo es pues una fina ironía con aparente carácter de represión o reproche pero que, en realidad, constituye más bien un elogio ingenioso; es parecida al *hipocorismo*, burla amable que con ternura atenúa algo reprobable (MORIER), que finge ser un regaño y es una caricia verbal (¡Mi *bandido*!, dice la madre a su bebé, mientras lo besuquea).

Muchos autores han descrito una especie de ironía metasemémica que consiste en utilizar, en el *diálogo**, las palabras del *interlocutor** de modo que el lector o el público entiendan lo contrario debido a que, en el sentido que aquél les da, resultan inverosímiles. Se trata de la *antimetátesis*:

> A.—Yo asistí al Coloquio.
> B.—(En tono irónico) ¡Sí! Tú asististe. Gracias a ti estamos informados.

dando a entender que no sirvió para nada su asistencia.

La señal de que se trata de ironía está en el *contexto**, pero se ve reforzada por otras señales que corresponden a la *"pronuntiatio"**.

La *antimetátesis* consiste también en la utilización burlona de una expresión del contrincante:

> —Tuve que ir a regar mi *milpa*, no ha llovido.
> Hombre.—*Milpa*...Seis pinches matitas entecas.
> CARBALLIDO

El *micterismo* es la burla, guasa, o *irrisión*:

> "Coro D" —Al autor le encanta la cultura (risitas y codazos de los demás), y quiso citar eso para que ustedes imaginen todo lo que no verán: ríos, pueblos, calles, grandes salones...

Dice el "Coro D" burlándose del "Coro E" que ha citado versos de SHAKESPEARE.

El *cleuasmo* o *epicertomesis* o *prospoiesis* consiste en atribuir a alguno irónicamente, como burla o mofa, nuestras cualidades, o a nosotros mismos sus defectos. Si no hay ironía en el cleuasmo, se trata ya de la *asociación** (Henri MORIER hace también sinónimo de cleuasmo el asteísmo): José Juan TABLADA, en una ácida sátira política contra Madero, encaminada a desprestigiarlo al iniciar éste su campaña presidencial, le hace decir a él mismo en una autodescripción:

279

> Mis paisanos merecen un pesebre
> pues acémilas son..., Yo muy ladino
> les doy gato por liebre.
> Y Palo de Campeche en vez de vino...
> ¡Oh pueblo mexicano majadero
> que me traes dócilmente tu dinero.
> Mi carcajada tu inocencia arranca,
> te doy palo... y te pones una tranca
> vendida por Madero!

En ella se le caracteriza como falso (*ladino*) y deshonesto adulterador del vino (con Palo de Campeche) cuya industria era el asiento de su fortuna. La *tranca* es, en la *jerga** popular, la borrachera.

A veces se describe el *"diasirmo"* (palabra que en griego significa *silbido*) como aquella ironía en que interviene un ingenio picante y que constituye una chanza pesada: en esa misma "tragicomedia zoológico/política", como la llama TABLADA, la vaca y el perico, seguidores de Madero, dialogan entre sí comentando los parlamentos del candidato:

La vaca (Ingenua)
¿Pero por qué se palpa el posterior, Madero, en tanto que apostrofa sus caras ilusiones? (la ilusión de sentarse en la Silla Presidencial).

Chantecler Madero
(Repitiendo el gesto cabalístico)
¡Puedo sentarme en ella! Tengo con qué. ¡Lo siento!

El perico
¡Es porque así demuestra que tiene fundamento,
un fundamento sólido para sus ambiciones!

donde "el posterior" y el "fundamento" son sus asentaderas.

Otras veces se le describe como una aproximación subrepticia al absurdo, en la que primero se finge seriedad.

Se llama *sarcasmo* el escarnio, la ironía cuando llega a ser cruel, brutal, insultante y abusiva, en el sentido de que se aplica a una persona indefensa o digna de piedad: la ironía llega al sarcasmo por ambas razones, por insultante y porque la víctima, ausente, no puede defenderse, en muchos momentos de la misma obra teatral de TABLADA. Por ejemplo, uno de sus seguidores dice luego de oírlo hablar:

El Perico
¡Qué megalómano insulto!
¡Creer ser el Sol en el Cielo!
¡Que Vázquez le tome el pulso,
mientras yo le tomo el pelo!

Recordemos que Madero era calvo.

Un ejemplo más cruel de ironía sarcástica es el de la crucifixión relatada por SAN MATEO:

Los que pasaban le injuriaban (a CRISTO), moviendo la cabeza y diciendo: "Tú que destruías el templo y lo reedificabas en tres días, sálvate ahora a ti mismo; si eres hijo de Dios, baja de esa cruz." E igualmente los príncipes de los sacerdotes, con los escribas y ancianos, se burlaban y decían: "Salvó a otros y a Sí mismo no puede salvarse. Si es el rey de Israel, que baje ahora de la cruz y creeremos en Él. Ha puesto su confianza en Dios

que Él le libre ahora, si es que le quiere, puesto que ha dicho: 'Soy el hijo de Dios.'"
Asimismo los bandidos que con Él estaban crucificados, le ultrajaban.

La ironía es *mimesis* si consiste en remedar burlonamente el aspecto, el *discurso**, la voz y/o los gestos de alguien: en el *Entremés de los dos rufianes*, de GONZÁLEZ DE ESLAVA, uno busca a otro para vengarse de un bofetón. El perseguido lo ve venir y se finge ahorcado. El vengador se envalentona al ver que no corre peligro y describe todas las heridas y muertes que le daría si aún estuviera vivo. El fingido muerto le tiene el brazo cada vez que el movimiento es demasiado vivo y peligroso. Cuando el agraviado acaba de desahogarse diciendo:

> Él hizo como avisado,
> porque lo hubiera pringado
> o hecho cien mil añicos
> y quebrado los hocicos,
> si no se hubiera ahorcado.

y, a continuación, se va, el otro se desata y, remedando los gestos y el discurso de su contrincante, al no haber riesgo, bravuconea a su vez diciendo todas las heridas y formas de muerte que él le hubiera infligido a su rival, de no haber estado ya ahorcado en el momento oportuno. Dice versos como éstos:

> ¿Éste dicen que es valiente
> y anda conmigo en consejas?
> Si estuviera aquí presente
> le cortara las orejas
> y las clavara en su frente.
>
> Y así quedara afrentado,
> de todos vituperado,
> y después de esto hiciera
> que en viernes se las comiera,
> si no estuviera ahorcado.

La exageración burlona de los rasgos de un *personaje** es la *caricatura*.

La ironía es *meiosis* cuando se aproxima a la *litote** debido a su exagerada modestia, que tiende a producir la impresión de que algo es más reducido o menos importante de como es en realidad: Encinas, el criado "filósofo" en *Ganar amigos* de RUIZ DE ALARCÓN, comenta así el éxito amoroso de don Diego, que éste relata ponderándolo:

> El bocado fue costoso
> mas paciencia, y al reparo;
> que Adán lo comió mas caro
> y a la fe menos gustoso.

dando a entender así que la aventura resultó cara y, para consolarse, es menester compararla ya que todo es relativo, es decir, no resultó tan costosa para él como para Adan que por una semejante perdió el paraíso.

Estos distintos matices de la ironía corresponden a grados de energía de la misma.

La autoironía ofrece una impresión paradójica, ya que parece orientada a causar el propio daño por lo que sólo se emplea cuando se tiene asegurado el éxito de la propia opinión.

ironía

Los demás nombres, aquí citados, de la ironía, se han empleado como sinónimos en latín o en griego. De esta lengua procede también *ironía*, término que se hizo más popular en varias lenguas indoeuropeas.

Se trata pues de una *metábola** de la clase de los metalogismos (cuando es extensa), porque altera la lógica del discurso. Se produce por supresión/adición (*sustitución**) negativa, ya que se reemplaza (merced a la lectura de otros *semas** que aparecen en el contexto) el significado de un *significante** por otro significado. Sin embargo, la variedad de la ironía que ofrece una forma breve porque involucra palabras o expresiones breves y se recupera en un contexto próximo, es un metasemema, es decir, uno de los tradicionales tropos de dicción:

> La *"flapper"* y el atleta
> *piernas dieran* —milagros de oro y plata—
> si la clara
> ternura de esta virgen los bañara
> al llegar a la cama o la meta.
>
> Renato LEDUC

La ironía de pensamiento es una forma de la *"sermocinatio"** cuando se finge tomarla de la opinión del adversario, para caracterizarlo poniendo en evidencia la falta de sentido de su criterio. En este caso tiene su lugar, dentro de la *retórica** clásica del discurso oratorio, en la parte de la oración *forense** llamada *refutación**, pues uno de los medios para impugnar consiste en reproducir el punto de vista del adversario poniendo el *énfasis** en sus errores o puntos débiles.

En el *género** *deliberativo**, la ironía suele vincularse a la *permision** o *epítrope*, al fingir que se deja en libertad al *destinatario** para obrar contra el consejo del emisor, mismo que acaba por prevalecer con daño para el desobediente.

En el género *demostrativo** el elogio, combinado con ironía, se entiende como vituperio o como paradoja: en un extenso poema irónico, Renato LEDUC parece elogiar el tiempo pasado, de su juventud, que evoca con una mezcla de burla y ternura:

> Arte de ver las cosas al soslayo,
> cantar de madrugada como el gallo,
> vivir en el invierno como en mayo
> y errar desenfadado y al garete
> bajo este augurio: ¡Lo que usted promete...!
> Y en la raída indumentaria un siete.

El siguiente ejemplo de SOR JUANA resulta, en cambio, paradójico:

> Dijo un discreto que no es necio entero el que no sabe latín; pero el que lo sabe está calificado. Y añado yo que lo perfecciona (si es perfección la necedad) el haber estudiado un poco de filosofía y teología, y el tener alguna noticia de lenguas, que con eso es necio en muchas ciencias y lenguas: porque un necio grande no cabe en sólo la lengua materna.

La ironía dramática se infiere de las acciones de los protagonistas que son opuestas a la cordura, o que son contrarias a lo que se espera de su carácter o del tipo de personaje que representan (como en la *parodia**), o bien, que ofrecen un contraste entre lo que los otros personajes juzgan a su respecto y el modo como se producen. En este sentido hay un ejemplo en las acciones de don Quijote, pues tanto el lector como los personajes esperan de él otro comportamiento.

La ironía también suele combinarse con muchas otras figuras como por ejemplo con la *hipérbole**, con el oxímoron, con la *interrogación retórica** (que quizá afirma lo contrario de lo que a una lógica respuesta correspondería), etc.

En cuanto a la llamada "ironía socrática", quizá el más antiguo empleo de este término, conforme a su uso en *La república*, de PLATÓN, significa *simulación*, es decir, "el verboso y solapado medio para embaucar a la gente". El simulador era un tipo de personaje de la comedia griega; hipócrita, débil, pero ingenioso. Al preguntar SÓCRATES, en los *Diálogos* de PLATÓN, simula ignorancia y simplicidad para orientar gradualmente hacia la verdad a su interlocutor.

En recientes estudios sobre la ironía se han señalado como sus rasgos más característicos: su componente lingüístico: la inversión semántica de la antífrasis; su componente retórico: la *disemia**, que le aporta su *ambigüedad** esencial (un significante con dos significados: un contenido patente positivo, con un contenido latente negativo); su componente intensamente *ilocutivo* (V. ACTO DE HABLA*) puesto que la ironía agrede, denuncia, apunta a un blanco; sus *actantes**: el emisor, el receptor y el *blanco* o la *víctima* a la que se intenta descalificar (que puede ser la situación, el receptor o el mismo emisor), y su *eje de distanciación*, que implica grados de solidaridad del ironista con su blanco. En cuanto a la naturaleza de la ironía, mientras MORIER ve en ella una reacción ante el mundo (principalmente vengativa y colérica pero también quizá resignada, conciliadora o divertida), BOOTH la ve, en cambio, como un juego euforizante y estimulante (MUECKE).

En cuanto a los indicios que permiten al receptor detectar la ironía, son muy heterogéneos. Pueden ser situacionales —de la situación de *enunciación**—, pueden ser lingüísticos —léxico, sintaxis, *modalizadores**, elementos tipográficos—, los cuales, en el contexto, desacreditan ciertos *sintagmas** y exigen un trabajo de interpretación, por ejemplo la naturaleza de ciertos predicados sólo aplicables a una persona dada, o la naturaleza del sujeto de la enunciación; y pueden ser paraverbales, es decir, prosódicos y gestuales: entonación, mímica, (MORIER). En fin, dichos indicios se relacionan con las características de los actantes de la enunciación, pues involucran su competencia cultural e ideológica (conocimientos, creencias); su competencia retórica (pues los indicios pueden provenir del *tipo de discurso** de que se trate), su saber acerca del mundo y acerca del interlocutor; sus *modelos de verosimilitud**", sus *sistemas de expectativas*, y su conocimiento de las que DUCROT llama *leyes del discurso* y GRICE llama *reglas convencionales* (V. CONTRADICCIÓN* e INSINUACIÓN*) que comprenden lo *implícito** y lo *sobrentendido** (KERBRAT-ORECCHIONI). Las marcas de la ironía son presuntivas y orientan al receptor, de manera ambigua, hacia hipótesis interpretativas de su intención significante. La ironía puede ofrecer una especificidad semántica (su forma de antífrasis, combinada o no con otras figuras como la litote y la hipérbole), o bien una especificidad pragmática, en la ironía situacional, que no ofrece una peculiar *estructura** semántica. Sin embargo, es posible hallar antífrasis no burlescas y también burlas sin antífrasis (KERBRAT-ORECCHIONI).

IRRETICENCIA. V. LICENCIA.

IRRISIÓN. V. IRONÍA.

isocolon

ISOCOLON (y "**párison**", **parisosis**, "**subiunctio**", **subjunción**, "**subnexio**", "**adiunctio**", **adjunción**, **disyunción** o "**disiunctio**").

En la tradición *retórica** clásica, *figura** de la *elocución* producida por el arreglo sintáctico/semántico de los elementos gramaticales, conforme a un orden de correspondencias simétricas, donde suele haber igualdad del número de *palabras** o igualdad de la *estructura** sintáctica y/o igualdad semántica.

Se trata, pues, de la estrategia retórica para la construcción de *períodos** constituidos por miembros que pueden ser palabras, *frases** u *oraciones**; que se presentan coordinados, ya sea que ofrezcan igualdad sintáctica o semántica, absoluta o relajada, parcial o completa. Es la estrategia que determina, en cada caso, el juego de regularidades simétrico/asimétricas del esquema distributivo de los elementos sintácticos y semánticos.

El isocolon constituye, así, una cadena enumerativa de dos o más elementos principales o secundarios que se coordinan a la vez que su extensión, sus miembros o su efecto acústico (*fonemas**, *tono**, *acento**, etc.) se corresponden, por ejemplo:

¡Qué soledad augusta! ¡Qué silencio tranquilo!
URBINA

donde son correlativas las posiciones de cada una de las *funciones gramaticales** (igualdad de estructura sintáctica) de dos oraciones de igual número de miembros e igual número de sílabas y con *significados** semejantes.

Existe una variedad de casos de isocolon, en la que cuentan, tanto la igualdad (parcial o total) del *significante** (número y extensión de los miembros), como la del significado.

En cuanto al significante, en general, en el isocolon se presentan los períodos con miembros iguales. Esta igualdad del significante puede ser total o parcial.

A veces es *igual* el *número* de los miembros yuxtapuestos (en cada verso, por ejemplo), o bien la *extensión* de los mismos (de dos o más palabras), por ejemplo):

—¿Cúyo es aquel caballo?
—Señor, era de mi padre,
—Cúyas son aquellas armas?
—Señor, eran de mi hermano.

Romancero

pero a veces "admite *desigualdad* en el *número* de palabras de los miembros" (LAUSBERG), y entonces se llama "*párison*" o *parisosis*. Éste puede considerarse como un tipo de *enumeración** o "distribución a distancia":

... *tú con tu señor a cuestas*; y *yo, encima de tí*, ejercitando el oficio para que Dios me echó al mundo.

CERVANTES

El isocolon puede contener dos o más miembros (o *colon* —plural *cola*—, o "*Kómma*" —plural "*Kómmata*"—). Muchas veces el isocolon bimembre es una *antítesis**. El trimembre se denomina *tricolon*; el cuatrimembre, *tetracolon*.

Si se considera el criterio de la *igualdad formal* (completa o relajada) de los miembros del isocolon, y a la vez el tipo de relación sintáctica de los mismos, podemos distinguir entre la "*disiunctio*", la "*subiunctio*" (o "*subnexio*") y la "*adiunctio*" (o *adjunción*).

284

La *"disiunctio"* o *disyunción* es un isocolon formado por *oraciones completas*. Algunos de sus miembros son sinónimos, y tal igualdad de significación convierte al isocolon en un caso de *sinonimia** a distancia, mientras los otros miembros, diversos, se *acumulan*:

> Y así, con mucha priesa *recogieron su ganado* y *cargaron de las reses muertas*, que pasaban de siete, y SIN AVERIGUAR OTRA COSA, SE FUERON.
>
> CERVANTES

pues la diversidad de los miembros del isocolon, que puede ser aún mayor, lo convierte en *acumulación**:

> Soy yo el que roba los luceros,
> el que desvalija la noche,
> el que entra a saco en las riberas.
>
> Antonio OLIVER BELMAS

También se ha llamado *antapódosis** o *"redditio"* a la correspondencia paralelística doble, sintáctico semántica:

> Llóranle *todas las damas,* y *todos los hijosdalgo,*
> *unos dicen* —"¡Ay, mi primo!" *Otros dicen* —"¡Ay, mi hermano!"
>
> (Romancero)

y, cuando se invierten los elementos en la *repetición**, se ha llamado *"redditio"* contraria:

> *Tiene la noche un árbol*
>   1   2   3
> con frutos de ámbar;
> *tiene una tez la tierra*
>   1   3   2
> ay, de esmeraldas.
>
> GOROSTIZA

La *"subiunctio"* o *subjunción* es un isocolon en el que se *coordinan oraciones enteras* (principales o secundarias) con *diversidad de significación*, y que "sirve para detallar un complejo semánticamente supraordenado" (LAUSBERG):

> Sanchica mi hija nos llevara la comida al ato. Pero ¡guarda! que es de buen parecer, y hay pastores más maliciosos que simples, y no querría que fuese por lana y volviese trasquilada; y también suelen andar los amores y los no buenos deseos por los campos como por las ciudades, y por las pastoras chozas como por los reales palacios, y *quitada la causa, se quita el pecado,* y *ojos que no ven, corazón que no quiebra*; y *más vale salto de mata que ruego de hombres buenos.*

O bien:

> ... bien haya el que invento el sueño, *capa que cubre todos los humanos pensamientos, manjar que quita la hambre, agua que ahuyenta la sed, fuego que calienta el frío, frío que templa el ardor,* y, finalmente, *moneda general con que todas las cosas se compran, balanza y peso que iguala al pastor con el rey y al simple con el discreto.*
>
> CERVANTES

donde las coordinadas son todas *aposiciones** de *sueño*, elemento al que se subordinan sintáctica y semánticamente.

285

isocolon

La *"subiunctio"* a veces ofrece el aspecto de una repetición semántica que constituye un *paréntesis* explicativo: se trata de la *prosapódosis** o *"subnexio"*:

> Y aunque la gente gritaba
> y corría como el aire,
> *cuando quiso, ya no pudo,*
> *aunque quiso, llego tarde,*
> que estaba la migajita
> revolcándose en su sangre.

Guillermo PRIETO

La *"adiunctio"* o *adjunción* es un isocolon cuyos miembros son *elementos incompletos,* de *diverso significado, sintácticamente dependientes* y *vinculados* a un *predicado común* antepuesto, interpuesto o pospuesto, que es el elemento complexivo (*zeugma**):

> … no había en toda la venta sino unas raciones de un pescado que *en Castilla llaman* abadejo, y *en Andalucía bacallao,* y *en otras partes curadillo* y *en otras truchuela.*

CERVANTES

donde el predicado común, antepuesto, es *llaman.*

Algunos han denominado adjunción a la acumulación asindética de sustantivos. Así pues, la *"adiunctio"* es un isocolon (figura "por orden") pero también es una enumeración (figura "por *adición**") y un zeugma (figura "por *supresión**").

Hay, en cambio, una relación conceptual en el isocolon, en el caso de la ya mencionada sinonimia, si los miembros expresan el mismo significado y las oraciones son independientes y coordinadas. En este caso la sinonimia se llama *"interpretatio":*

> Calló la voz y el violín
> apagó su melodía.
> Quedó la melancolía
> vagando por el jardín.
> *Sólo la fuente se oía.*

A. MACHADO

bien en prosa:

> —*¡Oh alma endurecida! ¡Oh escudero sin piedad! ¡Oh pan mal empleado y mercedes mal consideradas* las que te he hecho y pienso hacerte!

CERVANTES

y cuando es sinonimia a distancia QUINTILIANO la llama *"disiunctio"* (disyunción) que también es la correspondencia sintáctica entre varios términos sinónimos, por una parte, y por otra, varios de diferente *significación**. También es un tipo de relación conceptual la *diferencia semántica de los miembros* (la acumulación mencionada). Un ejemplo de este tipo de isocolon es el constituido por series de períodos formados por dos o más *prótasis** y *apódosis,* de este tipo:

> Si todo cuanto he dicho no basta a moverte de tu mal propósito, bien puedes buscar otro instrumento de tu deshonra y desventura…

CERVANTES

Y, como ya se dijo, la diversidad de significación de los miembros yuxtapuestos da en enumeración:

286

Rióse el lacayo, desenvainó su calabaza, desalforjó sus rajas, y sacando un panecillo, *él y Sancho se sentaron* sobre la yerba verde...

CERVANTES

En fin, también existe relación conceptual entre los dos miembros del isocolon antitético. En la *antítesis** (dice LAUSBERG) se presenta una "agudización de la diferencia semántica". Este isocolon suele describirse como un fenómeno de "igualdad en el número y el orden de las palabras, y contenido antitético".

Non es por falta de ajuar — que de oro ya está cusida,
sino es por falta de ventura —que del cielo no le venía.

(Romancero)

(V. también ENUMERACIÓN*.)

ISOFONÍA. V. ISOTOPÍA.

ISOLOGÍA. V. ISOTOPÍA.

ISOMETRÍA. V. METRO e ISOSILABISMO.

ISOMORFISMO. V. ISOTOPÍA.

ISOPLASMIA. V. ISOTOPÍA.

ISOSILÁBICO. V. ISOSILABISMO.

ISOSILABISMO (e isosilábico, isosílabo o isometría y heterometría, anisosilábico, estrofa).

Se llaman *isosilábicos* o *isosílabos* los *versos** o los *hemistiquios** que poseen el mismo número de sílabas:

Cayó sobre mi espíritu la noche;
en ira y en piedad se anegó el alma...

BÉCQUER

El fenómeno del isosilabismo se llama también *isometría*. Se oponen a éstos los versos o hemistiquios *anisosilábicos*, que presentan *heterometría*, es decir, un número desigual de sílabas, como ocurre en muchos de los versos de la primitiva poesía española:

Grandes son las ganancias que mio Cid fechas ha;
robavan el campo e piénssanse de tornar.
Entravan a Murviedro con estas ganancias que traen:
grand es el gozo que va por es logar.

CID

donde las medidas de los ocho hemistiquios son, respectivamente, de 7, 6, 6, 7, 7, 8, 5 y 6 sílabas, o bien como ocurre en diversas combinaciones como los versos de pie quebrado (de ocho y de cuatro sílabas) o las silvas (de siete y de once sílabas). La mayor variedad se da en la poesía del siglo XX, como puede verse en los siguientes diez versos iniciales del famoso *Nocturno* de SILVA:

I)   Una noche
2) Una noche toda llena de perfumes, de murmullos y de música de alas,
3)   Una noche

isosílabo

4) En que ardían en la sombra nupcial y húmeda, las luciérnagas fantásticas,
5) A mi lado, lentamente, contra mi ceñida, toda,
6)   Muda y pálida
7) Como si un presentimiento de amarguras infinitas,
8) Hasta el fondo más secreto de tus fibras te agitara,
9) Por la senda que atraviesa la llanura florecida
10)   Caminabas,
             ..."

donde respectivamente cuentan con 4, 24, 4, 22 equivalentes a 21 sílabas porque el quinto verso termina en esdrújula (V. METRO*), 16, 5 equivalentes a 4 por la misma razón, 16, 16, 16 y 4.

O como en los de NERUDA:

Cuando todo era altura,
altura,
altura,
allí esperaba la esmeralda fría,
la mirada esmeralda:
era un ojo:
miraba
y era centro del cielo,
el centro del vacío:
la esmeralda
miraba:
única, dura, inmensamente verde,
como si fuera un ojo
del océano,
ojo inmóvil del agua,
gota de Dios, victoria
del frío, torre verde,

aunque en éste, y en muchos otros casos en la poesía moderna, el aparente anisosilabismo se resuelve en isosilabismo por virtud del esquema rítmico cuyas pausas obligan a leer, en realidad, versos heptasílabos y endecasílabos cortados arbitrariamente en el espacio, de manera que se produce un contraste entre su naturaleza métrico/rítmica verdadera y la aparente.

Tanto el fenómeno del isosilabismo, como el opuesto, se dan dentro del marco de las *estrofas*: conjuntos análogos, de dos a catorce versos, que constituyen unidades dentro de las cuales se repiten los esquemas metricorrítmicos y que funcionan a la vez como divisiones formales del poema. (V. también METRO*.)

ISOSÍLABO. V. ISOSILABISMO.

ISOTAXIA. V. ISOTOPÍA.

ISOTOPÍA (o isosemía, e isofonía, isoplasmia, isotaxia, isología, isomorfismo, alotopía, biisotopía, pluriisotopía o poliisotopía, mediación, lectura tabular, isotopía parcial, global y actorial, pretextual, tipo de discurso*).

GREIMAS tomó de la ciencia físico-química este término y lo aplicó al *análisis** semántico. Isotopía es cada *línea temática* o *línea de significación** que se desenvuelve dentro del mismo desarrollo del *discurso**; resulta de la *redundancia** o *iteración* de los *semas** radicados en distintos *sememas** del *enunciado**, y produce la continuidad

288

temática o la homogeneidad semántica de éste, su coherencia. Se trata de una "conformidad semántica" (POTTIER) que se llama también *isosemia*. El discurso isosémico se desarrolla unívocamente en un solo *nivel** semántico que es el referencial, es decir, su *semiótica** es denotativa. Es pues una propiedad del discurso, manifestada por un fenómeno de recurrencia, y sirve al proceso integrador de la percepción. Cuando leemos o escuchamos: "una pequeña vasija", captamos tres veces la idea de género femenino, y tres veces la idea de número singular que son redundantes. La redundancia determina que cada unidad o semema de la *cadena** proyecte hacia adelante haces de restricciones fonéticas, sintácticas y semánticas. Esto aumenta la previsibilidad pero también disminuye la cantidad de información (ya que los semas repetidos sustituyen a los semas que procurarían nuevos contenidos).

La isotopía resulta, así, de la asociación de los semas en el *habla**, en un *campo isotópico** (mismo que se opone a *campo semántico** que es consecuencia de la asociación de los semas en la *lengua**, en el *sistema**). La recurrencia de categorías semánticas construye una red a lo largo del desarrollo del discurso lógico, una "red de anafóricos —dice GREIMAS— que, al reenviarse de una *oración** a otra, garantizan su permanencia tópica".

GREIMAS advierte dos condiciones o reglas semánticas para que se dé la isotopía: *a)* "el *sintagma**, que reúne por lo menos dos *figuras sémicas**", dice, ofrece el "*contexto** mínimo que permite establecer una isotopía"; y *b)* una secuencia no es isotópica a menos que posea "uno o varios *clasemas** (o conjuntos de semas genéricos) idénticos".

El desarrollo de la isotopía es el mismo de la continuidad temática que permite la comprensión y la conceptualización. La identidad (o redundancia) de semas en distintos sememas, es la base para la conceptualización de cada *segmento** del discurso que es "constantemente remodelado por la conceptualización de los segmentos siguientes" (dice POTTIER) hasta que se acabala cada línea de significación postulada por el *mensaje**.

GREIMAS ofrece varias descripciones, ejemplos y definiciones de isotopía. La más completa de éstas es la siguiente:

> "Conjunto redundante de categorías semánticas que hace posible la lectura uniforme del *relato**, tal como ella resulta de las lecturas parciales (es decir, por segmentos sumativos, por subconjuntos) de los enunciados, después de la resolución de sus *ambigüedades**, siendo orientada tal resolución por la búsqueda de la lectura única."

A las condiciones de GREIMAS, el GRUPO "M" en su *Rhétorique de la poésie*, extenso y rico trabajo inspirado en los de GREIMAS y RASTIER sobre todo, ha agregado otra: los segmentos isotópicos del discurso no pueden poseer temas opuestos si están en posiciones sintácticas de determinación, porque se rompe la isotopía y el enunciado resulta alotópico. Esta condición, más bien que una regla semántica, resulta una regla lógica, una exigencia de no *contradicción**. De esta aportación suya a la descripción del concepto, el GRUPO "M" ha pasado a contribuir con una nueva definición de isotopía:

> "propiedad de los conjuntos de unidades de significación que comportan una recurrencia identificable de semas idénticos y una ausencia de semas exclusivos en posición sintáctica de determinación".

isotopía

Quedan así, reduciendo a una las de GREIMAS, dos condiciones; una positiva, de yuxtaposición, la redundancia que elimina ambigüedades seleccionando significados en el *paradigma** (*día* respecto a noche; *día,* respecto a mes), y otra negativa, de composición, de no impertinencia, que actúa en el nivel sintáctico.

La consideración de los niveles de organización isotópica (yuxtaposición o redundancia y composición o no impertinencia) determinan tipos de discurso:

a) La yuxtaposición y la composición isotópicas caracterizan el discurso cuya *función** es la referencial. La redundancia dada sobre una sola línea isosémica, aumenta la previsibilidad, por ejemplo en los textos de carácter científico (misma que disminuye en los de carácter literario).

b) La yuxtaposición isotópica y la composición alotópica (impertinencia predicativa) caracterizan cierto tipo de discurso original sobre todo el poético, por ejemplo: "En el mar de los ojos / hay plantíos de peces luminosos... " (PELLICER).

c) La yuxtaposición y la composición alotópicas (el enunciado *absurdo*) puede presentarse como un caso extremo en el lenguaje poético. Así puede parecer el *oxímoron** "la sombra de tu fuego" (PELLICER). El GRUPO "M" pone como ejemplo "de incoloras ideas verdes" que, como veremos, ofrece una alotopía aún más intensa.

Salomón MARCUS y el mencionado GRUPO "M" han trabajado aplicando el concepto de alotopía al caso de los *tropos**, ya que la composición dada como impertinencia distribucional es la operación retórica que modifica los semas.

Como ya se dijo, POTTIER y GREIMAS han visto el concepto de isotopía como esencialmente vinculado al de comprensión. Ello es en virtud de que su identificación (según GREIMAS) "permite eliminar los obstáculos que opone a la lectura el carácter polisémico del *texto**", "para así reemplazar —dice por su parte Victor RENIER— el discurso por el resultado metalingüístico de la lectura". También VAN DIJK lo ha relacionado implícitamente de manera fructífera, con las *macroestructuras** textuales o abstracciones en que el *receptor** vuelca lo que sobreentiende globalmente de las secuencias de *frases**, es decir, de los contextos mínimos necesarios para establecer isotopías, la unidad mínima de los cuales parece ser el *morfema** (com-*ible*, exist-*ible*) cuyo empleo *desviado* genera *metaplasmos**. El GRUPO "M", por su parte, hace notar la relación del *conocimiento* (proceso de adquisición del *sentido**) con la isotopía (isosemia) del sintagma mínimo, debida a la relación entre coherencia y saber. La isotopía y la alotopía (o falta de coherencia) revelan —dicen— la *epistemología** implícita en la *semántica** de una lengua, una época y una sociedad particulares, y los enunciados isotópicos de una época pueden resultar alotópicos en otra"; en ello tienen parte las diferencias de contexto, es decir, las "circunstancias del acto sémico" que para Luis PRIETO son "todos los hechos conocidos por el receptor en el momento en que el acto sémico tiene lugar, e independientemente de éste".

La isotopía es una construcción que va siendo elaborada conforme a modalidades propias por cada discurso particular. Las diferentes líneas temáticas que forman la red isotópica, se organizan en torno a una "categoría semántica fundamental" o *clasema**, formando un todo hipostasiado, a la manera como las **aguas afluentes** suman su entidad a la de las aguas del río ("isotopías más profundas" que menciona GREIMAS) en que desembocan. La lectura, progresivamente, procediendo por bloques resumibles en macroestructuras parafrásticas, inscribe en un campo isotópico las unidades del texto; campo que, conforme las unidades van apareciendo, se modifica constantemente.

Durante el desarrollo del discurso los semas de cada semema operan orientando la *actualización** de ciertos semas (y no de otros) en otros sememas. Parafraseando un ejemplo de la *Rhétorique de la poésie* podemos decir que en:

> Ocurrió un día de julio

los semas de *julio* (mes del año) orientan nuestra lectura de *día* como *división* cronológica, "estable, correspondiente a una revolución del globo terrestre"; mientras que en:

> Ocurrió un día resplandeciente

los semas de *resplandeciente* (emisor de luz), dirigen nuestra comprensión en el sentido de "parte luminosa del día, opuesta a la noche".

Los discursos que mejor logran poner de relieve la isotopía son los que corresponden a una intención y una estrategia que preside su construcción y que determina la elección de sememas *precisos* —por ricos en semas— y de sememas no ambiguos —sino ortosemémicos—, y que, además, distribuyen la mayor cantidad de información al principio del enunciado, para reducir al mínimo el número de hipótesis de lectura que deban ser verificadas en los segmentos de discurso subsecuentes. Tal es, por ejemplo, el discurso didáctico.

Los discursos biisotópicos (donde se superponen dos isotopías) se reconocen porque producen una tensión debida a que aparece una alotopía que indica la existencia simultánea de dos isotopías del contenido: una básica, y una retórica. Cada una tiende a ser leída sobre su campo isotópico. Al mismo tiempo, al detectar la conexión entre ellas (GREIMAS) dada a través del término disémico o de una relación de analogía del significante, se permiten el proceso de la *mediación* (GRUPO "M") o paso de una isotopía a otra (que es la *estructura** semántica propia del poema), y la relajación de la tensión. Los discursos biisotópicos se apoyan en sememas *equívocos** (V, DILOGÍA*) que funcionan como términos conectadores de isotopías, porque poseen un *significante** y dos *significados** y actualizan simultáneamente semas que se alínean sobre otra isotopía que es alotópica en relación con la primera. La lectura de estos discursos es accidentada. Sus mecanismos son característicos del discurso humorístico, del chiste, del discurso poético o literario. En este último manifiestan la *función poética** jakobsoniana al determinar en el discurso economía de recursos y densidad de significación; y son vistos como procedimientos retóricos, en la *dilogía* o *antanaclasis*, y también en otros *metasememas**, sobre todo la *metáfora**, conector ideal, porque resulta precisamente de la intersección que relaciona dos conjuntos sémicos parcialmente análogos y parcialmente opuestos. El empleo de estas figuras produce un efecto estilístico que GREIMAS describe como "placer espiritual (que) reside en el descubrimiento de las dos isotopías diferentes en el interior de un relato supuestamente homogéneo".

El texto biisotópico es sólo un caso particular de la *poliisotopía* o *pluriisotopía*. En ésta aparecen varios términos conectores que permiten mecanismos de mediación entre más de dos isotopías que se desarrollan simultáneamente.

isotopía

El GRUPO "M" ha señalado, en los enunciados, la existencia de grados de intensidad de la alotopía, que dependen de la cantidad de semas comunes que aparecen en los sememas. Su determinación es, sin embargo, difícil, en virtud de que la posibilidad de enumeración exhaustiva de los semas de un semema, parece por ahora discutible. Sin embargo, estos conceptos son importantes debido a que la relación entre isotopía y alotopía interesan cuando se consideran la tasa de información y la tasa de originalidad de un mensaje, por ejemplo el poético, que podría revelarse como hiperredundante e hiperisotópico. También es interesante observar que el orden temporal no es condición para la isotopía, y que las funciones sintácticas confieren a los sememas *valores** semánticos, como puede observarse en esta *ironía** acerca del discurso de los políticos:

> Dice uno de ellos: "—No me escuchan. Es como si mis discursos fueran emitidos en otra *frecuencia*."
> Alguien le contesta: "—Mm... esa puede ser la causa. Tal vez usted hace uso de la palabra con demasiada *frecuencia*."

Donde puede observarse cómo el término conector de isotopías (*frecuencia*) pasa de un significado a otro, ambos denotativos, merced al cambio de su función gramatical, indicada en cada caso por la preposición: "en frecuencia", "con frecuencia". Este ejemplo lo es también de isotopía semémica u horizontal, dada en el texto, opuesta a la isotopía metafórica, que es vertical, en la que el término conectador no sólo relaciona los campos isotópicos en el texto, sino también los campos semánticos a los que, en el sistema, pertenecen los sememas que participan en el tropo.

El hallazgo de la alotopía en el transcurso de la lectura (generalmente los tropos característicos del discurso figurado), significa un tropiezo para la conceptualización de los segmentos subsecuentes, pues se opone a la "lectura uniforme", que es unívoca y sin contradicción, por lo que requiere solución, que, para el GRUPO "M", podría consistir en:

1) La corrección del elemento alotópico por *adición** de los semas recurrentes y la *supresión** de los semas no pertinentes, lo que permite integrar, en forma prospectiva, la unidad ya reevaluada.

Cuando LÓPEZ VELARDE dice:

> Sonámbula y picante,
> mi voz es la gemela
> de la canela.

los dos primeros adjetivos van recibiendo sucesivas cargas semánticas al entrar, poco a poco, en el juego sintáctico con los sustantivos *voz*, *gemela* y *canela*. Ello ocurre por etapas:

a) "Sonámbula y picante"
b) "mi voz sonámbula y picante"
c) "mi voz sonámbula y picante es la gemela"
d) "mi voz sonámbula y picante es la gemela de la canela"

y ni *sonámbula* ni *picante* acaballan su sentido (metafórico) sino hasta su confrontación con *canela*, que precisa su significado trópico, connotativo. (V. CONNOTACIÓN*.)

2) La reevaluación retrospectiva se realiza, en cambio, cuando la prospectiva no basta.

Cuando Alfonso REYES dice:

> Amapolita morada
> del valle donde nací;
> si no estás enamorada,
> enamórate de mí.

Al aparecer el semema *enamorada* y el último verso "enamórate de mi", imponen la reevaluación retrospectiva de todo lo anterior, por la ruptura de la isotopía básica (*vegetal*) y la implantación de una segunda isotopía metafórica, de la *prosopopeya**, mediante la agregación del sema *humano*.

La isotopía se rompe porque lo vegetal y lo humano se oponen pero, además, porque aparecen en el texto en posición sintáctica de concordancia.

3) La tercera y última solución consiste en reconocer la impertinencia y lo que ella significa: la implantación de un nuevo significado aún no precisado y cuya reevaluación, que queda pendiente, puede estar relacionada con el título, o con textos seriados anteriores, o con la aparición posterior de una fórmula conectadora de la isotopía básica con la isotopía metafórica, o con "indicadores semiológicos externos", tales como la situación del mensaje o las convenciones características de un *género** (en la fábula, la isotopía descansa sobre una lógica distinta a la del mundo real), o las características del estilo dominante en una corriente literaria; es decir: con factores pretextuales que subyacen en una isotopía *pretextual*.

Los grados de la alotopía son detectables mediante una prueba de negación: en el oxímoron, por ejemplo, los términos cuyos semas se oponen pertenecen a un campo isotópico debido a que están recubiertos por semas que les son comunes.

En el verso de SANDOVAL ZAPATA:

> En *poco mar* de luz ve oscuras ruinas

dejando sin comentar el segundo contraste (luz-oscuras) porque en ese contexto es *antítesis**, podemos advertir que *poco* y *mar* se oponen sobre el eje de la *cantidad* en el que otros semas les son comunes por lo que, si bien el enunciado:

> el mar es poco

es alotópico, soporta la prueba de la negación, ya que en el enunciado:

> el mar no es poco

la negación restablece esta isotopía, que es "isotopía semántica" porque está dada en la redundancia de las unidades formales del contenido.

En otros enunciados la alotopía ofrece una mayor intensidad y su reformulación negativa sigue siendo alotópica.

Si, por ejemplo, haciendo caso omiso de que las ideas no pueden ser a la vez *incoloras* y *verdes* simplificamos el ejemplo antes citado "de incoloras ideas verdes", y decimos:

> las ideas son verdes
> las ideas no son verdes

isotopía

vemos que ambos enunciados pertenecen a la categoría lógica de las proposiciones absurdas, ya que negamos que ese sea el color de las ideas; pero atribuirles que no son verdes es igualmente no pertinente, ya que se trata de una alotopía intensa o *fuerte* porque entre *ideas* y *verdes* no hay semas comunes, pues los colores se han asociado tradicionalmente a las emociones y no a las percepciones mentales. Esta alotopía *fuerte* puede ser hallada también en el lenguaje poético ya que, como afirman Marcus y los miembros del Grupo "M", este lenguaje "no se rige por el principio de no contradicción".

El Grupo "M", en la *Rhétorique de la poésie*, propone hacer frente a los textos poliisotópicos sumando a la lectura lineal los resultados de una lectura *tabular* que "privilegie las relaciones establecidas fuera de la línea del tiempo", lo que permite al lector captar las correspondencias de los elementos, fuera del orden que éstos guardan en el tiempo. La tabularidad es construida por la lectura, y no dada. En la lectura tabular se superponen los resultados de diferentes lecturas correspondientes a diferentes isotopías respectivamente. Este procedimiento permite, tanto hallar las "unidades dadas" por el texto en el nivel de las figuras mismas, una vez corregidas las impertinencias (lo que daría, por ejemplo: *vidrio animado = mariposa*), como las "unidades proyectadas" que provienen de una relectura retórica posterior y retrospectiva, que permite pasar, sobre la base de la poliisotopía, a la construcción de nuevos tropos en otro nivel. Esto daría, por ejemplo:

/*vidrio*/ nivel denotativo,
/*vidrio animado = mariposa*/ primer nivel figurado,
/*mariposa = galán enamorado*/ segundo nivel figurado

en que se ha dado ya una *mediación* entre las isotopías /animal/humano/; y, tras la lectura completa de todo el soneto (de Sandoval Zapata) donde se describen el itinerario fatal de la mariposa que, atraída por la flama, en ella se incinera, y el itinerario inexorable del galán enamorado que atraído por el amor, en él se quema; daría, en un tercer nivel figurado —simbólico. de la *isotopía semiológica* que rebasa el texto— el itinerario de la naturaleza humana que, deseosa de sublimarse en el amor divino, en él se incendia (conclusión, ésta, a la que se llega tras otra *mediación* que conecta a otra isotopía que es una abstracción universal, fuera del texto).

Más tarde, en el soneto, en los niveles de la isotopía metafórica, la hipóstasis de las isotopías: /fuego/amor/ naturaleza divina de lo humano/, produce una metamorfosis pues extingue la vida pero procura otra vida más elevada, en la que se alienta a través del ser amado y en él.

En la *Rhétorique de la poésie* se menciona el resultado de la lectura de estos niveles como "lectura metasemémica de sememas alosémicos y lectura metasemémica de sememas isosémicos".

El hecho de que las posiciones sintácticas de los sememas, las equivalencias sintácticas entre los enunciados, los fenómenos retóricos del nivel fónico/fonológico y los del nivel morfosintáctico, es decir, la correlación dada entre las redundancias de los distintos niveles, agregan a los sememas valores semánticos, y así apuntalan, subrayan o enriquecen el sentido global, ha llevado al Grupo "M" (y también a otros teóricos como Rastier, Salomón Marcus y Pius Servien) a proponer la consideración 'de otras isotopías, además de la *isosemía* o isotopía del contenido, que serían fenómenos de *isomorfismo* o identidad formal de las estructuras:

I) Isotopías de la expresión:

I.1. La *isofonía* o *isoplasmia*, constituida por la repetición regular de las unidades del significante, que se da en fenómenos retóricos como el *ritmo** o la *rima**;

I.2. La *isotaxia*, que resultaría de la iteración de las mismas estructuras sintácticas, ya que las unidades lingüísticas que cumplen la misma función —ya lo decía Restier— son isotopías desde el punto de vista sintáctico. Con la salvedad de que ambos tipos de isotopía no aparecen como condiciones necesarias para la homogeneidad semántica del discurso, aunque en la poliisotopía pueden hallarse presentes no sólo dos o más isotopías del contenido sino también una isotopía de la expresión y otra del contenido.

Esto ha llevado a homologar por completo el cuadro de las isotopías (generalizando el uso de este término a todos los niveles, y denominando isosemia a la isotopía semántica) con el cuadro que contiene el conjunto de las *metábolas** y sus tipos: *metaplasmo*, *metataxa**, *metasemema* y *metalogismo**. Para ello han agregado la *isología*, que corresponde al último nivel de las isotopías del contenido, el de las figuras lógicas, de pensamiento.

La utilidad de poder identificar todos estos elementos radica en que, durante la lectura, se efectúa el seguimiento de cada isotopía, al ir inventariando los sememas cuyos semas se van inscribiendo en el mismo campo isotópico, y, simultáneamente, al identificar cada alotopía, se busca el término conectador, se realiza la reevaluación —prospectiva o retrospectiva— de las unidades, o se deja pendiente hasta el final, y se produce el proceso de mediación que vincula las distintas isotopías.

En los textos extensos que se condensan en resúmenes, suelen desaparecer algunas isotopías *parciales* (Greimas), aquellas que no se extienden a la totalidad de la red discursiva. Las que se oponen a ellas, abarcadoras de todo el texto, son las isotopías *globales*; éstas también comprenden la isotopía que Greimas llama *actorial* (V. ACTANTE), construida sobre la recurrente intervención de los participantes en la *acción**, misma que se descubre en el proceso de *anaforización**.

ITERATIVO, verbo. V. ASPECTO VERBAL.

ITERATIVO, relato. V. SINGULATIVO.

J

JERARQUÍA. V. FUNCIÓN EN GLOSEMÁTICA y ANÁLISIS.

JERGA (argot, caló, germanía, "slang", jerigonza, dialecto social, lenguaje social).

*Lenguaje** especial que utilizan familiarmente, sólo entre sí, las personas pertenecientes a un grupo sociocultural dado, es decir, dentro de un estrato social que puede relacionarse con una ocupación, un oficio, un dominio profesional. Su empleo puede connotar que se está vinculado a una especialización, a un gremio, o un deseo defensivo, de intimidad y secreto, o un afán aristocratizante o juguetón o irónico, y también una voluntad de mostrar solidaridad, de identificarse con otro. Suele llamarse *"argot"* (galicismo) *caló* o *germanía* al lenguaje vulgar y secreto de grupos cerrados y marginados como el hampa, los gitanos, los vagabundos. El argot altera morfosemánticamente expresiones de muy diversa procedencia, mientras que la jerga, vinculada a la profesión, se compone de tecnicismos. La jerigonza es un lenguaje pedante, complicado y artificioso, de mal gusto. Los ingleses llaman *"slang"* (según Lázaro CARRETER) al lenguaje de este tipo que juguetonamente se emplea en situaciones familiares, común a diversos grupos sociales como profesores, estudiantes, obreros, etc. El apartamiento de la jerga respecto de la *norma** se da regionalmente. Lázaro CARRETER pone como ejemplo de *"slang"* el llamar (en España) *monís* al dinero, en México el equivalente sería *lana*, y habría muchos otros en otras zonas.

BAJTÍN (V. b)), al describir las jergas, relacionándolas también con la época, el género, la geografía, la estamentación social, la situación y el oficio, las llama *dielectos sociales* o *lenguajes sociales*, mismos que cumplen un papel no sólo en la vida cotidiana sino también en la literatura.

JERIGONZA. V. JERGA.

JITANJÁFORA (y glosolalia).

Término utilizado por Alfonso REYES para denominar aquella expresión cuyo *referente** es indeterminado por lo que la interpretación de su *significante** es imprecisa y se apoya en gran medida sobre el *contexto**.

> Pespunte de seda virgen
> tu canción.
> > Abejaruco
>
> *Uco uco uco uco*
> > Abejaruco
> > GARCÍA LORCA

Es el mismo fenómeno que J<small>ESPERSEN</small> llama *glosolalia* y que otros suelen describir como una actividad morbosa que consiste en inventar *palabras** adjudicándoles sus respectivos *significados**.

Como recurso literario se considera una *figura** creada en la *literatura** latinoamericana por el poeta cubano Mariano B<small>RULL</small>. El siguiente es un ejemplo tomado del *Poema de la ele*, del también poeta cubano Emilio B<small>ALLAGAS</small>:

> Tierno glú-glú de la ele,
> ele espiral del glú-glú
> el *glorígloro* aletear
> palma, clarín, ola, abril...

(V. INVENCIÓN* y ONOMATOPEYA*).

JORNADA. V. A<small>CTO</small> (2).

JUDICIAL, discurso. V. R<small>ETÓRICA</small>.

JUEGO DE PALABRAS.

Figura retórica* que afecta a la *forma** de las *palabras** o de las *frases** y consiste en la sustitución de unos *fonemas** por otros muy semejantes que alteran, sin embargo, totalmente el *sentido** de la expresión:

> Cuéntanme que me hallaron mil faltas, y que todo se les fue en apodarme y reírse, y que decían que parecía esto y parecía estotro, y que parecía al otro. Lo confieso que lo *parezco* todo, como mi dinero no *padezca*.
>
> Q<small>UEVEDO</small>

Otros ejemplos:

> Dijo un ministro:
> —Despenseros son.
> Y otros dijeron:
> —No son.
> Y otros:
> —*Sisón*.
> Y dióles tanta pesadumbre la palabra *sisón*,
> (que sisa o hurta los sobrantes de la compra) que se turbaron mucho.
>
> Q<small>UEVEDO</small>

> No aceptemos la *iniquidad* de la *inequidad*
> R<small>OA</small> B<small>ASTOS</small>

> En Boston es grave falta
> hablar de ciertas mujeres
> por eso aunque *nieva nieve*
> mi boca no se atreve
> a decir en voz alta
> *ni Eva, ni Hebe.*
>
> V<small>ILLAURRUTIA</small>.

En este último ejemplo, el juego de palabras es una variedad del *calembur**, pues esta figura es la que produce la casi *homonimia**, ya que la articulación diferente de los mismos elementos de la *cadena** sonora (puesto que la *h* es muda) cambia la *entonación** que rige cada frase, lo que permite advertir el efecto de la figura.

Bajo el rubro de *juego de palabras**, genéricamente suelen agruparse otras figuras en las que, a partir de combinaciones de fonemas semejantes, se produce *ambigüedad** o se sustituye un *significado** por otro.

Tal ocurre también con el *lenguaje infantil**, por ejemplo "¡Cuidado: parrandas continuas!" —en lugar de "paradas continuas", leyenda escrita en la parte trasera de los vehículos colectivos ("peseros").

Esta figura es, pues, una *metábola** de la clase de los *metaplasmos**, y se produce por *supresión/adición* (es decir, *sustitución** parcial de fonemas). Phillipe DUBOIS registra una serie de mecanismos productores de juegos de palabras, por ejemplo la *condensación*, en la que alternan en una misma *oración** elementos provenientes de dos de ellas. La identidad absoluta de *significantes** con diversidad de significados, es decir la *dilogía** o *antanaclasis* es considerada un juego de palabras por DUBOIS, lo mismo que la *paranomasia** y el calembur (intersección parcial de significantes idénticos). Además, este autor enumera una serie de categorías operativas, que intervienen en la producción de las distintas clases de juegos de palabras, tales como: identidad vs. semejanza (o intersección total vs. intersección parcial) de los significantes; imbricación vs. yuxtaposición de significantes; la totalidad vs. lo incompleto de éstos; continuidad vs. discontinuidad de significantes; orden de los mismos.

Ampliada así la visión del juego de palabras, salta a la vista, pues, que son muchas las figuras que intervienen en su producción, por ejemplo muchos metaplasmos como *epéntesis**, *aféresis**, etc., estarían así involucrados en juegos de palabras que operan por *posición*; mientras que figuras como *metátesis**, *quiasmo** o *palíndromo** serían juegos de palabras provenientes de alteraciones del orden de los elementos en las palabras o en los *sintagmas**. En casos como la dilogía o el calembur se trataría de la "imbricación e intersección" de los significantes. En fenómenos como la *crasis** ("*mot/valise*") habría imbricación sin intersección. En muchas de estas figuras se superpone el *metasemema** al metaplasmo, y a veces a varios de ellos, de suerte que su complejidad puede dar la impresión de ser un verdadero "nido de metasememas".

JUNCIÓN. V. ENUNCIADO.

JURAMENTO (u obtestación).

*Figura retórica** de las antiguamente denominadas *patéticas*. Consiste en aseverar algo negando o afirmando, pero añadiendo a la expresión un gran *énfasis** que proviene de poner por testigos de lo que se dice a Dios, al demonio, a los hombres, a cosas imaginarias, a la naturaleza, etc.

En la tradición es una figura de pensamiento; según un criterio moderno, es un *metalogismo** que afecta a la lógica del *lenguaje**, sin ser *tropo**.

> Yo juro al infernal poder eterno
> (si la muerte en un año no me atierra)
> de echar de Chile al español gobierno

y de sangre empapar toda la tierra:
ni mudanza, calor, ni crudo invierno
podrán romper el hielo de la guerra,
y dentro del profundo reino obscuro
no se verá español de mí seguro.

ERCILLA

JURÍDICO, discurso. V. RETÓRICA.

K

"KOMMA". V. "COMMA".

"KOMMATA". V. "COMMA".

L

LABIODENTAL, sonido. V. FONÉTICA.

LECTURA TABULAR. V. ISOTOPÍA.

LEGISIGNO. V. SIGNO.

"LEITMOTIV". V. MOTIVO.

LENGUA. V. SISTEMA LINGÜÍSTICO y CULTURA.

LENGUAJE. V. CULTURA.

LENGUAJE FIGURADO. V. FIGURA RETÓRICA.

LENGUAJE INFANTIL.

*Figura** de dicción porque afecta a la *forma** de las *palabras**. Una variedad consiste en recrear el lenguaje imitando humorísticamente el de los niños o de quienes hablan deficientemente la *lengua**:

> —Acá tamo tolo
> [...] que tambié sabemo
> cantaye la Leina.
>
> SOR JUANA

Otra se da en ciertos divertimientos como reducir todas las vocales de las palabras a una sola en juegos infantiles, o bien disfrazar las palabras agregando a cada sílaba otra con la misma vocal.

> ¿Cófo mofo tefe llafa mafas?
> (Cómo te llamas)

Es una *metábola** de la clase de los *metaplasmos** y se produce por supresión/adición (*sustitución**) parcial de *fonemas** o de *femas**. En ella la *permutación**, real, de fonemas, produce una ilusión (que es visual en el *receptor** que lee, y auditiva en el que escucha), porque simultáneamente se sustituyen *femas**, es decir, rasgos distintivos de los mismos fonemas.

LEXEMA. V. SEMA y MORFEMA.

LEXÍA (y archilexía).

En POTTIER, es una unidad léxica de la *lengua**. Hay lexías *simples* (calle), *compuestas* (boca-calle) y *complejas* (caballo de mar). Como unidad de lengua se opone

léxico

a unidades fortuitas discursivas (como caballo de tiro, caballo de carreras) creadas por el *emisor**. La *archilexía* representa, en cambio, sobre el plano del *significante**, al conjunto de los *semas** comunes a dos o más lexías (POTTIER).

En BARTHES, mínima unidad significante o unidad de lectura que resulta de la fragmentación del *texto** literario durante el *análisis** y en el *nivel** semántico. La extensión de tales *segmentos** es muy variable y permite la lectura plural y sistemática del *texto**. Cada lexía comprende varios *sentidos** que deben ser desglosados por el analista, y es "el mejor espacio posible donde pueden observarse los sentidos".

LÉXICO. (y lexicón).

Vocabulario. Inventario de las unidades léxicas o *lexemas** propios de una *lengua** o de una región, de una disciplina, de un tema, de un campo del conocimiento.

El *lexicón* es otro nombre del diccionario. Generalmente pretende abarcar la totalidad de sus unidades léxicas.

"LEXIS". V. ELOCUCIÓN.

LICENCIA (o parresia, o irreticencia).

*Figura retórica** "frente al público". Consiste en un vivo y audaz aunque justificado reproche que el *emisor**, aparentando que se excede, finge dirigir al *receptor** (al público, al lector, o a sí mismo) apelando a su grandeza, su amor propio, o su capacidad para hacer frente a una verdad desagradable; ello, a la vez que halaga al receptor, hace aparecer como que el emisor abandona su ordinaria prudencia y su compostura. El fingido atrevimiento a veces se acompaña con una fórmula de excusa, y sirve en realidad para mejor fincar, el emisor, sus *argumentos** en el ánimo del receptor. QUINTILIANO la llama *parresia* y también se le ha llamado *irreticencia*.

> De donde se conoce la grandeza de vuestra bondad, pues esta aplaudiendo vuestra voluntad, lo que precisamente ha de estar repugnando vuestro clarísimo entendimiento. Pero ya que su ventura la arrojó a vuestras puertas, tan expósita y huérfana que hasta el nombre le pusisteis vos, pésame que, entre más deformidades, llevase también los defectos de la prisa; porque así por la poca salud que continuamente tengo, como por la sobra de preocupaciones en que me pone la obediencia, y carecer de quien me ayude a escribir y estar necesitada a que todo sea de mi mano, y porque, como iba contra mi genio y no quería más que cumplir con la palabra a quien no podía desobedecer, no veía la hora de acabar y así dejé de poner discursos enteros y muchas pruebas que se me ofrecían, y las dejé por no escribir más.

> SOR JUANA

Ejemplo éste en que es evidente cómo, durante el desarrollo del *discurso**, se traslada la idea, desde el atrevimiento que apela a la grandeza y bondad del receptor, hasta la justificación de las acciones del emisor.

En esta acepción, la licencia es figura de pensamiento, es decir *metalogismo**, porque afecta a la lógica del discurso, y se produce por *sustitución** negativa ya que el efecto de *sentido** que resulta es contrario al que parece evidente a primera vista.

En otra acepción más común, *licencia* es la *desviación** en que incurre el poeta respecto de la *norma** estrictamente gramatical y con el objeto de aplicar, en cualquiera de los *niveles** de la *lengua**, estrategias literarias que provoquen un efecto estético, de *extrañamiento** es decir: licencia, así vista, es sinónimo de *figura** en su más amplio *significado**.

Como figura de la lengua francesa, significa aquello que se hace en contra de las reglas del arte; lo irregular, lo impropio.

LÍNEA DE CONTENIDO. V. SIGNIFICANTE.

LÍNEA DE EXPRESIÓN. V. SIGNIFICANTE.

LIPOGRAMA.

Lipograma (literalmente: "pérdida de letra"), es el nombre de ciertas composiciones literarias que prescinden de una letra, en una especie de juego. Hay ejemplos griegos, romanos, de la Edad Media, y, en España, del siglo XVII. Quizá por tales antecedentes podríamos nombrar así las cinco narraciones breves —*Las vocales malditas*— de Oscar de la Borbolla, que prescinden, cada una, de cuatro de las vocales.

Desde luego, es también un juego —más difícil—, pero a la vez es un reto y un alarde de poder por los efectos de sentido logrados. Dice, por ejemplo, en la letra O:

> Los locos somos sólo otro cosmos, con otros otoños, con otro sol.

que es una *definición**, una *descripción**, y un motivo que obliga a reflexionar largamente.

LÍRICA, poesía. V. GÉNERO.

LÍRICO, lo (y dialógico, lo).

BAJTÍN no sólo se refiere a *la novela**, sino también a *lo lírico*, en su tratamiento del concepto de *lo dialógico* (V. b:12 y ss.), pues considera que la imagen dialogizada (en un sentido estrecho) de los *tropos** en la poesía lírica, permanece sumergida en la riqueza y la diversidad propias de su objeto mismo.

La dialogalidad natural de la palabra no se utiliza artísticamente en los géneros poéticos (para BAJTÍN, la lírica y sus sub/géneros), porque en ellos la *palabra** se basta a sí misma y "no presupone ninguna otra expresión fuera de sus límites" ya que no se orienta hacia la palabra ajena ni interacciona con ella, pues este autor asienta, como base de toda su teoría de los *géneros**, que la palabra poética, es decir, lírica, nunca se orienta hacia los *lenguajes** ajenos, nunca toma de los otros el punto de vista lingüístico ni las *formas** léxicas, sintácticas o semánticas, sino que anhela construir un lenguaje único que vehicule con precisión incuestionable su perspectiva y su intención únicas, al producir un estilo poético singularizado. En la lírica "pura", "sin reservas ni distancias" la necesidad de manifestarse, propia de la conciencia artística, "se autorrealiza íntegramente" al expresarse a sí misma. De no proceder de este modo, el poeta se convertiría en un prosista, según este autor.

La lírica es, pues, monologismo del discurso que presenta una verdad individual, personal. Sin embargo, puede trasponerse a todos los géneros y puede admitir lenguajes sociales, pero subordinados a la conciencia única del poeta, pues es verdad que debemos aceptar que es necesario proceder a la *descripción** abstrac-

ta de los géneros, pero sólo antes de pasar al *análisis** ya que éste guarda para nosotros las sorpresas de la evolución de los géneros y de su mezcla constante en
ejemplos donde se esfuman los linderos y se transgreden los modelos elegidos por
el artista —como punto de partida y también como punto de llegada— para co-
meter la infracción de las convenciones canonizadas en su momento. El mismo
BAJTÍN, gran repetidor, gran maestro explicitador de su intención didáctica, en algunos momentos de su exposición introduce la duda o la excepción a la misma
"verdad" que· él está elaborando. Y admite, por ejemplo, que hasta en la lírica
pura puede haber otros lenguajes socioideológicos, pero el poeta habla de lo ajeno "en su propio idioma", porque su especificidad radica en no aceptar como
suyo ningún lenguaje ajeno sin antes hacerlo propio y reacuñándolo artificiosamente. Pero también aquí, este autor introduce él mismo la duda o la objeción
dedicada a sus propias palabras cuando agrega (b:15): "La idea de un lenguaje
único y singular, especial de la poesía, es un filosofema utópico característico de la
palabra poética"…"Esto es acertado, añade, sólo si pensamos que desde el punto
de vista del lenguaje intencional los demás lenguajes ("coloquial, de negocios, prosaico y otros) son percibidos como de objeto".

Más tarde, en el mismo libro (b:128) vuelve a introducir pinceladas que mati-
zan su idea: tanto la palabra poética como la prosística son de naturaleza social,
pero "el poema representa procesos sociales prolongados, tendencias seculares del
desarrollo social, mientras que la palabra novelística recoge pequeñas alteraciones
del ambiente social".

Tales dudas provienen de la relatividad de las ideas que maneja, conectadas
también con la historia de la *cultura**; pero la opinión de BAJTÍN es muy acertada
y enriquecedora en cuanto atañe a la dificultad de distinguir, por una parte, el
lenguaje lírico único, singularizado, próximo, íntimo, directo y propio solamente
de su sujeto *enunciador** que todo lo percibe, entiende y piensa (b:113), con los
ojos de este lenguaje que se basta a sí mismo, para realizar el tono, la intención,
(b:114) la individualidad, la "firmeza monológica" del estilo lírico, y, por otra parte, la amalgama de los discrepantes *lenguajes sociales**, ajenos, que es discernible en
la textura polifónica de la *novela**. BAJTÍN contribuye a hacer posible apreciar la
diferencia, la especificidad, el límite, para luego sopesar el papel que juega cada
ingrediente dentro de cada mixtura.

LITERARIEDAD.

Status literario de un *texto**. Carácter específico de la obra literaria; aquello que
hace que una obra dada sea una obra literaria y no una obra de otra clase.

La literariedad se presenta en las obras literarias de todas las épocas; es decir,
es intemporal, y depende de una serie de "regularidades tanto internas como externas, que hacen que un texto funcione como hecho literario" (TYNIANOV), en
una época dada, en la que se establecen correlaciones entre lo intraliterario y lo
extraliterario. En otras palabras, depende de que los rasgos característicos que
ofrece una obra coincidan con aquellas condiciones y normas impuestas por la institución de la *literatura** en esa sociedad y en ese momento.

La obra literaria es pues un *sistema** estructurado y jerarquizado de procedimientos artísticos. Esta jerarquía cambia con la evolución de la literatura. El "valor
maestro" llamado *dominante** por JAKOBSON es diferente para cada momento histó-

rico. Así, la literariedad de una obra sólo puede ser observada si se consideran dos tipos de fenómenos: por una parte, cómo funciona el texto en sí mismo; por otra parte, cómo funciona relacionado con su *contexto** histórico social en el momento de su producción.

Como criterio para el *análisis** del texto literario, la literariedad es vista por GREIMAS como un postulado *a priori* acerca del objetivo buscado, el "objetivo último... de un *metadiscurso** de investigación".

LITERATURA.

Se considera una muestra de *literatura* cualquier *texto** verbal que, dentro de los límites de una *cultura** dada, sea capaz de cumplir una *función** estética". (LOTMAN 1976.) Visto así, el texto literario se relaciona con una *semiotica** literaria que forma parte de la semiótica de la cultura —pues no puede separarse de su *contexto** cultural— y es un *sistema modelizante secundario** ya que está doblemente codificado: tanto en la *lengua** natural como una o más veces, en los *códigos** culturales correspondientes a la época (tales como el estilo, el *género**, etc.), pues constituye el terreno donde se da la unión de *sistemas** opuestos.

Como las tradicionalmente llamadas "formas literarias" no son en realidad específicas de la literatura, sólo parcialmente el texto literario resulta formal o funcionalmente distinto de las demás actividades verbales, pues no son suficientes sus propiedades intrínsecas o internas para garantizar su paso, de ser un simple *mensaje** verbal, a obtener el estatuto de obra de arte, sino que para esto es indispensable que el *receptor** adopte una actitud hacia el texto, es decir, que tenga una forma especial de considerarlo dentro de las específicas condiciones contextuales dadas por las convenciones literarias y culturales institucionalizadas en el momento de su producción, en la sociedad que acredita su calidad literaria y, además, en el *contexto** del *receptor**.

Dentro del contexto sociocultural ("definido por los participantes específicos y sus diversos papeles o funciones(...) implicados en los procesos de *comunicacion** Iiteraria, así como por las diversas instituciones, acciones y convenciones que caracterizan los distintos marcos sociales en que se utiliza la literatura" [VAN DIJK :c]), dentro de dicho contexto, la principal función pragmática de la literatura es una función ritual, ceremonial, en la que el receptor halla, filtrada a través de la impresión estética que produce el texto, una profunda experiencia del mundo que se le comunica al asumir la obra ciertos *modelos** ideológicos que, naturalmente, son históricos. (V. también LITERARIEDAD* y TEXTO*.)

LITOTE (o litotes, atenuación, extenuación, "exadversio", disminución).

Figura* de pensamiento de la clase de los *tropos**. Consiste en que, para mejor afirmar algo, se disminuye, se atenúa o se niega aquello mismo que se afirma, es decir, se dice menos para significar más. En este caso suele coincidir con el *eufemismo**:

"Conoce usted poco este problema" o "Conoce usted mal este asunto" (por decir "lo ignora totalmente").

Algunos autores consideran la litote como un tipo de *hipérbole**, una ponderación al revés, llamada *"exadversio"* en latín y *atenuación, disminución* o *extenuación* en castellano.

litotes

Según la *Rhétorique générale* esta clase de litote se produce por operaciones de *supresión** parcial que ofrecen cierto carácter aritmético pues hay un desplazamiento sémico a lo largo de una serie intensiva.

La mayoría de los autores relacionan la litote con la *ironía** (llamándola, en ese caso *meiosis*), sobre todo la negativa: "no es tonto" (por decir "es inteligente"). En este tipo de litote la operación consiste en suprimir, mediante una negación, un *sema** positivo, agregando en cambio el correspondiente sema negativo, de modo que, para mejor afirmar algo, se niega lo contrario, por lo que no hay sólo supresión sino supresión/adición, es decir, *sustitución**: "no aplaudo los desórdenes" ("los repruebo"); "no lo ignoro" ("lo sé"); mecanismo, éste, explicado por TODO-ROV mediante una fórmula: "si *A* y *B* son dos *antónimos**... se reemplaza *A* por no *B* diciendo: Pitágoras no es un autor despreciable", en lugar de "es un autor estimable".

Para captar el sentido y la fuerza de la litote, que es un *metalogismo**, se requiere del significado del *contexto** y/o la *situación*, pues si se toma aisladamente y al pie de la letra, cambia, como la ironía, totalmente su *significado**.

Cuando la litote es irónica se denomina, pues, *meiosis* y se describe como una "exageración modesta".

LAUSBERG la considera un tipo de *metalepsis** y la explica, en este matiz, como "empleo de un sinónimo semánticamente inapropiado" y como una "combinación perifrástica del *énfasis** y la ironía". Pero FONTANIER sí distinguió la litote ("no te odio" = "te amo") de la metalepsis ("no te odio" = "te perdono"), considerando que este último ejemplo no es una verdadera litote porque cambia el sentido, ya que perdonar no es lo contrario de odiar.

Quizá es una variedad de la litote el tropo presentado por FONTANIER como *"contrefisión"*. (y al que no se refieren otros autores modernos como MORIER, MOUNIN o LAUSBERG) y descrito por aquel mismo autor como un dicho que finge "atraer el deseo, la esperanza o la confianza sobre una cosa", mientras "tiende nada menos que a desviar de ella todo deseo, toda esperanza, toda confianza", pues en los ejemplos se dice lo contrario de lo que se significa. Así, Melibeo, en la primera égloga de VIRGILIO, obligado a entregar a cualquier soldado la tierra heredada de sus padres, y a exiliarse, al decirse a sí mismo:

> "Después de esto, Melibeo, sigue ocupándote por entero de los perales, de plantar cepas con simetría."

quiere significar:

> "Te cuidarás mucho, Melibeo, de seguir ocupándote por entero de los perales y de plantar cepas simétricas."

LITOTES. V. LITOTE.

"LOCI DESCRIPTIO". V. DESCRIPCIÓN.

LOCUCIÓN PREPÓSTERA. V. HIPÉRBATON.

"LOCUS". V. "INVENTIO" y MEMORIA.

LOCUTIVO. V. ACTO DE HABLA.

306

LOCUTOR. V. EMISOR y ACTO DE HABLA.

LOCUTORIO. V. ACTO DE HABLA.

LÚDICA. V. FUNCIÓN LINGÜÍSTICA.

LUGAR. V. "INVENTIO" y MEMORIA.

LUGAR COMÚN. V. "INVENTIO".

LUGAR PROPIO. V. "INVENTIO".

M

MACROLOGÍA. V. PLEONASMO.

MACROESTRUCTURA SEMÁNTICA. V. SECUENCIA.

MACROPROPOSICIÓN. V. CATÁLISIS Y MEMORIA A CORTO Y A LARGO PLAZO.

MACROSEMIÓTICA. V. SEMIÓTICA.

MAGNITUD. V. FUNCIÓN EN GLOSEMÁTICA.

MANIPULACIÓN. V PROGRAMA NARRATIVO y MODALIDAD.

MÁSCARA.

Careta o disfraz completo utilizado por los *personajes** teatrales, durante distintas épocas, (en la antigüedad grecolatina, en el Siglo de Oro, en la "Commedia dell'arte") y por los participantes en las fiestas del carnaval, para imitar, para representar o para encubrir una identidad, propiciando así un cambio de *sentido** en la imagen del personaje, buscando quizá un contraste paródico entre su apariencia y sus acciones, entre la quieta neutralidad del rostro y la violencia de sus movimientos corporales, o una liberación respecto de tabúes sexuales o prohibiciones relacionadas con la estamentación social, la investidura de una dignidad, o el prejuicio.

MÁXIMA. V. AFORISMO.

MEDIACIÓN. V. ISOTOPÍA.

MEIOSIS. V. IRONÍA.

MELODÍA. V. PROSODIA.

MEMORIA (y "loci" —pl. de "locus"—, o lugares, "topoi", "tópica", tópico y "mneme").

Una de las fases preparatorias del *discurso** en la tradición grecolatina. Eran cinco: *"inventió"**, *"dispositió"**, *"elocutió"**, *memoria* y *"pronuntiatio"**.

A la *memoria* corresponde el aprendizaje de las ideas fundamentales del *discurso**, o bien, de éste ya elaborado, ya prescrita su formulación elocutiva, mediante la ayuda mnemotécnica de un esquema ordenador, habitual entre los oradores (basado en una teoría de la memoria localizatoria que recurre a los cinco dedos de la mano), y que consiste en la distribución regular de un espacio evocado o imaginario al que corresponden los *"loci" o lugares*, que son las áreas mentales en que se almacenan los argumentos hallados durante la *"inventió"*, que convergen hacia su utilidad en una causa dada, y que se recuerdan por su ubicación en ellas. Los *"loci"*, a su vez, se relacionan con los *"topica"* que, según ARISTÓTELES, son un método, un conjunto de recursos para hallar fácil y rápidamente los argumentos en los *loci*, al formular las preguntas: *"quis? quid? ubi? quibus auxilius? cur? quomodo? quando?"* (¿quién, qué, dónde, con ayuda de quiénes, por qué, de qué modo, cuándo?).

También se entendía por *tópicos* la red de los *"loci"* funcionando como una malla de la que cada recuadro, al entrar en contacto con el *tema** del discurso, sugiere una idea susceptible de ser desarrollada como un inciso de la *argumentación** general. Por último, los *topica* eran considerados igualmente un almacén de temas estereotípicos denominados *lugares comunes** (*"loci comunes"*), susceptibles de ser nuevamente tratados. (V. INVENTIO*).

El dispositivo de los *"loci"* daba también cabida a las *imágenes* o cuadros, o fantasías generadas por las semejanzas entre los objetos, cuya fuerza es afectiva y contiene lo maravilloso y lo extraordinario.

Mneme es la memoria o recuerdo de los signos externos de una persona, lo que permite identificarla o reconocerla. (V. ANAGNÓRISIS*.)

MEMORIA, a corto plazo y a largo plazo (y comprensión, macroproposición).

Durante la lectura de un *texto** se lleva a cabo un proceso de interpretación cognoscitiva que es de naturaleza semántica y se denomina *comprensión*. La comprensión depende del modo como la información dada por el texto se almacena en la memoria del lector y se rescata de ella. Para que la información sea almacenada se requiere que el lector asigne una *estructura** semántica a las unidades textuales, pues de este modo construye una representación conceptual que va a dar, primeramente, a una memoria de capacidad limitada memoria a corto plazo", —*"short time memory" o "STM"*— que contiene una especie de pequeño paquete de información que consiste en el resultado, resumido de la comprensión de ciertas unidades (estructuras sintácticas en las que también es posible ver *cadenas** de *morfemas** o secuencias de sonidos). A tales estructuras se les asigna un *significado** mediante el empleo de conceptos que las sintetizan. Queda así comprimido el significado de dos o más *proposiciones** en una sola proposición llamada *macroproposición*, que se abstrae de las proposiciones y las contiene, las parafrasea. Los significados de las macroproposiciones se conservan en otro almacén —"memoria a largo plazo",—*"long time memory"* o "LTM"— de donde, mediante procesos de recuperación, pueden ser rescatados —recordados. Las macroproposiciones resumen la información por medio de la aplicación de reglas (*macrorreglas*) que permiten organizar y reducir la información compleja de las series de proposiciones, y todo ello es posible gracias a que el lector posee una información extratextual. La *forma** de las *estructuras de superficie** del texto se olvidan; es decir, no se recuerdan literalmente, con exactitud, las mismas palabras del texto.

Durante la lectura se establecen, pues, progresivas relaciones de coherencia entre las oraciones sucesivas; coherencia sobre la que se basa una interpretación parcial y local que luego se sintetiza y se vuelca en la macroproposición como un

mensaje

extracto del significado: es el resumen que hacemos al final de cada párrafo al decirnos en pocas palabras: "este fragmento dice tal cosa", por ejemplo.

MENSAJE.

Dentro de la teoría de la *comunicacion**, en sentido estricto un mensaje es una *cadena** finita de *señales** producidas, mediante reglas precisas de combinación, a partir de un *codigo** dado, y susceptibles de ser transmitidas con un mínimo de errores, a través de un *canal**, desde un *emisor** que codifica hasta un *receptor** que descodifica. Es decir, el mensaje es el objeto intercambiado, durante el acto de comunicación, entre el emisor y el receptor.

MERISMA. V. FONEMA.

MESOZEUGMA. V. ZEUGMA.

"METÁBASIS". V. APÓSTROFE.

METÁBOLA.

Este término ha sido objeto de una gran variedad de usos retóricos. A veces (en francés) se ha empleado como sinónimo de *sinonimia**, o bien (también en francés) como cierto tipo de *repetición**, ya sea de las mismas *palabras** pero en orden distinto, ya sea de la misma idea (*"pleonasmo"** o *tautología*) mediante diferentes palabras. Sin embargo, con mayor frecuencia ha significado *cambio*. Este cambio puede ser el "cambio súbito de fortuna" que experimentan los *personajes** durante la *acción** dramática, ya sea *peripecia** —orientada generalmente en el sentido del infortunio, ya sea *anagnórisis**, cambio por súbito reconocimiento, que desencadena un proceso que puede ser de mejoramiento o deterioro. También puede referirse el cambio, genéricamente, a cualquier modificación observada en el interior de las palabras o de las construcciones. En este sentido son metábolas la *metátesis**, el *hipérbaton** o la *hipálage**, por ejemplo.

En esta acepción general de *cambio* se ha basado el GRUPO "M", en la *Rhétorique générale*, al denominar metábolas a todas las *figuras retóricas**, cualquiera que sea el *nivel** de la *lengua* —que se ve afectado por ellas (fónico/fonológico, morfosintáctico, semántico o lógico), y cualquiera que sea el tipo de operación que da lugar a la figura (*supresión**, *adición**, supresión/adición o *sustitución** y *permutación**).

METADIÉGESIS. V. DIÉGESIS.

METADIEGÉTICO. V. NARRADOR y DIEGÉTICO.

METADISCURSO. V. DISCURSO LINGÜÍSTICO.

METÁFORA (o "translatio» y prosopopeya o personificación o metagoge y metalepsis*, sinécdoque*, metonimia*, metáfora mitológica, epíteto metafórico, metáfora continuada, metáfora hilada, extrañamiento o desautomatización o singularización).

*Figura** importantísima (principalmente a partir del barroco) que afecta al *nivel** léxico/semántico de la *lengua** y que tradicionalmente solía ser descrita como un *tropo** de dicción o de *palabra** (a pesar de que siempre involucra a más de una de ellas) que se presenta como una *comparación** abreviada y elíptica (sin el verbo):

sus cabellos (son) de oro
el oro de sus cabellos

en lugar de: "cabellos *como* el oro" ("cabellos de color dorado").

La metáfora (como la comparación, el *símbolo**, la *sinestesia**) se ha visto como fundada en una relación de semejanza entre los *significados** de las palabras que en ella participan, a pesar de que asocia términos que se refieren a aspectos de la realidad que habitualmente no se vinculan. Es decir, la metáfora implica la coposesión de *semas** (unidades mínimas de *significación**) que se da en el plano conceptual o semántico (o la coposesión de partes, dada en el plano material o referencial, cuando la metáfora no es lingüística —GRUPO "M"—), y en esta *figura** se manifiesta la identidad parcial de dos significados, paralelamente a la No identidad de los dos *significantes** correspondientes.

En la expresión:

en la cadera clara de la costa
NERUDA

al asociarse por contigüidad significantes cuyos significados guardan entre sí una relación paradigmática de semejanza parcial (V. PARADIGMA*), se produce una interacción de los semas comunes. De ello resulta un tercer significado que posee mayor relieve y que procede de las relaciones entre los términos implicados:

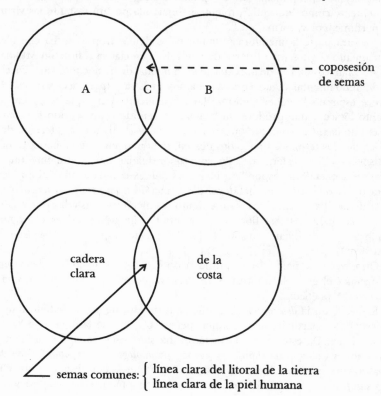

coposesión
de semas

semas comunes: { línea clara del litoral de la tierra
                 línea clara de la piel humana

metáfora

Los semas No comunes permiten reducir la metáfora al lenguaje corriente y, además, determinan la originalidad de la figura (GRUPO "M"): *humano* se agrega al significado de *costa*, de donde resulta esta metáfora de un tipo especial (denominada "metáfora sensibilizadora", *prosopopeya* o *personificación* o *metagoge*), en virtud de que lo no humano se humaniza, lo inanimado se anima (como ocurre siempre con la metáfora *mitológica*). *Costa*, en cambio (clara porque está demarcada por la arena y por la espuma de las olas —en este caso, y en el otro por la piel) aporta otro sema: dimensión planetaria, enormidad geográfica; de donde la metáfora (visual) ofrece la imagen de una geografía entrañable, de carne, de humanidad, de fertilidad o capacidad genética: la costa tiene cadera, tiene la capacidad humana de generar vida, aumentada a dimensiones continentales, terráqueas. Descrita desde esta perspectiva (del GRUPO "M"), en la metáfora no se advierte una *sustitución**, de *sentidos**, sino una modificación del *contenido** semántico de los términos asociados.

STANFORD y WIMSATT han descrito la metáfora como resultado de un proceso puesto en marcha cuando se utiliza un término (a) en un contexto que no le corresponde (b), de donde proviene la síntesis de los semas actualizados en la relación (a) y (b), a la vez que (a) y (b) conservan —aunque sintetizados en (c)— su independencia conceptual (Princeton Encyclopedia). Ésta es también la opinión de GREIMAS que ejemplifica: "'Rosa', puesta en lugar de "doncella", será leída evidentemente como "doncella", mientras desarrolla por un instante las virtualidades de perfume, color, forma, etc.".

Por otra parte la metáfora (y también los demás tropos) se ha considerado un instrumento cognoscitivo (VICO), de naturaleza asociativa (Midleton MURRAY), nacido de la necesidad y de la capacidad humana de raciocinio, que parece ser el modo fundamental como correlacionamos nuestra experiencia y nuestro saber y parece estar en la génesis misma del pensamiento, pero que se opone al pensamiento lógico y que produce un cambio de sentido o un sentido *figurado* opuesto al sentido *literal* o *recto*; que ofrece una *connotación** discursiva diferente de la *denotación** que los términos implicados poseen, cada uno, en el diccionario, ya que —dice LAUSBERG— "dos esferas del ser son subordinadas figurativamente una a otra". Cuando la metáfora responde a una *necesidad*, es debida a una "inopia léxica", se trata de la *catacresis** de metáfora, de la metáfora *muerta*, *fósil*, *léxica* o *lingüística* (*pata* de la silla). Comparten este estatuto las metáforas gastadas por repetidas, inclusive las literarias ("la flor de la juventud"). La necesidad es el origen de los nombres que designan muchas de las "realidades espirituales": *espíritu —soplo—* (LAUSBERG).

Otras veces se han relacionado los tropos con un trabajo lingüístico en el cual se sustenta el goce, la impresión artística, y que procura una fuerza, una energía al *lenguaje** poético.

Es decir, en la *descripción** y explicación de esta figura ha habido muy diferentes criterios a partir de muy distintas perspectivas desde las cuales se ha analizado el problema. De este modo, la metáfora ha sido vista, ya como una comparación abreviada, ya como una *elipsis**, ya como una *analogía** (la *metáfora hilada* de los surrealistas ha sido descrita como una "analogía que se entrelaza con otras") o como una *sustitución** ("*immutatio*"); o bien como un fenómeno de yuxtaposición o de fu-

sión, o como un fenómeno de transferencia o traslación de sentido —desde ARIS-
TÓTELES hasta SEARLE—("mientras en las *sinécdoques** y en las *metonimias** la significación de las palabras se extiende o se limita, en las metáforas se traslada
completamente", dice, por ejemplo GÓMEZ HERMOSILLA); es decir, se considera
una expresión que significa algo distinto de lo que dice (S es P significa metafóricamente S es R), o se piensa como un mecanismo de interacción semántica.

Para los antiguos, los tropos eran giros lingüísticos artificiosos, *lujos* que forma-
ban parte del *ornato*, y cuyo cuerpo léxico se desviaba de su contenido original en
el *discurso** lógico dialéctico, para dirigirse hacia un contenido distinto, con el propósito de evitar el tedio al provocar el *"shock" psíquico** que la presencia de lo inesperado origina al significar "lo vario" o lo diferente inscrito entre "lo habitual", al
negarse el autor a reconocer lo familiar, describiéndolo en cambio como si acaba-
ra de descubrirlo y revelando sus aspectos más raramente advertidos; es decir, al
producir lo que entonces se llamaba *alienación*, más tarde (desde el siglo XVIII) *impresión estética*. y en este siglo ha sido llamado *extrañamiento* ("*ostranenie"**), *desautomatización**, *singularización**, a partir del formalismo ruso. Cuando la distancia
entre los términos correlacionados es muy grande, la tradición consideró la *figura**
como una *audacia*, como perteneciente al *"audacior ornatus";* esto es, "cuando el
contexto... no es habitual en la "*consuetudo*" del nivel social o del *género** literario". No se recomendaba la audacia sino las virtudes (opuestas): *claridad* o *"perspicuitas"* y *"aptum"** que es la "virtud que poseen las partes de encajar
armónicamente en el todo para alcanzar una *finalidad"*. Así, las metáforas audaces
debían ser presentadas, en todo caso, mediante fórmulas preventivas, o debían ser
acompañadas por *atenuantes* ("*remedium"**); en otras palabras, debían ir acompañadas de un *contexto** —diríamos hoy— que produjera una elevada tasa de *redundancia** en el *segmento**, para permitir la reducción de la figura.

De ARISTÓTELES procede la más antigua lucubración con que contamos respecto
a la metáfora. En su pensamiento, esta figura resulta del traslado de un nombre
que habitualmente designa una cosa, a que designe otra. Así, la transferencia de
sentido se da de la especie al género, del género a la especie, de especie a especie
y por analogía, pues él identifica cuatro tipos de metáfora y la describe como producto de un doble mecanismo metonímico: de cuatro términos, el segundo mantiene con el primero la misma relación que el cuarto con el tercero: B es a A lo
que D es a C; la vejez es a la vida lo que el atardecer es al día. Entre vejez y vida
—explica hoy *Eco*, 1971— se da la relación metonímica, y "el desplazamiento analógico se funda en la contigüidad".

La tradición posterior a ARISTÓTELES ha subrayado en esta figura —con un criterio paradigmático y sustitutivo— la relación de analogía entre ambos términos.

Desde el siglo XVIII, a partir de DUMARSAIS, la consideración acerca de la metáfora evolucionó hacia un criterio sintagmático, viéndose este tropo como producto
de la unión y la combinación de los términos.

En este siglo, con fundamento en los trabajos de RICHARDS y de EMPSON, se ha
reemplazado el criterio de la sustitución por el de la *interacción* semántica de las
expresiones que se combinan. RICHARDS analiza el interior de la metáfora (originada, dice, a partir de pensamientos y no de palabras), y toma en cuenta tanto la
idea que se sobreentiende como la que explicita cada uno de los términos que al

metáfora

asociarse aporta semas para producir una significación excedente (un *"surplus"*) de mayor grado de complejidad y novedad del que podría expresar cada uno separadamente.

En cuanto toca a la consideración de los mecanismos que generan la metáfora, y a la relación que guarda esta figura con la *metonimia**, con la *metalepsis** y con la *sinécdoque**, son interesantes, en estos últimos años, los trabajos del GRUPO "M". Tradicionalmente, la sinécdoque ha sido considerada como un tipo de metonimia, como una metonimia del más por el menos o del menos por el más (o de la parte por el todo o del todo por la parte). La *metalepsis*, que para algunos ha sido una figura independiente (DUMARSAIS por ejemplo), por otro lado, ha sido considerada como una metonimia del antecedente por el consecuente (como es para LITTRÉ). Y la metáfora se ha visto opuesta a todas estas figuras (aunque a veces se ha considerado a la metonimia entre las metáforas —metáfora por atribución—, como ocurre, por ejemplo, en el *Tesaurus*, tratado de corte aristotélico, de la época barroca, que también considera metáforas otras figuras como la *antítesis** —metáfora por oposición—, la *hipotiposis**, *la hipérbole**). Esta posición tradicional es la misma que se infiere del libro de JAKOBSON sobre la afasia, pero, en los trabajos del GRUPO "M" (*Rhétorique générale* principalmente) se ve sustituida por la polarización entre sinécdoque y metáfora respecto de la metonimia, y por la relación entre metáfora y sinécdoque, pues se describe la metáfora como producto de dos sinécdoques: una de lo particular a lo general y otra de lo general a lo particular, a pesar de que esta descripción no encajaría en todos los tipos de metáfora. "Para construir una metáfora —dice la *Rhétorique*— debemos acoplar dos sinécdoques complementarias que funcionen de manera exactamente inversa y que determinen una intersección entre los términos. La sinécdoque generalizadora procura el paso de *abedul* a *flexible*, y la particularizadora el de *flexible* a *muchacha* (cuando se dice *muchacha* para significar *abedul*: "el abedul es la muchacha de los bosques"). No hay que olvidar que esta explicación comsponde al mismo fenómeno que la tradición ha visto como un traslado de significado, como un desplazamiento semántico que se da a través de un término intermedio (*flexible*) que ofrece los rasgos comunes a los dos términos que se combinan. En los rasgos NO comunes radica la originalidad de la figura, porque al impedir la superposición completa de los significados, crean una tensión (idea que proviene de RICHARDS), y de esos mismos rasgos NO comunes se parte para "desencadenar el mecanismo de reducción", pues la metáfora atribuye a los dos *sememas** (uno de los cuales sí corresponde a una sustitución del *significante**), las "propiedades que estrictamente sólo valen para su intersección" (GRUPO "M"). La incompatibilidad semántica de los semas NO análogos "juega el papel de una *señal** que invita al *destinatario** a seleccionar, entre los elementos de significación constitutivos del *lexema**, aquellos que no son incompatibles con el contexto", dice LE GUERN.

Según el trabajo del GRUPO "M", la metáfora *"in absentia"* también puede verse como una sinécdoque: "una gran ballena encallada sobre las playas de Europa" (España), donde en *ballena* sólo se actualiza el sema de su forma.

JAKOBSON ve el problema de otra manera. El considera que existen dos mecanismos que permiten organizar el lenguaje en una de dos direcciones y en torno a uno de dos polos. Las relaciones de contigüidad desarrollan el discurso metonímico; las de similaridad, el metafórico. Ambos mecanismos son complementarios. Para JAKOBSON, el proceso metafórico se basa en la organización sémica interna de los sememas; es entre éstos donde se establece la relación de similaridad. La metáfora se manifiesta en la relación de la constitución sémica, en la sustancia misma del lenguaje, y no en el contexto, pues la relación entre el término metafórico y su *referente** habitual queda destruida porque se suprime —sólo en esa actualización— una parte de los semas constitutivos del semema. En cambio en el proceso metonímico la relación es *sintagmática**, y lo que se ve afectado es la relación externa, de contigüidad, entre el semema y el referente, entre el semema y la representación mental del objeto, entre el lenguaje y la realidad expresada conceptualmente, ya que al decir: "Leo a Neruda", la organización sémica de "Neruda" no se ve afectada, pero sí se desplaza la referencia, del libro al autor del libro; ello ocurre fuera del hecho propiamente lingüístico, en una relación lógica con un aspecto de la experiencia que "no afecta a la *estructura** interna del lenguaje" (LE GUERN). Por otra parte, la metonimia, en JAKOBSON, comprende también la sinécdoque.

También es interesante la idea de A. HENRI —citada por MARCHESE— de que la metáfora frustra la expectativa del lector que por ello experimenta una sorpresa al hallar un sentido distinto del esperado. Dicho sentido proviene de que la metáfora es una expresión que aparece en un *contexto** que es *contradeterminante* debido a que "...la determinación efectiva del contexto llega en dirección contraria a la espera".

Hay dos tipos de metáfora:

a) La metáfora "en presencia" (*"in praesentia"*), aquella en que aparecen explícitos ambos términos, hace posibles las aproximaciones más insólitas, aquellas de que sólo es capaz el genio que percibe intuitivamente lo similar en lo desemejante:

> El cubo de la sal, los triangulares
> dedos del cuarzo: el agua
> lineal de los diamantes: el laberinto
> del azufre y su gótico esplendor:
> adentro de la nuez de la amatista
> la multiplicación de los rectángulos:
> todo esto hallé debajo de la tierra:
> geometría enterrada:
> escuela de la sal: orden del fuego.
>
> NERUDA

como se ve en esta "metáfora continuada" de los elementos constitutivos de la tierra (donde varios términos metafóricos corresponden a uno solo literal o recto: componente terráqueo) que desemboca luego en una *alegoría** (en la que todos los términos son metafóricos) del planeta que en sus entrañas posee una *geometría* (un repertorio de todas las formas geométricas) que se aprende en la "escuela de la sal", bajo la "orden del fuego".

b) Metáfora "en ausencia" (*in absentia*), que no está a medio camino, como la anterior, entre la comparación y la metáfora, y que según la tradición constituye la "verdadera metáfora":

metáfora

Vidrio animado que en la lumbre atinas
con la tiniebla en que tu vida yelas...

Luis DE SANDOVAL ZAPATA

Metáfora, ésta, que sólo podemos recuperar atendiendo al título del poema a que pertenece ("Riesgo grande de un galán en metáfora de mariposa") y efectuando la lectura completa del soneto. De este modo advertimos que "vidrio animado" es metáfora de "mariposa", de "joven enamorado" y de la "naturaleza humana".

También son "en ausencia" las siguientes metáforas de José GOROSTIZA, construidas en torno al verbo:

> Tiene el amor feroces
> galgos morados;
> pero también sus mieses,
> también sus pájaros.

que ejemplifica muy bien la repetida aseveración de que la metáfora es intraducible e imparafraseable, y de que sus implicaciones semánticas pueden ser inclusive inagotables y muy intrincadas.

En cuanto a los tipos de patrones gramaticales en que se presenta la metáfora, son muy variados. Henri MORIER enlista los siguientes:

A, B	La carne, esta arcilla...
B, A	Esta arcilla, la carne...
AB	La carne - arcilla
BA	La arcilla - carne
A de B	Una carne de arcilla
B de A	La arcilla de la carne
B	La arcilla

a partir de "seno de arcilla perfumada" y de "hacia mis senos luminosos nadaba mi rubia arcilla", de VALERY, colocando al final la metáfora en ausencia: B en lugar de A, que es la metáfora *pura* y la más compleja.

En cuanto a la *función gramatical**, la metáfora puede presentarse como sustantivo, en cualquiera de sus funciones posibles. Frecuentemente aparece en aposición ("Y tu *spleen*, niebla límbica, que haces...", dice NERVO), o como complemento adnominal ("Y con las manos llenas/de incendios apagados,/ de estructuras secretas,/de almendras transparentes", dice NERUDA), o en forma predicativa ("Turquesa... eres recién lavada,/recién azul celeste", dice otra vez NERUDA). Pero puede construirse también sobre un verbo, como hace también este último poeta:

> El liquen en la piedra, enredadera
> de goma verde, *enreda*
> el más antiguo jeroglífico,
> *extiende* la escritura
> del océano
> en la roca redonda.
> La *lee* el sol, la muerden los moluscos,
> y los peces resbalan
> de piedra en piedra como escalofríos.

Puede fincarse la metáfora, igualmente, en un participio ("helado de angustia"), o en un adjetivo —en el "epíteto metafórico" ("alba exaltada")— o en un adverbio ("me miró secamente"). En suma, como dice FONTANIER, "todas las funciones gramaticales pueden entrar en la construcción de la metáfora, al menos en las *catacresis**" (aunque es fácil constatar que hay mayor riqueza en el arte). Pero según LE GUERN las metáforas de verbo (fincadas en la incompatibilidad semántica entre el verbo y el sujeto o entre el verbo y su complemento) suelen ser de mayor eficacia ("el río despedaza su luz líquida", dice NERUDA) que cuando media el sustantivo ("encendió el corazón", en lugar de "encendió el fuego en el corazon"), e igual sucede con la combinación de sustantivo y adjetivo ("tempestad sonora de la voz", "tempestad de la voz").

En todas las formas que adopta la metáfora hay una idea que se predica acerca de otra. A veces está implícita ("en la cadera clara de la costa": la costa *posee* la forma de la cadera), y a veces está explícita, cuando hay verbo.

Las metáforas que relacionan elementos simbólicos o míticos (metáfora mitológica), elementos ya metafóricos, ofrecen mayor profundidad y mayor resonancia que las que relacionan elementos de otra naturaleza como los visuales, táctiles, etc. Pero la impresión que produce esta figura está vinculada principalmente —como en el caso de todas las demás figuras— con su originalidad.

La "metáfora continuada" es la *alegoría**. La prosopopeya significa también, en QUINTILIANO, lo mismo que *dialogismo**, y en un uso más frecuente y familiar, tono o ademán pomposo, hueco, ostentoso, afectado, grandilocuente, recargado. (V. METONIMIA* y SINÉCDOQUE*.)

METAFORA CONTINUADA. V. ALEGORÍA y METÁFORA.

METÁFORA FONÉTICA.

MORIER menciona en su *Diccionario* un tipo de metáfora absoluta que describe como resultado de una intersección entre el *significado** y el *significante**. Consiste en sustituir un sonido onomatopéyico por un *sentido**.

> ¡plaf!
> ¡chas!
> ¡pum!

y es posible debido a que la *onomatopeya** no es un *signo** arbitrario ni un sonido inexpresivo, sino que es una resonancia que sugiere un sentido porque los elementos comunes al significado (¡plaf!=sonido que produce un cuerpo al caer en un líquido) se poñen de relieve al quedar en la "zona de (su) interferencia" con el propio significante, con su sonido.

METÁFORA HILADA. V. METÁFORA.

METÁFORA MITOLÓGICA. V. METÁFORA.

METÁFORA SINTÁCTICA (o transferencia de clase).

Figura* de la construcción del *discurso**, porque altera a la *forma** de las expresiones. Consiste en sustituir una categoría gramatical por otra, por ejemplo un sustantivo en lugar de un adjetivo o de un verbo o de un adverbio:

metagoge

> hiriéndonos espadas *resplandores*
> ...
> las manos *camaradas* que soñabas
>
> Octavio PAZ

Se trata de una *metábola** de la clase de los *metataxas** porque afecta al *nivel** morfosintáctico de la *lengua**. Se produce por supresión/adición. La *sustitución** se funda, como en el caso de la *metáfora* originada como *tropo**, es decir, de la metáfora metasemémica, en una semejanza semantica. En los ejemplos, los resplandores ofrecen una semejanza visual con las espadas (lo que se sustituye es la expresión "espadas resplandecientes"); las manos son amigables como las de los camaradas. Ello permite reemplazar una categoría gramatical por otra.

La diferencia entre esta metáfora que es metataxa y la que es *metasemema** radica en que la relación de similaridad entre los *semas** proviene, como un subproducto, de que se modifica la funcionalidad de uno de los elementos del *sintagma**.

METAGOGE. V. METÁFORA.

METAGRAFO (y caligrama, ideograma lírico, poema ideográfico, versos ropálicos, fr.: "vers rhopaliques").

*Figura** que afecta a la forma gráfica del *lenguaje** sin alterar sustancialmente los *fonemas**. Puede consistir en una *sustitución** de grafías con el objeto de dar la impresión de un *texto** arcaico:

> Dezires (por decires)
> Duenyas (por Dueñas)
> Efin (por fin)
>
> Rubén DARÍO

o bien corresponder a una intención transgresora como en VALLEJO:

> Tendíme en són de tercera parte
> más tarde —qué le *bamos a hhazer*—
> se anilla en mi cabeza, furiosamente
> a no querer dosificarse Madre. Son los anillos.
> Son los nupciales trópicos ya tascados.

Igualmente puede usarse la sustitución para fingir errores ortográficos que pueden servir, por ejemplo, para caracterizar a un *personaje** que escribe de cierta manera peculiar, como ocurre en una extensa carta que envía a Espiridión Cifuentes su humilde madre campesina, en *Tropa Vieja*, de Francisco L. URQUIZO.

Las *permutaciones** atraen la atención sobre el orden espacial. También lo hace la singular distribución de las letras en el espacio, de modo que dibujen una figura relacionada con el *significado** —o acentúen éste de algún modo; son el tipo de permutaciones llamadas metagrafos.

Así, es un tipo de metagrafo la *insistencia** de ciertas letras en español ("*Grittos*", de VALLEJO), lo mismo que los *caligramas** o *ideogramas líricos* (APOLLINAIRE) que también son denominados en español *poesía figurativa*, o *versos** ropálicos (*rhopaliques* para los retóricos franceses); en los que la disposición, la forma y las dimensiones de letras, *palabras**, líneas versales y signos de puntuación, permiten evocar una *forma** cuya percepción agrega un significado que subraya, por *homología**, el significado lingüístico:

TABLADA

Para SAIZ DE ROBLES los versos ropálicos son los que se van haciendo progresivamente más cortos o más largos.

Aunque se ha dicho de los metagrafos que son *metaplasmos** —que únicamente existen en el espacio gráfico—, la disposición de las letras o de otras figuras o de signos no grafémicos que se hallen combinados con ellos (Cre$o) —con lo que interviene otra *sustancia* de la *expresión**, característica de otros *sistemas** de *signos**— acentúa el significado cuando son análogas, o bien lo atenúa cuando se les opone, por lo que podemos afirmar que *afectan al significado*.

El empleo del caligrama es antiquísimo. Quedan algunas muestras en la *literatura** helenística, en la bizantina; en el Renacimiento francés, de RABELAIS; en el barroco —por ejemplo de Nueva España—; en el siglo XIX inglés, de Lewis CARROL, y en esta centuria son redescubiertos por el poeta simbolista francés APOLLINAIRE, bajo la influencia del *cubismo*. En México el primero que los hizo —casi en la misma época que APOLLINAIRE— fue el poeta José Juan TABLADA.

El caligrama es, pues, producto del uso del *metagrafo*. Por lo mismo, es una figura de la clase de los *metaplasmos**, o bien de los *metataxas** y se produce mediante *permutación** o *repetición* de. letras o de lugares, ya que el ordenamiento de las palabras obedece a un orden necesario para reproducir una figura dada.

La disposición de los versos y la diferencia de los tipos de imprenta agregan *significacion** al *Nocturno alterno* de TABLADA:

Neoyorquina noche dorada

        Fríos muros de cal moruna

Rector's champaña foxtrot

        casas mudas y fuertes rejas

Y volviendo la mirada

        Sobre las silenciosas tejas

El alma petrificada

        Los gatos blancos de la luna

Como la mujer de Loth
      Y sin embargo
        es una
         misma
         en New York
         y en Bogotá
         La luna...!

319

metagrama

pues se suman al poema como efecto global de *sentido**, acentuando la impresión estética, es decir, el *"shock"* psíquico que produce la percepción del conjunto de su *estructura** artística donde se amalgaman lo que el *autor** dice y el modo como lo dice.

METAGRAMA. V. ANAGRAMA.

METALENGUAJE. V. CONNOTACIÓN, FUNCIÓN LINGÜÍSTICA y DISCURSO LINGÜÍSTICO.

METALEPSIA. V. METALEPSIS.

METALEPSIS (o metalepsia, "transumptio").

Figura retórica* que consiste en la utilización de *oraciones** sinónimas "semánticamente inapropiadas en el *contexto**" cuyo empleo produce extrañeza o sorpresa poética. LAUSBERG dice tomar esta definición de QUINTILIANO, quien la llama *"transumptio"*.

Para LAUSBERG es realmente un *tropo**, para GENETTE, un "pretendido tropo". Muchos la consideran una variedad de la *metonimia** que expresa una *sustitución** del efecto por la causa (es decir, del consecuente por el antecedente) o a la inversa: "Le disparó heridas" ("proyectiles que producen heridas"). En MAYANS, se confunde con la *enálage** de adjetivo.

COLL y VEHÍ la describe diciendo que consiste en "dar a comprender una cosa por medio de otra que necesariamente la precede, la acompaña o la sigue, y pone este ejemplo de CALDERÓN:

> No te miro, porque es fuerza,
> en pena tan rigurosa,
> que no mire tu hermosura
> quien ha de mirar por tu honra.

El GRUPO "M" la considera del mismo modo (aunque empleando otros términos: "coinclusión en un conjunto de *semas**") y dice que es muy frecuente en el *argot** como sustitución de *palabras** (no de *oraciones**). Un ejemplo equivalente sería llamar en español "caviar" al huitlacoche (hongo negro comestible, del maíz), lo cual yo considero una *metáfora**. También LAUSBERG advierte que puede tener efectos cómicos, y que se usa "sobre todo como etimología nominal".

Para FONTANIER es un caso de metalepsis expresar una idea mediante un rodeo, ya sea por cálculo, por pudor, como estrategia narrativa, etc., por ejemplo al atribuir sentimientos o acciones propias a otro. Es esta la figura que realiza CERVANTES cuando, en diversas ocasiones, atribuye la escritura del Quijote a otro autor, CIDE HAMETE BENENGELI:

> ... y en aquel punto tan dudoso paró y quedó destroncada tan sabrosa historia, sin que nos diese noticia su autor donde se podría hallar lo que della faltaba... Parecióme cosa imposible y fuera de toda buena costumbre, que a tan buen caballero le hubiese faltado algún sabio que tomara a cargo el escribir sus nunca vistas hazañas... no podía inclinarme a creer que tan gallarda historia hubiese quedado manca y estropeada... Estando yo un día en Alcalá de Toledo, llegó un muchacho a vender unos cartapacios y papeles viejos a un sedero; y como soy aficionado a leer, aunque sean los papeles rotos de las calles, llevado desta mi natural inclinacion; tomé un cartapacio de los que el muchacho vendía, y vile con caracteres que conocí ser arábigos; y puesto que, aunque los conocía, no los sabía leer, anduve mirando si parecía por allí algún morisco aljamiado que los le-

yese; y no·fue muy dificultoso hallar intérprete semejante, pues aunque le buscara de otra mejor y más antigua lengua, le hallara. En fin, la suerte me deparó uno, que, diciéndole mi deseo y poniéndole el libro en las manos, le abrió por medio, y leyendo un poco en él, se comenzó a reír. Pregúntele que de qué se reía, y respondióme que de una cosa que tenía aquel libro escrita en el margen por anotación. Díjele que me la dijese, y él, sin dejar la risa, dijo: Está, como he dicho, aquí al margen escrito esto: "Esta Dulcinea del Toboso, tantas veces en esta historia referida, dicen que tuvo la mejor mano para salar puercos, que otra mujer de toda la Mancha." Cuando yo oí decir "Dulcinea del Toboso", quedé atónito y suspenso, porque luego se me representó que aquellos cartapacios contenían la historia de don Quijote. Con esta imaginación, le di prisa que leyese el principio; y haciéndolo así, volviendo de improviso el arábigo en castellano, dijo que decía: "Historia de don Quijote de la Mancha, escrita por Cide Hamete Benengeli, historiador arábigo." Mucha discreción fue menester para disimular el contento que recibí cuando llegó a mis oídos el título del libro; y salteándoselo al sedero, compré al muchacho todos los papeles y cartapacios por medio real...

También para FONTANIER es metalepsis "el giro mediante el cual un escritor o poeta se representa como produciendo él mismo lo que en el fondo no hace sino describir:

> Busqué una gota de agua,
> de miel, de sangre: todo
> se ha convertido en piedra,
> en piedra pura...
>   NERUDA

El mismo autor presenta, además, como un tipo de metalepsis el súbito cambio de *papel** que cumple el *narrador** cuando, por ejemplo, pasa a proferir parlamentos que corresponden a un *personaje**. En el siguiente ejemplo (de Mariano AZUELA), el narrador pronuncia el parlamento de su personaje sin introducción, sin previo aviso (V. ABRUPCIÓN*), y luego sigue él mismo narrando, sin solución de continuidad:

> —José María, Dionisio, las Avemarías... Arriba, holgazanes, a rezar sus oraciones. Yo le dije a mi madre muy quedo: ¿Por qué nos hace madrugar tanto? Él oyó y su respuesta elocuente me bañó de sangre la nariz y la boca.

En la moderna *retórica**, GENETTE denomina de este mismo modo los traslados de un *nivel** ficcional a otro en las construcciones en *abismo**, ya sea que los realicen los personajes o el narrador. El cuento *Continuidad de los parques*, de CORTÁZAR, es un hermoso ejemplo en el que se produce la ilusión de que los personajes metadiegéticos —que transcurren en la *historia** leída por el personaje diegético— en cierto momento se introducen en ésta, y aun se pasan a la dimensión extralingüística, nuestra, es decir, de los lectores de CORTÁZAR. (V. también METÁFORA* y LITOTE*.)

METALINGÜÍSTICA. V. FUNCIÓN LINGÜÍSTICA.

METALOGISMO.

El GRUPO "M", en su *Rhétorique générale*, recientemente ha dado el nombre de *metalogismos* a las *figuras retóricas** que más o menos corresponden en la tradición a las "de pensamiento", y las ha descrito como figuras que afectan al contenido lógico de las *oraciones**, pues "el *grado cero** de tales figuras —dicen— hace intervenir, más que los criterios de corrección lingüística, la noción de un orden lógico de

metanoia

presentación de los hechos, o la de una progresión *lógica* del razonamiento". Si los *metasememas** resultan de operaciones efectuadas sobre la *semántica** y afectan al *significado** de los *sememas** que se intersectan (como en la *metáfora**), o que se relacionan ya sea por la coinclusión de los términos dentro de un conjunto de *semas** (como en la *metonimia**), ya sea por el traslape de una parte de los semas de un término en los semas de otro término (como en la *sinécdoque**), ya sea porque alguno (s) de los semas de un término esté negado en el otro (como en el *oxímoron**); los metalogismos, en cambio, resultan de operaciones no gramaticales, efectuadas sobre la lógica del *discurso**, y que afectan al significado, pero trascendiendo el *nivel** del *léxico** (puesto que la *desviación** no se da entre el *signo** y su *sentido**). Y requieren, para su lectura, un conocimiento previo del *referente**, mismo que puede hallarse en el *contexto** discursivo, o bien, puede corresponder a un dato extralingüístico (como ocurre en la *hipérbole**, en la *ironía** o en la *paradoja**, por ejemplo).

En este apartado de los metalogismos aparecen, pues, tanto las figuras de pensamiento antiguamente clasificadas, por ejemplo como *lógicas* (lä *gradación**), *pintorescas* (la *antítesis**), *patéticas* (el *apóstrofe**) —COLL y VEHÍ—, como los *tropos** *de sentencia o de pensamiento* (*alegoría**, *lítote**, *ironía**, etc.), o tropos "en varias palabras", como les llama FONTANIER.

La diferencia entre el metalogismo que no es tropo y el que sí lo es, estriba en que, en este último hay una ruptura de la *isotopía**, misma que requiere de una reevaluación que sólo es posible confrontando el *texto** con su contexto. Si éste se desconoce, el tropo pasa inadvertido para el lector; por ejemplo: si el lector (o el público) no conoce la situación y el carácter de los *personajes**, no captará la *ironía* con que el Alcalde de Zalamea recomienda tener consideración y respeto hacia el capitán delincuente al que ha logrado aprehender.

METANOIA. V. CORRECCIÓN.

METAPLASMO.

En la tradición se llamó así al barbarismo o vicio contra la *pureza* ("*puritas*") de la *lengua**, tolerado como licencia poética en atención a las necesidades del *ornato* o a las del *metro**.

El metaplasmo afecta a la composición fonética de la *palabra** y muchas veces es un fenómeno de la evolución de la lengua. Es decir, son metaplasmos cualesquiera de las *figuras** gramaticales denominadas "de dicción", por ejemplo la *prótesis** que consiste en agregar a una palabra un *fonema** inicial de origen no etimológico:

"*a* —sentarse".

En la antigüedad se tenía ya el criterio de que no son metaplasmos los fenómenos regionales, los evolutivos o los del uso cotidiano de la lengua; sino los mismos —y otros— cuando son deliberadamente empleados en el *lenguaje** literario para producir una sorpresa estética, y se consideraron diversos tipos de alteración metaplásmica del cuerpo léxico:

1. por *adición** de *fonemas**:
   1.1. al principio (*prótesis**: *a*-prevenirse);

322

1.2.   enmedio (*epéntesis**: ven*d*ré);
1.3.   al final de la palabra (paragog*e**: felic*e*).
2.   por *supresión** de fonemas:
   2.1.   al principio (*aféresis**: noramala por *e*nhoramala);
   2.2.   enmedio (*síncopa**: navidad por na*ti*vidad);
   2.3.   al final de la palabra (*apócope**: do por do*nde*).
3.   por *sustitución** (*metátesis**: pe*r*lado por p*re*lado).

En la nueva sistematización que ofrece la *Rhétorique générale* del GRUPO "M", fundada por igual en la tradición y en un criterio lingüístico estructuralista, los metaplasmos se dan en el *nivel** fónico/fonológico de la lengua, afectan a la morfología de las palabras, y se producen:

1.   Por *supresión*:
   1.1.   parcial (*aféresis**, celcitudes por *ex*celcitudes;
   1.2.   completa (*borradura**, vacío textual cuyo *significado** implícito es menos
      claro que en la *reticencia**).
2.   Por *adición*:
   2.1.   simple (*prótesis**), *e*spíritu por spiritu;
   2.2.   repetitiva (*redoble**), blablá.
3.   Por supresión/adición (sustitución):
   3.1.   parcial (*calembur**), y mi voz que madura / y mi voz quemadura...;
   3.2.   completa (*arcaísmo**), della por de ella.
4.   Por *permutación**:
   4.1.   indistinta (*metátesis**), murciélago por murciéga*lo*;
   4.2.   mediante inversión (*palíndromo**), roba la labor.

Otros metaplasmos por supresión parcial son *apócope**, *síncopa**, *sinéresis*, *sístole**, (en griego), *sinalefa**; por adición simple: *diéresis**, *epéntesis**, *paragoge**, *crasis**; por adición repetitiva: *redoble**, *insistencia**, *rima**, *aliteración**, *paronomasia**, *similicadencia**, *derivación**; por supresión/adición parcial: *lenguaje infantil**, *sustitución de morfemas**; por supresión/adición completa: *sinonimia sin base morfológica**, *neologismo**, *invención**, *préstamo**, *juego de palabras**; por permutación indistinta: *anagrama**; por permutación mediante inversión: *verlen**, *metagrafo**.

En otras palabras, bajo el rubro de los metaplasmos se agrupan fenómenos considerados en otro tiempo "figuras de dicción" o "elegancias del lenguaje", etc., aunque su descripción y clasificación varían mucho de un autor a otro.

En la *Rhétorique générale* se consideran metaplasmos el *metagrafo**, figura que altera los *signos** lingüísticos sin afectar su forma fonética (el "qué le *bamos* a *hhazer*" de VALLEJO), y también la *insistencia** (*gritttos*), y se inscriben los metaplasmos (con los *metataxas**, los *metasememas** y los *metalogismos**) dentro del rubro más general de las *metábolas**. (V. también FIGURA*.)

METASEMEMA.

Figura* que acarrea un cambio de *significado** en las expresiones; en otras palabras, *metábola** que se produce en el *nivel* semántico de la *lengua** y que es por ello equivalente a lo que en la tradición *retorica** se ha llamado más frecuentemente *tropos** de dicción. Los tropos de sentencia o de pensamiento quedan, en cambio, inscritos entre los *metalogismos**..

El metasemema se percibe en una secuencia pero puede limitarse a modificar solamente el sentido de una *palabra**. Los principales metasememas son la *comparación**, la *metáfora** —"*in praesentia*" o "*in absentia*"—, la *sinécdoque**, la *metonimia**, la *prosopopeya**, la *hipálage**, el *oxímoron** y —para algunos autores— la *metalepsis**. (V. también FIGURA* y TROPO*.)

En lingüística el metasemema es una unidad que expresa una combinación de *semas** contextuales (por ejemplo las conjunciones) y se opone a *semema**. Expresa —visto por GREIMAS— "una *figura sémica** y una base clasemática"; es decir, una figura sémica que solamente al manifestarse en el discurso y al reunirse con su base clasemática (los semas contextuales) selecciona un *recorrido semémico** en el cual "se realiza como semema al excluir otros recorridos posibles".

METASEMIÓTICA. V. CONNOTACIÓN.

METASTABILIDAD. V. METÁTESIS.

METÁSTASIS en lingüística.

En lingüística ha sido utilizado este término por algunos, a partir de M. GRAMMONT, para nombrar el "momento característico" de la producción de una consonante *oclusiva**: cuando se distienden los órganos en el punto de *articulación** liberando el aire que genera la pequeña explosión peculiar en esta articulación.

METÁSTASIS en retórica.

Figura* de pensamiento que consiste en que el *hablante** atribuya a otra persona una confesión que él mismo se ve en la necesidad de hacer.

También se ha llamado metástasis (QUINTILIANO) al empleo de las formas verbales del presente para significar, ya sea el pasado, ya sea el futuro. (V. SILEPSIS* y TRANSLACIÓN*.)

METATAXA.

Cualquiera de las *figuras** de construcción, es decir, de las *metábolas** que afectan a la *forma** de las *frases** (a la sintaxis), ya sea alterando el orden de sucesión de las *palabras** (como en el *hipérbaton**), ya sea suprimiéndolas (como en la *elipsis**), agregándolas (como en el "*pleonasmo** o la *anáfora**) o sustituyendo unas por otras (como en la *silepsis**).

Como el *metaplasmo**, el *metataxa* ha sido a veces considerado no como una virtud ("*schema*") que resulta de la licencia poética, sino como un vicio, es decir un *solecismo** o barbarismo sintáctico; esto ocurre, por ejemplo, con el *anacoluto**. (V. SILEPSIS* y FIGURA*.)

El metataxa admitido como licencia ("*schema*") estaba normado por la tradición ("*vetustas*"), la costumbre ("*consuetudo*"), la lógica ("*ratio*") y respaldado por el uso que habían hecho de él respetados autores ("*auctoritas*").

El metataxa y el metaplasmo introducen el *isomorfismo* (sea *isoplasmia* o *isotaxia*) donde no los había (donde habia *aloplasmia* y *alotaxia*). (V. ISOTOPÍA*.) Esto no quiere decir literalmente que no existan isomorfismos en todo *discurso**, sino que su empleo retórico es sistemático, abundante y deliberado, lo que los pone en evidencia y les da *significado**.

METÁTESIS (o "transmutatio", hipértesis, interversión, metastabilidad, multiestabilidad y antístrofa, antiestrofa, antimetátesis).

Figura* de dicción que consiste en un juego que se produce entre los *fonemas** al modificar el orden de las letras en las *palabras** o —según algunos autores— el de las palabras en las *frases**:

> TESBEA. —Ve a llamar los pescadores que en aquella choza están.
> CATALINÓN. —Y si los llamo, *¿vernán?*
> TESBEA. —Vendrán presto. No lo ignores.
>
> TIRSO DE MOLINA

ejemplo, éste —popular—, en que se mezcla con síncopa al perder la letra *d*; otros son de metátesis a distancia: *hipértesis* o, en francés, *"contrepet"* o *"contrepeterie"*, de una palabra a otra:

> "la medusa solando chulapada"
> (por "la medusa chupando solapada")
>
> CORTÁZAR

LAUSBERG describe la metátesis como cambio de lugar de por lo menos un elemento dentro de todo, e incluye el cambio de palabras como en la *anástrofe**, el *hipérbaton**, la *sínquisis** o el *quiasmo**.

Como el *calembur**, constituye una variante del *juego de palabras** y también es un tipo de *anagrama** pues en ella se produce una reordenación de ciertos elementos que intercambian sus posiciones recíproca o indistintamente, ya que se trata de una inversión lógica (antes el efecto que la causa) y cronológica (antes lo último que lo primero).

Se trata, pues, de una *metábola** de la clase de los *metaplasmos** cuando la *permutación** afecta a la forma de la palabra (en el caso de la metátesis en contacto), y de la clase de los *metataxas** cuando afecta al intercambio de los sonidos entre dos o más palabras. Este último caso es el del *"contrepet"* o *"contrepeterie"*, del francés, especie de lapsus burlesco (*"trompez, sonnettes"* por *"sonnez, trompettes"*) llamado en español *hipértesis*, que es un caso de metátesis indistinta y a distancia. En ambos casos se efectúa una transposición cronológica (primero lo último y luego lo primero), recíproca o indistinta (no inversa como en el *palíndromo**); es decir, que se da entre dos, o bien, entre cualesquiera de las posiciones de los elementos:

> no es lo mismo la "gimnasia" que la "magnesia"

Cuando es interna, en la palabra, y a distancia, se llama *interversión*:

> "pedricar" por "predicar"

aunque GRAMMONT —según Lázaro CARRETER— llama interversión sólo a la metátesis que se produce entre sonidos contiguos; sería el caso de la *antimetátesis** de letras contiguas en el interior de la sílaba: "pata", "apta".

La metátesis puede ser un fenómeno que resulte del proceso histórico de evolución de la palabra: *miraglo milagro; decildes decidles*.

metatexto

En cambio, cuando se trata de una verdadera figura retórica, utilizada intencionalmente como un recurso estilístico, al emplearla se simula un error por lo que también podria describirse como un lapsus fingido capaz de producir un efecto burlesco.

También es en otras ocasiones un caso de uso popular de la lengua:

"prejudicar" por "perjudicar"

En la *retórica** tradicional aparecía entre las figuras de dicción.

Puede presentarsn en combinación con *metasememas** o *metalogismos**. Suele ir con *juegos de palabras**, en el caso de que acompañe a la metátesis una sustitución casi homonímica. Cierto personaje (burócrata servil) de una comedia de CARBALLIDO por ejemplo, se llama "Yago Barba".

Suele combinarse también con *dilogía**, y entonces se trata de la variedad del "juego de palabras" llamada *lenguaje infantil**.

GANDELMAN ha señalado la existencia de un fenómeno general de *metastabilidad* o *multiestabilidad* de los *signos** y de los modelos visuales. Consiste en que, tanto las *palabras** y las *oraciones** como los *signos** de otros *lenguajes**, son susceptibles de sufrir una *reversión semántica* que los hace ambiguos (V. AMBIGÜEDAD*); esto es, son capaces de cambiar su *significado** o su orientación espacial en el momento en que son observados, debido a que no poseen una configuración o un *significado** estable, sino que pueden revelar aspectos antitéticos. Esto puede ocurrir, por ejemplo, con palabras de más de un significado (como *cabo*, que significa tanto *principio* como *fin* de algo), o con figuras, pienso yo, como la *dilogía** o la *ironía**. Este fenómeno se funda en la naturaleza metastásica de la relación entre significado y *significante**, según la concepción saussuriana del signo lingüístico (V. ARBITRARIEDAD*). La metastabilidad se da en el interior del signo o en su exterior, en los cambios dialectales de la relación entre el significante y el significado, y mientras presenta una baja frecuencia de aparición en la *lengua** práctica, es alta, en cambio, en la lengua poética, principalmente en los movimientos no clasicistas como manierismo, gongorismo —y conceptismo, habría que agregar, porque no son iguales—, así como marinismo, surrealismo, etc. Además, ciertos períodos de la historia del arte se caracterizaron por la búsqueda de la estabilidad de los signos, mientras otros se caracterizan por enfatizar la multiestabilidad de los mismos.

En la tradición clásica, la segunda de las *estrofas** iguales que el coro repite en el teatro griego, la cual era recitada dando los pasos en sentido opuesto a como se daban durante el recitado de la primera estrofa (siendo ambas de igual *metro** y *ritmo**) recibía el nombre de *antístrofa o antiestrofa*, y en francés (*Rhétorique générale*) se considera que se trata de la misma figura. En ella lo que se altera es el orden o la dirección espacial de la sucesión de actos gestuales de los *personajes**. Algunos retóricos llaman antístrofa a la *epífora** y consideran sinónimos suyos los términos *conversión* y *epístrofa**. Otros, simplemente la describen como metátesis.

También se ha llamado *antimetátesis* la figura lógica que contiene una *antítesis** recíproca en forma de *retruécano**.

METATEXTO.

Serie de condiciones que preconstituyen la producción y la lectura de un *texto** dentro de una *estructura** social dada. Así, los principios generales de la institución literaria, los *géneros** vigentes, las *estructuras discursivas** que se articulan en el texto y el modo como lo hacen, etc., regulan el conjunto de las actividades literarias, determinan el modo como se produce cierta clase de textos y constituyen un *sistema** de textos previo al texto que se considera.

Fijar el metatexto en la mente de los educandos era el objetivo didáctico de la *"imitatio"* en la antigua *retórica** normativa. Transgredirlo es la voluntad del genio, la que lleva a CERVANTES, por ejemplo, a destruir el género caballeresco al parodiarlo y transformarlo en otro género.

Mediante el metatexto, tanto el autor como el lector o el crítico del texto "definen su actividad y los rasgos o propiedades que el texto debe tener para pertenecer a una determinada clase" (MIGNOLO). La poética vigente para un autor en un momento dado —la que le ofrecen la tradición, o los tratados de su época, o la que se infiere de los textos que él considera literarios, o que aparece explícita en ellos, en forma de *enunciados** metatextuales—, es el metatexto de su *novela** o su *poema**. Los tratados historiográficos o las historias que asume como portadores de su propio criterio un historiador, constituyen el metatexto de su obra. Así, el metatexto es el medio para la transmisión y reactualización de ciertas reglas o principios.

METONIMIA (o "denominatio" o transnominación, metalepsis*).

Sustitución de un término por otro cuya *referencia** habitual con el primero se funda en una relación existencial que puede ser:

1) Causal: "eres mi alegría" (la causa de mi alegría).

2) Espacial: "tiene 'corazón'" (valor).

3) Espacio/temporal: "conoce su 'Virgilio'" (la vida y la obra de Virgilio); "defendió 'la cruz'" (al cristianismo). Ésta es una relación que se da en el pensamiento, según Henri MORIER.

Se trataría de una transposición de denominaciones basada en la "relación real entre los *significados** y los objetos representados en ellos" (SCHIPPAN), de un *tropo de contigüidad* (ULLMANN), de una "estrategia de reducción de lo no sensorial a lo sensorial" (BURKE). Para el GRUPO "M" (que sigue de cerca a DU MARSAIS), la *metáfora** se basa en la intersección de *semas** o rasgos semánticos; la *metonimia*, por el contrario, en una NO intersección, y, en el proceso metonímico, el paso de la *palabra** de partida a la palabra objetivo, se realiza a través de una palabra intermedia que engloba a ambas. Según esta idea, los diferentes tipos de metonimia (causa/efecto, autor/obra, materia/producto, concreto/abstracto, etc., resultan categorías de asociación entre términos.

Hay una serie de matices entre las variedades de la metonimia también llamada *"denominatio"* (desplazamiento de la *denominación**).

La relación causal puede ser:

1.1. *De la causa por el efecto:*

1.1.1. Causa física: "los 'soles' de este desierto..." (los calores).

1.1.2. Causa abstracta: "las 'locuras' de don Quijote..." (las acciones alocadas).

1.1.3. Autor por su obra: "tomen su 'Virgilio'" (su libro de Virgilio); "compró un 'Orozco'" (un cuadro de Orozco).

1.1.4. Causa divina: "tocado por Baco" (por el vino).

1.2. *Del efecto por la causa:*

1.2.1. Efecto o reacción por el fenómeno que lo produce: "tiemblo de pensarlo" (tengo miedo de pensarlo y por ello tiemblo). Algunos ponen ejemplos como éste bajo el rubro de: "de lo abstracto por lo concreto"; LAUSBERG los considera bajo el rubro: "del portador por la cualidad".

1.2.2. Instrumento por causa que lo activa: "es un buen 'violín'" (tocador de violín).

   La relación espacial puede ser:

2.1. *Del continente por el contenido:*

2.1.1. Del continente por el contenido físico: "había una rica 'mesa'" (los alimentos); "comió un plato 'de sopa'" (un plato de peltre con sopa); "se conmocionó 'todo México'" (todos los mexicanos); "fue un día 'desdichado'" (la desdicha ocurrió dentro de los límites del día).

2.1.2. De lo físico por la cualidad moral que se supone que allí reside: "perdió 'la cabeza'" (la capacidad de raciocinio que supuestamente tiene su asiento en la cabeza). LAUSBERG considera este matiz dentro de la variedad anterior.

2.1.3. Del patrón u organismo por el lugar donde ejerce su función: "Voy a 'San Ángel'"; "fui al 'Tribunal'".

2.1.4. Del lugar por la cosa que de él procede: "sírveme 'Jerez'"; vino originario de la ciudad de Jerez.

2.1.5. Del antecedente por el consecuente: "disparó 'heridas'" (proyectiles que produjeron heridas). Ésta para muchos es una variedad de la *metalepsis** o *metalepsia**, y para muchos otros, LAUSBERG entre ellos, es metonimia.

   La relación espacio/temporal puede ser:

3.1. *Basada en una convención cultural:*

3.1.1. Del *símbolo** por la cosa simbolizada: "defendió 'la cruz'" (al cristianismo); "compartió 'la corona'" (el poder). Según LAUSBERG, esta variedad de la metonimia también puede ser vista como *sinécdoque*:* "Dejar 'la toga' por 'la espada'".

3.1.2. El GRUPO "M", en la *Rhétorique générale*, pone en este apartado (de la relación espacio/temporal) un ejemplo de relación causal —del autor por su obra— la oración: "tomen su 'César'", dirigida por un profesor a sus alumnos, y la explica así: "El término intermediario será la totalidad espacio temporal que comprende la vida del célebre cónsul, sus amores, sus obras literarias, sus guerras, su época, su ciudad." En dicha totalidad, César y su libro mantienen una relación de contigüidad.

La metonimia es, pues, un *metasemema** que opera por *supresión/adición** (*sustitución**) completa. El GRUPO "M" señala un tipo de metonimia *conceptual* (tipo I), aunque la mayoría de los autores explícitamente no consideran *conceptual* a la metonimia. Para LAUSBERG, la metonimia "deja el plano del *contenido** conceptual"; para LE GUERN, "concierne a la organización referencial"; en JAKOBSON, "el proceso metonímico sólo afecta a la relación externa", etc. Pero el Grupo "M" considera que esta *figura** se realiza en un plano semántico y opera por coinclusión dentro de un conjunto de semas ("eres 'mi alegría'"), y que el otro tipo de metonimia *material* (tipo II) se realiza en un plano referencial y opera por la copertenencia a una totalidad material (su ejemplo: "Tomen su 'César'" parece más bien un caso de "el autor por su obra concreta", por su libro. Quizá sería un ejemplo mejor:

"Saben 'su César'" —su vida y su obra, todo lo referente a César— que implica con mayor precisión todo el *contexto** espacio/temporal.

La diferenda entre la metonimia y la metáfora consiste en que, mientras el espacio metonímico concierne a la organización referencial, como dice LE GUERN, "el proceso metafórico concierne a la organización sémica".

En la metáfora se da una coposesión de semas o partes:

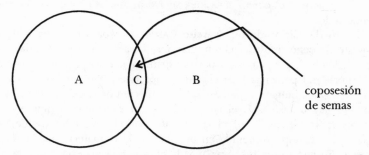

coposesión
de semas

mientras que en la metonimia se da la coinclusión de los términos dentro de un conjunto de semas, debido a la copertenencia de ambos a una misma realidad material:

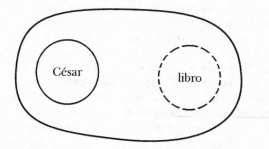

La diferencia entre la metonimia y la *sinécdoque** consiste en que en la metonimia el objeto cuyo nombre se toma subsiste independientemente del objeto cuya idea se evoca, sin que ambos objetos formen parte de otro objeto que los abarque dentro de la misma totalidad.

En la sinécdoque, en cambio ambos objetos constituyen un conjunto en el que son, respectivamente, el todo y la parte:

generalizante   particularizante

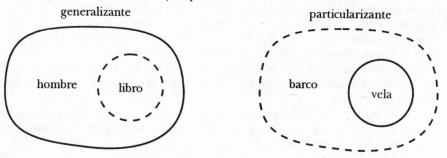

metonimia

(V. también METÁFORA* y SINÉCDOQUE*.)

En la tradición, pues, la metonimia se ha visto generalmente relacionada con la sinécdoque: ésta sería un tipo de metonimia. Sin embargo algunos autores, como DU MARSAIS y FONTANIER, han procurado explicar la diferencia: la metonimia es una sustitución que se funda en la relación entre dos objetos que existen cada uno fuera del otro; es decir, el objeto ¡cuyo nombre se toma subsiste independientemente del objeto cuya idea se evoca; ambos objetos no forman parte del mismo todo.

Dentro de esta tradición, Narciso CAMPILLO separa doce tipos de sinécdoque respecto de ocho tipos de metonimia: *Sinécdoques*: *1)* el todo por la parte ("la humanidad sufre", por: "muchas personas sufren"); *2)* la parte por el todo ("mil voces", por: "mil personas"); *3)* el género por la especie ("todos los seres piensan", por: "todos los humanos piensan"); *4)* la especie por el género ("no hay centavos", por "no hay dinero"); *5)* el contenido por el continente ("quiere la silla", por: quiere ser presidente"); *6)* el continente por el contenido (déme un plato de sopa", por "la sopa contenida en un plato"); *7)* la materia por la obra ("ponte a limpiar tu plata", por "tus joyas"); *8)* la obra por la materia ("en esta mina está tu porvenir", por "el oro que garantiza tu porvenir"); *9)* la persona por la profesión (Eres un Cervantes", por "eres un escritor genial"); *10)* la profesión por la persona ("el vencedor de los franceses", por "el Presidente Juárez"); *11)* lo concreto por lo abstracto ("lo bueno agrada", por "la bondad agrada"); *12)* lo abstracto por lo concreto ("debes respetar la vejez", por "respetar a los viejos"). *Metonimias:1)* la obra por el autor ("compré un Tamayo", por "un cuadro de Tamayo"); *2)* el autor por la obra ("prefiero leer a Cortázar", por "las obras de Cortázar"); *3)* la causa por el efecto ("no soporto el sol", por "el calor que produce el sol"); *4)* el efecto por la causa (" mi alegría", por "eres quien me produce alegría"); *5)* el instrumento por el instrumentista ("es primer violín", por "es quien toca el primer violín"); *6)* el signo por la idea ("cargas con tu cruz", por "con tu sufrimiento");*7)* lo material por lo moral ("denme una mano", por "denme auxilio"); *8)* el lugar por el producto ("le gusta el Roquefort", por "el queso producido en Roquefort").

CAMPILLO agrega, además, que sinécdoque y metonimia podrían ser comprendidas por la metáfora, pues todas "son translaciones fundadas en comunes semejanzas y analogías; diferenciándose tan sólo en la extensión y otras accidentales circunstancias".

En JAKOBSON, en cambio, como ya dijimos, la metonimia (junto con la sinécdoque y la *metalepsis**) se opone a la metáfora; el proceso metonímico sólo afecta a la relación externa, lógica; se da propiamente fuera del hecho lingüístico, entre el *semema** y la representación mental del objeto; mientras el proceso metafórico afecta a la organización interna, sémica, dentro del semema. En otras palabras, mientras el mecanismo de la metáfora se explica por la interacción de los semas, totalmente dentro del *lenguaje**, el mecanismo de la metonimia se explica por el deslizamiento de la *referencia**.

El GRUPO "M", sin embargo, relaciona la metáfora con la sinécdoque y opone ambas a la metonimia, pues ve en la metáfora dos sinécdoques complementarias (generalizante y particularizante), y ve en la metonimia una doble sinécdoque pero "de sentido contrario —dice TODOROV que comparte esta opinión—, es decir: "simétrica e inversa a la metáfora". (V. también METÁFORA*, METALEPSIS* y SI-NÉCDOQUE*.)

MÉTRICA. V. METRO.

METRO (pie, cantidad, troqueo, yambo, anapesto, dáctilo, anfíbraco, "ictus", ame-tría, isometría, polirritmia, métrica, estrofa*, cesura, hemistiquio).

Medida silábica a la que, en algunas *lenguas** indoeuropeas como la española, se sujeta la distribución del poema al ser organizado en unidades rítmicas o *versos** agrupados en *estrofas**. Este tipo de metro se funda en el número de sílabas.

En otras lenguas, como el latín y el griego, la unidad métrica no es la sílaba sino el *pie*, que se constituye atendiendo a la relación de *cantidad* o duración de las vocales, ya que las hay breves (que duran una *mora**) y largas (que duran dos *moras**). La combinación de las cantidades da lugar a diferentes metros como el *troqueo* (—u), el *yambo* (u—), el *anapesto* (uu—), el *dáctilo* (—uu), el *anfíbraco* (u—u), etc.

El metro impone al *poema** una sistemática periodicidad en la que también interviene el *acento** rítmico o *ictus* que marca la relación entre sílabas fuertes y débiles. Hay un metro acentual en el que sólo cuentan los acentos, en la poesía inglesa, por ejemplo. Hay también un *sistema** métrico mixto, silábico/acentual, en el que se considera tanto la distribución de los acentos rítmicos como el número de sílabas. El verso español oscila, con frecuencia, entre ambos sistemas, por lo que muchas veces es posible identificar en los poemas, tanto hexámetros como otras variedades de metros latinos. Esto se debe a que el número de sílabas que media entre los acentos rítmicos del verso, produce un efecto fónico equiparable al que proviene de la combinación de pies métricos, por ejemplo en el endecasílabo dactílico (ó o o):

Ya de la aurora los tintes risueños
_ / _ _ _ / _   _ _ / _ _ _ / _

El metro es, pues, una *figura retórica** que se produce por acumulación de equivalencias prosódicas, es decir, por *adición** repetitiva. Afecta a la morfosintaxis de la lengua debido a que, tanto la elección de las *palabras**, como su distribución en el verso a fin de lograr la unidad métrica, pueden hacer que se altere el orden que corresponde a la sintaxis ordinaria. En otras palabras: el metro es una *metábola**, de la clase de los *metataxas**, cuya función consiste en reforzar el *significado** agregándole, mediante el ritual de la repetición de la medida (*isometría*) una atmósfera sacralizada y un significado simbólico que distancia el verso de la cotidianeidad. El metro además refuerza el valor de la sintaxis misma, ya sea confirmando y subrayando su naturaleza ordinaria, ya sea compitiendo con ella al oponérsele, al perturbarla.

La medida de cada unidad métrica se obtiene al contar el número de sílabas atendiendo a su núcleo vocálico, inclusive donde hay diptongo, triptongo o *sinalefa**, y observando, además, ciertas reglas de combinación entre el número de sílabas y la distribución de acentos finales. Así, cuando la última palabra es aguda, debe restarse una sílaba al total del verso (para que sumen, por ejemplo, ocho las del eneasílabo); y cuando es esdrújula debe agregarse, como se observa en los siguientes tres endecasílabos:

> Entre lucidas escuadras de grana (11 sílabas)
> brota encendido un purpúreo *clavel* (10 sílabas).
> ...
> Si el sol inexorable, alegre y *tónico* (12 sílabas)

Las unidades rítmica y sintáctico/semántica (V. RITMO*) guardan una estrecha correspondencia con la métrica, y contribuyen a caracterizarla, aunque no necesariamente coinciden pues aquéllas pueden desbordarse, conjunta o separadamente, sobre la unidad métrica subsecuente. El desbordamiento de la unidad sintáctico/semántica, fuera de los límites de la unidad métrica, se denomina *encabalgamiento**.

En español hay versos que miden desde dos sílabas (aunque su autonomía es dudosa) hasta más de quince. Sin embargo, éstos suelen estar formados por la suma de otras unidades métricas, por ejemplo los tetradecasílabos:

> Dijo el Centauro meciendo sus crines hirsutas;

los pentadecasílabos:

> Los bárbaros, Francia, los bárbaros cara Lutecia;

los hexadecasílabos:

> Mares del héroe cantado, sombra solemne y austera,
> DARÍO

etcétera.

La combinación de versos de diferentes medidas produce *ametría*, generalmente acompañada de variedad de ritmos: *polirritmia*, en las estrofas amétricas hechas de versos *anisosilábicos*. (V. ISOSILÁBICO*.)

En cuanto a las *pausas** métricas, lo son las finales de verso y también las que corresponden a la *cesura* o *pausa* que se hace entre los *hemistiquios* (o mitades, generalmente iguales) y también las pausas finales de la *estrofa*, unidad mayor que agrupa cierto número de líneas versales gobernadas por cierto esquema.

La alternancia de la pausa sintáctica con la métrico/rítmica en los versos encabalgados, produce una tensión (entre lenguaje literario y lenguaje ordinario), y también una *ambigüedad** (entre verso y *prosa**):

> Nadie sale. Parece
> que cuando llueve en México, lo único
> posible es encerrarse
> desajustadamente en guerra mínima...
> Rubén BONIFAZ NUÑO

En este ejemplo las unidades métricas cortan los sintagmas separando los núcleos de predicados (*parece, encerrarse*) de sus respectivos modificadores (la oración subordinada predicativa y el circunstancial), y separando el núcleo del sujeto (*único*) de su modificador (el adjetivo *posible*).

Éste sería un ejemplo de cómo la construcción de los *modelos** métricos, debida en un principio a una "voluntad de romper el "*continuum*" mediante la disposición codificada de unidades sonoras actualizadas por instrumentos musicales", históricamente ha mostrado una tendencia a la "dislocación de dichos modelos en provecho de una disposición espacial más o menos libre" (DELAS y FILLIOLET).

El estudio de los distintos tipos de metro y de las normas (sujetas a cambios) por las que se rige su aplicación, se denomina *métrica*. El conjunto de las reglas métricas constituye un *código** superpuesto al código lingüístico común. La *Rhétorique générale* ve por ello, en el metro, una *desviación** (respecto de la *prosa** —en este caso) "basada en una convención y dispuesta como un sistema".

MICRODIÁLOGO.

Principalmente en DOSTOIEVSKI, el *monólogo interior* es un *microdiálogo* o *monólogo** *interior dialogizado*, en el cual todas las *palabras** son *bivocales* porque poseen una doble orientación recíproca, ya que se trata de una "disputa entre voces" durante la cual "el *diálogo** penetra en las palabras". En el microdiálogo participan cuestionamientos y réplicas del mismo *héroe**, el cual somete a revisión *puntos de vista** propios y ajenos, siempre de manera dialógica. El microdiálogo interactúa con el diálogo externo entre *personajes**. (BAJTÍN, c:108-110). (V. MONÓLOGO*).

MICRORRELATO. V. INTERTEXTO.

MICTERISMO. V. IRONÍA.

MIEMBRO. V. ANÁLISIS y FUNCIÓN EN GLOSEMÁTICA.

MIMEMA. V. MIMESIS.

MIMESIS (y mimema).

En la tradición *retórica** grecolatina, la *mimesis* consiste en la imitación de la realidad de la vida, por lo que constituye "un instrumento cognoscitivo ontológico/sociológico, de trabajo y divulgación, sin el que la vida espiritual no sería posible" (LAUSBERG).

La mimesis se realiza a veces con fines científicos, como cuando trata de representar en el *discurso** histórico (principalmente en el positivista) el acontecer real. Este tipo de mimesis persigue la *verdad*.

Otras veces la mimesis es artística. Sin embargo, no todos los discursos científicos ni todos los discursos retóricos son miméticos pues, por ejemplo, el discurso forense y el deliberativo (que persiguen la *persuasión**) carecen de intención (o *"voluntas"**) mimética, aun cuando pueden ofrecer abundancia de elementos miméticos. Así, la mimesis artística corresponde al discurso literario, a la poesía, donde la contemplación de lo imitado produce deleite y capta la simpatía del *receptor** para servir a un propósito didáctico (horaciano), pues la poesía instruye de manera mimética (y no de manera teórica).

En suma, la *"voluntas"* poética consiste en mostrar la realidad de la vida, del contorno humano, individual y social, que se condensa en la obra (*mimema*) en forma tipológica, en un grado de "totalidad rápida y esencial". De este modo la obra de arte permite "dominar e interpretar la realidad" (LAUSBERG).

Para lograr ese grado de totalidad ("rápida y esencial") se utilizan las cuatro categorías modificativas de la retórica (*supresión**, *adición**, *sustitución** y *permutación**) debido a que la mimesis artística no persigue la *verdad* (como la mimesis científica) sino la *verosimilitud**. Por ello, para lograr la perfección verosímil, el poeta agrega o suprime elementos o partes, las trastoca o las sustituye o las subraya mediante *figuras** lingüísticas. Sobre todo utiliza la supresión (*"detractio"*), para lograr la unidad y la brevedad.

La mimesis artística ofrece dos grados de totalidad: uno que corresponde a la "exhaustividad exacta", que reproduce todos los detalles. Otro, el de la mencionada "totalidad rápida y esencial", es aquel en que "el detalle no corresponde tanto a la realidad como a la función del conjunto" (LAUSBERG). Este grado de totalidad, propio también de la filosofía, que busca lo general y lo cabal. es el que corresponde a la poesía. Ambas, filosofía y poesía, tratan de alcanzar, más allá de los detalles, la interpretación de los conjuntos.

La mimesis se presenta en tres "grados de directez" (LAUSBERG) en relación a su modo de ser directo. El grado mínimo se da en la *narración**, el grado máximo, en la acción representada (en el *drama**), y en el grado intermedio se mezclan los dos anteriores. Pero además, la narración ofrece a su vez dos grados de directez: un "grado mínimo" de relación entre el *narrador** y lo narrado, en el que aquél no se sale nunca de su *papel** limitado a producir el *relato** mediante el *estilo indirecto*, y un "grado intermedio" de relación entre el narrador y lo narrado, grado que se aproxima al drama mediante el uso del "estilo directo" o *diálogo** por el que el narrador se acerca al *"status"* del *personaje** o lo invade, y también mediante el uso de cierto tipo de *descripción** detallada, precisa y viva (la *"evidentia"*), la cual produce efectos "actualizadores y cuasipresenciales" (LAUSBERG). Por medio de la mimesis, según ARISTÓTELES, el poeta copia la realidad del mundo que lo rodea; en su obra transfunde esa realidad, por lo que su obra constituye un *mimema*.

La mimesis, para corresponder a la realidad, tiene que servirse tanto de la *lengua** como de los "hábitos mentales vigentes en el contorno social" (LAUSBERG).

Pero no sólo existen las artes poético/miméticas que se expresan a través de la lengua, sino también otras artes miméticas que se manifiestan a través de otros *sistemas** de *signos** perceptibles por diversos sentidos, como la pintura, la música, la escultura o la danza. De esta última opina ARISTÓTELES que "imita, con el movimiento rítmico del cuerpo, el mundo humano en general".

Los elementos o medios auxiliares de la mimesis literaria son: el diálogo, los diferentes tipos de descripción, principalmente la *"evidentia"*, los personajes y el lenguaje figurado.

También se ha llamado mimesis un tipo de *ironía**, el que consiste en ridiculizar o zaherir a una persona repitiendo lo que dijo o pudo haber dicho, e imitando, al hacerlo, su estilo, su voz y sus gestos.

Actualmente se usa este término en el *sentido**, muy general, de relación de representación entre dos objetos de los que uno imita al otro (REY-DEBOVE), relación que se da, por ejemplo, entre el *icono** (V. SIGNO*) y su objeto.

MIRADA NARRATIVA. V. NARRADOR.

MITO.

Antiquísima forma alegórica de *relato**. Es la *narración** de acontecimientos sagrados y primordiales ocurridos en el principio de los tiempos entre seres de calidad superior: dioses y héroes arquetípicos, civilizadores, legendarios y simbólicos de aspectos de la naturaleza humana o del universo. Su simbolismo es frecuentemente religioso (V. SÍMBOLO). La dimensión mítica, en los relatos, no pertenece al orden pragmático ni al cognoscitivo, aunque también se ha visto en el mito una "fijación o sobrevivencia" de la vida pasada de un pueblo (FREY). El mito es objeto de estudio de la etnolingüística y conserva muchas veces antiguas tradiciones orales a través de un *lenguaje** de carácter ritual y prelógico. Con frecuencia el mito está presente en formas literarias en los autores clásicos, principalmente en la *épica** y la *dramática**. Pero el mito no es ficción para la sociedad que lo crea, porque ve en él una realidad pretérita. Sin embargo, para NORTHROP FRYE, el mito está en el fundamento de los modos y los *géneros** literarios, y constituye, según Mircea ELIADE, un *modelo** ejemplar de toda actividad humana significativa: alimentación, sexualidad, trabajo, educación". A partir de tal modelo, el hombre, "en sus gestos cotidianos imitará a los dioses, repetirá sus acciones,... se identificará con ellos".

En el sentido popular, el mito es un *cuento** que no guarda relación con hechos reales, o bien es una *ficcion** literaria. El límite entre mito y leyenda es muy impreciso. Para ARISTÓTELES, el mito tiene su sentido etimológico, de relato fabuloso. Para PLATÓN, hay en el mito una suerte de simbolismo poético que opera sobre un *discurso** filosófico, y es una manera de manifestar la opinión que carece de certeza científica. VICO (1668-1744) fue el primero que enfatizó el carácter esencialmente poético del pensamiento primitivo (1725). El carácter religioso del mito opera sobre el grupo social (de cuyo "inconsciente colectivo" —en términos de JUNG— emana) como una fuerza cargada de afectividad, pues expresa representaciones de la sociedad, como puede verse, por ejemplo, en el mito de la Creación del mundo entre los aztecas, que representa el papel que cumplen ellos mismos y los sacrificios humanos en el sostenimiento del universo; o en el mito de Quetzalcóatl en una sociedad que, en el sentido de su propia evolución, está orientada hacia el abandono de tales sacrificios; o en el mito de Odiseo entre los griegos, pueblo navegante.

El mito es una forma de la *ideologia**. El papel que representó el mito en sociedades primitivas ha sido sustituido por la ideología que es la forma mítica moderna, de las sociedades civilizadas. Por ello, la dimensión mítica, en los relatos literarios, no pertenece ni al orden pragmático ni al orden cognoscitivo.

Hay numerosos mitos similares en diferentes *culturas**, pues nunca hubo sociedad humana sin mitos (el Padre creador, los procedimientos de la creación, la búsqueda del padre, el descenso al infierno, etc.). Quizá esto tenga una explicación en la idea de CASSIRER (que tiene su antecedente en KANT) de que el mito es una de las vías fundamentales para hacer frente a la experiencia, pues hay una especie de modo mitopoiético de la conciencia, porque todo conocimiento implica, en el instante en que se capta, una actividad sintetizadora de la mente, que es similar a la actividad mítica, y los mitos son los fundamentos de una verdad porque suelen encerrar las ideas científicas, filosóficas o morales del pueblo que los crea para explicarse el mundo, los ritos, el origen de los clanes, las leyes, las *estructuras** sociales, etc. Por esto la principal función del mito consiste en racionalizar el "*statu quo*" (FRYE). Igualmente numerosos mitos pertenecen no sólo al pueblo que los originó sino a muchos otros, secularmente y a través de una serie de versiones que los constituyen en conjunto. Por ello LÉVI-STRAUSS se propone "definir cada mito por el conjunto de sus versiones", en atención a que "un mito dura mientras es percibido como tal".

mixtura verborum

En el lenguaje del mito cumplen un importante papel la *metáfora** y la *alegoría**, y generalmente las figuras míticas son simbólicas.

"MIXTURA VERBORUM". V. SÍNQUISIS.

"MNEME". V. MEMORIA.

MODAL. V. ASPECTO VERBAL.

MODALIDAD (alética, epistémica, deóntica, veridictoria, y factividad, o factitividad, no-factividad, contrafactividad, estructura modal, recorrido narrativo).

Dentro de la teoría greimasiana, sintetizando principalmente desarrollos dispersos en diferentes lugares del diccionario (*Semiótica*), en la *Semántica* de LYONS y en el curso (*Semiótica discursiva: la escuela de París*) impartido en México en febrero y marzo de 1984 por E. BALLÓN, la *modalidad* es la manera como el locutor se relaciona con su mundo, puede describirse como "el predicado que rige y modifica a otro predicado" de un *enunciado **, o bien, como un "enunciado cuyo *actante* objeto** es otro enunciado"; o bien, en términos de BENVENISTE, como una "aserción complementaria que se refiere al enunciado de una relación"… por lo que, al introducir una modalidad, "se propone una jerarquía de predicados". La modalización de: *María pinta*, es: *María sabe pintar*, o *puede pintar*, o *quiere pintar*, o *sabe pintar*.

Las modalidades son modos lógicos que permiten saber si un predicado es verdadero o falso; si es necesario, contingente o posible; si es cierto, incierto, probable o improbable. Las modalidades se presentan en los *textos** combinadas en pequeños *sistemas**. El analista descompone (o desconstruye) el sistema que hace posible el efecto de necesidad, de posibilidad, de veridicción, etc.

Es en el *acto**, en general ("hacer/ser") y en el *acto de lenguaje** donde surge la modalidad en sus cuatro posibilidades:

1) La del *hacer* que modaliza al *ser*, es decir, la del *hacer/ser*, hacer operatorio propio de la *"performance"**.

2) La del *ser* que modaliza al *hacer* que corresponde a la adquisición de la *competencia**.

3) La del *ser* que modaliza al *ser*, en otras palabras, la del *ser del ser*, propia de la modalización de los *enunciados de estado** al calificar la relación entre *sujeto** y objeto.

4) La del *hacer* que modaliza al *hacer*, la del *hacer-hacer* (hacer que otro haga), hacer manipulatorio, persuasivo, propio de la *manipulación**.

La competencia y la *"performance"* son *estructuras** modales que se dan en la *sintagmática**, en el proceso. La modalidad —dice GREIMAS— "integra, sobredeterminándolo, al enunciado de *hacer* o al enunciado *de estado*", porque las categorías modales (*querer, deber, poder, saber*) no pueden ser formuladas independientemente de los términos por ellas regidos (no tiene sentido *querer* a secas, sino *querer ser*, *querer andar*, etc.). La *"performance"*, que es un *hacer*, presupone la competencia para *hacer*. Competencia y *"performance"* configuran el recorrido narrativo de uno de los sujetos (o del sujeto o del *antisujeto**). El acto de lenguaje es, así, una estructura *hipotáctica* (V. HIPOTAXIS*) donde ambas se reúnen. La competencia, en su relación con la *"performance"*, es un *programa narrativo* de uso*; sus *valores** son *modales*. Por otra parte, si el *ser* modaliza al *ser*, se trata de la competencia cognoscitiva; si el *ser* modaliza al *hacer*, se trata de la competencia pragmática. Y tanto la modalización del *ser* por el *ser*, como la del *hacer* por el *hacer*, exigen la presencia de dos instancias modalizantes distintas, es decir, exigen que el sujeto modalizador sea diferente del sujeto cuyo predicado es modalizado.

El mismo GREIMAS ha organizado dentro de la *matriz actancial**. (V. ACTANTE*) las categorías modales como *ejes semánticos*:

a) Del *deseo* (dada entre sujeto y objeto), que, mediante la acción, se convierte en *hacer*.

b) Del *saber* (*destinador* - objeto - destinatario**), que rige la *comunicación**.

c) Del *poder* (*adyuvante* - oponente**) que se manifiesta en la lucha o participación.

Ya sea que se trate de un *hacer* operatorio (*hacer/ser*) o de un *hacer* manipulador (*hacer/hacer*), el *hacer* tiene pues un carácter modal. El *hacer* instaura el *recorrido narrativo** del sujeto. La descripción de los *papeles** o *"roles"* actanciales (y no de los caracteres, como en la tradición) se relaciona con el seguimiento de los sujetos y de sus diferentes posiciones modales en la progresión de la *narración**, y se relaciona con una *semiótica** de la *acción** preconizada por la teoría greimasiana.

El recorrido narrativo más estudiado hasta hoy es el del sujeto, y consiste en un encadenamiento lógico de dos tipos de programas:

1) El programa narrativo modal o de competencia, el cual es lógicamente presupuesto por:

2) El programa narrativo de realización o de *"performance"*.

Éste puede estar situado, ya sea en una dimensión pragmática (del hacer somático), ya sea en una dimensión cognoscitiva que toma a su cargo las acciones pragmáticas mediante el saber.

"El sujeto funcional definido por tal recorrido —dice GREIMAS— se descompondrá eventualmente en un conjunto de papeles actanciales" como el de sujeto competente (sujeto del *querer*, del *poder*; sujeto según el *secreto*, según la *mentira*, etc.) y el de sujeto *performador* (ya sea victorioso o realizado, ya sea vencido).

El recorrido narrativo puede dar lugar a la circulación de objetos y valores (V. PROGRAMA NARRATIVO*), y también puede dar lugar a la construcción de un objeto no preexistente, en el cual se vierta el valor buscado.

El *sujeto operador** se define en relación con su *hacer* (así como el *sujeto de estado** se define en relación con su *objeto*). La modalización del *hacer* es la modificación de la relación entre el sujeto operador y el *hacer* (su propio *hacer*), y se manifiesta mediante verbos *modales: querer, deber, poder, saber*: Juan quiere hacer una casa, sabe hacer una casa, debe hacer una casa).

Cuando corresponde a las modalidades del *hacer*, que son las relativas a la instauración del sujeto operador (cuando éste es capaz de *hacer* porque ya *puede* o *sabe hacer*), el objeto perseguido por el sujeto es un *objeto modal** (opuesto a *objeto de valor**, que es el objeto de la *transformación** principal). El objeto modal es el objeto cuya adquisición es necesaria para establecer la competencia del sujeto, competencia que por fin lo instaura como sujeto operador (que opera la transfor-

modalidad

mación principal). La competencia suele provenir de un *destinador** o sujeto modalizador que es el responsable de la transformación de las relaciones entre el sujeto operador y su propio *hacer*; es el que "hace hacer", porque atribuye la competencia. Es un sujeto operador jerárquicamente superior al que opera la *"performance"* principal, pues atribuye los valores modales, mientras el sujeto operador de la *"performance"* principal atribuye objetos de valor.

Estas cuatro modalidades son casos especiales de la modalización. GREIMAS las llama "sobredeterminaciones modales de la competencia", Con ellas se procura una cualidad al *hacer* del sujeto. pues éste hace según el *deber*, según el *poder*, etc.

La actividad del sujeto está enmarcada por otros recorridos narrativos que la trascienden. Uno es inicial: el ya mencionado del sujeto destinador, manipulador, dador de la competenda. Otro es el destinador final, que es juez y sancionador de las realizaciones

La teoría greimasiana (BALLÓN) ve tres clases de modalidades del *hacer*, correspondientes a tres aspectos de la competencia del sujeto operador:

1) Modalidades de la *virtualidad*: deber/hacer, querer/hacer.
2) Modalidades de la *actualidad*: poder/hacer, saber/hacer.
3) Modalidad de la *realidad*: hacer.

Las modalidades de la virtualidad se dan cuando el *hacer* aún no se ha realizado, pero ya es una posibilidad. Estas modalidades definen dos tipos de relación entre el sujeto operador y el destinador, y se relacionan con la instauración del sujeto operador. Para esto se requiere que el destinador transmita o comunique el *deber/hacer* o el *querer/hacer* al sujeto operador. El destinador puede ser, en sincretismo, el mismo sujeto operador (comunicación *reflexiva*), o bien puede ser un sujeto diferente (comunicación *transitiva*).

Las modalidades de la actualidad se llaman así porque, al adquirir los valores modales correspondientes a *poder/hacer* y a *saber/hacer*, el sujeto actualiza su operación y se da un progreso narrativo al pasar de la virtualidad a la actualidad: al adquirir un sujeto de *saber* relativo a su *hacer*, pasa de ser sujeto operador virtual a ser sujeto operador actualizado.

La modalidad de la realidad corresponde a la realización del sujeto operador como tal en el momento en que, poniendo en juego por fin su competencia, realiza la *"performance"* principal y produce la transformación de un estado a otro. Ello constituye en realidad —dice BALLÓN —una *desmodalización* pues corresponde en el relato a la desaparición del sujeto jerárquicamente superior al sujeto operador (el destinador) y a la aparición del *antisujeto** (V. ACTANTE*).

La competencia de un sujeto operador puede estar constituida por muchos valores modales diferentes. El papel o *"rol"* actancial de un sujeto queda descrito a partir de la combinación de tales modalidades, e inclusive de la negación de la modalidad. Por ejemplo: una *"performance"* puede ser realizada por un sujeto del *querer/hacer* y del *saber/hacer* sin el *deber/hacer*.

Cada modalidad da lugar a un sistema de variables de la misma, a partir de sus relaciones de *implicación**, *contrariedad** y *contradicción**, una vez vertida en el *cuadrado semiótico**.

Así se forma el sistema del "deber/hacer":

338

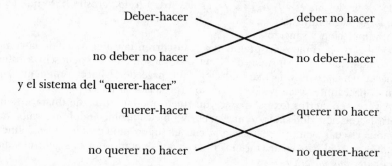

Deber-hacer   deber no hacer

no deber no hacer   no deber-hacer

y el sistema del "querer-hacer"

querer-hacer   querer no hacer

no querer no hacer   no querer-hacer

Las posiciones de uno y otro sistemas pueden hacerse corresponder y con ello se obtiene "el sistema de definiciones modales de un sujeto operador en la fase de virtualidad" (BALLÓN). En tal sistema. las posiciones que permiten seguir el progreso narrativo del sujeto operador, "corresponden a tipos de sujetos reconocibles en los textos: el *deber/hacer* más el *querer/hacer* corresponde, por ejemplo, a la *obediencia activa*; el *deber/hacer* más el *querer no hacer*, representa la *resistencia activa*, etc.

La modalización de los enunciados de estado (es decir, de los enunciados correspondientes a la relación de *conjunción** o de *disjunción** entre el sujeto y su objeto) consiste en la calificación de tal relación (calificación como *posible, probable, falsa, verdadera*, etc.). Las categorías se relacionan con la modalización de los enunciados de estado; se trata de las transformaciones modales del estado de un sujeto. A veces, en los textos que tratan de un *descubrimiento* (de algo oculto, secreto, ignorado, etc), aparece una instancia de "interpretación (de aquello que *parece*) y otra instancia de existencia real (de aquello que *es*) de los enunciados de estado (es decir, son relaciones dadas en el interior de *discurso**). Esta relación de estado (entre el sujeto y su objeto) se define positivamente (afirmativamente) o negativamente, tanto en el plano de la *inmanencia* (que corresponde al modo de *parecer*, al modo como el estado se plantea en el texto, ante una instancia —interna— capaz de interpretarlo).

Entonces, el estado (la relación sujeto-objeto) se plantea según dos modos: ser y parecer, por ejemplo, por lo que la verdad de tal estado "juega en la articulación de ambos planos de definición" (BALLÓN). Lo que está en juego es la categoría de *veridicción*, es decir, el efecto de verdad construido por el discurso. Las combinaciones a que dan lugar *ser* y *parecer* (vertidos en el cuadrado semiótico) producen una serie de figuras de la veridicción:

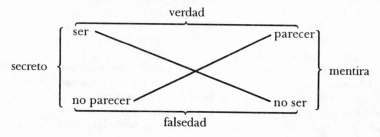

verdad

secreto { ser   parecer } mentira

no parecer   no ser

falsedad

modalidad

Es decir: lo que *es* y *parece que es*, es la verdad (o lo verosímil); lo que *parece ser* y *no es*, es la mentira, etc.

Manipulación y sanción:

Dentro de la dimensión pragmática transcurren tanto el hacer de la competencia como el de la "performance". Dentro de la dimensión cognoscitiva transcurre el hacer persuasivo de la manipulación (que precede al hacer pragmático) y también el hacer interpretativo de la sanción (posterior al hacer pragmático).

A veces, en ciertos textos aparece un sujeto modalizador (destinatario) que modifica la relación de estado (entre sujeto y objeto) atribuyéndole un valor de veridicción, el cual siempre se relaciona con el sujeto modalizador que define en el texto el *ser* o el *parecer* del mismo. El *hacer* así operado por el sujeto modalizador es el *hacer interpretativo*.

El *hacer cognoscitivo* es aquel que "determina las operaciones de veridicción sobre los estados transformados", las operaciones interpretativas realizadas sobre elementos pertenecientes a la dimensión pragmática (mientras el hacer pragmático determina las transformaciones de estado).

El *hacer interpretativo* se basa en un relación *fiduciaria* (relación de posibilidad del hacer interpretativo), que, dada entre los sujetos del hacer interpretativo, da lugar a una operación cognoscitiva particular: el *creer*.

El *hacer interpretativo* se correlaciona con el *hacer persuasivo* y consiste en *hacer saber* y en *hacer creer* o hacer que otro acepte el estatuto de veridicción que el sujeto operador establece a propósito de un enunciado de estado.

La modalización de los enunciados y el hacer interpretativo son característicos de la cuarta fase del programa narrativo: fase de reconocimiento o sanción que se manifiesta en el texto mediante verbos como *saber* o *comprender* (la primera es la fase de la manipulación sobre la que volveremos todavía, la segunda es la fase de adquisición de la competencia, y la tercera es la fase de realización de la *"performance"* o transformación de los estados). Esta cuarta fase ocupa casi todo el texto en cierto tipo de *relatos**, como el policíaco, y en ella se evalúan los estados transformados y las *"performances"* realizadas; es decir, se establece la veridicción de los estados transformados durante la fase de *"performance"*, así como su conformidad con el *contrato* fijado entre destinador y sujeto operador, o sea, se realiza la evaluación de los estados transformados y se describe la verdad de lo que ha sido operado por la *"performance"*.

Al articularse *"performance"* y sanción, se articulan también la dimensión pragmática y la cognoscitiva, y el enunciado de estado (en que termina la operación pragmática) se articula con la modalización del enunciado de estado, que es un hacer interpretativo sobre ese estado. Este papel sancionador está a cargo del destinador de la sanción, que actúa también como sujeto modalizador: un sujeto del hacer interpretativo. La fase de reconocimiento o sanción ha sido llamada también *prueba de reconocimiento* o *prueba glorificante* y, como la fase inicial (de manipulación) se da en el plano cognoscitivo.

Esta primera fase del programa narrativo (de manipulación o persuasión), al igual que la cuarta (interpretativa o de sanción) se realiza en el plano cognoscitivo, y es también una relación entre dos sujetos. En efecto, está a cargo del sujeto modalizador (destinador) que en este caso opera persuasivamente sobre el sujeto operador de la transformación principal. (El hacer persuasivo del sujeto manipulador halla respuesta en un hacer interpretativo del sujeto operador, pues éste ha sido manipulado cuando ha interpretado como verdadero aquello de lo que desea persuadirlo el manipulador. De no ser así, puede surgir un antagonismo.) La operación de manipulación es *factitiva* (el hablante se compromete a la verdad de la proposición), pues es de *hacer/hacer, hacer que otro haga*; hay en ella un *hacer* que transforma el *hacer*.

El sistema de las diferentes posibilidades básicas del *hacer-hacer* característico de la manipulación, una vez vertidas las categorías en las casillas vacías del cuadrado semiótico, aparecería así:

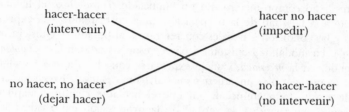

hacer-hacer
(intervenir)

hacer no hacer
(impedir)

no hacer, no hacer
(dejar hacer)

no hacer-hacer
(no intervenir)

Y puede dar lugar a muchas figuras tales como *mandato, amenaza, tentación, pedido, reto*, etc.

Conviene agregar algunas generalidades sobre la modalidad, independientemente de su relación con el programa narrativo:

La modalidad es una categoría que, en su sentido más general, comprende las categorías lógicas y la categoría gramatical de modo, pues la base de las posibilidades modales de la lengua está en la necesidad de manifestar, en el discurso cotidiano no científico, órdenes, dudas, presunciones, etc.

La descripción de las modalidades no es sencilla, debido a que, en muchas lenguas, un mismo predicado modal puede ser utilizado tanto para expresar la modalidad *alética* como la *epistémica* y la *deóntica*. Las modalidades operan en estos tres dominios y en el de la *veridicción*. El dominio alético es el del *deber/ser*; el epistémico, el del *saber/hacer*; el deóntico, del *deber/hacer* y el veridictorio el del *ser del ser*.

La modalidad alética (que significa *verdadera*) expresa la verdad necesaria o contingente de las *proposiciones**. La lógica modal se ocupaba casi exclusivamente de ella, hasta que recientemente los lógicos han analizado otros dos tipos de necesidad y posibilidad: el epistémico y el deóntico. La estructura modal alética se da cuando un enunciado modal, cuyo predicado es el *deber*, rige a un enunciado de estado y las acciones se sujetan a modalidades de *necesidad, imposibilidad, posibilidad, contingencia*. (El *deber*, como el *querer*, constituye, recuérdese, una de las condiciones previas mínimas para un *hacer* o para un *estado*.) La proyección de esta estructura modal sobre las casillas del cuadrado semiótico. da lugar al sistema de variables de la misma, el sistema del *deber/ser*:

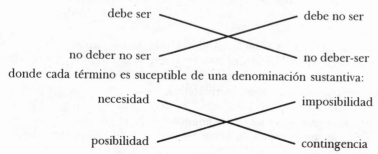

debe ser

debe no ser

no deber no ser

no deber-ser

donde cada término es suceptible de una denominación sustantiva:

necesidad

imposibilidad

posibilidad

contingencia

modalidad

La lógica epistémica se ocupa de la estructura lógica de las aseveraciones que afirman o que implican que una proposición es sabida o creída. (Saber o creer implican conocer el contenido de la proposición y conocer en qué condiciones es verdadera.) Se dice que un enunciado posee *factividad* cuando el hablante se compromete a la verdad de la proposición (cuando afirma: "yo sé"). Hay en cambio en el enunciado *no factividad*, cuando el hablante no se compromete ni a la verdad ni a la falsedad de la proposición (preguntar: "¿viniste ayer?" o decir: "yo pienso", "yo creo", no comprometen). En un enunciado *contrafactivo*, el hablante se compromete a la falsedad de la proposición, pues corresponde a la expresión de "los deseos y las condiciones irreales con referencia al pasado" ("Quisiera que hubieras venido"). La modalidad epistémica parece estar basada en la *posibilidad* y también, a menudo, en la *necesidad*, y suele expresarse con el verbo *poder* y algún adverbio modal (como *quizá*) o un adjetivo modal (como *posible*). LYONS describe así esta modalización: "todo enunciado en que el hablante cuantifica explícitamente su compromiso en cuanto a la verdad de la proposición expresada por la *oracion** que enuncia, tanto si esta cualificación se explicita en el componente verbal, como si lo hace en el componente prosódico o paralingüístico, es un enunciado epistémicamente modalizado". Hay una cualificación *subjetiva* cuando expresa incertidumbre o reserva, en aserciones de opinión o rumor, que no son categóricas. Su fuerza *ilocutiva** es semejante a la de las preguntas y, como éstas, son proposiciones no factivas, pues el hablante no se compromete, por desinterés, o por incapacidad para hacerlo ("quizá María pueda ir"). Hay, por otra parte, una cualificación *objetiva* en las aserciones categóricas que son las declaraciones epistémicas más fuertes (aunque las aserciones categóricas sencillas más bien son epistémicamente no modales, porque el hablante no cualifica el componente *digo-que-es-así* de su enunciado —componente supuesto en todas las declaraciones de la lógica modal—, ni el componente: *es-así* de su *enunciación**). La estructura modal epistémica, del *saber/ser* (y no del *saber/hacer*) se da "cuando la modalidad del creer" determina un enunciado de estado que tiene como predicado un *ser/estar* ya *modalizado* (GREIMAS). Su proyección sobre el cuadrado semiótico permite la formulación de la categoría modal epistémica y la asignación de denominaciones:

La modalidad epistémica abunda en el discurso de las ciencias humanas que posee propósito científico, en el discurso en que el *enunciador** ejerce un hacer persuasivo (el *hacer/creer* antes descrito), y emerge de la competencia del *enunciatario** quien, "después de su hacer interpretativo, toma a su cargo las posiciones cognoscitivas formuladas por el enunciador", es decir, "concluye su hacer interpretativo con un *creer* que versa sobre los enunciados de estado que le son sometidos", los cuales le son presentados como un *parecer* o *no parecer*. Se relacionan, pues, con la transmisión del *saber*, por lo que su estructura es transitiva, ya que el saber siempre posee un objeto de saber. Así, mientras el *saber/hacer* es competencia cognoscitiva ("inteligencia sintagmática, habilidad para organizar las programaciones narrativas", en el caso del sujeto de la enunciación"), el *saber/ser* es competencia epistémica, porque "sanciona el saber sobre los objetos y garantiza la calidad modal de ese saber".

La lógica deóntica es una extensión de la lógica modal. El origen de la modalidad deóntica (que significa "de la necesidad") debe buscarse en el hecho de que la lengua "expresa o indica apetencias y deseos" (por lo que se refiere al futuro que es predicción, deseo, promesa o creencia, no aseveración); y también debe buscarse en aquello "que hace que las cosas se cumplan imponiendo la propia voluntad sobre otros agentes" (LYONS). Se trata de una lógica de la obligación y la permisión (de lo que es obligatorio o está permitido: "María puede entrar": María recibe permiso), pues las proposiciones afirman la existencia de permisos u obligaciones; expresan permiso, exención, mandato, deseo, exhortación. La necesidad deóntica es la obligación; es relativa a la necesidad o posibilidad de los actos realizados por agentes moralmente responsables (mientras la necesidad lógica y la epistémica son relativas a la verdad de las proposiciones). La modalidad deóntica se relaciona con acciones simultáneas o posteriores. Necesidad y posibilidad son nociones capitales de la lógica modal tradicional. Se trata de distinguir entre las proposiciones falsas y las verdaderas, aquellas que necesariamente son falsas (*contradicciones**). Tal verdad o falsedad "están establecidas y garantizadas por el *significado** de las oraciones que las expresan" y no dependen de la experiencia o del mundo (LYONS). La lógica deóntica maneja, pues, como la alética, la modalidad del *deber*. La estructura modal deóntica aparece cuando el enunciado modal que tiene como predicado el *deber*, determina y rige el enunciado de *hacer*. Éste puede ser un *hacer/ser*, es decir, un hacer operatorio (ya sea constructivo o destructivo), o bien puede ser un *hacer/hacer* (el "hacer que otro haga"), un hacer manipulador sobre los otros seres, un hacer factitivo. La categoría modal deóntica se formula así, con sus denominaciones:

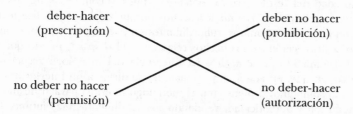

deber-hacer
(prescripción)

deber no hacer
(prohibición)

no deber no hacer
(permisión)

no deber-hacer
(autorización)

Por último, un enunciado de estado corresponde a la modalidad veridictoria —dice GREIMAS— cuando puede determinar y modificar a otro enunciado de estado. "Su predicado existencial no se refiere al estado de cosas descrito por el segundo enunciado, sino únicamente a la validez de su predicado, que es la relación de *junción**. Este predicado modal (el *ser del ser*) es la "forma desembragada" del *saber* (V. EMBRAGUE*) y se presenta, así, como la correlación de dos dimensiones de la existencia entre las cuales se cumple el juego de la verdad: "parecer/no-parecer" y "ser/ no-ser", pues esta categoría modal es el "marco donde se ejerce la

modalizador

actividad cognoscitiva". El sistema de la veridicción, una vez situadas sus variables en el cuadrado semiótico, está antes, en la parte relativa a la modalización de los enunciados de estado (V. también FICCIÓN*).

MODALIZADOR. V. ENUNCIACIÓN, ACTANTE, FICCIÓN y MODALIDAD.

MODELO.

Construcción teórica que representa formalmente un fenómeno o un proceso por él explicados, ya sea en cuanto toca a la interrelación de sus elementos estructurales esenciales, ya sea en cuanto se refiere a su funcionamiento, por lo que constituye un instrumento de trabajo.

MODIFICADOR.

*Constituyente** (*palabra**, *sintagma**, o *frase**) que especifica a otro constituyente (núcleo de otra construcción). Si el núcleo es sustantivo, el modificador puede ser un artículo o un adjetivo, si es frase, puede ser frase sustantiva (que funcione como aposición), o frase adjetiva. Si el núcleo es un verbo, el modificador puede ser cualquier clase de complemento verbal (directo, indirecto, circunstancial, etc.).

MODO NARRATIVO. V. NARRADOR.

MONEMA. V. MORFEMA.

MONÓLOGO (o "Subiectio", soliloquio, corriente de conciencia, "stream of consciousness" —ingl., discurso interior, microdiálogo).

Diálogo* ficticio, es decir, monológico, incrustado en el *discurso** en forma de afirmaciones o preguntas y respuestas que aparecen, o no, como autodirigidas, y que sirve para dar animación al razonamiento. Es mantenido con un *interlocutor** también ficticio, y generalmente contrario, cuyo criterio queda así refutado, o bien queda analizado, demostrado o reafirmado (V. FICCIÓN*).

Tradicionalmente es una *figura** de sentencia o de pensamiento *frente al público* cuyo ánimo tiene la intención de mover en el sentido del interés del orador.

Es una variedad del "estilo directo" o *diálogo**, pues es como éste, discurso *imitado*, que ofrece la ilusión de *mostrar* los hechos porque el *personaje** dice textualmente, sin que medien términos subordinantes, un discurso propio o ajeno, minimizando la distancia entre los hechos relatados y el *receptor**, puesto que aparentemente es eliminado el *narrador**. La diferencia del monólogo respecto del diálogo consiste en que, en aquél, el personaje no se dirige a un interlocutor sino que habla (en el soliloquio) o piensa (en el monologo interior) para sí mismo, con entera desinhibición y autenticidad, revelando sus sentimientos más íntimos y sus opiniones y dudas más secretas. La *estructura** del monólogo es extensa y coherente; la del diálogo, fragmentada y elíptica. El soliloquio fue en la Edad Media un *género** literario. Su nombre proviene de una obra de San AGUSTÍN.

El empleo del monólogo puede alternar con el del diálogo en el *teatro** y en *narraciones**. Un monólogo interior denominado también *corriente de conciencia* (*"stream of consciousness"*) ha sido utilizado a partir de E. DUJARDIN por escritores como J. JOYCE, V. WOOLF y W. FAULKNER por ejemplo, con el propósito de procurar la impresión de inmediatez al dar cuenta de los procesos psíquicos en su transcurso a través de todo tipo de asociaciones en los distintos grados o niveles de la conciencia (lógicos, ilógicos. conscientes, subconscientes), pues se trata de un discurso caótico, sin pausas ni diferencias de entonación, que se advierte como autodirigido y como producido en un desorden de la conciencia que se ve alterada por enfermedades, traumatismos o emociones. Los pensamientos no exigen lógica debido a su orientación; pero es posible que contengan *argumentaciones** opuestas e interrelacionadas dialogalmente.

Así, Bonifacio, el patriarca de los indios en *El resplandor* de Mauricio MAGDALE-NO, monologa una reflexión engañosamente inconexa en su agonía, mientras pende, ahorcado, de un árbol:

> ...Diosito Diosito Diosito esto ya acabó Lugardita cuando Lorenza tenga su niño que Diosito Diosito Diosito aquí dejas a un hijo que sabrá lo que nos hiciste Saturnino llamas llamas ayes suspiros un día compareceremos toditos ante la Divina Majestad un día Navidad qué solo está San Andrés mis muchachitos no lloren quién lo iba a creer. Coyote dañero es el diablo que nos tentó Nieves Diosito Diosito Diosito cuántos muertos uno dos tres cuatro cinco seis siete ocho nueve diez once doce trece conmigo ya el pobre de Casimiro ni se mueve Matías Petronilo Margarito epa Gregorio Diosito yo no maté era el verdugo de toditos cuántas llamas trece llamas la Piedra del Diablo está reseca cómo pudimos creer Diosito ya veo que no es posible los indios no dejaremos de sufrir nunca Dios ayúdame bendito San Andrés llamas llamas noche llamas...

de modo que revela las fluctuaciones de su mente que naufraga por momentos en la inconsciencia y pasa de la coherencia al delirio, subrayado todo ello por la carencia de signos de *puntuación**. Durante este monólogo, la mente de Bonifacio oscila entre reflexionar para sí ("ya el pobre Casimiro...", "ya veo que no es posible"), dirigirse a otro personaje ("Coyote dañero es el diablo que nos tentó Nieves...", "epa Gregorio..."), apelar a la divinidad con un énfasis admirativo precedente a una exclamación ("Diosito, Diosito, Diosito cuántos muertos...") o refiriéndose a sí mismo ("Diosito yo no maté..."). Pienso que es observable un desdoblamiento de miradas y de entonaciones, pero no de la voz/conciencia, no del *punto de vista*, por lo cual no se trata de un *microdiálogo** dostoievskiano de los que deslinda y describe Mijaíl BAJTÍN. En otras palabras, el monólogo no está dialogizado. Se trata de lo que este autor llama *monólogo descriptivo*, en el cual "la palabra del *heroe** se halla envuelta en la palabra del autor" "La autoconciencia y el discurso del héroe no llegan a ser la *dominante** de la estructuración, y no hay combinación de voces" (c:84).(V. infra).

Dentro del mismo "estilo directo" del que ambos son formas, el monólogo se opone al diálogo pues éste pone el *énfasis** sobre el *receptor** a quien los parlamentos se dirigen; además, abundan en él las formas interrogativas y las referencias a la *situación* comunicativa y a los *actos de habla**. En cambio en el monólogo se pone el énfasis sobre el *emisor**, hay escasas referencias a la situación comunicativa y escasas alusiones al *discurso** mismo, siendo en cambio usuales las exclamaciones.

El monólogo interior o el soliloquio pueden ofrecer la impresión de ser producidos por una conciencia ambigua, de opinión difusa, que parece dueña, simultáneamente, de perspectivas y de criterios diversos y hasta opuestos, que alternan y dialogan y litigan entre sí. Se trata del relato dialógico, que se produce sin la vigilancia de una conciencia unificadora. (V. DIÁLOGO*.)

monólogo

Como el monólogo asume la forma de una expresión prolongada en estilo directo, la de un extenso parlamento, pueden parecer monólogos el *texto** de un *poema** lírico (como la *estancia*); el del soliloquio teatral —que es una forma dramática a pesar de que corresponde a un solo personaje—; o el discurso de los *apartes**, también teatrales, de ambiguo destinatario (que puede ser el emisor, el público, los objetos del escenario, etc.) que un actor profiere para comunicar algo importante que se supone no escuchado por los demás intérpretes, o bien el texto de prolongadas meditaciones que, si no revelan la unidad de la conciencia que los emite, pueden caer en la forma dialógica.

En latín se llamó *"subiectio"* al monólogo que finge ser diálogo del emisor consigo mismo, o con un receptor generalmente contrario. Es recurso del orador y contiene afirmaciones, preguntas y respuestas ficticias, que en realidad sirven para dar animación al razonamiento. Así éste, con mayor claridad, refuta, analiza, demuestra o reafirma un criterio.

Se menciona también el concepto de *discurso interior*, que es el emitido hacia adentro, hacia el propio emisor. Se caracteriza por ser elíptico, condensado, apenas con las palabras indispensables. Por ello mismo, está intensamente condicionado por el *contexto** situacional, ya que se supone que representa al pensamiento antes de que se consolide en *palabras**. (V. PERSUASIÓN*.)

Según BAJTÍN, los principios de la *estructura** monológica del discurso artístico —que no conoce el pensamiento ajeno sino a través del sensorio y el criterio del *autor**—, proceden de la filosofía idealista. "La afirmación de la unidad del ser se convierte en el idealismo en el principio de la unidad de la conciencia". El yo absoluto es una conciencia normativa que no toma en cuenta las conciencias empíricas. "El único principio de la individualización cognoscitiva que conoce el idealismo, es el error" El racionalismo europeo y la época de la ilustración, imponen las peculiaridades estructurales de la creación ideológica de la época moderna. Ambos eran creyentes en "una razón única y unitaria", por lo que ayudaron a consolidar el monologismo que prevaleció en la literatura durante mucho tiempo.

Conforme a ese punto de vista se clasifican las ideas ajenas como correctas y significativas, en torno a una unidad de sentido, y se funden con la *visión del mundo* del autor. No son pensamientos ajenos representados, sino afirmados. Y son negados los que no caben en tal visión del mundo, o bien únicamente se distribuyen y funcionan como conjuntos de rasgos de carácter de cada héroe, pues "hay una acentuación ideológicamente única en la obra".

La idea dominante del autor puede cumplir tres funciones: *1)* Ser el principio de la visión del mundo y el de la selección y unificación del material y del tono ideológico de todos los elementos de la obra. *2)* Tener a su cargo la conclusión de lo descrito. *3)* Vehicular la posición ideológica del protagonista. La idea se funde con todos los aspectos formativos de la representación misma, y así éstos entran en la estructura de la obra. Por ello, cuando una misma idea se repite, pero de conciencia a conciencia, de voz a voz, "ofrece su lado inverso" y pasa por un proceso que "la pone a prueba, la verifica, la afirma, la refuta". Eso significa que "la idea vive la vida del acontecimiento artístico en el diálogo", ya sea en el interior, dialogizado (*microdiálogo**), o en el exterior dado entre personajes. (c:114-130).

346

"Cuando se mezclan dos o más voces y pensamientos en un monólogo (...) uno es evidente y determina el contenido del discurso, mientras otro es oculto y, sin embargo, determina la estructura del discurso al echar sobre éste su sombra", dice BAJTÍN (c:348). Se trata de "una polémica interior" (c:351).

Precisamente el grado máximo de "dialogización interna" se da, según este autor, en el discurso monológico de Raskólnikov, porque está orientado "hacia todo aquello que piensa y habla", ya que "pensar en un objeto" para este personaje es "dirigirse a él". "No piensa acerca de un fenómeno, sino que habla con él", además de que "se habla a sí mismo como quien habla con un tú" y "su discusión está saturada de palabras ajenas" que se entrecruzan pero se reconocen y se distinguen porque sus propias entonaciones aparecen reacentuadas.

Este personaje y los que con él interactúan parecen representar un drama filosófico en el que "los puntos de vista sobre el mundo han encarnado y se han convertido en vivencias", lo cual ocurre al ser externados los parlamentos de un diálogo con el que se mezcla el microdiálogo dado internamente en cada autoconciencia.

En tal diálogo en que interactúan monólogos dialogizados, aparece una "determinada heterogeneidad semántica, relativamente estable e inalterable desde el punto de vista del contenido, y dentro de esta variedad sólo sucede un cambio de acentos" (c:334-337).

Uno de los ejemplos más interesantes que pone BAJTÍN para deslindar estos territorios del diálogo y el monólogo, es el del *discurso monológico* de la *confesión* que permite el análisis de una conciencia criminal pues, en ella, dice este pensador, "se percibe el principio de la descomposición de un estilo narrativo bien estructurado, que responde al caótico, inquieto y terrible mundo del espíritu criminal". "La prosa se tambalea y se contorsiona en tal experimento estilístico" (...) "el estilo se adecua al tema y al crimen", se trata de "una palabra interna con orientación dialógica interna hacia el otro" (c:342-345).

Sólo la idea centrada en una sola conciencia adquiere "un acabado monológico" que es "retóricamente abstracto". El monologismo prevalece en el prototipo de discurso filosófico, científico, noticioso, histórico. Pero en el discurso dostoievskiano la idea es artísticamente presentada de un nuevo modo que corresponde a la nunca agotada realidad de lo que existe, lo cual posee una parte siempre latente en la palabra aún no expresada, aunque es posible la intención de "expresar el futuro como réplica por venir del diálogo ya en curso". De este modo el *ayer* y el *mañana* se reúnen en el *hoy*" (c:128-130).

Para que se represente artísticamente una idea, como ocurre en la *novela* polifónica*, su vehículo no debe ser la voz del autor ubicada por encima de la de los personajes, sino la voz/conciencia de cada héroe o del autor pero en un nivel de igualdad.

El monólogo y el diálogo pueden combinarse. Pero también puede darse un *contrapunto** de diálogos interno y externo.

En el teatro, a pesar de las marcas dialógicas presentes en el monólogo y a pesar de la frecuente presencia muda de otros personajes en la escena, los monólogos se consideran antidramáticos e inverosímiles, pero en ciertos momentos pueden resultar indispensables, y pueden consistir en una *narración**, una *descrip-*

ción*, una reflexión lírica o el preludio dialógico de una toma de decisión, por ejemplo.

MONORRIMO. V. RIMA.

MONOSEMEMIA. (o monosemia).

Propiedad de algunos *lexemas** (y de algunos *discursos** en que tales lexemas predominan) que comprenden un solo *semema**. Un *metalenguaje** bien construido es monosemémico según GREIMAS.

MONOSEMIA. V. MONOSEMEMIA.

MORA.

Mitad de la vocal o del diptongo que presenta un tono bajo, o un tono medio o alto, cuando hay una gradación melódica ascendente o descendente en el *enunciado**, lo que es un fenómeno prosódico. (V. PROSODIA*.)

MORFEMA. (y lexema, gramema, monema, constituyente, semantema, alomorfo, característica).

En la lingüística distribucional, mínima unidad de *significación**, mínima *forma** significativa. Es una unidad de la primera *articulación** y, como tal, se opone a *fonema**, mínima unidad de la segunda articulación.

Algunos lingüistas consideran que el *lexema* (unidad de la primera articulación) es un tipo de *morfema** (morfema lexical): el que constituye la base léxica de la *palabra** (*arbol*-edas), contiene su idea principal y es su elemento constante, mientras los morfemas gramaticales son los elementos variables. Otros oponen el concepto de lexema (con este mismo *significado* *) al de morfema, viendo este último elemento como de naturaleza gramatical y como elemento variable. Según este criterio, hay dos clases de morfemas o elementos gramaticales variables: los morfemas gramaticales o *gramemas* (muchach-it-*o*-*s*) que indican los accidentes gramaticales (género y número, en el sustantivo; modo, tiempo, persona y número en el verbo), y los morfemas *derivativos* que indican otras diferencias de forma y de significado entre las palabras de una misma familia. Ejemplo de sustantivo: muchach-*it*-o-s: muchach= lexema; *it*= morfema derivativo; o= gramema de género; s= gramema de número. Ejemplo de verbo: empez-*ába*-mos: empez= lexema; *ába*= gramema de tiempo/modo; *mos*= gramema de número/persona). La *característica* encierra varios morfemas: en cant (*abas*), está la característica (abas) dentro de la cual está el morfema que distingue la persona gramatical de otras personas (*aba*); está el que distingue el *aspecto** (imperfectivo en el copretérito) de otros aspectos; y también están el que indica el tiempo y el que indica el modo.

El gramema *cero* es aquella forma que no aparece y, por lo tanto, no corresponde a un dato gramatical dado; por ejemplo: en *niño*, el gramema cero, es decir, la falta de gramema de número (la falta de la *s* del plural) manifiesta el número singular. El morfema es (como el *sintagma**) una unidad de las llamadas en el análisis distribucional *constituyentes*, que se caracterizan por entrar en construcciones más extensas que ellas mismas (V. también SINTAGMA*).

Sin embargo, este término ofrece significados hasta cierto punto diferentes en distintos autores.

Tradicionalmente (en VENDRYES, por ejemplo) es el elemento gramatical (o la palabra vacía) cuya función consiste en indicar las relaciones que se establecen en el discurso entre las ideas expresadas por los *semantemas* o palabras plenas (de naturaleza lexical es decir, lexemas), considerando morfemas no sólo las palabras gramaticales (como las preposiciones) y los afijos, sino también el *tono**, el *acento** o el orden de las palabras. (En POTTIER, el semantema es uno de los elementos del *semema** V. también SEMA*).

Entre los lingüistas norteamericanos se utiliza este término con un sentido muy próximo al que dan a la palabra *monema* los europeos de la escuela de Ginebra. Así, para BLOOMFIELD, morfema es la forma verbal mínima, reconocible por el hecho de que carece de semejanza, desde una perspectiva fonética o semántica, con otras formas. BLOOMFIELD distingue entre morfemas libres y ligados y, dentro de un marco conductista, más o menos equipara el morfema al *signo** de SAUSSURE, quien se acercó mucho a la identificación del signo mínimo al hablar de los afijos y las desinencias que describió como *sub-unidades* participantes en la formación de "unidades complejas" (corazon-*ada*) y de "unidades más amplias que las palabras" como los compuestos (*cejijunto*) o las locuciones (*con permiso*). Henri FREI describe de un modo semejante no al morfema sino al *monema*, "signo cuyo significante es indivisible".

Para la escuela funcionalista francesa (MARTINET) los morfemas son monemas gramaticales, y el lexema es también un monema, pero considerado desde un punto de vista léxico. Los morfemas lexicales o lexemas pertenecen a inventarios limitados o abiertos, mientras que los morfemas gramaticales pertenecen a inventarios limitados o cerrados.

El lexema y el morfema son unidades formales. La lingüística tiene que basar su estudio de la *lengua** en la *forma*. La forma lingüística mínima, que es el *fonema**, no ofrece la posibilidad de acceder al sentido, mientras el morfema sí es una forma —la mínima— significativa. La unidad de *sentido** que le corresponde es el *semema**. El morfema está constituido por fonemas, e indica pertenencia a una clase *paradigmática**. Las variantes de un morfema se llaman *alomorfos* (formas como *fui, voy,* del verbo *ir; seduj* es alomorfo de *seduc* en *seduje*, de *seducir*, y *e* (seduj-*e*) es alomorfo de *i* —seduc-*i*— en la misma palabra). Además, hay morfemas *ligados*, los que no poseen entidad independiente; y morfemas no ligados, los que funcionan como palabras: el artículo, la conjunción, la preposición.

La diferencia esencial entre morfema y monema consiste en que, según MARTINET, hay monema donde hay elección. Conforme a este criterio, nuestro ejemplo anterior: *arboledas*, carece de monema gramatical de género, porque no existe un masculino al cual oponerlo. MARTINET considera, además de monemas ligados y autónomos o no ligados, los monemas *funcionales* que indican la función de otro monema, como ocurre con las preposiciones.

MORFOLOGÍA.

Disciplina (parte de la *gramática**) dedicada al estudio de las modificaciones que sufre la *forma** de las clases de *palabras** (categorías gramaticales: sustantivos comunes, abstractos, verbos, adverbios, etc.) y los cambios que introducen en ellas la *flexión* (conjugación, declinación), la *derivación* o la *composición* (fenómenos ubicados entre los *niveles** de la *fonología** y la *sintaxis**) y que hoy generalmente se

atienden durante cursos de morfosintaxis y, al contrario de como se usaba tradicionalmente, aplicando un método deductivo.

La morfología reciente estudia la forma, la función y la distribución de los *cons-
tituyentes** (*fonemas**, *morfemas**) de las palabras, así como sus relaciones, tanto las
paradigmáticas como las *sintagmáticas*, en la *cadena** discursiva, ya que la relación de
la morfología con la sintaxis es muy estrecha.

"MOT VALISE", (fr.). V. CRASIS.

MOTIVO (y tema, argumento*, intriga, fábula*, trama, "leitmotiv", tópico).

En los *relatos**, unidad sintáctico/temática recurrente en la tradición merced a
que ofrece algo inusual y sorprendente que la hace distinta del *lugar común **.

Para PROPP, que estudió los motivos en los cuentos folclóricos (y que fue revalo-
rado por LÉVI-STRAUSS y retomado por los estructuralistas), los motivos resultan
variantes de una misma *función** (en narratología) invariante. Su enfoque proviene
de que busca regularidades estructurales en tales *relatos**.

Para TOMACHEVSKI, unidad sintáctico/temática de *análisis** pues contiene un
fragmento de material temático que coincide con la *proposición**, ya que "cada proposición posee su propio motivo". Es la "partícula más pequeña de material temático" pues, para este autor, tanto la obra como cada una de sus partes tiene un
tema: "aquello de lo que se habla".

Pero tema y motivo son conceptos diferentes. En realidad el motivo es una unidad que resulta de la observación, durante el análisis, del *texto** a partir de una
doble perspectiva: sintáctica, si se ve como proposición, atendiendo a sus relaciones de contigüidad y encadenamiento; semántica, si se atiende a las relaciones de
semejanza y de oposición que establece con otras unidades próximas o distantes.
Es decir, motivo es aquella "cierta construcción" cuyos elementos "se hallan unidos
por una idea o tema común". Para PROPP, en el interior de la proposición, cada
palabra* podía corresponder a un motivo diferente.

TOMACHEVSKI clasifica los motivos en *dinámicos* (los que cambian la situación) y
estáticos (los que no la cambian); criterio que acepta luego GREIMAS al hablar de
"semas predicativos" (estatismo, dinamismo) capaces de suministrar informaciones
ya sea sobre los estados o sobre los procesos que conciernen a los *actantes**.

Los motivos "combinados entre sí —dice TOMACHEVSKI— constituyen el armazón temático de la obra", es decir, lo que él llama *argumento*: serie de acontecimientos considerados en el orden artístico, en el orden en que aparecen en la
obra, lo que hoy suele llamarse *intriga** (opuesto a lo que hoy suele llamarse *fábu-
la** y que TOMACHEVSKI llama *trama*: los mismos acontecimientos considerados en
un orden cronológico, ideal, establecido por el análisis.

TOMACHEVSKI mismo llama motivos *asociados* a los que no pueden excluirse sin
perturbar la sucesión lógico/temporal de las acciones, y motivos *libres* los que sí
pueden excluirse. Los motivos asociados son los que forman la trama y los motivos
dinámicos "son los centrales o motores de la trama". Precisamente la trama resulta
posible, es decir, "las inversiones temporales en la narración" son posibles "en virtud del vínculo que los motivos establecen entre las partes".

La repetición de un motivo da lugar, por analogía con la música, a la aparición
del "*leitmotiv*", y una "configuración estable", formada por motivos, es un *tópico*.

Según Veselovski, el tema puede descomponerse en motivos a los cuales integra y unifica.

Para Greimas, los motivos son unas *configuraciones discursivas** que coinciden, más o menos, con los *microrrelatos**. Son unas "formas narrativas o figurativas autónomas y móviles (*secuencias móviles* las llama Ballón), capaces de pasar de una *cultura** a otra y de integrarse en conjuntos más vastos, perdiendo total o parcialmente sus significaciones en beneficio de otras nuevas". (V. INTERTEXTO*.)

Los motivos asociados de Tomachevski son más o menos las *funciones**, son las unidades distribucionales llamadas *nudos* por Barthes, y los motivos libres son, en este autor, las unidades integradoras llamadas *índices* e *informaciones*. (V: FUNCIÓN LINGÜÍSTICA*.) Sin embargo, Bremond distingue entre función y motivo: "el motivo determina concretamente tal o cual elemento de la proposición narrativa, mientras que la función realiza un grado de abstracción absoluto en lo que concierne al *agente**, el paciente, la meta, los medios y las circunstancias, y un grado de abstracción simplemente relativa en lo que concierne a la *acción**. Para este autor, "la función es una instancia intermedia entre el motivo concreto y el *modelo** abstracto de toda proposición narrativa (sujeto agente o paciente, verbo de estado o de acción, atributos calificativos del sujeto y *circunstantes* (complementos de tiempo, lugar, manera, etc.). También Bremond propone aplicar una red de cuestiones para identificar los motivos: *1)* ¿en qué ocasión? *2)* ¿quién? *3)* ¿emprende hacer qué? *4)* ¿a quién? *5)* ¿por qué medio? *6)* ¿con qué resultado? (éxito o fracaso). *7)* ¿con qué consecuencias ulteriores para quien?, y agrega este ejemplo de *Barba-azul: 1)* Amenazada de muerte por su esposo y deseando llamar en su auxilio a sus padres; *2)* la mujer de Barba-azul; *3)* y *4)* se propone enviarles una carta; *5)* haciéndola llevar por un perrito; *6)* los parientes reciben la carta; *7)* llegan justo a tiempo de salvar a la joven.

Visto así el motivo, y siempre que esté gobernado por lo cotidiano (como *comida*, *trabajo*, *amor*, etc.) puede ser considerado como un *programa narrativo** inmutable.

Por otra parte, en algunos textos de teoría o de crítica, suele describirse el motivo utilizando como cuasisinónimos *términos** tales como "aventura", "episodio", "incidente", "lance", "peripecia", "suceso", "ocurrencia".

MULTIESTABILIDAD. V. METÁTESIS.

MULTIGLOSIA. V. DIGLOSIA.

MUNDO NATURAL. V. SEMIÓTICA.

"MUTUA ACUSATIO". V. RECRIMINACIÓN.

N

NARRACIÓN (y discurso indirecto, estilo indirecto u "oratio obliqua" y estilo indirecto libre o discurso referido, "narratio", microdiálogo* palabra hagiográfica).

Nombre que reciben, en general, *textos** pertenecientes a diversos *géneros** literarios en los que se emplea la técnica narrativa: epopeya, *novela**, *cuento**, *fábula**, leyenda, *mito** y, asimismo, relaciones no literarias de sucesos, como las reseñas periodísticas y las informaciones históricas.

Uno de los *tipos de discurso** (*descripción**, narración, *dialogo**, *monólogo**), que resultan del uso de distintas estrategias discursivas de presentación de conceptos, situaciones o hechos realizados en el tiempo por protagonistas relacionados entre sí mediante acciones.

La narración es la exposición de unos hechos. La existencia de la narración requiere la existencia de sucesos relatables. En general, la relación de una serie de eventos se llama *relato**, y puede ofrecer la forma de la narración, como en un cuento, o bien de la representación, como en el *teatro**. Es decir, según esta acepción técnica, hay *relatos narrados* y *relatos representados*.

Una narración es, pues, un *tipo de relato*. En los relatos se presenta "una sucesión de acontecimientos que ofrezcan interés humano y posean unidad de *acción**" (BREMOND). Dichos sucesos se desarrollan en el tiempo y se derivan unos de otros, por lo que ofrecen simultáneamente una relación de consecutividad (antes/ después) y una relación lógica (de causa/efecto). Por ello mismo, el relato manifiesta los cambios experimentados a partir de una situación inicial.

Cuando el relato es narrado, los hechos son comunicados a un *destinatario** que se llama *receptor**, *oyente*, *lector*, o *narratario* (cuando está en el interior del relato) por un *emisor** de los *enunciados** que se llama *narrador**, el cual, dentro de la *ficción**, se dirige al *narratario** (a diferencia del *autor** que se dirige al *lector*).

En una narración se presentan principalmente los hechos relatados, es decir, las acciones realizadas por los protagonistas o *personajes**. En la narración, el *discurso** es el equivalente de las acciones. En ella pueden alternar, sin embargo, otras estrategias discursivas como la *descripción** (de conceptos, lugares, objetos, animales, personas, épocas, etc.); el *diálogo** (aunque es característico y dominante en los relatos que son representaciones teatrales), que puede contener narraciones y *monólogos**; el *monólogo*, que puede ser verbal (*soliloquio*) o pensado por un personaje (*monólogo interior*). El monólogo, a su vez, puede contener narraciones y diálogos evocados o imaginados por personajes como un desdoblamiento de sí mismos en el *microdiálogo**, o puede aparecer como un discurso de una sola voz, sin refracción, afirmada por la convicción de poseer la verdad acerca de sí. Según BAJTÍN, se trata de una *voz estilizada* que suele estar en las *hagiografías* (vidas de santos) y en las confesiones eclesiásticas (c:350-351).

La narración es el procedimiento discursivo más abundantemente utilizado; inclusive ocupa un lugar (aunque subordinado generalmente) en el teatro, donde se utiliza para dar cuenta de acciones ocurridas en otros escenarios y en otra instancia temporal.

Los géneros narrativos, sin embargo, se oponen a los teatrales (al *drama**, ya sea que se combine o no con la música), y el fundamento de tal oposición radica en la estrategia de presentación discursiva de los hechos. En ambos tipos de relato alguien cuenta a alguien una *historia**, pero en la narración la comunica un narrador (explícito o implícito) a un lector (o un hablante a un oyente); es decir, un emisor a un receptor; mientras que en el drama el autor comunica su *mensaje** al público, creando una situación en la que los personajes aparecen en *escena** representados por actores que fingen inventar en ese momento los parlamentos que emiten, aunque en realidad han sido previamente preparados para que los aprendan y los digan.

Así pues, en el *relato** representado (teatro) también hay narraciones: los personajes pueden convertirse en narradores (de una *metadiégesis**); en cierto teatro (BRECHT) los actores se apropian de la función del *autor** de modo que la labor de éste queda explícita aunque amalgamados ambos papeles; en los apartes y en el coro, los actores funcionan como narradores.

En el discurso oratorio también podía ocupar un sitio la narración de unos hechos antecedentes —en el *epidíctico** y en el *deliberativo**, pero sobre todo en el *jurídico**, como veremos.

A la narración corresponde una estrategia discursiva tradicionalmente llamada *"oratio obliqua"* o "estilo indirecto" o "discurso indirecto", opuesta al "estilo directo" que comprende el diálogo y a veces el monólogo. El estilo indirecto requiere la existencia de un narrador a cuyo cargo está relatar, describir las acciones de los personajes, y presentar sus parlamentos traspuestos a la *forma** de *proposiciones** subordinadas e introducidas por términos subordinantes. El narrador no pone en labios del personaje, literalmente, los dichos, sino que se interpone entre el personaje y su dicho; no permite que el personaje *diga* lo que piensa, sino que él mismo *dice* lo que el personaje *dijo* antes. Tal es el estilo característico de la narración o "discurso narrativizado", que *dice* los hechos en lugar de *mostrarlos*, en un proceso enunciador que está dirigido por la conciencia unificadora del emisor, y que introduce una distancia entre el lector y los hechos de la historia.

La narración es, según BARTHES, un tipo de discurso que repite palabras atribuidas a un *interlocutor**, o un mensaje ubicado en el interior de otro mensaje; o bien, según JAKOBSON, un discurso citado, de *"estructura** doble", un discurso acerca del discurso.

La diferencia entre los efectos que producen uno y otro estilo o discurso es muy notable. El directo presenta el parlamento como procedente directamente de la subjetividad del personaje; el indirecto interpone la pretendida objetividad del narrador y corresponde al plano de la *enunciación** histórica. El traslado de uno a otro afecta, en general, a todos los elementos del enunciado, principalmente al verbo, a los pronombres y adverbios, y a la puntuación:

> Dijeron: cocínalo inmediatamente
> Te dijeron que ya lo cocinaras

lo que se debe a que, de un estilo a otro, cambian el sujeto, el lugar y el tiempo de la acción, y la correlación que se da entre esos mismos elementos.

Además del estilo indirecto, en la narración se emplea igualmente el *estilo indirecto libre*, que también reproduce dichos propios o ajenos pero que representan una especie de compromiso o posibilidad intermedia entre los estilos directo e indirecto y que es de uso casi exclusivamente literario. En el estilo indirecto libre, la *oración** reproductora posee independencia tonal y sintáctica, del mismo modo que en el estilo directo (diálogo); pero, a diferencia de ambos estilos (directo e indirecto), carece de verbo introductor, manifiesta que "el locutor no se presenta como fuente de lo que dice" y "se asigna al enunciado el papel de hacer saber lo que algún otro cree o dice" (DUCROT/SCHAEFFER: 455):

> "Comenzó su tarea cotidiana: había que apresurarse más que nunca".

Suele ir después de dos puntos, como en el ejemplo anterior. La oración anterior a los dos puntos está en estilo indirecto, proviene del narrador; la que está después sufre un cambio en los modos y tiempos verbales y, sin ser introducida por otro verbo (por ejemplo: *pensó*, o *pensé* que había que apresurarse..., o algo equivalente) parece estar entre el narrador y el personaje. VOLÓSHINOV describe muchas variaciones de los discursos indirecto y directo en lengua rusa y sus pocos ejemplos carecen de un amplio *co-texto** que facilite proponer equivalencias a alguien que ignore el ruso.

El *discurso referido* ("*represented speech*", "*discours rapporté*") es el que se refiere a dos sujetos (en VOLÓSHINOV), y los discursos directo, indirecto e indirecto libre son sus variedades lógico/sintácticas. Para este autor, discurso referido es discurso *dentro* del discurso (enunciado dentro del enunciado), y simultáneamente es discurso *acerca* del discurso (enunciado acerca del enunciado); es una construcción lingüística que forma parte de *otra* construcción lingüística. Pero "un enunciado referido no es sólo un tema del discurso: tiene la capacidad de introducirse, por sí mismo, (...) en el discurso, en su *estructura** sintáctica, como unidad integrante de la construcción", aunque "retiene su autonomía semántica y sintáctica, y deja intacta la textura lingüística del *contexto** que lo incorpora", y aunque por haberse introducido sí se haya convertido en *tema* de ese discurso. Simplemente el *hablante* considera al discurso referido como un enunciado que *pertenece a otro*, y es reconocible como tal.

DUCROT y TODOROV (en su edición del Diccionario de 1972) parecen discrepar pues dicen, al respecto, que "se presenta a primera vista como un estilo indirecto" ya que "registra las señales de tiempo y de persona que corresponden a un discurso del autor", "pero que está penetrado, en su estructura semántica y sintáctica, por propiedades de la enunciación y, por consiguiente, del discurso del personaje".

El estilo indirecto suele abarcar al indirecto libre y al directo, pero también el directo puede abarcar a los otros, y es la manera como alternan en el discurso lo que ofrece interés, produce variados efectos, y puede revelar, en el *análisis**, una complejidad insospechada.

La narración (*"narratio"**) es, como mencionamos, una de las partes del discurso oratorio jurídico, la que sigue al *exordio**, consiste en la "exposición de los hechos" y sirve para informar a los jueces sobre el estado de la causa de que se trata. Es una exposición detallada y encarecedora de los mismos hechos que de manera escueta se expresan en la *"propositio"*, y sirve de base para la parte decisiva del discurso, que es la *argumentación**. (V. "DISPOSITIO**.)

También se llamaron en la antigüedad narraciones la *digresión** en que, generalmente, se exponían ejemplos (*"exempla"*) y las descripciones de las piezas *epidícticas** o *demostrativas**, que eran generalmente de alabanza (V. también NARRADOR*, GÉNERO*, CUENTO*, RELATO* y "DISPOSITIO*").

Para BAJTÍN (b:85), el narrador/autor que organiza el discurso de la *novela monológica* puede utilizar la forma de la primera o de la tercera persona, puede introducirse en la obra mediante la estructuración del diálogo en escenas hilvanadas por meras *acotaciones** a las cuales el narrador reduce su papel. Pero cuando el *héroe** se autoconstruye como conciencia y autoconciencia en la *novela polifónica*, ello presupone una posición diferente del narrador/*autor** con respecto al hombre así representado, reconociendo que hay en él un conocimiento que no puede ser detectado, ni explorado, ni definido desde fuera, sino sólo ser revelado en un acto discursivo libre y proveniente de su autoconsciencia en perpetuo proceso, tomando su lugar en el diálogo que rompe el molde concluido en que lo vacían las solas *palabras** ajenas.

El contraste entre ambas posiciones de la voz del narrador/autor, con respecto a las voces de otras conciencias y del héroe autoconsciente, define la diferencia entre el realismo monológico y el realismo *dialógico*. (V. DIÁLOGO*) Este último dota a DOSTOIEVSKI de la capacidad para representar las mayores profundidades del alma humana, sin que intervenga la subjetividad, gracias a que la reflexión de la autoconciencia en proceso dialoga (en el *microdiálogo**) con la visión que le procuran las conciencias ajenas, de donde resulta la novela polifónica (c:93 y 269).

En la obra de DOSTOIEVSKI el relato oral representado se orienta hacia la palabra ajena gracias a la *palabra bivocal**, mientras que la *voz auténtica* del *héroe*, cuando su reflexión lo aproxima a la verdad sobre sí mismo, es, según BAJTÍN esa voz *estilizada* "al modo de las hagiografías (vidas de santos) o confesiones eclesiásticas", "un discurso sin refracción, centrado tranquilamente en sí mismo y en su objeto."

NARRACIÓN, en primero y en segundo grado. V. DIÉGESIS.

NARRADOR (perspectiva, visión, punto de vista, aspecto, situación narrativa, mirada narrativa, modo narrativo, estrategia narrativa, foco, focalización, voz, narrador extradiegético, intradiegético, autodiegético y metadiegético, relato polifónico o dialógico).

Papel* representado por el *agente** que, mediante la estrategia discursiva que constituye el acto de narrar (opuesta a la *descripción** y a la representación dialogada), hace la relación de sucesos reales o imaginarios; en otras palabras (de DU-CROT y TODOROV): *"locutor** imaginario reconstituido a partir de los elementos verbales que se refieren a él".

narrador

En la *narración** literaria, el papel de narrador es necesariamente ficcional, lo que no ocurre en la narración noticiosa o en la histórica. El reportero que narra el desarrollo de una batalla lo hace en su calidad de reportero; el historiador, en su calidad de historiador. Pero el narrador de la *ficción** no coincide completamente con el *autor** que escribe el *cuento** o la *novela**, etc. Podría decirse que en este tipo de narración, el autor se oculta detrás del narrador que es un *personaje** *"sui generis"* que asume la tarea de construir el *relato** y es capaz de permanecer tanto dentro como fuera de la narración. El *yo* del narrador es ficcional, es el de un locutor imaginario que resulta construible a través de los *enunciados** que se le refieren; y no debe confundirse con el *yo* del personaje que puede ser o no ser, a su vez, narrador; mientras que el *yo* del autor es un *yo* social, aunque también es verdad que el *yo* del autor pone al alcance del narrador un saber que proviene de su formación intelectual, su experiencia, su *competencia**, etc.

La narración se clasifica en atención al pronombre que indica al narrador, y así se habla de narración en primera o en segunda o en tercera persona, aunque en realidad sólo la primera persona es capaz de narrar. Lo que ocurre —dice MIGNOLO— es que la clasificación atiende "al pronombre de lo enunciado (*yo-yo, yo-tú, yo-él*); que es el que ofrece alternativas" pues no las ofrece el pronombre de la *enunciación** (que sólo puede ser *yo*).

El narrador que habla en primera persona es el *sujeto** en el plano de la enunciación y también en el de *lo enunciado** (la *historia** narrada); es decir, es el *agente** que produce el proceso discursivo y, a la vez, es el protagonista de los hechos relatados (por lo que "la forma canónica" de este tipo de narración opera sobre la correlación *yo-yo*). El narrador en segunda persona narra también desde la primera y se dirige a la segunda. Aparece como una primera persona *implícita** que se dirige a un personaje, al lector, a sí mismo —desdoblándose— tanto en presente como en pretérito o en futuro. La forma de este tipo de narración opera sobre la correlación *yo-tú* [*yo* (de la enunciación) *-tú* (de lo enunciado)]. En esta segunda persona, el *discurso** puede aparecer como imperativo o como profético. La narración en tercera persona también es realizada por una primera persona implícita y se dirige a una segunda persona implícita. Lo que en ella se explicita es la tercera persona cuyo *referente** es *lo otro*, todo aquello que no es ni el *emisor** ni el *receptor**. La forma canónica de este tipo de narración opera sobre la relación *yo-él*. En torno al *enunciador** de la narración se organizan las demás instancias del discurso que aparecen designadas por términos indicadores. En general, el narrador suele relatar hechos pretéritos en relación con un *presente* que corresponde al momento en que él realiza el acto de narrar.

Se ha llamado *perspectiva, visión, aspecto, situación narrativa, modo narrativo, mirada narrativa, estrategia narrativa, punto de vista* a la relación existente entre el narrador y los hechos narrados, misma que marca el procedimiento discursivo de presentación de la *historia**. GENETTE, desarrollando ideas ya apuntadas por TOMACHEVSKI en su *Temática*, desglosa esta relación en tres aspectos:

a) distancia temporal entre el narrador y los hechos relatados;

b) focalización, es decir, ubicación de la *mirada* que observó los hechos, que puede no ser del narrador. El que focaliza es el enunciador del discurso cuando es el *sujeto cognitivo* de GREIMAS, una de cuyas características consiste en poseer un saber total o parcial respecto a los hechos relatados, lo que proviene de la circunstancia de que él es un observador y la información que procura contiene su propio punto de vista,

c) voz o persona del narrador, del sujeto de la enunciación, que, cuando se aparta de la *mirada*, ofrece un distinto grado de conocimiento de la situación.

El narrador y la *temporalidad** del proceso de la enunciación guardan una relación con la instancia temporal del proceso de los eventos relatados. Aquél puede anticiparse (según GENETTE) a narrar hechos futuros (*"prolepsis**"), u ofrecer una retrospección de acciones pasadas (*analepsis**). Puede comenzar la narración por el final (*"in extremas res"**) o por en medio (*"in medias res"**) y acabar por el principio de la historia, introduciendo, en un supuesto orden cronológico ideal (en que la *historia* se denomina *fábula**), un desorden u orden artístico (en el que la historia se llama *intriga**). (V. ANACRONÍA*.) Puede dirigirse al lector virtual de su relato. Puede ser personaje y narrar una historia propia o ajena. En este aspecto, GENETTE clasifica varios tipos de narrador según su ubicación (su *distancia*) respecto de la historia narrada:

a) Es narrador *extradiegético* o *heterodiegético* si no participa en los hechos relatados.

b) Es narrador *intradiegético* si permanece dentro de la historia sin desempeñar ningún otro papel sino el de narrador (hay alguna marca de su presencia como testigo que no interviene).

c) Es narrador *homodiegético* si, a la vez que narra, participa en los hechos como personaje.

d) Es narrador *autodiegético* si es el *héroe** y narra su propia historia.

e) Es narrador *metadiegético* si narra, en su calidad de personaje de la *diégesis** o *narración en primer grado**, una *metadiégesis* o *narración en segundo grado**; es decir, si ubicado dentro de una primera cadena de acontecimientos toma a su cargo la narración de otra historia, ocurrida en otro plano espacio/temporal, en otra situación, con otros personajes o con los mismos.

Según TODOROV, que adopta en esto el criterio de POUILLON, la mirada del narrador es *objetiva* cuando ofrece su visión externa, desde fuera de los hechos, exhibiendo un conocimiento acerca de ellos menor que el de cualquiera de los personajes, y ocultando su participación como narrador (es decir como constructor) del relato. Este tipo de narrador no es omnisciente ni omnipresente. Es *subjetiva* la mirada del narrador identificado con un personaje, o alternativamente, con varios, cuando sabe de la historia narrada tanto como cualquier protagonista, pues está integrado en ella como tal. La mirada es la del personaje cuyo interior queda descrito —motivos, móviles, sentimientos, pensamientos secretos—; se trata de la *focalización interna* (GENETTE) que, cuando pasa, en relevos, de uno a otro personaje, permite ampliar y completar su limitada perspectiva. El discurso *en yo* es muy usado para ofrecer este tipo de mirada narrativa, por ejemplo el de los diarios, el *monólogo** interior, la novela epistolar, etc. Pero también el *yo* implícito, característico de los llamados "narrador en segunda y en tercera persona" pueden utilizarse para obtener esta perspectiva.

La más amplia y variada perspectiva posible es la ofrecida por un narrador *omnisciente* y *omnipresente*, ubicado detrás de la *escena** y dueño de un conocimiento de los hechos mayor que el de cualquier personaje. En realidad se trata de una carencia de perspectiva; es un punto de vista fijo, característica propia del relato "no focalizado" (GENETTE). Es el narrador que posee una mirada *subjetiva* porque su ubicación y su perspectiva son inaprehensibles para el lector; es el narrador que lo sabe todo y está en todas partes, dentro y fuera de la narración: sondea las conciencias, interpreta, evoca, adivina, comenta; salva todos los obstáculos espacio/temporales, es ubicuo. Se trata del narrador tradicional que, en el siglo XX, ha sido cada vez menos utilizado. GENETTE separa el punto de vista (mirada, *foco*) y la *voz* del narrador, que no siempre coinciden, pues el narrador puede contar algo que no vio, algo que le contaron, que se murmura o que leyó, etc.

También en este siglo se ha empleado cada vez más una técnica narrativa cuyo resultado es denominado por Mijail BAJTÍN "relato *polifónico* o *dialógico*" (V. DIÁLOGO*). Éste se caracteriza por carecer de una conciencia narrativa unificadora de perspectivas, debido a que voces independientes, que revelan la existencia de conciencias y criterios diversos, se manifiestan simultáneamente en el discurso del narrador. La perspectiva puede ser ideológica y resulta identificable en ciertos *modalizadores** tales como los verbos auxiliares ("debía ir", "podía denunciar"); algunos adverbios (quizá, *seguramente*, etc.); adjetivos evaluativos (*feliz*, *lamentable*, etc.); verbos con valor predicativo (*le parecía, creía, adivinaba*), y frases sentenciosas (FOWLER).

Muchos ejemplos del relato moderno revelan una tendencia a hacer huidizo, evasivo o ambiguo al narrador, mediante procedimientos narrativos tales como aludir a diferentes narradores mediante pronombres personales o demostrativos o simplemente por medio de iniciales, o con el juego paronomásico entre nombres casi idénticos de los personajes narradores, etc.

Narrador se opone a *narratario**. Ambos son el *emisor* y el *receptor* del discurso, "explícitamente instalados en el enunciado" (GREIMAS), son los interlocutores durante la comunicación, en la situación narrativa.

NARRATARIO (y lector).

*Receptor** interno de la relación que hace el *narrador**. No debe confundirse con el *lector*, así como el narrador no debe confundirse con el *autor**, pues no constituyen personas sociales sino que sólo tienen existencia instalados en el *enunciado**. En un *cuento**, el autor construye al narrador quien, dentro de la *ficción**, comunica al narratario lo mismo que, fuera de ella, el autor comunica al lector.

NARRATIO. V. NARRACIÓN.

NARRATIVIDAD.

*Proceso** discursivo constituido por una sucesión de estados y *transformaciones** que permiten observar la aparición de diferencias y la producción de *sentido** en un *texto** a cuyo *nivel** de superficie pertenece. Dentro de este proceso alternan los dos tipos de *programa narrativo**: *de base* y *de uso*.

Éste es un primer sentido restringido, pero GREIMAS menciona otro: la *narratividad generalizada* es el principio organizador del *discurso** y las *estructuras** narrativas pertenecen, dentro del proceso semiótico, al nivel profundo.

NASAL, sonido. V. FONÉTICA.

NEOLOGISMO.

Figura* que consiste en sustituir una expresión de uso habitual o tradicional por otra que guarda con ella una relación de oposición debido a que es novedosa: *escotomizar* (en *sentido literal**, dejar de ver una zona, en fisiología; en sentido figurado dio origen a otro término usado en sicoanálisis, lo mismo que *escotomo*: punto ciego).

Se trata de una *metábola** de la clase de los *metaplasmos** porque afecta la *forma** de la *palabra** ya que se produce por supresión/adición (*sustitución**) que puede ser parcial (cuando se da a partir de una base formal existente: emplear *sugerencia*, de uso reciente, formada a partir de *sugestión*), o total (cuando es completamente nueva: *misil*, a partir del latín, como la mayoría de los neologismos).

El neologismo puede ser léxico (*aterrizar*), puede ser semántico o de *sentido** (*contestar* —que, además de *responder*, por influencia del francés ahora significa replicar, oponerse, poner en tela de juicio—). En este caso se adjudica un nuevo *significado** a un antiguo *significante**.

El neologismo puede formarse, pues, a partir de formas ya existentes (*alunizar*); como cultismo (*cerúleo*, usado por primera vez por GÓNGORA), como voz híbrida (*hidrófugo*, que evita la humedad), por composición normal (*algunear*); por metáfora* (un *"escuadrón* de lirios desplegado" —Adriano del VALLE); por evolución de la palabra (*desvanecido*, igual, hoy, a *desmayado* o a *disminuido*, y antaño a *envanecido*); por *préstamo** de una lengua extranjera (*"gángster"*, *"líder"*), que es un tipo de neologismo, o por *invención** (*trilce*, inventado por VALLEJO, que, según BALLÓN significa *poesía*) y que es el caso del neologismo total.

El neologismo es el fenómeno opuesto al *arcaísmo** y, como éste, es un caso particular de *sinonimia**.

NEUTRALIZABLE. V. NEUTRALIZACIÓN.

NEUTRALIZACIÓN (y neutralizable).

Anulación, en determinados *contextos**, de la *oposición** entre dos *fonemas**. Por ejemplo: la *n* se opone a la *ñ* en español pero, situada antes de la *ch*, puede asimilarse y pronunciarse como *ñ*: *henchir*, con lo que se neutraliza la oposición, pues no puede realizarse, ya que uno de los fonemas pierde los rasgos que los oponen, mientras que se conservan los rasgos que son comunes a ambos. De este tipo de oposición anulable se dice que es *neutralizable*. Esta noción se ha aplicado también en lingüística a otras entidades como los *morfemas** o los *significados**, etc.

NEXO. V. GLOSEMA.

NIVEL del discurso (y estructura profunda, estructura superficial, geno/texto, feno/texto).

Los niveles del *discurso** son planos horizontales, superpuestos y paralelos que estructuran la *lengua**, se presuponen mutuamente, y constituyen nociones imprescindibles para el *análisis** del mismo discurso, según BENVENISTE, ya que permiten dar cuenta de "la naturaleza *articulada* y el carácter *discreto* (o limitado) de los elementos de la lengua. Estos elementos se delimitan, durante el análisis, atendiendo a las relaciones *distribucionales*, aquellas que los vinculan entre sí dentro de un mismo nivel, y atendiendo también a las relaciones *integrativas**, aquellas que los vinculan de un nivel a otro. El análisis consiste —dice BENVENISTE— en "dos operaciones que se gobiernan una a otra y de las que dependen todas las demás: *1)* la *segmentación*; y *2)* la *sustitución**". La segmentación consiste en dividir el *texto** en *partes* cada vez más pequeñas hasta llegar a los elementos indescomponibles: los *fonemas**. Las partes se definen, pues, a partir de las relaciones que las ligan, y constituyen unidades sintáctico/semánticas, superpuestas a unidades de otro nivel, las morfológicas, que a su vez se superponen a las unidades de un último nivel: el fónico/fonológico. Los *segmentos** se definen con respecto a otros que guardan con ellos una relación de sustitución, aunque también son sustituibles elementos no segmentables tales como los rasgos distintivos (la dentalidad, la sonoridad, por ejemplo).

"Sin distinguir los niveles de análisis —dice GREIMAS— dada la complejidad de las relaciones estructurales de un objeto semántico, ningún análisis sería posible."

Aunque la noción de nivel ha sido precisada y utilizada principalmente en la lingüística estructural, no es una noción nueva, pues es a los niveles de la lengua a lo que alude la antigua clasificación retórica de las *figuras** que se producen *"in verbis singulis"* (las del interior de la palabra) e *"in verbis coniunctis"* (las sintácticas).

Para el análisis de los textos artísticos verbales es hoy importantísima la categoría de nivel, ya que la *retórica** ha retomado en esa tarea su antiguo papel, y ya que las figuras han sido reclasificadas por los estructuralistas belgas del GRUPO "M", en los niveles que abarcan fenómenos *fónico/fonológicos*, *morfosintácticos*, *léxicosemánticos* (los *tropos** de dicción), y *lógicos* (los tropos de sentencia y las figuras que no son tropos (FONTANIER) que podrían también ser vistas como elementos de la *"compositio"*.

La lingüística transformacional enfoca este problema de los niveles de manera diferente al hablar de *estructura profunda* (la que corresponde al *plano del contenido**) es decir del plano abstracto que subyace en el texto como una *estructura** lógica, que posibilita el título o el resumen temático o la memorización no necesariamente apegada al léxico, y en la que, mediante las reglas sintagmáticas que ponen en juego las categorías gramaticales, se definen tanto éstas como sus relaciones fundamentales (de *sujeto**, *objeto**, etc.), y de *estructura superficial* (*el plano de la expresión**), es decir, de la realización formal, concreta, de las *oraciones**, de la manifestación del contenido, de la disposición u ordenamiento del discurso.

Aún más: vistos desde otra perspectiva, son el *feno/texto* y el *geno/texto*, si se considera el *texto** como una estructura de doble fondo donde el interior corresponde al *signo** y el exterior a la *significancia**, pues el geno/texto genera al feno/texto. El geno/texto es no solamente el nivel de la elaboración profunda de la obra, donde, en medio de una complejidad indiferenciada de *significantes** y *significados** se eligen los *signos**, se retoman y transforman unidades, inclusive de otros textos, se originan las *connotaciones** inconscientes que hallan su realización en las *estructuras** lingüísticas o sea, en el feno/texto, pues en éste se manifiestan y —paradójicamente— se encubren; sino que el geno/texto es también el espacio en el que se articula el sujeto de la *enunciación**, y en el que se capta la *significación** como práctica del sujeto frente al otro y frente al objeto.

En el análisis de los *relatos**, BARTHES y TODOROV principalmente, a partir de BENVENISTE, y retomando una preocupación de los formalistas rusos, han propuesto la distinción de dos niveles: *a)* el nivel de la *historia** (el *hecho relatado* o proceso de *lo enunciado**), que comprende una morfología narrativa —caracterización de unidades funcionales— y una sintaxis narrativa —lógica de las acciones o combinatoria de los *personajes**, según las *esferas de acción** que les corresponden (tipos de papeles o categorías actanciales). *b)* Nivel del *discurso** (*hecho discursivo* o proceso de la *enunciación**) que contiene otros aspectos: *temporalidad**, *espacialidad**, *punto de vista** *del narrador**, estrategias de presentación de la historia —que corren a cargo del discurso—, *semántica** y *retórica**.

Evidentemente, la comprensión del relato en su cabalidad exige la síntesis de sus niveles (cuya consideración, por separado, es artificial y tiene propósito didáctico). Al desentrañar el significado de la historia, se va *semantizando* la presencia y la posición en el texto de cada elemento cuya suma produce un resultado total: el *sentido**. La descripción lingüística es, pues, fónica, fonológica, morfológica, sintáctica, semántica, lógica y, ya en un plano interpretativo (de mirada semiótica), es también contextual; pero como en ningún nivel las unidades poseen sentido por sí solas, deben ser integradas cada vez con las del nivel superior, hasta completar el todo.

Para los fines del análisis semiótico GREIMAS distingue un "nivel *de manifestación* (nivel del lenguaje/objeto): lo que aparece en el texto, el *conjunto significante* al que se aplican los procedimientos de análisis" y, por otra parte, un nivel *descriptivo*, construido, en el que se disponen los elementos constitutivos del *metalenguaje** semiótico utilizado en la *descripción** del texto. Este es el nivel de la gramática narrativa que ofrece a su vez dos niveles: el nivel de *superficie* (*discursivo*) y el nivel *profundo* (*semiótico*). El nivel de superficie contiene el *componente narrativo* que regula el encadenamiento de los sucesivos estados y *transformaciones**; y contiene también el componente discursivo que regula el encadenamiento de las *figuras** y de los efectos de sentido. El nivel profundo contiene dos planos de organización de sus elementos: un primer plano de organización consiste en una red de relaciones en la que se clasifican los valores de sentido según las relaciones que ellos mantienen entre sí. Un segundo plano de organización consiste en un sistema de operaciones que organiza el paso de un *valor** a otro.

NIVELES DE SENTIDO. V. RETÓRICA.

NO FACTIVIDAD. V. MODALIDAD.

NORMA LINGÜÍSTICA.

Conjunto de características a las que se ajusta un modelo ideal de corrección en el uso de la *lengua**. Conforme a este concepto se han regido las tradicionales *gramáticas** normativas.

En sociolingüística, la norma es la realización estándar, la más común que se observa dentro de una zona geográfica o dentro de un grupo humano de ciertas características. En esta acepción, el concepto de norma se considera desde un punto de vista estadístico. Desde esta perspectiva, suele hablarse de varias normas lingüísticas: la del español culto de Bogotá, la de la República Mexicana, la del Mundo de cultura hispánica —que es la más amplia—, etc.

I. Nivel de manifestación. (Nivel del lenguaje-objeto.) — Lo que aparece en el texto, el conjunto significante al que se aplican los procedimientos de análisis.

II. NIVEL DESCRIPTIVO (construido)*

NIVEL DE SUPERFICIE (discursivo)

- **componente narrativo**: regula la sucesión y el encadenamiento de los estados y las transformaciones
- **componente discursivo**: regula el encadenamiento de las *figuras** y los efectos de sentido

NIVEL PROFUNDO (semiótico)

- **primer plano de organización**: red de relaciones que efectúa una clasificación de los valores de sentido según las relaciones que ellos mantienen entre sí
- **segundo plano de organización**: sistema de operaciones que organiza el paso de un valor a otro

* En él se disponen los elementos del metalenguaje semiótico utilizado en la descripción del texto. Es el nivel de la gramática narrativa

En *retórica** y en *poética** se ha utilizado este término, dentro de la llamada teoría de la *desviación**, como punto de referencia a partir del cual el *discurso** figurado se aleja de un modelo de lengua estándar. De este modo se ha tratado de explicar el mecanismo de operación de las *figuras retóricas**. Sin embargo, en algunas de ellas no se advierte la desviación ni es posible fijar la norma. Por otra parte, se pierde de vista que el discurso figurado no es exclusivo de la *literatura**. (V. también DESVIACIÓN*.)

NOVELA. (y lengua común, voz, forma híbrida, plurilingüismo).

*Relato** extenso, narrado, generalmente en *prosa**, que da cuenta de una cadena de *acciones** cuya naturaleza en buena medida es la de la *ficción** (inclusive cuando el *narrador** *autor** afirma lo contrario) y cuya intención *dominante** consiste en producir una experiencia artística, estética. (V. CUENTO*).

Para BAJTÍN (b: 22 y ss.) la novela es una "forma composicional de organización de masas verbales", pues en el objeto estético se materializa "la forma arquitectónica del acabado artístico de un hecho histórico o social" (:25), y por lo mismo resulta una "variante de la forma del acabado épico". La prosa artística en que se desarrolla el *texto** de la *narración** novelesca vista como una unidad, en su conjunto, "es un fenómeno multiestético, discordante y polifónico" (V. POLIFONÍA*) merced a su *plurilingüismo* que es el *elemento orquestador* de la novela (: 86). (V. también LENGUAJE*). Según este autor, "esta es la particularidad del género de la novela", y a ella se debe que en su interior podamos hallar: *1)* la narración artística autoral; *2)* la estilización de otras formas de la narración oral corriente (V. RELATO*); *3)* la estilización de otras formas escritas (semiliterarias) de narración también corriente, (como las cartas, los partes de guerra y los diarios); *4)* otras formas de escritura autoral no artística (como razonamientos morales, filosóficos, científicos; como la declamación retórica, la descripción etnográfica, la información protocolaria, etc.); *5)* y, además, el habla estilísticamente individualizada de los *héroes**, dentro de la cual se incluyen todos los *registros** lingüísticos sintonizados con lugares, épocas y situaciones, y teñidos por ellos; es decir, todos los *dialéctos sociales* o *lenguajes sociales* (como les llama BAJTÍN, o las *jergas*, como les llama Fidelino DE FIGUEIREDO. (V. LENGUAJE*).

La novela es la unidad donde se combinan tales *lenguajes**; y el aspecto tan heterogéneo de este *género** se debe a la variedad social de su procedencia ya que tienen diversos orígenes y distintos empleos que corresponden a corrientes, géneros, épocas, grupos, profesiones, oficios, estamentos sociales, situaciones, etc. En la novela, el plurilingüismo "es una enciclopedia de los estratos y las formas de la lengua literaria", dice este teórico.

Existe pues, en ella, un *diálogo** de lenguajes. Se trata de un *discurso** cuyo registro lingüístico, aunque ofrece unidad, nunca es único, sino que es una trenza de los lenguajes, de las distintas formas que adopta el discurso autoral y el de los *protagonistas**, individualizado cada uno y combinado con los distintos modos de manifestación de la *lengua**: el modelo escrito de prosa informativa, ensayística, didáctica; de prosa hablada, situacional, coloquial, parlamentaria, jurídica, protocolar; de banquetes, de homenajes, de rituales, reporteril, de las cartas, de los diarios, de los chismosos, de los *"grafitti"*, de los científicos, de las bitácoras, de las agendas, de los apuntes tomados en clase; del estilo elevado épico, bíblico o mora-

novela

lizante; de la recreación de la lengua de un *personaje** socialmente muy definido (como CANTINFLAS). Y también del lenguaje característico de las convenciones génericas dadas en una época (como la novela sentimental o la novela de caballerías, o su *parodia** como en el Quijote); del lenguaje propio de cada estrategia de desarrollo discursivo (*narración, diálogo, monólogo*, estilo indirecto libre*, descripción*, argumentación**).

En la combinación de estos elementos estilísticos funda BAJTÍN su visión de este género *cuyas raíces* ve en el *diálogo socrático* cuyos protagonistas son ideólogos (quedan los de PLATÓN, de JENOFONTE, y otros fragmentos), en la *sátira menipea* (surgida en su forma clásica, flexible y cambiante.—en el siglo III a.C.— de un "proceso de desintegración" del diálogo socrático; de ella quedan huellas en novelas, sátiras y diatribas de la Antigüedad, de la primera literatura cristiana, de la bizantina, y en géneros de la Edad Media, el Renacimiento, la Reforma y la Época Moderna), en la *epopeya*, la *retórica**, y el *carnaval** (la línea carnavalizada es *dialógica*), y entre *cuyas* modalidades menciona la *biográfica*, la de *aventuras*, la *psicológicosocial*, la *costumbrista*, la *familiar*, la de *folletín* (c:154). El estilo propio de la novela reside en la unidad que resulta de la "combinación de estilos". Su lenguaje es un babilónico "sistema de lenguajes", de voces vivas, y el plurilingüismo desemboca en una unidad *polifónica* (V. *polifonía**) individual, que representa la pluralidad discursiva de la vida social misma dentro de una lengua nacional, o de las lenguas nacionales dentro de una misma *cultura** con un mismo horizonte ideológico.

Sobre la mezcla de lenguajes, e interactuando con ellos. destaca la voz del prosista que incide en ellos (que representa "lo ya dicho"), y que tensa el discurso al agregar otro *punto de vista** socioideológico, que puede ser ajeno o ser el suyo propio (c:114), ya que la diversidad lingüística dada en la novela es algo representado, pues constituye una representación de los dialectos sociales existentes en la realidad (a diferencia del poema lírico que tiende a crear un nuevo lenguaje incuestionable e individual, aunque esto no significa que no esté también determinado socialmente).

El novelista toma la pluralidad lingüística de la *literatura** y de la vida, y contribuye a acentuar su diferencia inclusive respecto de su propio lenguaje autoral (si es que quiere y sabe hacerlo). Así, durante su función de narrador, puede mostrar su propia voz con sus acentos e intenciones identificables de alguna manera, por ejemplo por su forma crítica, compasiva, tolerante, paródica, irónica, humorística, indiferente, prejuiciosa, etc., porque puede hacer variar la distancia entre su persona y su construcción prosística. Como resultado de su elaboración armónica de los lenguajes, se manifiesta "la posición socioideológica diferenciada del *autor** respecto del plurilingüismo de la época".

La calidad dialógica inherente a la prosa permite tocar y revelar un *contexto** social concreto. (b:128) Visto así el problema, si el narrador/autor sustituye el estilo de los personajes por su solo lenguaje individualizado, "deforma la esencia de la estilística de la novela" pues no toma en cuenta que el lenguaje siempre es semiajeno y cada quien se lo apropia cuando "lo impregna con su intención" (b:121). No hay, pues, lenguaje neutro; nadie lo toma del diccionario sino de la vida; si el autor lo sustituye artificiosamente se denuncia a sí mismo, no puede ocultar sus limitaciones y prejuicios.

Reflexionando más sobre la novela, BAJTÍN critica, por una parte, el hecho de que se le asigne el estilo épico (b:90) como esencia genérica propia, porque ello impide —dice— advertir "la profunda diferencia entre ambos géneros". En la épica el héroe actúa y se revela ideológicamente como parte de la unidad de su mundo; en la novela actúa pero, además, habla revelando su propia *ideología** (discutible) que puede ser o no ser la del autor o la de otros personajes.(b:170)

Por otra parte, este mismo pensador critica severamente la realización del *análisis** a partir de una supuesta semejanza con el *drama**, fundada en el diálogo, (b:91). Ésta parece una crítica razonable sólo si omitimos la advertencia de que éste se organiza dentro de la narración de modo totalmente diverso, y de que en la representación teatral no constituye la expresión inmediata y directa de la individualidad del autor (aunque sea a través del personaje) (b:92). Fuera de esto, sin duda hay un punto de analogía entre relato narrado y relato representado, aunque sean de mucho mayor peso las diferencias.

En su análisis de la especificidad de lo novelístico, BAJTÍN revisa las opiniones de otros teóricos como G. G. SHPET, a quien cita. Éste observa el discurso de la novela no como creación poética, sino como una composición *retórica** pura, de naturaleza extraartística (en el sentido de la narración que forma parte del discurso jurídico) (b:93) que se da entre las "formas modernas de la propaganda moral", y pone así en discusión e inclusive niega su valor estético lo mismo que VINOGRA-DOV, quien vio en la novela una "formación híbrida", una "forma sincrética", aunque no de elementos puramente retóricos, sino también poéticos.

Este punto de vista está próximo al de BAJTÍN, quien ve en ella una forma de prosa artística emparentada genéticamente con formas retóricas, es decir, con los géneros retóricos que él llama "vivos" (publicísticos, morales, filosóficos, etc.). Sin embargo, luego este mismo filósofo, paradójicamente, afirmará que la *palabra** de la novela es poética pero, en realidad, "desborda los marcos de la concepción existente de la palabra poética". (b: 95) Este juicio marca un límite genérico inaceptable para la novela, si la comparamos con la descripción del sincretismo de sus lenguajes que el mismo BAJTÍN repite parafrásticamente en varias ocasiones, y si pensamos en la naturaleza inestable, movediza y versátil de los géneros. El lenguaje poético es el dialecto social del *enunciador** cuyo oficio es hacer poemas, literatura, novelas; mismo que puede ingresar al relato como personaje o puede tener una intención transgresora del género.

En lo tocante a la novela, el estilo se basa en el manejo del plurilingüismo, es decir, en la diversidad y la diferenciación del lenguaje. El plurilingüismo, dice este autor, (b: 129) es incorporado a la novela y organizado en ella por medio de ciertas formas "composicionales" requeridas por los distintos subgéneros novelísticos. Puede ser introducido en la "masa compacta autoral y directa (patética, moral, didáctica, sentimental, elegíaca o idílica") (b:131), o bien cuando se individualiza el narrador, (pensemos en un testigo o en un investigador que se apoya en pruebas), o a través de los personajes; pero siempre sobre el fondo de la lengua literaria "normal" o convencional, a la que se opone dialogalmente.

Pero cuando interviene la *parodia**, en la novela humorística inglesa, por ejemplo, consiste en una recreación burlesca y graciosa de todas las formas plurilingüísticas literarias tomadas de lo coloquial y lo escrito, y ubicadas sobre la base de la *lengua común* que vehicula la opinión general, misma que se realiza con el punto de vista común que se toma como "normal", para producir el contraste con otros puntos de vista, otros acentos y otras valoraciones.

La introducción, la organización y el empleo estilístico del plurilingüismo en la novela humorística ofrecen dos peculiaridades: *1)* El autor introduce las "jergas" en forma impersonal y haciéndolas alternar con el lenguaje directo del narrador (b: 143). Las jergas y sus correspondientes horizontes ideológicos —localizables inclusive en las oficiales y autoritarias— son "sustituidos por su estilización paródica que rechaza toda seriedad falsa, patética y sentimental", pues "la verdadera seriedad consiste en destruir toda seriedad falsa". (V. PARODIA*) *2)* Otra forma de introducir y organizar el plurilingüismo en la novela es a través de las hablas de los hèroes, "cada una de ellas posee cierto grado de independencia verbal semántica, así como su propio horizonte, y puede refractar todas las intenciones del autor, prestándole su lenguaje ajeno (con o sin parodia)".

BAJTÍN llama "tridimensionalidad prosaica" a la "profunda densidad que entra en la tarea del estilo y que determina dicha tarea", aún en los casos en que la lengua parece única y pura (b: 147-148), en discursos supuestamente monolingüísticos, pues en realidad todos los registros o las jergas se ven arrastrados a participar en el antagonismo de puntos de vista, acentos y valoraciones impregnados de intenciones opuestas y ajenas, expresadas en polémicas, en refutaciones. Tal es el complejo lenguaje que orquesta el autor para refractar en él sus propias intenciones, aunque a partir de DOSTOIEVSKI el manejo del plurilingüismo y del diálogo da lugar a algo distinto: la *polifonía**.

En efecto, éste escritor es el fundador de la novela polifónica.

BAJTÍN, en *Estética de la creación verbal* (a), desarrolla una historia de la novela —a partir de su prehistoria europea—; un análisis del caldo cultural de cultivo que originó "las formas maduras" de la misma, y, a la vez, una tipología histórica, basada en diversos criterios. Por ejemplo, la clasifica:

I. Según el principio que en ella rija la *estructuración de la imagen del héroe*: *I.1.* La *novela de vagabundeo* (*I.1.1.* el naturalismo de la antigüedad clásica [Petronio, Apuleyo]; *I.1.2.* la picaresca europea; *I.1.3.* la picaresca de DEFOE [más compleja que la anterior]; *I.1.4.* las novelas de aventuras del siglo XIX [que también siguen la línea de la picaresca]).

Por otra parte: *I.2.* La *novela de puesta a prueba* (*I.2.1.* la novela bizantina [que surgió de la segunda sofística y ofrece rasgos característicos en cuanto toca al argumento, al manejo del tiempo, y a la representación del mundo]; *I.2.2.* La biográfica, en la que cabe la hagiográfica [vidas y leyendas de mártires, en los primeros siglos del cristianismo], y en cuyo renglón, pero en los siglos posteriores, debe considerarse la autobiográfica. Todas ellas poseen especificidad en lo tocante al argumento, al desarrollo y la permanencia del héroe, a la aparición del tiempo biográfico, a la relación del héroe con el mundo, y a la imagen del protagonista. *I.2.3.* la de caballerías; *I.2.4.* la barroca, hecha a escala de lo grandioso [como la heroica de aventuras y la sentimental patético/sicologista]).

Además, en la segunda mitad del siglo XVIII: *I.3.* la *novela de desarrollo*, cuya especificidad radica esencialmente en la unidad *tiempo/espacio* y cuyo modelo por excelencia es la *novela de educación*. (Hay variedades: *I.3.1.* la del héroe preestablecido e invariable; *I.3.2.* la del héroe dinámico que se transforma durante una representación del mundo como experiencia y como escuela de tipo cíclico, ya que se repite en todas las vidas; *I.3.3.* la biográfica y autobiográfica, que revela etapas individuales del desarrollo y relaciona al individuo con la situación; *I.3.4.* la didáctico/pedagógica, que da cuenta de un proceso educativo; *I.3.5.* la del desarrollo del individuo en su relación con el devenir histórico [donde caben las grandes novelas del realismo y donde aparece la noción de *cronotopo**]; *I.3.6.* la novela de GÖETHE (autor al que, junto con DOSTOIEVSKI y RABELAIS, éste teórico dedica mayor atención), caracterizada por BAJTÍN a partir de cómo funcionan en ella precisamente el tiempo y el espacio.

T. BUBNOVA deslinda los aspectos fundamentales señalados por BAJTÍN como característicos, precisamente, de la novela moderna: *a)* la nueva manera de representación del hombre: héroe inacabado, en proceso de formación; "protagonista que no está realizado, sino que desea realizarse" dice BAJTÍN (c:144); *b)* el cambio radical en la representación espacio/temporal del mundo; y *c)* la especificidad del discurso de la novela (que es la representación de la pluralidad discursiva). (V. POLIFONÍA*).

Este teórico es el primero que señala a DOSTOIEVSKI como punto de maduración de la nueva estructura de la *novela polifónica*, aunque, naturalmente, tiene precursores que él mismo cita y comenta, como Viacheslav IVANOV, S. ASKÓLDOV, Leonid GROSSMAN, Otto KAUS, V. KOMARÓVICH, B. M. ENGELGARDT, A. V. LUNACHARSKI, V. KIRPOTIN, V. FRIDLENDER, A. BELKIN, F. LENIN, I. BELINKIS, etc.

Y en efecto, el primer *autor** que acusa un *desarrollo estructural de la polifonía en la novela* es DOSTOIEVSKI. Se trata de la presencia, en ella, de un diálogo conformado por una pluralidad de voces y conciencias autónomas, independientes e inconfundibles. Los personajes, el discurso, los puntos de vista, etc., adquieren una significación estructural diferente y nueva, que repercuten en *el hombre representado* y generan el argumento (a la inversa de la tradición).

Esta construcción, como ya dijimos, no carece de antecedentes, pero éstos son débiles y esporádicos. Y no es que cada voz represente un carácter y un destino, sino una *visión del mundo* vehiculada por un personaje que es sujeto de su discurso, tanto como lo es el mismo autor. Éste no es *portavoz* de los personajes; cada uno, inclusive él, es portavoz de sí mismo. "La *voz* del héroe se constituye de la misma manera que la del autor" (c:17). Ambos introducen aquello que sólo su autoconciencia conoce y puede recordar (:c)87). Y sus voces pertenecen a seres "totalmente integrados a la unidad del acontecimiento representado" mediante su pensamiento, de modo que éste llega a fundirse con el suceso (de naturaleza ideológica) que propicia la penetración dialógica reveladora del ser del héroe. Las personalidades ajenas, opuestas e inconfundibles interactúan dentro de la unidad del acontecimiento espiritual en que tiene lugar el contrapunto de los pensamientos. El acontecimiento que ocurre es el diálogo que se reproduce, dado entre las voces, los acentos, los horizontes distintos y las valoraciones contradictorias. Su dinámica proviene de la búsqueda de la verdad y de su puesta a prueba.

Esta pluralidad da lugar a que cada voz tenga su estilo y la novela sea pluriestilística, ya que los acentos no se ven sometidos a un común denominador ideológico (como ocurre en la novela monológica), puesto que "ninguna conciencia es

nuclear

objeto de otra", lo cual permite que inclusive el *receptor** de la novela participe (c:33).

Con estos procedimientos DOSTOIEVSKI construye un realismo objetivo y superior, "de las almas ajenas mostradas en toda su profundidad". Y su intención consiste en "luchar (mediante una forma artística liberadora) contra la cosificación del hombre, de las relaciones humanas y de todos los valores humanos en las condiciones del capitalismo" pues el dialogismo hace ver y estimula "la independencia, la libertad interior y el carácter inconcluso y carente de solución del héroe" (c:93).

Esta es la estructura que repercute en el *argumento**. el cual, en la novela polifónica, "no se somete a la interpretación pragmático/argumental acostumbrada, en oposición a lo que ocurre en la novela monológica u homófona". Esa es la razón por la que "el mundo de DOSTOIEVSKI puede parecer caótico y la estructura de sus novelas un conglomerado de materiales heterogéneos y de principios incompatibles". Sin embargo, observarla a la luz de la intención artística del autor, hace posible comprender "el carácter profundamente orgánico, lógico e íntegro de su poética". Lo polifacético y contradictorio de sus novelas, proviene de la sociedad, y no es expresado "como vivencia personal de la historia de un espíritu, sino como visión objetiva de fuerzas coexistentes e interactuantes (c:46). La estructura polifónica permite la concentración de ideas heterogéneas en escenarios y momentos que corresponden al presente (como si se aplicara un principio de unidad dramática en la que el pasado no cuenta sino como reliquia instalada en el ahora), y que resultan de gran dinamismo e intensidad, mediante la "creación de dobles (que surgen de contradicciones internas) y de escenas de masa".

Como consecuencia, en la novela polifónica no hay génesis, ni predeterminación, ni causalidad. Lo que importa es la densidad, la concomitancia y la interacción en el instante, en el aquí y ahora. Eso le da profundidad, complejidad, ambivalencia y polisemia. No sólo del pasado solamente cuenta lo que de él está en el presente, sino que el futuro es "algo que ya está en la lucha de las fuerzas coexistentes". En esto radica, para BAJTÍN, su mayor fuerza, aunque también su debilidad para observar otros aspectos de una realidad que en ella no tenían cabida (c:51).

NUCLEAR, sema. V. SEMA.

NUDO. V. FUNCIÓN EN NARRATOLOGÍA y GRADACIÓN.

O

OBJETO. V. ACTANTE.

OBJETO ESTÉTICO (y forma arquitectónica, procedimientos composicionales).

El *objeto estético* es, para Mijaíl BAJTÍN (b: 22 y ss.), el *objeto del análisis estético*, cuya consideración hace necesario tomar en cuenta tanto el *aspecto extraestético material* como la *organización composicional* (es decir, la *estructura** de la obra de arte). La organización composicional revela la peculiaridad de la estructura del objeto estético: su arquitectura, y revela también su peculiaridad artística. Por ejemplo: la forma composicional de la *novela** (que es un *relato** narrado) radica en la organización de masas verbales que adoptan las formas de la *narración** (o *discurso indirecto*), la *descripción**, el *diálogo** (o *discurso directo* o *estilo directo*), que alternan en párrafos y capítulos; la forma composicional del *drama** (que es un *relato representado*) estriba fundamentalmente en el diálogo, la división en actos y escenas, y la interacción, dada sobre el escenario, del lenguaje verbal con los lenguajes que proceden del manejo de otros códigos (música, luces, moblaje, etc.).

En cuanto al concepto de *forma arquitectónica*, BAJTÍN considera subestimada su importancia debido a que su definición no es precisa y los principios en que se basa no son suficientemente claros en los teóricos que lo emplean. "El humor, la heroización, el tipo y el carácter" no son, para este autor, sino "formas puramente arquitectónicas", pero se realizan mediante "procedimientos composicionales". Sin embargo, "todas las formas arquitectónicas entran en el objeto estético", no así las formas compositivas.

En otras palabras: las formas puramente compositivas de *género** (propias del poema o la noveleta) no entran en el objeto estético. Las divisiones puramente composicionales (capítulo, estrofa, párrafo), sin olvidar que también pueden entenderse como formas puramente lingüísticas que aparecen en *textos** no artísticos, tampoco son caracterizadoras del objeto estético. En cambio el *ritmo** puede ser visto de ambas maneras: como forma arquitectónica, en virtud de que "emocionalmente está orientado hacia el valor de la tendencia y la tensión internas que en él culminan, por lo cual entra en el objeto estético; y también como forma composicional, es decir, como "forma de ordenamiento del material sonoro, empíricamente percibido, audible y cognoscible".

En otros ejemplos, este autor menciona que "lo trágico es forma arquitectónica del acabado" de la tragedia; lo cómico lo es de la comedia; lo lírico, de la poesía lírica; pero, por ejemplo, la tragedia y la comedia tienen formas composicionales comunes porque comparten el ordenamiento compositivo del material verbal.

369

OBJETO MODAL. V. ACTANTE y MODALIDAD.

OBJETO DE VALOR. V. ACTANTE y MODALIDAD.

OBSECRACIÓN. V. DEPRECIACIÓN.

OBTESTACIÓN. V. JURAMENTO.

"OCCULTATIO". V. PRETERICIÓN.

OCLUSIVO, sonido. V. FONÉTICA.

OCUPACIÓN. V. ANTICIPACIÓN.

ONOMASIOLÓGICO. V. CAMPO SEMÁNTICO.

ONOMATOPEYA (o armonía imitativa o parequesis).

Expresión cuya composición fonémica produce un efecto fónico que sugiere la acción o el objeto significado por ella, debido a que entre ambos existe una relación a la que tradicionalmente se ha aludido llamándola *imitación,* diciendo que las onomatopeyas imitan los sonidos significados por ellas: *tic/tac, cloquear, aullido, rugido, piar, roncar, borbotón, maullido, ronroneo, quiquiriquí, turbulento,* etc.

La relación dada en la onomatopeya es de *homología** entre su *forma** fónica y su *referente** que es la experiencia acústica denotada por ella. Se trata del *icono*,* un tipo de *signo** (PEIRCE) en que la *arbitrariedad** desaparece en la relación (que es de semejanza) entre *significante** y *significado*.*

El fenómeno onomatopéyico puede ocurrir durante la evolución de una *palabra*,* en un simple *fonema*,* como quizá ocurrió con la procedencia de la /ch/ de "chiflar" (y no /s/, aunque proviene del latín *"sifilare")* a partir de un cruce con la palabra *chifla* (que significa *cuchilla* y viene del árabe), por el efecto de sonido que produce al ser usada por encuadernadores y guanteros para raspar las pieles. Pero también ocurre en sílabas (*glu-glu*), palabras, *frases** y aun *oraciones** como en el famoso —por impactante— ejemplo de SAN JUAN DE LA CRUZ:

> Y déjame muriendo
> un no *sé qué, que que*da bulbuciendo

en el que acentúa el significado de *balbuciendo* debido a que el efecto del sonido que resulta de pronunciar las palabras, es semejante a un balbuceo.

La relación en la onomatopeya, más que imitativa es de carácter fonosimbólico, dice Lázaro CARRETER, ya que, "más que reproducir un sonido, adopta un esquema articulatorio vagamente paralelo al del movimiento que representa", como ocurre con los golpes de los labios al pronunciar la palabra *borbotón.*

Cuando los fonemas que producen tal efecto se presentan en una *distribución* dentro de la frase, ha sido llamada también *parequesis* o *armonía imitativa.*

OPONENTE. V. ACTANTE.

OPOSICIÓN en lingüística.

Relación dada entre todos los elementos homogéneos del *sistema lingüístico*,* gracias a la cual se diferencian unos de otros. La vocal *a* se opone a todas las vocales que no son *a.* Los *fonemas** bilabiales *b, p* y *m,* se oponen entre sí. Se oponen entre sí las *palabras** (*lexemas**) por sus *significados**: *bueno/malo*, y forman así un sistema con otras como *mejor, peor, regular*. Se oponen también por sus accidentes gramaticales (*morfemas**). Las oposiciones más estudiadas son las que se dan dentro del sistema fonológico: dos fonemas de una *lengua** se oponen si, al conmutarse (reemplazando uno al otro) se obtienen distintos *significantes** que poseen diferentes significados lingüísticos: *b, p* y *m* se oponen porque, al sustituirse unos por otros, dan lugar a *signos** distintos: *bala, pala, mala*.

El de oposición es un importante principio necesario para el *análisis** estructural. Conforme a él, sólo deben atribuirse a cada signo las características que permiten distinguirlo al menos de otro signo.

Es más preciso el término oposición, dice GREIMAS, cuando se aplica a la relación dada sobre el *eje** paradigmático: eje de las conmutaciones y las sustituciones (V. PARADIGMA*) llamado también eje de las oposiciones o de la *selección**, según JAKOBSON; eje que se opone al sintagmático. de la *combinación**.

HJELMSLEV llama *relación** a la sintagmática y *correlación** a la paradigmática. (V. también CONTRADICCIÓN* y FUNCIÓN EN GLOSEMÁTICA*.)

OPOSICIÓN, en el relato. V. SECUENCIA.

OPTACIÓN (y execración, e imprecación).

Figura retórica* de pensamiento que consiste en la vehemente manifestación de un deseo que a veces toma la forma de una exclamación.

Forma parte del grupo de las figuras antes llamadas *patéticas*:

> *Salga* mi trabajada voz, y rompa
> el son confuso y mísero lamento
> con eficacia y fuerza que interrumpa
> el celeste y terrestre movimiento.
> La fama con sonora y clara trompa,
> dando más furia a mi cansado aliento
> *derrame* en todo el orbe de la tierra
> las armas, el furor y nueva guerra.
>> ERCILLA

Se trata pues de una *metábola** de la clase de los *metalogismos**, porque afecta sólo a la lógica de la expresión:

> El conde Julián, que acaso
> por aquel sitio pasaba,
> viendo el grupo que lloraba,
> detuvo, señora, el paso;
> y tanto le conmovió
> aquel llanto lastimero,
> que el piadoso caballero
> a los tres se nos llevó.
> *¡El cielo le dé salud!*
> Seis años viví con él
> al lado de mi Raquel,
> mas no en dura esclavitud
> sino en servidumbre amiga.
> *¡Dios proteja a don Julián*
> *y le liberte de afán!*

oración

De esta figura se derivan, tanto la *execración*, que consiste en desear el *emisor**
un mal para sí mismo:

> Viéndole así D. Quijote, le dijo: Yo creo, Sancho, que todo este mal te viene de no ser
> armado caballero, porque tengo para mí que este licor no debe aprovechar a los que no
> lo son. —Si eso sabía vuestra merced, replicó Sancho, *mal haya yo y toda mí parentela*, ¿para
> qué consintió que lo gustase?
>
> CERVANTES

como la *imprecación*, que consiste en invocar un grave daño para otro:

> Criaba la reina hija arreglada,
> de condes y duques era demandada.
> De condes y duques era ya pedida;
> ganóla Maines en las sus heridas.
> —Abrádeisme, madre, puertas del palacio
> que nuera vos traigo y yo mal quebrado.
> Abrádeisme, madre, puertas del siyero,
> que nuera vos traigo y yo mal herido.
> —Si nuera me traes y tú mal herido,
> *eya sea muerta*, y tú sano y vivo.
> A la media noche suegra me yamara:
> —Acudí, mi suegra, con una luz clara,
> que Mainés se muere y yo quedo sana.
> Acudí, mi suegra, con una luz fría,
> que Mainés ha muerto y yo quedé viva.
> —*Mal hayas tú, nuera, y quien te ha parido*,
> que por una noche, suegra me has desido.
> *Mal hayas tú, nuera, y quien te ha criado*,
> que por una noche, suegra me has yamado.
>
> ROMANCERO

ORACIÓN (y prooración, proposición).

Unidad gramatical capaz de abarcar, como elementos suyos, a todas las demás
unidades gramaticales menores, conocidas por ello como "partes de la oración".

Desde un punto de vista estrictamente morfosintáctico, la oración es una estructura bimembre, una relación entre el *sujeto* y el *predicado:* [S ← P] que consiste
en que [P] se predica de [S]. [S] está constituido por un elemento nominal, mientras que el núcleo de [P] no necesariamente tiene que ser verbal, pues también
puede ser nominal o adverbial:

> María tiene tos
> La tos, seca
> La tos, muy fuerte

De este concepto de oración quedan fuera dos excepciones: *a)* los verbos uni-
personales, en la forma unimembre (*llueve, graniza*, etc.) en que está implícita la
idea del sujeto, ya sea que se piense que "llueve la lluvia" como han querido muchos autores, o que llueve Júpiter, o Dios, o la Naturaleza, como han afirmado
muchos otros; o en la forma bimembre (*hace calor*) compuesta por un "verbo de
significado neutro" y un "sustantivo designador del fenómeno" (LOPE BLANCH); y
b) las interjecciones, que no forman parte del sujeto ni del predicado, y que no
son equivalentes a oraciones desde un punto de vista sintáctico, aunque pueden
serlo, a veces, desde un punto de vista sólo semántico, como en ¡Alto! El caso de

las locuciones interjectivas es diferente pues algunas son oraciones ("¡Bendita seas!"), otras son partes de la oración (como el vocativo: "¡Niña!") y otras son *prooraciones*, es decir, *sintagmas** "de *estructura** no oracional, que representan —o reproducen— una oración gramatical" ya enunciada, como las respuestas en los *diálogos**:

—¿Vendrás?
—Sí.
—¿A qué hora?
—*A las siete.*
—¿Solo?
—*Con María.*
—¿Por ferrocarril?
—*En autobús.*

La *proposición* es, para muchos autores, una oración que, por pertenecer a un conjunto mayor de oraciones con las que se vincula mediante una relación de coordinación o de subordinación, ha perdido, en ese *contexto**, su autonomía sintáctica.

"ORATIO CONCISA". V. "ORATIO PERPETUA", DIÁLOGO y ELOCUCIÓN.

"ORATIO OBLIQUA". V. NARRACIÓN.

"ORATIO PERPETUA" (y **"oratio soluta"**, **"oratio concisa"**).

*Oración** extensa, compleja o compuesta, que se desarrolla ininterrumpidamente en una sucesión progresiva sintáctica y semánticamente lineal, que es característica de la *narración** y también del *monólogo** y de la *argumentación** a cargo de un solo *interlocutor**. Es un *discurso** *seguido*, continuo; una construcción predominantemente paratáctica, de oraciones en su mayoría principales (aunque también puede admitir subordinadas, sobre todo relativas). Es esencial en ella que no admite ramificación conceptual. La yuxtaposición coordinada domina, pues, en la *oratio perpetua*; es la *estructura** sintáctica deliberada, consciente, típica de la "oración continua", que impulsa el discurso hacia la ausencia de regularidad en la reaparición de los acentos. Dice ERCILLA, por ejemplo:

No con pequeño fuerza y resistencia,
por dar satisfacción de mí a la gente
encubrí tres semanas mi dolencia,
siempre creciendo el daño y fuego ardiente;
y, mostrando venir a la obediencia
de mi padre y señor, mañosamente
le di a entender por señas y rodeo
querer cumplir su ruego y mi deseo.

Se ha dicho que no es exclusiva del monólogo ni de la argumentación, ya que éstos pueden adoptar una forma dialéctica en la que se transparente un origen dialógico, es decir, en la que se advierta un desarrollo basado en la alternancia de conceptos o *argumentos** que no sean unitarios sino que ofrezcan diversas *perspectivas** o criterios o puntos de vista.

La *oratio perpetua*, como elemento de la estructura sintáctica, se opone a la *oratio soluta* que representa la tradición oral y es la sucesión arbitraria y relajada de formas sintácticas, a la manera como se produce en el *habla** cotidiana o en el *género* epistolar: aunque también puede y suele usarse en los *textos** artísticos. También se opone a la *oratio concisa* que nombra la *forma** de la construcción sintáctica que constituye el parlamento que es parte del *diálogo**.

La *oratio concisa* es el intercambio dialógico de oraciones cortas. La formulación de la pregunta dialéctica, que exige respuesta en la *oratio concisa* del diálogo, puede transformarse en discurso continuo mediante el paso de la *dubitación* ("*dubitatio*") en que el orador trata de reforzar la credibilidad de su opinión fingiendo solicitar asesoría del público respecto al discurso y su situación, a la *interrogación retórica** ("*communicatio*") en que se pide ficticiamente consejo respecto a la manera de obrar en general: en el pasado, el presente y el futuro. (V. también ELOCUCIÓN*, DIÁLOGO*, NARRACIÓN* y DIALÉCTICA*.)

"ORATIO RECTA". V. DIÁLOGO.

"ORATIO SOLUTA". V. "ORATIO PERPETUA" y ELOCUCIÓN.

ORDEN. V. ANACRONÍA y TEMPORALIDAD.

OSCURIDAD. V. DESAUTOMATIZACIÓN.

"OSTRANENIE" (ruso). V. EXTRAÑAMIENTO, METÁFORA, FIGURA RETÓRICA y DESAUTOMATIZACIÓN.

OXÍMORON (o antilogia, pradojismo, alianza de palabras).

*Figura retórica** de *nivel** léxico/semántico, es decir, *tropo** que resulta de la "relación sintáctica de dos *antónimos**". Es a la vez una especie de *paradoja** y una especie de *antítesis** abreviada que le sirve de base. Involucra generalmente dos *palabras** o dos *frases**. Consiste en ponerlas contiguas o próximas, a pesar de que una de ellas parece excluir lógicamete a la otra:

> en *poco mar* de *luz* ve *oscuras* ruinas
> LUIS DE SANDOVAL ZAPATA

Generalmente está constituido por un sustantivo y un adjetivo que se vinculan en un *contexto** abstracto.

Se relaciona con la antítesis porque los *significados** de los términos se oponen, y con la paradoja porque lo absurdo de la contigüidad sintáctica de ideas literalmente irreconciliables por más o menos antonímicas (lo que los antiguos llamaban "*coincidencia oppositorum*", que se da por la relación íntima, en una unidad sintáctica, de términos contradictorios), es aparente, puesto que figuradamente poseen, juntas, otro sentido coherente. Sin embargo, como el significado literal es el que primero salta a la vista, produce una tensión semántica que proviene de que la proximidad sintagmática de los términos contradictorios parece violar las reglas de codificación, y provoca un efecto estético anterior a la reducción e interpretación del oxímoron.

Se trata, pues, de una *metábola** de la clase de los *metasememas** y se produce por supresión/adición (*sustitución**) negativa, ya que uno de los términos posee un *sema** nuclear (unidad semántica o rasgo distintivo de *significación** que se actualiza en un *lexema**) que es la negación de un *clasema** (sema contextual, que se actualiza en un contexto).

El oxímoron no exige recurrir al *referente** o al contexto para comprender que las palabras se oponen; basta el diccionario para que se asuma la *contradicción** como tal al comprender, en una primera instancia, la incoherencia o *alotopía**. El oxímoron también se reconoce en que la reformulación negativa de la expresión le hace recuperar la *isotopía** o coherencia semántica:

> *en no poco mar...*

La tensión del oxímoron puede pues, producirse entre los términos portadores de cualidad (sustantivo, verbo, sujeto) y la cualidad (atributo, adverbio, predicado), o bien, entre las cualidades mismas (adjetivos, adverbios), obsérvense estos ejemplos de Sor Juana:

> "bella ilusión por quien *alegre muero*,
> dulce ficción por quien *penosa vivo*.
>
> ...
>
> "*sueño de los despiertos*, intrincado..."
> "*decrépito verdor*, imaginado..."
>
> ...
>
> "*y solamente lo que toco veo*"
>
> ...
>
> No sé en que lógica cabe
> el que tal cuestión se pruebe
> que por él (el amor) *lo grave es leve*
> y con él *lo leve es grave*.

Los escritores del Barroco tuvieron predilección por esta figura y en sus *textos** abundan los oxímoros. Producen un efecto de dificultad, misterio, profundidad y densidad estilística. Parecen revelar la ambición de fundir en una expresión experiencias diversas y opuestas.

Algunos llaman *paradojismo* al oxímoron; otros, como Jakobson, "alianza de palabras"; Morier le llama *antilogia* como, en general, se suele llamar en español a la *paradoja**.

OXÍTONA.

Voz que lleva el *acento** prosódico en la última de sus sílabas; es decir, *palabra** *aguda* o *ictiúltima*.

> am*or*, Sol*ís*, Muñ*oz*, pas*ó*.

Estas palabras llevan acento gráfico solamente cuando terminan en *n*, en *s* o en *vocal*; o bien, conforme a regla especial, cuando así se requiere para deshacer un diptongo:

> ba*úl*, o*ír*.

Los *versos** que terminan en palabra oxítona deben restar una sílaba al total de las que exige el esquema métrico; por ejemplo, tener siete sílabas para que sea octosílabo, como en muchos versos de las famosas *redondillas* de Sor Juana (que en otras *estrofas** tienen cabales sus ocho sílabas):

oyente

> Hombres necios que acus*áis*
> a la mujer sin raz*ón*
> sin ver que sois la oca*sión*
> de lo mismo que cul*páis*.

En resumen, en estos versos se cuenta una sílaba más de las que realmente aparecen.

OYENTE. V. EMISOR.

P

PALABRA (y familia de palabras, palabra/frase, palabra directa, palabra objetual, palabra ajena, palabra bivocal, estilización, voz, forma híbrida, plurilingüismo).
Serie coherente de sonidos (criterio fonético) "asociada a un *sentido** dado", "susceptible de un empleo gramatical dado" (MEILLET); con autonomía gráfica, ya que es un *segmento** de la *cadena** discursiva que aparece espacialmente limitado por dos blancos; que es reconocida por el *hablante** como la "mínima *forma** Libre" (BLOOMFIELD), como la unidad léxica que reúne todas estas características, y que constituye, tanto el "mínimo *signo** permutable" (HJELMSLEV), como una *entrada* en el diccionario.

El conjunto de sonidos de la palabra consta de determinados *fonemas**, o de *morfemas** compuestos por fonemas, que se suceden en un orden determinado sin que admita variaciones (intercalaciones o adiciones) debido a que la afectarían como unidad.

La constitución morfológica de la palabra es distinta en cada *lengua**. En algunas, el artículo o la preposición se le integran como desinencias, por ejemplo. Por otra parte, la unidad de la palabra coincide indistintamente con algún otro tipo de unidad: puede estar formada por un *fonema*, por un conjunto de fonemas (*silaba*); puede ser un *morfema* (de uno o de varios fonemas); puede contener un *lexema** y un morfema; suele coincidir con un *semema**; puede ser equivalente a una *frase** (*paralexema**) o a una *oración** (el verbo).

Muchos ponen en duda la necesidad de utilizar y definir este concepto, sin embargo sigue siendo constantemente empleado por lingüistas y semiólogos, sin duda porque, como ya hizo notar SAUSSURE, "es una unidad que se impone al espíritu, algo central en el mecanismo de la lengua".

RODRÍGUEZ ADRADOS sugiere que quizá la duda respecto a su "*status*" como unidad dentro de la⁀oración y dentro de la lengua, se deba a que los *constituyentes** inmediatos de la oración (sus fragmentaciones sucesivas) a veces coinciden con el morfema, a veces con la palabra y a veces con el *sintagma**.

Una *familia de palabras* es un grupo de aquellas cuyas unidades poseen un mismo morfema radical o temático: amar, amable, amado, amatorio, amante, amoroso, etc. Una *palabra/frase* es la que significa autónomamente, inclusive como una *oración**: Sí, No. ¡Fuego!, ¡Socorro!, correveidile, aguafiestas, espantasuegras, etc.

Para BAJTÍN (b:177 y ss.), hay tres grados de aproximación del discurso a su objeto: 1) *palabra directa*: se dirige en forma inmediata hacia su objeto y es la expresión de la última instancia semántica del que habla; 2) *palabra objetual*: la

palabra

representada por el *autor**; los discursos de los personajes caracterizados por el autor —en la tipificación social, en la tipificación caracterológica individual—; 3) *palabra ajena*, orientada hacia el discurso del OTRO con las mismas intenciones que el personaje. Se trata de una *estilización* o imitación convergente (no paródica) del discurso de una corriente literaria o de un grupo social o de un individuo.

En la *novela** es característica la abundancia de voces o *palabras ajenas* (que pueden ser simultáneamente *lenguajes sociales**) que representan puntos de vista, acentos y valores en alguna medida opuestos, y que se relacionan en su interior al entablar *diálogo**.

La palabra ajena puede ser reconocida en la voz del propio autor (cuya conciencia lingüística queda entonces relativizada), o en las de cada uno de los hèroes y personajes, creando en torno de ellos una zona peculiar e interviniendo en su caracterización.

En las imágenes creadas por los narradores o por personajes emisores es donde suele materializarse tal variedad de palabras ajenas, es decir, este *plurilingüismo* que actúa como orquestador del tema de cada novela. Y esta palabra ajena es el medio de refracción de las intenciones, los acentos y los valores del *autor**, y puede introducirse en forma de *estilizaciones paródicas*, de *géneros incidentales*, de *autores convencionales* o de *narraciones*, o bien, ir en la *voz del propio autor* cuando adopta un papel (polémico, apologético, crítico, parafrástico) con un *lenguaje** más o menos diferenciado como suyo.

La palabra ajena puede ser citada *parafrásticamente*, (con las palabras propias de quien cita), asumiéndola así el *emisor** como propia e insertando con ella *puntos de vista** propios, acentos y valoraciones también autorales; es decir, introduciendo dos voces acerca de la palabra ajena. Cuando así se cita, es posible agregar un acento irónico, en cuyo caso la palabra citada ofrece simultáneamente también dos acentos (el serio y el irónico que es su remedo).

BAJTÍN define como palabra *bivocal* aquella cuyo *significado** solamente se actualiza en el *diálogo**, porque cada una, en tal circunstancia, funciona como un espacio donde tiene lugar un debate. Cada palabra constituye un *microdiálogo*. En cada una resuenan *dos voces* "con sus entonaciones valorativas, persuasivas, irónicas, indignadas, de alerta, etc.

Hay una segunda forma de *citar* la palabra ajena que es *literalmente*. De ella resulta también un juego de dos voces, pero distinto. Esta palabra ajena se comporta como categoría de *palabra impuesta*; está apoyada en algún prestigio, relacionada con alguna jerarquía reconocida en el pasado como elevada o sagrada (la palabra moral, religiosa, política, didáctica, vehículo de una tradición, etc.), pero NO aparece plasmada como *convicción interna en una conciencia*. Se trata de una *palabra autoritaria*, acabada e inerte, pero que a veces puede ir junto con una palabra interna (admitida porque persuade) y, así, ya revela cierta *asimilación de la palabra ajena*. (b:178-179) Son ejemplo de palabra autoritaria las *máximas*, los *aforismos* —tan importantes para la cultura de la Ilustración y del Romanticismo. Los *personajes** caracterizados por un lenguaje que recita *proverbios*, se producen superficial y trivialmente, porque no poseen una idea suya que domine y acuñe su personalidad.

Estas dos categorías de *palabra ajena* (la *parafrástica* y la *literal*) pueden ir juntas, se relacionan dialógica y antagónicamente, y su interacción suele determinar que se configure la conciencia ideológica individual. Inclusive el peso ideológico en cuestión puede plantearse como tema, y entonces de la interacción puede resultar el proceso de asimilación de la palabra ajena, presentado como desarrollo ideológico de la conciencia. O bien puede verse como *categoría interna*, convincente y ya asimilada, en cuyo caso *no* es *autoritaria* sino para otros, y "puede carecer totalmente de reconocimiento social y hasta de legalidad." (b: 179)

La palabra ajena suele entablar diálogo directo, y también puede instalarse en un diálogo dentro de un monólogo o dentro de una narración. Para ejemplificar la observación de BAJTÍN, podemos recordar cómo frecuentemente se presenta esta *estructura** en la *figura** llamada *sujeción**, que constituye una estrategia de desarrollo discursivo mediante la concatenación de preguntas y respuestas que aparecen como monólogo interior o como parlamento de un personaje, lo que BAJTÍN denomina *forma híbrida*, adecuada para lograr la combinación orgánica y armoniosa de un monólogo dentro de un diálogo contextual.

Este autor menciona tres formas híbridas: *a) estilo directo**, b) estilo indirecto** y c) habla indirecta no propia*, que yo veo como posiblemente relacionable con la explicación jakobsoniana del funcionamiento de los *embragues** ("*shifters*"), específicamente los *testificantes**, que revelan la existencia de un *mensaje** en el interior de otro mensaje (por ejemplo en el parlamento: "dizque no lo vió" o "dicen que no lo vieron"). Estas formas híbridas entran, además, en muy complejas combinaciones que constituyen el juego de los estilos, producido porque éstos interactúan, se contienen unos en otros, y se contaminan recíprocamente. Su conjunto puede, además, tener la apariencia de estar encerrado dentro de un *monólogo**, y es más frecuente hallarlo en la *novela** que en otros *géneros**. (b:154)

La peculiaridad de la novela a este respecto, radica en la *unidad orgánica y dinámica* de su *polifónico lenguaje* hecho de lenguajes (b:165-66). Esta unidad, se da merced a que este polifónico sistema verbal de comunicación "participa de la concreción y la relatividad sociohistóricas", e igualmente se da a pesar de que su entraña contiene, orgánicamente imbricado, a la vez lo contrario y lo contradictorio, pues tanto su unidad como su diversidad están también en su naturaleza orgánica.(V. NOVELA*).

La *palabra ajena* puede ser *encubierta*, puede presentarse en forma *velada* y, en este terreno, creo que el pensamiento de BAJTÍN toca un problema que tradicionalmente ha sido tratado a la luz de la noción de *tropo** (*metáfora**, *dilogía**, *litote**, *alusión**, *ironía**), o como problema de lógica (*implícito**, *ambigüedad**), o como *figura retórica** lógica o de sentencia, (*reticencia**, *elipsis**, *interrogación**).

El manejo posible de la palabra ajena en la novela es muy variado. Además de estar presente en todo diálogo (interno o externo, es decir, dado dentro o fuera de una conciencia emisora), puede darse, por ejemplo, en descripciones que interrumpan la *acción** y procuren datos históricos o geográficos o científicos sobre temas diversos necesariamente tomados de distintas fuentes. El descriptor transmite así la palabra ajena, ocurrencias, saberes y puntos de vista de otros, organizando su combinación.

palabra

La palabra ajena convincente y asimilada interactúa con el *contexto** y ofrece mayor complejidad su empleo en el discurso artístico. En cambio, el papel de la palabra autoritaria, frecuentemente citada en la *prosa**, consiste en que no se representa artísticamente ni da lugar a dos voces ni entra en construcciones híbridas, sino que sólo se transmite en calidad de reliquia debido a su carácter inerte, acabado, petrificado desde un punto de vista semántico. Por ello no puede ser objeto de libre estilización (b: 181). De aquí que su importancia en la novela resulte insignificante, pues aparece en el contexto como un "cuerpo extraño" y muerto. (Ese es el motivo de fracaso de los intentos esporádicos de resucitar una época através de la recreación de un lenguaje arcaico. En Latinoamérica tenemos bastantes magníficos ejemplos, que en su momento han gozado de fama y lectores, como los *Capítulos que se le olvidaron a Cervantes*, del ecuatoriano Juan MONTALVO, *La gloria de don Ramiro*, del argentino Enrique LARRETA, o, en México, las narraciones históricas de Artemio DE VALLE ARISPE.).

La palabra ideológicamente ajena, si es convincente para nosotros, la asimilamos a nuestro modo, con nuestras palabras, y se vuelve interna; es *semipropia* y *semiajena*, y adquiere gran importancia porque se convierte en un factor decisivo de orientación durante el proceso de desarrollo ideológico de nuestra conciencia individual e independiente, aunque permanezca inmersa en el mundo de palabras ajenas que la circundan: la *palabra ética* que proviene de la imagen artística del justo; la *filosófica*, que procede de la imagen del sabio; la *sociopolítica*, que nos es procurada por la imagen del líder, etc. (b:185); pues con ese contexto establece una interacción mutua, de influencia ideologizante libremente creadora, que proviene de su naturaleza inacabada, generadora de nuevos contextos, de distintas respuestas que admitimos como nuestras. Y, además, pasa a desempeñar una función productiva e internamente organizadora de nuestra propia palabra (es la palabra de otro acerca de mí) que por eso resulta nueva, independiente y dispuesta a interactuar revelando nuevas posibilidades de *sentido**, en circunstancias distintas y con otras palabras ajenas que también son internamente convincentes (y por ello son también de estructura *semántica* inacabada y abierta). El sentido de la palabra internamente convincente (aunque ajena) es actual, y está marcada por la imagen (el perfil ideal) (yo) de su receptor (lector u oyente) que es también actual, contemporáneo.

Nuestro desarrollo ideológico surge de una guerra intestina que sostienen entre sí los diferentes enfoques, orientaciones y valoraciones. (b: 186). Esta lucha interna influye en el desarrollo de la conciencia ideológica y crea el clima propicio para la "objetivación escrutadora" y la observación inquisidora y desenmascaradora de palabras ajenas, cuya debilidad y limitación es objeto de una búsqueda capaz de aportar un tono paródico. Ello se debe a que la palabra ajena, que para el otro es internamente convincente, opone resistencia y puede dar lugar a imágenes de dos voces y dos lenguajes.

El ejemplo es la novela de educación, donde el tema es precisamente el proceso del desarrollo ideológico selectivo. Para nosotros es fácil hallar ejemplo en obras de LIZARDI como *La Quijotita y su prima, Noches tristes y día alegre*, e inclusive *El Periquillo sarniento* (donde la intención de crear una biografía picaresca se subordina a la de ilustrar al lector acerca de cómo educar, desde el nacimiento y durante las diversas etapas de la vida, al protagonista).

Según BAJTÍN, en la madurez se aprecia claramente la diferencia entre la palabra propia y la ajena (b:181-82). Una vez que ambas nítidamente se distinguen, es posible la exposición talentosa y creadora de palabras ajenas, de la que surgiran variaciones estilísticas libres y nuevos planteamientos. (b:183).

BAJTÍN ubica, pues, el impulso generador del cambio artístico y del desarrollo de la *literatura**, precisamente en la pugna contra el autoritarismo, el oficialismo, la inerte palabra de otro, inmune a la recontextualización y a la resignificación, y por lo tanto improductiva. En este punto, este autor está tocando problemas subyacentes en nuestra tradición bajo membretes como: tradición y ruptura; convención y transgresión; *norma** y *desviación**; hábito rutinario y *desautomatización** (con sus dos variantes, *singularización** y *forma obstruyente** u oscura).

Lo que permite la *palabra autoritaria, monosémica* y *acabada*, citada literalmente, es que se desarrolle en torno suyo un *discurso** que la explique, encomie, describa (tal cual), aplique a otros usos y situaciones. Pero no se fusiona, permanece separada, el contexto no la altera, porque su sentido petrificado exige reconocimiento incondicional. Su poder es institucional, no permite introducir ninguna distancia, ningún grado de proximidad o lejanía, de fusión o divergencia. (b:181).

El monólogo interior dialogizado acompaña al hombre durante el desarrollo ideológico de toda su vida; es suscitado en su conciencia por la interacción del hombre con la sociedad, con los otros hombres, con la palabra ajena. (V. IDEOLOGÍA*).

Por otra parte, el tratamiento de las llamadas *influencias* (V. INTERTEXTUALIDAD*) consiste en localizar y revelar la *significación** latente, semioculta, de la palabra ajena en un *texto** nuevo y distinto. No se trata de simple imitación externa ni de reproducción a secas, sino de un desarrollo creativo ulterior de una palabra ya semiajena en unas condiciones y un contexto nuevos; (b:185) en suma: en la recontextualización. En este fenómeno, simultáneamente la palabra ajena se transmite pero también se da incipientemente su representación artística. Esto se debe a que el *emisor** se compenetra con la palabra ajena porque resulta convincente. Por ejemplo, en la imagen artístico/creadora de la circunstancia y la actuación de un personaje justo, que nos persuade mediante una palabra ajena de naturaleza ética; o la del sabio, con su probada palabra científica; o la del líder que manifiesta su persuasiva convicción sociopolítica.

El supremo ejemplo de magistral manejo de la palabra ajena en cuanto atañe a su transmisión y encuadramiento, es, para BAJTÍN, DOSTOIEVSKI, en cuyas novelas aparece de dos maneras:

1) En el habla de los personajes se revela el conflicto inconcluso, en proceso, del encuentro de la palabra propia con la ajena en el ámbito vital (la *palabra ajena acerca de mí*); o en el ámbito ético (el *juicio del otro*, su aceptación o su rechazo); o en el ámbito ideológico (los interminables monólogos dialogizados y los diálogos de los personajes, que abarcan "todas las esferas de la vida y la creación ideológica").

2) En el conjunto de su obra, si la observamos como planteamiento del proyecto irresoluble e inacabado de una *visión del mundo ideologizada*, que hallamos plasmada en la *interacción* que se da *entre el autor y sus personajes*. Las pruebas y las palabras del héroe y del autor, al final se delinean como argumentalmente acabadas, pero *interiormente se mantienen libres* y abiertas, *inconclusas* y *no resueltas*. (b: 186-87).

La enorme importancia de la palabra como objeto de estudio, radica en que ella es producto del hombre: corresponde a su conciencia, a su pensamiento, a su habla, a su escritura, y al estar tan indisolublemente vinculada al hombre, lo configura como conciencia que se revela a través de categorías esenciales de valoración ético/jurídica y política (verdad, mentira; culpa, arrepentimiento, castigo; responsabilidad, incumplimiento; derecho, injusticia; equidad, desigualdad; consideración, arbitrariedad).

En este tipo de valoración de la palabra, y para entender su principalidad, hay que recordar la trascendencia de la confesión, el testimonio, la acusación, la constancia, el convenio, el tratado, el veredicto, la condena, el instructivo, la orden. Palabras ajenas cuya enunciación es suficiente para establecer compromisos e imponer acciones u obligaciones. Estas ideas de BAJTÍN también han sido motivo de reflexión de otros teóricos, por lo que podemos relacionarlas con la teoría de los *actos de habla**: con los *enunciados performativos* que describen una acción cuya enunciación equivale a su cumplimiento (*inauguro...*). o bien establecen un compromiso (*acepto*) siguiendo a AUSTIN; y también con las fuerzas *ilocutiva*, cuya enunciación constituye el acto (*prometo*), y *perlocutiva*, el poder de cuyo enunciado ejerce una presión sobre el *receptor** (*ábreme la puerta*), si estamos de acuerdo con SEARLE.

BAJTÍN hace notar que el alcance de la manifestación de expresiones como las mencionadas, las ha hecho objeto de una técnica jurídica y ética tendiente sobre todo a su autentificación, a establecer si son fidedignas. También subraya que pueden ser objeto de un uso artístico-prosaico en ciertos documentos (las *Confesiones* de S. Agustín, por ejemplo) donde hallaríamos ya el embrión de una prosa novelada. (b:188) En el pensamiento mitológico, místico y mágico, la palabra ajena del profeta, de Dios, del demonio, del adivino, ha sido sometida a complejos procedimientos de transmisión y de interpretación (la *hermenéutica**). La palabra ajena referida a las ciencias matemáticas y naturales simplemente constituye un proceso de trabajo y permite asimilar y transmitir un conocimiento inerte por cuanto el emisor y el receptor no se involucran en el encuentro de puntos de vista de modo que repercutan en él.

Algo muy distinto ocurre con las ciencias humanas, donde hay fenómenos de recreación, de polémica interpretación, e inclusive de autentificación, como en el caso de las fuentes históricas. (b:189). En la filología, la *poética**, la *retórica**, la política, el periodismo, se da necesariamente la dialogización al estar ligada la palabra a los diferentes usos, momentos, situaciones, rasgos, acentos, sentidos y valores de la palabra misma, siempre cambiante objeto de interpretación, refutación, mofa, justificación, defensa, confirmación, etc.

Al explicar BAJTÍN (b:192) la palabra ajena como objeto de la retórica, se refiere a ella en el sentido peyorativo que adquirió desde la época de la segunda sofística y que casi de manera constante se ha conservado, y más aún en este siglo. "A menudo la palabra empieza a ocultar o a suplantar la realidad", dice, y agrega: "frecuentemente se limita a las victorias verbales puras sobre la palabra; en este caso degenera en un juego verbal formalista...la separación de la palabra respecto de la realidad es nociva para la propia palabra: ésta se marchita, pierde su profundidad y su movilidad semánticas, su capacidad para ampliar y renovar su sentido en nuevos contextos vitales y, de hecho, muere como palabra, pues la palabra significante vive fuera de sí, o sea, con su orientación al exterior".

En mi opinión, si no sacamos las expresiones de su contexto original, la disquisición de BAJTÍN es acertada, pues sólo se refiere a los géneros retóricos de la antigüedad: el forense, el deliberativo (o político) y el epidíctico (comúnmente panegírico); ya que por lo general tienden a persuadir, no importa por qué medios estratégicos, de que algo es justo, de que algo es conveniente o de que alguien merece alabanza o censura. Pero si tenemos presente la noción de retórica a la luz de la revisión de que ha sido objeto sobre todo en los últimos treinta años, y la relación que con ella guardan hoy todos los géneros poéticos o pragmáticos, el nuevo enfoque invalida este criterio, pues en el horizonte de la moderna retórica hay lugar para la consideración de la palabra "marchita", automatizada (que al ser recontextualizada puede ser objeto de resignificación); y hay discernimiento respecto del uso del lugar común estereotipado. El trabajo estilístico de la representación de las voces ajenas, debe estar orientado hacia "la imagen del lenguaje", y no sólo en la novela, sino también en otras formas literarias, alejadas del hueco formulismo ritual. Este sigue siendo el propio de ciertos discursos que son precisamente insidiosos y falaces: el legal (muy arcaico y muchas veces tendiente a infringir la ley con impunidad); el político (que suele pretender el poder mediante simulaciones), y el de la adulación no fundada en el mérito ajeno sino en el interés propio.

Es muy convincente, en cambio, la argumentación de BAJTÍN respecto de la palabra ajena y la *gramática** y, yo agregaría en este lugar, la *retórica** (que de alguna manera es una gramática, si bien, licenciosa): "se puede hablar de la palabra...cuando ésta es puramente objetual...por ejemplo, sobre la palabra en la gramática, donde lo que nos interesa es precisamente la muerta envoltura material de aquélla."

PALABRA AJENA. V. PALABRA.

PALABRA BIVOCAL. V. PALABRA e INTERTEXTO.

PALABRA/FRASE. V. PALABRA.

PALABRA HAGIOGRÁFICA. V. NARRACIÓN.

PALABRA "SANDWICH". V. CRASIS.

PALATAL, sonido. V. FONÉTICA.

PALÍNDROMO (o palindroma, o palindromía y capicúa y anacíclico).

Figura retórica** que constituye una variedad del anagrama** y se produce en aquellos enunciados** (*palabras**, *frases** u *oraciones**) que pueden leerse en sentido inverso, conservando (a diferencia del *anacíclico*) el mismo *significado**. Muchos le han llamado, en español, *palindroma* (como SAINZ DE ROBLES), o *palindromía* (como S. FERNÁNDEZ RAMÍREZ. en el *Diccionario* de Revista de Occidente, agregando un ejemplo en latín).

palíndromo

"Anilina". "A la duda dúdala ", que es un lema nada trivial. "Adán y raza, azar y nada" (de CORTÁZAR) que es todo un tratado de filosofía de la historia; o bien (del mismo autor y en el mismo *cuento** —*Satarsa*—): "Atale, demoníaco Caín, o me delata", que conserva las sílabas acentuadas intermedias. Y el lirismo sinestésico en el de BONIFAZ: "Odio la luz azul al oído".

Es una *metábola** de la clase de los *metaplasmos** porque afecta a la *forma** de las expresiones. Se produce por *permutación** mediante inversión, ya que la redistribución de las *grafías* y sus *fonemas** se efectúa precisamente a la inversa, de donde se infiere que en una misma expresión hay dos *textos** que se rescatan de manera contraria y que son idénticos o casi idénticos (Cf. MAETH infra.).

Se trata de secuencias paralelas de fonemas que se suceden exactamente al revés una de otra, ya sea presentando cada una de ellas su propia y distinta coherencia (*otro, orto*), en cuyo caso se ha denominado también *anacíclico*; ya sea que ambas compartan el mismo significado ("roba la labor"; "oír Aída diario") al ser leídas en uno o en otro sentido. Los antiguos practicaban un juego de sociedad que consistía en inventar versos anacíclicos.

También puede ocurrir que la inversión elimine la coherencia semántica, aunque no el sentido, como es el caso del ejemplo de VALLEJO:

> Oh estruendo mudo.
> Odumodneurtse!

que sería, según uno de sus críticos (J. PASCUAL BUXÓ) la manera hallada por VALLEJO de "representar espasmódicamente el orgasmo erótico".

Puede construirse también con números, caso en que se denomina *capicúa*: 1991, 28882.

El palíndromo posiblemente exista en todas las lenguas. Rusell MAETH CH. quien vino a un Congreso en El Colegio de México, puso en su artículo comentarios a partir de este texto, agregó que la *inversión** se da sobre "un despliegue de signos fónico-fonológicos para reproducir el mismo despliegue", y, amablemente, me hizo llegar su ponencia *El palíndromo fuera de occidente: las tradiciones de China y Japón*", en la cual se menciona otra de sus publicaciones, "*El palíndromo en la tradición china: un juego de palabras en serio*".

Conozco, pues, el primero de ellos, que menciona detalles de interés, por ejemplo: los *signos** en chino son los caracteres logográficos. Cada uno "representa un segmento fónico-fonológico, que también es un *morfema** monosilábico, y, además, una "palabra libre", todo ello simultáneamente. De ahí que sea la secuencia de morfemas (y no la de fonemas) la que se escribe en sentido inverso, y de ahí que, "aunque se pueda leer al revés el poema, resulta un *texto* nuevo (aunque relacionado inextrincablemente con la primera lectura en orden normal) que "*consta de los mismos morfemas puestos en nuevas relaciones sintácticas*". (estas cursivas son suyas).

En español hay un juego de niños parecido, que consiste en comunicarse pronunciando cada palabra con sus sílabas al revés, lo que exige un instante de reflexión en el *emisor** para construir su *enunciado**, y otro en el *receptor** para descifrarlo, ya que el *mensaje** está cifrado y hay en su *estructura** una especie de *forma obstruyente**, de modo que parece un juego de adivinanzas; mesapa la sasal: pásame la salsa.

384

MAETH explica, además, que el palíndromo japonés se halla entre el tipo occidental y el chino, porque sus signos representan sílabas (...) pero la inversión "presenta, al igual que el palíndromo occidental, el mismo despliegue de signos fónico-fonológicos".

Mi definición no pretendía —ni pretende— ser exhaustiva, pero eso no obsta para que yo aproveche y agradezca el enriquecimiento que el Profesor. MAETH ha puesto a mi alcance.

PANEGÍRICO, discurso. V. RETÓRICA.

PAPEL. V. ACTANTE.

PARÁBOLA. V. FÁBULA.

PARACRESIS. V. ALITERACIÓN.

PARADÍASTOLE (o distinción, separación, "separatio").

Figura retórica* de pensamiento llamada también *distinción* (es una de las formas de la "*distinctio*") o *separación* (en latín "*separatio*"). Consiste en hacer notar o en describir aquel matiz semántico que hace diferentes ideas que, sin embargo, también son desde algún punto de vista semejantes, pues aparecen en homónimos o en términos que podrían parecer sinónimos:

> Y según a mí me parece, este género de escritura y composición cae debajo de aquél de las *fábulas* que llaman *milesias*, que son cuentos disparatados, que atienden solamente a deleitar, y no a enseñar; al contrario de lo que hacen las *fábulas apólogas*, que deleitan y enseñan juntamente.

dice el Canónigo al Cura en la "aventura de los cuadrilleros", capítulo XLVI del *Quijote*.

Se trata pues de un *metalogismo**, porque afecta a la lógica de las expresiones.

PARADIGMA (y clase, posición).

Conjunto de *signos** que se constituye por su relación de *analogía** o de *oposición** morfológica (amas, temes, miras; temo, temes, teme) o semántica (fuerte, poderoso, potente, forzudo, recio, resistente; o bien fuerte/débil, resistente/frágil, etc.). LEVIN lo define como "*sistema** de variaciones morfológicas que corresponde a un sistema paralelo de variaciones en el entorno (fonético), y por tanto, de *significado** estructural". LEVIN, además, aclara que no se toma solamente como punto de partida del *paradigma** la raíz de las *palabras**, como en la tradición —criterio que generaba un número limitado de miembros del paradigma—, sino precisamente el *entorno*. De modo que la consideración del entorno:

Esto es bueno

generaría paradigmas en diferentes direcciones:

Un niño-es bueno
Una niña-es buena
Unos libros-son buenos
Unas casas-son buenas

paradigma

con las consiguientes derivaciones de las formas y la consiguiente generación de un número ilimitado de miembros del paradigma.

El modo como se asocian los *signos** en el *sintagma**, *"in praesentiq"*, constituyendo cadenas lineales, articuladas conforme a normas de distribución, orden y dependencia, dentro del plano sucesivo (temporal: antes/después) del *discurso** o proceso, se opone al modo como se asocian intemporal y mentalmente, *"in absentia"*, los signos en el paradigma, por alguna relación de analogía o de oposición entre sus *significantes** o entre sus *significados**. Hay, pues, paradigmas gramaticales (de *gramemas** que expresan accidentes nominales y verbales; de *morfemas** (derivativos); sintácticos (de *funciones**); semánticos (de *sinónimos**, de *antónimos**), y también hay paradigmas fonológicos (de *fonemas**). (V. OPOSICION*.)

En HJELMSLEV y en GREIMAS, el paradigma es descrito como una *clase* u objeto susceptible de *análisis** dentro de la cual se interrelacionan otros objetos (elementos) conmutables, capaces de sustituirse unos a otros dentro de un *contexto**, es decir, capaces de ocupar el mismo lugar en la *cadena** sintagmática. (V. ANALISIS TEXTUAL*). En otras palabras: forman parte del mismo paradigma las unidades lingüísticas capaces de sustituir a otra unidad en un punto dado de un mensaje — de modo que éste continúe significando—, y la unidad sustituible.

De tales relaciones de sustitución o conmutación entre unidades lingüísticas se dice que se dan sobre el *eje paradigmático**, que se opone al *eje sintagmático**. (V. SINTAGMA* y ANÁLISIS TEXTUAL*.)

En el paradigma el *hablante** selecciona (entre repertorios *equivalentes* por analogía o por oposición —y, por equivalentes, alternativos—) las palabras que le es posible combinar en secuencias asociativas que son los sintagmas. (JAKOBSON).

LEVIN, siguiendo a JAKOBSON, también se refiere a los paradigmas como "clases de equivalencias", y agrega que hay tantas clases de equivalencias como "características definitorias podamos hallar en un entorno". De este modo —ejemplifica— *feliz y banal* son equivalentes porque "se dan en conjunción con el entorno del sufijo abstracto-idad", y hay paradigmas de clases funcionales de palabras, paradigmas de clases funcionales de construcciones (*frases** preposicionales, *proposiciones** subordinadas), etc. Todas las clases de equivalencias, es decir, de miembros de paradigma, se definen por su posición al ordenarse, con los demás elementos, en el sintagma: antes, en medio o después de una frase, de una *palabra**, de una raíz, de una preposición, etc. (*Posición* es el lugar de la cadena lingüística donde es posible la alternancia o sustitución de equivalencias, sean éstas morfemas, palabras o frases.)

LEVIN clasifica los paradigmas en dos tipos. Son del "Tipo I" los constituidos por formas pertenecientes a una misma clase debido a que pueden ocupar la misma posición en distintos *enunciados**, es decir en un entorno lingüístico. Pertenecen al "Tipo II": *a*) los que se relacionan por el significado como los sinónimos (equivalentes porque coinciden en su parcelación del "*continuum*' semántico", de lo que HJELMSLEV llama pensamiento *amorfo*, exterior a todas las lenguas), o como los grupos de expresiones con afinidad semántica (*luna, estrella, cielo*) o con oposición semántica (*húmedo, seco*). *b*) Pertenecen también al "Tipo II" las equivalencias fonológicas (que lo son porque coinciden en su parcelación del "*continuum*" fonético/fisiológico). Es decir, los miembros de estos paradigmas poseen los mismos rasgos fonéticos.

Como puede observarse, las equivalencias del "Tipo I" se fundan en un criterio lingüístico porque se dan dentro del entorno lingüístico; las del "Tipo II" se fundan en un criterio extralingüístico pues son "equivalentes respecto a un factor extralingüístico".

PARADIGMÁTICA. V. FUNCIÓN EN GLOSEMÁTICA y CÓDIGO.

PARADIGMÁTICO, plano. V. CAMPO ASOCIATIVO.

PARADOJA (o antilogia o endiasis).

*Figura** de pensamiento que altera la lógica de la expresión pues aproxima dos ideas opuestas y en apariencia irreconciliables, que manifestarían un absurdo si se tomaran al pie de la letra —razón por la que los franceses suelen describirla como "opinión contraria a la opinión"—pero que contienen una profunda y sorprendente coherencia en su *sentido** figurado.

"Apresúrate lentamente" (*"festina lente"*) era una paradójica *sentencia* usual entre los romanos (que contiene un *oxímoron**). Y es famosa y común la de Santa Teresa DE JESÚS.

> Vivo sin vivir en mí;
> y tan alta vida espero,
> que muero porque no muero.

Igual que el *oxímoron* (*metasemema**), la paradoja llama la atención por su aspecto superficialmente ilógico y absurdo, aunque la *contradicción** es aparente porque se resuelve en un pensamiento más prolongado que el literalmente *enunciado**. Ambas figuras sorprenden y alertan por su aspecto de oposición irreductible; pero mientras el oxímoron se funda en una contradicción léxica, es decir, en la contigüidad de los antónimos, la paradoja es más amplia pues la contradicción afecta al *contexto** por lo que su interpretación exige apelar a otros datos que revelen su sentido, y pide una mayor reflexión.

Es una *metábola** de la clase de los *metalogismos**. Se produce por supresión/adición (*sustitución**) negativa de *semas** que se relacionan con un *referente** que es necesario no advertir sino entrever en otra realidad: en

> muero porque no muero

no debemos entender que al primer muero significa fallezco, sino que se refiere figuradamente y en expresiones familiares a "tener vehemente deseo de algo" (muero (de ganas) de morir).

El efecto de la paradoja es de intenso *extrañamiento** y, como el oxímoron y la *antítesis**, fue una figura muy usada por los escritores barrocos.

La paradoja suele combinarse con la *ironía**, pero en todos los casos la hondura de su sentido proviene de que prefigura la naturaleza paradójica de la vida misma. Otras figuras de naturaleza paradójica son, el ya mencionado *oxímoron*, el *zeugma** de complejidad semántica, el *quiasmo**, la *lítote**, el *énfasis** y la *hipérbole**.

PARADOJISMO. V. OXÍMORON.

paráfrasis

PARÁFRASIS.

*Enunciado** que describe el *significado** de otro enunciado, es decir, es un desarrollo explicativo, producto de la comprensión o interpretación; una especie de traducción de la *lengua** a la misma lengua, pues el significado es equivalente pero se manifiesta mediante un *significante** distinto, mediante un sinónimo, ya que la paráfrasis no agrega nada al *contenido** del enunciado que es su objeto. Toda paráfrasis es *metalengüística*.

Se trata, así, de una variedad de la *sinonimia** que no involucra *palabras** o *frases** aisladas sino enunciados completos desde el punto de vista del significado. Consiste pues en presentar *proposiciones** equivalentes en el significado pero no en el significante, por lo que es una *metábola** de la clase de los *metataxas** (y no de los *metaplasmos**, como la sinonimia).

En otra acepción, paráfrasis es la interpretación libre y generalmente amplificada de un *texto**. Puede realizarse a partir de obras escritas en la misma lengua o en otras. Puede tener propósito didáctico o literario. En el primer caso, reduce los *tropos**, es decir, los explica, vierte el sentido figurado de las expresiones a un *sentido literal**; traduce el lenguaje connotativo a un lenguaje denotativo. En el segundo caso se trata de la recreación poética del mismo tema, por lo que los tropos del original pueden quedar como otros tropos en la paráfrasis; una metáfora puede ser explicada por otra metáfora. Muchos *poemas** de la *literatura** española, por ejemplo, son este tipo de paráfrasis de originales clásicos griegos o latinos o franceses, o de la *Biblia*, etc. La paráfrasis de este tipo constituye pues una especie de imitación del *tema**, pero puede poseer tanto mérito y originalidad como su modelo. Son famosos la poemas de Fray Luis de LEÓN que constituyen paráfrasis de los *Salmos* del Rey David, o los poemas (de este autor o de Bernardo de BALBUENA o de Salvador DÍAZ MIRÓN, etc.) sobre el tema de la vida en el campo, tomado del poema *"Beatus ille,* de HORACIO. (V. también DESCRIPCIÓN*).

PARAGOGE (o paralempsis o sufijación o epítesis).

*Figura** de dicción habitualmente usada como licencia poética. Consiste en agregar al final de la *palabra** un elemento que generalmente es vocal y que puede ser etimológico o no. En este último caso se denomina *epítesis*:

> en Belleem aparecist, commo fo tu voluntad*e*
> MÍO CID

En griego el elemento agregado es un *sufijo** derivativo. En español, ha cumplido una función menos gramatical y más *retórica**. Es frecuente en la épica de los cantares de gesta, en los romances y en la poesía romántica. Ha consistido, por ejemplo, en añadir una *e* final, ya perdida, de origen etimológico, en palabras como feliz (felice), huésped (huéspede), y también en palabras que nunca antes la llevaron, con el propósito de procurar un aire arcaico al conjunto, o para evitar la rima aguda en series de palabras graves.

En todo caso se trata de una *metábola** de la clase de los *metaplasmos** porque afecta a la morfología de la palabra alargándola mediante *adición** simple.

También puede decirse de la paragoge que es un tipo de afijación final. Otro nombre griego de la paragoge, es *"paralempsis"*.

PARÁGRAFO. V. ANÁLISIS.

PARAGRAMA. V. ANAGRAMA.

PARALELISMO (y "coupling" o emparejamiento, apareamiento, equivalencia*).

Recurso constructivo que suele determinar, en una o más de sus variantes, la organización de los elementos de un *texto** literario en sus diferentes *niveles**, de manera que se correspondan:

> aquí Marte rindió la fuerte espada
> aquí Apolo rompió la dulce lira.

dice SOR JUANA superponiendo el paralelismo fónico de los endecasílabos de idéntica acentuación, al morfosintáctico y semántico del orden (*antapódosis*) y la medida iguales de las *palabras** de la misma clase y *función gramatical**, y al semántico de las simétricas *analogías** (Marte, Apolo; rindió rompió) y oposiciones (fuerte dulce; espada lira).

Se trata de la relación espacialmente equidistante o simétrica que guardan entre sí las estructuras repetitivas de los *significantes** y/o de los *significados**, y en virtud de la cual se revelan las equivalencias fónicas (como en la *similicadencia**), morfológicas (como en la *anáfora**), sintáctico/semánticas (como en la *antapódosis**) o semánticas (como en la *sinonimia**), y se revela también la red de relaciones que determina la *estructura** del texto. Tales relaciones pueden darse por analogía (como en la *metáfora**) o por oposición (como en la *antítesis**).

Otras figuras de naturaleza paralelística son, por ejemplo, el *metro**, la *rima**, el *estribillo**, el *polisíndeton**, el *quiasmo**, la *comparación**, el *oximoron**, la *litote**, etc.

Por otra parte, la ruptura del paralelismo que se produce introduciendo entre sus miembros una variación o un miembro asimétrico, constituye un recurso literario distinto. La relación entre las analogías y las oposiciones de sonido y de sentido, produce una tensión significativa.

Recientemente (1961), al hecho de que un texto ofrezca equivalencias fonológicas, morfológicas o semánticas, en posiciones sintácticas o prosódicas igualmente equivalentes, S. R. LEVIN le ha llamado *"coupling"* que se ha venido traduciendo como *apareamiento* o *emparejamiento* y se considera un hecho característico del lenguaje poético.

Este término designa una estructura compleja en la que concurren simultáneamente equivalencias dadas en distintos *niveles** del lenguaje, lo que determina que se acentúe la semejanza o la oposición (semántica o morfológica, etc.) al ser puesta de relieve por la similitud de su posición dentro de las *frases** o dentro de los esquemas rítmicos:

> Por casco sus cabellos, su pecho, por coraza
> pred. nomi-　　sujeto　　sujeto　pred. nominal
> nal

que en realidad puede ser vista como una equivalencia convergente hacia el eje del *hemistiquio**, que está determinada por la voluntad de lograr una equivalencia rítmica perfecta (con *acentos** en segunda y sexta sílabas), y que subraya la equivalencia morfológica (cabellos, pecho; coraza, casco; por, por; sus, su), y semántica

paralelo

(dos atributos naturales de su cuerpo constituyen dos armas defensivas del guerrero americano).

El *"coupling"* es, pues, una estructura paralelística compleja, que abarca más de un nivel de lenguaje. El exceso de apareamientos puede producir un efecto de banalidad en el *poema** (LEVIN) que se evita buscando que alternen con juegos asimétricos de otros elementos.

PARALELO. V. DESCRIPCIÓN.

PARALEMPSIS. V. PARAGOGE.

PARALIPSE. V. PRETERICIÓN.

PARALIPSIS. V. PRETERICIÓN.

PARALEXEMA. V. SINTAGMA y SEMA.

PARAPTIXIS. V. EPÉNTESIS.

PARATAXIS.

Relación que priva entre las *oraciones** que *se* yuxtaponen sin que entre ellas exista subordinación:

> ...don Cosme viene de la calle de la Paz; allí acude todos los días a las ocho de la mañana; alarga una mano a la banasta de los periódicos, es un parroquiano a la lectura de papeles a cuarto. Hoy la "Revista", mañana el "Boletín"... Gran noticioso. Ese sabe siempre a punto fijo, de muy buena tinta, los pormenores de la última batalla;...
>
> LARRA

es decir, es la relación que liga entre sí a las oraciones coordinadas; es sinónimo de coordinación en muchos tratados, se opone por lo mismo, a *hipotaxis**, que es el vínculo de subordinación.

La Rhetorique générale del GRUPO "M" considera que la parataxis es un *metataxa**, es decir, una *figura** de construcción, una variedad del *asindeton** o disyunción.

PARATEXTO. V. INTERTEXTO.

PAREMIA. V. AFORISMO.

PARENQUEMA. V. CACOFONÍA.

PAREQUESIS. V. CACOFONÍA y ONOMATOPEYA.

PARÉNTESIS (o "parentiosis", "interpositio" o "interclusio", incidencia*).

Figura* de pensamiento que se produce ya sea por *adición** simple, ya por *permutación** indistinta y consiste *en* intercalar una *oración** (simple, compuesta o compleja) entera dentro de otra, sobrecargando así de elementos la línea central discursiva y haciéndola apartarse de la dirección inicial del *significado**, de modo tal que se desarrolla cómo una digresión.

> Murió en Atenas mi hijo
> (¡ay, infeliz prenda amada,
> no el referir me avergüence

tu muerte, que no desaira
su queja el que la pronuncia
a vista de la venganza);
y aunque mi valor pudiera
haberle dado a mi saña
bastante satisfacción...
SOR JUANA

aunque no necesariamente se presenta entre signos de paréntesis.

En el paréntesis hay, pues, permutación de los lugares que en el *discurso** correspondería, en un orden más lógico, a las oraciones (y entonces es un tipo de *hipérbaton**); pero también puede verse como fenómeno de adición simple el agregado de la construcción parentética.

Al paréntesis menor que la oración se le ha llamado *incidencia**, pero se considera del orden de los *metataxas** *(y* no de los *metalogismos** como el paréntesis):

que a nacer antes, no fuera
(por lo casto y por lo bello)
Elena prodigio en Troya,
ni Lucrecia en Roma ejemplo.
SOR JUANA

"PARENTIOSIS". V. PARÉNTESIS.

PAREQUESIS. V. PARONOMASIA.

"PARISON". V. ISOCOLON.

PARISOSIS. V. ENUMERACIÓN e ISOCOLON.

PARODIA.

Imitación burlesca de una obra, un estilo, un *género**, un *tema**, tratados antes con seriedad. Es de naturaleza *intertextual**. En la antigüedad se escribieron epopeyas burlescas como la *Batracomiomaquia,* atribuida a HOMERO, parodia de la *Epopeya** que trata de la lucha entre las ranas y los ratones. El *Quijote* es una parodia (que superó en mucho a sus modelos serios), de las novelas de caballerías antes tan en boga. *Los relámpagos de agosto*, de Jorge IBARGÜENGOITIA, es una parodia del género y el tema de la narrativa de la Revolución mexicana que parecía tan irremediablemente ajena al humor.

Mijaíl BAJTÍN ha lucubrado extensa y profundamente sobre este asunto en este siglo (b: 130 y ss.) a propósito de los *lenguajes ajenos* que, al ser representados, pueden ser objeto de "una estilización parodial de los estratos de donde provienen", y muchas veces esta parodia se interrumpe y en ella incide "la *palabra** autoral directa (por lo general patética o sentimental/idílica) que plasma directamente (es decir, sin refracción) las intenciones semánticas y valorativas del *autor**". Pero cuando la voz autoral es crítica, la palabra ajena es representada y refracta la intención paródica. La lengua común es objeto de un manejo del autor con distintos grados de distanciamiento y de exageración con respecto a ella. Cuando la palabra del narrador es *convergente* con la del personaje su discurso no es paródico. Cuando es *divergente* se dan distintos grados de parodia: se estiliza, se ridiculiza, se contradice, etc., el discurso original.

paromoeosis

El paso del estilo serio al paródico se prepara mediante la introducción, en forma velada (sin indicio formal de expresión) de un tono épico o solemne cuya verdadera naturaleza de *habla ajena* (en el falso y pomposo tono —también ajeno— de la oratoria oficial, por ejemplo, o en el *habla** ajena del coro babieca de admiradores que representan la "opinión general"), se revela después, al pasar a otro lenguaje que es el del autor, en cuya voz los adjetivos con frecuencia juegan un importante papel desenmascarador del habla ajena (b:134).

La parodia es, pues, la representación de una típica *construcción híbrida* que ofrece dos acentos y dos estilos.

Casi de cualquiera de los *textos** de Angel DE CAMPO podríamos tomar un ejemplo. En *La semana alegre* subtitulada *"Inconvenientes del régimen porcino"* (sic) y firmada, como toda esa serie de artículos periodísticos de costumbres acremente satirizadas (al modo de LARRA) por TICK TACK, al final del siguiente diálogo entre el médico y su paciente, el autor introduce su propia voz:

—Y usted, señor Quirarte, ¿qué sistema de alimentación sigue?
—Aquí, señor, todos somos mexicanos. Aquí no nos damos la facha de comer en francés, ni en yanqui. Aquí, ésta Ursula y mis hijos le comen a usted el pato, el pápaloquelite, el guajolote, la quesadilla, las gordas, las carnitas, las pajarillas, y todo lo que nos han enseñado a comer nuestros mayores... y es la primera condición que le ponemos a la cocinera, que sepa guizar antojos.

En este tipo de obras el contraste (parodia significa *contracanto*) entre lo serio, solemne, rígido, pomposo y el humor, la gracia, la picardía, lo festivo y ridículo, es una fuente de novedades, sorpresas y reflexiones sanas sobre el mundo.

V. INTERTEXTO.

"PAROMOEOSIS". V. PARONOMASIA.

PARONIMIA. V. PARONOMASIA.

PARONOMASIA (o paronimia o "annominatio" o adnominación o parequesis y homeoteleuton, homeoptote, homeoptoton, paromoeosis, o prosonomasia).

Figura* que consiste en aproximar dentro del *discurso** expresiones que ofrecen varios *fonemas** análogos (paronimia), ya sea por parentesco etimológico (*parlamento, parlero*) en cuyo caso se llama *parequesis*, ya sea casualmente (*adaptar, adoptar*):

El erizo se irisa, se eriza, se riza de risa
Octavio PAZ

Se trata de una *metábola** de la clase de los *metaplasmos** porque involucra los elementos morfológicos de las *palabras**. Se produce por *adición** repetitiva de varios *fonemas* en palabras o en *frases** que poseen *significados** en algún grado diferentes, por lo que pueden ofrecer una *homonimia** parcial (pues a veces los términos son casi homónimos) y una *equivocidad** también parcial, pues el destinatario asocia sentidos semejantes a sonidos semejantes:

Éste que Babia al mundo hoy ha ofrecido
poema, si no a números atado,
de la disposición antes *limado*
y de la erudición después *lamido*.
GÓNGORA

De la relación mencionada, entre tales semejanzas y diferencias de sonido y de *sentido**, resulta una tensión significativa que inclusive puede llegar a resultar paradójica ("corazón que se descorazona").

La Paronomasia, que es en realidad una variedad de la *aliteración**, suele aparecer combinada con otras figuras como en muchos ejemplos de CABRERA INFANTE en *Tres tristes tigres*, empezando por el título:

> Maravillas, malavillas, malavides, mavaricia,
> marivía, malicia, milicia, etc.

En las expresiones paronomásicas que abarcan más de una palabra, puede decirse que se trata, en realidad, de *calembures** ("que madura", "quemadura"). La *parequesis*, como ya se dijo, es una paronomasia que se da entre palabras con parentesco etimológico: "Hacer y deshacer, todo es quehacer".

En la tradición clásica existe una variedad de fenómenos que corresponden a la paronimia en las figuras llamadas *"homeoteleuton"* u *"homoeoteleuton"*, *"homeoptoton"* u *homoeoptoton* (*"similiter cadens"*) y *"paromoeosis"* (que comprende las dos anteriores), consideradas como figuras relacionadas con el número de los miembros del *isocolon** o *parisosis*.

El homeoteleuton es un período, generalmente —pero no necesariamente— de miembros iguales, en el que cada miembro presenta el mismo sonido final. Un tipo de paronomasia parecido a la *rima** que, sin duda, es su antecedente puesto que también se relaciona con otros *paralelismos** del isocolon.

En el homeoptoton los miembros finalizan con términos que presentan la misma terminación de caso (*"simile casibus"*, *"similiter cadens"* o *"similiter desinens"*). Ambos son fenómenos semejantes al que hoy conocemos como *similicadencia** (LAUSBERG incluye las flexiones no nominales), o bien a la *derivación** o *polipote*.

En cuanto a la *paromoeosis*, es descrita por LAUSBERG como la "suprema intensificación de la *parisosis**" debido a que se presenta simultáneamente en el mismo *texto**, en distintos miembros que se corresponden por alguna otra razón como la posición, el significado, la *función**, etc. Es la "igualdad fónica, con diferencia semántica", que abarca a varios elementos de la palabra e incluye al homeoteleuton y al homeoptoton.

Todos estos son fenómenos de igualdad fónica parcial. Los de igualdad fónica total dan lugar a las *figuras** que son variedades de la *repetición**.

FONTANIER llama también *prosonomasia* a la *paronomasia*. (V. SIMILICADENCIA*.)

PAROXÍTONA.

Voz que lleva el *acento** prosódico en la penúltima sílaba, por lo que se le clasifica como *grave* o *llana*:

casa, árbol

Estas palabras se acentúan gráficamente cuando terminan, al revés de las *oxítonas**, en una letra que no sea *s*, ni *n* ni *vocal*: o bien se acentúan conforme a regla especial, aunque terminen en esas letras, si se requiere deshacer un diptongo:

caída

En el *verso** que termina en voz paroxítona, se cuentan las sílabas realmente existentes: un octosílabo tiene ocho. (V. también RIMA* y PROPAROXÍTONA*).

parresia

PARRESIA. V. LICENCIA.

PARTE. V. ANÁLISIS y FUNCIÓN EN GLOSEMÁTICA.

PARTICIÓN. V. ANÁLISIS.

"PASTICHE"

Obra original construida, sin embargo, a partir de la codificación de elementos estructurales tomados de otras obras. Tales elementos pueden ser *lugares comunes** formales o de *contenido** o de ambos a la vez, o bien fórmulas estilísticas características de un autor, de una corriente, de una época, etc. Se ha dicho, por ejemplo, que los *Capítulos que se le olvidaron a Cervantes* de don Juan MONTALVO son un *pastiche* del mencionado autor. En ocasiones puede ser utilizado en la *parodia**; ambos tipos de *textos** son de naturaleza *intertextual**. V. INTERTEXTO*.

"PATHOS". V. "ETHOS".

PAUSA. V. RITMO, ANISOCRONÍA y TEMPORALIDAD.

"PERCONTATIO". V. DIÁLOGO.

"PERCURSIO". V. ENUMERACIÓN y ACUMULACIÓN.

PERFECTIVO. V. ASPECTO VERBAL.

"PERFORMANCE". (o realización, ejecución, actuación, desempeño).

Concepto que proviene de la *gramática** generativa y significa la realizacion de la *competencia** lingüística en *actos* concretos de *habla** o de comprensión que exigen poner en juego un *saber* lingüístico, un conocimiento del lexico y de las reglas sintácticas que rigen la construcción de *enunciados* aceptables* semánticamente, ya que la *gramaticalidad** y la aceptabilidad de los enunciados son esenciales para su interpretación (CHOMSKY). La *"performance"* es, pues, la utilización del *código** de la lengua, en cuanto *emisor** o en cuanto *receptor**, conforme a la *competencia* lingüística, es decir, conforme a un grado de dominio de la lengua, y se manifiesta en forma de *discurso** pero no permite la construcción de *modelos** que la definan pues sus puntos de *referencia** son extralingüísticos, principalmente de naturaleza psicológica y sociológica.

Para GREIMAS, en el *analisis** narrativo, toda operación del *hacer* que realiza una *transformación** de estado, es una *"performance"*. (V. también ACTANTE* y ENUNCIADO*). La *"performance"* presupone la *competencia**, es decir, la existencia de las condiciones necesarias para que se produzca la *"performance"*. Ésta puede ser de dos tipos: de *adquisición* o *conjuntiva*, cuando la modificación que produce consiste en que el *sujeto** adquiera *su objeto**, esté conjunto con él, y de *privación* o *disjuntiva*, cuando consiste en que el sujeto esté disjunto de su objeto. La *"performance"*, pues, consiste en la transformación de los estados y en el intercambio de los objetos.

Como la *"performance"* realiza las transformaciones que expresan el paso de un enunciado de estado a otro, la *"performance"* modifica en éstos la *junción*, o sea, la relación entre sujeto y objeto (que es la relación constitutiva de los enunciados de estado). La *"performance"* da lugar, en los enunciados narrativos elementales, a los dos mencionados tipos de transformación: de conjunción y de disjunción, y en los enunciados narrativos complejos da lugar a una serie de variantes del modelo general de *comunicación** entre dos ·sujetos y un objeto (*"performances"* conjuntivas o de adquisición, como la *apropiación* y la *atribución*), y también a una serie de variantes del modelo general de relación entre dos objetos y dos sujetos (*"performances"* disjuntivas o de privación, como la *renuncia*, la *desposesión*, el *intercambio*). (V. PROGRAMA NARRATIVO*.)

PERFORMATIVO. V. ACTO DE HABLA.

PERÍFRASIS (o circunlocución, pronominación, perisología).

Figura retórica* que consiste en utilizar una *frase** para decir lo que podría expresarse con una *palabra**; en este caso es figura de construcción o *metataxa** pues afecta a la *sintaxis**:

> "La ciudad de los palacios" (México)

Cuando, como en este ejemplo, la perífrasis sustituye a un nombre y nombra mediante atributos o cualidades del objeto, se llama *pronominación*. Es la *paráfrasis** de un nombre (FONTANIER).

La perifrasis puede ser figura de pensamiento (*metalogismo**) cuando es una extensa caracterización del objeto, ya sea mediante la mención de sus cualidades y atributos, o bien desarrollando las acciones o los fenómenos que le son peculiares, como en los siguientes cuatro versos de Luis G. URBINA que podrían ser sustituidos por una sola palabra: *atardece*:

> En ámbares cloróticos decrece
> la luz del sol y ya en el terciopelo
> de la penumbra, como flor de hielo,
> una pálida estrella se estremece.

La perifrasis se presenta frecuentemente combinada con *tropos**, es decir, como la forma de *sinonimia** de realización metafórica, los mismos ejemplos anteriores muestran este fenómeno; puede combinarse con la *alusión** y usarse por *eufemismo**.

Estos tipos son de perífrasis *encarecedoras* pero existen otras perífrasis propias o definitorias (porque constituyen una *definición**), que son como las que requieren los diccionarios:

> "familiaridad" *llaneza o confianza con que algunas personas se tratan entre sí;* "fanáticamente": *con fanatismo.*

que responden a una necesidad expresiva: la *descripción** de conceptos. También son necesarias las perífrasis gramaticales (a las que LAUSBERG menciona como *catacresis** de perífrasis), que no poseen un sinónimo exacto de un solo término, y que pueden ser de verbo:

> ha ido
> ha tenido que ir,

de adverbio:

> sin más ni más,
> a la buena de Dios,

periodo

de preposición:

en medio de,

de conjunción:

siempre que,

de sustantivo:

un gran país,

de adjetivo:

loco de remate

Si la perífrasis es viciosa, peyorativa o desacreditante, se llama *perisología*. GÓ-MEZ HERMOSILLA la considera "inútil y prolija variación de un pensamiento". En cuanto a la circunlocución, suele ser descrita como una perífrasis y ser tratada conjuntamente con ella (por ejemplo en LAUSBERG), aunque Lázaro CARRETER dice que no son idénticas (sin explicar la diferencia).

PERIODO.

En la tradición española anterior al siglo XIX, *periodo* era *sinónimo* de *cláusula**, considerados ambos como la "expresión completa, semánticamente autónoma".

En el siglo XIX comenzaron los gramáticos a distinguir entre ambos conceptos, considerando al período como un *enunciado** más amplio que la cláusula, integrado por dos o más cláusulas; o bien (otros autores) considerando al periodo como una cláusula compuesta de dos partes: *prótasis** o principio y *apódosis** o conclusión (de donde se inferiría que todos los periodos son cláusulas pero no todas las cláusulas son periodos).

Para LOPE BLANCH, que sigue la tradición española, el período es "una expresión constituida por dos o más *oraciones** gramaticales entre las cuales se establece una sola relación sintáctica: ya coordinante, ya subordinante:

En fin, donde reina la envidia, no puede vivir la virtud, ni donde hay escasez, la liberalidad.

CERVANTES

Desde el punto de vista formal, los períodos pueden ser bimembres o plurimembres, es decir, de dos o más oraciones o *prooraciones**, y simples o compuestos, en este último caso, uno de sus miembros consta de varias *frases** u oraciones.

La clasificación sintáctica de los periodos viene a ser la misma de las oraciones coordinadas (periodos copulativos, disyuntivos, adversativos, continuativos y distributivos) y de las oraciones subordinadas: sustantivas, adjetivas o adverbiales (y, en el caso de las adverbiales: circunstanciales —de modo, de tiempo y de lugar—; cuantitativas —comparativas y consecutivas—, y causativas —condicionales, concesivas, causales y finales—).

PERIPECIA.

Tipo de *metábola**, considerada ésta como cambio dado en la acción dramática (y no como *figura** de lenguaje, que es la otra acepción de metábola).

En este *sentido**, hay dos clases de metábola: la *anagnórisis** y la *peripecia*. Ésta es efecto de una *acción** precedente, es un suceso o una experiencia que produce un giro súbito e inesperado (un accidente, un hecho casual), que sorprende, que influye en los acontecimientos posteriores y en las pasiones y el *carácter** de los *personajes**, y que puede estar orientado en el sentido del deterioro de éstos, cuando les acarrea el infortunio, o en dirección hacia un desenlace feliz.

PERISOLOGÍA. V. PERÍFRASIS y PLEONASMO.

PERLOCUTIVO. V. ACTO DE HABLA.

PERMISIÓN (o epítrope).

Figura retórica* que consiste en dar licencia el *emisor** a su contrincante, o al oyente o al público de que haga algo según su arbitrio, o bien le inflija algún daño. Es una especie de incitación a un exceso perjudicial para el emisor del *discurso**, o bien a obrar en contra del bienintencionado consejo del que habla; revela exasperación o cólera, y su propósito es el opuesto: desviar o disminuir la pasión excesiva del contrario, mediante la invitación al acto desmesurado. En realidad, para desviar del emisor una acción peligrosa, éste finge permitirla y aun aconsejarla; pero hay que entender lo contrario de lo que dice, pues funciona como un conjuro contra el horror de un futuro temido:

> Y cuando me haga viejo,
> y engorde y quede calvo, no te apiades
> de mis ojos hinchados, de mis dientes
> postizos, de las canas que me salgan
> por la nariz. Aléjame
> no te apiades, destiérrame, te pido;
> hermosa entonces, joven como ahora,
> no me ames:...
>
> Rubén BONIFAZ NUÑO

El epítrope con mucha frecuencia pasa del consejo o permiso excesivo a rectificar sugiriendo algo menos grave, que es su verdadera finalidad. De este modo se combina con otra figura, la *corrección** o *epanortosis*. La continuación del ejemplo anterior dice:

> no me ames: recuérdame
> tal como fui al cantarte, cuando era
> yo tu voz y tu escudo,
> y estabas sola, y te sirvió mi mano.

También es frecuente que la permisión se combine con la *ironía**.

Tradicionalmente ha sido considerada como *tropo** de sentencia o de pensamiento.

En suma, es una *metábola** de la clase de los *metalogismos* porque afecta a la lógica del discurso.

Se produce por supresión/adición negativa pues sustituye lo que realmente se quiere decir, por un discurso que significa lo contrario.

Su uso es más frecuente en la oratoria deliberativa, pero es posible hallarla en todos los *géneros** literarios.

En el lenguaje cotidiano, esta figura y la denominada *concesión** dieron lugar a las oraciones concesivas en las lenguas románicas.

permutación

PERMUTACIÓN (o "transmutatio", "conversio" y conmutación).

Modo de operación mediante el cual se producen muchas *figuras retóricas**. Consiste en trastrocar el orden lineal de las unidades de la *cadena** discursiva, sin alterar su naturaleza sean ellas *fonemas**, *palabras**, *frases** u *oraciones**. Se opone a *conmutación*, caso particular de la *sustitución**: la de un *sema** por otro (por ejemplo cuando el *narrador** —primera persona— habla de sí mismo en tercera persona).

Se trata de la *"transmutatio"* o *"conversio"* latina, que, a diferencia de las otras *categorías modificativas* (*adición**, *supresión** y *sustitución**) se realiza completamente dentro de una unidad y no agrega ni toma elementos del exterior de la unidad.

La permutación puede ser *indistinta*, es decir, sin conformarse a un orden preestablecido y puede ser *por inversión* o sea obedeciendo a un orden opuesto.

Son ejemplos de permutación indistinta la *metátesis** (*perlado* por *prelado*; *se te lengua la traba* por *se te traba la lengua*), el *anagrama** (*"avida dollars"*, formado a partir de *Salvador Dalí*), o el *hipérbaton** (*víctima arde olorosa de la pira*).

Son ejemplos de permutación por inversión el *palíndromo**, en el que los fonemas se redistribuyen exactamente al contrario:

> a la duda dúdala

y la *inversión** que consiste en un trueque exactamente contrario de los elementos de la unidad, es decir, de las palabras de una frase u oración:

al cielo asombros daran

por lo que constituye una variedad del hipérbaton.

"PERMUTATIO". V. QUIASMO.

PERORACIÓN. V. "DISPOSITIO".

PERSONAJE. V. ACTOR.

PERSONIFICACIÓN. V. METÁFORA.

PERSPECTIVA. V. NARRADOR.

PERSUASIÓN. V. "DISPOSITIO", "INVENTIO" y FIGURA RETÓRICA.

PERTINENCIA.

Propiedad de las unidades lingüísticas en todos los *niveles**, que consiste en que sólo deben considerarse entre los rasgos distintivos de un objeto, aquellos que resultan a la vez necesarios y suficientes (relevantes) para establecer su definición a partir de un criterio; es decir, que bastan para que el objeto, ni sea confundido con otros, ni arrastre un exceso descriptivo inútil.

La pertinencia es una condición para la *descripción** científica. Permite distinguir cada unidad de las demás que pudieran comparársele. Es una propiedad que convierte a las unidades en idóneas para la *comunicación**.

Este concepto proviene de la Escuda de Praga, y han contribuido también a su desarrollo lingüistas como HJELMSLEV y BENVENISTE y semióticos como GREIMAS.

"PERVERSIO". V. HIPÉRBATON.

PIE. V. METRO.

PLANO ASOCIATIVO. V. CAMPO ASOCIATIVO.

PLANO DE LA EXPRESIÓN. V. SIGNIFICANTE.

PLANO DEL CONTENIDO. V. SIGNIFICANTE.

PLANO PARADIGMÁTICO. V. CAMPO ASOCIATIVO.

PLEONASMO (o datismo o batología o tautología, elemento expletivo, perisología, redundancia, macrología).

Figura * considerada por unos retóricos de construcción, y por otros de pensamiento. Resulta de la *redundancia* * o insistencia repetitiva del mismo *significado* * en diferentes *significantes* * total o parcialmente sinónimos y, en ocasiones, de naturaleza parafrástica: "lo vi con mis propios ojos". Produce un efecto enfático (de energía, pasión, frenesí) y es muy usual en el *habla* * ("superiorísimo", "mucho muy altísimo", "entren para adentro"). A veces proviene de la ignorancia de la etimología de una *palabra* * ("tuvo una hemorragia de sangre", "es un melómano de la música"). En las expresiones en que la repetición es enteramente superflua y viciosa se llama *redundancia*, o *macrología* (cuando se agrega toda una *oración* *); *perisología*, cuando la oración agregada (una *perífrasis* *) es viciosa, y también *batología* o *datismo*, cuando se repite por torpeza, y *tautología* cuando se repite el concepto innecesariamente, por ignorancia, como en las expresiones: "Ciudad de Medina", "Cerro de Metepec", o en la ya citada "melómano de la música". De las definiciones se dice que son tautológicas cuando en lugar de describir la idea la repiten, sin agregar nada que no se supiera ya, por lo que no comunican nada nuevo.

Los franceses consideran aparte un tipo de pleonasmo al que llaman *"explétion"*. En español se habla de *elemento expletivo*. Consiste en agregar a una expresión ya cabal, por ejemplo a un núcleo, un complemento no requerido gramaticalmente. "Así, *pues*, llegó"; "vivir *la vida*; morir *la muerte*"; dormir *el sueño*; "ánda *le*", "detén *me* a este chiquillo"; "yo *te* lo trataré muy bien". En estos ejemplos los morfemas *me*, *te*, no significan lo mismo que en "*da me* ese libro, *te* lo regresaré mañana". También son palabras expletivas expresiones como: "He aquí *en efecto*"; "¿Para qué ir, *después de todo*?"; "no es ella, *en fin*, lo que..."; etc. Su efecto es de *énfasis* *.

La diferencia entre la perisología y el pleonasmo, según FONTANIER, estriba en que la primera constituye una ampliación superflua, mientras que el segundo produce un efecto de plenitud al aumentar la claridad o la energía, que son útiles para persuadir. Pero en ambos casos se agregan expresiones gramaticalmente innecesarias.

Parece mejor considerar las construcciones expletivas como *metábolas* * de la clase de los *metataxas* *, puesto que afectan a la sintaxis y se producen, por *adición* * repetitiva de significados semejantes, enfáticos, mediante significantes distintos. De su empleo como figura de pensamiento, deliberada y sistemáticamente, puede resultar un notable efecto estilístico, esto ocurre en la *perífrasis* viciosa, cuando lo que se repite innecesariamente es toda una oración o un pensamiento completo (que es cuando se llama *redundancia*, *perisología* o *macrología*):

plerema

> Las paredes derribadas,
> grietas en el firmamento,
> roto *el mundo, desclavado,*
> *yo, sobre escombros*, corriendo.
>
> Manuel ALTOLAGUIRRE

La palabra *"pleonasmo"*, en griego, significa también la categoría modificativa llamada *"adiectio";* es decir, la operación de *adición** que produce figuras.

PLEREMA. V. GLOSEMA.

PLEREMATEMA. V. GLOSEMA.

PLEREMÁTICA. V. GLOSEMA y FONOLOGÍA.

PLERÉMICA. V. GLOSEMA.

PLURIISOTOPÍA. V. ISOTOPÍA.

PLURILINGÜISMO. V. DIGLOSIA y PALABRA.

POEMA.

Composición literaria de carácter poético, en general, escrita en *verso** o en *prosa**. Puede pertenecer al *género* épico**, al *lírico** o al *dramático**, al didáctico o al satírico. (V. GÉNERO*.)

Con mayor frecuencia se aplica este término a la designación de los ejemplos líricos, de los cuales existe una gran variedad y que expresan los sentimientos del poeta, su estado de ánimo, su punto de vista subjetivo acerca del mundo y de los problemas humanos universales: el amor, la muerte, y otros que de ellos se derivan: el gozo, la melancolía, etc.

El poema en verso rige su construcción por el principio organizador del ritmo, o bien del metro y del ritmo (V. VERSO*, PROSA*, METRO* y RITMO*). El poema en prosa desarrolla un asunto propio de la lírica y ofrece un conjunto armónico que proviene de la combinación de frases de ritmos variados que, sin embargo, generalmente se subordinan a la estructuración semántica y sintáctica del *discurso**.

Tanto en verso como en prosa, el poema es un *texto** muy elaborado. En él los *significados** resultan originales, pues provienen de la capacidad del poeta para establecer audaces y novedosas asociaciones entre aspectos de la realidad que no suelen comúnmente ser vinculados. Además, en el poema las *figuras** de dicción (como las *aliteraciones**) y las de construcción (como el *hipérbaton**) se suman y se convierten en significado al subrayar, por analogía o por contraste, el significado que proviene del *nivel** semántico al que pertenecen otras figuras: los *tropos** de dicción y los de pensamiento. (V. también LITERARIEDAD*, LITERATURA* y TEXTO*.)

POEMA IDEOGRÁFICO. V. METAGRAFO.

POESÍA. V. FUNCIÓN LINGÜÍSTICA, POEMA, VERSO y PROSA.

POESÍA FIGURATIVA. V. METAGRAFO.

POÉTICA. V. FUNCIÓN LINGÜÍSTICA, RETÓRICA y GÉNEROS.

POLIFONÍA.

Unidad estructural de elementos heterogéneos incompatibles, dada en la *novela** de DOSTOIEVSKI, aunque tiene antecedentes principalmente en autores como SHAKESPEARE, RABELAIS, CERVANTES, GRIMMELSHAUSEN.

Mijaíl BAJTÍN (c:17 y ss.) la describe como "pluralidad de voces independientes, de conciencias inconfundibles" aunque nunca autosuficientes, cada una combinada en una unidad en su mundo correspondiente. Ella permite deslindar totalmente al *héroe** respecto del *autor**, dentro de la *estructura** narrativa, al revés de como ocurre en la tradición europea de la novela monológica. En efecto, en ésta interactúan "ideas, ocurrencias y situaciones" centradas en una sola conciencia, en lugar de que interactúen (como en la novela polifónica) varias conciencias autónomas (c:20/21) aunque no autosuficientes. Para ello se requiere "afirmar el *yo* ajeno, no como objeto, sino como otro sujeto". Porque así se le permite "superar su solipsismo ético" y salvar de la catástrofe "su conciencia idealista aislada". Esto ocurre porque los elementos, los mundos y las conciencias dispares poseen derechos iguales, lo cual genera la polémica. Sobre el plano de la novela, "la interacción de las conciencias se produce en la esfera de las ideas" (c:53).

Por otra parte, el teatro, se opone por naturaleza a la polifonía porque "sólo permite un sistema de referencia y, aunque se dé en varios planos, no puede contener varios mundos"; en cambio, dentro de la unidad de la novela de DOSTOIEVSKI, cabe la contradicción, es contradictoria; su unidad no es monológica, es dialógica; sus voces independientes se combinan en una "unidad de un orden superior" (a la unidad de la homofonía). "La voluntad artística de la polifonía es [...] la de combinar muchas voluntades" en un acontecimiento, ya que las relaciones contradictorias se dan en el seno de la sociedad, donde coexisten, interactúan y pueden ser observadas, no en su devenir histórico, pero sí en un corte sincrónico que revele su simultaneidad (c:48).

Esta sería para BAJTÍN la razón de la tendencia de los *personajes** dostoievskianos al desdoblamiento, que de cada contradicción dentro de un solo hombre, saca dos personajes (cuya historia desconocemos, porque no existe) necesarios para dialogar y dramatizar la contradicción en un mismo momento. De ahí proviene la unidad de tiempo (que, por otra parte, es la de la eternidad, donde todo coexiste); unidad necesaria porque solamente tiene oportunidad de enfrentarse lo que coexiste. Y ese es el valioso aprovechamiento que DOSTOIEVSKI propone hacer de la simultaneidad, al buscar, a partir de cada voz, la polémica con la voz disidente; en cada *acción**, la antagónica; en cada decisión, una ruptura; de donde resulta la *textura** de su *prosa** hecha de yuxtaposiciones de elementos heterogéneos cuya contraposición no tiene solución, no puede ser resuelta.

En la obra de un autor anterior a DOSTOIEVSKI (BALZAC, por ejemplo) puede haber unidad polifónica si se observa en su conjunto, pero no dentro de los límites de una sola novela. Para ello habría hecho falta una tradición de visiones estéticas (a las cuales tendríamos que aproximarnos a la luz de una poética histórica). Esa herencia originó la nueva forma de visión estética de DOSTOIEVSKI, llevada, del campo en que disputan las fuerzas históricas, hasta su única solución y conclusión posibles: a la novela polifónica. A ella llegó armado por la facultad de observar la psique ajena, por el don de entender la visión del otro, precisamente en el

polifonía

*contexto** de las relaciones sociales, donde las visiones diferentes se complementan por contraste. Su naturaleza artística proviene de que coinciden en una armonía, aunque cada una aporta una voz distinta.

Cada conciencia genera un diálogo con todas las voces de su entorno, de su tradición y de su época. Pero la novela polifónica no ofrece sólo la oposición (estructurada por medio del *contrapunto**) en el *diálogo**, entre las ideas de un *protagonista** o de los protagonistas, sino en todos sus niveles y en todos los elementos de su construcción, ya que se contradicen las narraciones (las *historias**), los hechos, las interpretaciones, los rasgos psicológicos de los personajes, todas las manifestaciones de la vida humana, y "todo lo que posee *sentido** y *significado**".

DOSTOIEVSKI es pues para BAJTÍN un parteaguas en la historia de la novela de la *cultura** occidental. Es el creador de la novela polifónica en cuya urdimbre por primera vez se organizan las voces de muchas conciencias; voces que se nos revelan, cada una como independiente, autónoma y dueña de un carácter inconfundible, mismo que embarnece lo suficiente para que se constituya como una individualidad en posición de sujeto de su propio *discurso**, más que como objeto de la intención de un *autor**.

La novedad de la novela dostoievskiana consistió en transgredir las reglas del *género** en su momento, ofreciendo una mezcla de "novela de aventuras, agiografías, confesiones, sermones, diálogo manejado como instrumento para una profunda problematización de ideas", pero logrando, sobre tantos elementos heterogéneos, una "abarcadora unidad polifónica" (c:150).

Muchos de los críticos de este autor (BAJTÍN menciona a ROZANOV, VOLYNSKI, MEREZHKOVSKI, y SHESTOV), no lo comprendieron precisamente por su gran originalidad, y entablaron un debate, no tanto con él como con las voces de sus héroes, procurando sistematizarlas dentro de una totalidad monológica y filosófica, y tratando de atribuírselas a su creador, menospreciando su pluralidad e ignorando en cada voz al *yo* ajeno, que está allí no como objeto, sino como otro sujeto visualizado objetiva y artísticamente, en un conjunto cuya composición está regida por un principio que admite la integración estructural, pluralista, de toda clase de elementos dispares, heterogéneos, y aun contradictorios, que no se subordinan a una unidad, ni monológica ni estilística, ni valorativamente —porque representan diferentes conciencias ideológicamente marcadas—. En cambio se presentan como heterogeneidad organizada y artísticamente interactuante, que admite, como parte de su constitución, muchos elementos antitéticos y contrastantes cuya convivencia requiere diálogo. Por eso son antecedentes de la polifonía el diálogo socrático, la sátira menipea clásica y los misterios medievales.

La contraposición interna y externa de las conciencias no se neutraliza dialécticamente, no se funde en una unidad. Nunca constituye un monólogo filosófico sobre el devenir contradictorio del espíritu humano (no formaba parte de su intención, dice BAJTÍN), sino que las relaciones contradictorias constituyen un estado de la sociedad que DOSTOIEVSKI es capaz de vivir, comprender y deslindar.

Cada voz se manifiesta como una actitud ideológica frente al mundo. Por ello el heroe de la novela de DOSTOIEVSKI es el "hombre en quien encarna la idea" (c:53). El protagonista es aquél en quien la conciencia humana es lo esencial.

Cada conciencia —nunca aislada, siempre interactuante— goza de un estatuto igualitario respecto de las otras, de las cuales no puede prescindir porque nunca es autosuficiente. De ahí la importancia del diálogo y de la organización coloquial; de ahí el peso del *argumento** dentro del debate en que se manifiesta cada voz personalizada. En ello estriba la polifonía de esa nueva novela que carece de un marco que permita su comprensión monológica; polifonía "que sólo pudo darse en la sociedad capitalista rusa", cuyas contradicciones tremendamente violentas, aunadas a la singular facultad de desdoblamiento de DOSTOIEVSKI (a su capacidad para ubicarse dentro del psiquismo ajeno, y a su incapacidad personal para fijarse exclusivamente en una posición ideológica determinada), resultaron ser (dice BAJTÍN) "las condiciones óptimas para la creación de la novela polifónica" que no sólo hace evolucionar a la novela europea, sino que conserva luego su importancia artística en condiciones posteriores y distintas.

Desde la segunda década del siglo XX aparecieron críticos que apreciaron la originalidad estructural de la obra de DOSTOIEVSKI. Aunque BAJTÍN está en desacuerdo con algunas de sus opiniones, menciona entre ellos a V. IVANOV, S. ASKOLDOV, L. GROSSMAN, Otto KAUS, V. KOMAROVICH, B. M. ENGELGARDT, V. KIRPOTIN, y A. V. LUNACHARSKI (quien ya asume como propias algunas ideas de BAJTÍN). Este teórico se detiene especialmente en las opiniones de SKLOVSKI por la perspicacia con que identifica las fuentes históricas de las voces sociales que determinan la vida de DOSTOIEVSKI y que discuten en su obra (c:63) de modo que "las narraciones se complementan por contraste y se relacionan según el principio musical de la polifonía".

La novela polifónica es enteramente dialógica (V. DIÁLOGO*) porque así es la relación dada entre todos los elementos de su estructura que manifiesta, en la alternancia propia del contrapunto, una visión artística más amplia, gracias a que, por encima de los diálogos de los personajes (pues posee una "unidad supraverbal, supravocal y supraacentual), la palabra se presenta como *bivocal*.(V. PALABRA*).

POLIFÓNICO, RELATO. V. DIÁLOGO.

POLIISOTOPÍA. V. ISOTOPÍA.

POLIPOTE. V. DERIVACIÓN.

POLIPTOTON. V. DERIVACIÓN.

POLIRRITMIA. V. METRO y RITMO.

POLISEMIA. V. DILOGÍA.

POLISÍNDETON. (o conjunción).

Figura* de construcción opuesta al *asindeton**.

Consiste en repetir los nexos coordinantes con cada uno de los miembros de una *enumeración**. Hace más patentes y distintos entre si los términos enumerados. Los nexos más usuales en esta figura son las conjunciones y, *ni*, *pero*, *o*. También pone vehemencia en las expresiones:

> Pero viéndose solo y mal herido
> y el ejército bárbaro deshecho,
> y todo el fiero hierro convertido
> contra su fuerte y animoso pecho...
> ERCILLA

posición

Es una *metábola** de la clase de los *metataxas** porque afecta al *nivel** morfosintáctico de la *lengua**, y se produce por *adición* repetitiva a distancia.

POSICIÓN. V. PARADIGMA.

PRÁCTICA DISCURSIVA. V. DISCURSO LINGÜÍSTICO.

"PRAEOCCURSIO". V. PROSAPÓDOSIS y QUIASMO.

"PRAETERITIO". V. PRETERICIÓN.

PRAGMÁTICA. V. FUNCIÓN LINGÜÍSTICA.

PREDICTIVO, relato.

Según TODOROV, aquel relato que augura, profetiza, vaticina, advierte presagios o señales de horóscopo, procura avisos de oráculo, o comunica pronósticos. (V. también ANACRONÍA* y ANTICIPACIÓN*.)

PREFIJACIÓN. V. PRÓTESIS.

PREFIJO. V. AFIJO.

PREGUNTA RETÓRICA. V. INTERROGACIÓN RETÓRICA.

PRELUSIÓN.

Preludio o introducción que antecede a un *discurso**, un espectáculo o un *texto**.

PREMISA. V. "INVENTIO".

PREPARACIÓN. V. ANTICIPACIÓN.

PREPOSICIÓN. V. SINTAXIS.

PRÉSTAMO. (o extranjerismo, "verbum peregrinum", barbarolexis, calco).

Es uno de los casos de *neologismo** y consiste en intercalar en el *discurso** términos pertenecientes a otras *lenguas**. Dice un villancico de SOR JUANA:

> Divina María,
> rubicunda Aurora,
> matutina Lux,
> purissima Rosa.
> Luna que diversas
> illustrando zonas,
> peregrina luces,
> eclipses ignoras.

Se trata de una *metábola** de la clase de los *metaplasmos** por la que un *lexema** de una lengua pasa a ser usado en otra lengua. Guarda cierta relación por su naturaleza, con la *sinonimia**, el *neologismo**, el *arcaismo** y la *invención**. Se produce por supresión/adición completa. Dice VALLEJO: "Y no *glise* en el gran colapso" (del francés *glisser*, resbalar, deslizarse); y Salvador NOVO: "Never ever clever lever sever ah la rima"; y combinando el préstamo con la paronomasia: "Pedro perder perderla para never ever ah ya nunca".

El préstamo asume contextualmente una función significativa al ser traducido por el lector que así responde a una necesidad de coherencia; pero, además, se actualizan otros *semas** debido al contraste entre los *sistemas** lingüísticos y culturales que se confrontan, semas que se relacionan con la situación a que alude el *texto**, o con el *género** literario, o la corriente, o la *ideología* del escritor.
En:

> No baila *boston*, y desconoce
> de las carreras el alto goce,
> y los placeres del *five o'clock*.

los extranjerismos significan que *emisor** y *receptor** poseen un *código** cultural común; pertenecen a una sociedad en la que la familiaridad con una segunda lengua da categoría. Utilizar la expresión aplica, pues, un matiz pintoresco al caracterizar la *malinchista cultura** de ciertos intelectuales de la clase media mexicana, inscritos en la inicial corriente modernista.

Cuando Carlos (caricatura del personaje *malinchista* en *A ninguna de las tres*, del romántico Fernando CALDERÓN) mezcla construcciones sintácticas extranjeras con peculiares elecciones léxicas ("Adiós, caro, ¿cómo va?"), con repetidos elogios de todo lo no mexicano y con préstamos:

> CARLOS. —En fin, es una mujer
> *comme il faut;* tan solo en Francia
> tendrá igual...
> CARLOS. —...bajo un hermoso semblante
> ocultaba un corazón
> *tres méchant,* era un dragón.
> TIMOTEO.—No pase usted adelante
> sin que se sirva decirme
> qué es eso de *tres méchant*.

tales préstamos son un rasgo más del carácter del petrimetre, del ambiente social en que medra, y de la ideología del escritor que, a costa de él, ironiza.

En la antigüedad se veía el préstamo (*barbarolexis*) como *desviación** del uso común de la lengua, es decir, como un *vicio* contra la *pureza* ("*puritas*") del léxico, en virtud de que se introducen "cuerpos léxicos" o "contenidos léxicos" no idiomáticos.

El *calco** es ese tipo de préstamo en el que se toma el *contenido** de una expresión extranjera, ya sea en el caso de las *palabras** aisladas traducidas literalmente (como en "*living*", del inglés, que se ha traducido al español como "sala de estar"), o bien cuando el contenido corresponde a la *estructura** sintáctica de una *frase** de otro idioma. En este último caso el *calco* frecuentemente constituye un *solecismo**, es decir, un barbarismo sintáctico de los más indeseables porque atentan contra la lógica propia del idioma, como ocurre con la expresión inglesa "*in base to*", traducida literalmente al español como "en base a", y no como debería quedar, trasladada a la sintaxis española: "con base en".

PRESUPOSICIÓN. V. FUNCIÓN EN GLOSEMÁTICA Y CONTRADICCIÓN.

preterición

PRETERICIÓN. (o pretermisión, paralipse o paralipsis, "praeteritio", "occultatio", "epitrocasmo" y reyección* o remisión).

*Figura** de pensamiento que consiste en subrayar una idea omitiéndola provisionalmente para manifestarla inmediatamente después; es decir, fingiendo que se calla.

Cuando son varias las ideas que se expresan a la vez que se simula omitirlas, la preterición contiene una *enumeración** o *"percursio"*, y en ese caso se llama epitrocasmo.

Según FONTANIER, la preterición es un *tropo** de pensamiento y suele presentarse en forma interrogativa:

> ...¿describiré sus medias en treinta sitios agujereadas?

o bien en forma negativa:

> No os pintaré el tumulto y los gritos...

Dice CERVANTES.

> No quiero llegar a otras menudencias, conviene a saber, de la falta de camisas y no sobra de zapatos, la raridad y poco pelo del vestido, ni aquel ahitarse con tanto gusto cuando la buena suerte les depara algún banquete.

En éste y en muchos ejemplos, el mencionar precisamente aquello que se afirma omitir produce *ironía**, y ésta es más intensa en la medida en que la enumeración, en vez de ser del tipo de la *"percursio"* (rápida y sintetizadora) tiene en cambio las características de la *evidencia* (extensa y pormenorizada *descripción**). Esta figura está próxima a la *reyección** o *remisión* que menciona GOMEZ HERMOSILLO, en la que el *narrador** declara que se abstiene de tratar un punto y anuncia que lo hará después, cumpliéndolo así efectivamente.

PRETERMISIÓN. V. PRETERICIÓN.

PRETEXTUAL. V. ISOTOPÍA.

PRINCIPIO. V. EXORDIO.

PRIVACIÓN. V. ENUNCIADO y "PERFOMANCE".

PROCEDIMIENTO COMPOSICIONAL. V. OBJETO ESTÉTICO.

PROCESO. V. TEXTO y ANÁLISIS.

PRODIORTOSIS. V. CORRECCIÓN.

PROEMIO. V. EXORDIO y "DISPOSITIO".

PROGIMNASMA.

Ensayo o ejercicio por medio del cual el orador se preparaba antes de pronunciar su *discurso** ante el público en la antigüedad.

PROGRAMA NARRATIVO (y recorrido narrativo. manipulación, sanción).

En el análisis de relatos según la teoría de GREIMAS se llama programa *narrativo* (PN) la *cadena** en que alternan sucesivos estados de la relación (*junción**) suje-

406

to/objeto, con sucesivas *transformaciones** de la misma relación. Los estados y las transformaciones se organizan lógicamente dentro del programa. Las transformaciones se producen por operaciones del *hacer* (V. "PERFORMANCE"*) que permiten el paso de un estado a otro. Por ejemplo, hacen pasar de un estado de *disjunción* o privación (entre el sujeto y su objeto) a un estado de *conjunción* o adquisición; es decir, hacen pasar al sujeto y su objeto de un tipo de relación o junción a otro. (V. también ENUNCIADO*.)

Hay dos tipos de programa narrativo: *a)* el PN *de base*, encaminado a cumplir la transformación principal por la que el sujeto alcanza su *objeto de valor**; b) el PN *de uso*, encaminado a adquirir el *objeto modal** que forma parte de la *competencia** requerida por el *sujeto operador** (V. ACTANTE*) para poder cumplir la transformación principal.

Hay también unos PN *simples* y otros *complejos*. El PN simple corresponde a un enunciado *de hacer* que rige un enunciado *de estado*, ya sea: PN = F [S$_1$ - (S$_2$ $\cap$ Ov)]; o bien: PN = F [Sl- (S2 $\cup$ Ov)]. Es decir: programa narrativo igual a función en que el sujeto de hacer (S$_1$) hace que el sujeto de estado (S$_2$) esté conjunto $\cap$ o disjunto ($\cup$) con su objeto de valor (Ov).

El PN simple se transforma en PN *complejo* cuando es un PN general o de base que, para cumplirse, exige el previo cumplimiento de otro PN que es, por ello, un PN de uso. El PN de uso es realizable por el mismo sujeto, pero también por otro. En este último caso se trata de un PN *anexo*. El PN de la *"performance"* presupone el PN de la *competencia** porque el sujeto de hacer tiene que ser, antes, *modalizado*: tiene que *deber/hacer, querer/hacer, poder/hacer, saber/hacer*.

El encadenamiento lógico de programas narrativos simples, y también el de PN complejos en los que se encadenan la *"performance"* y la presupuesta competencia, dan lugar a una unidad sintáctica (de la sintaxis narrativa) jerárquicamente superior que *es el recorrido narrativo** (RN). Los sujetos (de hacer o de estado) son susceptibles de definición según la posición que ocupan en el recorrido narrativo en que se inscriben y según "la naturaleza de los 'objetos de valor' con los que entren en *junción"*, dice GREIMAS.

Un PN ofrece cuatro fases en su desarrollo: *a)* La *manipulación*: un *hacer/hacer*, hacer que otro haga; es la actividad de un sujeto operador destinador, ejercida sobre otro sujeto operador (de la *performance** principal). Se trata de una operación *persuasiva*, dada en la dimensión *cognoscitiva. b)* La *competencia**: un *ser/hacer* para adquirir la competencia necesaria para realizar la *transformación** principal (*saber/hacer, poder/hacer*, para *hacer). c)* La *"performance"*: un *hacer/ser* que consiste en realizar la transformación principal y que se da, como la competencia, en la dimensión *pragmática. d)* La *sanción*: actividad de un sujeto operador modalizador (destinador) que obra sobre los estados. Es de naturaleza interpretativa y, como la manipulación, se da en la dimensión cognoscitiva.

En resumen, el PN consiste, durante la fase de manipulación, en que el manipulador o sujeto modalizador o destinador actúa, en el plano cognoscitivo, mediante un hacer persuasivo que es *hacer/hacer* (es decir, *hacer/saber* o *hacer/creer*) sobre el sujeto operador de la *"performance"* principal. La persuasión versa sobre el valor positivo o negativo de los objetos que están en juego, y con ella se establece el marco axiológico en el que se desarrolla el PN. El sujeto operador persuadido o manipulado es el destinatario de la manipulación al ser convencido de que la *"performance"* debe ser realizada (puede haber automanipulación). Mientras el *hacer* del destinador consiste en ejercer la persuasión, el hacer del sujeto operador de la *"performance"* consiste en la adquisición de valores modales. Durante la fase de la competencia el sujeto operador realiza, en el plano pragmático, un hacer que consiste en adquirir la competencia necesaria para realizar la transformación principal (por ejemplo si, para *hacer*, tiene que *saber/ hacer*). Durante la fase de la *"performance"* el sujeto operador, ya instaurado como tal por efecto de la manipulación y de la adquisición de la competencia necesaria, realiza en el plano pragmático la transformación principal. Por último, durante la fase de sanción, el sujeto modalizador o destinador, en el plano cognoscitivo, evalúa o sanciona la transformación realizada, conforme a los valores establecidos en la fase de manipulación. (V. también MODALIDAD* y ACTANTE*).

PROLEPSIS. V. ANACRONÍA, ANTICIPACIÓN y TEMPORALIDAD.

PRONOMINACIÓN. V. PERÍFRASIS.

"PRONUNTIATIO". (o "actio" o hipócrisis).

También llamada en la tradición grecolatina "actio" o *hipócrisis"*, es la quinta fase preparatoria del *discurso oratorio** en la antigüedad; es la puesta en escena del orador al recitar su discurso como un *actor**, con la dicción adecuada y los gestos pertinentes para realzarlo y lograr el efecto que se propuso. Consiste, pues, en hacer uso de la *palabra** y recitar las expresiones que lo constituyen. Su estudio consideraba todo lo relacionado con la voz y con el cuerpo. Anteceden a esta etapa del discurso oratorio la *"inventio"**, y la *"dispositio"**, la *"elocutio"** y la *memoria**.

PROORACIÓN. V. ORACIÓN.

PROPAROXÍTONA.

Nombre que se da a la *palabra** que se acentúa en la antepenúltima sílaba:

> *rápido, pérfido*

es decir, la esdrújula, que siempre lleva *acento** gráfico en español.

Los *versos** que terminan en una palabra proparoxítona deben sumar una sílaba más que las señaladas para dar el número que exige el esquema métrico; por ejemplo, once sílabas para que sea un decasílabo, ya que las últimas tres sílabas cuentan como dos. Ejemplo:

todos	Resígnanse los novios,	= 7 sílabas
heptasílabos	con subconsciente *pá*nico,	= 8 sílabas
	al soso parabién	= 6 sílabas
	del concurso inor*gá*nico	= 8 sílabas

LÓPEZ VELARDE

donde el tercer verso termina en palabra *oxítona** (o aguda) y produce el efecto contrario, pues resta una sílaba. (V. OXÍTONA*, PAROXÍTONA*, RIMA y METRO*.)

PROPOSICIÓN. V. "DISPOSITIO" y EXORDIO.

PROPOSICIÓN GRAMATICAL. V. ORACIÓN.

PROSA.

Es la forma ordinaria de expresión lingüística, la que más se aproxima a la regularidad rítmica natural. La prosa no se rige por los patrones métrico/rítmicos propios del *verso**, al que se opone, sino que se funda en la *estructura** sintáctica lógica, por lo que los formalistas rusos (SKLOVSKI) advirtieron que en ella se da "una estrecha correlación entre recursos de composición y recursos estilísticos". El verso se rige por el principio constructivo de la "tendencia a la repetición"; la prosa por el de la "tendencia a la combinación" (LOTMAN).

Hay ejemplos de prosa, como los *discursos oratorios** (forenses o de predicadores, etc.) en los que es posible reconocer diversos patrones rítmicos que se encadenan, encaminados a aumentar la elocuencia cautivando a la vez el entendimiento y el oído. La recurrencia de los *acentos** enfatiza las *acumulaciones** y *gradaciones** argumentativas en tales ejemplos de *prosa rítmica* o *rimada*, como también se les ha llamado porque suelen ofrecer simultáneamente diversos tipos de *aliteración** como *rimas** y *similicadencias**.

Hay también, en ciertas épocas y en ciertos *géneros**, una *prosa poética* de la que suele haber ejemplos en las *descripciones** que forman parte de muchos *relatos** narrados. En ella se explotan los mismos filones retóricos que en la *poesía**, por ejemplo la *metáfora**. La introducción de *tropos** y fenómenos de homofonía en la prosa se remonta a GORGIAS en el año 427 a. C., según CURTIUS. Obsérvese un fragmento de *novela** de nuestros días:

> ¡Tierra marcada de huellas que no borra el viento, ceniza que arde y no quema los pies del otomí, pies y cascos que se hunden en el horizonte de la sabana entre bodoques de boñiga y el horizonte ígneo como un resplandor, calvo y güero de sol, tierra tétrica, tierra de ceniza y cal, tierra de eras despintadas que vomitan salitre, tierra blanca, fina, enjoyada de la aguda erosión del pedernal, tierra y magueyal cetrino, tierra y cuevas de adobe, tierra y delirio!
>
> Mauricio MAGDALENO

En fin, existe el *poema en prosa*, del que son antecedentes la irregularidad de los *versos amétricos* registrados ya en cancioneros del siglo XV; versos amétricos intensamente cultivados más tarde en diversas combinaciones modernistas que suelen apoyarse en la reiteración de pies métricos (V. METRO* e ISOSILÁBICO*), y en una armonía que resulta del conjunto de los diversos patrones rítmicos identificables. También son antecedentes de la *ametría** los desiguales versos largos en que se imitan los *hexámetros* latinos desde la época de El Pinciano, a fines del siglo XVI; o los abundantes "patrones métricos diversos", ensayados por los románticos en combinaciones; o bien el *verso libre* de metro y de rima, que aspira a la expresión pura y sin trabas de la poesía, desde el norte americano WHITMAN y los simbolistas franceses como Jules LAFORGUE.

Ya en el romanticismo, que se caracteriza, entre otras muchas cosas, por la mezcla de géneros, hay *narraciones** que constituyen poemas en prosa no sólo por la armonía del conjunto de *frases** de variados ritmos, sino también por la idealización de las situaciones y los *personajes**.

Entre los simbolistas (BAUDELAIRE) se busca una prosa poética que resulte musical sin que ofrezca patrones rítmicos reconocibles, y cuyas variaciones de ritmo se

prosapódosis

adapten "a los movimientos líricos del alma, a las ondulaciones de la ensoñación, a los sobresaltos de la conciencia", es decir, a las variaciones del *significado**.

En fin, la prosa rítmica, la prosa poética, el poema en prosa, los versos amétricos, las combinaciones de diversos metros, las imitaciones de hexámetros latinos y el verso libre, son formas intermedias entre las extremas de la oposición prosa/verso. Pero prosa y verso son formas cerradas y, al insertarse una en la otra, cada una promueve, por contraste, su propio principio constructivo (TINIANOV).

La prosa admite una gran variedad de ritmos naturales que se relacionan íntimamente con su estructura sintáctica pues el ritmo no sólo en verso sino también en cierta prosa, es el principio organizativo del lenguaje, sobre todo del poético, ya que ordena la distribución de sus elementos desde su base fónica, aunque en la prosa el ritmo resulta de la estructura semántica y formal, y en el verso el ritmo determina la estructura (TOMACHEVSKI).

Pero, en general, así como el desarrollo de la *enunciación** en el verso está orientado hacia la repetición de unidades rítmicas, así en la prosa este desarrollo está dirigido hacia adelante y no presenta regularidad en el retorno de los acentos. Hay ejemplos extremos de la diferencia de ritmo en la prosa. Existe el de periodos amplios que comprenden una sucesión de *oraciones** coordinadas y subordinadas que se vinculan mediante nexos o bien mediante signos de puntuación tales como dos puntos, coma, punto y coma; como en el siguiente ejemplo en que FEIJÓO describe el origen de la sangría como remedio en la medicina:

> El primero que se ofrece a la consideración es la sangría, remedio que, si creemos a Plinio y a Solino, aprendieron los hombres del hipopótamo, bruto anfibio, el cual, cuando se siente muy grueso, moviéndose sobre las puntas más agudas de las cañas quebradas, se saca sangre de pies y piernas, y después, con lodo, se cierra las cicatrices, bien que por Gesnero (un autor del siglo XVI) no puede sacarse en limpio que animal es éste, ni aún si le hay en el mundo.

Por otra parte, existe una *prosa cortada*, de oraciones coordinadas, a menudo yuxtapuestas, entre las cuales menudea el punto y seguido:

> Desasosegado, inquieto, me levanto y abro el balcón. La brisa de la madrugada entra en una larga inspiración refrescadora. Todo calla. Arriba, en el cielo, brilla parpadeante el lucero de la mañana.
>
> AZORÍN

pues la estructura de la prosa literaria responde a esquemas fundados en convenciones de época.

PROSAPÓDOSIS. (o "subnexio", "repetitio", edditio", "praeoccursio", repetición como paréntesis).

La prosapódosis es una *figura retórica** que se produce al repetir una expresión con calidad de *paréntesis** sintáctico/semántico o métrico, debido a que agrega un pensamiento secundario y explicativo ("*subnexio*") que fundamenta o aclara al pensamiento principal. Es una "*redditio*" (X... X); (X... /... X):

> *Era flor singular entre las flores...*
> *pero si —muerta ya la primavera—*
> *como flor apagara sus colores,*
> *nunca su muerte tan florida fuera.*
> Fernández DEL RINCÓN

410

Cuando la posición de los miembros es cruzada, esta figura se llama *"praeoccursio":* R1 R2 / S2 S1; es la *acumulación** argumentativa quiásmica: un *quiasmo** de pensamiento.

La prosapódosis puede repetir expresiones idénticas y otras de igualdad relajada por *derivación*, sinonimia**, etc.

> *las mujeres, a quien la rueca es dada,*
> con varonil esfuerzo los seguían;
> y con la diestra a la labor usada
> las atrevidas lanzas esgrimían
> que por el hado próspero impelidas,
> hacían crudos efetos y heridas.
> *Estas mujeres digo que estuvieron*
> *en un monte escondidas, esperando...*
>
> ERCILLA

Se trata de una *metábola** de la clase de los *metataxas** porque afecta al *nivel** morfológico de la *lengua** y se produce por *adición** repetitiva, es decir, mediante el uso del recurso general de la *repetición**.

La prosapódosis suele presentarse como una *adición** cuasi/sinonímica, complementadora, que permite, al caracterizar mediante la *comparación**, profundizar en ésta. Dice el mismo autor:

> *Como toros que van a ser lidiados*
> cuando aquellos que cerca lo desean
> *con silbos y rumor* de los tablados
> seguros del peligro los torean,
> *en su daño los hierros* amolados
> sin miedo *amenazándolos blandean:*
> *así la gente bárbara araucana*
> *del muro amenazaba a la cristiana.*

Hay una prosapódosis de igualdad relajada, combinada con *derivación** (*"redditio" poliptótica*), en la que el término repetido presenta modificado su *morfema** gramatical o derivativo, como en el ejemplo anterior: "flor... florida". (V. también ISOCOLON*).

PROSILOGISMO. V. "INVENTIO".

PROSODEMA. V. PROSODIA y GLOSEMA.

PROSODÉMICA. V. GLOSEMA.

PROSODIA (Y prosodema, acento, tono, entonación, melodía).

En *gramática** tradicional es aquella parte que se ocupa de la pronunciación regular y correcta de las *palabras** en cuanto toca al *acento* y a la *cantidad* o *duración*, y también se ocupa de las particularidades fónicas de los fenómenos métricos tales como la *medición*, la *melodía* proveniente del *ritmo**, y también el *acento* y la *duración*.

En lingüística moderna es la parte de la *fonología** que estudia los grados en que se dan los fenómenos melódicos (de altura), los de intensidad y los de duración que caracterizan el *habla**, que están "presentes en todo *enunciado** y que están constituidos por rasgos fónicos no necesariamente coincidentes con *fonemas**, ya que su naturaleza es autónoma y permanecen "al margen de la *doble articula-*

prosodia

ción*, razón, ésta, por la que algunos lingüistas norteamericanos han llamado "fonemas suprasegmentales" a las unidades prosódicas o *prosodemas*: aquellas que se observan desde una perspectiva fónica (y no fonológica). Los prosodemas no están necesariamente presentes en todas las *lenguas**, ni se caracterizan por la naturaleza de los medios físicos donde se originan, y son tales como:

El *acento*, que es un rasgo prosódico que tiene un lugar fijo y hace destacar una unidad lingüística superior al fonema (sílaba) entre las demás en la unidad acentual (que puede ser una palabra o una parte de una palabra compuesta), y que produce un contraste entre las unidades que se oponen: las acentuadas y las inacentuadas.

Los *tonos*, relacionados con la *segmentación**, que suelen caracterizarse por un rasgo de la curva melódica, y que afectan a porciones del enunciado no necesariamente coincidentes con unidades de la segunda articulación (fonemas).

La *entonación* ha sido definida por MARTINET como "lo que queda de la curva melódica una vez hecha abstracción de los tonos y los hechos acentuales". El *significante** de la entonación es la melodía o variación de altura musical, mientras que su *significado** puede ser, por ejemplo, de afirmación (*sí*), de interrogación (*¿sí?*), etcétera, y también puede ser *expresivo* (el de la *función** expresiva), cuando proporciona información acerca del estado de ánimo del hablante (entusiasmo, decaimiento, indiferencia, etc.).

El acento proviene de una articulación más intensa, de que la curva melódica alcance su cima, del alargamiento de una vocal o de la consonante que le sucede, o bien de la combinación de varios procedimientos. El acento es la intensificación de la voz que hace resaltar una sílaba (la tónica) entre las otras (las átonas). La colocación del acento, en español, da lugar a la existencia de palabras *oxítonas** o agudas, *paroxítonas** o graves y *proparoxítonas** o esdrújulas. El acento escrito o gráfico recibe el nombre de ortográfico cuando corresponde a la observación de las tres reglas generales de acentuación; se llama *diacrítico* cuando sirve para diferenciar homógrafos y, en fin, se considera *enfático* si indica cierta entonación de la voz como en el caso de la exclamación y de la interrogación. También existe un acento métrico, es aquel de cuya recurrencia periódica, dentro de los límites de la línea versal, resulta un patrón o esquema rítmico que guarda correspondencia con el *metro** y cuyo efecto es de armonía musical.

En cuanto al tono, algunos son de naturaleza melódica y se oponen entre sí, como *alto*, *medio*, *bajo* (tonos *puntuales*), u oponen su calidad de *ascendentes*, *simples* (de una sola dirección) *complejos* (de más de una dirección, sucesivamente). Otros tonos se producen por el fenómeno de *oclusión* (contacto de los órganos articulatorios que interrumpe momentáneamente el paso del aire entre ellos), que es de naturaleza fonemática, o por el cierre de la glotis (tono gutural).

La entonación que, por su parte, se relaciona con el ritmo y sus *pausas**, y también con las manifestaciones de la afectividad del hablante, suele producirse por intensificación articulatoria.

Algunas tendencias, principalmente la de los lingüistas británicos, no han delimitado con precisión los campos de la prosodia (fonología) y de la *fonemática**, por lo que consideran como prosódicos algunos fenómenos fonemáticos cuando sus rasgos característicos no se presentan en unidades simples (fonemas) sino en sílabas o en *morfemas**, es decir, en conjuntos compuestos por vocal y consonante.

También desde la perspectiva de la fonología funcionalista, se han establecido tres tipos de funciones atribuibles a los hechos prosódicos.

La función *distintiva* (como la del acento cuyo lugar en la palabra es variable y se relaciona con el significado, como en *líquido, liquido, liquidó*, o como la de los tonos). Es una modalidad de la función *contrastiva* y por ella se identifica un *signo** en la *cadena** hablada, por oposición a todos los que tienen la posibilidad de aparecer en ese punto.

La función *culminativa* (que suele estar a cargo del acento) es otra modalidad de la función contrastiva y es desempeñada por un elemento fónico que permite "advertir en el enunciado la presencia de cierto número de articulaciones importantes", lo que "facilita el *análisis** *del mensaje**" (MARTINET).

La función *demarcativa* o *delimitativa* es por ejemplo, como la que cumple el acento en uno de los extremos de la palabra. Por esta función, el lugar que ocupa en la palabra o en la unidad acentual un elemento fónico, "señala los límites de dicha palabra o dicha unidad" (MARTINET). Un elemento fónico suele desempeñar más de una función. (V. también FONOLOGÍA*).

PROSONOMASIA. V. PARONOMASIA.

PROSOPOGRAFÍA. V. DESCRIPCIÓN.

PROSOPOPEYA. V. METÁFORA.

PROSPECCIÓN. V. ANACRONÍA y TEMPORALIDAD.

"PROSPOIESIS". V. IRONÍA.

PRÓSTESIS. V. PRÓTESIS.

PROTAGONISTA (y deuteragonista).

Primer actor, el que realiza las *acciones** principales y ocupa el centro de la *intriga**; *personaje** principal en la *tragedia** antigua es el *protagonista*, mientras el *deuteragonista* es el de importancia segundaria. Comúnmente, por generalización metonímica, suele ser llamado protagonista cualquier personaje.

PRÓTASIS DRAMÁTICA.

Primera de las partes (no correspondiente al *acto** ni a la *escena**), considerada desde la perspectiva de la distribución temática de la obra dramática, según ARISTÓTELES (*protasis, epítasis** *y catástasis**).

PRÓTASIS GRAMATICAL.

Nombre de la *oración** hipotáctica cuando es la inicial del *periodo**, especialmente cuando se trata de la oración condicional. Es la parte creadora de una tensión semántica que exige ser resuelta en la *apódosis**. Comienza con un nexo como *si, siempre que, con que*, etc.

("Si tengo dinero para entonces), ← prótasis
(haré ese viaje") ← apódosis

prótesis

Es decir, es la oración subordinada que se sitúa en la primera parte del período, queda incompleta y deja pendiente una parte del *sentido**, hasta que se acabala en la segunda parte que es la principal, la subordinante que se llama *apódosis*. (V. SUBORDINACIÓN*).

PRÓTESIS (o próstesis, o afijación, o prefijación).

Fenómeno histórico considerado muchas veces como barbarismo. Es de naturaleza fonológica cuando consiste en alargar una *palabra** agregándole un *fonema** inicial de origen no etimológico: e/*spíritu*, e/*spada*, a/*sentarse*, a/*prevenirse* (popular), y es de carácter sintáctico cuando lo que se antepone es toda una palabra como en el caso de *enaguas* (en/aguas).

Cuando el elemento antepuesto es un *morfema**, este fenómeno suele llamarse también prefijación, y constituye un tipo de afijación. (V. AFIJO*.)

Este mismo fenómeno puede constituir una *figura** de dicción de uso retórico, una *metábola** de la clase de los *metaplasmos** puesto que altera la *forma** de las palabras —ya que se produce por *adición** parcial— cuyo propósito es obtener un efecto poético:

nrondan, nronronean,
ntiemblan, nentierran
nen nel nfárrago
sus sentidos smellados,
derruidos por el ruido.

PROTÍSTERON. V. HIPÉRBATON.

PROTOZEUGMA. V. ZEUGMA.

PROVERBIO. V. AFORISMO.

PRUEBA. V. "INVENTIO Y DISPOSITIO".

PUNTO DE VISTA. V. NARRADOR.

PUNTUACIÓN (supresión de).

Figura retórica* que consiste en eliminar los signos de puntuación. Afecta a la forma de relación entre las *frases** y, por ello mismo, también a su *significado** ya que puede introducir *ambigüedad** y favorecer más de una posibilidad de interpretación conforme a las pausas que, a voluntad, realice el lector en lecturas sucesivas:

Los ríos de tu cuerpo
país de latidos
entrar en ti
país de ojos cerrados
agua sin pensamientos
entrar en mí
al entrar en tu cuerpo
país de espejos en vela
país de agua despierta
en la noche dormida.

Octavio PAZ

Se trata pues de una *metábola**, de la clase de los *metataxas**, frecuentada por los escritores del siglo XX a partir de MALLARMÉ y APOLLINAIRE. Se produce por *supresión/adición* completa pues, al eliminar los signos de puntuación, se favorece la *sustitución** de unas relaciones sintagmáticas por otras.

Su empleo procura un impactante efecto de ambigüedad sintáctica y semántica debida a que, en *verso**, por ejemplo, cada línea puede relacionar su *función gramatical** y su significado ya sea con una o más de las líneas que le preceden, ya sea con una o más de las que le suceden.

En la *prosa** se le ha utilizado mucho para representar la fluidez tumultuosa de la corriente de la conciencia en los *monólogos**, meditaciones o sueños de los *personajes** cuyos pensamientos no requieren para ser comprendidos por su autor de la *entonación**, las *pausas** o el *orden** convencionales y necesarios cuando se dirigen a otros.

Cierta poesía *espacialista* ha suplido la puntuación por una disposición que se aparta de la lineal y uniforme acostumbrada, y que en cambio ofrece un aspecto diferente y establece un distinto y móvil *sistema** de relaciones entre las *palabras**. Dos tipos de imprenta se relevan alternativamente, en dos posiciones, en este "Nocturno alterno", de José Juan TABLADA:

> Neoyorquina noche dorada
> FRÍOS MUROS DE CAL MORUNA
> Rector's champaña fox-trot
> CASAS MUDAS Y FUERTES REJAS
> Y volviendo la mirada
> SOBRE LAS SILENCIOSAS TEJAS
> El alma petrificada
> LOS GATOS BLANCOS DE LA LUNA
> Como la mujer de Loth
> Y sin embargo
> es una
> misma
> en New York
> y en Bogotá
> la Luna...

En este poema se logra un efecto de ubicuidad y simultaneidad que preocupaba a los escritores de vanguardia de influencia cubista, y vence así el destino del *discurso** que, en apariencia, es fatalmente lineal y lógico/temporal.

Este recurso es capaz de procurar una enorme profundidad y complejidad a un *texto**, merced a la pluralidad de *sentidos** que resultan de su empleo, ya que en realidad lo convierten en una serie de textos simultáneos y superpuestos que sólo son recuperables en lecturas sucesivas.

Q

"QUAESTIO". V. "INVENTIO".

QUIASMO (o retruécano, "permutatio", "commutatio", antimetábola, antimetátesis, antimetalepsis, "praeoccursio").

Figura* generalmente considerada "de dicción por repetición", pero que en realidad afecta a la sintaxis y al *significado**. Consiste en repetir expresiones iguales, semejantes o antitéticas, redistribuyendo las *palabras**, las *funciones gramaticales** y/o los significados en forma cruzada y simétrica, de manera que, aunque se reconozcan los sonidos como semejantes, o las posiciones sintácticas como equivalencias contrapuestas, ofrezcan una disparidad de significados que resulte antitética, pues el cambio del orden de las palabras influye en el *sentido**. Se trata de una *antítesis** cuyos elementos se cruzan: (V. METÁTESIS)

> Ni *son* todos *los que están*, ni *están* todos *los que son.* (Dicho popular).

> Si no *puedes lo que quieres, quiere lo que puedes.*
> Bernard SHAW.

La inversión del orden corresponde a la inversión de la idea, pero esta última suele depender de un cambio de significado de la palabra, el cual procede de su nueva relación morfosintáctica:

> ...queremos ver, y para siempre, la *cara* de la *dicha*, por *cara* que nos cueste *dicha cara.*
> ROA BASTOS

pues aunque el quiasmo es una variedad de la *"transmutatio"* latina (cambio de lugar de los elementos), y también es una variedad de la *repetición** a distancia, suele combinarse, como en este ejemplo, con la *dilogía** o *antanaclasis*: la palabra en apariencia se repite, pues escuchamos la reiteración de idénticos sonidos, pero se trata de otra acepción como ocurre aquí con *cara* (rostro) y *cara* (costosa), y con *dicha* (felicidad) y *dicha* (mencionada). Este tipo de quiasmo con dilogía corresponde a una variedad de la *"traductio"* latina que abarca el juego de homónimos y la equivalencia de sonidos con diferentes significados.

El quiasmo puede ser *simple* o *pequeño* (*antimetátesis*) ante todo cuando es sintáctico, debido a que lo que resalta principalmente es la correspondencia entre las posiciones sintácticas cruzadas, ya que la oposición de significados no se funda en antónimos:

> [Los boticarios]...dan por aceite de matiolo aceite de ballena, y *no compra* sino las palabras el que *compra.*
> QUEVEDO

Cuando las palabras repetidas en el quiasmo varían debido la modificación de afijos, se trata de un fenómeno paronomásico y una repetición de igualdad relajada que puede ser el *poliptoton**:

> ... ¿La vida?
> Menos la temo *perdida*,
> *que perder* tan alta prenda.
> RUIZ DE ALARCÓN

> DON GARCÍA: Quien dice que *miento yo*
> *ha mentido*.

> DON BELTRÁN: También eso
> es *mentir*, que aun *desmentir*
> no sabéis sino *mintiendo*.
> RUÍZ DE ALARCÓN

En estos ejemplos el cambio de significado se debe al empleo de la figura llamada *derivación** o *poliptoton* (perdida, perder; miento, mentido, mentir, desmentir, mintiendo) que permite conservar casi idéntico el sonido y alterar el significado.

El quiasmo puede ser también *complicado* ("gran quiasmo": "*commutatio*", "*permutatio*" o *antimetábola*). Se trata de la figura en la que léxica o semánticamente se refuerza la antítesis, lo que a su vez influye, dándole realce, sobre la contrapuesta *simetría**:

> Escríbeme vuesa merced *que envíe* de merendar, *que guarde* secreto; yo le *guardaré* de manera, que *ni salga de mi boca ni entre en la de vuesa merced*.
> QUEVEDO

Cuando se trata, pues, de una supresión/adición (*sustitución**) de las posiciones sintácticas de las expresiones, resulta un *metataxa**. Cuando se sustituyen las funciones gramaticales de la palabra o *frase** y el significado de las mismas, estamos ante una *metábola** de la clase de los *metasememas** que de todos modos afecta a la sintaxis porque altera el orden: la disposición cruzada en la repetición rompe, en realidad, el *paralelismo** de las construcciones simétricas equivalentes, creando una simetría contrapuesta o inversa.

Inversión sintáctica (de posiciones) y semántica (antítesis):

> *Mi dicha aquella, y ésta mi firmeza.*
> SOR JUANA

Inversión de posiciones, de funciones y de sentidos:

> ...podré, *sin rendirme yo*
> obligarle a que *se rinda*.
> SOR JUANA

Inversión sintáctica: de posiciones y de funciones, y semántica (con dilogía en el primer caso: *escudos*):

> que *escudos* vencen *escudos*,
> *diamantes labran diamantes*.
> RUIZ DE ALARCÓN

417

quiasmo

La relación entre los miembros implicados en el quiasmo puede ser de coordinación o de subordinación.

Algunos autores también consideran quiasmo la simple oposición semántica de construcciones simétricas no cruzadas; en realidad son casos de simple antítesis.

El sentido actual del quiasmo implica generalmente una antítesis simultánea a posiciones o a funciones que se presentan en simetría inversa.

La *"praeoccursio"* latina es la acumulación argumentativa con quiasmo, es decir, es un *metalogismo**, un quiasmo de pensamiento. (V. PROSAPÓDOSIS*).

En este tipo de construcción del *discurso**, en que la *cadena* de razonamientos ofrece una serie de quiasmos, muchas veces aparece simultáneamente la *dilogía**. y entonces, el término disémico suele presentarse como el elemento axial de la simetría, en la posición que guarda en el ejemplo anterior de ROA BASTOS.

R

RADICAL. V. AFIJO.

"RAPPORTATI, VERSUS". V. SÍNQUISIS.

"RAPPORTÉS, vers". V. SÍNQUISIS.

RASGO DISTINTIVO. V. SEMA.

RASGO SEMÁNTICO PERTINENTE. V. SEMA.

RAZONAMIENTO ANALÓGICO. V. HOMOLOGÍA.

REALIZACIÓN. V. "PERFORMANCE".

REALISMO. V. VEROSIMILITUD.

RECENSIÓN.

Reseña crítica de una obra científica o literaria.

RECEPCIÓN.

Proceso creador de *sentido**, realizado por el *destinatario** de un *mensaje**, que procura seguir las instrucciones señaladas por la apariencia lingüística del mismo, ya que se establece una interacción entre la *estructura** de la obra y el receptor. Éste pone en juego su saber acerca del *código**, el *texto** y el *contexto**, para descifrarlo e interpretar las intenciones del *emisor**.

RECEPTOR. V. EMISOR.

RECIPROCIDAD. V. FUNCIÓN EN GLOSEMÁTICA.

RECONOCIMIENTO. V. ANAGNÓRISIS.

RECORRIDO FIGURATIVO. V. INTERTEXTO.

RECORRIDO NARRATIVO. V. PROGRAMA NARRATIVO y MODALIDAD.

RECORRIDO SEMÉMICO. V. SEMA y METASEMEMA.

RECRIMINACIÓN (antanagoge, o anticategoría, o anticlema o anteclema, o "mutua acusatio").

Figura* de pensamiento que se produce cuando el *emisor**, en vez de defenderse de una acusación que se la ha hecho, o disculparse por faltas que se le atribuyen, vuelve la acusación en contra de su víctima o en contra de su acusador.

redargución

Es una variedad del *apóstrofe**, es decir, forma parte del grupo de las figuras de pensamiento que corresponden a la alocución y que se producen, en la oratoria, "frente al público".

Así recrimina el labrador a su criado para defenderse de la acusación y amenaza de don Quijote y para seguir castigándolo, en el capítulo IV de la primera parte:

Y viendo don Quijote lo que pasaba, con voz airada dijo:

—Descortés caballero, mal parece tomaros con quien defender no se puede; subid sobre vuestro caballo, y tomad vuestra lanza —que también tenía una lanza arrimada a la encina adonde estaba arrendada la yegua—; que yo os haré conocer ser de cobardes lo que estáis haciendo.

El labrador, que vió sobre sí aquella figura llena de armas blandiendo la lanza sobre su rostro, túvose por muerto, y con buenas palabras respondió:

—Señor caballero, este muchacho que estoy castigando es un mi criado, que me sirve de guardar una manada de ovejas que tengo en estos contornos; el cual *es tan descuidado, que cada día me falta una;* y porque *castigo su descuido o bellaquería.* dice que lo hago de miserable, por no pagalle la soldada que le debo y en Dios y en mi ánima que *miente.*

REDARGUCIÓN (o retorsión).

Acción de redargüir, es decir de contestar a un *argumento** revirtiendo el mismo en contra de su *emisor**, contraatacándolo y contradiciéndolo. Significa los mismo que *retorsión.*

"REDDITIO". V. ANTAPÓDOSIS, EPANADIPLOSIS, PROSAPÓDOSIS y REPETICIÓN.

REDOBLE (fr.: "redoublement").

*Figura** de dicción que consiste en producir una *palabra** mediante la *repetición** de un elemento lingüístico, generalmente una sílaba (*blablá*), de modo que los elementos homofónicos mantienen entre sí relaciones sintagmáticas.

En el lenguaje común, con frecuencia se halla en los *hipocorísticos**: *Lala, Bibí.* Como figura retórica, es una *metábola** de la clase de los *metaplasmos** porque altera la morfología de las palabras. Se produce por *adición** repetitiva y es posible apreciarlo, a distancia, en *onomatopeyas**.

> *arrisca* el *ri*sco la *ru*gosa *fre*nte
> J. J. PESADO

y en otros juegos aliterativos:

> Oh, *Ja*cinta *peli*rroja,
> *peli-peli-roja*,
> *pel-pel-peli-pelirrojiza.*
> J. MORENO VILLA

"REDOUBLEMENT". V. REDOBLE.

REDUNDANCIA LINGÜÍSTICA.

Reiteración del *significado** que es natural en los *lenguajes** naturales, ya que pertenece al *código**. Se da en la repetición, por ejemplo, del género y el número de los sustantivos y adjetivos; del modo, el tiempo, el número y la persona del verbo. De ella depende la congruencia del *mensaje**, y a su cargo está el desarrollo de la línea de *significación** paralelo al desarrollo del *discurso** mismo. (V. ISOTOPÍA*).

Es el empleo sistemático que hace la *lengua** de *signos** superfluos que no aumentan la cantidad de información transmitida. En: *las pequeñas gatas blancas* aparece cuatro veces la marca de número plural y cuatro veces la de género femenino.

Presencia no estrictamente necesaria para la *comunicación**, en el *enunciado**, de unidades correspondientes a la primera *articulación** (*lexemas** o *morfemas**) o a la segunda (*fonemas**), que por lo mismo parecen excesivas e inútiles, pero que economizan la energía del *emisor** y la del *receptor**, porque gracias a ellas la información se transmite con mayor fluidez. Tiene pues este término, en teoría de la información, un sentido no peyorativo.

La redundancia implica una reducción de la información en el *mensaje**: a mayor redundancia (es decir, a mayor número de unidades articuladas) menor cantidad de información (nueva) relativamente a la cantidad máxima transmisible.

La redundancia funciona combatiendo el *ruido** (todo fenómeno que afecte al *canal** de transmisión y perturbe la comunicación), pues hace posible la percepción del mensaje a pesar de las perturbaciones.

La redundancia es pues el excedente de los signos en relación con el número de signos estrictamente necesario para producir la información, constituye "una especie de reserva de estabilidad semántica", dice LOTMAN. Son redundantes los signos que resultan superfluos para la cantidad de información transmitida.

La redundancia se relaciona con la economía del *lenguaje**: si un signo no es previsible a partir del conocimiento de los signos que lo rodean, no podrá ser reconstruido cuando algo interfiera en la emisión y/o en la recepción, y entonces se perturba la transmisión del mensaje; pero la redundancia permite hacer cortes en el mensaje sin que se pierda la información, como ocurre en el estilo telegráfico.

La redundancia es también el fundamento de la definición de *isotopía**, pues la lingüística danesa propone basar la coherencia *semántica* del mensaje en la redundancia de las categorías morfológicas. El desarrollo del concepto de isotopía como isosemia que resulta de la redundancia de un *sema** a través de diversos *sememas** en diversos enunciados, se debe inicialmente a A. J. GREIMAS. La redundancia es una de las condiciones de la isotopía.

REDUNDANCIA (vicio). V. PLEONASMO.

REDUPLICACIÓN (o geminación, epizeuxe, fórmula apofónica).

*Figura** de la *elocución** o construcción del *discurso**. Consiste en la *repetición** de una expresión en el interior de un mismo *sintagma**. Es una reiteración por contigüidad o en contacto:

> sobre el olivar
> se vio la lechuza
> *volar y volar.*
> Antonio MACHADO

Afecta al *nivel** morfosintáctico de la *lengua**, por lo que es una *metábola** de la clase de los *metataxas** que se producen por *adición** repetitiva. Produce un efecto de insistencia, de prolongación, y, a veces, familiar o juguetón.

referencia

La reduplicación puede darse al inicio (/XX.../), en medio (/...XX.../) o al final (/... XX/) del sintagma, sin que medie intervalo alguno entre los términos repetidos.

Aunque siempre el efecto es intensificador, la reduplicación ofrece variedad. Por ejemplo, puede darse, con igualdad relajada del cuerpo fonético, en 2 *fórmulas apofónicas* (es decir, de dos palabras) en que los términos gemelos difieran en una vocal: *tris, tras*. O bien en fórmulas paronomásicas, en que la semejanza fonética posea una sugerencia significativa:

> el lloro de *recientes recentales*
> por la *ubérrime ubre* prohibida...
> ...
> el *amor amoroso*
> de las *parejas pares*:...
>> López VELARDE

O bien en fórmulas rimadas:

> troche y moche

O como simple reiteración de la misma *palabra**:

> Dale, dale, dale
> no pierdas el tino...

Ciertas reduplicaciones parciales (de partes de palabras) parecen estar a medio camino entre la reduplicación y la *insistencia** (repetición de *fonemas**), como el *redoble**:

> Oh, *Jacinta, pelirroja,*
> *peli-peli-roja,*
> *pel-pel-peli-pelirrojiza.*
>> José MORENO VILLA

En lingüística, reduplicación es el nombre de un fenómeno morfológico que consiste en la repetición de los *morfemas**.

REFERENCIA. V. REFERENTE.

REFERENCIAL. V. FUNCIÓN LINGÜÍSTICA.

REFERENTE (y referencia).

Muchos autores ofrecen de *referente* una acepción vulgar y reduccionista: *contexto** al que se refiere la *comunicación**; objeto real o manifestación del mundo observable que es objeto de la referencia; lo *dado* por el *signo**; lo que el signo designa; la realidad del mundo a la que el *mensaje** remite. Inclusive hablan de referente *situacional* —situación en que se hablan los *interlocutores** durante la comunicación y de referente *textual* constituida por otros elementos lingüísticos, por un contexto lingüístico. El triángulo semántico de OGDEN y RICHARDS (1923) reelabora la teoría de PEIRCE y explica el concepto de *referencia**:

422

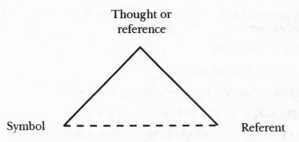

definido como la relación supuesta entre el signo y el referente. (V. *sentido**.)

Así pues, el referente es cada objeto o evento *mediado* por un "proceso de conocimiento, es decir, por la conceptualización o asignación de sentido, ya que el hombre solamente se relaciona con las cosas a través de las ideas que se formula acerca de ellas. Entre los objetos del mundo y nosotros están los conceptos a través de los cuales asumimos tales objetos. Vemos el mundo siempre, inevitablemente, a través de los anteojos de la *cultura**; es decir, a través de nuestra capacidad para representarnos lo real mediante signos, como representantes de lo real; y esta facultad humana de simbolizar, a través de nuestra capacidad para representarnos lo real mediante signos, y para comprender los signos como representantes de lo real; esta facultad humana, esta capacidad se denomina *lenguaje**. Vemos el mundo a través del lenguaje, de los conceptos. El referente no es la mesa sino el concepto de mesa que nos permite captarla y pensarla, pues nunca aprehendemos los fenómenos de la realidad en "estado bruto", sino sólo filtrados a través de conceptos que forman parte de procesos de conocimiento en los que nuestro pensamiento organiza el mundo. Los conceptos son hechos, construidos por el hombre, mediante el lenguaje, para reproducir la realidad.

Para JAKOBSON, el referente es el factor de la comunicación verbal hacia el cual se orienta el empleo del lenguaje en la *función** llamada por él *referencial*.

Por otra parte, congruentemente con la anterior definición. la noción de *referencia* puede ser descrita como el acto de relacionarse con los objetos y los hechos del mundo real mediante el referente.

"REFLEXIO". V. DILOGÍA y REPETICIÓN.

REFRÁN. V. AFORISMO.

REFUTACIÓN. V. "DISPOSITIO".

RÉGIMEN. V. SINTAXIS.

RÉGIMEN. V. SINTAXIS.

REGISTRO LINGÜÍSTICO.

MIGNOLO, basándose en HOLLIDAY y HASSAN, lo define como conjunto de *sentidos** —configuración de pautas semánticas a las que se recurre en condiciones específicas— y conjunto de *palabras* y *estructuras** lingüísticas que se emplean en la realización de esos sentidos. Por ejemplo, un profesor utiliza un registro cuando se dirige dentro del aula a los estudiantes; otro, cuando habla en su hogar con sus hijos; otro más, cuando dialoga en el taller con su mecánico, etc. El registro *sitúa*

regressio

el papel o *"rol"* social del *hablante** y, en el caso del *discurso** ficcional *configura* el papel textual del *emisor**.

"REGRESSIO". V. AMPLIFICACIÓN.

RELACIÓN. V. FUNCIÓN EN GLOSEMÁTICA.

RELACIÓN DIVERSÍVOCA. V. FIGURA RETÓRICA y UNIVOCIDAD.

RELACIÓN EQUÍVOCA. V. FIGURA RETÓRICA y UNIVOCIDAD.

RELACIÓN MULTÍVOCA. V. FIGURA RETÓRICA y UNIVOCIDAD.

RELACIÓN UNÍVOCA. V. UNIVOCIDAD.

RELATO.

La esencia del relato consiste en que da cuenta de una *historia**; narra o representa una historia; comunica sucesos, ya sea mediante la intervención de un *narrador**, ya sea mediante la *representación** teatral efectuada en un escenario y ante un público por *personajes**, en las obras dramáticas. El *cuento**, la *novela**, la epopeya, la *fábula**, el *mito**, la leyenda, son relatos narrados. El *drama** (tragedia, farsa, comedia, paso, etc.), son relatos representados.

El relato, al igual que la *argumentación** y la *descripción**, son *estructuras** discursivas que pueden aparecer en diferentes *tipos de discurso** (tales como carta, soneto, comedia) donde se articulan con otras estructuras discursivas. (V. también GÉNERO*, CUENTO*, NARRACIÓN*.)

Mijaíl BAJTÍN (*Problemas literarios y estéticos*:b) llama relato a la recreación paródica de algunas formas de la elocuencia parlamentaria jurídica, moralista (hipócrita), protocolar, periodística, científica (pedante); es decir, a documentos escritos en virtud de formalidades o reglas autorizadas por la costumbre o por decretos. A todas estas formas, este autor da también el nombre de "estratos genéricos o profesionales".

Todas ellas se forman sobre una base lingüística que él llama "opinión general", y que quizá corresponde a lo que los lingüistas hoy denominan *norma*, en otras palabras, a un *modelo*, por ejemplo: norma culta del español de México.

RELATO. V. FUNCIÓN EN GLOSEMÁTICA.

RELATO POLIFÓNICO O DIALÓGICO. V. DIÁLOGO.

"REMEDIUM".

424

En la *retórica** clásica, fórmula mediante la cual el *emisor** del *discurso** pide ser disculpado por introducir alguna *figura retórica** que le parece atrevida. También suele ser una estrategia para llamar la atención hacia la figura misma, haciéndola así más efectiva. En realidad produce *énfasis**.

REMISIÓN. V. REYECCIÓN.

RENUNCIA. V. ENUNCIADO y "PERFORMANCE".

REPETICIÓN (y prosapódosis* o "redditio", "repetitio", "subnexio", y epanalepsis*, concatenación* o "gradatio"*, anadiplosis*, epanadiplosis* o epanástrofe o conduplicación, y reduplicación* geminación o epizeuxis, epífora* o epístrofe o conversión, y epímone* o epánode, y anáfora* o epanáfora y complexión*, estribillo* y "reflexio").

Procedimiento. retórico general que abarca una serie de *figuras** de construcción del *discurso**. Consiste en la reiteración de *palabras** idénticas (*reduplicación**, *anadiplosis**, etc.) o de igualdad relajada (*paronomasia**, *rima**, etc.), o bien en la igualdad de *significación** de las palabras (*sinonimia sin base morfológica**).

La repetición puede darse en contacto, es decir, en palabras contiguas, o bien a distancia. Su efecto estilístico es rítmico, melódico, enfático. Los siguientes son ejemplos de las figuras más comunes que se producen por repetición de palabras, y en cada fórmula la x y las otras letras corresponden al modo como opera en él la *adición**:

—Prosapódosis /x...x/ (llamada también *"redditio"* o *"repetitio"* o repetición con paréntesis o subnexio), que con frecuencia repite expresiones de igualdad relajada.

—Epanalepsis /x...x/; repite la misma expresión.

—Concatenación /x...z/z...p/p...k/ (también *"gradatio"* o anadiplosis progresiva).

—Epanadiplosis /x.../...x/ (también epanástrofe, o anadiplosis quiástica, conduplicación, *redditio*). Es más extensa que la epanalepsis.

—Reduplicación /xx.../ (también geminación o epizeuxis).

—Anadiplosis /...x/x... / (o conduplicación).

—Epífora /...x/...x/...x/ (también llamada epístrofe o conversión o antepífora).

—Epímone /x...x/xx.../x.../x.../ (también epánode o repetición versátil o mixta o indistinta).

—Anáfora /x.../x.../x.../ (o epanáfora).

—Complexión /x...z/x...z/ o bien /x... x/z...z/ (combinación de anáfora y epífora).

—Estribillo. Repetición de *versos** completos entre las *estrofas**..

Su efecto, en general, es encarecedor.

En los tratados de *retórica** generalmente la descripción puramente verbal no establece límites precisos entre estas figuras, ni siquiera con auxilio de los ejemplos.

También son casos de repetición las reiteraciones de *fonemas* o *morfemas** como la *aliteración**, la *paronomasia**, la *similicadencia** y la *rima**, por ejemplo; y también lo es la *"reflexio"*, que es una *"distinctio"* (V. DILOGÍA*) en forma de *diálogo**, es decir, la repetición de un parlamento pero por un *interlocutor** diferente que, sin intención irónica, desea así comprender mejor o enfatizar la intención del otro en el diálogo.

"REPETITA NARRATIO". V. EPIDIÉGESIS.

"REPETITIO". V. REPETICIÓN y PROSAPÓDOSIS.

REPETITIVO, relato. V. SINGULATIVO.

REPRESENTACIÓN. V. DRAMA y RELATO.

REPRESENTAMEN. V. SIGNO.

REPRESENTANTE. V. SIGNO.

REPRESENTATIVA. V. FUNCIÓN LINGÜÍSTICA.

RESUMEN. V. ANTISOCRONÍA y TEMPORALIDAD.

RETICENCIA (o aposiopesis).

*Figura** de pensamiento que se realiza al omitir una expresión, lo que produce una ruptura del *discurso** que deja inacabada una *frase** que pierde, así, parte de su *sentido**. Los puntos suspensivos sustituyen aquello que resulta embarazoso decir y que por eso se omite y se deja sobreentendido con cierta imprecisión. Lo que se sobreentiende se apoya en el carácter redundante de las formas gramaticales:

> ... hombres como yo
> No ven: basta que imaginen,
> Que sospechen, que prevengan,
> Que recelen, que adivinen,
> Que... No sé como lo diga;
> Que no hay voz que signifique
> Una cosa, que aun no sea
> Un átomo indivisible.
>
> CALDERÓN

La reticencia es, pues, una *métabola** de la clase de los *metalogismos** porque afecta a la lógica del discurso puesto que produce su ruptura debido a la supresión total de una *proposición* que contiene una idea completa.

Con ello el *código** no se altera sino que se elimina, y queda a cargo del resto del discurso sugerir, con mayor o menor exactitud, lo que se omite.

Suele producir un efecto hiperbólico, de exageración o énfasis como en el ejemplo anterior pues al omitir precisamente aquello que por su gravedad, grandeza, ruindad, etc., es difícil de expresar, se dice más aún de lo que se calla. (V. ELIPSIS*).

RETÓRICA (y discursos forense o judicial o jurídico, deliberativo o demostrativo y panegérico o epidíctico; "exemplum", "exempla", niveles de sentido, historia sucinta).

Arte de elaborar *discursos** gramaticalmente correctos, elegantes y, sobre todo, persuasivos. Arte de extraer, especulativamente, de cualquier asunto cotidiano de opinión, una construcción de carácter suasorio relacionada con la justicia de una causa, con la cohesión deseable entre los miembros de una comunidad y con lo relativo a su destino futuro.

La retórica antigua abarcó tres *géneros** de discurso oratorio: el *forense* o *judicial* o *jurídico*; el *deliberativo* o *político* y el *demostrativo* o *panegírico*, *epidíctico*, encomiástico o de circunstancias, que describe (con alabanza y elogio o censura y vituperio) personas o cosas y en el que se desarrolla la *figura** de pensamiento llamada *evidencia* (*tipo de descripción**).

El *forense* versa sobre la justicia o injusticia de hechos pretéritos cometidos por un sujeto a quien se acusa o se defiende. Su finalidad es ventilar juicios y litigios o pleitos ante el juez. Los jueces y el público constituyen la audiencia. Su *argumentación** requiere agilidad: se desarrolla a base de *entimemas**. (V. "INVENTIO"*)

El discurso *deliberativo* es propio de asambleas públicas y privadas. Discurre entre el consejo y la disuación. Se emplea para exhortar a los oyentes a tomar una decisión orientada en algún sentido preciso, o bien para disuadirlos de adoptar una resolución. Su finalidad es elegir entre lo conveniente y lo perjudicial, o lo legal y lo ilegal, o lo placentero y lo enojoso, en relación con eventos futuros. Versa sobre asuntos públicos tales como finanzas (impuestos, comercio), política exterior (alianzas, tratados, guerra y paz, defensa territorial). La frecuente ausencia de una parte contraria modifica a veces la *estructura** de estos discursos, simplificándola o abreviándola. En lugar de la final *peroración* (V. "DISPOSITIO"*), este tipo de discurso solía terminar con una *apelación* para obtener votos y consenso. En su *argumentación* es frecuente el uso de los *ejemplos* o *"exempla"* —plural de *"exemplum"*— (tipo de *comparación**, caso particular de la *similitud*); en comparaciones se basa el razonamiento. El público en este caso es la asamblea.

El discurso *demostrativo* constituye el elogio exaltante de las cualidades y la figura de un hombre público, o bien el vituperio que minimiza el mérito y aumenta los defectos de un enemigo. Se pronuncia en honras fúnebres, efemérides, consolaciones, peticiones, sermones moralizantes. Se dirige a un público espectador. Su razonamiento suele ser inductivo y se desarrolla a base de comparaciones amplificatorias (los mismos *"exempla"* del genero deliberativo). El *"exordió"** en este género es muy libre, la *confirmación** suele casi desaparecer, pero la *narración** suele jugar un papel central. (Un tipo de *novela** griega, la biografía o la autobiografía retóricas, se deriva, según Mijaíl BAJTÍN, del discurso —cívico y conmemorativo— póstumo, del *"encomion"* griego o *"naerva"* romano, "que sustituyó al antiguo *lamento*" —también *"renos"*— y determinó el discurso de defensa de ISÓCRATES que "es la primera biografía antigua", "aunque en él —agrega BAJTÍN— casi no hay el momento del devenir"). (b: 324—332).

La retórica antigua presenta sucesivamente cuatro partes principales, correspondientes a cuatro operaciones casi simultáneas mediante las cuales se elabora y se pronuncia el discurso oratorio: *"inventio"*, *"dispositio"**, *"elocutio"** y *"actio"* (en ARISTÓTELES). La *"inventio"* abarca lo relativo a la concepción del discurso, al hallazgo de las ideas generales, los argumentos, los recursos persuasivos. La *"inventio'"* examina cada una de las otras operaciones (*"dispositio"*, *"elocutio"* y *"actio"*), desde el punto de vista del *emisor**, del *receptor** y del *mensaje** mismo.

La *"dispositio"* organiza lo hallado en la *"inventio"*, distribuyéndolo en ciertos apartados o *partes*: *"exordio"* (con *proposición*, *división* e *insinuación*); *narración**; *argumentación* (que contiene *confirmación* y *refutación*), y *epílogo** (con *peroración*).

La *"elocutio"* analiza cuanto atañe a verter la argumentación en oraciones gramaticalmente correctas, en forma precisa y clara con el objeto de que sirvan para convencer, y en forma elegante con el objeto de que logren causar un impacto

retórica

psicológico que conduzca a la persuasión. La elegancia se logra mediante el empleo de *figuras** (*metaplasmos** y *metataxas**, *tropos** y figuras de pensamiento. Es decir, en una parte de la *"elocutio"* (la *"electio"*) se eligen las expresiones, incluyendo las figuras, y en la *"compositio"* se redacta o se construye el *texto**. En la actualidad suele llamarse retórica solamente a esta parte: la *"elocutio"*, el lenguaje figurado; es decir, a la parte denominada *"electio"* que normaba la elección de los giros verbales que individualizan el discurso y determinan la producción de efectos estilísticos.

La *"actio"*, *"hipócrisis"*, o *"pronuntiatio"*, era la puesta en escena del orador al recitar su discurso.

Algunos retóricos consideraron como partes de la retórica posteriores a la *elocución**, la *memoria** y la *"pronuntiatio"*, que se refiere ya no a la elaboración del discurso sino a su realización verbal y a la formación del orador, pues la *memoria* propone métodos mnemotécnicos de aprendizaje de la pieza oratoria y de los recursos en general, y la *pronunciación* (o *actio*) recomienda procedimientos para modular y hacer valer la voz, combinándola con los gestos, durante el tiempo en que el discurso se profiere.

La retórica es muy antigua, tiene una larga historia. Según CURTIUS tiene su origen como idea del discurso subyacente en los de naturaleza poética de *La Ilíada* y de *La Odisea*. Según CICERÓN (*Brutus*) —quien se apoya en ARISTÓTELES y es parafraseado milenios después por BARTHES— aparece como reflexión teórica relativa al discurso oratorio generado en el seno de procesos relativos a la propiedad. Por ello, esta disciplina es "hija de la democracia y del derecho" (V. LÓPEZ EIRE:b) vigentes en la ciudad—estado griega (polis).

La sistematización de los procedimientos y recomendaciones para idear, construir, memorizar y pronunciar diferentes tipos de discursos, data, pues, del segundo cuarto del siglo V a. C. entre los griegos que poblaban Sicilia. Allí, después de la expulsión de los tiranos, CÓRAX y su discípulo TISIAS por primera vez escribieron preceptos sobre retórica, iniciando su cultivo como disciplina sujeta a un método. De Sicilia pronto la llevaron a Atenas y de allí a Roma, ya que era un saber indispensable para hacer carrera política, por lo que formaba parte privilegiada de la educación de la aristocracia —de los mejores hombres, los llamados a gobernar, los estadistas— y apuntalaba en gran medida la estamentación de la sociedad. Su carácter pedagógico se basaba también en la idea de que la enseñanza de la retórica procuraba un fundamento moral al educando ya que para dominar el arte de *hablar bien* se requiere *pensar bien*, y para pensar bien es necesario *vivir bien*, y sin todo ello no es posible ni conmover, ni convencer: por lo tanto, tampoco es posible persuadir. (V. PERSUASIÓN).

Desde entonces (como en seguida veremos a grandes rasgos), a través de la historia, los teóricos de la retórica han sido numerosísimos, a pesar de que también desde hace mucho —para algunos desde la pérdida de la Ciudad griega, para otros, como QUINTILIANO, desde el Imperio romano, y, para otros, al menos desde la alta Edad Media— la oratoria está en decadencia.

En realidad, su deterioro comienza con la pérdida de la democracia, pues su naturaleza está más poderosamente vinculada al manejo del poder y a la libertad de expresión —como afirma Antonio LÓPEZ EIRE: b)— que a otros asuntos. Por

428

ello se reduce a la epidíctica y se refugia en el campo de la enseñanza, aunque al menos su teoría se salva para nosotros al ser objeto de un excelente trabajo de recopilación en el compendio de QUINTILIANO.

Luego, al multiplicarse su nomenclatura como resultado de atravesar, durante siglos y milenios, por la diversidad de tantos pueblos, culturas y lenguas, y al ser enseñada según métodos inductivos, se convierte en el cilicio de los estudiantes y maestros, y acaba de desacreditarse hasta su sorpresiva recuperación en el siglo XX.

La historia de la retórica evidencia los vínculos que ésta ha mantenido, durante 25 siglos, con las luchas sociales por el poder y con las transformaciones estructurales y las oscilaciones entre auge y decadencia de las sociedades. Los *tipos de discurso** (*deliberativo, forense* y *epidíctico*) se constituyeron a partir de que su utilidad práctica se afirmó como consecuencia de la prosperidad económica y la evolución de la *"polis"* griega, que impulsaron la expansión territorial de Grecia en los siglos VII y VI a.C. La utilidad práctica de los discursos conduce a la elaboración de una teoría de su construcción, de su pronunciación y de su enseñanza. A esta teoría se llamó retórica.

Se tiene noticia de numerosísimos autores. Quizá los más antiguos teóricos y profesores de retórica fueron, en el siglo V a.C. EMPÉDOCLES de Agrigento (que hace notar en ese tipo de discurso una "fuerza remediadora de situaciones"; su mencionado discípulo CÓRAX de Siracusa y TISIAS, de quienes se dice que inventaron la retórica.

GORGIAS, (345-383? a.C.), pragmático siracusano (maestro de ISÓCRATES), que enseña en Atenas y da a esa disciplina un carácter utilitario, dado que comercia con su enseñanza y la presenta como un medio para que el orador se instale confortablemente en la esfera social, económica y política, es el más admirable de los antiguos sofistas, iniciador de la oratoria epidíctica y, según LÓPEZ EIRE, vuelve a fundar la retórica y la dota de base racional confiriéndole un estatuto filosófico, y es, además, el descubridor de "la estética del efecto que el acto de habla artístico ejerce sobre el receptor" o, de otro modo, de la "facultad psicagógica" o "encantadora de almas" que debe ser empleada, naturalmente, con respeto por la justicia. La retórica de GORGIAS está emparentada con la medicina hipocrática que ejerce su hermano HERÓDICO, porque ve en el poder de las palabras propiedades semejantes a las de los fármacos y ensalmos que "inducen al placer", "evacuan la pena", "purgan los humores del alma, contagian emociones, deleite, aflicción, terror", y "construyen mundos atractivos y convincentes" pues "la fuerza del discurso actúa sobre la disposición del alma" igual que "los fármacos sobre la naturaleza del cuerpo" (Op.cit.:15).

El filósofo SÓCRATES (470-399 a.C.) crea una disciplina, la *dialéctica**, al combatir a los sofistas (GORGIAS y sus discípulos); ésta, junto con la retórica y la *gramática**, será durante muchos siglos básica en la enseñanza.

ISÓCRATES (436-334 a.C.), discípulo de GORGIAS, que en su discurso *Antídosis* explica el "proyecto para la formación del nuevo ciudadano de la polis abierta" (Ibidem) en el cual ya es pieza fundamental la retórica.

PLATÓN (428-347 a.C), en sus primeros diálogos, bajo el influjo de los sofistas, vio con recelo la retórica aunque más tarde (en el *Fedro*), después de su trato con ISÓCRATES, cree en la posibilidad de una nueva retórica, de fundamento científico, que aspire a conocer la verdad. En su diálogo *Gorgias* se halla el germen del vínculo que sujeta severamente a la retórica al yugo de la dialéctica y que la relaciona con la pedagogía; no desconoce su valor, sin embargo, si responde a una ética.

ARISTÓTELES (384-322 a C.), máximo genio sistematizador del conocimiento en la antigüedad, hace de la retórica una disciplina que forma parte de la lógica, útil para perfeccionar la facultad de argumentar con que se persuade acerca de cosas probables. Tales razonamientos no se sirven de argumentos perfectos o *silogismos* (ya que éstos son instrumentos fundados en relaciones necesarias y encaminados a conocer la verdad que busca la ciencia), sino que se sirven de silogismos imperfectos, ya sea por defecto (los incompletos o *entimemas**) o por exceso (los silogismos complejos o reforzados —*epiqueremas**— o sus variedades (*dilema** o *sorites**), que se fundan no en relaciones verdaderas sino en relaciones plausibles, que están encaminados a conocer lo verosímil, y que constituyen *desviaciones** o transgresiones de la lengua respecto de una gramática estricta. Este autor organiza más de 300 argumentos probables y plausibles, dentro de una disciplina vinculada a una dialéctica permisiva y tolerante, que no se ocupa de las ciencias sino de las creencias y opiniones, y que usa medios de persuasión pedagógicos y psicológicos (el *ethos*) (V."INVENTIO" y VEROSIMILITUD*.)

La retórica en que se difunden mezcladas las enseñanzas de PLATÓN con las de ARISTÓTELES prevalece a través de los siglos. Roma la divulgó así, y la afinó como instrumento didáctico a través de CICERÓN (106-143 a. C.) y QUINTILIANO (35?-95? d. C.). independientemente de la evolución que los vaivenes políticos le impusieron luego, al convertirla en el instrumento ideológico autoritario y ampuloso de la decadente Roma imperial por un lado, y por otro en la herramienta de la catequesis y la liturgia del cristianismo en ascenso. CICERÓN dedicó a la retórica varios de sus libros y principalmente la enriquece (en *Sobre la invención*) organizando un esquema de la argumentación con el complejo sistema de los tópicos de los rétores helenísticos. En cuanto a QUINTILIANO, fue el primer maestro de retórica (ya disciplina formadora de letrados y estadistas) pagado con fondos públicos en tiempos de VESPASIANO, antes de dedicarse a la elaboración de su *Institución oratoria*, compendio de sabiduría y erudición que tuvo mucha influencia en Europa durante toda la Edad Media. En esta obra se consolida, junto con la lengua y la teoría del derecho, la esencia del gran legado sociopolítico con que Roma enriqueció al mundo.

La *Retórica a Alejandro* (anónimo de la época) se refiere a la opinión del orador, a las pasiones (*páthe*) de los oyentes, "susceptibles de ser suscitadas, encrespadas o solivantadas" mediante argumentos verosímiles o "aceptables en el universo de la opinión (*doxa*)". (Ibidem).

La prolongada época denominada Segunda Sofística (50 a 400 d.C.) se vio dominada (V. A. REYES) por el asianismo que, para Roland BARTHES (:a) fue más bien una intención estética. Se cultivó en la escuela un discurso ficticio (carente de situación real) llamado *declamatio* y vinculado a los *progymnasmata* o ejercicios de adiestramiento relacionados también con la narración.

Ésta es también la época helenística y romana en la que, con el hundimiento de la ciudad—estado, embarnecen las dimensiones ética y pedagógica de la retórica que se refugia en la educación escolar con los tratados de DIONISIO de HALI-

CARNASO (s. I d.C.) sobre la composición, y de TEOFRASTO, y HERMÁGORAS DE TEMNOS (siglo II d.C.); con el de DEMETRIO y del PSEUDO ARISTÓTELES sobre el estilo, y el *De sublimitate* atribuido a LONGINO, también del siglo II. d.C. Todos ellos "coinciden con las filosofías presocráticas que aspiran a la felicidad del individuo a través de la ética" (Ibidem). Los oradores de los siglos II y III, por ejemplo, se preparan para ejercer una oratoria ocasional, como puede observarse en el arte retórica del PSEUDO DIONISIO de HALICARNASO o en las obras atribuidas a MENANDRO de LAODICEA y en las *Vidas de los sofistas* de FILÓSTRATO.

Por esta época surge un nuevo género: el epistolar, respuesta a la exigencia de comunicación a distancia, que ya rebasa los límites de la antigua polis. La carta era muy usual entre los romanos, pero no hay tratados anteriores al de Julius VÍCTOR (s. IV d.C.), y su apogeo abarca del aparato administrativo del reinado de Carlomagno (742-814) al siglo XII. (V. MURPHY:a)

La tradición grecolatina está muy viva en el siglo IV d. C. cuando, a partir de ella, SAN AGUSTÍN (354-430), para conciliar la filosofía platónica (el intelecto) con el dogma cristiano (la fe), reinterpreta a PLATÓN, ARISTÓTELES y CICERÓN, iniciando así la tendencia —que duró toda la Edad Media— a hacer una lectura cristiana de los *textos** paganos; lectura que se vierte en el *lenguaje** teológico latino que sirve al mantenimiento del orden eclesiástico y que ayuda a retardar la disgregación política del imperio. El *De doctrina* de SAN AGUSTÍN tiene antecedentes en el *Fedro* de PLATÓN, en la *Retórica* de *ARISTÓTELES*, en el *De Oratore* de CICERÓN y en la *Institución oratoria* de QUINTILIANO.

MARCIANO CAPELLA, entre 410 y 427, escribió su obra alegórica sobre las bodas de la filología con Mercurio y transmitió a la Edad Media las siete artes liberales tal como iban a quedar en la Enciclopedia de ISIDORO y durante toda la Edad Media en el Occidente, con predominio de la gramática sobre la retórica; mientras en Oriente (Bizancio) la retórica se basa en los modelos de oratoria, desde DEMÓSTENES hasta LIBANIO, a partir de la doctrina de Hermógenes de TARSO (s. II d.C.) que conserva influencia platónico/isocrática, y que así conserva "independencia, autonomía, prestigio e idiosincracia" (V. LÓPEZ EIRE, b:57).

Durante la Edad Media la retórica, aliada a la *gramática** y a la *dialéctica** en el *"trivium"* y en la doctrina preservada en los tratados de Elio DONATO (s. IV) —que incluye en esa gramática las *exornationes* y la explicación de los poetas—, cumple durante 10 siglos un papel didáctico en la formación intelectual del teólogo. En cuanto a éste, es el prototipo del pensador, es el gobernante, el reproductor del *modelo* de organización social y de la *cultura** colectiva medieval; es el educador de la gente del pueblo, incitada por él a ir por el camino que conduce a la virtud de Dios.

Entre el siglo IV y el XII se revela en el pensamiento de los enciclopedistas —CASIODORO (s. VI), ISIDORO (s. VII), ALCUINO (s. VIII) y RABANO MAURO (s. IX)—, y en el de los autores de la patrística (s.IV)— San AMBROSIO, San BASILIO, San JERÓNIMO y San Juan CRISÓSTOMO—, el variable papel de la retórica orientada a satisfacer las necesidades del cristianismo a través de la homilía que se desarrolla sobre la pauta de la liturgia judía, y que se basa también en los textos de la *Biblia* y de los *Evangelios*.

retórica

Ni los cambios en la relación entre las disciplinas del *"trivium"* (a través de personalidades como BOECIO (V—VI) o ALCUINO (VIII); ni la empresa del primer retórico inglés, BEDA (ss. VII—VIII), que retoma la tarea (ya antes de los enciclopedistas) de cristianizar la retórica, como parte de la reforma escolástica del Renacimiento eclesiástico carolingio romano—germánico; ni la revitalización de una y otra tendencia (ARISTÓTELES o PLATÓN) debido a diversas circunstancias (influencia de los árabes, por ejemplo), modifican sustancialmente este panorama. En él la disciplina retórica muestra una poderosa vitalidad abarcadora del enciclopedismo, la administración, la educación y la predicación (V. CURTIUS), excepto en el hecho de que, a partir del siglo XI, hay un mayor número de testimonios de la decadencia de la retórica por diversas causas: en España sólo se conserva (hacia el siglo XV) la apologética cristiana dedicada a la conversión de infieles árabes y judíos, debido a la ausencia de juego democrático en la vida política (en lo que toca al género deliberativo) y debido al abandono de la tradición romana en los litigios, que se desarrollan a partir de la interpretación de textos leídos y no recitados (en cuanto a la oratoria forense). Sin embargo, la retórica continúa siendo una disciplina escolar hasta el siglo XVIII, y su empleo sigue siendo variado.

El *ars poetriae* surge en el siglo XI. En el XII y en el XIII MURPHY (V.:a) registra una serie de *ars poetriae* o gramáticas preceptivas (que tienen su antecedente en *De arte metrica*, de BEDA, quien introduce en la Edad Media la teoría del ritmo), que pretenden enseñar a versificar y contienen principios de métrica y rítmica así como reflexiones sobre los modos de significación, sobre la *dispositio* y sobre algunas figuras de la *elocutio*. Estos manuales coexisten todavía con el de gramática elemental (*Ars minor* y *Ars maior*) de DONATO (s. IV) —el maestro de San JERÓNIMO—, y con la obra posterior (s. VI) de PRISCIANO (*Institutiones gramaticae*) destinada a cursos avanzados.

También en el siglo XII hay un regreso a la gramática especulativa (como la de los estoicos en la antigüedad) entre estudiosos de la Dacia (Escandinavia y Dinamarca), los *modistas*, en quienes BARTHES (V.:a) ve un remoto antecedente del moderno estructuralismo porque privilegian la estructura (sintaxis, flexión, régimen) del discurso. Estos teóricos escribieron libros llamados *De modi significandi*, mismos que se usaron durante dos siglos para estudiar morfología y sintaxis, asuntos precedidos de una introducción relativa, tanto al ser y sus propiedades (*modi esendi*), como a los aspectos del conocer (*modi intelligendi*) y a los modos de significar mediante el lenguaje (*modi significandi*). Fueron luego, sin embargo, criticados por ERASMO (1466-1536) en lo relativo a su contenido y su modo de exposición. Por esa misma época, en los siglos XII y XIII, en la universidad de París, renace la influencia de ARISTÓTELES (vuelto a introducir por los árabes en Europa) y vuelve a dominar la lógica del estagirita (dialéctica, diálogo, disputa) sobre la gramática y la retórica.

En los mismos siglos XI y XII renace el ya mencionado género epistolar (V. supra) o *ars dictaminis*, objeto de estudio desde Julius VÍCTOR y objeto de numerosos formularios de distintos modelos de mensajes durante el reinado de CARLOMAGNO. Renace otra vez en el *Dictaminum radii* (o *Flores rhetorici*) del monje Alberico del monasterio de Montecasino, y en su *Breviarium de dictamine*.

Así, la retórica se escinde en tres artes: carta, poesía y sermón. A la epístola se le asigna un estilo rítmico en prosa, denominado *cursus* (ya usado por CICERÓN en sus cartas y discursos: en él los finales de cláusula pasan, de ser métricos, a ser rítmicos o acentuales), pero que en el siglo XII proviene del uso de los escritos de la curia y de los documentos del papado. Se trata de una prosa artística (*rhetoricus sermo*) cuyos límites respecto de la poesía no son claros. En la teoría que rige la redacción de las cartas se aplican los principios tradicionales de gramática y retórica, tales como la *captatio benevolentiae* ciceroniana al inicio, así como el *exordio*, la *narratio* y la *argumentatio* presentes en distintos autores y épocas, e igualmente el obligado estudio de las figuras. La tendencia a la excesiva imitación de los formularios marca su decadencia.

Mientras, el *ars praedicandi*, (la llamada *homilía* —desde el siglo IV—, la oratoria adaptada a las necesidades de la sociedad cristiana a través de San AGUSTÍN, de los enciclopedistas —ISIDORO y CASIODORO—, de BEDA, y de la reforma escolástica de CARLOMAGNO), con sus oscilaciones de rechazo y acercamiento respecto de la dialéctica, la sofística y las figuras, sigue a veces (s. V al XI), repito, la pauta de la liturgia judía —lectura y comentario de textos bíblicos—, se apega al modelo de Cristo en los *Evangelios*, o a obras como la de Gregorio MAGNO (*Cura pastorialis*, s. VI), o la de Rabano MAURO (*De Institutione clericorum* s. VIII—IX).

En el siglo XI un teórico de la predicación, el monje benedictino Guiberto de NOGENT, reintroduce en la Edad Media la teoría de los cuatro niveles de sentido de la predicación bíblica, idea que proviene de *La Cábala* y pasa por San AGUSTÍN. Este autor describe los *puntos de vista* (según él los llama), como: *histórico*, que describe los hechos de la realidad o "como si la hubieran tenido"; *etiológico*, cuando se menciona la causa de lo que se hace o se dice; *analógico*, que muestra "la armonía admirable que existe entre el *Antiguo* y el *Nuevo Testamento*"; y *alegórico*, el que "nos previene para que no tomemos a la letra todo lo que allí se nos dice, sino en sentido figurado".

En Guiberto de NOGENT, esos cuatro niveles o sentidos son: el de la *historia* o sentido literal (los sucesos); el de la *alegoría* o sentido figurado; el *tropológico* o de edificación moral y el *anagógico* o de iluminación espiritual. DANTE así los menciona y se difunden en el Renacimiento. Según esta teoría, el sentido moral, tropológico, de la edificación, es el de mayor importancia porque da pie para la invención de la homilía.

Dos siglos después, (s. XIII) reflorece esta teoría con Tomas CHABHAN o de SALISBURY, quien relaciona el sentido literal con la filosofía y la teología, y los otros tres con las Escrituras, lo que quizá sea el más remoto antecedente de los conceptos de *univocidad** y *equivocidad** asignados respectivamente, como virtudes, al lenguaje referencial y al literario. Tomás de SALISBURY preconiza cierta organización de las partes del discurso (thema, prothema, antethema, divisio) —la parte inicial era una plegaria—. Él y otros autores sus contemporáneos, próximos a la universidad de París, difunden entre los europeos esta idea del arte suasorio; aunque en esa universidad se elimina en el siglo siguiente la enseñanza de la retórica. Pero la teoría de los cuatro niveles de sentido vuelve a estar presente entre los retóricos del Siglo de Oro, por ejemplo en el *Cisne de Apolo* del jesuita Luis Alfonso de CARVALLO (s. XVII), quien habla todavía del literal, el moral, el alegórico y el anagógico.

retórica

En el siglo XIV, dice MURPHY, el *ars praedicandi* estaba asociado a la retórica y a la poética en los tratados, por ejemplo en la obra de Roberto de BASEVORN, y en España decae la oratoria jurídica debido a los cambios ya señalados en las prácticas jurídica y política.

En 1416 se descubre en el Monasterio de San Galo el manuscrito completo de la *Instituto Oratoria* de QUINTILIANO, conocida parcialmente durante siglos. "Poco después (V. LÓPEZ EIRE: b) Lorenzo VALLA, autor de *Elegantiae Latini Sermonis*, pone a QUINTILIANO por encima de CICERÓN como modelo de elocuencia, acentúa la moralidad del orador, declara la inferioridad de la cultura pagana con respecto a la cristiana y proclama la superioridad del silogismo retórico sobre el dialéctico (y de la retórica sobre la dialéctica), da supremacía a la retórica sobre las ciencias humanas, y a la oratoria como praxis ejercida en las esferas de intereses sociales y políticos". En fin, "se renueva la motivación ético/práctica".

Bajo el influjo de este descubrimiento renace la oratoria cristiana en la España que lucha por absorber a las sociedades árabe y judía, y luego influye en ERASMO (1466-1536), en VIVES (1492-1540), en LUTERO (1483-1546) que lucha, titubeante, por conservar el latín y por reivindicar el uso literario del alemán al que tradujo las *Escrituras*, alimenta el debate en el Concilio de Trento (s. XVI) y arma a quienes acogen la aparición del conceptismo como oportunidad de polemizar: Benito ARIAS MONTANO (1527-1598), Diego de ESTELLA (1524-1578), Francisco TERRONES DEL CAÑO (1551-1613) y Diego María RENGIFO (en su *Arte poética*, excelente compilación de retóricos italianos como SCALIGERO y TEMPO), que conservan la tradición renacentista de VIVES; ellos polemizan contra PARAVICINO (1580—1633), principal practicante del gerundismo, contra GRACIÁN (1601-1658) —que no adopta a los gerundistas, pero tampoco rechaza a los conceptistas— y contra otros (como JIMÉNEZ PATÓN —s. XVII) que deslindan entre la retórica de los predicadores y la más libre y aguda de los poetas. Durante el Renacimiento español, (V.Martí:132) se registra la tendencia a simplificar la retórica considerando sólo la invención y la elocución. VIVES atribuye su decadencia a la servil imitación de los antiguos, y ARIAS MONTANO a la aparición de los primeros brotes del conceptismo, anatematizado en los sermones a raíz del Concilio de Trento (segunda mitad del s.XVI) que recomienda estudiar con mayor ahínco las *Escrituras* y dejar tanta libertad para lo poetas.

Además del libro de QUINTILIANO, en 1421 se descubre también un ejemplar. completo del *De Oratore* de CICERÓN. Este libro y el anterior ofrecen a los europeos una visión más distante del pragmatismo, de la técnica y de la gramática que la que se tenía a la sazón (proveniente más bien del *De Inventione* de CICERÓN y de la *Rhetorica ad Herennium*), y ello aproxima otra vez a esta disciplina, como en la antigüedad clásica, a la filosofía, la política, la literatura y la pedagogía.

En esos siglos (XV a XVII) NEBRIJA (1444-1522) compiló y prologó retóricas de ARISTÓTELES, de CICERÓN y de QUINTILIANO. Juan Luis VIVES (1492-1540), amigo de ERASMO y de Tomás MORO, publica en 1532 su obra retórica, que es innovadora y precursora de la edad moderna en aspectos didácticos, antropológicos y filosóficos. Su *De ratione dicendi*, donde recomienda el estudio de la dialéctica es, según B. VICKERS (V. LÓPEZ EIRE b) "el primer tratado moderno dedicado a la anatomía y fisiognomía del estilo"; es decir, es la primera estilística moderna, y "en su *Tradendis disciplinis* (mencionado por CROCE), hace el más concienzudo, completo e inteligente informe sobre el papel de la retórica en la educación". GALILEO (1564—1642) tuvo también una sólida formación retórica que utilizó para defender su concepción del mundo contra la de los aristotélicos.

Desde que apareció la imprenta hasta 1700 —dice MURPHY: a)— proliferaron tratados de retórica en latín, italiano, francés, español, griego, inglés, alemán, polaco, bohemio (o checo), holandés, danés, sueco, galés. La retórica es entonces más importante que la gramática y que la lógica formal que predicaban los escolásticos, la cual se ve sustituida por el arte de disertar.

MARTÍ considera que de los siglos XVI al XVIII la retórica y la poética en España seguían una línea aristotélico—horaciana. Ya en el XVIII comienza a reinar la influencia francesa de los *Tropos* (1730) de DUMARSAIS (1676-1756), aunque en LUZÁN (1702-1754) se observa la de BOILEAU (1636-1711) junto a la de autores italianos como MURATORI (1672-1750) y GRAVINA (1664-1718), mientras la retórica de MAYÁNS (1699—1781) regresa a la tradición latino española. En el siglo XIX influye en España Pierre FONTANIER, crítico de DUMARSAIS, con su *Manuel classique pour l'étude des tropes* (1821) y sus *Figures autres que tropes* (1827), que exhiben un notable alarde de poder clasificador.

A partir de la fuerza artística humanista del Renacimiento, se revitaliza la *poética* y se propicia que dentro de ésta ocupen un lugar cada vez más importante la *"electio"* y la *"compositio"*, divisiones de la *"elocutio"*, tercera de las *partes* preparatorias del discurso oratorio y de la retórica clásica; es decir, se favorecen el desarrollo y la predominancia del subsistema que abastece al escritor de recursos asociativos que le permiten lograr los aspectos más sugestivos de la *literatura** en el discurso *figurado*, y cuyo empleo comenzó a ser muy libre y abundante a partir del Renacimiento. El desarrollo de la *"elocutio"* retórica, ligada a la *poética* o teoría de la literatura, hace a ésta intrincada e impulsa el desarrollo del proceso literario —aunque con alternantes períodos de autoritarismo académico— por el camino de la originalidad artística.

Pero hay una época en que se recrudecen los ataques de que periódicamente ha sido objeto la retórica por parte de la filosofía (desde PLATÓN). En el siglo XVI Petrus RAMUS (Pierre de la RAMÉE, 1515-1572) se esforzó por imponer una visión, reduccionista del campo de acción de la retórica al área del estilo (la *elocutio*) y por despojarla de la invención y la disposición de los argumentos. RAMUS, de familia burguesa empobrecida, maestro en artes —en 1536— con la tesis de que todo lo que dijo ARISTÓTELES es falso, se dedicó a la enseñanza y en 1543 publicó —apoyándose en Lorenzo VALLA (1407-1457) y en el humanista holandés Rudolf AGRÍCOLA (1443-1485)— la tesis que deja reducida la lógica aristotélica a una pura verbalización de la apariencia. (Ibidem, b:67).

Desde el campo de la filosofía de la ciencia le han sido propinados a la retórica los ataques más violentos a partir del inicio del mundo científico moderno que inauguran COPÉRNICO (1473-1543), Francis N. BACON (1561-1626), KEPLER (1571-1630), GALILEO (1564-1642), DESCARTES (1596-1650) y NEWTON (1642-1727), y que se consolida en el siglo XVII. Estos pensadores quitan al hombre del centro del universo y hacen, inclusive, que la ley (divina) de la gravitación, permita que los astros continúen moviéndose sin intervención de Dios (NEWTON). La filosofía es seducida por la ciencia y menosprecia la retórica (Ibidem, b:71).

Bacon (1561-1626) es el "creador del método inductivo moderno (inducción controlada frente a la deducción) y pionero de la sistematización de la metodología de la ciencia. Ésta se basa en la observación y en la experimentación que buscan obtener principios teóricos sólidos, mismos que surgen de la comprobación lograda durante series de experimentos repetidos que procuran rango científico a un sistema que resulta opuesto al aristotélico y al escolástico". Este autor coincide, sin embargo, con ARISTÓTELES, en que a la retórica no corresponde el terreno de la demostración científica "sino el dominio de la facultad moral del individuo: opiniones, convicciones, pasiones", que es acientífico y desvinculado de la razón, por lo cual el intento de persuadir en política debe quedar gobernado por la ética y debe liberarse de "la influencia de los ídolos de la plaza del mercado" (Ibidem, b:68).

Sin embargo, aunque el siglo XVII es el del despegue científico europeo, la retórica se sigue enseñando en las universidades. Johannes KEPLER (1571-1630) estudia en Tübingen los dos libros de retórica de MELANCHTHON (1497-1560) (que había añadido a los tres géneros clásicos de la retórica el didáctico) y luego él mismo enseña retórica en la universidad de Graz (Op. cit.:66).

Por su parte DESCARTES (1596-1650), reconstructor y modernizador de la filosofía, impulsó el idealismo alemán con su lema *je pense, doc je suis* que propone "la superioridad del espíritu de la mente pensante, sobre la materia del mundo estudiado". En él se basaron el empirismo inglés: BERKELEY (1685-1753), para quien "existir significa únicamente ser percibido" y los datos de los sentidos no son una base confiable para razonar —excepto en la aritmética y la geometría, no sujetas a lo concreto— porque "comienzan por principios derivados de procesos mentales que avanzan en forma deductiva", y FICHTE (1762—1814), quien durante su trayectoria pasó del racionalismo inmanentista y el jacobinismo político al espiritualismo trascendente teísta y el nacionalismo acendrado por la invasión francesa a Alemania. La retórica queda en estos autores "al margen del conocimiento racional cartesiano" ya que "su concurso es innecesario por engañoso y no confiable" (Op.cit.:69).

El empirista John LOCKE (1632-1704), en el seno de la Royal Society donde produjo su *Ensayo sobre el conocimiento humano* expone ideas revolucionarias de libertades civiles y políticas que atrajeron la persecución sobre su persona. Paradójicamente enseña retórica (en Oxford), posee un estilo retórico, pero considera a esta disciplina como un "arte de engaño" y un "medio para descarriar el juicio". Para él los conocimientos —excepto la lógica y la matemática— proceden de la experiencia, se derivan de las percepciones sensoriales (Op.cit.:70).

Para el físico y matemático Jean D'ALEMBERT (1717-1783) —colaborador de DIDEROT en la *Enciclopedia*— la retórica, pueril y pedante, se opone a la filosofía. La elocuencia está por encima de ella y procede de poner en juego un conjunto de dotes naturales que no se aprenden.

También KANT (1724-1804) —*Crítica del juicio estético*— ataca a la retórica diciendo que promete tratar temas serios, pero entretiene a la audiencia con juegos de ideas de hermosa apariencia —robados a la poesía— con los que el orador persigue su propio provecho. La poesía está, así, por encima de la oratoria. El prejuicio contra la retórica en este autor procede, por una parte, —como en el *Gorgias* de PLATÓN— de que la relaciona con la corrupción política, por lo cual piensa que la retórica debe ser desterrada de la república y ésta debe ser dirigida por los filósofos; por otra parte, de que el racionalismo persigue la verdad científica o filosófica absoluta, (aunque no tiene por qué "invadir el área del debate sobre verosimilitudes basadas en valoraciones sociales vigentes", pues es tanto como "someter las cosas humanas cotidianas al rigor inhumano de la matemática o la geometría", dice LÓPEZ EIRE). PLATÓN en cambio —en el *Fedro*— propone una retórica al servicio del discurso verdadero, justo y legítimo. Esta relación, necesaria entre moral y retórica se vuelve una tradición presente, por ejemplo, en San AGUSTÍN (*De doctrina christiana*) y en Juan HUARTE DE SAN JUAN (1530?-1591?, (*Examen de ingenios para las ciencias*). Todavía Benedetto CROCE (1866-1952) ofrece este tipo de juicios peyorativos en su *Estética*, de 1900 (Op.cit.:78).

En el siglo XVIII prosiguen los avatares de la retórica y comienzan otros cambios en su concepción, mismos que LÓPEZ EIRE (:b) explica por la influencia de nuevos principios y planteamientos de la lógica, porque se funden retórica y poética y hay un proceso de literaturización de la retórica. Hay obras notables como la de Giambattista VICO, de 1725, *Scienza Nuova*, en la que "intenta restaurar la razón del sentido común que habían descartado BACON y DESCARTES", que no es la silogística o la del *entimema* aristotélico, porque, en su opinión, "el sentido común precede al razonamiento y se halla fuera del proceso racional y dentro de la esfera de la ingenuidad", de modo que el razonamiento no se apuntala con silogismos sino "mediante sensaciones, imaginaciones y pasiones (todas preverbales)". Otras de esas obras son las ya mencionadas de Du MARSAIS (1676-1756), *De los tropos*, publicada en 1730, y posteriormente la de Pierre FONTANIER, *Les figures du discours*.

La concepción de VICO influyó en Benedetto CROCE que ataca a la retórica (igual que KANT. V. supra). Su concepción monística del arte le hace pensar que no hay categorías retóricas ni estilísticas ni distinción entre forma y contenido, y que la retórica es un conjunto de estrategias de seducción utilizado por políticos y abogados. ·

Por el influjo de todas estas ideas la retórica declina paulatinamente en los siglos XVIII y XIX, reduciéndose a una teoría del estilo, pero a partir del siglo XX varios filósofos (como CARNAP) advirtieron que "en la base de muchas aporías filosóficas hay problemas de corte lingüístico que exigen, ya sea la creación de un lenguaje lógico puro y preciso" (como el que ya deseaba LEIBNITZ —1646-1716— que "poseía una mentalidad dieciochesca"), o bien estudiar las normas de la conducta lingüística ordinaria, si suponemos que "contemplamos la realidad a través del lenguaje". Para J.J.KATZ (*Filosofía del lenguaje*, 1971 —V. LÓPEZ EIRE b:86—), "los empíricos lógicos trataron de construir rigurosos lenguajes artificiales para impedir la expresión de la metafísica, mientras los filósofos del lenguaje ordinario (pragmática) trataron de explicar las normas usuales en que se apoya la conducta lingüística de los que no abusan de aquella libertad".

Dentro de este panorama, hay un breve lugar para la retórica entre nosotros (en México). Las investigaciones en curso permiten mencionar algunos importantes, entre muchos, autores. Durante la Colonia, en la Nueva España, desde el primer momento fue enseñada esta disciplina, sobre todo por los frailes franciscanos, orientándola hacia la evangelización. Según Ignacio OSORIO, fue una retórica procedente del Renacimiento, fundada en CICERÓN y en QUINTILIANO, pero también en las *Escrituras* y en los autores de la *Patrística*. El mejor ejemplo es la *Rhetorica Christiana* de Fray Diego de VALADÉS, "amplia y bien estructurada" e influida por Raimundo LULIO (V. BEUCHOT b), publicada en 1579 "para contribuir a formar a los predicadores de América"; en cambio, la retórica enseñada en la Universidad "recupera sus contenidos profanos" y constituye un instrumento para la vida académica. La edición, en 1554, de las *Exercitationes linguae latinae* de Luis VIVES, relaciona la docencia con las tendencias erasmistas. Fueron, sin embargo, los jesuitas, quienes dieron a la retórica una estructura académica y una orientación literaria que propagaron a través de sus colegios. "El aprendizaje teórico—práctico de la lengua latina (gramática y poética) junto con la retórica, era la primera tarea a que se dedicaba por cinco años todo estudiante novohispano, sobre todo en los colegios jesuitas". Más tarde, la edición que realizó el padre LANUCHI de las obras de San Gregorio NACIANCENO y de ALCIATO, autores que tienden al simbolismo, abrió el camino hacia el Barroco (V. OSORIO).

Mauricio BEUCHOT (V. b) comienza su presentación de los retóricos de la Nueva España con el Padre fray Bartolomé DE LAS CASAS, porque "dedicó largas consideraciones en su obra acerca del modo como se debe llamar a los indígenas a la conversión" para la cual "propone la persuasión retórica procurada a través del diálogo reflexivo y ponderado". Luego señala la del mencionado franciscano Diego de VALADÉS. A fines del siglo XVI, la oratoria evangelizadora comenzó a venir a menos debido al cambio en la política de evangelización impuesta por España.

En seguida, ya del siglo XVII OSORIO menciona las obras de Cipriano SUÁREZ, Baltazar LÓPEZ y Tomás GONZÁLEZ, mientras BEUCHOT cita dos libros: el compendio para predicadores llamado *Arte de sermones* del colombiano y también franciscano fray Martín de VELASCO, y el *Novus candidatus rhetoricae* del jesuita Francisco Antonio Pomey. Osorio considera que, durante el siglo XVII, la retórica en la Nueva España tiene la misma orientación que en Europa. Por 1605, Bernardino de LLANOS "inicia la publicación de textos de autores como Bartolomé BRAVO y Pedro Juan NÚÑEZ".

Del siglo XVIII nombra BEUCHOT un manual "más académico y clasicista" muy frecuentado en colegios jesuitas, el del padre —siciliano— Pedro María LA TORRE: *De arte rhetorica et poetica institutiones*, que se usó "refundido y adaptado" por el padre José Mariano de VALLARTA y PALMA. Por último menciona unas lecciones del dominico chiapaneco fray Matías de CÓRDOVA, "que intervino en la independencia". OSORIO nombra también a Pedro RODRIGUEZ DE ARISPE.

En el siglo XIX vino a menos la enseñanza de la retórica no sólo por los desórdenes y las guerras que afligieron a México, sino también por la expulsión de los jesuitas, importantes abanderados de la enseñanza; pero en este siglo XX se abandonó totalmente. Sólo hay constancia de un curso general de retórica impartido cn una ocasión por don Alfonso REYES en la Escuela de Altos Estudios (más tarde Facultad de Filosofía y Letras de la Universidad Nacional). En los programas de gramática para Secundaria, se hacía aprender de memoria el nombre de cinco figuras, con un ejemplo cada una. En los últimos treinta años, sin embargo, se han impartido varios breves cursillos, generalmente para estudiantes de la carrera de Letras Clásicas y sobre retórica griega o latina. El Doctor LÓPEZ EIRE, tantas veces citado en este artículo, ofreció un curso más extenso y muy abarcador y lleno de matices originales, apenas en 1996.

Los trabajos de los formalistas rusos que discreparon del marxismo a principios del siglo, a pesar del retraso con que se difundieron fuera de Europa (por causa de las guerras mundiales) no pueden dejar de ser considerados importantes antecedentes de todas las corrientes posteriores de esta centuria. Son ejemplares los trabajos de MUKAROVSKI (que suceden a los de BÜHLER y anteceden a los de JAKOBSON) sobre los factores de la comunicación y las funciones de la lengua; los de TINIANOV sobre la evolución literaria; los de SKLOVSKI sobre la desautomatización de los lugares comunes; los de BRIK sobre el verso, etc., (muchas de sus ideas están presentes en los estructuralistas); y, posteriormente, los de semiótica de I. LOTMAN sobre la estructura del texto artístico y sobre la modelización de los aspectos de la realidad, y los de M. BAJTÍN, quien revoluciona muchos aspectos de la semiótica y de la filosofía del lenguaje e introduce gran cantidad de discrepancias, de nuevas nociones y de desarrollos distintos, por ejemplo a propósito de *intertextualidad**, *palabra ajena**, *autor**, *enunciado**, *cronotopo**, *carnaval**, *polifonía**, *anácrisis**, *síncrisis**, etc.

También en este siglo algunos estudios estrictamente retóricos enriquecieron enormemente esta disciplina, principalmente la *Literatura europea y Edad Media latina* (1955) de E. R. CURTIUS, acerca de los lugares comunes recurrentes en la tradición literaria occidental, y tanto el *Manual de retórica literaria* (3.v., 1960) como los *Elementos de retórica literaria* (1963) de H. LAUSBERG, notable obra enciclopédica de modesto nombre y apariencia.

LÓPEZ EIRE observa que la prosa de los filósofos, de PLATÓN a WITTGENSTEIN, pasando por NIETZSCHE, LOCKE, KANT, HEGEL, etc. "no se abstiene del lenguaje figurado ni carece de estructuras y recursos retóricos", y en realidad, después de un siglo de progresivo descrédito, la retórica ha sido reconsiderada recientemente, en su relación con el discurso* moderno y con la *literatura**, a partir de reflexiones propiciadas por el poderoso desarrollo de la ciencia lingüística en este siglo. Hoy, agrega LÓPEZ EIRE, (Op.cit.:91), "la filosofía de la ciencia, la filosofía analítica y la *hermenéutica** se entienden cada vez mejor con la retórica, pues se han desprestigiado el idealismo y el positivismo, en los autores modernos hay ecos de las argumentaciones de GORGIAS", y los nuevos rétores norteamericanos admiten "la existencia de una concepción epistemológica de la retórica mantenida por los sofistas", "tan digna de respeto y tan importante como la de ARISTÓTELES".

Esta concepción resultante del contacto entre la retórica y la filosofía (epistemología, filosofía analítica, filosofía de la ciencia, hermenéutica), está presente en la *Nueva retórica*, modalidad centrada en la *inventio*, en el lenguaje como factor social y vehículo de transmisión, que también considera indispensable la discusión retórica argumentativa como base de todo concepto filosófico. Es decir: la verdad filosófica es inseparable del camino que a ella conduce y "tal itinerario es un ejercicio de comunicación), es retórica, pues el conocimiento social, generado según circunstancias históricas y factores éticos, mediante procedimientos intersubjetivos, resultan del consenso, no así los datos del conocimiento objetivo científico

retórica

(Op.cit.:96). Este concepto de verdad es pragmático desde los sofistas; es observable en NIETZSCHE: (1844-1900), "las verdades son para nosotros necesidades vitales y el resultado de apropiarse de múltiples sensaciones", así como en William JAMES (1842-1910), en su libro *Pragmatismo: un nombre nuevo para viejas maneras de pensar*, y en el de S. ARDUINI *Un modelo retorico per una nuova immagine della scienza —1992— (Ibidem)*.

En fin, la filosofía está interesada "en el análisis filosófico del poder de persuasión del lenguaje", y en la *lingüística pragmática* que estudia los *actos de habla** con los que se ejerce influencia sobre los demás, que se dan en todos los discursos (coloquial, retórico, literario, publicitario, jocoso) y cuya especificidad se origina y se cifra en el contexto, en las actitudes del hablante y el oyente. Ya Karl BÜHLER afirmó que la lengua es acción y utilizó la expresión *actos de habla* desarrollada luego por la filosofía analítica fundada en trabajos de FREGE y de WITTGENSTEIN (Ibidem).

Lógicos modernos como AUSTIN, SEARLE, GRICE, han contribuido con el estudio de los *actos de habla**: (a) el *locucionario*, que transmite información; b) el *ilocucionario*, que agrega una fuerza asociada a la frase —con ciertos verbos: ordenar, prohibir, prometer—; (no hay valor ilocucionario sin contexto y, cuando hay contradicción entre el contenido semántico y el pragmático, se atiende al primero y se rompen los mecanismos de interacción social verbal, como en los chistes: —"¿Qué es de Pilar?, —Depilar es arrancar los pelitos..." —dice LÓPEZ EIRE); c) el *perlocucionario*, que produce reacciones cuya fuerza arrastra las voluntades de los oyentes. (Op.cit.:204—211).

SEARLE propone aplicar la *maxima de intercomunicabilidad* entre hablante y oyente para lograr la eficacia en el intercambio de información. GRICE propone para lo mismo el *principio de cooperación*: para lograrlo han de cumplirse 1) una *máxima de cantidad*: los asertos han de ser informativos en la medida requerida por el propósito de la información; 2) una *máxima de manera*: los asertos han de ser claros; 3) una *máxima de cualidad*: los asertos han de ser verdaderos, y D. SPERBER junto con D. WILSON ha aportado, con su teoría de la relevancia: 4) una *máxima de relación*: los asertos no han de ser obvios sino relevantes y pertinentes, ya que "el hablante no se propone ser verdadero sino ser relevante"; "el máximo de relevancia logra el máximo efecto recompensado con el mínimo esfuerzo a la hora de la cognición", y lo que más importa es investigar los efectos que produce un mensaje, así como las estrategias para modificar la opinión de los receptores. De este modo, la retórica resulta una especie de lingüística pragmática, ya que se ocupa del texto relacionado con emisor, receptores, situación de comunicación (que comprende modo, tiempo, lugar, forma, contenido, intención, concepciones, suposiciones y creencias comunes a emisor y receptores e interacción), durante un proceso de *semiosis* que es el de confección del texto (la *dispositio*) (Ibidem).

Para ello, los más recientes teóricos se ven aún en la necesidad de recurrir a los retóricos más antiguos, como cuando el politólogo H.D. LASSWELL menciona los factores que intervienen en la situación del acto retórico, pues "distingue entre emisor, contenido, medios, receptor y análisis del efecto preguntando ¿quién habla?, ¿qué dice?, ¿por qué canal?, ¿a quién se dirige?, ¿con qué propósito?", volviendo a los lugares comunes basados en las categorías aristotélicas y conservados en QUINTILIANO: quién, qué, dónde, por qué medios, cómo y cuándo; aunque LAS-SWELL incorpora "modernos modelos epistemológicos, principios (el de causalidad) y métodos basados en estudios empíricos del comportamiento según el modelo estímulo-respuesta" (Ibidem).

Todo ello revela que cada vez más la retórica se concibe como íntimamente unida con la pragmática. Así, en la ciencia de la comunicación, N. LUHMANN representa una *teoría del sistema* que ve en la comunicación "la forma operativa del sistema social", que no consiste en un proceso de transmisión sino en uno "de selección tripartita en que aparecen fuertemente conectadas información, participación y selección" ("el comunicador elige entre aquello de que dispone para informar y entre las maneras de hacerlo. El oyente reacciona críticamente y selecciona a su vez entre lo que se le ofrece") (Op.cit.:105).

Por otra parte, Jürgen HABERMAS representa la *teoría de la ética del discurso* que se propone "mostrar que los sujetos son capaces de coordinar sus acciones y someterse a interacciones en tres niveles: teorético (cuestiones relativas al mundo real que reclama la verdad), moral (relacionadas con el mundo social que reclama la justicia) y estético (relacionadas con el mundo subjetivo que reclama la veracidad). Con este autor se renueva una tendencia (que viene de la Atenas del siglo IV a.C., con ISÓCRATES, y que pasa por CICERÓN, por QUINTILIANO y por el Humanismo), que relaciona la retórica con la sociología, pues ve en ella "un instrumento de acción práctica entre agentes sociales", por lo que es "una gramática de la acción social y política razonable", que "permite la evolución de la sociedad dirigida a base de persuasión" (según la retórica crítica de KOPPERSCHMIDT citado por LÓPEZ EIRE). Vuelve a ser así la retórica una disciplina socio—pragmática con carácter ético y didáctico, capaz, por otra parte, de generar conocimientos, porque "el hombre es un animal narrador que cuenta historias y crea símbolos que ordenan y aclaran la experiencia humana", y porque "los actos de habla persuasivos crean verdades sociales...en las que se basan todos los convenios que se van sistematizando en las distintas épocas" (Op.cit.:109).

Los trabajos de formalistas, estructuralistas y semiólogos nos han procurado útiles novedades tales como una resistematización (en un cuadro de doble entrada) de las figuras retóricas, a la vez rigurosa y sencilla, tradicional e innovadora, basada en un criterio que toma en cuenta, tanto el modo de operación por el que se produce la figura, como el *nivel** de la *lengua** (fónico/fonológico, morfosintáctico, semántico o lógico) que se ve implicado en su realización. Se trata de una reconsideración de la *elocutio* en sus relaciones con la poética (en su vínculo con las nociones de *desviación** y de *grado cero**) pero, además, de una propuesta de homologación de las figuras observables en otros lenguajes (gestual, cinematográfico, de los elementos narrativos, etc.). Las mayores aportaciones se deben a la *Rhétorique Générale* del GRUPO M de la Universidad de Lieja, que se apoya en QUINTILIANO pero también en BENVENISTE, en GREIMAS, en J. COHEN y en R. BARTHES, principalmente.

Otros tratadistas importantes son Kibedi VARGA (*Theorie de la literature* —1981) que considera que "la ciencia del texto está emparentada con la retórica de la cual es un representante moderno"; GARCÍA BERRIO (*Retórica General Textual*), quien concede otra vez importancia a todas las partes de la retórica, apoyándose en la lingüística del texto, en la pragmática y en la semiótica; Umberto ECO, que considera la posibilidad de integrar la retórica dentro de una teoría general de la *semiótica**. Esta disciplina enriquece el panorama (V. LÓPEZ EIRE) dada su naturaleza de construcción funcional hecha de signos que mantienen entre sí una relación fundamental (la *semiosis*) por la que un *signo** funciona con tres tipos de relaciones — según Charles MORRIS—: la que va del portasigno al *denotatum** (relación semántica), la que vincula al signo con otros signos del texto (relación sintáctica) y la que une al portasigno con el *hablante** y con el *oyente** que respectivamente lo interpretan durante la *enunciación** y la recepción, es decir, entre signos y situación de comunicación (relación pragmática). Esta última domina a las demás porque "configura el marco de referencia de todas las restantes y... de ella dependen (tanto) la funcionalidad del texto (como) sus verdaderas señas de identidad (vinculación a la época histórica y a la sociedad concreta en que se produce; comportamiento como signo comunicativo en el momento de su producción, y en los subsecuentes, y hasta comportamiento de quien ahora observa el texto como signo). Para MORRIS (*Foundatios of the Theory of Signs*, 1938), la retórica estudia la relación entre los signos y los intérpretes, definición adoptada por CARNAP (*Introduction to Semantics*, 1942) "con el proposito de construir una lengua científica" (Op.cit.:193).

En cuanto a la *lingüística del texto*, ha insistido en la extensión del análisis del texto más allá de los límites de la frase y está ligada a la *pragmática* en cuanto a su visión de la lengua "siempre ligada a factores no lingüísticos y dentro de un contexto socio—comunicativo concreto". Es una "visión de la retórica tradicional enriquecida por aportaciones de la pragmática y la semiótica". Son notables los trabajos de HARTMANN: pragmática orientada hacia la interacción verbal en el diálogo (1970); de S. J. SCHMIDT: pragmática orientada hacia la indagación de lo que transforma secuencias de frases en actos comunicativos (1971); de P. GRICE: estudio del acuerdo de colaboración entre hablante y oyente (1975); de M. L. PRATT: atención a los "mensajes intencionales e intencionados, que contienen significados que no están en las palabras... y que se dan a entender con ayuda del *contexto**" (1977); de Teun VAN DIJK (que considera a la retórica un antecedente de la lingüística pragmática): contribución a la elaboración de gramáticas textuales (lingüística del texto) y al análisis de macroestructuras, proposiciones macroestructurales y microestructuras textuales, mediante macrorreglas que suprimen detalles y reducen la información del texto a lo esencial. En él coinciden la retórica, la pragmática y la lingüística del texto al interesarse en "la coherencia del texto, la coherencia de su realización práctica (*pronuntiatio y actio*) que supera el nivel de la frase y del texto escrito, y la fuerza ilocucionaria del mensaje (que no se capta sino al amparo del contexto)" (Op.cit.:226).

Por otra parte, Chaim PERELMAN es el fundador de la *Nouvelle Rhétorique*, dedicada al discurso argumentativo, que significa otro retorno a la tradición aristotélica para profundizar en las relaciones entre discurso retórico y discurso lógico y para devolver su importancia a la argumentación, misma que no puede quedar sometida sólo a la lógica formal cuando no maneja verdades necesarias y universalmente convincentes.

La labor de muchos autores ha contribuido, pues, a esta sugestiva modernización de los varios enfoques de la retórica. Realmente la lista resultaría difícilmente agotable, aunque es seguro que han sido aquí omitidos injustamente muchos nombres antiguos y recientes, porque actualmente vivimos un intenso renacer de esta disciplina. No sólo son lingüístas como los del Círculo de Praga, o estructuralistas, funcionalistas, transformacionalistas; sino también son filósofos, semiólogos, comunicólogos y tratadistas de Ía teoría lingüística de otras escuelas, o de la teoría de la literatura, muchos de ellos de la talla de JAKOBSON, BARTHES, GÉNETTE, TODOROV, GREIMAS, VAN DIJK, ECO, BENVENISTE, HJELMSLEV, SCHMIDT, SEGRE, KIBEDI VARGA, BAJTÍN y los miembros del GRUPO "M", de Bélgica, etc.

RETRATO. V. DESCRIPCIÓN.

RETROSPECCIÓN. V. ANACRONÍA y TEMPORALIDAD.

RETRUÉCANO. V. QUIASMO.

REVELACIÓN. V. EXTRAÑAMIENTO.

"REVERSIO". V. HIPÉRBATON.

REVERSIÓN HISTÓRICA. V. CRONOTOPO.

REVOCACIÓN.

Figura de pensamiento* que consiste en anunciar el retorno al tema principal después de acabada una *digresión**. Como la *reyección**, ha sido considerada (V. GÓMEZ HERMOSILLO) dentro del procedimiento general llamado *transición*, debido a que se manifiesta en fórmulas destinadas a relacionar el *discurso** que las antecede con el que las sucede, dirigiendo la advertencia al lector.

Bernal DIAZ DEL CASTILLO suele finalizar cada párrafo o cada capítulo de su *Historia* con expresiones en que advierte al lector de su regreso a los hechos esenciales de la misma. Dice a la mitad del capítulo VIII:

> Y quiero que volvamos a ñuestra relación; y diré cómo fuimos con los cuatro navíos por la banda del norte a un punto que se dice de Matanzas, que está cerca de la Habana vieja,...

Y más adelante, en el mismo capítulo:

> Mucho me he detenido en contar cosas viejas, y dirán que por decir una antigüedad dejé de seguir mi relación. Volvamos a ella.

Es una *metábola** de la clase de los *metalogismos** debido a que afecta a la lógica del discurso; está próxima a la *analepsis* (V. ANACRONÍA* y TEMPORALIDAD*), y es, como la *reyección**, un *embrague** característico del discurso histórico.

REYECCIÓN (o remisión).

Figura de pensamiento* que consiste en que el *emisor** advierte su deseo de posponer el desarrollo de algún tema, indicando que más tarde lo hará en otra parte.

Se trata de un *metalogismo**, ya que afecta a la organización lógica del *discurso**, y puede considerarse como un tipo de *anticipación** o *prolepsis* y también —igual que la *revocacion**— como una variante del procedimiento llamado (por GÓMEZ

rima

HERMOSILLO) *transición*, dado que es un modo de explicitar el paso de un tema a otro. Este autor menciona tanto la reyección como la prolepsis.

Bernal DÍAZ DEL CASTILLO suele interrumpir cada breve capítulo de su *Historia* con el pretexto de cambiar de tema, posponiendo el desarrollo del mismo hasta la inauguración del capítulo siguiente. Así, sus fórmulas de clausura de capítulo suelen ser tales como:

"Y quedarse ha aquí, y diré adelante los trabajos que me acaecieron a mí y a otros tres soldados." (Capítulo VI.

"...lo cual diré siguiendo adelante cómo paso" (Capítulo XII).

"Y diré todo lo que allí nos avino" (Capítulo XIII).

"Y dejaré de hablar en esto y diré en este otro capítulo las cosas que hizo y entendió para proseguir su armada." (Capítulo XIX).

Esta figura parece ser uno de los elementos que menciona BARTHES (el otro es el *testificante** de JAKOBSON) como *embrague** que caracteriza el discurso propio de la historia, pues sin duda "indica el movimiento del discurso con relación a su materia", y es uno de los *signos** declarados mediante los cuales el *enunciador** organiza su discurso, lo retoma, lo modifica sobre la marcha y dispone a lo largo de él marcas explícitas". Lo mismo puede decirse de la *revocación**.

RIMA (asonancia, semirrima, consonancia, eco).

*Figura retórica** que afecta principalmente a los elementos morfológicos de las *palabras**. Resulta de la igualdad o semejanza de sonido a partir de la última vocal tónica en las palabras finales de los *versos** o de los *hemistiquios**.

La rima es un fenómeno de homofonía, una variedad de la *aliteración** o el *"eco"* (en inglés), que es una figura más amplia. Consiste en la repetición significativa de *fonemas** que se produce sobre todo cuando el *discurso** adopta la forma de un molde métrico/rítmico; es decir, es la recurrencia periódica de fonemas equivalentes en posiciones que se corresponden y que son puestos en evidencia por las asimetrías.

En español hay rima asonante o rima parcial, o vocálica, o imperfecta, o pobre, o semirrima (*asonancia*) y rima consonante (*consonancia*). En la primera, la homofonía o identidad de sonido se da sólo entre las vocales, a partir de la tónica: f*ie*sta, enm*ie*nda. En la consonante, o rima total, o perfecta, o rica, coinciden todos los fonemas, también a partir de la vocal acentuada: sober*ana*, mañ*ana*.

Hay una rima percibida por el oído y por la vista: m*asa*, c*asa*; hay otra que sólo el oído advierte, cuando las grafías difieren aunque corresponden al mismo fonema: r*osa* p*oza*.

Otros elementos intensifican o atenúan el efecto de la rima alternando con ella. Por ejemplo su relación con las unidades métrico/rítmicas, o bien el contraste o la semejanza de la categoría gramatical de las palabras que riman (sustantivo con sustantivo, sustantivo con verbo, etc.).

La importancia de la rima trasciende el nivel fónico/fonológico de la *lengua**, pues influye en la distribución sintáctica de las palabras en el verso, y en la selección de las que deben rimar. De este modo, necesariamente influye también en los *significados**, ya que la búsqueda de rimas puede encaminar al poeta hacia el hallazgo de nuevas figuras, pues la semejanza de los *significantes** da lugar a que se instituya una especie de parentesco o relación semántica entre ellos. La rima cumple la función de organizar el discurso —pues construye un marco revelador de las relaciones constitutivas del sistema donde ellas mismas se manifiestan— y cumple también una función estética y una función icónica (SHAPIRO).

Las combinaciones de rimas son variadas: pueden seguirse sin interrupción (versos *monorrimos*), o aparecer de dos en dos (*pareados*), o alternando: *abad* (rima *cruzada*), o flanqueando cuartetos: *abba* (rima *abrazada*), o sucediendo a otras rimas internas, en el mismo verso (rima *encadenada*), o relacionando *estrofas** de tres versos: *aba bcb cdc* (*tercia rima*), o vinculando términos homónimos: "se arrisca y se hace una jota/que brinca al bailar la jota" (rima *equívoca*), o vinculando dos o más palabras finales en el mismo verso: "peligro tiene el más probado vado" —LOPE DE VEGA— (rima *redoblada*, o *refleja*, o con *eco*, o con *repercusión*, o *coronada* en francés).

En suma, la rima es una *metábola** de la clase de los *metaplasmos** (ya que determina la selección de los elementos morfológicos de las palabras), aunque, como JAKOBSON ha señalado, perturba igualmente la sintáxis, afecta al léxico y orienta al poeta en el sentido de hallazgos asociativos afortunados y originales. Se produce por *adición** repetitiva que se da en la regular recurrencia de dos o más unidades fónicas equivalentes.

Según el *acento**, la rima es masculina u *oxítona** cuando riman palabras agudas (pasión, cartón); femenina o *paroxítona** cuando riman palabras graves (flores, dolores), dactílica o *proparoxítona** cuando riman esdrújulas (enigmática, socrática) e hiperdactílica cuando riman sobreesdrújulas.

La rima *difícil* es aquella que cuesta trabajo hallar debido a la escasez de las palabras que la ofrecen, o bien, debido a obstáculos que presentan las convenciones rigurosas de la forma elegida, o a las dificultades que el poeta mismo se plantee como un reto.

En el fenómeno de la rima española se manifiesta históricamente la igualdad de los sonidos finales de los miembros consecutivos en que consistía el "*homoeoteleuton*" u "*homeoteleuton*" latino, especie de rima *interna*. (V. también PARANOMASIA* y SIMILICADENCIA*.)

RITMO (y verso cronémico, cesura, verso libre).

El ritmo, en general, es el efecto resultante de la repetición, a intervalos regulares, de un fenómeno. Conforme a su percepción, hay ritmos visuales (la alternancia de las luces del semáforo), auditivos (la rima), etc. Según su ejecución, hay ritmos físicos (el de remar), fisiológicos (el del latir del corazón), naturales (el de la marea), artificiales (el de la música y el de la *poesía**, que están relacionados).

En la poesía, en general, el ritmo puede ser cuantitativo, si es producido por la aparición periódica de los *pies* métricos (que resultan de la sucesión de sílabas largas y breves), como en el latín clásico (verso cronémico); o puede ser cualitativo, si resulta de la repetición de los *acentos**, como en el *sistema** español que, sin embargo, a veces parece fluctuar entre ambas formas.

La *cesura** es una *pausa** que divide en partes rítmicas cada esquema rítmico en muchos versos de arte mayor; el esquema suele coincidir con la línea versal. Las cesuras, las pausas sintácticas, las pausas finales de *verso**, la *rima** (sonidos iguales o semejantes de las terminaciones de los versos) y el *tono**, realzan el ritmo. Fran-

ritmo

cisco LÓPEZ ESTRADA, citando a ALARCOS LLORACH, además del ritmo de fondo (característico de cada *lengua** y presente en cualquiera de sus manifestaciones) distingue cuatro especies de ritmo en cuya combinación se basa la *euritmia poemática*: una especie proviene del material fónico; otra, de las funciones gramaticales y la entonación que las acompaña; otra más, del esquema métrico —secuencia de sílabas átonas y tónicas— y en fin, otra se funda en los *contenidos psíquicos*, es decir, en los sentimientos, en las impresiones producidas por imágenes, por asociaciones sensoriales, por el entramado lógico de los desarrollos ideológicos, por la *gradación** de las cadenas de *argumentos**.

En la poesía española, la recurrencia periódica del acento pronunciado con mayor fuerza en ciertas sílabas de toda la línea versal, constituye el esquema o patrón rítmico del verso. Su efecto es de armonía musical:

> Se aca*ba*ron los *dí*as di*vi*nos
> de la *dan*za de*lan*te del *mar*
> y pa*sa*ron las *sies*tas del *vien*to
> con a*ro*ma de *po*len y *sal*.
>
> Gabriela MISTRAL

	1	2	3	4	5	6	7	8	9	10
1	—	—	/	—	—	/	—	—	/	—
2	—	—	/	—	—	/	—	—	/	
3	—	—	/	—	—	/	—	—	/	—
4	—	—	/	—	—	/	—	—	/	

Este esquema se identifica mejor en un diagrama en que se numeren tanto las sílabas como las líneas versales
donde vemos que los versos, por su *metro**, son decasílabos, y que llevan los acentos en tercera, sexta y novena sílabas.

En los versos *amétricos* (combinación de los de diferentes medidas), también hay ritmo, y lo hay igualmente en la *prosa**, aunque es más laxo y resulta más difícil identificar las unidades sintácticas en que se apoya. El patrón es *polirrítmico* si la estrofa contiene una unidad rítmica distinta en cada línea versal.

El ritmo es esencial para la poesía, no así el metro. Cada unidad rítmica se integra, con otras, en una unidad rítmica superior: la estrofa.

La unidad rítmica puede coincidir o no con la métrica y con la sintáctica. Por ejemplo, en los versos citados, coinciden las tres. En ese caso, al final de cada verso se hace una pausa larga en la que se suman la pausa rítmica, la métrica y la sintáctica. Pero también puede ocurrir que los versos estén *encabalgados*, es decir, que la unidad sintáctica (núcleo y modificadores) rebase los límites de la línea versal y abarque una parte de la siguiente. Esto debilita (abrevia) la pausa final del verso y agrega en la línea siguiente una pausa interna, ubicada donde termina la unidad sintáctica (V. ENCABALGAMIENTO*):

> y subir por la vida y por la sombra y por
> lo que no sospechamos y apenas conocemos.
>
> Rubén DARÍO

446

El ritmo es pues una *figura retórica**, una *metábola** de la clase de los *metaplasmos** porque afecta al *nivel** fónico/fonológico de la lengua, aunque también informa y permea los otros niveles, pues existe una relación de interdependencia entre ritmo y sintaxis por una parte y, por otra, en la poesía el ritmo influye sobre el *sentido** y los fenómenos rítmicos sólo adquieren valor cuando vienen a reforzar el sentido. Se trata de uno de tantos tipos de *paralelismo**, y constituye el principio organizador del *lenguaje** poético, pues actúa desde su base fónica, ya que es un fenómeno de naturaleza lingüística. En oposición a la prosa y en atención al ritmo, el desarrollo de la *enunciación** en el verso está orientado hacia la repetición cíclica de equivalencias rítmicas, pues el ritmo determina la *estructura** y a él se adecuan el *significado** y la *forma**, mientras que en la prosa el desarrollo está dirigido hacia adelante y no ofrece regularidad en las repeticiones acentuales. Por eso la sintáxis del verso y de la prosa son distintas, y por eso en la *"oratio perpetua"** (que impulsa el *discurso** hacia la ausencia de regularidad en la recurrencia de los acentos) es característica de la prosa. En ésta, el ritmo resulta de la estructuración semántica y formal (sintáctica y léxica) del discurso.

El verso puede prescindir, como ya se dijo, de las unidades métrica y sintáctica. Cuando así ocurre, las líneas versales varían en extensión y no coinciden con sintagmas cabales; la única unidad que se conserva es la del ritmo; se trata entonces del verso libre.

ROPÁLICOS, versos. V. METAGRAFO.

"ROL". V. ACTANTE.

"RHOPALIQUES", vers, fr. V METAGRAFO.

RUIDO.

Cualquier fenómeno o conjunto de fenómenos capaces de perturbar el proceso de *comunicación** evitando o dificultando la transmisión de un *mensaje**.

El ruido afecta al *canal** de transmisión por el que la comunicación se efectúa, y se aplica también este término en el caso de los mensajes percibidos visualmente.

Los fenómenos que constituyen el ruido pueden consistir en emisiones de *señales** parásitas (POTTIER) que interfieren; o bien en "la irrupción del desorden, de la *entropía**, de la desorganización en la esfera de la *estructura** y de la información... (pues) el ruido anula la información" (LOTMAN). Puede haber fallas de concordancia, mala dicción, irrupción de hechos extrasistémicos (como las *palabras** de otra *lengua**, por ejemplo), perturbaciones acústicas u omisión de señales sin las cuales a veces es posible, de todos modos, reconstruir el mensaje completo debido a la característica de los *códigos** denominada *redundancia**.

Según LOTMAN, "todo canal de comunicación posee ruido que absorbe la información", y "si la magnitud del ruido es igual a la magnitud de la información, entonces la comunicación será cero".

La obra de arte sin embargo, dice LOTMAN, posee la capacidad de transformar el ruido en información artística. La irrupción en ella de lo singular, lo casual o lo único, aunque por una parte acarrea la destrucción de su semántica, por otra par-

ruido

te "genera.. una serie de *significados** nuevos". "La obra de arte... hace su *estructura** más compleja a costa de la correlación con el medio exterior... lo que se relaciona con el principio estructural que determina la *polisemia** de los elementos artísticos; las estructuras nuevas, al entrar en el *texto** o en el fondo *extratextual** de la obra de arte, no suprimen los significados viejos sino que contraen con ellos relaciones semánticas". De este modo "todo lo extraño que puede establecer una correlación con la estructura del texto... deja de ser ruido". (V. SEMÁNTICA y EXTRATEXTO).

S

SANCIÓN. V. PROGRAMA NARRATIVO y MODALIDAD.

"SANDWICH", palabra. V. CRASIS.

SARCASMO. V. IRONÍA.

"SCOMMA". V. IRONÍA.

"SCHEMATA". V. FIGURA RETÓRICA.

SECUENCIA (y encadenamiento, sucesión continua o alternancia, enclave o intercalación, enlace u oposición, macroestructura semántica).

La mínima unidad narrativa es la *función** (en narratología). La secuencia, en cambio, es una unidad mayor de *análisis**, y comprende una serie de *proposiciones** cuyos *nudos** guardan entre sí una relación de doble *implicación**, de tal modo que juntos constituyen: *a)* un comienzo, en una situación inicial, en un "estado de equilibrio" —dice TODOROV—; *b)* una realización, durante la cual la situación inicial se complica y se transforma; y *c)* un resultado (en una situación ya modificada, que recupera el equilibrio inicial), de un breve proceso que hace avanzar en algún sentido la *acción** del *relato**.

La secuencia es, pues, un *segmento** que se delimita a partir del hecho de que comienza y termina con nudos que carecen, respectivamente, de antecedente y consecuente solidario, y también se delimita a partir del hecho de que permite advertir la orientación lógica del proceso relatado, que puede ser de *mejoramiento* o *degradación*. El proceso de mejoramiento hace pasar a los protagonistas (a partir de su perspectiva como *sujetos**) de una situación insatisfactoria a una satisfactoria. El de degradación, opera a la inversa. En las situaciones de *antagonismo* hay una doble perspectiva opuesta: lo mismo que mejora a uno de los sujetos, degrada a su contrincante. También hay secuencias paradójicamente sincréticas: de mejoramiento en un orden moral, por ejemplo, y de degradación en un orden material o físico.

Así pues, la sucesión de las acciones relatadas, para ser comprensible, no puede ser arbitraria, y constituye una sintaxis presidida por una lógica que gobierna el comportamiento humano en los momentos de decisión (BARTHES).

Durante el análisis, las acciones que son del orden de los grandes pasos narrativos ("llegó a la ciudad, efectuó el robo, se ocultó en la granja") se toman tal como el relato las ofrece; pero las que corresponden a *catálisis** se resumen en *macroestructuras* semánticas —*macroproposiciones**— (VAN DIJK), y todas reciben una de-

449

nominación (pacto, robo, persecución, etc.) que las designa a la vez que resume su *significado** dentro del conjunto, tanto en el *texto** —que puede ser fantástico— como en la sociedad que lo produjo. Es decir, la lógica de las acciones es homóloga de la "del comportamiento real de tiempos y lugares concretos" —que es variable— pero lo es de manera indirecta, a través de las convenciones literarias (SEGRE).

Cada función de la secuencia ofrece una alternativa y la libertad para que la posibilidad se realice o no (BREMOND). El primer nudo corresponde a un proceso posible; el segundo puede corresponder a su realización o a su no realización; el tercero puede corresponder a un resultado obtenido o a un resultado no obtenido.

El *encadenamiento* de las secuencias ofrece distintas modalidades: pueden organizarse los nudos por *sucesión continua* (alternancia constante); pueden hacerlo por *enclave* (intercalación de un proceso en otro, de modo que el segundo impida la culminación del primero); o bien pueden organizarse por *enlace* (en el caso, ya mencionado, de que se opongan los agentes antagónicos de la acción).

En la práctica, la identificación y la etiquetación de las secuencias (que exige la identificación de las diferentes funciones y el aislamiento de las partes narrativas mediante la exclusión de las *catálisis descriptivas* —que son suspensiones de la *narración**—, y la síntesis, en macroproposiciones, de las *catálisis desacelerantes*) puede realizarse simultáneamente al *resumen*, de modo que ambos productos resulten de la misma operacion de *análisis**. Las macroestructuras semánticas han sido propuestas por VAN DIJK para alcanzar, por etapas, la interpretación global de un texto; pero constituyen también un recurso adecuado tanto para definir las secuencias como para obtener el resumen de la *historia**.

SEGMENTACIÓN. V. SEGMENTO y NIVELES DE LENGUA.

SEGMENTO (y segmentación, suprasegmental).

Conjunto de unidades que resulta de un corte efectuado en la *cadena** discursiva al ser identificadas y delimitadas en ella tales unidades de *análisis**, correspondientes a distintos *niveles**: *palabras**, *sintagmas**, *oraciones**, *secuencias** narrativas, etc. El procedimiento para obtener los *segmentos* se llama *segmentación*. Se dice que es *suprasegmental* un *significante** no analizable como unidad articulada, por ejemplo la *entonación**, fenómeno fónico no segmentable en unidades *discretas* (delimitadas).

SELECCIÓN. V. FUNCIÓN EN GLOSEMÁTICA y ANÁLISIS.

SEMA (y semema, lexema, paralexema, archisemema, clasema, semantema, virtuema, semantismo, sema nuclear, sema contextual, figura sémica, base clasemática).

En lingüística y en *semántica** estructural, conforme a la terminología de Bernard POTTIER, sema es el rasgo semántico pertinente, es decir, la unidad mínima de *significación**; representa sobre el *plano del contenido** lo que el *fema** (rasgo fónico pertinente) es al *plano de la expresión**. (V. FONEMA*.)

Un sema es un rasgo distintivo de un *semema** Un semema es el conjunto de los semas, o sea de los "rasgos semánticos pertinentes" que generalmente se realizan en un *lexema**, esto es, en una *palabra**, considerada en un *contexto** y una situación de *comunicación**. En el semema "silla", dice POTTIER, hay cuatro semas:

"con respaldo", "sobre patas", "para una persona", "para sentarse'". Es decir, el semema es una unidad de contenido que suele corresponder en un contexto dado, y para producir un efecto de *sentido**, a un lexema, aunque también puede corresponder a un *morfema** o a un *paralexema* (frase equivalente a un lexema, como "letra de cambio" "lobo marino", "boca de lobo"), e inclusive a un *sintagma** que también es unidad formal. El *archisemema*, en cambio, es el conjunto de los rasgos semánticos comunes a dos o más lexemas: "*pez* —dice POTTIER— mantiene una relación de inclusión" con *carpa, sardina* o *salmonete*, porque es un *signo** que tiene como semema la parte común a los otros sememas, a su conjunto; en el archisemema de pez, están los sememas de carpa, de sardina y de salmonete.

Para POTTIER, el semema está constituido por el *semantema*, el *clasema* y el *virtuema*. a) En el plano de la *denotación*, por el *semantema*, que es el subconjunto de semas específicos: en el semema *tragaderas*, el semantema contiene los semas específicos: *orificio* y *para tragar*. b) En el mismo plano de la denotación, por el *clasema*, que es el subconjunto de los semas genéricos: en el semema *tragadaderas* el clasema está constituido por los semas genéricos *material* y *animal*. c) En el plano de la *connotación**, el semema está constituido por el *virtuema* que es el subconjunto de semas connotativos ("propios de un individuo, de un grupo social o de una sociedad", dice GREIMAS en su *Diccionario…*). En el semema *tragaderas*, el virtuema connota *popular* si se aplica a lo humano. En otras palabras, para POTTIER, en el *sistema**, semema = semantema + clasema; y en el *discurso**, semema = semantema + clasema + virtuema.

Para GREIMAS, en cambio, el sema es un elemento no autónomo (no una unidad) cuyo carácter mínimo es relativo —debido a que es una entidad construida—, aprehensible sólo "en el interior de la *estructura** elemental de significación", pues es un "punto de intersección de relaciones significantes". Así mismo, los clasemas no son, para este autor, un subconjunto de semas específicos, sino el "conjunto de los semas contextuales que el semema posee en común con los otros elementos del *enunciado** semántico", los cuales, al aparecer recurrentemente en el discurso como "haces de categorías sémicas", garantizan la coherencia (*isotopía**). En fin el semema de GREIMAS no es una unidad de significación cuyos límites coincidan con los del *signo** mínimo, pues en el sistema no es más que una "figura sémica" (es decir, una unidad de las que constituyen separadamente uno de los planos, el del contenido en este caso), hasta que entra en el discurso. Allí se une a su "base clasemática" (o conjunto de semas contextuales), seleccionando así un *recorrido* o itinerario *semémico* —que "lo realiza como semema",— al excluir otros recorridos posibles que "quedan como virtualidades". De donde se infiere que, para GREIMAS, semema = a figura sémica (semas *nucleares*, que caracterizan al semema) + base clasemática (semas *comunes* o *contextuales*).

La diferencia establecida por GREIMAS estriba en la consideración de que toda significación discursiva implica connotación, y de que el discurso es un proceso durante el cual se construye la significación a partir de los semas. GREIMAS denomina *semantismo* a la "investidura semántica de un *morfema** o de un *enunciado**, anterior a su análisis".

En la teoría semiótica de BUYSSENS y de PRIETO, sema es una *señal** (signo natural o artificial que funciona como un indicio); puede estar compuesto por signos

semantema

y puede corresponder a un *mensaje** (como la luz del semáforo). Dentro de esta teoría, un *codigo** es un sistema de semas.

SEMANTEMA. V. SEMA y MORFEMA.

SEMÁNTICA.

Disciplina científica cuyo objeto de estudio es el *significado** del *signo**.

Como el significado es una de las dos fases o de los dos planos del signo lingüístico (para SAUSSURE, para HJELMSLEV, para FREI, entre otros), la *semántica** forma parte de la lingüística y su estudio se inscribe dentro de la teoría del *lenguaje**. (Hay otros criterios: para los mecanicistas norteamericanos el significado (de los signos lingüísticos naturales o artificiales) es una *sustancia** que debe ser estudiada por la psicología.)

En 1897 fue introducido en la lingüística este término por Michel BREAL, como correspondiente al estudio de las *significaciones**, particularmente a la evolución del *sentido** de las *palabras**, es decir, con un criterio diacrónico, siendo también, orientado hacia este punto de vista por los trabajos sobre *campos semanticos** de J. FRIER y por las lecciones de F. DE SAUSSURE, fundados ambos en la observación de conjuntos léxicos y no de palabras aisladas.

La semántica estructural procede con mayor rigor al estudio del significado producido por la relación entre unidades semánticas de diferente tipo: *semas**, *sememas**, *isotopías**.

El significado de un semema se define por el conjunto de sus rasgos sémicos y por los que provienen de su relación con otros sememas que le preceden y le suceden; relación, ésta, que va creando, durante el proceso discursivo, un *campo isótopo** donde se manifiesta la coherencia semántica.

Sin embargo, la cuestión del significado es muy compleja, pues no se limita a la lexicología sino que se extiende a la búsqueda de la coherencia semántica global del *texto**, y al de otra coherencia, *semiótica**, que agrega los significados estilísticos, sociológicos, etc., y que requiere para su comprensión la inscripción del texto en el marco de una *cultura** en una época.

El significado del texto no resulta de la suma de los significados de las *palabras** que lo forman, sino que se genera también a partir de las relaciones entre los *niveles** de la *lengua** [fónico/fonológico morfosintáctico, léxico/semántico y lógico (BENVENISTE)], y a partir de las que establece, cada semema dado, en el *contexto** lingüístico, con elementos implícitos en su *paradigma**, y en el contexto extralingüístico con el que se relaciona a través del saber y la experiencia de cada lector, mediante las evocaciones que es capaz de desencadenar en él la lectura. Ello depende de su *competencia** lingüística y de su dominio de otros *códigos**, es decir, de su repertorio de conceptos referidos a otros textos, lingüísticos o no, y a la realidad cotidiana, y de su saber acerca de los diferentes *registros** lingüísticos y usos retóricos de los códigos.

Las nociones de *implícito**, *implicación**, *presuposición**, *contrariedad**, la teoría de los *actos de habla**, la reflexión pragmática procedente de la teoría de la información (tales como la *situación** del *hablante** y el registro lingüístico que utiliza), y las consideraciones retóricas que permiten leer los textos *pluriisotópicos**, son importantes auxiliares de la semántica. (V. también SIGNIFICADO*.)

452

SEMANTISMO. V. SEMA.

SEMANTIZACIÓN.

Proceso que convierte en *discurso** la *lengua** al hacer uso de ésta el *hablante**, apropiándosela y actualizando en cada momento una de sus alternativas semánticas posibles.

SEMASIOLOGÍA. V. SEMIÓTICA.

SEMEMA. V. SEMA.

SEMIOLOGÍA. V. SEMIÓTICA.

SEMIOSIS. V. SIGNO, SIGNIFICACIÓN y SEMIÓTICA.

SEMIÓTICA. (y **semiología, semiosis, macrosemiótica, semiótica objeto, semiótica científica, semiótica del "mundo natural").**

Semiótica y *semiología* se emplean, en general, como términos sinónimos que nombran la joven ciencia interdisciplinaria que está en proceso de constitución y que contiene, por una parte el proyecto de una teoría general de los *signos** —su naturaleza, sus funciones, su funcionamiento— y por otra parte un inventario y una descripción de los *sistemas** de signos de una comunidad histórica y de las relaciones que contraen entre sí. Los sistemas de signos son tanto lingüísticos como no lingüísticos. Éstos son, por ejemplo, la señalización ferroviaria, vial, marítima, fluvial, el alfabeto de los sordomudos, los rituales simbólicos, los protocolos, las insignias, etc. Inclusive algunos teóricos, como BARTHES y ECO, consideran que todos los fenómenos de la *cultura** pueden ser observados como sistemas de signos cuya función es vehicular *contenidos** culturales, por ejemplo, el culto, la moda, la etiqueta, el maquillaje, las fiestas, los juegos, la arquitectura, etc.

Los *códigos** más importantes son los códigos sociales, y en primer lugar está el de la *lengua**, pues sólo a través de él funcionan los otros códigos. Todo lo que se expresa mediante otros códigos (como el de la cibernética, o los códigos científicos de la química y de las matemáticas) pasa necesariamente por su recodificación en la lengua. Sólo a través de la lengua nos relacionamos con el mundo; sólo a través de ella pensamos, asumimos nuestras experiencias, formulamos conceptos y nos comunicamos.

A partir de la lingüística Ferdinand de SAUSSURE, y a partir de la lógica y la matemática Charles SANDERS PEIRCE, por primera vez, y en la misma época, concibieron esta doctrina. SAUSSURE comprendió que el *lenguaje** no podía ser estudiado sólo desde el punto de vista lingüístico, aisladamente; pensó que requería integrarse a una disciplina que él no llegó a desarrollar, la semiología, que sirviera como base a la lingüística. La idea saussuriana de la semiología es la de una "ciencia que estudia la vida de los signos en el seno de la vida social", por lo que se apoya en factores esencialmente sociológicos y psicológicos, y tiene su lugar dentro de la psicología social. Desde la perspectiva de este autor, la lingüística forma parte de la semiología.

Para PEIRCE, la semiótica es una teoría que trata de explicar la apropiación significativa que el hombre hace de la realidad: es una doctrina *formal* (que pasa de la observación de los signos concretos a la abstracción de sus características generales). La semiótica de PEIRCE forma parte de una lógica de las relaciones a la que él denomina "gramática especulativa" y ésta, de una lógica formal a la que considera como rama de las matemáticas; lógica ésta que, en su teoría de los signos (la semiótica), se ocupa de analizar los procesos de pensamiento y de investigar las condiciones de su *significación**. Su semiótica pues, que es una lógica, estudia la naturaleza formal de los signos, y la naturaleza esencial de toda *semiosis** posible (vista la semiosis como el proceso de producción de los signos, proceso basado en el método lógico de la inferencia a partir de los tres elementos necesarios para que cualquier cosa funcione como un signo, es decir, a partir de la relación entre los tres elementos: el *signo*, el *objeto* al cual remite, y su *interpretante*, en PEIRCE). En MORRIS, la relación se da entre cinco elementos: *signo, intérprete, interpretante, significación**, y *contexto**. (V. SIGNO*.)

HJELMSLEV, a este respecto, considera necesario establecer un punto de vista común a un gran número de disciplinas (literatura, historia, música, lógica, matemáticas, etc.), desde el cual se concentren ellas mismas en un planteamiento de los problemas definidos lingüísticamente, y de modo que cada una contribuya a la ciencia general de la semiótica.

La teoría semiótica de Charles MORRIS, aunque deriva de la de PEIRCE, es reduccionista, pues se basa en el conductismo. Se trata de un estudio empírico del proceso de la semiosis por el cual los signos afectan la conducta actual y la conducta posible. Este autor ofrece un estudio de las relaciones de los signos entre sí (desde este punto de vista se trata de una semiótica sintáctica) y también de las relaciones de los signos con el objeto (en una semiótica semántica) y con el sujeto que utiliza los signos (en una semiótica pragmática). Es decir, la semiótica de MORRIS posee estas tres dimensiones en virtud de que el *significado** de un *texto** no es la suma del *significado*, de sus *componentes**, sino también de su relación con otros signos, lingüísticos y no lingüísticos, que se hallan fuera del texto (debido a ello, también se le ha llamado *translingüística*). Por tanto que hay que tomar en cuenta tres factores de semiosis: signo, significación (u objeto o denotación) e *interpretante**. A ellos se agregan los elementos que dan su dimensión pragmática a la semiosis, que son: el *contexto** y el *intérprete** que es el agente del proceso.

Roland BARTHES, partiendo de SAUSSURE, llegó a conclusiones opuestas a las de MORRIS, pues cree en la necesidad de constituir esta ciencia dándole un carácter *extensivo* para que abarque todos los *sistemas** de signos, todos los hechos significativos, inclusive hechos como la vestimenta. BARTHES ve en la semiología, por un lado una parte de la lingüística, por otro lado una translingüística en virtud de que la realidad no lingüística (objetos, gestos, imágenes, etc.) sólo es accesible al hombre a través del lenguaje verbal.

ECO ha tomado de la teoría general de la comunicación los conceptos que, según él, son los básicos en la semiología, el concepto de *codigo** y el de *mensaje**, pues considera que "todo acto de *comunicación** constituye un mensaje elaborado según la pauta de un repertorio de signos y de sus reglas de combinación prescritas por un codigo", y que la semiología no se ocupa sólo de los códigos sino también "del modo como se articulan mensajes en relación con los códigos", tanto cuando se obedecen sus normas como cuando se transgreden.

Para GREIMAS, la palabra semiótica ofrece distintas acepciones en diferentes contextos. En lugar de definir la semiótica como "sistema de signos" (antes de que éstos queden caracterizados) propone describirla como conjunto significante analizable que "hipotéticamente posee una organización, una articulación interna autónoma", definición, ésta, válida para conocer "cualquier magnitud manifiesta" a través de la descripción mediante una *metasemiótica*. Ésta sería una *semiótica objeto*. "Una semiótica objeto tratada en el ámbito de una teoría semiótica explícita o implícita" es una *semiótica científica*.

Otra acepción se da cuando se aplica el término semiótica al objeto de conocimiento construido durante el proceso de *descripción**, y que de ésta resulta. La descripción puede ser aplicada a semióticas *naturales* de dos tipos: *a)* las lenguas naturales, y *b)* las semióticas del *mundo natural*, es decir, de las "cualidades sensibles dotadas de cierta organización", anteriores al hombre que las advierte y comprueba, y que constituyen *contextos** extralingüísticos. GREIMAS hace notar la vaguedad de la frontera entre lo natural y lo artificial (construido ya sea por sujetos individuales, ya sea por sujetos colectivos), y considera que, tanto las lenguas naturales, como el mundo natural, son "vastos almacenes de signos" que constituyen "espacios donde se manifiestan numerosas semióticas". GREIMAS propone sustituir la oposición "natural/construido" por la oposición "semiótica científica/semiótica no científica".

GREIMAS llama, además, *macrosemióticas* a "los dos vastos conjuntos significantes", el de las "lenguas naturales" y también el de los "mundos naturales" (considerando *natural* lo informado por la *cultura**). Lenguas naturales y mundos naturales se correlacionan al ser fenómenos del mundo natural convertibles en los procesos lingüísticos que dan cuenta de ellos. En fin, para este autor, la semiosis es una "operación que produce signos al instaurar una relación de *presuposición** recíproca entre la *forma de la expresión** y la *del contenido**". (V. también CONNOTACIÓN*).

SEMIÓTICA NO CIENTÍFICA. V. CONNOTACIÓN.

SEMIOTIZACIÓN.

Proceso que establece la *significación** de un *texto** al integrarlo —visto como un *signo**— dentro del *sistema** significante en el que cumple una función.

SEMIRRIMA. V. RIMA.

SENTENCIA. V. AFORISMO.

SENTIDO (y triángulo de Ullmann).

Según la tradición *retórica**, *sentido* es aquello que el *emisor** ha querido expresar.

FONTANIER diferencia ya el sentido, que es un *efecto* (lo que una *palabra** nos hace entender, pensar, sentir), de *significación** (lo que la palabra manifiesta, lo que señala, aquello de que es *signo**). Para SAUSSURE, el sentido es la operación que une al *significante** con el *significado**, es decir, sentido es sinónimo de *significación*, es la relación de *presuposición** recíproca que se da entre significante y significado. POTTIER, en cambio, lo ve como el significado que se puntualiza en el *signo** por su relación sintagmática con otros signos dentro del *enunciado** concreto

sentido

en que se actualiza, y —podría agregarse, con PRIETO— dentro de la totalidad de los significados que asume en un *contexto**, en el conjunto de sus circunstancias: situación, lugar, tiempo, *interlocutores**, etc.

BARTHES describe el sentido como un doble proceso que paralelamente se va delineando en el *texto** mediante *a)* la *articulación** —que produce las unidades que dan lugar a una *forma*— (BENVENISTE), y *b)* la *integración* —que reúne esas unidades en otras de un orden superior de las que resulta el sentido. "El sentido de cada elemento de la obra equivale al conjunto de sus relaciones con los demás", dice al respecto TODOROV.

Según BLOOMFIELD, para obtener el sentido hay que abarcar el *enunciado*, la *situación** o contorno y la respuesta (no necesariamente lingüística) que se produzca.

ULLMAN, en el triángulo que toma, idéntico, de OGDEN y RICHARDS (V. *referente**):

explica la relación entre pensamiento, significante y cosa. Coloca el pensamiento (es decir: *sentido** o *significado**) en el vértice superior, y en los inferiores el símbo-

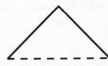

Pensamiento
o referencia

Símbolo
(nombre, significante
o imagen acústica)

Referente
(objeto designado)

lo (*significante**) y el referente (objeto). Entre pensamiento y símbolo y entre pensamiento y referente se dan relaciones causales. La línea de puntos entre significante y objeto indica una relación supuesta, indirecta, que se da realmente mediante el concepto, el pensamiento.

Para GUILLAUME, el sentido es el conjunto de los significados de cada palabra ("unidad significativa") mientras que considera "efecto de sentido" al significado concreto que aparece en el *discurso** como un enfoque particular del sentido.

Para HJELMSLEV, el sentido es la *sustancia*: un factor común a todas las lenguas, que existe como una masa amorfa, como un *"continuum"* amorfo sin analizar, antes de ser conformado por la *forma de la expresión**; como una *entidad** que se define solamente por su *función** con cada una de las *frases** lingüísticas en las que se ordena y articula (es decir, se conforma) en las distintas lenguas, como se observa en el ejemplo de este mismo autor:

"jeg véd det ikke" (danés)
"I do not Know" (inglés)
"Je ne sais pas" (francés)
"En tieda" (finlandés)
"Natuvara" (esquimal)

Es decir: "No sé", en español; donde se ve que en cada *lengua** se ha conformado el sentido de una manera distinta, ya sea primero el pronombre, o el verbo, o la negación, o doble negación, etcétera. En cada lengua el sentido lo es de una forma diferente, porque cada lengua da forma al sentido de una manera diferente.

FREGE ha llamado sentido de una expresión al modo específico de presentación del referente. Por ejemplo, un nombre propio posee diferente sentido (*intención*) que la descripción precisa del mismo objeto nombrado. DOLEZEL pone este ejemplo: "Odiseo" (nombre), "Rey de Itaca" (*descripción**) y agrega: "hay un contraste intensional entre nombres propios y descripciones precisas" (que son, por cierto, las más socorridas estrategias de presentación de *personajes** ficcionales).

MARTINET, por su parte, señala como una de las acepciones usuales de sentido —próxima a la noción saussuriana de *significado*— aquella porción de realidad designada por una palabra, a partir de su relación de oposición con otras palabras que también sean capaces de abarcarla. (V. también FRASE*, SIGNIFICACIÓN* y ANÁLISIS*).

SENTIDO LITERAL. V. FRASE.

SEÑAL.

En su definición del concepto de *semiología**, Luis J. PRIETO introduce la *señal* como un tipo de *indicio* (*índex**) que constituye un elemento esencial del *acto sémico* que, para PRIETO, es el "punto de partida de las investigaciones del semiólogo". Es decir: el acto sémico se caracteriza por la presencia de una señal. La señal "pertenece a la categoría de los indicios" aunque no todo indicio es una señal.

Una señal es un hecho perceptible que ha sido producido para que sirva de indicio. Cualquier gesto, sonido, anotación, letrero, etcétera, que cumpla ese requisito, es una señal. Un nubarrón, en cambio, es indicio de lluvia, pero no es señal porque en su origen está ausente una intención comunicativa.

ECO describe el proceso de comunicación como el paso de una señal (no necesariamente de un *signo**) de un *emisor** a un *destinatario** o a un punto de destino. En este *contexto**, señal es: una energía transmitida por un sistema físico. Cuando posee significado es cuando el destinatario es un ser humano.

POTTIER distingue entre dos tipos de señales:

a) Aquella en la que el vínculo entre el *significante** y el *significado** es "de orden natural", como en las señales de humo, por ejemplo.

b) Aquella en la que el vínculo es arbitrario o convencional, como en la mayoría de los signos lingüísticos.

Se suele llamar señal, tanto al indicio natural (nubarrón) que produce una reacción en el *receptor**, como al indicio voluntariamente destinado a servir de estímulo, como el parpadeo de la luz roja de un auto.

SEPARACIÓN. V. PARADIÁSTOLE.

"SEPARATIO". V. PARADIÁSTOLE.

SERIE.

La *estructura** sistemática del *texto** remite, a partir de sus diversos planos (de la *expresión** y del *contenido**) y de sus diversos *niveles** (fónico-fonológico, morfosintáctico, semántico y lógico), a diferentes conjuntos estructurales que son su *contexto** y que constituyen un marco de producción que delimita ciertas características de la obra. Tales conjuntos estructurales vecinos son la *serie literaria*, la *serie cultural* y la *serie histórica*. La obra establece con ellas numerosas correlaciones que alimentan una constante influencia recíproca, por lo cual, según TINIANOV, en quien tiene origen esta noción, los fenómenos literarios no pueden considerarse jamás

sermocinación

fuera de tales correlaciones con las series vecinas, es decir, con la vida social; correlaciones que se establecen a través de la actividad lingüística. La *literatura** aporta *significados** a la *cultura**, le ayuda a expresar y a recrear sus valores, sin que el universo de la cultura y el de la literatura sean el mismo universo (HOGGART).

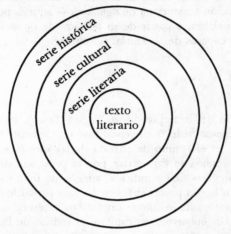

La relación de la obra literaria con la serie más próxima a ella, la serie literaria, consiste en que el escritor encuentra en ella una tradición y unas tendencias institucionalizadas en unos ciertos modelos* de naturaleza lingüística, retórica, temática, genérica, etc.

La relación con la serie cultural consiste en que de ella forman parte los *valores**, los *símbolos**, los hábitos, las ideas, las actitudes, los comportamientos, los otros lenguajes, el arte; es decir, la *visión del mundo* del escritor que en ella está inserto.

En fin, la relación con la serie exterior, la histórica, radica en que de ella proviene un determinismo socioeconómico de la personalidad del *autor**, que la moldea, ya que éste se forma al entrar en contacto con los problemas, las crisis, los pactos, las aspiraciones y las conquistas, las frustraciones de la sociedad de su tiempo.

"La existencia de un hecho como hecho literario —dice TINIANOV— depende de su cualidad diferencial (es decir, de su correlación, sea con la serie literaria, sea con una serie extraliteraria); en otros términos, depende de su función. Lo que es 'hecho literario' para una época, será un fenómeno lingüístico dependiente de la vida social para otra y viceversa, según el *sistema** literario con referencia al cual se sitúa este hecho." Es decir, los recados de Cicerón a su mujer tenían en su tiempo un carácter extraliterario, eran hechos de la vida social, pero han sido en nuestra época publicados y estudiados como parte de su obra literaria.

SERMOCINACIÓN. V. DIÁLOGO.

"SERMOCINATIO". V. DIÁLOGO y APÓSTROFE.

"SHIFTER". (ing.). V. EMBRAGUE.

SIBILANTE, sonido. V. FONÉTICA.

SIGLA. V. ACRÓNIMO.

SIGNIFICACIÓN.

SAUSSURE la define como la relación de *presuposición** recíproca entre el *significado** y el *significante**, misma que se da en el interior del *signo** lingüístico, y que hace que el significante y el significado sean inseparables e interdependientes, pues cada uno de ellos constituye una cara del signo, que es bifásico, y juntos constituyen el *valor** del signo, que es lo que es porque se opone a otros signos.

Para HJEMSLEV, la significación es la *sustancia del contenido**, ya que el signo (puesto que es signo de otra cosa) se define porque contrae *función**. La función de significación es la función de signo, misma que resulta de la relación entre dos *funtivos**: *forma de la expresión** y *forma del contenido**. Un signo funciona, es decir, designa, denota, es portador de significación (en contraposición a un *no signo*). La significación es una *semiosis* o *función semiótica*, un proceso, un acto que relaciona al *significante** con el *significado**, una operación cuyo producto es el signo bifásico. Ahora bien, el acto semántico no se agota en esta mera relación, ya que el signo adquiere, además, un valor contextual.

En efecto, la significación atribuible a una unidad mínima es puramente contextual. Por ello DUCROT y TODOROV definen la significación como la propiedad que poseen los signos, que les permite establecer diferentes tipos de combinaciones con algunos otros signos (y con otros no) para constituir *frases**, ya que los *semas** se distinguen unos de otros porque son diferentes, se oponen, y luego se articulan (no ya por su diferencia sino a partir de su semejanza) semánticamente, sobre el eje semántico. Más recientemente (1980) DUCROT ha definido la significación como valor semántico atribuido a la *frase** y *sentido** como valor semántico del *enunciado**.

Por otra parte, como hace notar GREIMAS, hay dos niveles autónomos de significación: *a)* el semántico, "dado por la organización coherente del *discurso** y constituido por categorías que no tienen ninguna relación con el mundo exterior tal como es percibido", es decir, el *componente neutro* o *abstracto* o *no figurativo*; y *b)* el nivel semiológico que es el *componente figurativo* del universo semántico o significante, que "está constituido por unidades mínimas del contenido que corresponden, en la semiosis del mundo natural, a las unidades mínimas de la expresión". (V. también VALOR*).

SIGNIFICADO. V. SIGNIFICANTE.

SIGNIFICANCIA.

Significación externa del *signo**, dada por su posición dentro del *sistema** de la *lengua** y dentro de otros sistemas de signos, es decir, significación *semiótica** que se deriva tanto del sistema de la lengua *interpretante** como del subsistema de interpretaciones instaurado por cada *texto** o clase de textos.

También es significancia semiótica la significación semántica instaurada en un texto por la *homologación** de partes de dos o más sistemas sociales interpretados por medio de la significancia en su primera —anterior— acepción. (V. SENTIDO*.)

significante

SIGNIFICANTE (significado, expresión, contenido, plano de la expresión, plano del contenido, sustancia de la expresión, sustancia del contenido, forma de la expresión, forma del contenido, línea de expresión, linea de contenido).

En la lingüística saussuriana, el *significante* es uno de los dos elementos que, asociados, constituyen el *signo** lingüístico; es la imagen acústica producida por la secuencia lineal de los sonidos que soportan el contenido o *significado*; y dicha imagen es la huella psíquica que del sonido testimonian nuestros sentidos, producida en nosotros por el sonido físico, material, por la parte sensible del signo.

El elemento al que se asocia el significante es el *significado*, es decir, el concepto, la idea evocada por quien percibe el significante. Ambos, significante y significado, aparecen vinculados por una relación de *presuposición** recíproca que generalmente es, según SAUSSURE, arbitraria. (V. FUNCIÓN* y ARBITRARIEDAD*.)

Para que los sonidos constituyan significantes, deben estar articulados o interrelacionados (*vaso* y no *oavs*) de modo que produzcan la evocación del significado y, por tanto, produzcan el signo, que se caracteriza por su pertenencia al *sistema** de la *lengua**, dentro del cual adquiere *valor** merced a su oposición a los demás signos del sistema. Además, como el significante es de naturaleza auditiva (y gráfica) es también lineal, se desarrolla en el tiempo, en una sucesión o *cadena**, por lo que representa una extensión que sólo puede ser medida en una dimensión, en una línea temporal, en tanto que el significado es conocido o imaginado. En cambio la representación visual de los significantes sí puede ser organizada en varias direcciones.

Se dice que el significante se une arbitrariamente al significado porque su relación no es necesaria (V. SIGNO*) para significar el concepto (puesto que el concepto *casa* es susceptible de ser significado por *"house"*); pero ya no es arbitrario en su relación con los usuarios de cada lengua, dentro de cada grupo social ni tampoco es arbitrario si se considera la lengua en su desarrollo histórico, según el cual la relación de ambos aspectos dentro del signo lingüístico está determinada etimológicamente. (V. ARBITRARIEDAD*.)

BENVENISTE adopta una actitud crítica ante la teoría de SAUSSURE al afirmar que la relación entre significado y significante, en el signo, no es arbitraria sino necesaria; puesto que el mismo SAUSSURE dice que la lengua no es sustancia sino forma, es mejor dejar fuera la sustancia y atenerse a la forma, ya que la realidad a la que alude *casa* no es, en última instancia la realidad a la que alude *"house"*, sino que sólo el concepto es el mismo.

HJELMSLEV ha hablado, en cambio, de *expresión* y *contenido* que son *funtivos** que contraen la *función** de *signo** y que son *solidarios* porque necesariamente se presuponen, ya que una expresión solamente lo es en virtud de que es expresión de un contenido, y un contenido solamente lo es en virtud de que es contenido de una expresión, de donde se infiere que no puede haber, ni contenido sin expresión, ni expresión carente de contenido.

HJELMSLEV ha llamado *plano de la expresión* tanto al significante saussuriano como al conjunto de significantes que constituyen todo un plano del lenguaje que recubre con sus articulaciones la totalidad de los significados" (GREIMAS), y lo ha descrito como uno de los dos planos constitutivos de todo lenguaje y de toda *semiótica** (aun de aquellas cuyo significante no es de naturaleza auditiva sino olfativa, visual, etc.). HJELMSLEV, asimismo, ha denominado *plano del contenido* al conjunto de los significados que recubre toda la extensión de un *texto**. Es decir: "El plano de los significantes constituye el plano de la expresión, y el de los significados el plano del contenido" (BARTHES).

En general, el plano del contenido es el plano *lleno* o *pleremático**, de los *pleremas** y los *morfemas**. En cambio el plano de la expresión conforma el sentido de la expresión. Es la sustancia física —sonidos o grafías—, el plano *vacío* o *cenemático*, de los *cenemas** y los *prosodemas**. MARTINET describe el contenido como "aquello manifestado por el *mensaje**", mientras la expresión es "aquella que manifiesta al mensaje", sea cual sea la sustancia fónica o gráfica del mismo.

Ahora bien: para HJELMSLEV, cada plano implica dos estratos: forma y sustancia.

El plano del contenido abarca la "sustancia del contenido" y la "forma del contenido" y el plano de la expresión también comprende sustancia y forma de la expresión. HJELMSLEV introduce, pues, la forma y la sustancia dentro de la expresión y dentro del contenido; introduce una dicotomía en otra, operando, desde luego, con magnitudes semánticas y no con objetos reales. La sustancia del contenido es el *"continuum"* amorfo de pensamiento, de ideas, de sentido, antes de que en cada *lengua** reciba distinta forma, el *"continuum"* amorfo que en cada lengua es ordenado, articulado, conformado de manera diferente: "no hace calor"; "*il ne fait pas chaud*" ("ello no hace no calor", literalmente) en francés; "*es ist nicht warm*" (ello hace no calor, literalmente) en alemán. La sustancia del contenido aparece conformada de tres maneras diferentes en tres lenguas diferentes; es decir, aparece conformada de una manera diferente en cada lengua. La forma del contenido es la conformación específica que en cada lengua recibe la sustancia del contenido. Leña, madera, bosque, selva, son cuatro formas del contenido que en español corresponden a una sola sustancia del contenido. En francés sólo dos formas del contenido (*"bois"* y *"forêt"*) corresponden a esa misma sustancia. Lo que caracteriza al signo lingüístico concreto, es la forma del contenido, puesto que la sustancia es la misma, sea cual fuere la forma. La forma del contenido es pues el concepto, la imagen mental, el significado saussureano, el interpretante peirceano, el objeto semiotizado.

El plano de la expresión también comprende, como ya se dijo, la sustancia de la expresión y la forma de la expresión. La sustancia de la expresión es la masa fónica, es decir, "en una esfera de movimiento fonético/fonológico, el *"continuum"* (de sonidos) que es el mismo para todas las lenguas, no analizado pero analizable; la zona amorfa en que cada lengua distinta incluye arbitrariamente cierto número de figuras o *fonemas**. En otras palabras: la sustancia de la expresión es la materia acústica de los sonidos, el sistema fonológico, aquel cierto número de posibilidades acústico/articulatorias dadas en una lengua sin que la precedan en el tiempo ni en un orden jerárquico o viceversa; las que ella elige y sistematiza, porque dependen de la forma pues no existen independientemente ni la sustancia ni la forma. La forma de la expresión es, en cambio, la sustancia de la expresión ya estructurada en los significantes de la lengua: los fonemas; es decir, la materia sonora ya organizada, la cual, vinculada con la forma del contenido (el significado ya estructurado) por una relación de *presuposición* que es recíproca, constituye el signo. Son pues, interdependientes, pues son los dos funtivos de la *función** de sig-

no*. Sólo en virtud de ellas (la forma de la expresión y la del contenido) existen la sustancia de la expresión y la sustancia del contenido, pues éstas se manifiestan, según HJELMSLEV, por la proyección de la forma sobre el sentido, de igual forma que una red abierta proyecta una sombra sobre una superficie sin dividir. En resumen:

Forma del contenido = significado.
Forma de la expresión = significante.

Sustancia del contenido = pensamiento o referente extralingüístico o paradigmas ideológicos manifestados en la lengua.

Sustancia de la expresión = diferentes realizaciones potenciales que de las *invariantes** fonológicas pueden actualizarse en un *acto de habla**.

La expresión lo es siempre de un contenido, y a la inversa. Para HJELMSLEV, expresión y contenido son designaciones de los funtivos que contraen la función de signo; esta función es una *solidaridad** (V. SIGNO*) pues, repetimos, "una expresión sólo es expresión en virtud de que es expresión de un contenido, y un contenido sólo es contenido en virtud de que es contenido de una expresión". Por ello dice HJELMSLEV "tanto el estudio de la expresión, como el del contenido, son un estudio de la relación entre la expresión y el contenido, porque se presuponen mutuamente, son interdependientes".

También proceden de HJELMSLEV los conceptos de "línea de expresión" y "línea de contenido". La línea de expresión está constituida "por aquellos elementos resultantes de la partición de los *períodos** en *frases**, de las frases en *palabras**, de los grupos de sílabas en sílabas, y de las partes de sílabas en *figuras** más pequeñas. La línea de contenido está formada por *entidades** que forman parte de inventarios ilimitados de contenido (como los sustantivos) y que son analizables en entidades (signos mínimos) que formen parte de un inventario limitado de contenido (como los pronombres, que pertenecen a una categoría relacionalmente definida y con un número limitado de miembros).

En el análisis literario no se toma en cuenta como significante sólo aquello que corresponde al *nivel** de la *fonología**, sino también el nivel de la *sintaxis** y el diagrama de la organización del sentido.

SIGNO ("representamen", representante, intérprete, interpretante, semiosis, cualisigno, sinsigno, legisigno, icono, iconograma, índice o index. símbolo).

En general, todo fenómeno u objeto que representa *algo* que generalmente es distinto, a lo cual sustituye al referírsele. Es decir, todo dato perceptible por los sentidos (visual, auditivo, etc., por ejemplo un síntoma) que, al representar (pues es *representante*) algo no percibido, permite advertir lo *representado* (por ejemplo la enfermedad).

SAUSSURE, en su teoría lingüística, reemplazó el representante y lo representado por el *significante** y lo *significado**, y reservó la palabra signo, especializándola, para designar el conjunto de ambos aspectos. Así, significante y significado son los dos términos de la relación de *significación**, y el significante difiere del significado en que es un término mediador.

Un signo lingüístico no relaciona un nombre con una *cosa*, sino un concepto con una imagen acústica, entendiendo por imagen acústica no el sonido material sino su huella psíquica. Para SAUSSURE, la unión de estos dos aspectos dentro del signo es arbitraria, pues no es necesario que el concepto *casa* se exprese mediante el significante *casa*, ya que puede ser expresado mediante cualesquiera otros significantes como, de hecho, se expresa en casi cada *lengua** distinta: *house, maison*, etc.

La forma sonora del signo lingüístico hace que éste sea de naturaleza lineal, es decir, que se desarrolle dentro de la dimensión temporal: un signo aparece antes o después de otro signo.

El *valor** del signo es relativo a la existencia de los otros signos que se oponen a él; es aquello que lo delimita como signo, que lo hace ser él mismo y no otro, y se conserva como signo debido a que es aceptado, comprendido y utilizado por todos los miembros que una comunidad, a pesar de que no es inmutable, pues a través del tiempo su significante o su significado sufren desplazamientos o alteraciones.

Lo que para SAUSSURE es *significante* y para PEIRCE es *signo* o *vehículo de signo* o "*representamen*", para HJELMSLEV es expresión.

En la teoría lingüística de HJELMSLEV (V. SIGNIFICACIÓN*), hay dos clases de signos lingüísticos: la *palabra** y la *proposición** (u *oración**), que son, respectivamente, símbolos del concepto y del juicio. Para este autor, el signo es una entidad generada por la relación entre la *forma de la expresión** (el significante) y la *forma del contenido* (el significado); cada signo se define por su doble funcionamiento, pues posee una *función* de *relación* respecto a otros *términos* del *sintagma*, y una función de *correlación* respecto a otros *miembros* del *paradigma**.

Para HJELMSLEV, lo característico del signo es ser signo de otra cosa. "Un signo funciona, designa, denota; un signo, en contraposición a un no signo, es el portador de una significación", dice este autor, y agrega: "la construcción del signo a partir de un número limitado de *figuras**... (es) característica básica esencial de la *estructura** de cualquier lengua". Signo, para HJELMSLEV, es una "unidad de expresión a la que está ligado un contenido, como por ejemplo una palabra o un elemento flexional" (un *morfema** gramatical).

Frente al concepto saussuriano de signo, basado en la lingüística, frente al que se deriva de la teoría matemática de la información de SHANNON y WEAVER (cuyo objeto no es el signo sino la unidad de información), o bien frente al concepto pragmático y conductista de Charles MORRIS, hallamos en el norteamericano Charles SANDERS PEIRCE una importante concepción del signo, fundada en la situación sígnica general, en la *semiosis* o proceso de producción sígnica, debida a que todo pensamiento se realiza mediante signos, por lo cual el conocimiento se sustenta en una serie infinita de signos, puesto que cada concepto exige ser explicado por otros que, a su vez, requieren ser explicados por otros.

En su *semiótica** (teoría general del funcionamiento de los signos, de su naturaleza y de sus relaciones entre sí) PEIRCE considera que el signo representa *algo* porque está en lugar de ese *algo*, no simplemente sustituyéndolo, sino mediando entre los objetos del mundo y sus intérpretes. Ese *algo* representado por el signo se llama *objeto*.

El signo no representa al objeto en todos sus aspectos, sino en cuanto a una especie de idea general llamada *fundamento* del "*representamen*" o signo. El signo —puntualiza PEIRCE— no necesariamente es distinto de su objeto: una auténtica reliquia podría representarse a sí misma, como pieza de utilería, por ejemplo, en un *drama**.

Para PEIRCE, toda relación sígnica es triádica, y este es un principio esencial de su semiótica, que involucra al *hablante**: el signo se dirige a alguien en cuya mente crea un signo equivalente, o quizá un signo de otro tipo, más desarrollado. Este signo creado es el *interpretante* del primer signo, y desempeña la función mediadora entre el objeto y el intérprete.

Según este autor, si un signo es distinto de su objeto, debe existir (en el pensamiento o en la expresión) alguna explicación, o argumento, u otro *contexto** que revele por qué razones, y fundado en qué *sistema**, tal signo representa al objeto al que se refiere. El signo peirciano —dice Floyd MERRELL— es "algo que representa algo para alguien. Nada es un signo para sí mismo. Para ser un signo se requiere que alguien lo entienda como tal: el signo requiere su interpretante. Pero todos los signos son interpretados sólo en términos de otros signos, y ésos, en términos de otros, y así, "ad infinitum".

Conforme a esta idea, PEIRCE desarrolla su teoría de las relaciones triádicas de los signos. El signo es, por una parte, una "especie de emanación de un objeto"; por otra parte, el signo y su explicación constituyen otro signo. Y puesto que la explicación es también un signo, forzosamente requiere otra explicación que, junto con el signo que la precede, constituya, a su vez, un signo más amplio. Es decir, cada interpretante es signo de su objeto y, a su vez, requiere otro signo para su interpretación. De modo que un signo sólo significa dentro de un sistema de signos y sólo en virtud de que los demás signos del sistema también significan. Este proceso de signos o semiosis está constituido por la relación entre los tres elementos:

1) El signo o vehículo de signo o *"representamen"*: una cosa que se diferencie de las otras, que exhiba cualidades materiales por las que se distinga.

2) El objeto a que el *"representamen"* se refiere; todo signo o *"representamen"* debe tener un objeto que puede ser *inmediato* (que está dentro de la relación sígnica, pues es el objeto tal como el signo lo representa, el objeto cuyo ser depende de su representación en el signo), o puede ser *dinámico* o *mediato*: la realidad o el objeto exterior al signo, aquello que determina al signo para ser representado por él, con el objeto de que cause en el intérprete un afecto similar a él mismo.

3) El interpretante, que es el signo interpretativo creado en la relación, es decir, es el efecto que el signo produce en la mente del intérprete. (JAKOBSON identifica *significado** e interpretante.) El interpretante es determinado por el signo, y se da dentro de un cuarto elemento (que PEIRCE no considera indispensable) que es el *intérprete* (el que emite o recibe el signo).

PEIRCE define el signo como aquello determinado por otra cosa llamada su objeto, de modo que determina un efecto (el interpretante) sobre una persona. El objeto es la razón por la que el signo actúa como signo. El proceso de signo puede continuar así hasta desembocar en un "signo de sí mismo" que contenga su propia explicación y la de todas sus partes significantes, cada una de las cuales tendrá a otra parte como objeto.

El signo alude al objeto y lo representa, dice PEIRCE, pero no puede procurar conocimiento o reconocimiento acerca de él. Objeto es aquello respecto de lo cual el signo presupone un conocimiento para que pueda proporcionarse acerca de ello alguna información adicional. De donde se infiere que todo signo debe relacionarse con un objeto conocido, aunque sea imaginario.

En suma, para PEIRCE, un signo sólo es signo a condición de que pueda convertirse, dentro del sistema de signos, en otro signo en el que se desarrolla más.

La teoría de PEIRCE no ha recibido la atención ni la difusión que merece. La parte más estudiada y conocida es ésta, de las relaciones triádicas de los signos o representámenes, con sus objetos y sus interpretantes.

Una división, a grandes rasgos, de las relaciones triádicas nos las presenta en el plano de las categorías ontológicas, como: *cualidad, hechos reales, y ley*:

1) Las relaciones triádicas de *comparación* son aquellas cuya naturaleza es la de las *posibilidades lógicas*. Dan lugar a tres clases de signos: el *cualisigno* (que es una cualidad que es un signo, por ejemplo una percepción de *rojo*, cualquier cualidad en la medida en que es un signo de algo). El *sinsigno* (una cosa o un hecho real, materialmente único, que es signo si involucra un *cualisigno* pues es un signo a través de sus cualidades, y depende del lugar y del tiempo: determinada palabra, de cierta línea, de cierta página de un libro). El *legisigno* (una ley o norma que es un signo; toda convención establecida por las personas para su convivencia).

2) Las relaciones triádicas de *funcionamiento* son aquellas cuya naturaleza es la de los *hechos reales*. La división se basa en la clase de fundamento, y da lugar a la tricotomía: *icono, índice* y *símbolo*. Esta tríada, que surge de las relaciones de funcionamiento, hace posible un análisis de la estructura semiótica (*significación** y *comunicación**) debido a que se refiere a los hechos. Se verá con mayor detalle más adelante.

3) Las relaciones triádicas de *pensamiento* son aquellas cuya naturaleza es la de las *leyes*. Esta división se basa en la clase de objeto y da lugar a tres clases de signos: el *rema*, signo, para su interpretante, de posibilidad cualitativa que representa una clase de objeto posible; se entiende como representación de su objeto solamente en sus caracteres. El signo *dicente*, que es, para su interpretante, signo de existencia real. Es un signo que se entiende que representa a su objeto con respecto a la existencia real. El *argumento* que es un signo que para su interpretante es un signo de ley; se entiende que representa a su objeto en su carácter de signo. Las subdivisiones del argumento son las *deducciones*, las *inducciones* y las *abducciones* o inferencias hipotéticas. El argumento es representado por su interpretante como una instancia de una clase general de argumentos que siempre tiende a la verdad. Este *instar* es lo propio de los argumentos. En el argumento hay un símbolo (pues su objeto es una ley general) e involucra una *premisa* o proposición (que es un símbolo dicente), y también contiene una *conclusión* o proposición que representa al interpretante con el que guarda una relación peculiar pues, aunque representa al interpretante, es esencial para la completa expresión del argumento.

En toda relación triádica hay, pues, tres correlatos:

El primero es el de naturaleza más simple, quizá una mera posibilidad; es el que no llega a ser ley, a menos que los tres correlatos lo sean.

El tercero es el correlato más complejo; es una ley siempre que otro de los correlatos lo sea; no es mera posibilidad sino cuando los otros dos correlatos lo son.

El segundo correlato es de complejidad intermedia, así, es una existencia real cuando uno de los otros es de la misma naturaleza (ya sea posibilidades, existencias reales o leyes).

Las relaciones triádicas se dan entre el signo, su objeto y su efecto o interpretante: A está por B para producir el efecto C. En otras palabras: B determina A como medio para producir un tercer elemento: el efecto C. El signo A es producido para determinar el interpretante C; en eso consiste su utilidad. Estas relaciones son las específicamente semióticas.

Las relaciones triádicas son divisibles por tricotomía (porque tricotomía es el método de división) de tres maneras: según el primero, el segundo o el tercero de los correlatos sean una mera posibilidad, o un existente real, o una ley. Las tres tricotomías en su conjunto dividen todas las relaciones triádicas en diez clases. Según el recopilador de las obras de PEIRCE, las diez clases de signos derivadas de las tres tricotomías fueron representadas diagramáticamente por PEIRCE en 264 clases. El mismo recopilador informa que PEIRCE descubrió más tarde, hacia 1906, que son diez las tricotomías y sesenta y seis las clases cuyas combinaciones calculó en 59, o 49 tipos de signos, pero nunca completó el análisis de las divisiones adicionales.

Un *representamen* es pues, un signo, es algo que para alguien representa algo. Es el sujeto de una relación triádica, con un objeto, por *medio* de un interpretante. Un *representamen* es el primer correlato de la relación triádica, el segundo correlato es su objeto; el tercer correlato es su interpretante. Por la relación triádica, el posible interpretante es determinado como primer correlato de la misma relación triádica con el mismo objeto y por medio de algún posible interpretante o sea: "un signo. en el *representamen* del cual algún interpretante es cognición de alguna mente"; lo que significa que el signo es un *representamen* cuando cumple los requisitos necesarios para establecer la relación triádica. El (signo) *representamen* determina que el (signo) (que es su) interpretante mantenga a su vez una relación triádica con el mismo objeto mediante algún (signo) interpretante.

PEIRCE diseñó un plano completo de la semiótica, pero sólo elaboró en detalle una pequeña parte: la de los símbolos intelectuales, los que funcionarían en un argumento.

Según la segunda tricotomía, la considerada básica y más conocida, que se refiere a las relaciones triádicas de funcionamiento, cuya naturaleza es la de los hechos reales, un signo puede ser denominado: *icono* (el que está fundado en la *similitud* entre el representante y lo representado), *índice* (el que resulta de la "contigüidad entre el representante y lo representado) o *símbolo* (aquel cuya existencia se basa en una convención)". Esta es la tríada que hace posible un análisis de la estructura semiótica (significación y comunicación) porque se refiere a los hechos.

PEIRCE concede un papel central a esta parte de su teoría que se basa en la relación signo/objeto, en virtud de que, para él, un signo *representa* (luego es icono), y "remite a realidades extralingüísticas" (luego es índice), y "está en lugar de" (luego es símbolo). Cada signo se produce sobre tres referencias:

1) en relación con el pensamiento que lo interpreta,

2) en relación con un signo del objeto respecto al que es equivalente en dicho pensamiento,

3) en relación con un aspecto o cualidad que lo pone en relación con su objeto. De donde, atendiendo a los signos en su relación con el objeto:

a) la relación entre cualidades (o generalización) produce la función icónica,

b) la referencia a un objeto (o condición de verdad) da la función indicial,

c) la comunicación (o razonamiento) da la función simbólica.

El *icono* es un signo en la relación signo/objeto. Opera por la similitud entre dos elementos, por ejemplo, el dibujo de un objeto y el objeto dibujado. Se refiere al objeto denotado en virtud de caracteres que le son propios por una cualidad o propiedad que lo vuelve capaz de ser un *representamen,* cualidad que el signo posee independientemente de la existencia del objeto, si bien se requiere la existencia del objeto para que se establezca la convención conforme a la cual el icono actúa como signo; ya que lo designa al reproducirlo o imitarlo, es similar al objeto. Cualquier cosa (cualidad, individuo existente o ley) es un icono de alguna otra cosa en la medida en que es como esa cosa y en que es usada como signo de ella, pues un signo es un icono cuando existe semejanza parcial entre el representante y el representado, es decir, cuando existe una relación de semejanza entre la estructura relacional del icono y la estructura relacional del objeto representado. El representante es un estímulo visual, auditivo, gestual; es un modelo imitativo, perceptible, que ofrece una serie de rasgos propios del objeto representado y otros que no lo son.

Constituyen iconos las representaciones figurativas que, a través de conceptos, nos hacemos de los objetos; es decir, los cuadros sinópticos, esquemas, dibujos, mapas, diagramas. En los diagramas, dice PEIRCE, la semejanza entre el representante y lo representado sólo se refiere a las relaciones entre sus partes. Cualquier cosa de forma esférica puede ser icono del planeta Tierra, si produce esta imagen (interpretante) en la mente del intérprete: aunque un icono tendría el carácter que lo vuelve significativo, inclusive cuando su objeto no tuviera existencia.

Hay iconos verbales (que son iconos *degenerados* o iconos de iconos, porque se derivan de otros iconos que son inmediatamente perceptibles —no a través de conceptos—, por ejemplo el adjetivo *blanco,* que designa el color blanco, o las voces onomatopéyicas —como *chirrido, borboteo*— o las *metáforas** —"cadera clara de la costa" (de NERUDA) para designar el litoral de un continente—; o bien la descripción que, con gestos, hace un mimo de un significado; o el discurso directo, el *diálogo*.* El lenguaje poético procura, de manera sistemática, motivar icónicamente la asociación de los elementos del signo —cosa que ocurre en las mencionadas *onomatopeyas**, en los *tropos**, o en la representación figurativa, espacial, de los significados en los *caligramas**—, lo que representa un esfuerzo realizado por el lenguaje para rebasar sus propios límites como signo.

Según sea la naturaleza de los rasgos icónicos que concuerdan en el representante y lo representado, hay:

1) iconos funcionales, si algunos de sus rasgos concuerdan con la función del objeto representado, como los signos algebraicos;

2) iconos estructurales, si representan la estructura del objeto, como una narración lineal;

3) iconos topológicos, los que reproducen imágenes espaciales, abstracciones visuales, como los mapas;

4) iconos materiales, aquellos que reproducen características como el color, lo corpóreo, la sustancia palpable, como los retratos o las esculturas.

Las representaciones figurativas de *enunciados** se llaman *iconogramas.* Son muy usadas en los *textos** mixtos de las series cómicas, en que una aureola dibujada en torno a la cabeza de un personaje significa que es un santo o que se le conoce como "El Santo"; o bien, sapos y culebras, surgiendo de la boca de un personaje, significan que éste pronuncia vulgaridades u obscenidades.

Según ECO, solamente los objetos reconocidos por una cultura pueden funcionar como iconos. Además, los elementos icónicos sólo poseen un valor que les viene del *contexto**.

Un *índice* o *"index"* es un signo que, en la relación signo/objeto, mantiene un vínculo causal, directo y real, con su objeto, al cual denota en virtud de que es realmente modificado por dicho objeto. Desde el punto de vista psicológico se trata de una asociación por contigüidad (no por semejanza ni por convención intelectual) entre dos elementos, por ejemplo el humo y el fuego; está en conexión dinámica (inclusive la espacial) con el objeto individual por una parte, y con los sentidos o la memoria del intérprete (la persona para quien es un signo), por otra. El índice está ligado a personas o seres vivos; no es arbitrario, sino que remite a objetos que son cosas o hechos concretos, reales, singulares, de los que depende su existencia, que no depende en cambio de la existencia del interpretante (ya que un índice perdería su carácter de signo si se suprimiera su objeto, pero no si se suprimiera su interpretante). Son índices los síntomas, la aguja del reloj —que indica la hora—, un número ordinal, un nombre propio, un pronombre demostrativo, golpear una puerta cerrada, cualquier ruido relacionable con su causa (tormenta, terremoto, riada, colisión, movimiento de ferrocarril, incendio). Una veleta es índice de la dirección del viento; un pronombre posesivo es un doble índice porque alude al poseedor y a lo poseído. Son índices las preposiciones (*desde, contra*) y las frases preposicionales (*a la derecha de*). Los índices, como los iconos, no aseveran nada. Cuando la relación entre el índice y el objeto es existencial, el índice es *genuino* —como lo es el síntoma—; si la relación es referencial, el índice es *degenerado* —como el pronombre relativo, que se refiere a una imagen mental creada por palabras precedentes. Los índices carecen de todo parecido significativo con su objeto, se refieren a entes o unidades o continuidades individuales, y dirigen la atención hacia sus objetos por una compulsión ciega, dice PEIRCE. En el *análisis** del relato (BARTHES), los índices son unidades funcionales de naturaleza paradigmática (porque no se relacionan con otras en el sintagma, ya que tienen su correlato en otro *nivel**, el de las *acciones**); ofrecen información acerca de las características físicas, psicológicas e ideológicas de los *personajes**, y se ofrecen al lector, o al espectador en el drama, mediante *descripciones** o mediante acciones de las que es posible inferirlas.

Un *símbolo* es aquel signo que, en la relación signo/objeto, se refiere al objeto que denota en virtud de una ley o convención que es su condición constitutiva y que suele consistir en una asociación de ideas generales que determina la interpretación del símbolo por referencia al objeto. En otras palabras: el representamen sólo se relaciona con su objeto por mediación del interpretante (ya que perdería el carácter que lo convierte en símbolo si careciera de interpretante), como consecuencia de una asociación mental que para PEIRCE, desde el punto de vista de las categorías, es una ley, y desde el punto de vista psicológico es un hábito nacido de una convención, y es símbolo prescindiendo de los motivos que lo originaron como tal. Su carácter reside en el hecho de que existe la convención de que será interpretado como signo aunque nada establezca una conexión entre signo y objeto. La de los símbolos, es la única clase de signos que se basan, por definición, en una convención. (Convención que es especialmente arbitraria en el caso de los símbolos químicos, matemáticos, etc. —BENSE). El símbolo, pues, opera por contigüidad instituida o aprendida. El símbolo es, él mismo, una norma o ley que determina a su interpretante; designa a su objeto independientemente de su parecido o concordancia con él, pues depende de que el interpretante elija un medio para designar el objeto y lo utilice de manera convencional (no por similaridad ni por contigüidad). El objeto designado por el símbolo es siempre general, es un tipo de objeto y no un objeto individual; el símbolo no lo reproduce, no lo señala de manera directa. El símbolo perdería su estatuto de signo si careciera de interpretante, es decir, si dejara de producir un efecto en la mente del intérprete. Los signos lingüísticos, como la mayoría de las palabras o las oraciones, son, respecto a su objeto, signos convencionales o símbolos, los más socializados y los más abstractos. Casi cualquier palabra implica que somos capaces de imaginar algo que hemos asociado a ella; eso hace que sea símbolo. "Pensamos sólo en símbolos —dice PEIRCE—, la parte simbólica del signo es el concepto, y cada nuevo símbolo se ha originado en otros símbolos." El símbolo que tiene un significado general es *genuino*; el que es *singular* (porque su objeto es individual) y el que es *abstracto* (pues su objeto único es un carácter) son símbolos *degenerados*. SEBEOK considera que los emblemas y las insignias son símbolos ya que el símbolo puede incluir al icono y al índice (TORDERA). En realidad, para que funcione en procesos de comunicación, el símbolo debe contener un icono y un índice. El símbolo es el signo más perfecto para PEIRCE, porque en él se realizan los caracteres icónico, indicativo y simbólico. JAKOBSON retoma esta idea y concluye que todos los signos verbales son símbolos por su convencionalidad y porque contienen elementos icónicos e indiciales.

En la teoría de SAUSSURE, mientras —como ya dijimos— el signo lingüístico es casi siempre arbitrario porque la relación entre significante y significado no es necesaria, el símbolo, en cambio, es lo no arbitrario, pues siempre es motivado porque existe algún vínculo natural entre sus aspectos: la cruz simboliza el cristianismo; la paloma simboliza la paz, por ejemplo. Para SAUSSURE, las onomatopeyas muestran el origen simbólico del lenguaje verbal.

Es muy fructífera la aplicación a la *literatura** de la teoría del signo de PEIRCE, aunque ese desarrollo se desprende de la semiótica reduccionista de MORRIS. TODOROV utiliza también, sin embargo, este planteamiento acerca de las funciones del signo: la *sintáctica* (relación de los signos entre sí); la *semántica* (relación de los signos con lo designado por ellos mismos, con el referente), y la *pragmática* (relación de los signos con quienes los utilizan).

SILENCIO. V. ELIPSIS y BORRADURA.

silepsis

SILEPSIS (o anacoluto*, anantopódoton, anapódoton).

Figura* de construcción porque afecta a la *forma** de las *frases**. Se presenta como una falta de concordancia gramatical —de género, persona, tiempo o número, aunque algunos han considerado esta última como *sinécdoque**— entre los *morfemas** respectivos de las *palabras** en la frase u *oración**:

> "*La juventud* acudirá; *ellos* proveerán".
> "Su *Santidad* está enfermo".
> "Hidalgo *llegará* (NO *llegó*) al día siguiente".
> "*Un* gran número de personas *llegaron*".
> "*Ustedes* (segunda persona) *desean*" (tercera persona).

Es decir, hay una concordancia *"ad sensum"*, de ideas, pero no formal. Los casos de discrepancia entre los semas de temporalidad del verbo y los de los adverbios u otros elementos de la oración, son considerados por algunos autores como silepsis, por otros como *translación** o *enálage*.

Un tipo de silepsis es el *anacoluto**, considerado antiguamente como *solecismo** que ocurre por una ruptura de la construcción cuando un *sintagma** previsto —porque lo hacían suponer los primeros elementos de la frase— es sustituido por otro de concordancia diversa, de modo que la construcción comenzada parece continuarse con otra (por confusión de las relaciones paratácticas e hipotácticas) o bien es omitido, en cuyo caso el anacoluto es el resultado de una *elipsis**. Ello puede provenir de una gran vehemencia y precipitación del discurso, que hace atropellarse las palabras debido a que el hablante, dejándose arrastrar por el rápido curso de su pensamiento, se aparta del rigor sintáctico de la frase; muchas otras veces porque la *apódosis** no es la esperada, o porque la falta de partícula correlativa en la apódosis, o en la *prótasis** o en ambas (cuando se debe a tal supresión se trata del *anantopódoton*, un tipo de elipsis). Es un ejemplo el bellísimo comienzo de la biografía de Bolívar escrita por RODÓ:

> Grande en el pensamiento, grande en la acción, grande en la gloria, grande en el infortunio; grande para magnificar la parte impura que cabe en el alma de los grandes, y grande para sobrellevar, en el abandono y en la muerte, la trágica expresión de la grandeza.

donde falta la apódosis y está elíptico el verbo.

Hay un anacoluto, llamado *anapódoton*, que consiste en que una frase, interrumpida por un inciso, se repite después de él, pero dándole otra forma.

Ya en DUMARSAIS aparece esta figura denominando dos fenómenos diferentes. En efecto, algunos tratadistas han llamado silepsis a la *dilogía** o *antanaclasis*. En esta acepción —que según FONTANIER debería llamarse mejor *síntesis*— se denominan silepsis los *tropos** mixtos en que la dilogía se combina con *metonimia** ("*Roma* ya no está en *Roma*; está donde yo estoy"; es decir, el gobierno de Roma —sentido figurado— ya no está en la ciudad de Roma —sentido recto—); o bien cuando se relaciona con *sinécdoque** ("el *mono* siempre es *mono* y el *lobo* siempre es *lobo*"; o sea: el mono —sentido recto— conserva sin alteración su naturaleza, sus rasgos caractetísticos —sentido figurado—; y el lobo, lo mismo), y también cuando se mezcla con *metáfora**, como cuando RACINE —ejemplo de FONTANIER— hace decir a Pirro en su *Andrómaca*:

Sufro todos los males que he causado ante Troya. Vencido, cargado de hierros, consumido por remordimientos, quemado por más *fuegos* que los que aquí encendí.

Ejemplo, éste, en que la equivalencia se da entre *fuegos* en que se consume el enamorado (sentido figurado) y *fuegos* que destruyen la ciudad (sentido recto). Es decir, la *síntesis* o *tropo mixto*, o este tipo de *silepsis*, parece ser en realidad lo que hoy llamamos dilogía y los antiguos, con mayor frecuencia, *antanaclasis*. (V. también ANACOLUTO*.)

SILOGISMO. V. "INVENTIO".

SÍMBOLO. V. SIGNO.

SIMETRÍA (o bimembración).

*Figura** de construcción porque afecta a la *forma** de las expresiones. Consiste en dividir el *verso** o la *estrofa** en partes sintácticamente iguales, que pueden estar vinculadas sólo por una *pausa** o *cesura**, o bien por una *palabra** (frecuentemente un verbo o una conjunción) que funciona como eje de la *estructura** bipartita o bimembre:

> Que todo lo ganaron y todo lo perdieron...
> Manuel MACHADO

> Y a costa y precio de su sangre y vidas
> ERCILLA

Esta figura es característica del lenguaje figurado, pues la sintaxis normal tiende a evitarla; hace que la atención se oriente hacia el *mensaje**, y es más frecuente en verso pues acentúa el *ritmo**. Fue un recurso muy usado durante el Renacimiento y el Barroco. Suele combinarse con la *enumeración** sinonímica:

> ¡Qué soledad augusta! ¡Qué silencio tranquilo!
> URBINA

pero también con frecuencia se une a la *antítesis**:

> Al bien se acerca, al daño se desvía
> LOPE DE VEGA

La correlación entre las partes del todo también puede ser cuatrimembre o trimembre como en la estrofa:

> Qué lejana visión en ti se afina:
> Cuando eras citadina...
> Cuando eras pueblerina...
> Cuando eras campesina...
> Francisco GONZÁLEZ LEÓN

o como en la distribución de los nombres en cada uno de estos versos de "La Araucana":

> Ongolmo, Lemolemo y Lebopía,
> Caniomangue, Elicura, Mareguano,
> Cayocupil, Lincoya, Lepomande,
> Chilcano, Leucotón y Mareande.

símil

Se trata pues de una *metábola** de la clase de los *metataxas** y se produce por *adición** repetitiva del esquema distributivo de los elementos sintácticos.

SÍMIL. V. COMPARACIÓN.

SIMILICADENCIA.

Figura* de dicción que ocurre cuando aparecen en una situación de proximidad diferentes verbos en flexiones que corresponden al mismo tiempo y modo de la conjugación, o bien distintas clases funcionales de *palabras** de diferentes familias pero con terminaciones iguales o semejantes. En ambos casos la repetición de sonidos equivalentes produce un efecto similar al de la *rima** (consonante o asonante):

> ¿Cómo se debe *venir*
> a la Mesa del Altar?
> ¡Yo digo que han de llorar!
> Yo digo que han de reír!
> SOR JUANA

y, en latín, al del *"homoeoptoton"* y el *"homoeoteleuton"*, especie de antecedentes históricos de la rima española.

Es una *metábola** de la clase de los *metaplasmos** porque afecta a la morfología de las palabras. Se produce por *adición** repetitiva. Hay semejanza de una parte del cuerpo fonético de la palabra (el *morfema**) y desemejanza de la otra (el *lexema**). En latín abarcaba las semejanzas de los casos (para unos autores) o de sus terminaciones (para otros) en la declinación y en la derivación. En español resulta equivalente pues incluye los casos de igualdad fonológica y gramatical de las terminaciones de palabras que pertenecen a una clase: sustantivos abstractos, verbigracia: bon*dad*, ansie*dad*, impie*dad*.

Suele combinarse con otras figuras, como por ejemplo con la *derivación** y la sustitución de *morfemas** en:

> Guardo mi pena en el penario.
> Guardo mi alma en el almario.
> Nicolás GUILLÉN

Según Lázaro CARRETER la similicadencia corresponde a un momento de transición entre la rima románica y la de la *literatura** de la decadencia latina.

SIMILITUD. V. COMPARACIÓN.

"SIMPLOCE". V. COMPLEXIÓN.

SIMULACIÓN. V. IRONÍA.

SINALEFA.

Figura* que en la poesía española consiste en pronunciar en una sola sílaba, como si se tratara de un diptongo, la vocal final de una *palabra** y la vocal inicial contigua de la palabra siguiente:

> Sobre pupil*a a*zul con sueño leve
> tu párpado cayend*o a*mortecido...
> Juan AROLAS

Cada sinalefa resta, pues, una sílaba a la unidad métrica.

Algunas veces no se produce la sinalefa, como cuando una de las vocales pertenece a un monosílabo, o está acentuada, o es pronunciada enfáticamente:

> *Qué ar*te dominas,
> qué cielo gobiernas...

En las palabras que comienzan con *h* se hace caso omiso de ella, excepto cuando la sucede un diptongo (hueso):

> y *la hu*manidad le decía...;
> *de hie*dra negra en medio del perfume...

En poesía griega y latina se produce por la contracción de una vocal larga o un diptongo al final de una palabra, con una vocal o diptongo de una sílaba larga al principio de la siguiente palabra.

Se trata en todo caso de una *metábola** de la clase de los *metaplasmos** y se produce por *supresión** parcial.

SINALIFA. V. SINALEFA.

SINATROISMO. V. ACUMULACIÓN.

SÍNCOPA. (y "ecthlipsis").

Figura* de dicción que consiste en abreviar una palabra suprimiendo en ella letras intermedias: *Navidad* (por *Natividad*). Su empleo suele registrar un fenómeno histórico de evolución de la *lengua**: *calidus, caldus, caldo*.

En su uso retórico es una *metábola** de la clase de los *metaplasmos** porque afecta a la morfología de la *palabra**. Se produce por *supresión** parcial pues se omiten letras en medio de la misma, generalmente con el objeto de reducir el número de las sílabas de un *verso** para que se ajuste al *metro**.

Cuando la síncopa consiste en la "expulsión de una consonante que forma parte de un grupo" (de consonantes), se llama *"ecthlipsis"* (Lázaro CARRETER): "campsare" (latín) *cansar* (español).

SÍNCRESIS. V. HIATO.

SINCRISIS. V. ANTÍTESIS.

SÍNCRISIS. V. ANÁCRISIS.

SINCRETISMO. V. ACTANTE.

SINCRONÍA. (y diacronía).

Estado de *lengua** en un momento dado de su historia, es decir, conjunto de hechos lingüísticos simultáneos, que aseguran la *comunicación**, fundados en la *estructura** propia de una lengua en un momento dado sobre el eje del tiempo y sin consideración de los fenómenos de evolución de la misma.

Este término y, el que se le opone, *diacronía*, fueron introducidos por Ferdinand de SAUSSURE. La lingüística sincrónica es pues una lingüística descriptiva de una fase de la lengua, de un estado del *sistema**, es decir, de la organización sistemática de los fenómenos lingüísticos, sin atender a su carácter evolutivo. La lingüística diacrónica describe el encadenamiento de las transformaciones que sufre una lengua durante su evolución, es decir, describe, dice MAROUZEAU, "el carácter de los hechos observados desde el punto de vista de su evolución a través de la duración" (MARTINET). La lingüística diacrónica es, así, el equivalente moderno de la *gramática** histórica, puesto que estudia los fenómenos sucesivos, la evolución.

Posteriormente al establecimiento de estos conceptos, se ha procurado relacionar la diacronía con la sincronía, es decir, los cambios evolutivos de una lengua en su transcurso histórico, con el estado que la misma ofrece en cada *sistema** sucesivo.

SINÉCDOQUE. (y antonomasia).

*Figura retórica** que forma parte de los *tropos** de dicción (*metasememas**) y que se basa en "la relación que media entre un todo y sus partes" (LAUSBERG). FONTA-NIER la describe como la "designación de un objeto por el nombre de otro objeto con el cual forma un conjunto, un todo físico o metafísico, hallándose la existencia o la idea del uno comprendida en la existencia o la idea del otro", de tal modo que las sinécdoques "dan a entender o más o menos de lo que las *palabras** significan literalmente". Para COLL y VEHÍ, por otra parte, la relación entre las ideas (propia y figurada) consiste en que "una idea debe formar parte de la otra" (mientras que en la *metonimia** y en la *metáfora** las ideas corresponden a dos objetos distintos que son "dos todos completos que en la metáfora se relacionan por semejanza y en la metonimia por cualquiera otra causa"). TODOROV dice que la sinécdoque "consiste en emplear la palabra en un sentido que es una parte de otro sentido de la misma palabra".

Hay dos tipos de sinécdoque: *a*) La *sinécdoque generalizante* que por medio de lo general expresa lo particular; por medio del todo, la parte; por medio de lo más, lo menos; por medio del género, la especie; por medio de lo amplio, lo reducido. Es una sinécdoque *deductiva* que opera en las relaciones: parte/todo, género/especie, obra/materia, y en la relación numérica: plural/singular; es decir, al expresar la parte por medio del todo: "el mundo entero lo dice" ("cada persona lo dice"); el género por medio de la especie: "no tiene camisa" ("vestido"); la obra mediante la materia de que está hecha: "sacó el acero" ("la espada"); o el número singular por medio del empleo del plural: "la patria de los Virgilios" (sólo hay un Virgilio).

b) Estas mismas relaciones operan en la dirección inversa en la *sinécdoque inductiva* en que lo amplio es expresado mediante lo reducido. Es la sinécdoque *particularizante* en la que por medio de lo particular se expresa lo general; por medio de la parte, el todo; por medio de lo menos, lo más; por medio de la especie, el género; por medio del singular, el plural, como en los ejemplos respectivos: "tiene quince primaveras" ("años"); "el hombre es mortal" (el género humano, que comprende a la mujer); "el español martirizó mi planta" (dice Cuauhtémoc en un poema de NERVO, en lugar de decir "los españoles").

Algunos tratadistas (como FONTANIER, COLL y VEHÍ, etc.) han considerado *otra sinécdoque*, la de *abstracción*, que consiste en expresar lo concreto mediante lo abstracto, como al decir "la juventud" en lugar de "los jóvenes", lo que constituye una sinécdoque de abstracción *absoluta* porque presenta la cualidad "como existente por sí misma, ya que hay también una sinécdoque de abstracción *relativa*, que presenta la existencia de la cualidad como dependiente de algo más: "vestía la

'manta', de los pobres" (en lugar de "la tela de manta", "el traje de manta"). FON-
TANIER considera que este tipo de sinécdoque está "basado en una metáfora",
como en las expresiónes: "el marfil de sus dientes" (sus dientes de marfil) o "el
mármol de su cuello".

La mayoría de los autores considera sinécdoque la *antonomasia*, que es —dice
FONTANIER— "frecuentemente metafórica y alusiva", y que manifiesta al individuo
mediante la especie: "entró el Insurgente (el Cura Hidalgo) al palacio de gobierno"; "es, un Demóstenes" (un excelente orador).

Según FONTANIER, la antonomía se produce: *a)* Al tomar un nombre común
por un nombre propio: decir "el Cartaginés", en lugar de Aníbal. *b)* Al tomar un
nombre propio por un nombre común: el ejemplo anterior de Demóstenes. *c)* Al
tomar un nombre propio por otro nombre propio: al decir a un rey o a un juez
dado: "me someto a tu juicio, Salomón" (sin el artículo, para que mayor sea la
identificación). *d)* Al tomar un nombre común por el propio del individuo o por
el común de la especie, como al decir que es "un epicúreo" el voluptuoso que vive
para el placer, o al llamar "el estoico" al severo y firme en sus principios. La anto-
nomásia, dice el GRUPO "M", "va de lo particular a lo general, de la parte al todo,
de menos a más, de la especie al género".

LAUSBERG observa que muchos epítetos también funcionan como sinécdoques.
Por ejemplo, si llamamos "africano" a un hombre moreno, nombramos el todo de
su persona a través de una parte, de una de sus cualidades. Y este mismo autor
menciona que la sinécdoque también puede verse como un caso de *elipsis** de las
partes del todo que no se mencionan.

En cuanto a la operación por la que se producen en general las sinécdoques,
las generalizantes resultan de una *adición** simple (decir "bronce" por "campana"),
mientras que las particularizantes resultan de una *supresión** parcial (decir: "tres
inviernos", por "tres años").

En la tradición, la descripción de la sinécdoque ha sufrido diversos cambios,
siempre dentro del marco general de los *tropos** y en su relación con la metáfora y
la *metonimia**. Muchas veces la sinécdoque ha sido vista como un tipo de metonimia (desde DU MARSAIS hasta GREIMAS), pues ambas figuras están demásiado próximas ya que entre ellas existe una relación "entre el objeto de que se habla y
aquel del que se toma prestado el nombre" (LE GUERN). En la sinécdoque se toma
lo más por lo menos y lo menos por lo más (sinécdoque de lo amplio y de lo reducido, las llama LAUSBERG que la considera un tropo de circunloquio, emparen-
tado con la *perífrasis**).

Esta relación entre sinécdoque y metonimia sigue pues siendo tomada en cuenta por muchos. LAUSBERG todavía explica la sinécdoque como "una metonimia de
relación cuantitativa entre la palabra empleada y la significación mentada". LE
GUERN ve en ambas figuras procesos semejantes. JAKOBSON, por su parte, hace notar que en el interior de ninguna de ellas se altera la constitución sémica, sino que
ocurre un deslizamiento de la *referencia** manifestado por el *contexto** por lo que la
relación es externa, de contigüidad (V. también METÁFORA* y METONIMIA*.)

SINÉNFASIS. V. ÉNFASIS y ALUSIÓN.

SINÉRESIS. V. HIATO.

SINESTESIA (o transposición sensorial).

Tipo de *metáfora** —o grado de la metáfora, según COHEN— que consiste en asociar sensaciones que pertenecen a diferentes registros sensoriales, lo que se logra al describir una experiencia en los términos en que se describiría otra percibida mediante otro sentido.

"Resbalo por tu tarde como el cansancio por la piedad de un declive"

dice BORGES, asociando *resbalar*, experiencia física, táctil, percibida corporalmente, con *tarde*, que es de orden temporal, con *cansancio*, que también es experiencia física, con *piedad*, que es de naturaleza emotiva, psíquica, y con *declive* que se percibe tanto táctil como visualmente.

En la sinestesia, según POTTIER. se traslada el eje temático pero se conserva el *sema** esencial, y el procedimiento es una "fuente de aparente asemantismo". Este autor pone ejemplos como éste:

Pesa diez años de más

donde se asocian *peso* y *tiempo*.

MORIER la llama también "transposición sensorial".

"SINGULA SINGULIS REDDITA". V. SÍNQUISIS.

SINGULARIZACIÓN. V. METÁFORA, FIGURA RETÓRICA y DESAUTOMATIZACIÓN

SINGULATIVO, relato (y competitivo, repetitivo, iterativo, frecuencia).

Fenómeno de *frecuencia* relativo a la relación de *temporalidad** que se da entre la *historia** relatada y el *discurso** que la vehicula. Según Gérard GENETTE, Consiste en relatar una sola vez lo que ocurre una sola vez. Se opone al relato *competitivo* o *repetitivo*, que se da cuando una ocurrencia se cuenta varias veces, completa o parcialmente, por medio de un *narrador** o de varios. Se opone también al relato *iterativo* que es aquel que narra X número de veces lo que ocurre una sola vez o bien varias ocurrencias muy semejantes.

La *frecuencia*, que engloba todos estos fenómenos, es la mayor o menor coincidencia entre el número de ocurrencias de la historia y el número de ocurrencias discursivas que la relatan.

SINICESIS. V. HIATO.

SINONIMIA. (con o sin base morfológica).

Figura retórica* que consiste en presentar equivalencias de (igual o parecido) *significado** mediante diferentes *significantes**: "acude, corre, vuela" (Fray Luis DE LEÓN). Es una *metábola** de la clase de los *metaplasmos** pues, aunque se advierte en ella una operación de *adición** repetitiva de significados análogos, afecta a la *forma** de las *palabras** mediante una operación de supresión/adición (*sustitución**) de significantes, la cual puede ser parcial —cuando se da en términos con parentesco etimológico como *desesperación* y *desesperanza*—, o puede ser completa —si carece de base morfológica como en *exigir* y *reclamar*. El significado es simplemente semejante o casi idéntico, pero algunos o todos los elementos del significante se suprimen y se reemplazan por otros, o bien se repiten. Sin embargo, en un *análi-*

sis* sémico encaminado a descubrir la *connotación**, es posible advertir una diferencia semántica:

> Que dicen que es su *hermosura*
> *imán de los corazones.*

que es mayor cuando el sinónimo es metafórico, como en este ejemplo.

Es decir, que la repetición se da paralelamente a cierto grado de relajación de la igualdad del cuerpo léxico.

En la diferencia semántica puede darse un gradación*, ya sea ascendente o descendente:

> Juegan, retozan, saltan placenteras (las ninfas)
> sobre el blando cristal que se desliza
> de mil trazas, posturas y maneras.
> Bernardo DE BALBUENA

El efecto general de esta figura es el de reforzamiento del significado, es encarecedor. El *arcaismo** es un caso particular de la sinonimia, así como el *préstamo** y la *paráfrasis** (sinonimia de oraciones).

CABRERA INFANTE en *Tres tristes tigres* hilvana en cadenas enumerativas los sinónimos, de donde resulta una especie de letanía. Allí dice Mornard el asesino de Trotsky): "Lo siento viejo León / Lion, Lowe, Leone Lev / Davidovich Trotsky né / Bronstein. Estás como Napoleón, / Lenin, Enjels, Carlomar. / Estás más muerto que el Zar: / Kaputt tot, dead, difunto, / mandado pal otro mundo, / ñampiado, mort, morto profundo. / Diste la patada al cubo."

También los *tropos**, como ya se vio en los ejemplos, se utilizan como sinónimos, por su eficacia como intensificadores afectivos.

Hay sinonimia bimembre, trimembre, con *asíndeton** o con *polisíndeton**, anafórica o epifórica, con *geminación** y con gradación, etc.

Según Bernard POTTIER las palabras (*sememas**) se clasifican según las relaciones de inclusión o de exclusión dadas entre sus *semas**: *1)* Cuando no poseen ningún sema en común (casa/charco) la relación es de exclusión recíproca; *2)* cuando los semas en común se dan en cantidad insignificante (tractor/buey; que sólo tienen en común ser auxiliares en la labranza) la relación es de intersección; *3)* cuando los términos son reconocibles como sinónimos imperfectos (casa/domicilio) la relación es incluyente, de inclusión; *4)* cuando la relación es de identidad perfecta, sólo es concebible teóricamente ya que no es posible que se realice.

La sinonimia considerada como figura retórica tiene una tradición muy antigua, fue registrada primeramente por CASIODORO, FONTANIER la llamó *metábola**.

SÍNQUISIS (o poemas correlativos, "mixtura verborum", "vers rapportés", "versus rapportati", "versi applicati", "singula singulis reddita").

Orden caótico de las *palabras** en una *frase**. Es una variante de la "*transmutatio*" latina: *permutación** del lugar que los elementos ocupan semántica y sintácticamente en la *oración**. Es la "*mixtura verborum*" que hace peligrar la claridad o "*perspicuitas*" por el caos que produce el *hipérbaton** que, sin embargo, ofrece un orden interno identificable:

sinsemántico

> *Ni en ese monte, este aire, ni este río,*
> *corre fiera, vuela ave, pece nada,*
> de quien con atención no sea escuchada
> la triste voz del triste llanto mío.

dice GÓNGORA en este fragmento de un *poema** cuyos dos primeros *versos** ofrecen ejemplo de esta *figura**, pues la relación sintáctica se da entre *monte y fiera, aire y ave, río y pez.*

Este tipo de sínquisis en el que cada uno de los *sintagmas** del primer verso se relaciona sintáctica y semánticamente con los sintagmas del segundo verso, corresponde a un procedimiento retórico que se encuentra ya en VIRGILIO:

> Pací (A1), cultivé (A2), vencí (A3),
> pastor (B1), labrador (B2), soldado (B3),
> cabras (C1), campos (C2), enemigos (C3),
> con hoja (D1), azadón (D2) y mano (D3).

y al que Dámaso ALONSO y Carlos BOUSOÑO analizan como un "esquema de correlaciones" que sistematiza la *"mixtura verborum"* que es un tipo de manierismo formal para CURTIUS.

Las otras variantes de la *"transmutatio"* —no caóticas— son las *anástrofe** (que se da entre elementos contiguos), el *hipérbaton** (entre elementos no contiguos), y el *quiasmo** (en el que la *permutación** se transforma en una *inversión**).

LAUSBERG cree que generalmente la sínquisis se produce por el uso repetido de la *anástrofe** y del *hipérbaton**, y que es más frecuente con adjetivos, pero también se construye con verbos y complementos o con sujetos y predicados, etc. Además, no sólo hay ejemplos en verso, sino muchos en *prosa**.

Las distribuciones mezcladas que dan origen a la sínquisis se conocen en latín como *"versus rapportati"*, o *"singula singulis reddita"*, y en francés como *"vers rapportés"*. MORIER registra también el nombre de *"versi applicati"*.

Las correlaciones pueden ser, además, *reiterativas* (a distancia, de *estrofa** a estrofa); la reiteración puede ser *progresiva*; el esquema correlativo puede resultar *diseminativo recolectivo* (con una recapitulación final), etc., variantes, todas ellas, estudiadas por ALONSO y BOUSOÑO.

SINSEMÁNTICO (o expresión sincategoremática).

Elemento (*palabra**, *morfema**) que potencialmente es portador de *significado**. Éste se manifiesta cuando el elemento se relaciona, en la *frase**, con otros portadores de *sentido**. BLOOMFIELD lo llama "forma ligada" (porque cuando no se relaciona, es decir, si permanece *libre*, es muy pobre en significado).

Estos elementos se oponen a las palabras *estructurales* (las que constituyen el vocabulario básico y funcionan como *lexemas** relativamente autónomos). También se les ha llamado *palabras funcionales* (opuestas a *palabras plenas*), que poseen un sentido léxico difícil de precisar pero en cambio son importantes en la composición porque correlacionan sintácticamente.

SINSIGNO. V. SIGNO.

sintagma

SINTAGMA (y sintema, paralexema, constituyente, exponente, base, característica).

La combinación, en la *cadena** del *habla**, de unidades lingüísticas pertenecientes a la primera *articulación**, es decir, de unidades significativas (*palabras** hechas de *morfemas**, *frases** hechas de palabras, *oraciones** hechas de frases). Sin embargo, es más frecuente aplicar este término a las frases, de las que, en *gramática** generativa, se distinguen diferentes clases atendiendo a la *función** de sus *componentes** (nominales, adjetivas, verbales, adverbiales, preposicionales). La oración es, en todo caso, un sintagma muy especial, una frase con características peculiares.

Para SAUSSURE, el sintagma obtiene su *sentido** de las relaciones sintagmáticas de sus elementos articulados, aquellos que están presentes en el *discurso**, en la cadena producida por la relación temporal (antes/después), por oposición a las relaciones asociativas, "*in absentia*", que se dan en el *paradigma**, "el cual es virtualmente simultáneo o, más exactamente, intemporal" (dice el GRUPO "M"). Es dentro del sintagma donde cada *signo** adquiere un *valor** gramatical debido a su *función** que depende de su relación (sintagmática) con los otros signos presentes. El dominio del sintagma es el de la *combinación**, y se opone al paradigma cuya definición prescinde completamente de la dimensión temporal, y cuyo dominio es el de la *selección** dentro de un saber almacenado conforme a un orden. Podría decirse que el sintagma es sucesivo, mientras el paradigma es simultáneo.

MARTINET sólo considera sintagmas aquellos provenientes de la labor selectiva del *locutor** ("compramos un lobo joven") y no las frases hechas (*paralexemas*) a las que él llama *sintemas* ("boca de lobo"), y que según él constituyen "*segmentos** de discurso que se comportan como *monemas**". Para MARTINET, además, hay sintagmas *autónomos* y sintagmas *predicativos* o *independientes*. Los primeros contienen unidades significativas (monemas) especializadas en la indicación de las funciones de otros monemas del sintagma (monemas funcionales). La función del sintagma autónomo no depende del lugar que ocupa en la totalidad del *enunciado**, sino que depende del monema indicador de función que contiene. En: "vendrán sin nuestro dinero", el monema funcional *sin* asegura la función de "nuestro dinero", y hace del sintagma "sin nuestro dinero" un sintagma autónomo.

Por su principalidad, el *sintagma predicativo* es, pues, independiente, ya que puede constituir por sí solo el *mensaje**. Vinculado al *sintagma nominal*, constituye la *oración**. También se habla de *sintagmas preposicionales*, compuestos por una preposición y un sintagma nominal equivalente a un adverbio, o bien a un complemento de modo, de tiempo, etc.

Los sintagmas *predicativos* constituyen el núcleo de la oración (del "enunciado mínimo", dice MARTINET) y transmiten la información básica. En torno a los sintagmas predicativos se organizan todos los demás; los sintagmas predicativos "no tienen que marcar sus relaciones con los demás elementos, pues gozan de una autonomía central y pueden considerarse como *independientes*.

En HJELMSLEV, el sintagma es una unidad que comprende, en la cadena, *constituyentes* y *exponentes* (*magnitudes** del *contenido**: *pleremas** y *morfemas**, y magnitudes de la *expresión**: *cenemas** y *prosodemas**). Dentro de un sintagma se distinguen dos elementos: la *base* y la *característica*. Base es el constituyente o el conjunto de constituyentes del sintagma (los *fonemas**). Característica es el exponente, o el conjunto

479

sintagmática

de los exponentes del sintagma (los *morfemás**). (V. también PARADIGMA*, MORFE-MA* y SISTEMA LINGÜÍSTICO*.)

SINTAGMÁTICA. V. FUNCIÓN EN GLOSEMÁTICA, CÓDIGO y TEXTO.

SINTAXIS (y concordancia, régimen, preposición).

Parte de la *gramática** que abarca las leyes que rigen lo referente a disposición, ordenación, coordinación y subordinación de los *constituyentes** dentro de las *frases**, operaciones que se realizan, basadas en principios, durante los procesos de desarrollo del *discurso**.

Se ocupa de señalar las normas de *Construcción* de las palabras dentro del discurso. También las de la *Concordancia* o correspondencia recíproca de accidentes gramaticales dados entre las mismas (género, número, modo, tiempo, persona). Y, por último, del *Régimen* que se ocupa de la dependencia de unas partes en relación con otras, y de los términos que señalan tal relación: las *preposiciones*. Éstas son unas partes —invariables— de la *oración** que señalan el régimen o tipo de relación que guardan entre sí dos términos. Son palabras regidas el sustantivo (siempre que no sea sujeto ni apóstrofe) y el verbo (si está en subjuntivo o en infinitivo). Son palabras regentes todas las categorías gramaticales excepto adverbio, conjunción e interjección.

SINTEMA. V. SINTAGMA.

SINTONEMA. V. GLOSEMA.

SISTEMA.

Conjunto organizado de elementos relacionados entre sí y con el todo conforme a reglas o principios, de tal modo que el estado de cada elemento depende del estado del conjunto de los elementos, y la modificación introducida en un elemento afecta a todo el sistema.

En el sistema es donde se integra el todo, el conjunto de los elementos.

SISTEMA LINGÜÍSTICO (y lengua, habla).

En el sistema lingüístico, que es un sistema semiótico, un sistema de *significación** y de *comunicación**, se integran todos sus elementos, que son los *signos** lingüísticos o verbales, regidos por principios generales conforme a los cuales se ordenan y se combinan para dar lugar a un *proceso** de comunicación.

Los elementos del sistema lingüístico están doblemente articulados, porque en él se combinan primeramente unidades fonológicas (los *fonemas**) que se definen recíprocamente por *oposiciones** binarias (*a* no es *o*) y que en sí mismas carecen de *significado**; y en segundo lugar unidades dotadas de significado y llamadas *morfemas** (en la lingüística americana, o *monemas** léxicos en MARTINET, o *lexemas** —las *palabras**— consideradas en un *contexto** y en una *situación** de comunicación) que también se definen mutuamente y cuya relación —no discursiva— de significado establece *campos semánticos**. Estas unidades del plano de la expresión poseen las correspondientes unidades del *"plano del contenido"** (*semas**, *sememas**), que coexisten con ellas en los *signos**. Estos se vinculan entre sí, a diferentes *nive-*

les*, mediante distintos tipos de relaciones: fonológicas, morfológicas, sintagmáticas, semánticas.

Llamamos también *lengua** al sistema lingüístico. Lengua se opone a *habla* (SAUSSURE), que es la realización individual de cada sujeto *hablante** al hacer uso del sistema de la lengua, que es el repertorio codificado (o *código**) que contiene los elementos necesarios para, conforme a reglas, producir *enunciados**.

La existencia, la naturaleza y la función de los elementos de la lengua dependen de su relación mutua llamada *solidaridad**, la cual se da de dos maneras, según sea su *jerarquía**: de *proceso** o de sistema:

a) Sintagmáticamente, dentro de la *cadena** lineal de la sucesión temporal de los elementos presentes (relación "antes/después"), como cuando construimos una *frase**:

en la tarde soleada

o una *oración**:

llegaron a tiempo

Son, pues, relaciones sintagmáticas, el orden y la *concordancia**.

b) Paradigmáticamente, cuando se asocia mentalmente un elemento explícito con otros no explícitos que se evocan debido a alguna relación de semejanza o de oposición que existe entre sus *significantes** o entre sus *significados**:

en la tarde
por las tardes
con esas tardeadas
sin tales atardeceres.

(V. CÓDIGO* y ANÁLISIS TEXTUAL*.)

SISTEMA MODELIZANTE SECUNDARIO.

Uno de los tres tipos de *lenguaje** existentes junto con los *lenguajes naturales* (como el español o el francés, por ejemplo) y los *lenguajes artificiales* (como el sistema telegráfico "Morse" o el álgebra).

Yuri LOTMAN desarrolla esta noción afirmando que se trata de un "sistema semiótico construido sobre la base de un lenguaje natural pero que posee una *estructura** más compleja". Así, el arte, los rituales, las costumbres, las creencias religiosas, el comercio, etc., son sistemas modelizantes secundarios que se funden en la *cultura** vista como "una totalidad *semiótica** compleja".

La *literatura** (arte verbal) es un sistema modelizante secundario; un lenguaje particular superpuesto a una *lengua** natural y poseedor de su propio sistema de *signos** de diferente tipo que los lingüísticos, así como de reglas para su combinación. Tal sistema es capaz de transmitir informaciones que no sería posible comunicar por otros medios.

Las otras artes (pintura, arquitectua, escultura, etc.) son también sistemas modelizantes secundarios pero, a diferencia de la literatura, no tienen como base la lengua natural.

SISTÉMICO. V. CÓDIGO y TEXTO.

SÍSTOLE.

En español llamamos así a una *figura** de dicción que puede ser viciosa o puede usarse como licencia poética. Consiste en transferir el *acento** de una sílaba a la anterior, por requerimientos métrico/rítmicos:

> y el campo era figura de una canción de *Tí*bulo
> Salvador DÍAZ MIRÓN

(y no de *Ti*bulo, como es en latín).

En griego consiste en la abreviación, que también puede ser bárbara o *retórica**, de una sílaba larga.

Como figura es pues una *metábola** de la clase de los *metaplasmos** porque altera la *morfología** de la *palabra**. Cuando es *contracción** —como en griego— se produce por *supresión** parcial; cuando es por transferencia del acento —como en español— se produce por *permutación**, en las sílabas, de las cualidades tónica y átona.

SITUACIÓN DE ENUNCIACIÓN.

Conjunto de las precisas circunstancias espaciotemporales en que se produce el acto de *enunciación**, es decir, el acto discursivo durante el cual el *emisor** transmite un *mensaje** al *receptor**.

SITUACIÓN NARRATIVA. V. NARRADOR.

"SLANG". (ingl.). V. JERGA.

SOBREENTENDIDO. V. CONTRADICCIÓN e INSINUACIÓN.

SOCIALIZACIÓN.

Proceso de integración del individuo a la sociedad, desde que nace, al pasar por una serie de etapas: la familia (socialización primaria), la escuela (socialización secundaria) y la profesión (socialización terciaria). Influyen en este proceso el aprendizaje de la *lengua** materna, el contacto con los medios de información informativos y persuasivos (propaganda), y la internalización de las *estructuras** lingüísticas y sociales y de los patrones de conductas, es decir, de las pautas que conforman ciertos modelos seleccionados por cada individuo entre los que le rodean, dentro de su marco histórico y cultural. El individuo adquiere y consolida así la madurez psíquica en su calidad de individuo miembro de un grupo, y la seguridad de conducta para participar en la vida social aportando a ella su trabajo.

SOCIOLECTO. V. IDIOLECTO.

SOLECISMO. V. FIGURA RETÓRICA.

SOLIDARIDAD. V. FUNCIÓN EN GLOSEMÁTICA.

SOLILOQUIO. V. MONÓLOGO y DIÁLOGO.

SONORO, sonido. V. FONÉTICA.

SORDO, sonido. V. FONÉTICA.

SORITES. V. "INVENTIO".

"STREAM OF CONSCIOUSNESS". (ingl.). V. MONÓLOGO.

SUBTEXTO. V. TEXTO.

"SUBIECTIO". V. MONÓLOGO y SUJECIÓN.

"SUBIUNCTIO". V. ISOCOLON.

SUBJUNCIÓN. V. ISOCOLON.

"SUBNEXIO". V. PROSAPÓDOSIS e ISOCOLON.

SUBORDINACIÓN (y coordinación, oración compuesta, oración compleja).

Relación sintáctica de desigualdad dada entre unidades sintácticas, una dominante o subordinante y otra dominada o subordinada. Se opone a la relación de *coordinación* que consiste en un simple enlace entre *oraciones** iguales.

En español hay cinco clases de oraciones coordinadas: *1) Copulativas*, que expresan adición o gradación y se interrelacionan mediante las conjunciones *y, e, ni*; el adverbio *más*, y otros nexos equivalente. ("Me quieren bien y me ayudan"). *2) Adversativas*, que expresan oposición y se vinculan mediante nexos como *pero, mas, sin embargo*.(Lo presencié, pero no pude intervenir). *3) Disyuntivas*, que expresan alternativa. Sus nexos frecuentes son las conjunciones disyuntivas *o, u, ya, bien, ahora*, o los adverbios *ya, bien, ahora*, cuando funcionan como conjunciones disyuntivas aunque con carácter distributivo.(Acéptalo como es, o modifícalo). *4) Continuativas*, que son unas copulativas que además expresan consecuencia lógica y se relacionan mediante nexos como *así, así que, así pues, luego, y, conque, por tanto, en consecuencia*.(Me invitaron, luego asistí). *5) Distributivas* que, como su nombre indica, expresan distribución. En ellas se contraponen acciones distribuidas entre varios agentes. Generalmente se vinculan mediante los nexos correlativos *aquí...allí, éste...aquél, aquí...allá*. (Éste me agrada, aquél me repugna). Una serie de oraciones coordinadas constituye una *oración compuesta*.

Hay, en cambio, tres grandes grupos de oraciones subordinadas: *a) sustantivas, b) adjetivas* y *c) adverbiales*; las que cumplen, respectivamente, las funciones de sustantivo, adjetivo y adverbio dentro de otras oraciones subordinantes.

La agregación de una oración subordinada introduce un grado de complejidad y produce que el conjunto sea una oración *compleja*.

a) Las oraciones subordinadas sustantivas pueden cumplir función de: *a.1. Sujeto*, en *voz activa* o en *voz pasiva* (*perifrástica* o *cuasirrefleja*); con *verbo intransitivo*, o con *verbo copulativo*. Igualmente pueden cumplir la función de: *a.2. Complemento directo*: *yustapuesta* y con *verbo conjugado* o bien con verbo en infinitivo, o mediante nexo, Así mismo pueden ser: *a.3. Complemento indirecto*: con la preposición *a* o con la preposición *para*. Y también puede funcionar *a.4.* Subordinada sustantiva *agente* ya sea de *pasiva perifrástica* o de *pasiva cuasirrefleja*.

b) Las *subordinadas adjetivas* de un núcleo que necesariamente es sustantivo y al cual modifican mediante un *nexo* que puede ser: un *pronombre relativo* (que, cual, quien, cuyo), o un *adverbio* (donde, cuando, cuanto, como).

c) Las *subordinadas adverbiales* que, a su vez, conforman tres grupos: *c.1.* Las *circunstanciales* (de modo, de *tiempo*, y de *lugar*). *c.2.* Las *cuantitativas* (*comparativas y consecutivas*), y *c.3.* las *causativas* (*condicionales, concesivas, causales* y *finales*).

SUBYECCIÓN. V. SUJECIÓN.

SUCESIÓN continua. V. SECUENCIA.

SUFIJACIÓN. V. PARAGOGE.

SUFIJO. V. SUFIJO.

SUJECIÓN (o subiectio o subyección).

Figura de pensamiento* que consiste en subordinar el *emisor** sus aseveraciones a interrogaciones formuladas por él mismo, de manera que funcionen como respuestas. Se presenta, pues, como una cadena de preguntas seguidas de sus respectivas contestaciones:

> ¿Que es la vida? Un frenesí;
> ¿Qué es la vida? Una ilusión.
> Una sombra, una ficción,
> Y el mayor bien es paqueño;
> Que toda la vida es sueño,
> Y los sueños, sueños son.
> CALDERÓN

Es pues un *metalogismo**, ya que afecta a la organización lógica de las expresiones.

SUJETO. V. ACTANTE.

SUJETO COGNOSCITIVO. V. ACTANTE.

SUJETO DE ESTADO. V. ACTANTE.

SUJETO OPERADOR. V. ACTANTE.

SUJETO PRAGMÁTICO. V. ACTANTE.

SUPRASEGMENTAL. V. SEGMENTO.

SUPRESIÓN. (o "detractio" o "endeia").

Modo de operación por el que se producen muchas de las *figuras retoricas** en cada uno de los diferentes *niveles** de la *lengua**. Consiste en eliminar, de manera parcial o completa, algún elemento formal y semántico que pertenece a la expresión y queda así fuera de ella.

Puede ser un *fonema**, como en la *aféresis**: *celsitudes*, por excelsitudes; o bien *palabras**, como en la *elipsis**:

> las casas muy altas; los árboles, más.

que en este ejemplo es del adjetivo (altas), y que puede omitir cualquier categoría gramatical excepto la interjección; o bien puede ser un *significado**, como en el *zeugma** de complejidad semántica:

> vestidas de andrajos y desaliento

Es decir, invadidas, llenas, cubiertas de desaliento, que es el tipo de *elipsis** del verbo en la que el término omitido posee un significado diverso al del término explicitado, y existe entre ambos una oposición *lenguaje recto/lenguaje figurado*.

También pueden suprimirse *oraciones** completas, cuyo sentido se sobreentiende, naturalmente.

El procedimiento de supresión (*"detractió"*) era una de las "categorías modificativas" introducidas en la retórica por QUINTILIANO (además existen la *adición**, la *sustitución** y la *permutación**). Su moderna presentación sistemática se debe a la *Rhétorique générale* del GRUPO "M" (1970), que permite una comprensión cabal de los fenómenos retóricos sin recurrir a clasificaciones menos ordenadas ni a la revisión de una excesiva nomenclatura.

SUSPENSE. V. SUSPENSO.

SUSPENSIÓN. V. ELIPSIS.

SUSPENSO (o "suspense").

Actitud tensa y expectante producida en el *receptor** por efecto de la *estructura** del *relato** narrado o representado. Recursos como la *gradación**, la *anacronía**, la *anisocronía**, suelen cumplir un importante papel en la agudización de la espera angustiosa de los hechos subsiguientes. (V. también TEMPORALIDAD*.)

SUSTANCIA DEL CONTENIDO. V. SIGNIFICANTE.

SUSTANCIA DE LA EXPRESIÓN. V. SIGNIFICANTE.

SUSTITUCIÓN (o "inmutatio").

Modo de operación por el que se producen muchas de las *figuras retóricas**. Su mecanismo es doble, pues consiste en una *supresión** a la que sucede una *adición**, como ocurre en el caso del *calembur** en que se sustituye un modo de *articulación** de los elementos de la *cadena** sonora, por otro:

> a este Lopico lo pico
> GÓNGORA

con lo que también se sustituye un *sentido**, por otro.

La sustitución se llamaba *"inmutatio"* entre los antiguos, y era la "categoría modificativa" fundamental en cuanto que afectaba lo cualitativo.

La sustitución puede ser parcial, completa o negativa. Es parcial cuando opera sobre una o varias de las unidades menores contenidas en una unidad mayor, como en la *metáfora** *"in absentia"* (GRUPO "M"):

> vidrio animado (mariposa)
> SANDOVAL ZAPATA

La sustitución es completa cuando una unidad es reemplazada con todos sus elementos como en el caso de la *dilogía**, cuyo sentido es sustituido, en una segunda lectura, por otro; o como en los *arcaísmos**, los *neologismos**, las *invenciones** y los *préstamos**: escribir *"chapeau"* en vez de *sombrero*.

La sustitución es negativa cuando la unidad suprimida es reemplazada por otra que constituye su negación, como ocurre con el *significado** en el caso de la *ironía** o de la *paradoja**:

> muero porque no muero

equivalente a: experimento un vivo deseo de vivir más intensamente, no en esta vida, sino en la otra, a la que sólo puedo acceder muriéndome. (V. también NIVEL*.)

SUSTITUCIÓN de morfemas.

Figura* que afecta a la morfología de las palabras y consiste en derivar una *palabra**, por analogía con otra, mediante un *morfema** que no le corresponde:

> Confiesa tus envidias,/tus temores, tus ideas ofidias, todos tus desamores, resquemores, venganzas y olvid*ores*.
>
> Fayad JAMIS

A veces responde no solamente a un juego de semejanzas y oposiciones de sonido y de *sentido**, sino también a una exigencia *métrica**:

> ahora me castigo cada día
> de tal selvati*quez* y tal torpeza
> GARCILASO

Es una *metábola** de la clase de los *metaplasmos**. Se produce por *supresión**/*adición** (*sustitución**) parcial de morfemas. VALLEJO frecuenta esta figura, habla, por ejemplo, de un establo *"excrementido"*.

Aunque es un metaplasmo, no deja de producir un indeterminado, vago, efecto semántico, una especie de contaminación del sentido de la palabra con el que proviene del morfema, sobre todo cuando sugiere un cambio de categoría funcional:

> ...en el largo ladrar tardecino de los perros.
> Alberto QUINTERO ALVAREZ

Aquí se advierte que el *significado** del sustantivo (tarde) se ve alterado por el que porta el morfema propio de un adjetivo y que, de hecho, cambia su función gramatical.

T

TABULAR, lectura. V. ISOTOPÍA.

TAUTOGRAMA.

*Poema** o *verso** construido con *palabras** que empiezan, todas, con la misma letra. Tales composiciones han sido frecuentadas por los escritores en la antigüedad latina, en la Edad Media, y en los siglos XVI y XVII. Se han escrito poemas tautogramas de más de cien versos.

TAUTOLOGÍA. V. PLEONASMO.

TAXEMA. V. FONEMA.

TAXONOMÍA.

Teoría que concibe la actividad científica como un trabajo de observación, identificación y clasificación de los hechos. En lingüística está representada principalmente por los distribucionalistas, quienes basan su clasificación en "el orden posicional de las unidades lingüísticas" (GREIMAS), y son objeto de críticas por parte de los transformacionalistas que desean tener en cuenta la *competencia** que permite la producción de *frases** y la producción de *modelos** capaces de prever hechos nuevos.

También se llama taxonomía el procedimiento de clasificación propiamente dicho.

"TAXIS". V. "DISPOSITIO" y ENUNCIADO.

TEATRO. V. DRAMA.

TEMA. V. MOTIVO.

TEMPORALIDAD (y duración, orden, frecuencia).

La temporalidad es una de las instancias en que se desarrolla el *proceso** discursivo, además de la *espacialidad** y de la *acción**, de los actores. Todas estas instancias ofrecen dos facetas pues se refieren, por una parte a la *enunciación** del *discurso** y, por otra, a lo *enunciado**, es decir a los hechos relatados por el discurso. En otras palabras, la *historia**, relatada tiene una instancia espacial, una temporal, y unos protagonistas: los *personajes**; pero también el proceso discursivo transcurre en una instancia temporal, otra espacial, y existen unos protagonistas del hecho discursivo: el *emisor** o sujeto de la enunciación (*narrador**) y el destinatario de la misma, el *receptor** (*narratario**, personaje a quien va dirigida la enunciación, y virtual lector del *relato**).

Tanto la historia, como el discurso que da cuenta de ella, se desarrollan paralelamente sobre la instancia temporal; pero mientras el tiempo discursivo se desarrolla linealmente, el tiempo de la historia es pluridimensional La correspondencia entre ambas dimensiones temporales no es constantemente exacta; sus desajustes afectan tanto a la *duración** como al *orden** y a la *frecuencia**. Entre el momento en que se inicia la historia y el momento en que termina, tienen lugar las acciones que la constituyen. Entre esos dos momentos transcurre su duración. Por otra parte, entre el momento en que se inicia y el momento en que se termina el relato de la historia, transcurre la duración del discurso, es decir, su extensión. La relación de paralelismo entre ambas duraciones no es exacta ni constante. Por lo contrario, lo más frecuente es que ocurra una variedad de desfasamientos o irregularidades en esta relación. Estas faltas de correspondencia han sido estudiadas con ahínco desde los formalistas rusos, y, sobre todo, recientemente por Gérard GENETTE, quien las denomina *anisocronías** y las ordena en tres clases: *pausa* (expansión mayor del tiempo de la historia), *resumen* (comprensión del tiempo de la historia, dentro del tiempo —mayor— del discurso), *elipsis* (supresión del tiempo de la historia, inferible a partir del discurso) opuestas a *escena* (igualdad convencional de ambas temporalidades, sin anisocronía). La alternancia de los distintos tipos de anisocronía produce variaciones del *ritmo** interior del discurso, semantizables como elementos formales que acentúan el *significado** de los elementos semánticos, ya sea por analogía o por contraste (V. CATÁLISIS*). Las anisocronías pueden ser objeto de un diagrama elaborado a partir de la identificación de los verbos (V. ANISOCRONÍA*). En principio, es posible afirmar que la instancia que da cuenta de la *historia* generalmente es de duración inferior a la historia relatada.

La correspondencia entre ambas instancias temporales se relaciona también con el *orden*. Es frecuente la falta de coincidencia, es decir, que el discurso no ofrezca los hechos de la historia en un supuesto orden cronológico (*fábula**), sino que introduzca en ellos un desorden, que en realidad es otro orden: un orden artificial, artístico (*intriga**). Esto ocurre cuando se presentan los acontecimientos comenzando por el final o por en medio, e intercalando tanto *anticipaciones** (o *prolepsis* o *prospecciones*) como *retrospecciones* (o *analepsis**). Esto es tan importante que puede dar lugar a *géneros** literarios; hablando de la novela policial dice TODOROV que se dividen en "novela de misterio" —la que comienza el relato por el final para terminar por el principio— y "novela de terror" —la que empieza por las amenazas y llega a su término presentando los cadáveres. El conjunto de estas estrategias también ha sido estudiado principalmente por GENETTE, quien las llama *anacronías**. El juego de las distintas anacronías también permite elaborar un diagrama, tomando en cuenta los verbos. (V. ANACRONÍA*.)

También es problema de orden el de la combinación de diferentes historias, lo que puede hacerse mediante una relación de coordinación, yuxtaponiéndolas (*encadenamiento*), mediante una relación de subordinación, incluyendo una dentro de otra (*intercalación*), o bien contando las historias simultáneamente, interrumpiéndolas y retomándolas por turnos (*alternancia*).

La frecuencia, en cambio es, según este mismo autor, la coincidencia o falta de coincidencia entre el número de ocurrencias dadas en la historia y el número de ocurrencias discursivas que dan cuenta de ellas, la frecuencia ofrece tres variantes: el relato es *singulativo** cuando la cadena de acciones relatadas corresponde a una sola historia: se relata una sola vez lo que ocurre una sola vez, o bien, se relata x número de veces lo que ocurre x número de veces. El relato es, en cambio, *competitivo* o *repetitivo* cuando se relata x número de veces lo ocurrido una sola vez. En fin, el relato es *iterativo* cuando se relata una sola vez lo ocurrido x número de veces.

La coincidencia mayor o menor entre ambas instancias temporales se organiza a partir del *presente* en que se efectúa el acto de relatar, ya sea narrado o representado, pues a partir de él se delimita el *pretérito* de la historia, ya sea en la *diégesis** o en la *metadiégesis** (GENETTE). La eficacia de la estrategia elegida depende en alto grado del manejo de los verbos y adverbios, así como de los *conmutadores** o *embragues**, que permiten el juego de *niveles**. La variedad de posibilidades es infinita, por ejemplo, pueden ser relatados los hechos pretéritos en presente histórico que sitúe al narrador aparentemente en el presente de los sucesos narrados, acentuando así el efecto de actualización temporal. Es muy importante en este asunto la consideración de TODOROV acerca de los verbos de estado y los verbos de acción en los modos de lo real y en los modos de la hipótesis (V. CATÁLISIS*), así como la del *aspecto** verbal. También produce efectos notables la combinación de la temporalidad de diferentes historias y sus niveles, el modo como se entretejen. Así, entre las distintas historias puede darse una relación de *coordinación* o encadenamiento, dentro de cualquiera de los niveles; puede darse una relación de *subordinación* o intercalación (entre los niveles diegético y metadiegético), y puede, en fin, darse una relación de *alternancia* o *contrapunto* (también dentro de cualquier nivel de la historia). La temporalidad de la enunciación (el proceso discursivo) puede convertirse en un elemento de la historia, cuando se explicita y se alude a ella, llamando la atención del lector acerca de su transcurso. El narrador cita, en tal caso, el desarrollo de su propia escritura, y manifiesta (intercalando datos que informan al respecto) la duración de la misma. Esta estrategia puede extremarse al grado de que el discurso únicamente dé cuenta de la historia de su propia construcción.

Por último, la temporalidad de la lectura, es decir, la duración de nuestra percepción del *texto**, como lectores, también puede cumplir un papel en el texto mismo, de igual manera que la temporalidad de la enunciación: al introducirse en el *relato** mediante indicaciones relativas a ella. La temporalidad de la lectura "es irreversible por convención", dice TODOROV. El modo "normal de leer", respetándola, es de principio a fin, para *descubrir* la información en el orden previsto. No habría *suspenso**, ni misterio, ni sorpresa. si se transgrediera esta convención que, sin embargo, puede cambiarse por otra que obligue al lector a modificar el orden de su lectura, como ocurre con *Rayuela*, de CORTÁZAR.

La representación teatral ofrece ciertas peculiaridades relativas a la temporalidad pues, por ejemplo, predomina la escena (es decir, el *diálogo**), lo que significa que se da la máxima identidad entre ambas temporalidades. Esto se debe a que la temporalidad de la acción dramática (*historia**) se compone de una "sucesión de momentos presentes" (SEGRE) transcurridos en el escenario exactamente en el lapso que dura la percepción de la obra por el espectador, por lo que la coincidencia es triple. Ahora bien, el tiempo de la acción dramática corresponde generalmente a una previa reducción artificiosa de la historia, lograda mediante la selección rigurosa de acciones, *situaciones** y parlamentos, para eliminar lo inesencial: las repeticiones, los rodeos, los titubeos, los silencios (a menos que sean significativos, pues así se volverían esenciales). La famosa regla de las tres unidades del teatro clásico manifiesta un esfuerzo por reducir la falta de coincidencia entre ambas temporalidades. En el filme la selección de lo esencial se realiza durante el *montaje*. La narrativa es la que permite una mayor diferencia y una mayor complejidad en el juego entre las temporalidades.

En el teatro las anacronías y el nivel metadiegético son también frecuentes, suelen combinarse y quedan a cargo de narraciones proferidas por personajes que, mediante *actos de habla** presentes, agregan períodos correspondientes al pretérito de la historia, o intercalan otras historias.

En fin, los datos acera de la temporalidad pueden ser objeto de un empleo retórico cuando se combinan, principalmente, con datos espaciales. Tal es el caso de las informaciones acerca del tiempo, procuradas mediante la descripción de gestos, del aspecto de objetos, o del paisaje. El GRUPO "M" ha teorizado ampliamente en sus trabajos sobre esta materia.

TÉRMINO.

Palabra* o expresión de *significado** y empleo determinados en forma especialmente precisa dentro del campo de conocimiento de una disciplina dada o del ejercicio de una profesión. Posee un significado libre y *unívoco*, porque no depende de su *contexto** histórico cultural sino de la delimitación de la teoría científica o la actividad a que pertenece cuando se emplea. Su uso propicia las virtudes de la *lengua** en su *función** referencial: claridad, precisión, concisión, que son el sustento de la elegancia y la belleza del *discurso** informativo, suasorio (como el de la propaganda política) o didáctico, a pesar de que su origen puede ser figurado.

TESTIFICANTE. V. ENUNCIACIÓN y EMBRAGUE.

TEXTO (y textualidad, sistémico, extrasistémico, sintagmática, subtexto, antetexto).

Texto: sistema* de relaciones intratextuales en su vinculación con la realidad extratextual: normas literarias, tradición e imaginación. (LOTMAN).

La *textualidad* es el carácter de *texto* que presenta una *estructura** (SCHMIDT). Ésta puede ser considerada desde dos puntos de vista: el del aspecto del *Lenguaje** y el del aspecto social. Así, presentan el carácter de texto (noción, ésta, introducida en la *semiótica** por LOTMAN) "todos los *enunciados** verbales que poseen una función comunicativa". La forma de manifestación de tales enunciados es la textualidad. En otras palabras, la textualidad es el *modo de manifestación lingüística* requerido para realizar la *comunicación**. Este modo de manifestación es universal y social. Desde este punto de vista —de la teoría de la información— cada texto (unidad básica cultural) es la realización concreta de la estructura llamada textualidad. Esta manera de concebir el problema implica la convicción de que un *mensaje** no es solamente, ni una serie de oraciones yuxtapuestas, ni la suma de sus *significados**, sino una compleja red de estructuras dadas en diferentes *niveles** interrelacionados, y un *sentido** global en el que quedan integradas (en el texto litera-rio) las estructuras retóricas (en los niveles fónico-fonológico, morfosintáctico, se-mántico y lógico de las *figuras**) mediante una serie de regularidades y equivalencias. De este modo, en el texto se relacionan, una semántica interna apo-yada en el *eje sintagmático** en que se correlacionan todos los niveles (*fonemas**, *morfemas**, *lexemas**, *sintagmas**, *oraciones**), y una apoyada en el *eje paradigmático** al establecer relaciones externas cada elemento desde un nivel dado.

En LOTMAN, cuya reflexión semiótica abarca no sólo la *literatura** sino el arte en general, éste constituye un lenguaje y cada particular obra de arte constituye un texto. En el texto literario se unen diferentes sistemas opuestos (convenciones genéricas, estilísticas, etc.). Así, el texto resulta ser un "punto donde se intersectan varios *códigos** culturales o *sistemas** que configuran una compleja red de relaciones *intertextuales*" (C. GONZÁLEZ). Es decir, una red de relaciones entre el texto en cuestión y otros textos consciente o inconscientemente evocados —viejas lecturas o fragmentos escuchados y rememorados— que se hacen presentes en el texto como elementos —reelaborados— de los que éste se nutre. (V. también INTERTEXTO*.)

El texto literario se define por su *función lingüística** pero también por su fun-ción social, por el papel que cumple en la sociedad. Tal función es doble. Consis-te, por una parte, en transmitir significados (papel que cumple en mayor medida el texto unívoco), y, además, en generar nuevos significados ("*rol*" óptimamente cumplido por el texto ambiguo). "El modelo mínimo de este último tipo de texto —dice LOTMAN— es el *tropo**", que genera un "nuevo significado no presente, por separado, en ninguno de los *subtextos* que lo constituyen".

Hasta aquí, el texto está visto como *enunciado* o conjunto de enunciados, como opuesto a *discurso** (discurso sería proceso semiótico, discurso literario sería semió-tica literaria). Pero a la definición de este concepto han contribuido, desde diver-sas perspectivas, y aportando numerosos matices, muchos teóricos.

Por ejemplo, desde un punto de vista lingüístico, para HJELMSLEV el texto o de-curso es un proceso semiótico (una *sintagmática**) que, como objeto de estudio de la teoría lingüística, es una *clase** dividida en *componentes** que, a su vez, son clases sucesivamente divididas en componentes hasta agotar el *análisis** progresivo que siempre va, deductivamente, de la clase al componente. El texto es, así, una *cade-na**, y sus partes, que sólo existen por su interrelación, son a su vez cadenas, ex-cepto las últimas, no susceptibles ya de análisis.

Para KRISTEVA el texto, que es *productividad* (es decir, capacidad de transforma-ción; actividad semiótica que abarca las operaciones de producción y transforma-ción del texto cuyas propiedades semióticas se toman en cuenta tanto en la *enunciación** cómo en el *enunciado**) se observa como objeto de análisis, previa elección de un nivel de *pertinencia**.

Desde la perspectiva artística, el texto es observado como un organismo mucho más complejo y original. Por ejemplo, para GENETTE, se trata de: "un todo cerra-do, ordenado, coherente, justificado", que posee "su equilibrio, sus tensiones inter-nas", mismas que hay que analizar "antes de relacionarlo con otros sistemas, textuales o no, exteriores a él".

El texto es un organismo, cada uno de cuyos elementos condiciona a los otros y se confronta con ellos produciendo así su coherencia en cada nivel. Todo texto, además, contiene, explícitas o no (pero siempre presentes aunque sea como ausencias que significan expectativas frustradas), las marcas necesarias para su comprensión.

Para DOLEZEL, los textos literarios son "sistemas semióticos altamente organizados, de producción significante, creativa e imaginativa."

En una de las reflexiones más profundas y ricas acerca del texto artístico, la de LOTMAN, la lectura de un objeto de esta clase —texto polisémico por estar repetidamente codificado, por lo cual es imparafraseable e intraducible— puede producir, por una parte, la comprensión de su *contenido**; por otra parte una experiencia: la del placer estético. De la comprensión proviene el placer intelectual que se genera al obtener información a partir de la sistematicidad. El placer estético, de naturaleza sensorial, se genera en otra fuente, al obtener otra información a partir del material que no es *sistémico* (porque aplica diferentes *códigos**).

Para LOTMAN el texto artístico, aunque no es un juego (porque no es como una actividad que sólo consista en la observancia de unas reglas, sino que es "la verdad de la vida misma, manifestada mediante un lenguaje de reglas convencionales"), posee ciertos rasgos de naturaleza lúdica y cierto parentesco con "el juego (que) modeliza lo contingente, lo determinado de un modo incompleto, la probabilidad de procesos y fenómenos". La creación y la percepción de la obra de arte son conductas similares a la conducta lúdica, en la cual se respetan reglas que, por ejemplo, permiten al lector llorar ante la desgracia de un personaje sin intentar acudir en su auxilio, debido a que siempre mantiene la conciencia de que están presentes "otros significados distintos a los que se perciben en un momento dado".

Además, cada detalle del texto artístico adquiere más de un significado y más de una posible interpretación, debido a que está inserto en diferentes sistemas de relaciones. Por ello el texto artístico posee una sobresignificación que se advierte más fácilmente, como una pérdida, al no poder traducirlo cuando se transcodifica a un texto no artístico. Esto se debe a que, entre un texto literario (es decir, artístico) que ofrece dos o más planos, y un texto no literario que ofrece un solo plano, no puede darse una correspondencia unívoca, luego no puede realizarse la transcodificación. Por esta misma razón, la interpretación del texto literario es plural. Hay una serie de interpretaciones posibles y admisibles debido a que nuevos códigos, de nuecas conciencias lectoras, "revelan en el texto estratos semánticos".

En el texto no artístico, la transgresión a una regla gramatical constituye un error y es también un *ruido** en el *canal** de *comunicación**; ruido y error que a veces pueden ser contrarrestados gracias a la *redundancia**. Pero el texto artístico está simultáneamente regido por dos *gramáticas**, y en él está previsto el mecanismo de transgresión de la sistematicidad por lo individual extrasistémico. La obra de arte es capaz de transformar el ruido en información haciendo su estructura más compleja al relacionarse con lo externo. Lo externo se introduce en la obra, se correlaciona con su estructura y genera polisemia. LOTMAN pone un ejemplo escultórico: el fuste de una columna —parte que media entre el capitel y la base— es recto, eso es lo sistémico. Su rectitud corresponde a una ley estructural que organiza de manera regular la columna. Ahora bien, un abultamiento en el fuste se percibe como un elemento individual y extrasistémico, que en el arte resulta polisistémico. Nosotros podemos pensar en un ejemplo literario, el de la *metáfora** que se produce cuando se combinan (o sea, se relacionan por contigüidad) elementos cuya impertinencia predicativa (composición alotópica) es el fundamento de muchos *tropos** (V. ISOTOPÍA*), lo que es posible debido a que en el texto artístico se suprimen las prohibiciones que en los distintos niveles privan para los textos no artísticos.

Como el texto literario presenta distintos niveles estructurales, es posible que entre ellos se den relaciones de complementaridad, reforzándose, por ejemplo, la *rima**, cuando se relaja el *ritmo**.

La obra de arte —dice LOTMAN— "es una estructura compleja de subestructuras recíprocamente intersectadas, con repetidas penetraciones de un mismo elemento en distintos *contextos** constructivos". Y más tarde agrega: "cuanto mayor es el número de regularidades que se intersectan en un punto estructural dado, tanto más individual parece ese texto".

Según este mismo autor, el mecanismo del texto artístico se basa en que al unirse entre sí los segmentos de la cadena, "se forman significados complementarios", y en que los segmentos "se nivelan... como resultado de la co-oposición de las unidades del texto... y se convierten en sinónimos estructurales" que están en un juego en el que "en lo diferente se revela la semejanza y en lo semejante se revela la diferencia de los significados". Más tarde añade: "los niveles semejantes organizan los desemejantes estableciendo igualmente en ellos semejanzas", mientras que "los niveles desemejantes" descubren "la diferencia de lo semejante" Por ejemplo: elementos semánticamente diferentes se expresan mediante elementos fonológicos y morfosintácticos equivalentes. Las relaciones de *equivalencia** activan las relaciones de diferencia y a la inversa. Un caso en que el funcionamiento de este mecanismo se ve muy claramente es el de la rima, que abarca distintos niveles: fonológico, morfosintáctico y semántico, tal como lo describe JAKOBSON.

Además, la construcción del texto artístico se basa en dos tipos de relaciones: la co-oposición de elementos equivalentes que se repiten (como el esquema rítmico que nivela unidades, a diferencia de como ocurre en la *lengua** práctica); y la co-oposición de elementos contiguos no equivalentes (como en la metáfora que combina elementos que en la lengua práctica no suelen ser combinados). De todo ello resulta que el texto artístico posee una *semántica** nueva y distinta a la de los textos no artísticos.

Ello no significa que la *retórica** o el lenguaje figurado no estén presentes en los otros tipos de textos, sino que su presencia en el texto artístico es deliberada, constante y sistemática. Por ello se dice que el texto artístico está sobretrabajado, sobreestructurado, y posee una gran densidad, un exceso de *significación** (V. también ANÁLISIS*)

En el *teatro**, el *subtexto* es el conjunto de los significados que, implícitos en el texto, infiere el espectador (no el lector) a partir de la puesta en escena y de la interpretación realizada por los *actores**, quienes manifiestan así, con mayor o menor relieve, los matices de sus intenciones, móviles, temores, estados de ánimo, etc.

El *antetexto* es la versión del texto que antecede a la que su *autor** considera definitiva. Puede ser, desde un *borrador*, hasta una edición que luego se convierta en objeto de modificaciones hasta desembocar en otra edición considerada, otra vez, como definitiva.

TEXTUALIDAD. V. TEXTO.

TEXTURA.

Conjunto de características particulares que diferencian un *texto** dado respecto de otros textos; es decir, la textura se determina en atención a las modalidades peculiares del estilo. Este termino ha sido usado por críticos como RANSOM y por semióticos como MIGNOLO, y se ha tomado en préstamo del vocabulario que se refiere a las artes plásticas.

TIEMPO. V. ANTICIPACIÓN*, ANACRONÍA* y TEMPORALIDAD*

TIPO DE DISCURSO o DISCURSIVO. V. GÉNERO, DISCURSO LINGÜÍSTICO, VEROSIMILITUD, FICCIÓN e ISOTOPÍA.

"TMESIS". V. HIPÉRBATON.

TONO. V. PROSODIA.

"TOPICA". V. MEMORIA.

TÓPICO. V. MOTIVO y MEMORIA.

TOPOFESÍA. V. DESCRIPCIÓN.

TOPOGRAFÍA. V. DESCRIPCIÓN.

"TOPOI". V. "INVENTIO" y MEMORIA.

"TRADUCTIO". V UNIVOCIDAD y CALEMBUR.

TRAGEDIA. V. GÉNERO.

TRAIDOR. V. ACTANTE.

TRAMA. V. MOTIVO.

TRANSCODIFICACIÓN. V. TEXTO.

TRANSFERENCIA DE CLASE. V. METÁFORA SINTÁCTICA.

TRANSFOCALIZACIÓN. V. INTERTEXTO.

TRANSFORMACIÓN. V. ACTANTE, ENUNCIADO e INTERTEXTO.

TRANSICIÓN. V. REVOCACIÓN y REYECCIÓN.

TRANSITIVIDAD (e intransitividad).

Propiedad sintáctico/semántica que muestran los verbos al ser utilizados en aquellas acepciones que exigen complemento u objeto directo y que, además, permiten su conversión a la voz pasiva: *cantar*, "*cantaron mi canción*"; "*mi camción fue cantada* en esa ocasión".

Los verbos intransitivos no toleran tal conversión: *polemizar*. NO podemos decir: "polemizar una polémica, o un tema", SINO "polemizar sobre un tema", "con respecto a un asunto", "entablar una polémica relativa a...".

Comprender y explicar esta noción es muy importante porque la desinformación al respecto genera numerosos errores de redacción, inclusive entre profesionistas.

TRANSLACIÓN (o enálage).

Figura* de construcción que consiste en que ciertas *palabras** no adoptan la forma gramatical que habitualmente concuerda con las demás de la *oración**. Entra aquí el uso de algunos adjetivos como adverbios:

> se mueve muy *lento* (lentamente)

y la sustitución de una forma verbal por otra:

> mañana *vamos* (iremos) a verte;
> Te *vas* (vete) de aquí inmediatamente

o bien los casos de concordancia *"ad sensum"* o *silepsis**:

> Su *Santidad* (forma femenina) está *enfermo* (forma masculina)...

Se trata, pues, de una *metábola** de la clase de los *metataxas** porque afecta al *nivel** morfosintáctico de la *lengua**.

Algunos autores han llamado traslación a la *metáfora**.

"TRANSLATIO". V. METÁFORA.

TRANSLITERACIÓN.

Traslado de las grafías de un alfabeto a otro, de manera que cada una represente con fidelidad los fonemas correspondientes a su respectiva *lengua**. En los países de cultura hispánica, muchas veces se adopta la transliteración procedente de otros idiomas, sobre todo del inglés y el francés, de un modo que no funciona en español. Por ejemplo: se escribía BAKHTÍN (apellido del filósofo ruso Mijaíl BAJTÍN), hasta que una traductora muy sabia (Tatiana BUBNOVA) hizo el traslado directo, único correcto.

TRANSMOTIVACIÓN. V. INTERTEXTO.

"TRANSMUTATIO". V. METÁTESIS, PERMUTACIÓN e HIPÉRBATON.

TRANSNOMINACIÓN. V. METONIMIA.

TRANSPOSICIÓN. V. INTERTEXTO.

TRANSPOSICIÓN SENSORIAL. V. SINESTESIA.

TRANSTEXTUALIDAD. V. INTERTEXTO.

"TRANSUMPTIO". V. METALEPSIS.

TRIÁNGULO DE ULLMAN. V. SENTIDO.

TROPO.

Figura* que altera el *significado** de las expresiones por lo que afecta al *nivel** semántico de la *lengua**, ya sea que involucre palabras completas (tropos *de dicción* o *de palabra**, siempre más de una), como los *metasememas**: la *metáfora**, la *sinécdo-*

tropo

que*, la *metonimia**, la *hipálage** o el *oxímoron**); ya sea que comprenda *oraciones** (tropos *de pensamiento*, es decir, algunas de las *"figurae sententiarum"* o *"schemata dianoioon")*, es decir, algunos *metalogismos** como la *antítesis**, la *paradoja**, la *ironía**, o la *litote**. En todo caso, el cambio producido en el tropo es de significado. (V. FIGURA RETÓRICA*.)

La relación entre los tropos de dicción o metasememas y los tropos de pensamiento o metalogismos, consiste en que en ambos casos se modifica el significado (por lo que suelen presentarse asociados en ellas ambos tipos de figuras). En el metasemema hay una ruptura de la *isotopía** (sobre el plano semántico) seguida por una reevaluación (prospectiva o retrospectiva):

> El liquen de la piedra, enredadera
> de goma verde,...
>
> NERUDA

pero la descodificación del metalogismo requiere el *análisis** del *referente**, pues su sentido abarca también una realidad ubicada más allá del *texto**, en un *contexto** que puede ser discursivo o extralingüístico. En la expresión: "mi casa es un palacio" hay un metasemema, la *metáfora**: transferencia de denominaciones que se produce por analogía (BENVENISTE): *palacio* por *casa*: es decir, cambio de significado de la expresión. Pero además hay un metalogismo, la *hipérbole** que adiciona significado (*palacio* es más que *casa*); y quizá también hay otro metalogismo, la *ironía**, en el caso de que, analizado el referente, revele la condición de *choza* de mi *casa*. En el metalogismo pues, lo que cambia no es el significado de la expresión en el nivel lexemático, sino nuestro criterio acerca del referente, como resultado de que se modifica el valor lógico de la oración. (V. también METALOGISMO*.)

U

UNIVOCIDAD (o relación **unívoca** y equivocidad o relación **equívoca** o "**traductio**" y multivocidad o relación **multívoca** y relación **diversívoca**).

La relación *unívoca* (*univocidad*) se da entre los *lexemas** que coinciden tanto por su *forma** como por su *contenido** conceptual. En cambio la relación se llama *equívoca* (*equivocidad*, la "*traductio*" latina) si hay coincidencia en la forma pero no en los contenidos conceptuales, como ocurre en el caso de los *homónimos*, en los que a un *significante** corresponden dos *significados**: *paso*: estrecho geográfico; *paso*: episodio; *paso*, pieza dramática, entremés; *paso*: movimiento de la pierna al avanzar. La equivocidad puede ser originada por la igualdad fonética aunque no gráfica (*casa* y *caza*), o bien por la introducción de una nueva acepción con calidad de neologismo (*remarcar*: volver a marcar, y *remarcar*, galicismo recientemente muy utilizado como sinónimo de *advertir* o *notar*. (V. HOMONIMIA*.)

La equivocidad, como *vicio*, atenta contra la claridad del lenguaje ("*perspicuitas*") y, como *virtud*, es de naturaleza trópica y se realiza en la *dilogía** o *antanaclasis*.

Por otra parte se da una relación de *multivocidad* o *multívoca* cuando coinciden los contenidos conceptuales pero no las formas de los lexemas: es el caso de los *sinónimos*, en los cuales dos significantes coinciden en el mismo significado: *mira*, *ve*, *divisa*. (V. SINONIMIA*), y, en fin, se trata de la relación *diversívoca* si los lexemas no ofrecen coincidencia ni en sus formas ni en sus contenidos; es decir, cuando se trata de *palabras** diferentes: *casa* y *zapato*. (V. también FIGURA RETÓRICA*.)

V

VALOR.

SAUSSURE es quien mejor explica este concepto del modo como, en general, continúa siendo utilizado:

Valor es la diferencia que distingue entre sí dos *fonemas** (que son "entidades opositivas, relativas y negativas"): /p/ /b/, y por lo mismo distingue también dos términos (*pala/bala*) y sus respectivas ideas (idea de *pala*/idea de *bala*). El valor hace, pues, que los *signos** se opongan entre sí y se limiten recíprocamente, pues "el valor de todo término está determinado por lo que lo rodea". "La parte conceptual del valor —agrega SAUSSURE— está constituida por conexiones y diferencias con los otros términos de la *lengua**, y otro tanto puede decirse de su parte material." Es decir, son las diferencias fónicas (puesto que en ellas reside la *significación**) las que permiten distinguir a cada *palabra** de todas las otras, de modo que no se confundan. La lengua tolera una gran elasticidad en la pronunciación, pero mantiene una única exigencia (para la comprensión), y es "que los sonidos sigan siendo distintos unos de otros". En otras palabras, la lengua sólo pide que haya *diferencia*.

El valor posee una cualidad diferencial, hace que los términos se definan no positivamente (por su *contenido**) sino negativamente, "por sus relaciones con los otros términos del *sistema**", ya que "su más exacta caracterización es la de ser lo que los otros no son". Lo cual quaiere decir que, si se atiende al concepto de valor, "cada fragmento de la lengua está fundado en su no coincidencia con el resto, en su diferencia."

Valor no es lo mismo que *significación* pues, por ejemplo, las palabras "*sheep*" (inglés), "*mouton*" (francés) y *carnero* (español) poseen la misma significación pero existe en "*sheep*" una diferencia de valor, pues al referirse a la vianda ya cocinada y servida, el inglés no dice "*sheep*" sino "*mutton*", lo que no ocurre ni en francés ni en español.

Así, aunque la significación sea la misma, los "valores que emanan del sistema" hacen que las entidades gramaticales no coincidan exactamente de un idioma a otro. Por ejemplo, en unas lenguas hay número singular y número plural, en otras hay además número dual. Y este principio esencial del valor también rige las grafías (esos signos también arbitrarios por la carencia de conexión entre ellos y el sonido que representan), pues en cada una lo único esencial es su "valor negativo y diferencial, que hace que no se confundan" con los otros signos gráficos que son similares. E igualmente está presente el valor en muchos fenómenos diacrónicos en los que "la alteración del *significante** acarrea la alteración de la idea"; o cuando dos términos "se confunden por alteración fonética" y las ideas respectivas asimismo tienden a confundirse; o cuando se diferencia un término (*"chaise"* y *"chaire"* —de *"cathedra"*-) y la diferencia que resulta "tiende a hacerse significativa" (aunque no siempre llegue a serlo). En fin, según este autor, "toda diferencia percibida por el espíritu tiende a expresarse por significantes distintos, y dos ideas que el espíritu deja de distinguir tienden a confundirse en el mismo significante".

Por otra parte, dentro de la *axiología**, el concepto de valor tiene un sentido filosòfico. Es aquella cualidad de orden moral inmaterial, relativa a la persona, a su *ideología**, a su *cultura**; o bien es un valor ideal, una idea que norma juicios (de valor) encaminados a orientar la actividad desde un punto de vista ético.

VARIABLE. V. FUNCIÓN EN GLOSEMÁTICA.

VELAR, sonido. V. FONÉTICA.

"VERBUM PEREGRINUM". V. PRÉSTAMO.

VERIDICTORIA. V. MODALIDAD.

VERLEN.

*Figura** que constituye un tipo de *anagrama**. Se produce cuando dentro de las *palabras** intercambian su lugar, ya no los *fonemas**, sino las sílabas: "medi qué saspien" (por "dime qué piensas"), lo que suele hacerse por juego, para utilizarlo como *jerga* familiar, caló o lenguaje secreto.

Es pues una *metábola** de la clase de los *metaplasmos** porque afecta a la *forma** de las palabras, y resulta de la *permutación** de sílabas que consiste en su inversión silábica.

VEROSIMILITUD (y realismo, tipo de discurso*, formación discursiva, veridicción).

Ilusión de coherencia real o de verdad lógica producida por una obra que puede ser, inclusive fantástica. Dicha ilusión proviene de la conformidasd de su *estructura** con las convenciones características de un *género** en una época, sin necesidad de guardar correspondencia con situaciones y datos de la realidad extralingüística.

El realismo literario no descansa sobre la veracidad de lo que se enuncia, sino sobre su verosimilitud. La obra de *ficción** obedece a convenciones distintas de las de la realidad *"in vivo"* (TODOROV) y "hace parecer verdadero" (GREIMAS). En ella no se persigue la "adecuación con el *referente**" sino la adhesión del *destinatario**" para que acepte algo como verdadero al percibirlo (JAKOBSON) pues, aunque la obra indique "las características y el estado de la sociedad" no por eso constituye "un subproducto automático de su estructura" (MUKAROVSKI). En la *literatura** (dice BARTHES) el *sentido** no depende de la conformidad a un *modelo**, sino de "las reglas culturales de la representación".

La obra literaria establece una realidad autónoma, distinta de la realidad objetiva. Esa realidad se basa a sí misma, pero también mantiene, en diversos grados, una relación con el mundo, porque consigna datos provenientes de una *cultura** dada y de sus circunstancias empíricas, aunque los reorganiza atendiendo a otras consideraciones como son las reglas y convenciones a que obedece el género literario al que se adscribe la obra en un momento dado, dentro de una época, una sociedad, una corriente literaria, etc.

Así, la verosimilitud resulta de la relación entre la obra y lo que el lector cree (acepta creer) que es verdadero. Esta idea (que "el lenguaje supone al *otro*", como dice BENVENISTE) ya está en una antigua tradición. Ya, por ejemplo, en el Siglo de Oro, PINCIANO se aproxima a este criterio cuando dice que la verosimilitud es "una reacción puramente subjetiva ante un contenido presentado" (una *reacción* del *receptor**, se entiende), agregando luego que no se dice la verdad sino que se finge para que nazca en el lector un convencimiento subjetivo y no un criterio de verdad objetiva. En la época de este preceptista, el arte se proponía la "imitación de la naturaleza mediante la aplicación de una regla: la verosimilitud, que es la misma regla que rige la escritura de CERVANTES" (Antonio MARTÍ). y para LITTRÉ igualmente, la verosimilitud "consiste en que las diversas partes de la acción se sucedan de modo de no contrariar en nada la creencia o el juicio de los espectadores, de acuerdo con los preliminares" (de una pieza dramática). Tales preliminares son —para GENETTE— el sistema de referencia determinado por factores como las "leyes del género", por ejemplo. Pero el efecto de verosimilitud indudablemente también depende de la experiencia del lector acerca del mundo. Así, según LEECH, la expresión "mi tío duerme siempre sobre la punta del pie", nos parece falsa, absurda e increíble debido a la contradicción existente entre los *significados** de dormir y de *estar despierto*; pero podría resultar verosímil "referida a un mundo posible —onírico, novelesco, metafórico en el que tal cosa pudiera suceder".

La ilusión de realidad se produce, dentro de este marco, mediante el manejo de recursos tales como la *mimesis**, la *descripción** (*hipotiposis* o *"evidentia"*). Dicho manejo está sujeto a la dialéctica de la tradición (aceptación o rechazo de la misma) y de las convenciones. Por eso el realismo es una tendencia, una ambición de que lo ficcional sea percibido como real dentro del marco de convenciones vigente para el autor y para sus lectores. Por ejemplo, en la tragedia clásica, *debe* haber algún elemento maravilloso y *puede* caber lo sobrenatural. En la literatura fantástica cabe lo sobrenatural, siempre que se presente gradualmente, mediante una estratégica distribución de ciertos indicios (TODOROV). En la literatura hispanoamericana del siglo XX —principalmente— lo raro —aunque de probable ocurrencia— y lo increíble, aparecen conforme a otro marco de convenciones. Lo que es verosímil para unos puede no serlo para otros, inclusive puede ocurrir que en una misma época existan diferentes convenciones para distintos tipos de lectores. LUZÁN señala que pueden coexistir dos clases de verosimilitud: la *popular*, que convence al vulgo, y la *noble*, que persuade a los doctos. Además, las viejas convenciones se sustituyen cada vez, al innovar —dice TOMACHEVSKI—, por otras que todavía no se perciben como cánones literarios.

Así pues, cuando se dice que el *realismo* en la historia del arte aspira a reproducir la realidad de la manera más fiel posible, eso significa que "aspira al máximo de verosimilitud", y llamamos realista a una obra que ha sido "proyectada como verosímil" y también "percibida como verosímil" (JAKOBSON). Así, los elementos que la ficción toma de la realidad cotidiana (*caracteres**, *situaciones**, eventos), son utilizados para inventar otra realidad que revela, "a la luz de la suprema dialéctica de las *contradicciones**", como dice LUKACS, las fuerzas que operan en la sociedad, las tendencias en que esas fuerzas se manifiestan y los derroteros que siguen. Lo que ocurre es que el *discurso**, conforme a una organización que le es propia, aporta unos datos (*informaciones**, *indicios**, *acciones**, *catálisis** descriptivas o desacelerantes —BARTHES— en el caso del *relato** por ejemplo); datos pertinentes para organizar mentalmente la evocación de referentes posibles que se presentan como "efecto de la realidad" y que también se deben a que el discurso literario se apega a unos cánones —admitidos por el escritor y sus lectores— que determinan la configuración de su estructura. Por eso el realismo de cada época varía, pues se logra por diferentes medios. Así las crónicas de los frailes y conquistadores españoles, colmadas de milagros inadmisibles para nosotros si las consideramos ejemplos de prosa historiográfica, eran no sólo realistas sino verdaderas para los lectores que eran sus contemporáneos, y pueden hoy ser leídas como sugestivas ficciones que parecerían antecedentes del realismo mágico (y de hecho son estudiadas también como *literatura*, no sólo como historia, debido a que los *tipos del discurso** han sido objeto de una redistribución en las *formaciones_discursivas**: la literaria y la historiográfica).

La *veridicción* es el efecto de verdad construido por el discurso. (V. MODALIDAD*)

En opinión de Mijaíl BAJTÍN, para DOSTOIEVSKI la verosimilitud es "la verdad de su palabra interior acerca de sí mismo en toda su nitidez" (c:81). Es decir, se trata de una verdad que no puede provenir de otro, sino sólo de su autoconciencia, por lo cual la revelación de tal verdad tendría que adoptar la forma de una confesión.

(V. GÉNERO*)

VERSO.

Serie de palabras espacialmente dispuestas en una línea conforme a ciertas reglas que atienden al *ritmo** y al *metro** principalmente, aunque también puede coincidir el verso con la unidad sintáctica. El verso no necesariamente coincide con una sola unidad métrica, pues dentro de la línea versal pueden sumarse diferentes unidades métricas menores, como ocurre, por ejemplo, en una variedad del heptadecasílabo, compuesto por un octosílabo y un eneasílabo separados por una pausa:

> Entre el sopor de la siesta que duerme Galicia lozana,
> junto a la fuente que ronda zumbando clamante abejorro,
> Salvador RUEDA

Por otra parte la combinación de líneas versales de distintas medidas produce *estrofas* (conjuntos) de *versos amétricos*:

> Aquella mora Garrida,
> sus amores dan pena a mi vida

La alternancia de distintos metros en los versos, uno diferente para cada estrofa o para cada serie de ellas, se llama *polimetría*.

El verso no necesariamente coincide con la unidad sintáctica. Cuando esta unidad rebasa la línea versal se dice que el verso está *encabalgado*. (V. METRO* y ENCABALGAMIENTO*.)

verso libre

La unidad rítmica siempre existe, es esencial para el verso, pero puede abarcar una línea versal o más:

> Ay de cuanto conozco
> y reconozco
> entre todas las cosas
> es la madera
> mi mejor amiga.

En este fragmento de la *Oda a la madera* de Pablo NERUDA se advierte que el ritmo de las cinco líneas corresponde a un endecasílabo (las dos primeras). un heptasílabo (la tercera) y otro endecasílabo (la cuarta y la quinta). Así pues, la disposición de las palabras en cada línea versal, produce en este caso un efecto de *ambigüedad** ya que los versos parecen haber sido cortados anárquicamente y, en realidad, no pueden ser leídos sino como lo que son, respetando su esquema rítmico.

Los versos no sometidos a esquema métrico ni rimados se llaman *versos libres*; siempre están regidos por el principio del ritmo, se organizan conforme a un esquema rítmico, aunque esté disimulado como en el anterior ejemplo.

Como tipo de discurso, el verso se opone a la *prosa**. Mientras el principio que rige la construcción del verso es la tendencia a la repetición de esquemas rítmicos, métricos, sintácticos, fonológicos —en *aliteraciones** como la *rima**— y semánticos, el principio que rige la construcción de la prosa es la tendencia a la *combinación**.

VERSO LIBRE. V. RITMO.

VILLANO. V. ACTANTE.

VIRTUEMA. V. SEMA.

VISIÓN. V. NARRADOR.

VISIÓN DEL MUNDO. V. TEXTO.

"VOLUNTAS".

En la tradición *retórica** grecolatina, intención del autor durante el proceso de creación de su obra.

La *"voluntas"* del poeta (y de su obra) es artística, consiste en mostrar algo que el público debe contemplar con el objeto de producir en él dos efectos: el deleite y la enseñanza. El deleite se debe a la alegría con que el hombre contempla los *"mimémata"*, es decir, aquello imitado (V. MIMESIS*). La enseñanza se produce en dos formas: *a)* mediante el *relato** narrativo, con su *estructura** característica, la *"oratio perpetua"**, y *b)* mediante la *argumentación** conclusiva que se basa en la *"oratio concisa"* propia del *diálogo** y de la pregunta dialéctica. Para que por perseguir el propósito de enseñanza (*"docere"*) la obra no caiga en el aburrimiento (*"taedium"*) es para lo que se acompaña con el deleite (*"delectatio"*). Para captar la simpatía del público, predisponiéndolo al deleite, la *"voluntas"* se vale de la variedad (*"variatio"*) de *temas** y de estrategias.

VOZ. V. NARRADOR.

Y

YAMBO. V. METRO.

Z

ZEUGMA (o ceugma, ceuma, zeuma, "adjunción"*, protozeugma, mesozeugma, hipozeugma).

Figura* de construcción que consiste en manifestar una sola vez y dejar sobreentendidas las demás veces, una expresión —generalmente el verbo— cuyo *sentido** aparece en cada uno de dos o más miembros coordinados, como en:

> Tejidos sois de primavera, amantes,
> de tierra y agua y viento y sol (sois) tejidos
> La sierra (está) en vuestros pechos jadeantes,
> en los ojos (están) los campos florecidos.
>
> Antonio MACHADO

El zeugma es, pues, una variedad de la *elipsis**, es decir, una *metábola** de la clase de los *metataxas** porque afecta a la *sintaxis**. Se produce por *supresión** completa de un elemento de la *oración**, el cual aparece en una posición única y bajo una forma idéntica o análoga a las formas omitidas, siendo una forma común a otras proposiciones contiguas en una coordinación plurimembre. Si bien es verdad que al omitirse el verbo, aunque desaparece el núcleo del predicado se conserva un predicado de otra naturaleza —el predicado nominal—, se considera de todos modos que hay supresión porque no se mantienen los elementos indispensables en la *estructura* oracional por *antonomasia**: sujeto y predicado verbal.

Se dice que el zeugma es *sintácticamente complejo* cuando el término sobreentendido no es sintácticamente idéntico al expresado, como en:

> Los niños corren, las palomas *vuelan.*
> Carreras, relámpagos blancos, íntimas desbandadas.
>
> SARTRE

en que la idea de volar, que se sobreentiende en el segundo miembro coordinado, se desprende de expresiones de naturaleza sustantiva, y no de las de naturaleza verbal como en el primer miembro.

Por otra parte, el zeugma se llama *semánticamente complejo* cuando la expresión sobreentendida no es idéntica, desde el punto de vista semántico, a la explicitada, como cuando los *semas** se oponen, por ejemplo en la *significación** propia y la metafórica. Eso ocurre también en el ejemplo anterior, que posee una doble complejidad. Este es otro ejemplo:

> Parecían verse dos hembras grises, vestidas de andrajos y desaliento.

La desigualdad semántica del zeugma también puede no estar condicionada por *metáforas**:

> Verter mi sangre después de mis lágrimas.

Este tipo de zeugma es *metasemema**; se trata de un *tropo**.

Cuando el término omitido sólo aparece hasta la *proposición** final, se denomina hipozeugma; mesozeugma, si ocupa un lugar intermedio; protozeugma, si inicial.

Al zeugma de complejidad semántica también suele llamársele *adjunción**.

ZEUMA. V. ZEUGMA.

BIBLIOGRAFÍA

AGUIAR E. SILVA, Vitor Manuel. *Teoría de la literatura*. Madrid, Gredos, 1972.

ALARCOS LLORACH, Emilio. *Gramática estructural*. Madrid, Gredos, 1951.

ALIGHIERI, Dante. *Convivio*. Milano, Rizzoli, 1952.

ALONSO, D. y BOUSOÑO, C. *Seis Calas en la expresión literaria española*. Madrid, Gredos, 1970.

ANGÉNOT, Marc. *"Bakhtine, sa critique de Saussure et la recherche contemporaine"*. en *Études francaises 20,1*. Montréal, Presses de l'Université de Montréal, 1984. pp. 7-20.

ARISTOTELES. *Poética*. Madrid, Gredos, 1974.

— *Retórica*. Madrid, Aguilar, 1968.

AUDET, Noël. *"Vers une nouvelle poétique"*. en *Études francaises, 20.1*. Montréal, Presses de l'Université de Montréal, 1984. pp.57-64.

AUSTIN, J. L. *Palabras y acciones; cómo hacer cosas con palabras*. Compilado por J. O. Urmson. B. Aires, Paidós [c.1971].

AUZIAS, Jean-Marie. *Clefs pour le structuralisme*. Paris, Seghers, 1967.

BAJTIN, Mijaíl a) *Estética de la creación verbal*. México, Siglo XXI, 1982 (1979).

— b) *Problemas literarios y estéticos*. La Habana, Arte y Literatura. 1986.

— c) *Problemas de la poética de Dostoievski*. México, F.C.E., 1986 (1979).

— d) *La cultura popular en la Edad Media y en el Renacimiento. (El contexto de Francois Rabelais)*. Barcelona, 1974 (1965).

— e) (Pavel Nikolaievich Medvedev) *El método formal en los estudios literarios (introducción crítica a una poética sociológica)*. Madrid, Alianza editorial, 1994.

— f) Le principe dialogique. Paris, Seuil, 1961.

BALE, Mike. *"Narration et focalisation"* en: *Poétique 29*. Paris, Seuil, 1977: 107-127.

BALLON A., E. y GARCÍA R., M. *"Análisis del mito de Núnkui"* en *Amazonia Peruana*. Vol. II Nº 3. Lima, Centro Amazónico de antropología y aplicación práctica, 1978.

BALLON A., E. y SALAZAR B., F. *"Estructura elemental de la significación espacio"*. *(Trilce de César Vallejo)*. Ponencia sustentada en el "Congreso internacional sobre semiótica e hispanismo" en Madrid, en junio de 1983.

BALLON AGUIRRE, Enrique. a) *"Introducción al estudio semiótico de la literatura étnica en el Perú"* en: *Amazonia peruana*, Vol. II, Nº 3. Lima, Centro Amazónico de antropología y aplicación práctica, 1978: 53-98.

— b) *Notas sobre el curso de semiótica: (La escuela de París)* impartido en México en 1984.

BANFIELD, Ann. *"The formal coherence of represented speech and thought"* en *P. T. L.* 3, Amsterdam, North-Holland, 1978: 289-314.

BARBUT, Marc. *"Sobre el sentido de la estructura en matemáticas"* en *Problemas del estructuralismo* de Jean Pouillon *et al*. México, Siglo XXI, 1967 (1966): 94-119.

bibliografía

BARTHES, Roland. a) *La retórica antigua*. Buenos Aires, Tiempo Contemporáneo, 1974.

— b) *Le degré zéro de l'écriture. Suivi de Nouveaux essais critiques.* Paris, Seuil, 1972.

— c) *"Le discours de l'histoire"* en *Poétique 49*. Paris, Seuil, 1982: 13-21.

— d) *"El efecto de realidad"* en *Lo verosímil, Comunicaciones 11*. Buenos Aires, Tiempo contemporáneo, 1972 [1968]: 95-102.

— e) *"Elementos de semiología"*, en *La semiología*. B. Aires, Tiempo contemporáneo, 1972 (1964).

— f) *Ensayos críticos*. Barcelona, Seix Barral, 1973 (1964).

— g) *"Introducción al análisis estructural del relato"* en *Análisis estructural del relato*, por R. Barthes *et al.* B. Aires, Tiempo contemporáneo, 1970 (1966).

— h) *Le grain de la voix*. Seuil, Paris, 1983.

BASTIDE, Françoise. *"Variations sur la véridiction"* en *Le carré sémiotique, Le bulletin 17*. Paris, GRSL-ILF, 1981: 20-23.

BAZAN, José. *Análisis de narraciones*. México, Edicol, 1978.

BELIC, Oldrich. a) *"El español como materia del verso"*, en *Análisis de textos hispanos*. Madrid, Prensa Española, 1977.

— b) *En busca del verso español*. Praga, Univerzita Karlova, 1975.

BELLEAU, André. *"Carnavalesque pas mort?"*, en *Études francaises 20.1*. Montréal, Presses de l'Université de Montréal, 1984. pp.37-44.

BENAC, H. *Guide pour la recherche des idées dans les dissertations et les études littéraires.* Paris, Hachette, 1961.

BENSE, M. y WALTHER, E. *La semiótica, guía alfabética*. Barcelona, Anagrama, 1975 (1973).

BENVENISTE, Emile. *Problemas de lingüística general. 2 v.* México, Siglo XXI, 1976-77 (1966-74).

BERISTÁIN, Helena.

— a) *Análisis estructural del relato literario*. México, UNAM., 1984.

— b) *Análisis e interpretación del poema lírico*. México, UNAM., 1987.

— c) *"Novedad y tradición retórica"*, en *Nova tellvs, 8.* México, UNAM, 1990, pp. 197-222.

— d) *"Palabras liminares"*, en *Acta poética 14/15*, México, UNAM, 1993/1994, pp. 5-13.

— e) *"Enclaves, encastres, traslapes, espejos, dilataciones (la seducción de los abismos)* en *Acta Poética 14/15*, México, UNAM, 1994.

— f) *Imponer la gracia. (Procedimientos de desautorización en la poesía de Rubén Binifaz Nuño.* México, UNAM., 1989.

— g) *"La Retórica de Gregorio Mayáns y Siscar"*, en *Anuario de Letras XXV*, México, UNAM, 1987. pp. 91-113.

— h) Gramática estructural de la lengua española. México, UNAM/LIMUSA, 1995 (1975)

— i) *Alusión, referencialidad, intertextualidad*. México, UNAM, 1996.

BERNSTEIN, Michael André. *"Cuando el carnaval se vuelve amargo: reflexiones preliminares sobre el héroe abyecto"*, en *Bajtín, ensayos y diálogos sobre su obra*. Morson G. S. (Comp.). México, UNAM, UAM, FCE. 1993-1986. PP. 175-211.

BEUCHOT PUENTE, Mauricio. a) *Reflexiones sobre la retórica desde la hermenéutica"*, en *Acta Poética 14/15*, México, UNAM, 1993/94, pp. 295-307.

— b) *Retóricos de la Nueva España.* México, UNAM, 1996.

BIANCOFIORE, A. y PONCIO, A. *Dialogue et alterité dans les genres littéraires* en *Documents de travail et pré-publications, 202.* Italia, Università di Urbino, 1991.

BOILEAU-LESPRÉAUX, Nicolas. *Arte poética.* Madrid, Real, 1807.

BOOTH, Wayne C. a) *"Distance et point de vue. Essai de classification"* en *Poétique 4.* Paris, Seuil, 1970: 511-524.

— b) *Retórica de la ironía.* Madrid, Taurus, 1989 (1974).

BOUDON, Raymond. *A quoi sert la notion de "structure".* Paris, Gallimard, 1968.

BOUSOÑO, Carlos. *Teoría de la expresión poética.* Madrid, Gredos, 1966.

BREMOND, Claude. a) *"Comment concevoir un index des motifs"* en *Le motif en ethno-littérature, Le bulletin 18.* Paris, Inst. de la Langue Françoise, 1980: 15-29.

— b) *"La lógica de los posibles narrativos"* en *Análisis estructural del relato.* B. Aires, Tiempo Contemporáneo, 1970 (1966).

BRIK, O. *"Ritmo y sintaxis",* en *Teoría de la literatura de los formalistas rusos.* Buenos Aires, Siglo XXI, 1976 (1965), pp. 107-114.

BRUCE, Bertram. *"Analysis of interacting plans as a guide to the understanding of story structure"* en *Poetics 9,* La Haya, North-Holland, 1980: 295-311.

BUBNOVA, Tatiana. a) *"Mijaíl Bajtín. Voprosy literatury i estetiki (Cuestiones de literatura y estética)".* Moscú, Judozestvennaia literaria, 1975. (Reseña). en *Acta Poética 2.* México, UNAM, 1980. pp. 192-197.

— b) Reseña a *Mijaíl Bajtín: Estetika slovesnogo tvorchestva,* (*Estética de la creación verbal*), Moscú, Iskusstvo, 1979, en *Acta Poética 3,* México, UNAM, 1981, pp. 240-247.

— c) "El texto literario, producto de interacción verbal", en *Acta Poética 4/5,* México, UNAM, 1983. pp. 215-234.

— d) *"Mijaíl Bajtín (1895-1975). Ideas principales y su trayecto histórico".* en *Revista Universidad de México 501.* México, UNAM, oct. de 1992. pp. 62-64.

BUELNA, Elvira. *La retórica de Aristóteles y el tratado de retórica de Alejandro.* México, UAM, 1981.

BUTOR, Michel. *Sobre literatura II.* Barcelona, Seix Barral, 1967 (1964).

CAMPILLO Y CORREA, Narciso. *Retórica y poética (Literatura preceptiva).* (Puesta al día por Alfredo Huertas García). México, Botas, 1958.

CASAS, Elena. *La retórica en España.* Madrid, Editora Nacional, 1980.

CICERON. *De l'invention.* Paris, Garnier, s.a.

COHEN, Jean. *Estructura del lenguaje poético.* Madrid, Gredos, 1974 (1966).

COHEN, Ted, *et al. On metaphor.* Chicago and London, Sheldon Sacs ed., 1980 (1978).

COLIN, Cherry. *On Human Communication.* New York, Wiley, 1961.

COLL Y VEHI, José. *Elementos de literatura.* Barcelona, Imprenta Barcelonesa, 1904.

COLLADO, Jesús-Antonio. *Fundamentos de lingüística general.* Madrid, Gredos, 1974.

COLLOT, Michel. *"La dimension du déictique"* en *Littérature 38.* Paris, Larousse, 1980: 62-76.

COMBET, Georges. *"Cinq ans aprés"* en *Le carré sémiotique, Le bulletin 17.* Paris, GRSL-ILF, 1981: 32-35.

CONTE, Giuseppe *et al. Metáfora.* Milano, Feltrinelli, 1981.

COQUET, J. C. a) *"L'Ecole de Paris"* en *Sémiotique de l'Ecole de Paris,* Paris, Hachette, 198 : 49-50.

— b) *"Les modalités du discours"* en *Langages 43.* Paris, Didier-Larousse, 1976: 64-70.

bibliografía

CORTI, M. y SEGRE, C. antol. *I metodi attuali della critica en Italia.* Torino, Eri/Edizioni Rai, Radiotelevisione italiana, 1975.

CORREA, C. E. y LAZARO, C. F. *Cómo se comenta un texto literario.* Madrid, Anaya, 1968, 1966.

COURTES, Joseph. a) *Introduction a la sémiotique narrative et discursive. Méthodologie et application.* Paris, Hachette, 1976.

— b) *"Le motif en ethno-littérature"* en *Le bulletin 18.* Paris, GRSL-ILF, 1980.

— c) *"Le motif selon S. Thompson"* en *Le bulletin 16.* Paris, GRSL-ILF, 1980.

CUDDON, J. A. *A dictionary of literary terms.* New York, Doubleday and Co. Inc., 1976.

CULLER, Jonathan. *La poética estructuralista.* Barcelona, Anagrama, 1978 (1975).

CURTIUS, Ernst Robert. *Literatura europea y Edad Media latina.* 2 v. México, F.C.E., 1975 (1955).

CHABROL, Claude. *"La quadrature... du carré"* en *Le carré sémiotique, Le bulletin 17.* Paris, GRSK-ILF, 1981: 10-15.

CHARLES, Michel. *"Le discours de figures"* en *Poétique 15.* Paris Seuil, 1973: 340-364.

CHEVALIER-Jean-Claude. *"L'analyse du discours et sa signification"* en *Frontières de la rhétorique. Littérature 18.* Paris, Larousse, 1975: 63-78.

CHEVALIER, J. y GHEERBRANT, A. *Dictionnaire des symboles.* Paris, Seghers, 1974 (1969).

DALLENBACH, Lucien. *El relato especular.* Madrid, Visor, 1991 (1977).

DEBRAY-GENETTE, Raymonde *"Les figures du récit dans 'Un coeur simple'"* en *Poétique 3.* Paris, Seuil, 1970.

DELAS, D. y FILLIOLET, J. *Linguistique et poétique.* Paris, Larousse, 1973.

DELAS, Daniel. *Poétique-pratique.* Lyon, CEDIC, 1977.

DUBOIS, Philippe. *La rhétorique des jeux de mots.* Documents de travail et pré-publications, 116-117-118. Urbino, Centro Internazionale di semiotica e di linguistica, 1982.

DUCROT, Oswald. *Decir y no decir. Principios de semántica lingüística.* Barcelona, Anagrama, 1982 (1972).

DUCROT, O. y TODOROV, T. *Diccionario enciclopédico de las ciencias del lenguaje.* B. Aires, Siglo XXI, 1974 (1972).

DUCROT Oswald y SCHAEFFER, Jean-Marie. *Noveau Dictionnaire Enciclopedique des Sciences du langage.* Seuil, 1995.

DUCROT, Oswald *et al. Les mots du discours.* Paris, Minuit, 1980.

ECO, Umberto. a) *"La crítica semiológica"* en *I metodi attuali della critica in Italia.* Torino, Eri/ed. Rai, Radiotelevisione italiana, 1975: 370-383.

— b) *La estructura ausente. Introducción a la semiótica.* Barcelona, Lumen, 1975 (1968).

— c) *"La vida social como un sistema de signos"* en *Introducción al estructuralismo,* de Eco, U. *et al.* Madrid, Alianza Editorial, 1976 (1973).

ELIADE, Mircea. *La prueba del laberinto.* Madrid, Cristiandad, 1980.

EMERSON, Caryl. *"La palabra externa y el habla interna: Bajtín, Vigotski y la internalización del lenguaje".* en *Bajtín: Ensayos y diálogos sobre su obra.* Morson, G.S. (Comp.). México, UNAM, UAM, FCE. 1993 (1986). pp.53-83.

ENKVIST, N. E. *et al. Lingüística y estilo.* Madrid, Cátedra, 1974 (1964).

ERLICH, Víctor. *El formalismo ruso.* Barcelona, Seix Barral, 1974 (1969).

FAGES, Jean-Baptiste *et al*. *Dictionaire des media. Technique, linguistique, sémiologie*. France, Mame, 1971.

FOKKEMA, D. W. y IBSCH, Elrud. *Teorías de la literatura del siglo XX*. Madrid, Cátedra, 1984.

FONTANIER, Pierre. *Les figures du discours*. Paris, Flammarion, 1968.

FRANÇOISE, Frédéric. a) *"Caracteres generales del lenguaje"* en *El lenguaje. La comunicación. Tratado del lenguaje*. dirigido por André Martinet. B. Aires, Nueva Visión, 1973 (1965): 37-60.

— b) *"El lenguaje y sus funciones"* en *El lenguaje. La comunicación. Tratado del lenguaje* dirigido por André Martinet. B. Aires, Nueva Visión, 1973 [1965]: 21-36.

FRYE, Northrop. *"Littérature et myte"* en *Poétique 8*. Paris, Seuil, 1971: 489-516.

FUBINI, Mario. *Critica e poesia*. Bari, Laterza, 1966.

GANDELMAN, Claude. *"The metastability of signs"* en *Semiótica 28*. Mouton, The Hague, 1979: 83-105.

GARCIA MÉNDEZ, Javier. *"Pour une écoute bakhtinienne du roman latino-americain"*. en *Études francaises 20.1*. Montréal, Presses de l'Université de Montréal, 1984. pp. 101-136.

GARVEY, James. *"Characterization in narrative"* en *Poetics 7*, La Haya, North-Holland, 1978: 63-78.

GENETTE, Gérard. a) *"La escritura liberadora: lo verosímil en la Jerusalén Liberada de Tasso"* en *Lo verosímil, Comunicaciones, II*. B. Aires. Tiempo Contemporáneo, 1972 (1968): 31-61.

— b) *Figures III*. Paris, Seuil, 1972.

— c) *"'Genres', 'types', 'modes'"* en *Poétique 32*. Paris, Seuil, 1977: 389-421.

— d) *"La rhétorique restreinte"* en *Communications 16*. Paris, Seuil, 1970: 158-171.

— e) *Palimpsestos. La literatura en segundo grado*. Madrid, Taurus, 1989 (1982).

GENINASCA, Jacques. *"Solidarité vs. (compatibilité ou incompatibilité)"* en *Le carré sémiotique, Le bulletin 17*. Paris, GRSL-ILF, 1981: 28-31.

GIMÉNEZ FRONTÍN, José Luis. *Movimientos literarios de vanguardia*. Barcelona, Salvat eds., 1974.

GÓMEZ HEMOSILLA, José. *Arte de hablar en prosa y verso*. Paris, Ch. Bouret, 1877.

GONZÁLEZ, César. a) *Función de la teoría en los estudios literarios*. México, UNAM, 1982.

— b) *"Ideologías y literatura: un análisis"* en *Casa del tiempo, 7*. México, UAM, 1981: 25-29.

— c) *"La semántica de Jakobson"* en *Acta Poética 1*. México, UNAM, 1979: 71-90.

GONZÁLEZ PADILLA, Enriqueta. Reseña a Hooker, Jeremy: *David Jones an exploratory study of the writings*. London, Enubarmon press, 1975. en *Anuario de letras modernas, v.2*, México, UNAM, 1984, pp. 217-235.

GOODMAN, Paul. *La estructura de la obra literaria*. B. Aires, Siglo XXI, 1971 (1968).

GREIMAS, A. J. a) *"El contrato de veridicción"* en *Lingüística y literatura*. Xalapa, Univ. Veracruzana, 1978: 27-36.

— b) *"Contre-note"* en *Le carré sémiotique, Le bulletin 17*. Paris, GRSL-ILF, 1981: 42-46.

— c) *Semántica estructural*. Madrid, Gredos, 1971 (1966).

GREIMAS, A. J. y COURTES, J. *Sémiotique. Dictionnaire raisonné de la théorie du langage*. Paris, Hachette-Université, 1979.

bibliografía

— *Semiótica. Diccionario razonado de la teoría del lenguaje.* Versión española de Enrique Ballón Aguirre y Hermes Campodónico Carrión. Madrid, Gredos, 1982 (1979).

GREIMAS, A. J. et al. *"Semiotique didactique"* en *Le bulletin 7,* 1979. Paris, GRSL-ILF, 1979.

GRICE, H. Paul. *"Logique et conversation"* en *"La conversation"* en *La conversation. Communications 30.* Paris, F. Didot, 1979: 57-72.

GRUPO "M". a) *Rhétorique générale.* Paris, Larousse, 1970.

— b) *"Rhétoriques particulieres"* en *Communications 16.* Paris, Seuil, 1970: 70-124.

— c) *Rhétorique de la poésie.* Bruxelles, Complexe, 1977.

GUESPIN, L. *"Les embrayeurs en discours"* en *Langages 41.* Paris, Didier-Larousse, 1976.

GULLENTOPS, David. *A propos de la notion d'intertextualité,* en *Documenti di lavoro e pre-pubblicazioni, 214.* Italia, Universidad de Urbino, 1992.

HAMON, P. a) *"Pour un estatut sémiotique du personnage"* en *Littérature 6.* Paris, Larousse, 1972.

— b) *"Qu'est-ce qu'une description"* en *Poétique 12.* Paris, Seuil, 1972: 465-485.

HAHN, Oscar. *El tiempo en el cuento hispanoamericano. Antología de ficción y crítica.* México, UNAM, 1989.

HENDRICKS, William O. *Semiología del discurso literario.* Madrid, Cátedra, 1976.

HIRSCHKOP, Ken. *"Respuesta al foro sobre Mijaíl Bajtín".* en *Bajtín: Ensayos y diálogos sobre su obra.* México, UNAM, UAM, FCE. 1993 (1986). PP.135-146.

HJELMSLEV, Louis. *Prolegómenos a una teoría del lenguaje.* Madrid, Gredos, 1974 (1943).

HOGGART, Richard. *"Los estudios culturales contemporáneos: literatura y sociedad"* en *Crítica contemporánea* por Bradbury M. y Palmer D. (antol). Madrid, Cátedra, 1974: 187-208.

HOLQUIST, Michael. *"El que resplandece es el autor: la translingüística de Bajtín",* en *Bajtín: Ensayos y diálogos sobre su obra.* Morson, G.S. (Comp.). México, UNAM. UAM, FCE. 1993 (1986). pp. 113-134.

HUTCHEON, Linda. *"Ironie, satire, parodie. Un approche pragmatique de l'ironie"* en *Poétique 46.* Paris, Seuil, 1981: 140-155.

IVANOV, V. V. et al. *"Tesi per un analisi semiotica della cultura (in applicazione ai testi slavi)"* en *La semiotica nei Paesi slavi.* Milano, Feltrinelli, 1979: 194-220.

JAKOBSON, Roman. a) *"Aspects linguistiques de la traduction"* en *Essais de linguistique générale.* Paris, Minuit, 1963: 78-86.

— b) *"L'aspect phonologique et l'aspect grammatical du langage dans leurs interrelations"* en *Essais de linguistique générale.* Paris, Minuit, 1963: 161-175.

— c) *"Deux aspects du langage et deux types d'aphasie"* en *Essais de linguistique générale.* Paris, Minuit, 1963: 43-67.

— d) *"La dominante"* en *Questions de poésie.* Paris, Seuil, 1973: 145-151.

— e) *"Les embrayeurs, les categories verbales et le verbe russe"* en *Essais de linguistique générale.* Paris, Minuit, 1963: 176-196.

— f) *"Linguistique et poétique"* en *Essais de linguistique générale.* Paris, Minuit, 1963: 209, 248.

— g) *"Linguistique et théorie de la communication"* en *Essais de linguistique générale.* Paris, Minuit, 1963: 87-99.

— h) *"Le parallélisme grammatical et ses aspects russes"* en *Questions de poétique*. Paris, Seuil, 1973: 234-279.

— i) *"Phonologie et phonétique"* en *Essais de linguistique générale*. Paris, Minuit, 1963: 103-149.

— j) *"Poésie de la grammaire et grammaire de la poésie"* en *Questions de poétique*. Paris, Seuil, 1973: 219-233.

— k) *"Principes de versification"* en *Questions de 'poétique*. Paris, Seuil, 1973: 40-55.

— l) *"Qu'est-ce que la poésie"* en *Questions de poétique*. Paris, Seuil, 1973: 113-126.

— m) *"Du réalisme en art"* en *Questions de poétique*. Paris, Seuil, 1973: 31-39.

— n) *"Structures linguistiques subliminales en poésie"* en *Questions de poétique*. Paris, Seuil, 1973: 280-292.

JAKOBSON, Roman y LEVI-STRAUSS, Claude. *"'Les chats' de Charles Baudelaire"* en *Questions de poétique*. Paris, Seuil, 1973: 401-419.

JOHNSON, N. S. and MANDLER, J. M. *"A tale of two structures: underlying and surface forms in stories"* en *Poetics 9*. La Haya -North- Holland, 1980: 51-84.

KAHN, J. S. *El concepto de cultura*. Barcelona, Anagrama, 1975.

KAISER-LENOIR, Claudia. *El grotesco criollo: estilo teatral de una época*. La Habana, Casa de las Américas, 1977.

KALINOWSKI, Georges. *"Carré sémiotique et carré logique"* en *Le carré sémiotique, Le bulletin 17*. Paris, GRSL-IIF, 1981: 5-9.

KATZ, Chaim S. *et al. Diccionario básico de comunicación*. México, Nueva Imagen, 1980 [1975].

KAYSER, Wolfgang. a) *Interpretación y análisis de la obra literaria*. Madrid, Gredos, 1961.

— b) *"Qui raconte le roman?"* en *Poétique 4*. Paris, Seuil, 1970 (1958).

KERBRAT-ORECCHIONI, Catherine. *"L'ironie comme trope"* en *Poétique 41*. Paris, Seuil, 1980: 108-127.

KIBEDI VARGA, A. a) *Rhétorique et littérature (Etudes de structures clasiques)*. Paris, Didier, 1970.

— b) *"Le roman est un anti-roman"* en *Texte contre texte. Littérature 48*. Paris, Larousse, 1982: 3-20.

KINTSCH, Walter. *"Learning from text, levels of comprehension or: why anyone would read a story anyway"* en *Poetics 9*. La Haya, North-Holland, 1980: 87-98.

KLINKENBERG, Jean-Marie. *"El análisis retórico. Contribución a la poética"* en *Acta poética 3*. México, UNAM, 1981: 57-82.

KRYISINSKI, Wladimir. *"Bakhtine et la question de l'idéologie"*, en *Études francaises 20.1* Montréal, Presses de l'Université de Montréal, 1984. pp. 21-36.

KRISTEVA, Julia. a) *"La productividad llamada texto"* en *Lo verosímil. Comunicaciones II*. B. Aires, Tiempo Contemporáneo, 1972 (1968): 63-94.

— b) *El texto de la novela*. Barcelona, Lumen, 1974 (1970).

LAPESA MELGAR, Rafael. *Introducción a los estudios literarios*. Madrid, Anaya, 1968.

LAURENT, Jenny. *"Structures et fonctions du cliché"* en *Poétique 12*. Paris, Seuil, 1972: 495-517.

LAUSBERG, Heinrich. a) *Elementos de retórica literaria. (Introducción al estudio de la filología clásica, románica, inglesa y alemana)*. Madrid, Gredos, 1975 (1963).

bibliografía

— b) *Manual de retórica literaria. (Fundamentos de una ciencia de la literatura). 3 v.* Madrid, Gredos, 1966-1968 (1960).

LAZARO CARRETER, Fernando. *Diccionario de términos filológicos.* Madrid, Gredos, 1973.

LE GUERN, Michel. *La metáfora y la metonimia.* Madrid, Cátedra, 1978 [1973].

LEECH, Geoffrey. *Semántica.* Madrid, Alianza Editorial, 1977 (1974).

LEPSCHY, G. C. *La linguistique structurale.* Paris, Payot, 1968.

LEVARIE SMARR, Janet. *"Some considerations on the nature of plot"* en *Poetics 8.* La Haya, North-Holland, 1979: 339-349.

LEVI-STRAUSS, Claude *et al. Aproximación al estructuralismo.* B. Aires, Galerna, 1970 (1967).

LEVI-STRAUSS, Claude. *"La estructura y la forma"* en *Estructuralismo.* B. Aires, Nueva Visión, 1972 (1960): 115-151.

LEVIN, Iuri I. *"Tesis sobre el problema de la no comprensión del texto",* en *Escritos, 9.* México, Universidad Autónoma de Puebla, Centro de ciencias del lenguaje, 1993, pp. 143-159.

LEVIN, Samuel R. *Estructuras lingüísticas en la poesía.* Madrid, Cátedra, 1974 (1961).

LEWANDOWSKI, Theodor. *Diccionario de lingüística.* Madrid, Cátedra, 1982 (s.a.)

LIGOT, Marie-Thérese. *"Ellipse et présuposition"* en *Poétique 44.* Paris, Seuil, 1980: 422-436.

LOPE BLANCH, Juan M. *Análisis gramatical del discurso.* México, UNAM, 1983.

LÓPEZ ESTRADA, Francisco. *Métrica española del siglo XX.* Madrid, Gredos, 1974.

LÓPEZ EIRE, Antonio. a) *Actualidad de la retórica.* Salamanca, 1995.

— b) *Esencia y objeto de la retórica,* México, UNAM, 1996.

LOTMAN, Yuri, M. e USPENKY, Boris. *"Postcriptum alle tessi collettive sulla semiotica della cultura"* en *La semiotica nei paesi slavi.* Milano, Feltrinelli, 1979: 221-224.

LOTMAN, Juri M. a) *Semiótica de la cultura.* Madrid, Cátedra, 1979.

— b) *"Proposte per il programma della IV Scuola estiva sui sistemi modellizzanti secondari"* en *La semiotica nei paesi slavi.* Milano, Feltrinelli, 1979: 191-193.

— c) *"The content and structure of the concept of literature"* en *PTL.* Amsterdam. North-Holland, 1976: 339-356.

— d) *La estructura del texto artístico.* México, s. XXI, 1980.

— e) *"El texto en el texto",* en *Semiosis, 24.* Xalapa, Universidad veracruzana, 1990. pp.51-70.

— f) *"La retórica",* en *Escritos, 9.* México, Universidad Autónoma de Puebla, Centro de ciencias del lenguaje, 1993, pp. 21-46.

LOZANO HERRERA, Rubén. *Las veras y las burlas de José Juan Tablada.* México, Univ. Iberoamericana, 1965.

LUKACS, Georg. a) *"Arte y verdad objetiva"* en *Problemas del realismo.* México, F. C. E., 1960.

— b) *"El reflejo artístico de la realidad"* en *Textos de estética y teoría del arte.* Antol. por A. Sánchez Vázquez. México, UNAM, 1972: 95-104.

LUNA TRAILL, Elizabeth. *"Estructuras sintácticas del soneto 'Detende, sombra de mi bien esquivo', de Sor Juana Inés de la Cruz"* en *Acta Poética 1.* México, UNAM, 1979: 109-118.

LYONS, John. *Semántica.* Barcelona, Teide, 1980 (1977).

LUZAN, Ignacio de. *La poética.* Madrid, Cátedra, 1974.

MAETH, CH. RUSSEL. *"El palíndromo fuera de occidente: las tradiciones de China y Japón".* en *Estudios de Asia y África XXIII,* 2, México, El Colegio de México, 1988.

MAIAKOVSKY, Vladimir. *Poesía y revolución. ¿Cómo hacer versos?* Barcelona, Península, 1971.

MAKOWIECKA, Gabriela. *Luzán y su poética.* Barcelona, Planeta, 1973.

MALCUZYNSKI, M. Pierrette. *"Critique de la (dé)raison polyphonique".* en *Études francaises, 20.1.* Montréal, Presses de l'Université de Montréal, 1984. pp.45-56.

MALMBERG, Bertil. *Los nuevos caminos de la lingüística.* México, Siglo XXI, 1967 (1959).

MANSOUR, Mónica. *"Segmentación e integración en el análisis semántico"* en *Acta Poética 1.* México, UNAM, 1979: 119-136.

MARCHESE, Angelo. a) *Dizzionario di retórica e di stilística.* Milano, Mondadori, 1981.

— b) y FORRADELLAS, Joaquín. *Diccionario de retórica, crítica y terminología literaria.* Barcelona, Ariel, 1986.

MARTI, Antonio. *La preceptiva retórica española en el Siglo de Oro.* Madrid, Gredos, 1974.

MARTINET, André. a) *Elementos de lingüística general.* Madrid, Gredos, 1974.

— b) *La lingüística. Guía alfabética.* Barcelona, Anagrama, 1972 (1969).

MARTÍNEZ BONATI, Félix. *"El acto de escribir ficciones"* en *Dispositio 7-8.* Michigan, Univ. of Michigan, 1978: 137-144.

MARZADURI, Marzio. *"La semiotica dei sistemi modelizzanti in URSS"* en *La semiotica nei paesi slavi.* Milano, Feltrinelli, 1979: 343-380.

MATHIEU, Michel. *"Les acteurs du récit"* en *Poétique 19.* Paris, Seuil, 1974: 357-367.

MAYANS Y SISCAR, Gregorio. *Retórica* en *Obras completas, v. III.* Valencia, Ayuntamiento de Oliva, 1984.

MC HALE, Brian. *"Free indirect discourse: a survey of recent accounts"* en *PTL 3.* Amsterdam, North-Holland, 1978: 249-287.

MEIJSING, Monica. *"Expectations in understanding complex stories"* en *Poetics 9.* La Haya, North-Holland, 1980: 213-221.

MENÉNDEZ y PELAYO, Marcelino. *Historia de las ideas estnéticas en España* en *Obras completas,* v.1 a 5, Consejo Superior de Investigaciones científicas, 1940.

MERRELL, Floyd. a) *"Of metaphor and metonymy"* en *Semiótica 31.* 1980: 289-308.

— b) *"Some signs that preceded their times or, are we really ready for Peirce?"* en *Ars semeiotica, v. II. N° 2.* Amsterdam, John Benjamins B. V., 1979: 149-172.

METZ, Christian. *Lenguaje y cine.* Barcelona, Planeta, 1973.

MICHAUD, Ginette. *"Bakhtine lecteur de Bakhtine".* en *Études francaises 20.1.* Montréal, Presses de l'Université de Montréal, 1984. pp. 137-151.

MIGNOLO, Walter. a) *Elementos para una teoría del texto literario.* Barcelona, Grijalbo, 1978.

— b) *"El metatexto historiográfico y la historiografía indiana"* en *Modern Language Notes 96.* J. Hopkins University Press, 1981: 359-402.

— c) *"¿Narrador en la ficción o espacio enunciativo ficticio?"* Notas del curso impartido en México, 1982.

— d) *"¿Qué clase de textos son los géneros? Fundamentos de tipología textual"* en *Acta Poética 4-5.* México, UNAM, 1982-83: 25-52.

— e) *"Texto y contexto discursivo: el problema de las crónicas indianas".* Ponencia elaborada en la Universidad de Michigan (s. a.).

515

bibliografía

— f) *"Sobre las condiciones de la ficción literaria (How can a discourse be both fictional and literary)"* en *MLA Convention*, Houston, 1980.

— g) *"Semantización de la ficción literaria"* en *Dispositio 15-16*. Michigan, Univ. of Michigan, 1981: 85-127.

— h) *Teoría del texto e interpretación de textos*. México, UNAM, 1986.

MINGUET, Philippe. *"Análisis retórico de la poesía"* en *Acta Poética 2*. México, UNAM, 1980: 27-39.

MOLHO, Mauricio. *Semántica y poética*. Barcelona, Crítica, 1978 (1977).

MORIER, Henri. *Dictionnaire de poétique et de rhétorique*. Paris, Presses Universitaires de France, 1961.

MORSON, Gary Saul. a) *"Quizá Bajtín"* (*"Prefacio*). en *Bajtín: Ensayos y diálogos sobre su obra*. Morson, G. S. (Comp.). México, UNAM, UAM, FCE. 1993 (1986). pp. 7-17.

— b) *"¿Quién habla por Bajtín?"*, Ibidem, pp. 21-51.

— c) *"Diálogo, monólogo y lo social: respuesta a Ken Hirschkop"*. Ibidem. PP. 147-158.

— d) *Introducción a los extractos de "El problema de los géneros verbales"*. Ibidem, pp. 159-160.

— e) *"El lenguaje absoluto de Tolstoi"*. Ibidem. pp. 213-246.

MOUNIN, Georges. *Dictionnaire de la linguistique*. Paris, Presses Universitaires de France, 1974.

MUECKE, D. C. a) *"Analyses de l'ironie"* en *Poétique 36*. Paris, Seuil, 1978: 478-494.

— b) *"Irony markers"* en *Poetics. Vol. 7, N° 4*. Amsterdam, North-Holland, 1978: 363-376.

MUKAROVSKY, Jan. *Escritos de estética y semiótica del arte*. Barcelona, G. Gili, 1977 (1975).

MÜLLER, Udo. *Diccionario Rioduero de literatura*. Versión del alemán y adaptación por José Sagredo. Madrid, Rioduero, 1977 (1973).

MURPHY, James J. a) *La retórica en la Edad Media*. México, F.C.E., 1986 (1974).

— b) *Sinopsis de la retórica clásica*. Madrid,
Gredos, 1989 (1983).

NATTIEZ, J. J. *"Problèmes et méthodes de la sémiologie"* en *Langages 35*. Paris, Didier Larousse, 1974.

NAVARRO TOMAS, T. *Métrica española*. Madrid, Guadarrama, 1972.

OGDEN, Ch. K. and RICHARDS, T. A. *The meaning of meaning*. London, P. Trench, Trubner and Co., 1938, 4a. ed.

OSORIO ROMERO, Ignacio. *Floresta de Gramática, poética y retórica en la Nueva España, 1521-1767*. México, UNAM, 1980.

PAGNINI, Marcello. *Estructura literaria y método crítico*. Madrid, Cátedra, 1975.

PAVIS, Patrice. *Diccionario del teatro. Dramaturgia, estética, semiología*. Barcelona, Paidós, 1983 (1980).

PÉREZ FIRMAT, Gustavo. *"Apuntes para un modelo de la intertextualidad en literatura"*. en *The Romanic Review. Vol. LXIX, Number 1-2, Jan-March*. 1978, pp.1-14.

PERUS, Françoise. *Literatura y sociedad en América Latina: el modernismo*. México, Siglo XXI, 1976.

PETITOT, Jean. *"Carré sémiotique et schémamtisme de la structure"* en *Le carré sémiotique, Le bulletin 17*. Paris, GRLS-ILF, 1981: 36-41.

PIMENTEL ANDUIZA, Luz Aurora. *"Relaciones transtextuales y producción de sentido en el Ulisus de James Joyce"*, en *Acta Poética 6*, México, UNAM, 1986, pp. 81-108.

PLATÓN, a) *"Eutidemo"* en *Obras completas*. Madrid, Aguilar, 1972: 468-498.

— b) *"Fedro"* en *Obras completas*. Madrid, Aguilar, 1972: 853-886.

— c) *"Gorgias"* en *Obras completas*. Madrid, Aguilar, 1972: 356-414.

— d) *"Ion"* en *Obras completas*. Madrid, Aguilar, 1972: 143-154.

— e) *"Protágoras"* en *Obras completas*. Madrid, Aguilar, 1972: 160-198.

— f) *"La república"* en *Obras completas*, Madrid, Aguilar, 1972.

POTTIER, Bernard. a) *"Du carré sémiotique 'flou' au cycle"* en *Le carré sémiotique, Le bulletin 17*. Paris, GRSL-ILF, 1981: 16-19.

— b) *Le langage*. Paris, Retz-C. E. P. L., 1973.

— c) *Lingüística general*. Madrid, Gredos, 1977 [1974].

— d) *Lingüística moderna y filología hispánica*. Madrid, Gredos, 1970.

POUILLON, Jean. *Tiempo y novela*. B. Aires, Paidós, 1970 (1946).

POZUELO YVANCOS, José María. *Del formalismo a la neorretórica*. Madrid, Tauro, 1988.

PRANDI, Michele. *Grammaire philosophique des tropes*. Paris, Les éditions de minuit, 1992.

PRATT, Marie Louise. *"Estrategias interpretativas / interpretaciones estratégicas"* en *Semiosis 17*. México, Universidad Veracruzana, julio-diciembre, 1986. pp. 3-41.

PRIETO, Luis J. *"La semiología"* en *El lenguaje. La comunicación*. Tratado del lenguaje dirigido por André Martinet. B. Aires, Nueva Visión, 1973 [1965]: 105-153.

PRINCETON ENCYCLOPEDIA OF POETRY AND POETICS. Princeton, Princeton University Press, 1974.

PROPP, Vladimir. a) *Morfología del cuento*. Madrid, Fundamentos, 1977 (1928).

— b) *Las transformaciones del cuento maravilloso*. B. Aires, R. Alonso, 1972.

PUGLISI, Gianni. *Qué es verdaderamente el estructuralismo*. Madrid, Poncel, 1972.

PUIG, Luisa. a) *La estructura del relato y los conceptos de actante y función*. México, UNAM, 1978.

— b) *"En torno a la teoría de la enunciación"* en *Acta Poética 1*. México, UNAM, 1979: 23-69.

— c) *"Los implícitos discursivos: un enfoque retórico"*, en *Acta Poética 14/15*, México, UNAM, 1994, pp. 217-234.

— d) *Discurso y argumentación: un análisis semántico y pragmático*. México, UNAM, 1991.

QUILIS, Antonio. *Métrica española*. Madrid, Alcalá, 1969.

QUINTILIEN. *Institution oratoire 4 v*. Trad., introd. et notes par Henri Bornecque. Paris, Garnier, s. f.

RASTIER, F. a) *Le développement du concept d'isotopie. Documents de recherche. III. 29*. Besançon, Centre national de la recherche scientifique, 1981.

— b) *"Sur les structures élémentaires de la signification"*, en *Le carré sémiotique, Le bulletin 17*. Paris, GRSL-ILF, 1981: 24-27.

RECANATI, Françoise. *"Insinuation et sous-entendu"* en *La conversation. Communications 30*. Paris, Seuil, 1979: 95-106.

bibliografía

RETÓRICA de PAULYS. *Realencyclopadie der classischen alteriumswissen schaft.* Trad. del alemán de Silvia Pappe. México, UAM, 1981.

REVISTA DE OCCIDENTE. *Diccionario de Literatura española.* Madrid, Revista de Occidente, 1972.

REY, Juan. *Preceptiva literaria.* Bibliotheca comillense. Santander, Sal Terrae, 1952.

REY-DEBOVE, Josette. *Lexique sémiotique.* Paris, Presses Universitaires de France, 1979.

RHÉTORIQUE A HERENNIUS, trad., introduction et notes para Henri Bornecque. Paris, Garnier, s. a.

REYES, Alfonso. *La antigua retórica.* v. XIII de sus *Obras completas.* México, F.C.E., 1955.

RICARDOU, Jean. *"Nouveau roman, Tel Quel"* en *Poétique 4.* Paris, Seuil, 1970Ç 434-447.

RICOEUR, Paul. *Teoría de la interpretación: discurso y excedente. México,* Univ. Iberoamericana/ Siglo XXI, 1995.

RIFATERRE, Michael. a) *"Le poéme comme représentation"* en *Poétique 4.* Paris, Seuil, 1970.
— b) *Ensayos de estilística estructural.* Barcelona, Seix Barral, 1976 (1971).

RIMMON, Salomith. *"A comprehensive theory of narrative Genett's" "Figures III" and the structuralist study of fiction,* en *PTL 1.* Amsterdam, North-Holland, 1976.

RIMMON-KENAN, Shlomith. b) *Narrative Fiction: Contemporary Poetics.* London & New York, Methuen, 1988 (1983).

RODRÍGUEZ ADRADOS, Francisco. *Lingüística estructural.* Madrid, Gredos, 1969.

RODWAY, Allan. *"La crítica de géneros literarios: el acceso a través del tipo, del modo y de la clase"* en: *Crítica contemporánea,* por Bradburg, M. y Palmer D. (antol). Madrid, Cátedra, 1974: 99-126.

ROMERA CASTILLO, José. *"Teoría y técnica del análisis narrativo"* en: *Elementos para una semiología del texto artístico* de Jenaro Talens et al. Madrid, Cátedra, 1978.

ROSA, Nicolás. *Léxico de lingüística y semiología.* B. Aires, Centro editor de América Latina, 1978.

RUPRECHT, H. G. *Du formant intertextuel. Remarques sur un objet ethnosémiotique. Documents de Recherche III, 21.* Paris, Groupe de recherches semico-linguistiques, 1981.

SABO, Kathy et NIELSEN, Greg Marc. *"Critique dialogique et postmodernisme".* en *Études francaises 20.1.* Montréal, Presses de l'Université de Montréal, 1984. pp. 75-86.

SAINZ DE ROBLES, F. C. *Diccionario de la literatura.* Madrid, Aguilar, 1972.

San AGUSTÍN. *"De la utilidad de creer",* capítulo III: Cuatro puntos de vista según los cuales se puede considerar el *Antiguo Testamento. Obras apologéticas,* tomo IV, Madrid, Biblioteca de autores cristianos, 1948.

SAUSSURE, Ferdinand de. *Curso de lingüística general.* B. Aires, Losada, 1978 (1945).

SCHANZE, Helmut, (comp). *Retórica.* (Contribuciones sobre su historia en Alemania, siglos XVI a XX). Buenos Aires, Ed. Alfa, 1976 (1971).

SCHMIDT, Siegfried, J. *Teoría del texto.* Madrid, Cátedra, 1977 (1973).

SEARLE, John R. a) *Actos de habla: ensayo de filosofía del lenguaje.* Madrid, Cátedra, 1980.
— b) *"El estatuto lógico del discurso de ficción"* en *Lingüística y literatura.* Xalapa, Univ. Veracruzana, 1978: 37-50.

SEGRE, Cesare. a) *"A contribution to the semiotics of theather"* en: *Poetics Today 3.* Tel Aviv, B. Hrushovsky, 1980.
— b) *"Principios de análisis del texto literario".* Barcelona, Grijalbo, 1985 (1985).

— c) *Las estructuras y el tiempo*. Barcelona, Planeta, 1976.

SENDOYA, Luis Enrique. *"La lengua poética según Mukarovsky"* en *Acta Poética 1*. México, UNAM, 1979: 155-169.

SHAPIRO, Michael. *"Sémiotique de la rime"* en *Poétique 20*. Paris, Seuil, 1974: 501-519.

SKLOVSKY, Víctor. a) *La disimilitud de lo similar. Los orígenes del formalismo, Comunicación*. Madrid, A. Corazón, 1973.

— b) *"El arte como artificio"* en *Teoría de la literatura de los formalistas rusos*. B. Aires, Siglo XXI, 1976 (1917). pp. 55-70.

— c) *"La construcción de la 'nouvelle' y de la novela"* en *Teoría de la literatura de los formalistas rusos*. B. Aires, Siglo XXI, 1975 (1917). pp. 127-157.

SPILLNER, Bernd. *"Lingüística y retórica"*, en *Lingüística y literatura*. Madrid, Gredos, 1979.

— b) *"Retórica y estilística"*, en *Lingüística y literatura*, Madrid, Gredos, 1979.

— c) *"La retórica en el análisis literario"* en *Lingüística y literatura*, Madrid, Gredos, 1979.

SPITZER, Leo. *Lingüística e historia literaria*. Madrid, Gredos, 1974.

STEWART, Susan. *"Gritos en la calle: la anti-lingüística de Bajtín"*, en *Bajtín: Ensayos y diálogos sobre su obra*. México, UNAM, UNAM, FCE. 1993 (1986). PP. 85-112.

TINIANOV, J. e JAKOBSON, R. *"Problemi dello studio della letteratura e della lingua"* en *La semiotica nei Paesi slavi*. Milano, Feltrinelli, 1979: 114-117.

TINIANOV, Iuri. a) *El problema de la lengua poética*. B. Aires, Siglo XXI, 1972.

— b) *"Sobre la evolución literaria"* en Todorov T. (antol.) *Teoría de la literatura de los formalistas rusos*. B. Aires, Siglo XXI, 1970: 89-101.

TODOROV, Tzvetan. (antol.)

— a) *Teoría de la literatura de los formalistas rusos*. B. Aires, Siglo XXI, 1970: 89-101.

— b) *"El análisis estructural en la literatura. Los cuentos de Hery James"* en *Introducción al estructuralismo* de Umberto Eco et al. Madrid, Alianza Editorial, 1976 (1973).

— c) *"Las categorías del relato literario"* en *Análisis estructural del relato*. B. Aires, Tiempo Contemporáneo, 1970 (1966).

— d) *"La herencia metodológica del formalismo"* en *Estructuralismo*. B. Aires, Nueva Visión, 1972 (1965): 153-179.

— e) *Introducción a la literatura fantástica*. México, Premia, 1980.

— f) *Littérature et signification*. Paris, Larousse, 1967.

— g) *"Poética"* en *¿Qué es el estructuralismo?*, de O. Ducrot et al. B. Aires, Losada, 1971 (1968).

— h) *Poétique de la prose*. Paris, Seuil, 1971.

— i) *"Synecdoques"* en *Communications 16*. Paris, Seuil, 1970: 26-35.

— j) *"Les transformations narratives"*.. en *Poétique 3*. Paris, Seuil, 1970: 232-233.

— k) *"Lo verosímil que no se podría evitar"* en *Lo verosímil. Comunicaciones 11*. B. Aires, Tiempo Contemporáneo, 1972 (1968): 175-178.

— l) Mijaíl Bakhtine, *Le principe dialogique*. París, Seuil, 1981.

TOMACHEVSKI, Boris. a) *"Temática"* en *Teoría de la literatura de los formalistas rusos*. B. Aires, Siglo XXI, 1970 (1965).

— b) *"Sobre el verso"*, en *Teoría de la literatura de los formalistas rusos*. B. Aires, Siglo XXI, 1970 (1965). pp. 115-126.

bibliografía

— c) *Teoría della litteratura.* Milano, Felbrinelli, 1978 (1928).

TORDERA, Antonio. *Hacia una semiótica pragmática. El signo en Ch. S. Peirce.* Valencia, Fernando Torres, ed., 1978.

ULLMANN, Stephen. *The principles of semantics.* Oxford, B. Blackwell, 1963.

VAN DIJK, Teun A. a) *"El procesamiento cognoscitivo del discurso literario"* en *Acta Poética 2.* México, UNAM, 1980.
— b) *"Story comprehension: an introduction"* en *Poetics 9.* La Haya, North-Holland, 1980.
— c) *Texto y contexto (Semántica y pragmática del discurso).* Madrid, Cátedra, 1980.

VAN ROSSUM-GUYON, Françoise. *"Point de vue et perspective narrative"* en *Poétique 4.* Paris, Seuil, 1970.

VICTOR, Karl. *"L'histoire des genres littéraires"* en *Poétique 32.* Paris, Seuil, 1977: 490-506.

VOLOSHINOV, Valentín N. *El marxismo y la filosofía del lenguaje.* Madrid, Alianza Editorial, 1992.

WALL, Anthony. *"Apprendre à écouter: le problème des métaphores musicales dans la critique bakhtinianne".* en *Études francaises 20.1.* Montréal, Presses de l'Université de Montréal, 1984. pp. 65-74.

WARNER, Christiane. *"Quoi faire avec les mots dans le roman",* en *Études francaises 20.1.* Montréal, Presses de l'Université de Montréal, 1984.pp. 87-100.

WEINRICH, Harold. *Estructura y función de los tiempos en el lenguaje.* Madrid, Gredos, 1974.

WELLEK, R. y WARREN, A. *Teoría literaria.* Madrid, Gredos, 1974.

Esta obra se acabó de imprimir
el día 1 de octubre de 2001, en los talleres de

IMPRESOS CASTELLANOS

Génova 39-205, Col. Juárez,
México, D. F., 06600